D1934979

WINKLER

WELTLITERATUR

LEO N. TOLSTOI

# Die großen Erzählungen

Herausgegeben von
Lew Kopelew

WINKLER VERLAG MÜNCHEN

Aus dem Russischen übertragen von Marianne Kegel (Sewastopol, Wieviel Erde der Mensch braucht, Hadschi-Murad), Marie Stellzig (Der Morgen eines Gutsbesitzers) und Mila Stucken (Die Kosaken).

ISBN 3-538-06615-9

© 1989 by Winkler Verlag München
Alle Rechte vorbehalten, einschließlich des auszugsweisen Abdrucks und der photomechanischen Wiedergabe.
Satz: Tutte Druckerei GmbH, Salzweg-Passau
Druck und Bindung: Friedrich Pustet, Regensburg
Printed in Germany

# ZU DIESEM BUCH

Der vorliegende Band enthält fünf Erzählungen von Lew Tolstoj – einen winzig kleinen Teil seines riesengroßen Werkes. Die russische Gesamtausgabe 1928–1958 umfaßt neunzig Bände. Seitdem erwies sich, daß auch sie unvollständig ist; es werden immer neue Manuskripte und Briefe entdeckt.

Dennoch gestattet diese Auswahl nicht nur einem erfahrenen Leser, der bereits früher von Tolstoj gelesen hat, sondern auch einem Neuling, der zum ersten Mal ein Buch von ihm aufschlägt, manches davon zu erkennen, was die Macht dieses Dichters kennzeichnet.

Die hier versammelten Erzählungen sind exemplarisch für die wechselreiche Entwicklung seiner Weltsicht, seines Könnens und gleichzeitig auch für die dauerhaften grundsätzlichen Besonderheiten seines Geistes und Schaffens. Vor allem für sein leidenschaftliches Streben nach Wahrheit, sowohl in künstlerischer Gestaltung wie in der Suche nach wahrer Menschlichkeit. Dieses Streben ist deutlich erkennbar bereits in seinen frühesten schriftstellerischen Versuchen.

Die großen Erzählungen *Sewastopol* (1855/56), *Der Morgen eines Gutsbesitzers* (1856), *Die Kosaken* (1863), *Wieviel Erde der Mensch braucht* (1886), *Hadschi-Murad* (entstanden 1896–1904, erschienen 1912) bringen den Lesern nachhaltige Erlebnisse, Freude an farbenreichen Bildern, plastischen Gestalten, an dem Erkennen eigenartiger fremder Lebensarten. Doch bereits in den kleinsten Geschichten geht es um die wesentlichen Fragen des menschlichen Daseins. Unentwegt forscht der Autor nach den tiefsten Quellen, nach den Urkräften des Lebens, folgt den verwirrten Pfaden in Gedanken und Leidenschaften seiner Gestalten, zerpflückt die widersprüchlichen Beziehungen der Menschen zur Natur, zueinander, zu Gott, zur Gesellschaft, zum Tod...

Heutzutage ist das Erkennen der Kunst und der Gedankenwelt von Lew Tolstoj, die Neubesinnung auf sein Streben nach unbedingter Wahrheit und nach unbedingter Menschlichkeit bedeutsamer und wichtiger als je zuvor.

Thomas Mann schrieb 1928 zum 100. Geburtstag von Lew

Tolstoj: »... während der Krieg tobte, habe ich oft gedacht, daß er es nicht gewagt hätte auszubrechen, wenn im Jahre vierzehn die scharfen durchdringenden grauen Augen des Alten von Jasnaja Poljana noch offen gewesen wären. War das kindlich gedacht? Auf jeden Fall: die Geschichte wollte es so; er war nicht mehr da und niemand seinesgleichen.«

Seit dies geschrieben wurde, sind Jahrzehnte vergangen, in denen tödliche Gefahren für Europa, für die gesamte Menschheit entstanden, unermeßlich größer als je zuvor.

Der unaufhaltsame wissenschaftlich-technische Fortschritt, die selbstgefällige Zivilisation und die selbstherrliche »politische Vernunft«, vor denen Tolstoj einst so leidenschaftlich und verzweifelt warnte, drohen unseren Planeten unbewohnbar zu machen. Bereits jetzt ist ein totaler Weltuntergang technisch verwirklichbar. Sorgfältig gespeicherte Gewalten der nuklearen Apokalypse warten auf Abruf, aber auch ohne Bomben werden Luft, Gewässer, Wälder, Tierwelt und Boden unaufhaltsam vergiftet und zerstört.

Dagegen können keine noch so mächtigen abschreckenden Waffen helfen; die allergescheitesten politischen Kunstgriffe können globalen Katastrophen nicht vorbeugen. Den einzigen Rettungsweg bietet der Menschheit allein die Besinnung auf die Menschlichkeit, auf die schlichten Wahrheiten, die schon Christus, Lao-tse und Buddha verkündeten.

Diese Wahrheiten verkörpert Lew Tolstoj in seinem Dichterwerk, für jedermann zugänglich und nachvollziehbar.

L. K.

# SEWASTOPOL

## *Sewastopol im Dezember 1854*

Die Morgenröte beginnt soeben den Horizont über dem Sapunberge zu färben; die dunkelblaue Oberfläche des Meeres hat bereits das nächtliche Dunkel von sich geworfen und wartet auf den ersten Sonnenstrahl, um in leuchtenden Farben zu spielen; von der Bucht her weht es Kälte und Nebel; Schnee liegt nicht mehr, alles ist schwarz, aber ein scharfer Morgenfrost packt das Gesicht und kracht unter den Füßen; und nur das ferne, stete Brausen des Meeres, ab und zu von donnernden Schüssen in Sewastopol unterbrochen, stört die Stille des Morgens. Auf den Schiffen schlägt es dumpf acht Glasen.

Auf der Nordseite verdrängt allmählich die Geschäftigkeit des Tages die Ruhe der Nacht: hier marschiert mit klirrenden Gewehren eine Wachablösung vorbei; dort hastet schon ein Arzt ins Lazarett; hier kriecht ein Soldat aus einer Erdhütte hervor, wäscht sich das sonnengebräunte Gesicht im eiskalten Wasser und spricht, nach dem rotglühenden Osten gewandt und sich schnell bekreuzigend, ein Gebet; dort ziehen Kamele einen hohen, schwerfälligen tatarischen Bauernwagen, der bis an den Rand mit blutbefleckten Leichen vollgeladen ist, knarrend nach dem Friedhof zur Beerdigung . . .

Kommt man näher an den Hafen heran, so schlägt einem ein eigenartiger Geruch von Steinkohlen, Mist, Feuchtigkeit und Fleisch entgegen; Tausende verschiedenartigster Dinge: Holz, Fleisch, Schanzkörbe, Mehl, Eisen und so weiter liegen haufenweise am Hafen herum. Soldaten aller Regimenter, mit Säcken und Flinten und ohne Säcke und Flinten, stoßen und drängen sich hier, rauchen, schimpfen und schleppen Lasten auf ein Dampfschiff, das qualmend an der Landungsbrücke liegt. Unzählige Boote, angefüllt mit allerlei Volk, Soldaten, Matrosen, Kaufleuten, Weibern, legen im Hafen an oder stoßen ab.

»Nach der Grafskaja, Euer Wohlgeboren? Bitte sehr!« tragen uns zwei, drei verabschiedete Matrosen ihre Dienste an und springen in ihren Kähnen auf.

Wir nehmen den, der uns am nächsten ist, steigen über den

halbverfaulten Kadaver eines braunen Pferdes, der hier bei den Booten im Schlamm liegt, und setzen uns ans Steuer. Der Kahn stößt vom Ufer ab. Rings um uns das bereits in der Morgensonne glitzernde Meer, vor uns ein alter Matrose im Kamelhaarrock und ein junger strohblonder Bursche, die beide schweigend und emsig die Ruder führen. Unser Blick schweift über die gewaltigen gestreiften Schiffsleiber, die nah und fern in der Bucht zerstreut liegen, über die kleinen schwarzen Punkte der Schaluppen, die langsam über das glänzende Blau des Meeres dahingleiten, über die hübschen, hellen Gebäude der Stadt jenseits der Bucht, die von den rosigen Strahlen der Morgensonne verschönt werden, über die weiße Schaumlinie des Hafendammes und die versenkten Schiffe, deren schwarze Mastenden hier und da trübselig aus dem Wasser ragen, über die feindliche Flotte, die in der Ferne am kristallhellen Horizont des Meeres dräut, und über die schäumenden Wellen, auf denen, durch die Ruder emporgeworfen, salzige Bläschen hüpfen. An unser Ohr dringen die einförmigen Laute der Ruderschläge, der Stimmen, die über das Wasser zu uns herübertönen, und der majestätische Hall der Schüsse, die – wie uns scheinen will – in Sewastopol immer stärker werden.

Ist es nicht selbstverständlich, daß bei dem Gedanken, daß auch wir nun in Sewastopol sind, Mut und Stolz unsere Brust schwellen und unser Blut rascher durch die Adern rinnt?

»Euer Wohlgeboren, halten Sie direkt auf den Kistentin* zu«, sagt der alte Matrose zu uns und dreht sich um, um die Richtung zu prüfen, die wir dem Steuerruder geben, »das Ruder nach rechts.«

»Alle Kanonen sind noch drauf«, bemerkt der strohblonde Bursche, als wir an dem Schiff vorbeifahren und es betrachten.

»Natürlich, es ist ja ganz neu; Kornilow hat's unter sich gehabt«, erwidert der Alte, der ebenfalls das Schiff mustert.

»Schau, dort ist eine geplatzt!« ruft der Bursche nach längerem Schweigen und blickt nach einem weißen Wölkchen zerfließenden Rauches, das plötzlich hoch über der Südbucht aufsteigt, begleitet von dem scharfen Knall einer explodierenden Bombe.

»*Er* schießt heute von der neuen Batterie«, meint der Alte und spuckt gleichgültig in die Hände. »He, Mischka, greif ordentlich aus, damit wir die Barkasse überholen!«

Und unser Boot gleitet schneller vorwärts über die weite

* Das Schiff »Konstantin.«

wogende Bucht, überholt wirklich die schwere Barkasse, die mit gewichtigen Säcken beladen ist, von ungeschickten Soldaten ungeschickt gerudert wird, und landet zwischen unzähligen Booten aller Art im Hafen an der Grafskaja.

Auf dem Uferdamm wimmeln unter lautem Lärmen Scharen von grauen Soldaten, schwarzen Matrosen und buntgekleideten Frauen. Weiber verkaufen Semmeln, russische Bauern mit Samowaren schreien: »Heißer Sbiten!« und gleich vorne auf den ersten Stufen liegen verrostete Kanonenkugeln, Bomben, Kartätschen und gußeiserne Kanonenrohre verschiedenen Kalibers. Etwas weiter hinten ist ein großer Platz, auf dem riesige Balken, Lafetten und schlafende Soldaten liegen. Pferde, Fuhrwerke, grüne Geschütze und Pulverwagen, Stapel von Infanteriegewehren stehen herum. Soldaten, Matrosen, Offiziere, Frauen, Kinder und Kaufleute laufen durcheinander. Karren mit Heu, mit Säcken und mit Fässern rollen dahin. Ab und zu durchquert ein Kosak oder Offizier zu Pferd oder ein General im Wagen die Menge. Rechts ist die Straße durch eine Barrikade versperrt, auf der in den Schießscharten kleine Kanonen stehen; daneben sitzt ein Matrose und raucht sein Pfeifchen. Zur Linken erhebt sich ein schönes Haus mit römischen Ziffern am Giebel, unter dem Soldaten und blutbefleckte Tragbahren stehen; wohin man auch schaut: überall die unerfreulichen Spuren des Kriegs- und Lagerlebens.

Der erste Eindruck, den wir empfangen, ist unbedingt ein äußerst unangenehmer: das merkwürdige Gemisch von Lagerleben und städtischem Treiben, die Verschmelzung einer hübschen Stadt und eines schmutzigen Biwaks ist nicht nur unschön, sondern erscheint uns als abstoßender Wirrwarr, und es kommt einem sogar vor, als wären alle unruhig und kopflos und wüßten nicht, was sie tun sollen. Schaut man aber allen jenen Leuten, die um einen herumschwirren, näher ins Gesicht, so wird man zu einer ganz anderen Ansicht kommen. Man braucht nur jenen Trainsoldaten dort anzusehen, der seine drei Füchse zur Tränke führt und stillvergnügt vor sich hinbrummt, so wird man sogleich den deutlichen Eindruck empfangen, daß er sich in dieser buntschillernden bewegten Menge, die für ihn gar nicht dazusein scheint, nicht verirren, sondern seine Arbeit – ob es nun Pferde zu tränken oder Geschütze vorzuziehen gilt – ebenso ruhig, selbstbewußt und gleichmütig verrichten wird, als ob sich das alles in Tula oder Saransk abspielte. Und diesen selben Ausdruck liest man sowohl auf dem Gesicht jenes

Offiziers, der in tadellos weißen Handschuhen vorübergeht, als auch auf dem Gesicht jenes Matrosen, der an der Barrikade sitzt und raucht, wie auch auf den Gesichtern der Arbeitssoldaten, die mit den Tragbahren vor dem ehemaligen Kasino stehen, und endlich auch auf dem Gesicht jenes Mädchens, das, ängstlich bemüht, sein rosa Kleid nicht zu bespritzen, von einem Stein zum andern über die Straße hüpft.

Ja, wer zum ersten Male nach Sewastopol kommt, dem steht unbedingt eine Enttäuschung bevor. Umsonst sucht man auch nur auf einem Gesicht nach den Spuren von Hast und Kopflosigkeit oder gar von Enthusiasmus, Todesbereitschaft und letzter Entschlossenheit – nichts von alledem ist zu bemerken: Menschen wie überall gehen ruhig ihren Alltagsgeschäften nach, so daß man sich schließlich selber übertriebene Begeisterung vorwirft und an der Richtigkeit der Vorstellung von dem Heldenmut der Verteidiger Sewastopols ein wenig zu zweifeln anfängt, die man sich nach Erzählungen und Beschreibungen und nach alledem, was man an der Nordseite sieht und hört, gebildet hat. Aber ehe man sich solchen Zweifeln hingibt, gehe man zuerst auf die Bastionen, sehe sich die Verteidiger Sewastopols auf dem Schauplatz der Verteidigung selber an oder gehe noch besser in das Haus gegenüber, das früher das Sewastopoler Kasino gewesen ist und auf dessen Freitreppe die Soldaten mit den Tragbahren stehen – dort werdet ihr die Verteidiger Sewastopols sehen, dort werdet ihr furchtbare und traurige, große und spaßige, aber auf jeden Fall erstaunliche, herzerhebende Szenen sehen.

Man betritt den großen Kasinosaal. Kaum hat man die Tür geöffnet, erschüttert einen der Anblick und Geruch von vierzig bis fünfzig Amputierten, Schwerverwundeten und Kranken, die teils auf Pritschen, teils auf dem Fußboden liegen. Aber man überlasse sich nicht diesem Gefühl, das einen auf der Schwelle zurückhält, es ist ein häßliches Gefühl, sondern gehe hinein und schäme sich nicht, daß man nur gekommen ist, die Leidenden zu *betrachten*, schäme sich nicht, zu ihnen hinzugehen und mit ihnen zu reden; Unglückliche sehen gern ein teilnehmendes Menschengesicht, erzählen gern von ihren Leiden und hören gern Worte der Liebe und des Mitgefühls. Man gehe zwischen den Betten hindurch, suche sich ein weniger ernstes und leidendes Gesicht, zu dem man sich hinwagt, um ein paar Worte mit ihm zu sprechen.

»Wo bist du verwundet?« fragen wir zaghaft und schüchtern

einen alten, abgemagerten Soldaten, der auf seinem Lager sitzt, uns mit gutmütigem Blick folgt und zum Nähertreten geradezu auffordert. Ich sage: fragen wir schüchtern, denn Leid flößt außer tiefem Mitgefühl auch noch eine gewisse Furcht zu kränken und eine große Hochachtung vor dem ein, der all dieses erträgt.

»Am Bein«, erwidert der Soldat; aber gleichzeitig sehen wir an den Falten der Decke, daß ihm das Bein unterhalb des Knies fehlt. »Aber Gott sei Dank«, fügt er hinzu, »ich werde jetzt bald entlassen.«

»Bist du schon lange verwundet?«

»Es ist jetzt schon sechs Wochen her, Euer Wohlgeboren.«

»Hast du jetzt noch Schmerzen?«

»Nein, jetzt tut mir nichts mehr weh; nur in der Wade zieht's noch ein bißchen, wenn schlechtes Wetter wird, sonst aber spüre ich nichts mehr.«

»Wie kam denn das, daß du verwundet wurdest?«

»Das war auf der fünften Bastion, Euer Wohlgeboren, als wir das erste Bombardement hatten. Ich richte mein Geschütz, trete zurück wie immer und will an eine andere Schießscharte gehen, da trifft *er* mich ins Bein. Mir war's, als wäre ich in ein Loch getreten. Und bums, war das Bein fort!«

»Hat es denn im ersten Augenblick nicht furchtbar weh getan?«

»Ganz und gar nicht. Mir war nur, als stieße mir einer mit etwas Heißem ins Bein.«

»Nun, und dann?«

»Auch nachher war's weiter nicht schlimm; nur als sie mir die Haut zusammenzogen, war mir's, als würde ich geschunden. Die Hauptsache ist, Euer Wohlgeboren: *an nichts denken*! Macht man sich keine Gedanken, dann ist es auch weiter nichts. Alles ist nur deshalb schlimm, weil der Mensch denkt.«

Da tritt eine Frau in graugestreiftem Kleid und schwarzem Kopftuch heran; sie mischt sich in unser Gespräch und fängt an, von dem Matrosen und seinen Leiden zu erzählen, von dem verzweifelten Zustand, in dem er sich vier Wochen lang befunden habe, wie er die Bahre nach seiner Verwundung noch einmal habe niederstellen lassen, um die Salve seiner Batterie zu sehen, wie der Großfürst mit ihm gesprochen, ihm fünfundzwanzig Rubel geschenkt und wie der Verwundete zu ihm gesagt habe, er wolle wieder zurück auf die Bastion, um die jungen Burschen anzulernen, wenn er schon selber nichts mehr schaffen könne. Und während die Frau dies alles in einem Atemzug erzählt, schaut sie bald auf den Besucher, bald auf den Matrosen (der sich abgewendet hat, gar nicht hinzuhören scheint und auf seinem Kissen Scharpie zupft), und ihre Augen strahlen vor Begeisterung.

»Das ist meine Frau, Euer Wohlgeboren!« bemerkt der Matrose in einem Ton, als wollte er sagen: Nehmen Sie ihr's nicht übel. Es ist nun einmal Weiberart, dummes Zeug zu reden.

Da gewinnt man Verständnis für die Verteidiger Sewastopols und fängt an, sich vor diesen Menschen zu schämen. Man möchte ihm noch vieles sagen, um sein Mitgefühl und seine Bewunderung zum Ausdruck zu bringen; aber man findet keine Worte oder ist unzufrieden mit denen, die einem in den Sinn kommen – und man verneigt sich schweigend vor dieser stummen, unbewußten Größe und Geistesstärke, vor dieser Scham vor dem eigenen Verdienst.

»Nun, gebe Gott, daß du bald wieder gesund wirst«, sagen wir und bleiben vor einem anderen Kranken stehen, der auf dem Fußboden liegt und unter unerträglichen Qualen den Tod zu erwarten scheint.

Es ist ein blonder Mann mit bleichem, aufgedunsenem Gesicht. Er liegt auf dem Rücken, hat den linken Arm nach hinten geworfen, und seine ganze Lage drückt grausame Qualen aus. Sein vertrockneter, halbgeöffneter Mund stößt mühsam ein heiseres Röcheln aus; die blauen, erloschenen Augen sind nach oben gedreht, und aus der zurückgeschlagenen Decke ragt der mit Binden umwickelte Stumpf des rechten Arms hervor. Der schwere Leichengeruch kommt einem noch stärker zum Bewußtsein, und die verzehrende innere Hitze, die alle Glieder des Gequälten durchdringt, greift auch auf uns über.

»Ist er bewußtlos?« fragen wir die Frau, die hinter uns hergeht und uns wie Verwandte freundlich anblickt.

»Nein, er hört noch alles, aber schon sehr schwer«, antwortet sie flüsternd. »Ich habe ihm heute Tee gegeben – er ist zwar ein Fremder für mich, doch man muß doch mit allen Mitleid haben –, und da hat er fast nichts mehr getrunken.«

»Wie fühlst du dich?« fragen wir ihn.

Der Verwundete verdreht beim Klang der Stimme die Augäpfel, sieht und hört aber nichts.

»Das Herz verbrennt ihm«, sagt die Frau.

Weiter hinten sieht man einen alten Soldaten, der die Wäsche wechselt. Gesicht und Körper sehen rotbraun aus und sind mager wie ein Skelett. Der eine Arm fehlt ihm ganz; er ist an der Schulter abgenommen. Er sitzt aufrecht da, denn er geht der Genesung entgegen; aber an seinem abgestorbenen, trüben Blick, an der furchtbaren Magerkeit und den Runzeln im Gesicht erkennt man, daß er ein Wesen ist, das den besseren Teil seines Lebens schon hinter sich hat.

Ihm gegenüber gewahrt man auf einer Pritsche das blasse, leidende und zarte Gesicht einer Frau, auf deren Wangen eine fieberhafte Röte spielt.

»Das ist unsere Matrosenfrau, die am Fünften von einer Bombe am Bein verletzt wurde«, erklärt unsere Begleiterin. »Sie brachte ihrem Mann das Essen auf die Bastion.«

»Hat man ihr etwa das Bein abgenommen?«

»Über dem Knie.«

Wenn man starke Nerven hat, kann man jetzt durch die Tür links gehen: in diesem Zimmer werden die Verbände angelegt und die Operationen gemacht. Dort sieht man Ärzte, die Arme bis an die Ellenbogen mit Blut bespritzt, die sich mit bleichen, finsteren Gesichtern an einer Pritsche zu schaffen machen, auf der mit weitgeöffneten Augen ein Verwundeter in der Narkose liegt und wie im Fieber sinnlose, bisweilen auch einfache und rührende Worte vor sich hin sagt. Die Ärzte sind mit der widerlichen, aber segensreichen Arbeit des Amputierens beschäftigt. Man sieht, wie ihr scharfes, krummes Messer in den weißen, gesunden Körper fährt; man sieht, wie der Verwundete auf einmal mit einem schrecklichen, markerschütternden Schrei fluchend zu sich kommt; man sieht, wie der Feldscher den abgeschnittenen Arm in die Ecke wirft; man sieht, wie ein anderer Verwundeter, der im selben Zimmer auf einer Bahre liegt, der Operation seines Kameraden zusieht, sich windet und stöhnt: nicht so sehr aus physischem Schmerz wie infolge der seelischen Qualen der Erwartung; man sieht furchtbare, herzerschütternde Szenen; man sieht den Krieg nicht in der gewohnten glänzenden und schönen Form, mit Musik und Trommelwirbel, wehenden Fahnen und elegant einhersprengenden Generalen, sondern in seiner wahren Gestalt: in Blut, in Leiden, in Tod ...

Tritt man aus diesem Hause der Leiden heraus, so empfindet man unfehlbar ein erquickendes Gefühl, saugt tiefer die frische Luft in sich ein, wird sich mit Vergnügen der eigenen Gesundheit bewußt, aber gleichzeitig führt einem der Anblick dieser Leiden auch die eigene Nichtigkeit klar vor Augen, und festen Schrittes begibt man sich auf die Bastionen ...

Was ist der Tod und das Leiden eines so nichtigen Wurmes, wie ich einer bin, im Vergleich mit soviel Toden und soviel Leiden? Aber der Anblick des wolkenlosen Himmels, der strahlenden Sonne, der hübschen Stadt, der geöffneten Kirche und des nach allen Seiten hin und her flutenden Kriegsvolks versetzt den Geist bald wieder in den normalen Zustand des Leichtsinns, der kleinlichen Sorgen und der Verlockungen des Augenblicks.

Vielleicht kommt uns aus der Kirche der Leichenzug irgendeines Offiziers entgegen, mit rosafarbenem Sarge und Musik und wehenden Fahnen; vielleicht dringt das Dröhnen der Schüsse von den Bastionen an unser Ohr, aber das alles bringt uns nicht auf jene Gedanken von vorhin zurück; der Leichenzug erscheint uns als ein prachtvolles militärisches Schauspiel, das Schießen als eine nicht minder schöne Kriegsmusik, und weder mit diesem Schauspiel noch mit jener Kriegsmusik verbindet man den klaren, auf sich selbst bezogenen Gedanken an Leiden und Tod, wie man es im Verbandraum getan hat.

Geht man an der Kirche und an den Barrikaden vorüber, so kommt man in den inneren, vom Hasten und Treiben besonders belebten Stadtteil. Zu beiden Seiten der Straße hängen die Schilder von Läden und Schankwirtschaften; Kaufleute, Frauen in Hüten und Tüchern, geckenhafte Offiziere – alles zeugt von der Geistesfestigkeit, von dem Selbstvertrauen und der Sorglosigkeit der Einwohner.

Will man den Gesprächen der Seeleute und Offiziere lauschen, so muß man das Gasthaus rechter Hand aufsuchen. Hier spricht man sicher über die verflossene Nacht, über Fenka, über das Treffen vom Vierundzwanzigsten, über die schlechten und teuren Koteletts und darüber, wie der und jener Kamerad gefallen ist.

»Hol's der Teufel, wie scheußlich das heute bei uns war!« sagt mit einer tiefen Baßstimme ein bartloser Marineoffizier mit strohblonden Augenbrauen, der eine grüne gestickte Schärpe trägt.

»Wo bei uns?« fragt ein anderer.

»Auf der vierten Bastion«, erwidert der junge Offizier, und bei diesen Worten schaut man unfehlbar mit größerer Aufmerksamkeit und sogar mit einer gewissen Achtung auf den strohblonden Erzähler. Seine allzu große Ungezwungenheit, sein Fuchteln mit den Armen, sein lautes Lachen und Sprechen, das man erst für Unverfrorenheit gehalten hat, erweisen sich nun als jene besondere großsprecherische Stimmung, die manche sehr jungen Leute nach einer Gefahr überkommt; aber wenn ihr etwa glaubt, daß er euch nun erzählen wird, wie schlimm es auf der vierten Bastion wegen der Granaten und Kugeln gewesen sei, so habt ihr euch arg getäuscht: schlimm war es deshalb, weil es *schmutzig* war!

»Nicht 'raufzukommen auf die Batterie!« sagt er und zeigt auf seine Stiefel, die bis über die Waden mit Schmutz bedeckt sind.

»Und bei mir ist heute der beste Kommandeur gefallen; gerade an die Stirn hat's ihn getroffen«, erzählt ein anderer.

»Wer denn? Mitjuchin?«

»Nein, der nicht... Also, kriege ich nun endlich meinen Kalbsbraten? Ihr Kanaillen!« wirft er, zum Kellner gewandt, dazwischen. »Nicht Mitjuchin, sondern Abramow. Ein Kerl war das, sechs Ausfälle hat er mitgemacht.«

Am anderen Ende des Tisches sitzen hinter ihren Tellern mit Koteletts und Erbsen und einer Flasche sauren Krimweines, »Bordeaux« genannt, zwei Infanterieoffiziere: der eine, noch jung, mit rotem Kragen und zwei Sternen am Mantel, erzählt dem anderen, schon älteren, mit schwarzem Kragen und ohne Sterne, von dem Kampf an der Alma. Er hat schon ein wenig getrunken, und an den Pausen, die er in seiner Erzählung macht, an dem unsicheren Blick, der Zweifel auszudrücken scheint, ob man ihm auch glaube, vor allem jedoch an der übergroßen Rolle, die er selber in seiner Erzählung spielt, und daran, daß alles etwas zu furchtbar klingt, erkennt man, daß er stark von der reinen Wahrheit abweicht.

Aber es ist einem nicht um diese Erzählungen zu tun, die man noch lange an allen Ecken und Enden Rußlands zu hören bekommen wird. Man will so schnell wie möglich auf die Bastionen selber, besonders auf die vierte, von der man schon so vieles und so Mannigfaltiges erzählt bekommen hat. Wenn jemand sagt, daß er auf der vierten Bastion gewesen ist, so sagt er das immer mit besonderer Genugtuung und einem gewissen Stolz; sagt einer: »Ich gehe auf die vierte Bastion«, so merkt man ihm unfehlbar eine kleine Aufregung oder zu große Gleichgültigkeit an; will man jemand necken, so sagt man: »Dich müßte man auf die vierte Bastion versetzen«; trifft man Träger mit Bahren und fragt: »Woher?« so antworten sie fast immer: »Von der vierten Bastion.« Im allgemeinen gibt es zwei gänzlich verschiedene Ansichten über diese furchtbare Bastion. Diejenigen, die niemals dort waren, sind überzeugt, daß die vierte

Bastion das sichere Grab für jeden ist, der sie betritt, und diejenigen, die dort leben, wie der strohblonde Midshipman, sagen, wenn sie von der vierten Bastion sprechen, ob es dort schmutzig oder trocken, kalt oder warm in den Erdhütten ist und so weiter.

Während der halben Stunde, die man im Gasthause zugebracht hat, ist das Wetter umgeschlagen: der Nebel, der über dem Meere lag, hat sich zu grauen, trüben, feuchten Wolken zusammengeballt und die Sonne verhüllt; ein trübseliger feiner Regen sprüht herab und benetzt die Dächer, die Trottoirs und die Soldatenmäntel . . .

Noch eine Barrikade hat man zu durchschreiten, dann geht man rechts durch das Tor und steigt die große Straße hinan. Hinter dieser Barrikade sind die Häuser zu beiden Seiten der Straße unbewohnt: die Schilder fehlen, die Türen sind mit Brettern vernagelt, die Fenster zertrümmert; hier ist eine Ecke von der Mauer abgeschlagen, dort ein Dach eingestürzt. Wie Veteranen, die manches Leid und manche Entbehrungen erlitten haben, erscheinen diese Gebäude, und es ist, als schauten sie stolz und etwas hochmütig auf uns herab. Auf dem Wege stolpert man über herumliegende Kanonenkugeln und tritt in wassergefüllte Löcher, welche die Bomben in den steinigen Grund gerissen haben. Auf der Straße begegnet und überholt man Soldatentrupps, Kosaken und Offiziere; selten trifft man hier eine Frau oder ein Kind, und dann ist es keine Frau mit Hut, sondern eine Matrosenfrau in einem alten Pelz und in Soldatenstiefeln. Geht man die Straße weiter und steigt einen kleinen Abhang hinab, so sieht man rings herum nicht mehr Häuser, sondern merkwürdige Trümmerhaufen: Steine, Bretter, Lehm und Balken; vor uns liegt auf einer steilen Anhöhe ein schwarzes, schmutziges, von Gräben durchzogenes Gelände: das ist die vierte Bastion . . .

Hier trifft man noch weniger Menschen, Frauen sind überhaupt nicht mehr zu sehen, die Soldaten gehen schnell, auf dem Weg finden sich Blutspuren, und ständig begegnet man vier Soldaten mit einer Tragbahre, und auf der Tragbahre gewahrt man ein wachsgelbes Gesicht und einen blutigen Soldatenmantel. Fragt man: »Wo ist er verwundet?« antworten die Träger zornig, ohne sich nach einem umzuwenden: »Am Bein« oder: »Am Arm«, wenn er leicht verwundet ist; oder sie schweigen finster, wenn auf der Bahre der Kopf nicht zu sehen und der Soldat schon gestorben oder schwer verwundet ist.

Gerade als wir den Berg hinaufzusteigen beginnen, werden wir von dem nahen Pfeifen einer Kanonenkugel oder Bombe unangenehm überrascht. Plötzlich begreift man (und ganz anders als früher) die Bedeutung jener Abschüsse, die man schon in der Stadt gehört hat. Ein sanftes, süßes Erinnern blitzt plötzlich in unserer Seele auf; das eigene Ich fängt an, uns mehr zu beschäftigen als alle Beobachtungen; man wendet seine Aufmerksamkeit weniger der Umgebung zu, und ein unangenehmes Gefühl der Unentschlossenheit überkommt uns plötzlich. Doch der Anblick eines Soldaten, der lachend und mit den Armen das Gleichgewicht haltend in dem schlierigen Schmutz bergan galoppiert, bringt diese erbärmliche Stimme, die sich beim Anblick der Gefahr in uns erhebt, zum Schweigen, und unwillkürlich reckt man die Brust heraus, hebt den Kopf höher und klimmt den schlüpfrigen, lehmigen Berg hinan.

Kaum haben wir uns den Berg ein Stück hinaufgearbeitet, so pfeifen von rechts und von links die Flintenkugeln um uns herum, und man überlegt, ob man nicht lieber den Graben entlanggehen soll, der neben dem Wege einherläuft; aber der Graben ist mit einem so breiigen, gelben, stinkenden, bis über die Knie reichenden Morast gefüllt, daß man unbedingt den Weg den Berg hinauf vorzieht, um so mehr, als man sieht, daß *alle auf diesem Weg gehen*. Zweihundert Schritt weiter kommt man auf eine aufgewühlte, schmutzige Fläche, die auf allen Seiten von Schanzkörben, Wällen, Unterständen, Erdhütten und Plattformen umgeben ist, auf denen große gußeiserne Kanonen und gleichmäßig aufgetürmte Geschoßhaufen stehen. Dies alles scheint ohne Sinn, Zusammenhang und Ordnung hergerichtet zu sein. Hier sitzt ein Häuflein Matrosen auf der Batterie, dort liegt mitten auf dem Platz, halb im Schmutz versunken, eine zerschossene Kanone, da geht ein Infanterist mit seiner Flinte durch die Batterien und zieht mit Mühe seine Füße aus dem lehmigen Schmutz; überall, auf allen Seiten und an allen Orten, sieht man Sprengstücke, nicht geplatzte Granaten, Kanonenkugeln, Spuren des Lagerlebens, und all das versunken in breiigem, klebrigem Schmutz. Man glaubt dicht neben sich ein Geschoß einschlagen zu hören, vernimmt von allen Seiten das verschiedenartige Pfeifen der Kugeln, die bald wie Bienen summen, bald schnell und zischend pfeifen oder wie eine Saite klingen, hört das gewaltige Donnern der Geschütze, das uns alle erbeben läßt und Bangigkeit und Entsetzen verbreitet.

Das ist sie also, die vierte Bastion, das ist also der furchtbare, wirklich entsetzliche Ort! denkt man bei sich und empfindet ein kleines Gefühl des Stolzes und ein großes Gefühl unterdrückter Angst. Doch die Enttäuschung bleibt nicht aus: dies ist noch gar nicht die vierte Bastion. Das ist erst die Jasonow-Redoute, ein verhältnismäßig gefahrloser und durchaus nicht schrecklicher Platz. Um auf die vierte Bastion zu gelangen, muß man sich nach rechts wenden und den engen Laufgraben entlanggehen, den jener Infanterist dort soeben in gebückter Haltung durcheilt hat.

In diesem Graben trifft man meist wieder Bahren, Matrosen und Soldaten mit Spaten, man sieht Leitungen für Minen und Erdhütten im Schlamm, in die – gebückt – nur zwei Menschen hineinkriechen können, und dort sieht man die Bataillone der Schwarzmeer-Kosaken, die hier ihre Schuhe wechseln, essen, Pfeife rauchen und wohnen, und überall sieht man wieder denselben stinkenden Morast, die Spuren des Lagerlebens und herumliegendes Gußeisen in allen nur möglichen Formen und Gestalten.

Nach weiteren dreihundert Schritten kommt man abermals auf eine Batterie, einen kleinen Platz, der von Löchern ausgehöhlt und von Schanzkörben, mit Erde gefüllt, Geschützen auf Plattformen und Erdwällen umgeben ist. Hier sieht man etwa fünf Matrosen, die unter der Brustwehr Karten spielen, und einen Marineoffizier, der in uns den neugierigen homo novus erkannt hat und mit Vergnügen sein Reich und alles, was sonst noch interessieren könnte, zeigt. Dieser Offizier dreht sich, auf einem Geschütz sitzend, so seelenruhig seine Zigarette aus gelbem Papier, geht so gemächlich von einer Schießscharte zur anderen und spricht so ruhig und ohne die geringste Affektiertheit, daß man trotz den Kugeln, die jetzt häufiger als früher über uns hinwegpfeifen, selber kaltblütig bleibt, aufmerksame Fragen stellt und dem Bericht des Offiziers lauscht. Dieser Offizier erzählt uns – doch nur, wenn man ihn danach fragt – von dem Bombardement am Fünften, erzählt, wie von seiner Batterie nur noch ein einziges Geschütz bedient werden konnte, wie von der ganzen Bedienungsmannschaft nur acht Mann übriggeblieben seien und wie er am folgenden Morgen, also am Sechsten, dennoch aus allen Rohren gefeuert habe; er erzählt uns, wie am Fünften eine Bombe in die Erdhütte der Matrosen eingeschlagen und elf Mann auf einmal getötet habe; er zeigt uns durch eine Schießscharte die feindlichen Batterien und Laufgräben, die von hier aus nicht weiter als dreißig bis vierzig

Saschen entfernt sind. Nur eines fürchte ich: wenn ihr euch aus der Schießscharte hinausbeugt, um den Feind zu betrachten, werdet ihr unter dem Einfluß der pfeifenden Kugeln nichts sehen, und wenn ihr doch etwas seht, werdet ihr bald erstaunt sein, daß dieser weiße Steinwall in allernächster Nähe, über dem weiße Rauchwölkchen aufsteigen, daß dieser weiße Steinwall der Feind sein soll – *er*, wie die Soldaten und Matrosen sagen.

Leicht möglich, daß der Marineoffizier aus Eitelkeit oder nur so, weil es ihm gerade Vergnügen macht, in Anwesenheit des Besuchers ein bißchen schießen läßt. »Der Diensttuende und die Bedienungsmannschaft ans Gechütz!« – und etwa vierzehn Matrosen, der eine rasch sein Pfeifchen in die Tasche steckend, der andere noch an seinem Zwieback kauend, eilen munter und lebhaft, mit ihren eisenbeschlagenen Stiefeln auf der Plattform klirrend, auf das Geschütz zu und laden es. Betrachtet die Gesichter, die Haltung und die Bewegungen dieser Leute: in jeder Falte dieser verbrannten, derbknochigen Gesichter, in jedem Muskel, in den breiten Schultern, der gedrungenen Form ihrer Beine, die in gewaltigen Stiefeln stecken, und in jeder ihrer ruhigen, festen, gemächlichen Bewegungen sind jene wesentlichen Züge zu erkennen, welche die Kraft des Russen ausmachen: Schlichtheit und Ausdauer; aber hier scheint euch, daß in jedes Gesicht die Gefahr, die Verbissenheit und die Leiden des Krieges außer diesen wesentlichen Merkmalen noch die Spuren des Bewußtseins ihrer Würde und hohe Gedanken und Gefühle eingegraben haben.

Ein furchtbarer, nicht nur das Trommelfell, sondern den ganzen Körper erschütternder Knall läßt einen plötzlich so zusammenfahren, daß man am ganzen Leibe zittert. Darauf hört man das sich entfernende Pfeifen des Geschosses, und ein dichter Pulverdampf umhüllt den Beschauer, die Plattform und die schwarzen Gestalten der hin und her eilenden Matrosen. Im Anschluß an diesen unseren Schuß hört man verschiedentliche Äußerungen der Matrosen, sieht, wie sie lebhaft werden und ein Gefühl verraten, das man bei ihnen vielleicht nicht erwartet hat: ein Gefühl der Wut und Rachsucht gegen den Feind, das im Herzen eines jeden heimlich schlummert. »Gerade in die Schießscharte hat's getroffen; zwei sind tot, glaube ich ... da trägt man sie fort ... !« hört man sie freudig rufen. »Da, wie *er* sich ärgert! Gleich wird *er* auf uns schießen!« ruft einer; und tatsächlich sieht man gleich darauf einen Blitz und Dampf aufsteigen; der Posten, der auf der Brustwehr steht, schreit:

»Kanooone!« Und schon pfeift das Geschoß an uns vorüber, kracht auf die Erde und wirft trichterförmig Schmutzwasser und Steine rings um sich hoch. Durch diese Kugel geärgert, befiehlt der Batteriechef, noch ein zweites und drittes Geschütz zu laden, der Feind antwortet uns ebenfalls, und man lernt interessante Empfindungen kennen, hört und sieht interessante Dinge. Wieder ruft der Posten: »Kanone!« und man hört dasselbe Rauschen, Einschlagen, Hochspritzen, oder er schreit: »Mörser!« und man hört das gleichmäßige, ganz angenehme Pfeifen der Bombe, mit dem man nur schwer den Gedanken an etwas Furchtbares verbinden kann; man hört, wie das Pfeifen näher kommt und immer schneller wird, dann sieht man den schwarzen Ball, hört sein Aufschlagen auf der Erde und das betäubende, krachende Platzen der Bombe. Zischend und pfeifend fliegen die Splitter umher, wirbeln die Steine durch die Luft und spritzt der Schmutz hoch. Bei diesem Krachen empfindet man ein eigenartiges Gefühl von Wonne und Furcht zugleich. In dem Augenblick, da das Geschoß heranfliegt, denken wir unfehlbar, daß es uns töten wird; aber das Ehrgefühl hält uns aufrecht, und niemand bemerkt das Messer, das uns das Herz zerschneidet. Dann aber, wenn das Geschoß, ohne zu treffen, vorübergeflogen ist, atmet man auf, und ein tröstliches, angenehmes Gefühl bemächtigt sich unser, wenn auch nur für einen Augenblick, so daß man der Gefahr, diesem Spiel um Leben und Tod, einen förmlichen Reiz abgewinnt; man wünscht, eine Kugel oder Granate möchte noch, noch dichter neben uns einschlagen. Da aber schreit schon der Posten mit tiefer, lauter Stimme: »Mörser!« Wieder hört man das Pfeifen, Einschlagen und Platzen der Bombe; doch gleichzeitig mit diesem Laut läßt uns das Stöhnen eines Menschen erbeben. Wir gehen zusammen mit den Trägern auf den Verwundeten zu, der, mit Blut und Schmutz bespritzt, ein seltsames, wenig menschenähnliches Aussehen hat. Dem einen Matrosen ist ein Teil der Brust weggerissen. Im ersten Augenblick ist auf seinem mit Schmutz bespritzten Gesicht nur der Schreck und ein gemachter, verfrühter Ausdruck von Schmerz zu lesen, wie er jedem Menschen in solcher Lage eigen ist; wenn aber dann die Tragbahre gebracht wird und er sich selber mit der gesunden Seite darauflegt, kann man beobachten, daß dieser Ausdruck vom Ausdruck einer gewissen Begeisterung und eines hohen, unaussprechlichen Gedankens abgelöst wird: die Augen leuchten heller, die Zähne pressen sich aufeinander, der Kopf richtet sich mühsam auf; und in dem Augenblick, da man die Tragbahre anhebt, hält er die Träger an und sagt mit angestrengter, zitternder Stimme zu seinen Kameraden: »Lebt wohl, Brüder!« Er will noch etwas sagen, man sieht ihm an, daß er offensichtlich etwas Rührendes sagen will, aber er wiederholt nur noch einmal: »Lebt wohl, Brüder!« In diesem Augenblick geht einer seiner Kameraden, ein Matrose, auf den Verwundeten zu und setzt ihm seine Mütze auf den Kopf, den er ihm hinhält, und kehrt dann ruhig, gleichgültig, mit den Armen schlenkernd an sein Geschütz zurück. »So geht's bei uns Tag für Tag, immer sieben bis acht Mann«, sagt der Marineoffizier als Antwort auf den entsetzten Ausdruck, der sich auf unserem Gesicht spiegelt. Dann gähnt er und dreht sich eine Zigarette aus gelbem Papier...

Hat man so die Verteidiger Sewastopols auf dem Schauplatz der Verteidigung selber gesehen, so schenkt man beim Zurückgehen den Geschossen und Kugeln, die den ganzen Weg entlang bis zum zerschossenen Theater ununterbrochen weiterpfeifen, keinerlei Beachtung mehr, sondern kehrt ruhig und gehobenen Mutes zurück.

Das wesentlichste und erhebendste Gefühl, das wir davontragen, ist die Überzeugung, daß es unmöglich ist, Sewastopol zu nehmen, und nicht nur Sewastopol zu nehmen, sondern auch – wo immer es sei – die Kraft des russischen Volkes zu erschüttern. Und diese Überzeugung haben wir nicht aus der Vielzahl der Quergänge, Brustwehren, kunstvoll verflochtenen Laufgräben, Minen und übereinander aufgestellten Geschütze gewonnen, wovon wir nicht allzuviel verstehen, sondern in den Augen, Reden und der Haltung der Soldaten gelesen, in alledem, was man den Geist der Verteidiger Sewastopols nennt.

Alles, was sie tun, tun sie so schlicht, so ohne jede Mühe und Anstrengung, daß man überzeugt ist, sie könnten noch hundertmal mehr tun ... sie könnten alles tun. Man begreift, daß das Gefühl, aus dem heraus sie arbeiten, nicht jenes kleinliche, eitle, oberflächliche Gefühl ist, das man selber empfindet, sondern ein anderes, gewaltigeres Gefühl, das aus ihnen Menschen gemacht hat, die im Kugelregen und bei hundert Todesmöglichkeiten (statt der einen, welcher alle Menschen unterworfen sind) seelenruhig leben können, und zudem noch unter solchen Bedingungen, bei ständiger Schwerarbeit, bei Nachtwachen und Schmutz. Wegen eines Ordens, wegen einer Beförderung oder wegen einer Drohung können sich Menschen solch entsetzlichen Lebensbedingungen niemals unterwerfen: es muß ein anderer, höherer, zwingenderer Grund vorhanden sein. Und dieser Grund ist das Gefühl, das der Russe schamhaft in der Brust verbirgt und nur selten offenbart, das aber doch im tiefsten Herzen eines jeden ruht – die Liebe zum Vaterland. Erst jetzt haben die Erzählungen von den ersten Zeiten der Belagerung Sewastopols, als es dort keine Befestigungen, keine Truppen, keine physischen Möglichkeiten gab, die Stadt zu halten, und dennoch nicht der mindeste Zweifel bestand, daß man sich nicht ergeben werde, von jenen Zeiten, als Kornilow, dieser des alten Griechenland würdige Held, seine Truppen abritt und rief: »Wir wollen sterben, Kinder, aber Sewastopol nicht übergeben!« und unsere zur Phrasendrescherei unfähigen Russen ihm zur Antwort gaben: »Wir wollen sterben, hurra!« – erst jetzt haben die Schilderungen jener Zeiten aufgehört, für uns eine schöne historische Überlieferung zu sein, sondern sind zur sicheren Tatsache geworden. Jetzt versteht man alles, und jene Leute, die man soeben gesehen hat, erscheinen einem als dieselben Helden, die in jenen schweren Zeiten nicht den Mut verloren, sondern sich hehren Geistes und freudig auf den Tod vorbereiteten, nicht für die Stadt, sondern für das Vaterland. Und noch auf lange Jahre wird diese Epopöe von Sewastopol, deren Held das russische Volk war, in ganz Rußland die tiefsten Spuren hinterlassen ...

Schon wird es Abend. Die Sonne ist kurz vor ihrem Untergang noch einmal aus den grauen Wolken, die den Himmel verhüllten, hervorgetreten und übergießt plötzlich mit purpurnem Licht die violetten Wolken, das grünliche, in breiten Wellen gleichmäßig wogende Meer, das mit Schiffen und Booten übersät ist, die weißen Gebäude der Stadt und die Leute, die auf den Straßen wimmeln. Über das Wasser tönen die Klänge eines altväterlichen Walzers, den eine Regimentskapelle auf dem Boulevard spielt, und das Krachen der Schüsse von den Bastionen, das dazu eine absonderliche Begleitung bildet.

Sewastopol, den 25. April 1855

## *Sewastopol im Mai*

### I

Sechs Monate sind nun schon vergangen, seit die erste Kanonenkugel von den Bastionen Sewastopols abgeschossen wurde und die Erde in den Befestigungen des Feindes aufgewühlt hat, und seit jener Zeit sind Tausende von Bomben, Geschossen und Kugeln ohne Unterlaß von den Bastionen in die Laufgräben und von den Laufgräben in die Bastionen geflogen und schwebt der Engel des Todes beständig über ihnen.

Tausendmal hat sich der menschliche Ehrgeiz gekränkt gefühlt, tausendmal ist er befriedigt, gesättigt worden, tausendmal hat er in den Armen des Todes Ruhe gefunden. Wie viele Sternchen wurden angenäht, wie viele heruntergetrennt, wie viele Annenorden und Wladimirorden, wie viele rosengeschmückte Särge, wie viele leinene Bahrtücher.

Und immer noch hallen dieselben Töne von den Bastionen, immer noch äugen an klaren Abenden mit unwillkürlichem Beben und in abergläubischer Angst die Franzosen aus ihrem Lager nach der gelben, aufgewühlten Erde der Bastionen von Sewastopol, auf der sich unsere Matrosen wie schwarze Figuren bewegen, und zählen die Schießscharten, aus denen die gußeisernen Kanonen dräuend hervorlugen; immer noch beobachtet vom Telegraphenhügel aus ein Schiffsmaat durchs Fernrohr die bunten Gestalten der Franzosen, ihre Batterien, Zelte, Kolonnen, die über den Grünen Berg ziehen, und die in den Laufgräben aufpuffenden Rauchwölkchen; und immer noch strömen mit derselben Begeisterung aus aller Welt verschiedenartige Menschenmassen mit noch verschiedenartigeren Wünschen und Hoffnungen nach dem schicksalsschweren Ort.

Die Frage aber, die von den Diplomaten nicht gelöst wurde, haben auch Pulver und Blut nicht lösen können.

Mir ist oft ein merkwürdiger Gedanke gekommen: wie, wenn die eine kriegführende Partei der anderen den Vorschlag machte, aus jeder Armee einen Soldaten zu entlassen? Dieses Verlangen könnte merkwürdig erscheinen, aber warum es nicht erfüllen? Dann von jeder Seite einen zweiten entlassen, dann einen dritten, vierten und so weiter, bis in jeder Armee nur mehr ein Soldat vorhanden wäre (vorausgesetzt, daß die Armeen gleich stark sind und daß Quantität durch Qualität ersetzt werden könnte). Und dann, wenn tatsächlich verworrene politische Fragen zwischen vernünftigen Vertretern vernünftiger Geschöpfe durch Kampf entschieden werden müssen, sollten diese zwei Soldaten miteinander raufen – der eine die Stadt belagern und der andere sie verteidigen.

Die Überlegung mag paradox erscheinen, aber sie stimmt. Tatsächlich, was für ein Unterschied besteht schon zwischen einem Russen, der gegen einen Vertreter der Verbündeten kämpft, und achtzigtausend Soldaten, die gegen andere achtzigtausend Soldaten kämpfen? Weshalb nicht fünfunddreißigtausend gegen fünfunddreißigtausend? Weshalb nicht zwanzigtausend gegen zwanzigtausend? Weshalb nicht zwanzig gegen zwanzig? Weshalb nicht einer gegen einen? Das eine ist nicht logischer als das andere. Letzteres ist im Gegenteil viel logischer, weil es menschlicher ist. Eins von beiden: entweder ist der Krieg ein Wahnsinn, oder wenn die Menschen diesen Wahnsinn begehen, sind sie überhaupt keine vernünftigen Geschöpfe, wie wir aus irgendeinem Grund gerne glauben.

## 2

In dem belagerten Sewastopol spielte auf dem Boulevard neben einem Pavillon die Regimentskapelle, und Scharen von Kriegsvolk und Frauenspersonen schlenderten müßig über die Bürgersteige. Die helle Frühlingssonne war am Morgen über den englischen Befestigungswerken aufgegangen, war dann über die Bastionen, über die Stadt, über die Nikolajkaserne gewandert, hatte allen gleicherweise freundlich geschienen und senkte sich jetzt zu dem fernen, blauen Meer, das gleichmäßig atmend im silbernen Glanze leuchtete.

Ein großer, etwas gebückt gehender Infanterieoffizier trat, indem er sich einen nicht ganz weißen, aber sauberen Handschuh über die Hand zog, aus dem Pförtchen eines kleinen Matrosenhäuschens, wie sie auf der linken Seite der Seestraße stehen, und wandte sich, den Blick nachdenklich auf seine Füße gerichtet, den Berg hinauf, dem Boulevard zu. Der Ausdruck des unschönen Gesichts und der niedrigen Stirn dieses Offiziers ließen nicht auf große Geistesfähigkeiten schließen, wohl aber auf Biedersinn, Redlichkeit und Ordnungsliebe. Er war nicht gut gebaut, langbeinig, ungeschickt und etwas linkisch in seinen Bewegungen. Er trug eine noch wenig abgenutzte Mütze, einen dünnen Mantel von eigentümlich violetter Farbe, aus dessen Brustsaum eine goldene Uhrkette hervorsah, dazu Hosen mit Stegen und saubere, glänzende Stiefel aus Kalbsleder, deren Absätze allerdings schon an mehreren Stellen ein bißchen abgetreten waren – aber nicht so sehr an diesen Dingen, die bei einem gewöhnlichen Infanterieoffizier nicht zu finden sind, als vielmehr an dem allgemeinen Eindruck, den seine Person machte, erkannte ein geschultes militärisches Auge sofort einen nicht ganz gewöhnlichen Infanterieoffizier, sondern schon etwas Höheres. Er hätte entweder ein Deutscher sein können (wenn seine Gesichtszüge nicht seine rein russische Abstammung bekundet hätten) oder ein Adjutant oder Regimentsquartiermeister (dann aber hätte er Sporen tragen müssen) oder ein Offizier, der im Verlauf des Feldzuges von der Kavallerie oder Garde zur Infanterie übergewechselt war. Und tatsächlich war es ein Kavallerieoffizier, der übergewechselt war, und in diesem Augenblick, als er zum Boulevard hinaufstieg, dachte er an einen Brief, den er soeben von einem ehemaligen Kameraden, der seinen Abschied genommen hatte und jetzt Gutsbesitzer im Gouvernement T. war, und dessen Gattin, der blassen, blauäugigen Natascha, seiner großen Freundin, erhalten hatte. Er erinnerte sich an eine Stelle des Briefes, wo der Freund schrieb:

Wenn uns der ‚Invalid' gebracht wird, stürzt Pupka (so nannte der frühere Ulan seine Frau) spornstreichs ins Vorzimmer, reißt die Zeitung an sich und läuft mit ihr in unser *Es,* das gemütliche Eckchen im Salon (wo wir, weißt Du noch, so nette Winterabende mit dir zusammen verlebt haben, als das Regiment in unserer Stadt lag) und liest mit einem solchen Feuereifer *euere* Heldentaten, wie Du es Dir gar nicht vorstellen kannst. Sie spricht sehr oft von dir. Dieser Michailow, sagt sie, ist doch *eine Seele von einem Menschen.* Ich könnte ihn küssen, wenn ich ihn sehe, *er kämpft auf den Bastionen* und bekommt sicher das Georgskreuz, und dann schreiben die Zeitungen über ihn ... und so weiter und so weiter, so daß ich tatsächlich anfange, auf Dich eifersüchtig zu werden.

An einer anderen Stelle schrieb er:

Wir bekommen die Zeitungen immer furchtbar spät, und wenn auch viele Nachrichten mündlich zu uns gelangen, so kann man ihnen doch nicht ganz trauen. So erzählten gestern zum Beispiel die Dir bekannten *musikalischen jungen Damen,* Napoleon wäre schon von unseren Kosaken gefangengenommen und nach Petersburg geschafft worden, aber Du kannst Dir denken, daß ich nicht recht daran glaube. Dann hörten wir neulich von einem Herrn aus Petersburg (er ist im Ministerium und wird für besondere Aufträge verwendet, ein überaus netter Mensch, und bildet jetzt, da niemand in der Stadt ist, eine solche Rissurs für uns, daß Du es Dir nicht vorstellen kannst), der also sagte uns, daß die Unsrigen Eupatoria eingenommen hätten, *so daß den Franzosen die Verbindung nach Balaklawa abgeschnitten sei*, und daß wir dabei zweihundert Mann, die Franzosen dagegen fünfzehntausend verloren hätten. Meine Frau war über diese Nachricht so begeistert, daß sie die ganze Nacht *den Sieg feierte*; sie sagte, sie habe so eine Ahnung, daß du bei dieser Sache mit dabeigewesen sein und Dich ausgezeichnet haben müßtest.

Trotz dieser Worte und Ausdrücke, die ich absichtlich kursiv wiedergegeben habe, und trotz des ganzen Tons dieses Briefes, auf Grund dessen sich der herablassende Leser wahrscheinlich einen richtigen, unvorteilhaften Begriff von der Ordnungsliebe des Stabskapitäns Michailow in den abgetretenen Stiefeln, von seinem Kameraden, der Rissurs schreibt und so merkwürdige Vorstellungen von der Geographie hat, von der blassen Freundin im Es des gemütlichen Salons (wobei er sich vielleicht – und nicht ohne Grund – diese Natascha mit schmutzigen Fingernägeln vorstellt) und überhaupt von diesem ganzen nichtigen, schmutzigen, von ihm verachteten Lebensstil in der Provinz machen wird, dachte der Stabskapitän Michailow mit unsagbar schwermütiger Wonne an seine blasse Freundin in der Provinz, wie er so manchen Abend mit ihr zusammen in dem Es des Salons gesessen und von *Gefühlen* gesprochen hatte; er dachte an seinen guten Ulanenkameraden, wie er verloren und sich geärgert hatte, wenn sie in seinem Kabinett so manches liebe Mal ein Spielchen um Kopeken machten, und wie dann seine Frau über ihn gelacht hatte; er erinnerte sich an die Freundschaft mit diesen beiden Menschen (es schien ihm sogar, als wäre es von seiten seiner blassen Freundin noch etwas mehr): und alle diese Personen mit ihrer Umgebung huschten in einem wunderbar süßen, berückend rosigen Licht durch seine Seele, und er drückte, über diese Erinnerungen lächelnd, die Hand fest auf die Tasche, in welcher dieser ihm so *liebe* Brief steckte. Diese Erinnerungen hatten für den Stabskapitän Michailow einen um so helleren Glanz, als der Kreis, in dem er jetzt als Infanterieoffizier leben mußte, um vieles tiefer stand als der, in dem er früher als Kavallerist und Damenkavalier, in der Stadt T. von allen freundlich aufgenommen, verkehrt hatte.

Dieser frühere Kreis stand um so vieles höher als sein jetziger, daß man ihm, wenn er in offenherzigen Augenblicken den Kameraden von der Infanterie erzählte, was für Droschken er gehabt, wie er auf den Bällen des Gouverneurs getanzt und mit dem Zivilgeneral Karten gespielt habe, gleichgültig und ungläubig zuhörte, als ob man ihm nur nicht widersprechen und das Gegenteil beweisen wollte – »mag er reden« –, und daß, wenn er den Vergnügungen der Kameraden – dem Schnaps, dem Kartenspiel um fünf Rubel Einsatz – und überhaupt ihren groben Umgangsformen keine offenkundige Verachtung bewies, dies nur der besonderen Sanftheit, Ehrbarkeit und Ausgeglichenheit seines Charakters zugeschrieben werden mußte.

Von den Erinnerungen ging der Stabskapitän Michailow unwillkürlich zu Träumen und Zukunftsplänen über. Wie wird Natascha staunen und sich freuen, dachte er, während er in seinen abgetretenen Stiefeln durch ein schmales Nebengäßchen ging, wenn sie plötzlich im »Invaliden« die Schilderung lesen wird, daß ich als erster auf eine feindliche Kanone geklettert bin und das Georgskreuz erhalten habe. Zum Kapitän müßte ich nach altem Brauch ebenfalls befördert werden. Dann kann ich sehr leicht noch in diesem Jahr Major bei der Linie werden, weil viele gefallen sind und sicherlich im Verlauf dieses Feldzuges noch viele von unseren Leuten fallen werden. Und wenn es dann wieder zum Gefecht kommt, werde ich als bekannter Mann ein Regiment bekommen ... Oberstleutnant ... den Annenorden am Halse ... Oberst ... und er war schon General und würdigte eben Natascha, die Witwe seines Freundes, der in seinen Träumen während dieser Zeit gestorben war, eines Besuches, als die Klänge der Musik auf dem Boulevard deutlicher an sein Ohr drangen, die Menschenmenge ihm ins Auge fiel und er sich auf einmal auf dem Boulevard befand – doch leider nur als derselbe Stabskapitän von der Infanterie, der er bisher gewesen war.

3

Er ging zuerst auf den Pavillon zu, neben dem die Musiker standen, denen andere Soldaten desselben Regiments an Stelle von Pulten die Noten hielten und umblätterten und um die herum sich, mehr um zu sehen als zu hören, ein Kreis von Schreibern, Junkern, Wärterinnen, Kindern und Offizieren in *alten* Mänteln aufgestellt hatte. Um den Pavillon herum gingen, standen und saßen zum größten Teil Seeleute, Adjutanten und Offiziere in weißen Handschuhen und *neuen* Mänteln. Auf der großen Allee des Boulevards spazierten Offiziere aller Art und Frauen aller Art, manche in Hüten, die meisten aber in Kopftüchern (einige trugen auch weder Hut noch Kopftuch), aber nicht eine von ihnen war alt, sondern alle waren jung. Unten in den schattigen, duftenden Alleen weißer Akazien gingen und saßen vereinzelte Gruppen.

Niemand freute sich sonderlich, den Stabskapitän Michailow auf dem Boulevard zu treffen, ausgenommen vielleicht der Kapitän Obschogow und der Fähnrich Suslikow von seinem Regiment, die ihm herzlich die Hand drückten, aber ersterer trug Kamelhaarhosen, einen abgewetzten Mantel ohne Handschuhe und hatte ein rotes, verschwitztes Gesicht, während der zweite laut und ungeniert schrie, so daß man sich ihrer schämen mußte, besonders vor jenen zwei Offizieren in weißen Handschuhen, deren einen – einen Adjutanten – der Stabskapitän Michailow grüßte, während er den anderen – einen Stabsoffizier – hätte grüßen können, weil er ihn zweimal bei einem gemeinsamen Bekannten getroffen hatte. Außerdem war es kein Vergnügen, mit diesen Herren Obschogow und Suslikow auf und ab zu gehen, da man sich ohnedies schon sechsmal am Tage traf und sich die Hand drückte. Ihretwegen war er sicherlich nicht *zur Musik* gekommen.

Am liebsten wäre er auf den Adjutanten, den er gegrüßt hatte, zugegangen und hätte sich mit diesem Herrn unterhalten, aber nicht deshalb, damit der Kapitän Obschogow und der Fähnrich Suslikow und der Leutnant Pischtezkij und die anderen gesehen hätten, daß er sie kannte, sondern einfach deshalb, weil sie nette Leute waren, dazu noch alle Neuigkeiten wußten und sie ihm wohl auch erzählt hätten... Aber warum fürchtet sich der Stabskapitän Michailow und kann sich nicht entschließen, zu ihnen hinzugehen? Was, wenn sie mich auf einmal nicht grüßen, denkt er, oder grüßen und dann in ihrer

Unterhaltung fortfahren, als wäre ich nicht da, oder ganz von mir weggehen, so daß ich plötzlich allein dastehe unter allen diesen *Aristokraten*? Das Wort *Aristokraten* (im Sinne eines höheren, auserlesenen Kreises, was für eines Standes immer es auch sei) ist seit einiger Zeit bei uns in Rußland (wo es, meine ich, so etwas gar nicht geben sollte) äußerst populär geworden und in alle Himmelsgegenden und alle Gesellschaftskreise eingedrungen, wohin nur der Hochmut selber eingedrungen ist (und unter welchen zeitbedingten und zufallsbedingten Umständen drängte sich diese erbärmliche Schwäche nicht ein?): unter die Kaufleute, unter die Beamten, die Schreiber, die Offiziere, nach Saratow, Mamadysch, Winniza – kurz überall dahin, wo es Menschen gibt. Und da es in der belagerten Stadt Sewastopol viele Menschen gibt, gibt es auch viel Hochmut, das heißt *Aristokraten*, obgleich der Tod ständig über dem Haupte eines jeden schwebt, ob er nun ein *Aristokrat* ist oder nicht.

Für den Kapitän Obschogow ist der Stabskapitän Michailow ein *Aristokrat*, weil er einen sauberen Mantel und Handschuhe hat, weshalb ihn dieser nicht leiden kann, obgleich er ihn ein wenig achtet; für den Stabskapitän Michailow ist der Adjutant Kalugin ein *Aristokrat*, weil er Adjutant ist und mit den anderen Adjutanten auf du und du steht und deshalb von diesem scheel angesehen, wenn auch gefürchtet wird; für den Adjutanten Kalugin ist der Graf Nordow ein *Aristokrat*, weil er Flügeladjutant ist, wofür ihn dieser aus tiefster Seele verachtet und beschimpft. Ein entsetzliches Wort, dieses *Aristokrat*. Weshalb lächelt der Leutnant Sobow so gezwungen, wenn er an seinem Kameraden vorbeigeht, der bei einem Stabsoffizier sitzt? Um damit zu beweisen, daß er, obwohl kein *Aristokrat*, dennoch um kein Jota schlechter ist als sie. Weshalb spricht der Stabsoffizier mit so schwacher, träger Stimme? Um seinem Gesprächspartner zu beweisen, daß er ein *Aristokrat* und sehr gnädig ist, sich mit einem Unterleutnant zu unterhalten. Weshalb fuchtelt der Junker so mit den Armen, wenn er hinter einem Fräulein hergeht, das er zum erstenmal sieht und das anzusprechen er um nichts in der Welt sich entschließen kann? Um allen Offizieren zu beweisen, daß er, obwohl er vor allen die Mütze abnimmt, dennoch ein *Aristokrat* und sehr heiterer Laune ist. Weshalb geht der Artilleriekapitän so grob mit dem gutmütigen Ordonnanzoffizier um? Um allen zu beweisen, daß er die Gesellschaft der *Aristokraten* niemals gesucht hat und diese ihm völlig gleichgültig sind und so weiter und so weiter.

Hochmut, Hochmut, Hochmut überall, selbst am Rande des Grabes und unter Leuten, die aus erhabener Überzeugung bereit sind, in den Tod zu gehen. Hochmut! Er muß wohl ein charakteristischer Zug und eine besondere Krankheit unserer Epoche sein. Weshalb hörte man bei Menschen früherer Zeiten nichts von dieser Sucht, wie man von den Pocken oder von der Cholera hörte? Weshalb gibt es in unserem Zeitalter nur drei Sorten von Menschen: die einen, welche die Ursachen des Hochmuts als eine nun einmal vorhandene, nicht zu umgehende und daher gerechtfertigte Tatsache anerkennen und sich ihr freiwillig fügen; die anderen, die ihn für eine unglückselige, aber nicht auszurottende Sucht halten, und endlich die dritten, die unbewußt, sklavisch unter seinem Einfluß handeln? Weshalb haben Homer und Shakespeare Liebe, Ruhm und Leidenschaften besungen, während die Literatur unseres Zeitalters nur eine endlose Schilderung von Snobismus und Hochmut ist?

Zögernd ging der Stabskapitän zweimal an der Gruppe *seiner Aristokraten* vorüber, beim dritten Male aber gab er sich einen Ruck und ging auf sie zu. Die Gruppe bestand aus vier Offizieren: dem Adjutanten Kalugin, den Michailow kannte, dem Adjutanten Fürsten Galzin, der sogar für Kalugin ein wenig *Aristokrat* war, dem Oberstleutnant Neferdow, einem der sogenannten Hundertzweiundzwanziger (vornehme Herren aus der Gesellschaft, die schon den Abschied genommen, doch teils aus Patriotismus, teils aus Ehrgeiz, hauptsächlich jedoch, weil es *alle* taten, sich für diesen Feldzug wieder zur Verfügung gestellt hatten), einem alten Moskauer Klubhelden und Junggesellen, der sich hier der Partei der Unzufriedenen angeschlossen hatte, die nichts taten, nichts verstanden und alle Anordnungen der militärischen Stellen verurteilten, und dem Rittmeister Praskuchin, der ebenfalls zu diesen Hundertzweiundzwanzigern gehörte. Zu Michailows Glück befand sich Kalugin gerade in der glänzendsten Laune (der General hatte soeben ganz vertraulich mit ihm gesprochen, und Fürst Galzin, gerade aus Petersburg angekommen, hatte bei ihm Quartier genommen): er hielt es nicht für herabwürdigend, dem Stabskapitän Michailow die Hand zu geben, wozu sich jedoch Praskuchin nicht entschließen konnte, obgleich er des öfteren mit Michailow auf der Bastion zusammengetroffen war, mehr als einmal dessen Wein und Schnaps getrunken hatte und ihm sogar von einer Partie Preference her noch zwölf und einen halben Rubel schuldete. Er hatte den Fürsten Galzin soeben erst kennengelernt und wollte nun vor ihm seine Bekanntschaft mit einem einfachen Infanteriestabskapitän nicht zeigen. Deshalb nickte er nur leicht mit dem Kopfe.

»Nun, wie steht's, Kapitän«, sagte Kalugin, »wann geht's denn nun wieder aufs Bastiönchen? Wissen Sie noch, wie wir uns auf der Schwarz-Redoute getroffen haben? Da ging's heiß her. Was?«

»Ja, freilich«, erwiderte Michailow und erinnerte sich beschämt, was für eine schlechte Figur er in jener Nacht gemacht hatte, als er gebückt durch den Laufgraben geschlichen war, während Kalugin, auf den er dort stieß, wie ein Held, forsch und säbelklirrend, an ihm vorübergegangen war.

»Ich brauchte eigentlich erst morgen hinzugehen«, fuhr Michailow fort, »da aber bei uns ein Offizier erkrankt ist, so ...«

Er wollte erzählen, daß die Reihe heute nicht an ihm sei, da aber der Chef der achten Kompanie erkrankt und nur ein Fähnrich übriggeblieben sei, so habe er es für seine Pflicht gehalten, sich an Stelle des Leutnants Nepschitschezki zu melden, und deshalb gehe er heute auf die Bastion. Aber Kalugin hörte ihm gar nicht mehr zu.

»Mir schwant, daß es in diesen Tagen etwas geben wird«, sagte er zum Fürsten Galzin.

»Glauben Sie, daß es nicht vielleicht heute schon losgehen wird?« fragte Michailow schüchtern und sah bald Kalugin, bald den Fürsten Galzin an.

Niemand antwortete ihm. Fürst Galzin zog nur etwas die Brauen zusammen, ließ das Auge an der Mütze des Stabskapitäns vorbeischweifen und sagte dann, nachdem er eine Weile geschwiegen hatte: »Ein famoses Mädel, die in dem roten Tuch! Kennen Sie die vielleicht, Kapitän?«

»Sie wohnt ganz in meiner Nähe, die Tochter eines Matrosen«, erwiderte der Stabskapitän.

»Kommen Sie, die wollen wir uns doch näher anschauen.«

Und Fürst Galzin faßte auf der einen Seite Kalugin, auf der andern den Stabskapitän unter dem Arm, im voraus davon überzeugt, daß dies dem letzteren ein großes Vergnügen machen müßte, was auch tatsächlich der Fall war.

Der Stabskapitän war abergläubisch und hielt es für eine große Sünde, sich vor einem Treffen mit Weibern abzugeben, aber in diesem Falle spielte er den Schürzenjäger, was ihm Fürst

Galzin und Kalugin offenbar nicht recht glaubten und worüber sich sogar das Mädchen in dem roten Kopftuch außerordentlich wunderte, die mehr als einmal beobachtet hatte, daß der Stabskapitän, wenn er an ihrem Fenster vorüberging, errötete. Praskuchin ging hinterher, stieß den Fürsten Galzin fortwährend am Arm und machte allerlei Bemerkungen in französischer Sprache; da man aber nicht zu viert auf dem schmalen Pfad gehen konnte, war er genötigt, allein hinterdrein zu gehen, und nahm erst bei der zweiten Runde den bekannten, tapferen Marineoffizier Serwjagin unter den Arm, der sich ebenfalls diesem Kreise von *Aristokraten* beigesellen wollte und von hinten an ihn herangetreten war und ein Gespräch mit ihm angefangen hatte. Und der berühmte Held schob mit Freuden seine muskulöse Hand unter den Arm Praskuchins, obwohl alle, und auch Serwjagin selber, genau wußten, daß dieser kein allzu guter Mensch war. Als aber Praskuchin dem Fürsten Galzin, um ihm seine Bekanntschaft mit *diesem* Marineoffizier zu erklären, ins Ohr flüsterte, daß dies ein berühmter Held sei, schenkte der Fürst Serwjagin nicht die geringste Beachtung, weil er gestern selber auf der vierten Bastion gewesen war, auf zwanzig Schritt Entfernung eine explodierende Bombe gesehen hatte und sich deshalb für einen nicht minder großen Helden als diesen Herrn da hielt und der Ansicht war, daß ein solcher Ruhm meistens für nichts und wieder nichts erworben wird.

Dem Stabskapitän Michailow war es so angenehm, in dieser Gesellschaft ein wenig zu bummeln, daß er den *lieben* Brief aus T., die düsteren Gedanken, die sich seiner wegen des bevorstehenden Ganges auf die Bastion bemächtigt hatten, und vor allem, daß er um sieben Uhr zu Hause sein mußte, völlig vergaß. Er blieb so lange bei ihnen, bis sie sich ausschließlich nur unter sich unterhielten, seinen Blicken auswichen, um ihm dadurch zu verstehen zu geben, daß er gehen könne, und ihn endlich ganz stehenließen. Aber der Stabskapitän war dennoch glücklich, und als er dann an dem Junker Baron Pest vorüberging, der seit gestern (da er die erste Nacht in der Blindage der fünften Bastion zugebracht hatte und sich folglich für einen Helden hielt) besonders stolz und selbstbewußt war, erboste er sich nicht im geringsten über den verächtlich hochmütigen Ausdruck, mit welchem der Junker vor ihm strammstand und die Mütze zog.

# 4

Aber kaum hatte der Stabskapitän Michailow die Schwelle seiner Wohnung überschritten, als ihm völlig andere Gedanken kamen. Er erblickte sein kleines Stübchen mit dem unebenen Fußboden aus gestampfter Erde und den schiefen, mit Papier verklebten Fenstern, sein altes Bett mit dem Wandteppich darüber, auf dem eine Amazone abgebildet war, die zwei Tulaer Pistolen und das schmutzige Bett mit der Kattundecke, das dem Junker gehörte, der mit ihm zusammen wohnte; er erblickte seinen Nikita, der sich das verfilzte, fettige Haar kratzte und von der Erde aufstand; er erblickte seinen alten Mantel, seine umgedrehten Stiefel und das Bündel, aus welchem das Ende eines Käses und der Hals einer Bierflasche mit Branntwein herausragten, beides für ihn zum Gang auf die Bastion vorbereitet, und da fiel ihm plötzlich siedend heiß ein, daß er heute die ganze Nacht bei der Kompanie in den Gräben zubringen müsse.

Sicher falle ich heute, dachte der Stabskapitän, ich fühle es. Und die Hauptsache ist, daß ich gar nicht hätte zu gehen brauchen, daß ich mich selber gemeldet habe. Und es ist schon immer so gewesen, daß der fällt, der sich freiwillig meldet. Was fehlt nur diesem verfluchten Nepschitschezki? Möglicherweise fehlt dem überhaupt nichts, und seinetwegen muß nun unbedingt ein anderer fallen. Übrigens, wenn ich nicht falle, werde ich ganz sicher vorgeschlagen. Ich habe gesehen, wie es dem Regimentskommandeur gefiel, als ich sagte: »Gestatten Sie, daß ich gehe, wenn Leutnant Nepschitschezkij krank ist?« Wenn ich nicht Major werde, so bekomme ich zum mindesten den Wladimirorden. Ich gehe heute schon das dreizehntemal auf die Bastion. O weh, dreizehn! eine eklige Zahl. Sicher werde ich fallen, ich fühle es, daß ich fallen werde; aber einer mußte doch gehen, die Kompanie kann doch nicht mit dem Fähnrich allein losziehen; es könnte etwas passieren, die Ehre des Regiments, die Ehre der Armee hängt davon ab. Es war meine *Pflicht* zu gehen ... ja, meine *Pflicht*. Aber ich habe ein böses Vorgefühl ...

Der Stabskapitän vergaß, daß ihm dieses Vorgefühl, stärker oder schwächer, nicht zum erstenmal kam, wenn er auf die Bastion gehen mußte, und er wußte nicht, daß ein solches Vorgefühl, stärker oder schwächer, ein jeder empfindet, der in die Schlacht zieht. Doch er beruhigte sich mit dem Pflichtbewußtsein, das bei ihm – wie überhaupt bei allen Leuten von unbedeutender Herkunft – ganz besonders stark entwickelt war, setzte sich an den Tisch und schrieb einen Abschiedsbrief an seinen Vater, mit dem er in letzter Zeit wegen Geldgeschichten nicht im besten Einverständnis lebte. Nach zehn Minuten war er fertig, stand mit tränenfeuchten Augen vom Tisch auf und begann sich anzukleiden, wobei er im Geiste (weil er sich vor seinem Bedienten laut zu beten schämte), alle ihm bekannten Gebete aufsagte. Er wollte noch gerne das Bildchen des heiligen Mitrofan, ein Weihgeschenk seiner verstorbenen Mutter, küssen, das er besonders verehrte; da er sich jedoch schämte, dies vor Nikita zu tun, ließ er das Bildchen so aus dem Rock gleiten, daß er es, ohne diesen noch einmal aufknöpfen zu müssen, auf der Straße erreichen konnte. Sein betrunkener und grober Diener reichte ihm träge den neuen Rock (der alte, welchen der Stabskapitän gewöhnlich auf die Bastion anzuziehen pflegte, war noch nicht sauber gemacht).

»Warum hast du den Rock nicht sauber gemacht? Du willst immer nur schlafen, du Faulpelz!« sagte Michailow ärgerlich.

»Wieso schlafen?« brummte Nikita. »Den ganzen Tag wird man wie ein Hund herumgehetzt: das macht doch müde, und dann soll man nicht einschlafen!«

»Du bist wieder betrunken, wie ich sehe.«

»Ist doch nicht Ihr Geld, das ich vertrinke, was halten Sie es mir also vor?«

»Schweig, Rindvieh!« schrie der Stabskapitän und wollte den Burschen schlagen. Er war schon vorher gereizt gewesen, jetzt aber war ihm die Geduld vollends gerissen, und er ärgerte sich über die Grobheit Nikitas, den er gern hatte, sogar verwöhnte und mit dem er schon zwölf Jahre zusammen lebte.

»Rindvieh? Rindvieh?« wiederholte der Bursche. »Warum schimpfen Sie mich Rindvieh, Herr? Ist jetzt etwa die Zeit danach? Schimpfen ist nicht schön.«

Michailow dachte daran, wohin er gehen mußte, und fing an sich zu schämen.

»Du machst aber auch immer so lange, bis man wütend wird, Nikita«, sagte er mit sanfter Stimme. »Den Brief an meinen Vater auf dem Tisch laß liegen und rühr ihn nicht an«, fügte er errötend hinzu.

»Zu Befehl«, antwortete Nikita, der sich nach dem Wein, den er *für sein Geld* getrunken hatte, in rührseliger Stimmung befand und in dem offensichtlichen Wunsch loszuheulen mit den Augen zwinkerte.

Als aber der Stabskapitän auf der Vortreppe zu ihm sagte: »Leb wohl, Nikita!« brach Nikita plötzlich in erzwungenes Schluchzen aus und stürzte auf seinen Herrn zu, um ihm die Hand zu küssen. »Leben sie wohl, Herr!« sagte er schluchzend.

Die alte Matrosenfrau, die auf der Vortreppe stand, konnte nach Weiberart nicht anders, als sich ebenfalls an der rührseligen Szene zu beteiligen: sie fing an, sich mit ihrem schmutzigen Ärmel die Augen zu wischen, und meinte dazu, warum sich denn die Herren nur solchen Qualen aussetzten, sie arme Frau sei ja auch als Witwe zurückgeblieben, und dann erzählte sie dem betrunkenen Nikita zum hundertsten Mal von ihrem Herzeleid: wie ihr Mann schon bei dem ersten *Bumbardemang* gefallen sei und wie ihr Häuschen in der Vorstadt ganz zertrümmert worden sei (das, in dem sie jetzt wohnte, gehörte nicht ihr) und so weiter und so weiter.

Als der Herr fort war, zündete sich Nikita sein Pfeifchen an, bat die Wirtstochter, Schnaps zu holen, und hörte sehr bald auf zu weinen. Im Gegenteil, er zankte sich mit der Alten wegen irgendeines Eimers herum, den diese ihm verbeult haben sollte.

Vielleicht werde ich auch nur verwundet, überlegte der Stabskapitän im stillen, als er – es dämmerte bereits – mit der Kompanie auf die Bastion zuschritt. Aber wo? Und wie? Hier oder dort? dachte er und wies in Gedanken auf seinen Leib und auf seine Brust. Wenn hier (er dachte an den Oberschenkel), dann könnte die Kugel um den Knochen herumgehen, aber es würde dennoch sehr schmerzen. Wenn aber hier, und noch dazu ein Granatsplitter, dann ist es aus.

Durch den Laufgraben kam der Stabskapitän gebückt, doch wohlbehalten bis zu den Schützengräben, teilte, schon bei vollständiger Dunkelheit, mit einem Sappeuroffizier die Leute zur Arbeit ein und setzte sich dann in ein Loch unterhalb der Brustwehr. Es wurde wenig geschossen; nur ab und zu zuckte bald bei uns, bald bei *ihm* ein Blitz auf, und ein leuchtender Bombenzünder beschrieb einen feurigen Bogen am dunklen Sternenhimmel. Aber alle Bomben schlugen weit hinten und rechts von dem Schützengraben ein, in dem der Stabskapitän in seinem Loch saß, so daß er sich halbwegs beruhigte, den Schnaps trank, von dem Käse aß, sich eine Zigarette ansteckte, betete und ein bißchen zu schlafen versuchte.

5

Fürst Galzin, Oberstleutnant Neferdow, der Junker Baron Pest und Praskuchin, den niemand aufgefordert hatte, mit dem niemand sprach, der aber trotzdem nicht wankte und wich, begaben sich von dem Boulevard zu Kalugin, um dort Tee zu trinken.

»Hör mal, du hast mir ja noch nicht alles von Waska Mendel erzählt«, sagte Kalugin, zog den Mantel aus, setzte sich in einen weichen Sessel ans Fenster und knöpfte sich den Kragen seines weißen, gestärkten holländischen Hemdes auf. »Wie kam er denn auf diese Heirat?«

»Das ist zum Totlachen, Bruder! Je vous dis, il y avait un temps, où on ne parlait que de ça à Pétersbourg«, rief Graf Galzin lachend, sprang vom Klavier, an dem er gesessen hatte, auf und setzte sich neben Kalugin ans Fenster. »Einfach zum Totlachen! Ich kenne die Geschichte mit allen ihren Einzelheiten ...« Und er erzählte, lustig, witzig und flott, eine Liebesgeschichte, die wir hier weglassen, weil sie kein Interesse für uns hat.

Bemerkenswert war nur das eine, daß nicht nur Fürst Galzin, sondern auch alle anderen Herren, die sich hier, der eine auf dem Fensterbrett, der andere mit übergeschlagenen Beinen im Sessel und ein dritter am Klavier, gemütlich niedergelassen hatten, ganz andere Menschen schienen als auf dem Boulevard: nichts war mehr zu spüren von dieser lächerlichen Aufgeblasenheit, diesem Hochmut, welchen sie den Infanterieoffizieren gegenüber an den Tag gelegt hatten; hier waren sie unter sich und gaben sich ganz natürlich, vor allem Kalugin und Fürst Galzin waren liebe, einfache, lustige, gute Jungen. Sie unterhielten sich über Petersburger Kameraden und Bekannte.

»Was macht denn Maslozkoj?«

»Welchen meinst du? Den Leibulanen oder den Gardekavalleristen?«

»Ich kenne sie beide. Der Gardekavallerist war zu meiner Zeit noch ein kleiner Kerl, gerade erst aus der Schule gekommen. Was ist denn der ältere jetzt? Wohl Rittmeister?«

»Oh, schon lange.«

»Hat er noch immer das Verhältnis mit der Zigeunerin?«

»Nein, die hat er aufgegeben ...«

Und in dieser Art ging es weiter.

Darauf setzte sich Fürst Galzin ans Klavier und sang ganz vorzüglich ein Zigeunerlied. Praskuchin machte sich daran, ihn zu begleiten, obgleich ihn niemand dazu aufgefordert hatte, und tat dies so ausgezeichnet, daß man ihn damit fortzufahren bat, worüber er sehr glücklich war.

Ein Diener brachte auf einer silbernen Platte Tee, Sahne und Brezeln.

»Reiche dem Fürsten«, sagte Kalugin.

»Es ist doch fabelhaft, wenn man bedenkt«, meinte Galzin, der sich ein Glas Tee genommen hatte und damit ans Fenster trat, »daß wir hier in einer belagerten Stadt zum Klavier singen, Tee mit Sahne trinken und genau das Quartier haben, wie ich es mir in Petersburg wünschte.«

»Aber ich bitte Sie, wenn wir nicht einmal das hätten«, fiel der mit allem unzufriedene Oberstleutnant ein, »dann wäre ja diese ständige Spannung einfach unerträglich ... zu sehen, wie jeden Tag unsere Leute fallen und fallen, ohne daß es ein Ende nehmen will. Wenn wir bei alledem noch im Schmutz und ohne jede Bequemlichkeit leben müßten!«

»Was sollen denn unsere Infanterieoffiziere sagen«, warf Kalugin ein, »die mit den Soldaten auf den Bastionen leben, in den Blindagen, und Soldatensuppe essen? Wie wird denen erst zumute sein?«

»Das verstehe ich nicht und kann es, offen gestanden, nicht glauben«, sagte Galzin. »Leute in schmutziger Wäsche, voller Läuse und mit ungewaschenen Händen sollen tapfer sein? Du kennst sie doch, cette belle bravour de gentilhomme, es kann nicht sein.«

»Diese Tapferkeit verstehen sie auch nicht«, sagte Praskuchin.

»Was redest du für Unsinn?« unterbrach ihn Kalugin, »ich habe ihrer schon mehr als du hier gesehen und sage immer und überall, daß unsere Infanterieoffiziere, auch wenn sie Läuse haben und zehn Tage lang ihre Wäsche nicht wechseln, Helden, bewundernswerte Männer sind.«

In diesem Augenblick trat ein Infanterieoffizier ins Zimmer.

»Ich ... mir ist befohlen ... kann ich im Auftrag von General N. den Gen ... Seine Exzellenz sprechen?« fragte er, sich linkisch verbeugend.

Kalugin stand auf und fragte, ohne die Verbeugung des Offiziers zu erwidern, mit beleidigender Höflichkeit und gezwungenem offiziellem Lächeln, ob er nicht einen Augenblick warten könne, und wandte sich dann, ohne den Offizier zum Sitzen aufzufordern oder ihm irgendwelche Beachtung zu schenken, wieder Galzin zu und unterhielt sich mit diesem auf französisch, so daß der arme Offizier, der mitten im Zimmer stehengeblieben war, entschieden nicht wußte, was er mit seiner Person und den herabhängenden Armen ohne Handschuhe anfangen sollte.

»Ich komme in einer äußerst dringenden Angelegenheit«, sagte der Offizier, nachdem er etwa eine Minute geschwiegen hatte.

»Ah! dann bitte«, erwiderte Kalugin, zog den Mantel an und ging mit ihm zur Tür.

»Eh bien, messieurs, je crois, que cela chauffera cette nuit«, bemerkte Kalugin, als er vom General zurückkam.

»Ah! was gibt's? Ein Ausfall?« fragten alle durcheinander.

»Ich weiß nichts, ihr werdet ja selber sehen«, meinte Kalugin mit geheimnisvollem Lächeln.

»So sag es mir doch!« rief Baron Pest. »Wenn etwas los ist, dann muß ich mit dem Regiment T. am ersten Ausfall teilnehmen.«

»Nun, dann geh mit Gott.«

»Mein Prinzipal ist ebenfalls auf der Bastion, da werde ich wohl auch hingehen müssen?« fragte Praskuchin und schnallte sich den Säbel um, aber niemand gab ihm eine Antwort: er mußte selber wissen, ob er gehen sollte oder nicht.

»Nichts wird sein, ich spüre es«, sagte Baron Pest, der mit pochendem Herzen an das bevorstehende Treffen dachte, sich aber verwegen die Mütze aufs Ohr drückte und lauten, festen Schrittes zusammen mit Praskuchin und Neferdow das Zimmer verließ, die ebenfalls mit einem schweren Angstgefühl an ihre Plätze eilten.

»Leben Sie wohl, meine Herren!«

»Auf Wiedersehen, meine Herren! Wir werden uns noch heute nacht sehen!« rief ihnen Kalugin aus dem Fenster nach, als Praskuchin und Pest, über die Bögen ihrer Kosakensättel gebeugt, wobei sie sich wahrscheinlich für Kosaken hielten, die Straße hinabsprengten.

»Ja, ein wenig!« rief der Junker, der nicht verstanden hatte, was man ihm sagen wollte, und das Getrappel der Kosakenpferde verhallte alsbald in der stillen Straße.

»Non, dites-moi, est-ce qu'il aura véritablement quelque chose cette nuit?« fragte Galzin, der mit Kalugin im Fenster lag und die Bomben beobachtete, die über den Bastionen aufstiegen.

»Dir kann ich's ja erzählen, siehst du... du bist doch auf den Bastionen gewesen?« Galzin nickte bejahend mit dem Kopf, obgleich er nur ein einziges Mal auf der vierten Bastion gewesen war. »Also, unserer Lünette gegenüber ist ein Laufgraben...« und Kalugin, der kein Fachmann war, sein Urteil in strategischen Dingen aber dennoch für unfehlbar hielt, fing an, unsere Stellung, die Lage der feindlichen Befestigungen und den Plan des beabsichtigten Unternehmens auseinanderzusetzen, wobei er alles ein wenig durcheinanderbrachte und die festungstechnischen Ausdrücke verdrehte.

»Aber dort bei den Schützengräben fängt's tüchtig an zu puffen. Oho! War das eine von uns oder von *ihm*? Da, wie sie kracht!« sagten sie, während sie im Fenster lagen, die feurigen, in der Luft sich kreuzenden Linien der Bomben, das den dunkelblauen Himmel für einen Augenblick erhellende Aufblitzen der Schüsse und den weißen Pulverrauch betrachteten und dem Krachen des immer stärker werdenden Schießens lauschten.

»Quel charmant coup d'œil! Nicht?« sagte Kalugin, um die Aufmerksamkeit seines Gastes auf dieses wirklich herrliche Schauspiel hinzulenken. »Weißt du, man kann manchmal die Sterne nicht von den Bomben unterscheiden.«

»Ja, soeben dachte ich, das wäre ein Stern, aber da fällt er – und jetzt ist er geplatzt; und jener große Stern – wie heißt er gleich? – schaut wie eine Bombe aus.«

»Weißt du, ich habe mich schon so an diese Bomben gewöhnt, daß es mir in Rußland in einer sternklaren Nacht immer vorkommen wird, als wären das lauter Bomben: so kann man sich an etwas gewöhnen.«

»Ich müßte doch auch an diesem Ausfall teilnehmen?« fragte Fürst Galzin, nachdem er einen Augenblick geschwiegen hatte, erbebte jedoch schon bei dem Gedanken, während einer solch schrecklichen Kanonade *dort* sein zu müssen, und dachte entzückt daran, daß man ihn auf keinen Fall des Nachts dorthin schicken konnte.

»Aber ich bitte dich, Bruder! kein Gedanke daran, und außerdem lasse ich dich nicht fort«, erwiderte Kalugin, der übrigens sehr genau wußte, daß Galzin um nichts in der Welt hingehen würde. »Du kommst noch früh genug, Bruder!«

»Im Ernst? Du denkst also, daß ich nicht zu gehen brauche? Wie?«

In diesem Augenblick ertönte aus der Richtung, in welche diese Herren schauten, durch das Donnern der Artillerie hindurch ein furchtbares Gewehrgeknatter, und Tausende kleiner Feuer, die ununterbrochen aufblitzten, flammten die ganze Linie entlang.

»So ist es immer, wenn es richtig losgeht«, meinte Kalugin. »Dieses Gewehrgeknatter kann ich nicht kaltblütig mit anhören, weißt du, es ist, als risse es einem die Seele aus dem Leibe. Da schreien sie auch schon hurra«, fügte er hinzu und lauschte auf ein fernes, langgezogenes Geschrei von Hunderten von Stimmen, das von der Bastion her zu ihnen drang.

»Wer schreit hurra? Sie oder die Unsrigen?«

»Das weiß ich nicht, aber das Handgemenge ist schon losgegangen, denn das Schießen hat aufgehört.«

In diesem Augenblick kam ein Offizier mit einem Kosaken an die Vortreppe herangesprengt und stieg vom Pferde.

»Woher des Wegs?«

»Von der Bastion. Ich muß zum General.«

»Kommen Sie. Nun, wie steht's?«

»Wir haben die Schützengräben angegriffen ... sie genommen ... die Franzosen haben gewaltige Reserven herangeführt ...die Unsrigen angegriffen ... wir hatten nur zwei Bataillone«, stieß derselbe Offizier, der gegen Abend hier gewesen war, abgerissen und mühsam keuchend hervor, ging aber jetzt ganz ungezwungen auf die Tür zu.

»Sind wir zurückgeschlagen?« fragte Galzin.

»Nein«, erwiderte der Offizier ärgerlich, »es kam gerade zur rechten Zeit noch ein Bataillon, so daß wir sie wieder zurückschlagen konnten, aber der Regimentskommandeur ist gefallen und viele Offiziere, ich habe Befehl, um Verstärkung zu bitten ...«

Mit diesen Worten ging er zum General, wohin wir ihm nicht folgen werden.

Nach fünf Minuten saß Kalugin bereits auf seinem Kosakenpferd (und zwar wiederum auf jene eigentümliche quasi-Kosakenart, die, wie ich beobachtet habe, alle Adjutanten für besonders reizvoll halten) und sprengte im Trab nach der Bastion, um einige Befehle des Generals zu überbringen und auf Nachrichten über das endgültige Resultat des Kampfes zu warten; Fürst Galzin aber ging unter dem Einfluß jener tiefen Erregung, welche die nahen Anzeichen einer Schlacht in einem Zuschauer, der nicht daran teilnimmt, für gewöhnlich auszulösen pflegen, auf die Straße hinaus und schlenderte ziellos auf und ab.

# 6

Soldaten brachten auf Tragbahren oder führten, unter den Arm gefaßt, Verwundete herbei. Auf der Straße war es völlig dunkel; nur hier und da leuchtete das erhellte Fenster eines Lazaretts oder eines Quartiers, in dem die Offiziere noch zusammensaßen. Von den Bastionen her drang noch dasselbe Donnern der Geschütze und des Gewehrfeuers und zuckten noch dieselben Blitze am schwarzen Himmel auf. Selten hörte man den Hufschlag des Pferdes einer vorübersprengenden Ordonnanz, das Stöhnen eines Verwundeten, die Schritte und Zurufe der Träger oder weibliche Stimmen erschrockener Einwohner, die vor die Tür getreten waren, um sich die Kanonade anzusehen.

Unter der Zahl der letzteren befanden sich auch der uns bekannte Nikita, die alte Matrosenfrau, mit der er sich schon wieder ausgesöhnt hatte, und deren zehnjährige Tochter.

»Herrgott, heilige Mutter und Gottesgebärerin!« murmelte die Alte seufzend vor sich hin, während sie nach den Bomben schaute, die wie feurige Bälle von einer Seite auf die andere flogen. »Ach, wie furchtbar, wie entsetzlich! I-i-chi-chi! So schlimm war's nicht mal beim ersten Bumbardemang. Siehst du, wie sie platzt, die Verfluchte! Gerade über unserm Haus in der Vorstadt.«

»Nein, das ist weiter weg; die fallen alle Tante Arinka in den Garten«, sagte die Kleine.

»Und wo, wo wird mein Herr jetzt sein?« fing Nikita mit singender Stimme und noch ein bißchen betrunken an. »Wie ich ihn liebe, diesen Herrn, ich weiß selber nicht wie. Er schlägt mich, aber dennoch liebe ich ihn ganz schrecklich. Ich liebe ihn so, daß, wenn er, was Gott verhüte, durch sündhafte Hand getötet werden sollte, ich – glauben Sie mir, Tantchen – selber nicht wüßte, was mit mir geschehen würde. Bei Gott! Ein solcher Herr ist das, mit einem Wort! Soll ich ihn etwa eintauschen gegen solche da, die Karten spielen? Die sind – pfui! Mit einem Wort!« schloß Nikita und zeigte auf das erleuchtete Fenster des Zimmers seines Herrn, wohin der Junker Schwadtscheski, um sein Kreuz zu feiern, das man ihm angeheftet hatte, Gäste zu einem Zechgelage eingeladen hatte: den Unterleutnant Ugrowitsch und den Leutnant Nepschitschezki, denselben, der auf die Bastion gehen sollte und der an Rheumatismus erkrankt war.

»Die vielen Sternchen, die vielen Sternchen! Es regnet sie nur so!« unterbrach, zum Himmel schauend, das kleine Mädchen das Schweigen, das auf Nikitas Worte gefolgt war. »Da, da kommt wieder eines! Wozu machen die denn das so, Mamachen?«

»Sie werden unser Häuschen noch ganz zerschießen«, sagte die Alte seufzend und gab auf die Frage der Kleinen keine Antwort.

»Als ich neulich mit Onkelchen dort war, Mamachen«, fuhr die Kleine in singendem Tone fort, »da lag so ein großes Ding von einer Kugel mitten in der Stube neben dem Schrank; sie war durch den Hausflur gerade in die gute Stube geflogen... so ein großes Ding war es, nicht aufheben konnte man sie!«

»Wer noch einen Mann und Geld hatte, der ist weggefahren«, sagte die Alte, »denn hier – ach, dieser Jammer, dieses Elend – zerstören sie einem noch das letzte Häuschen. Sieh nur, sieh, wie sie schießen, diese Bösewichter! Großer Gott, großer Gott!«

»Und wie wir gerade weggehen wollten«, fuhr die Kleine fort, »kommt eine Bombe geflogen und zerspringt und beschmeißt uns mit lauter Erde; beinahe hätte mich und Onkelchen so ein Stück getroffen.«

»Ein Kreuz sollte sie dafür bekommen«, sagte der Junker, der in diesem Augenblick mit den übrigen Offizieren auf die Vortreppe heraustrat, um die Schießerei zu betrachten.

»Geh zum General, Alte«, sagte der Leutnant Nepschitschezki und klopfte ihr auf die Schulter, »geh nur!«

»Pódję na ulicę zobaczyć co tam nowego*«, fügte er hinzu und stieg die Treppe hinab.

»A my tym czasem napijmy się wódki, bo coś dusza w pięty ucieka**«, sagte lachend der fröhliche Junker Schwadtscheski.

## 7

Immer mehr und mehr Verwundete kamen auf Tragbahren oder sich gegenseitig stützend zu Fuß in lautem Gespräch dem Fürsten Galzin entgegen.

* Ich will auf die Straße gehen und nachsehen, was es gibt (polnisch).

** Und wir wollen inzwischen Wodka trinken, weil uns das Herz in die Hosen fällt (polnisch).

»Wie die angestürmt kamen, Brüder«, sagte ein großer Soldat mit einer Baßstimme, der zwei Gewehre über der Schulter trug, »wie die angestürmt kamen und schrien: ‚Allah, Allah!'*, da kletterte nur immer einer über den anderen weg! Schlägst du aber einen tot, kommen gleich soundso viele andere herbei – da ist nichts zu machen. Auf einmal ... hast du nicht gesehen – waren sie da ...« Aber an dieser Stelle seiner Erzählung unterbrach ihn Galzin.

»Kommst du von der Bastion?«

»Geradeswegs daher, Euer Wohlgeboren.«

»Was war denn dort los? Erzähle!«

»Was dort los war? Sie wälzten sich heran in ihrer ganzen Stärke, Euer Wohlgeboren, erkletterten den Wall, und wir waren futsch. Sie haben gesiegt, vollständig, Euer Wohlgeboren.«

»Wie denn gesiegt? Ihr habt sie doch zurückgeschlagen?«

»Wie kann man *ihn* da zurückschlagen, wenn *er* in seiner ganzen Stärke anrückt: unsere Leute sind alle gefallen, und Hilfe kam nicht.«

Der Soldat irrte, denn der Laufgraben war in unseren Händen geblieben, aber dies ist eine Eigentümlichkeit, die ein jeder beobachten kann: ist ein Soldat in der Schlacht verwundet, so hält er sie immer für verloren und für entsetzlich blutig.

»Wie kann man denn da sagen, daß der Feind zurückgeschlagen sei«, erwiderte Galzin ärgerlich.

In diesem Augenblick trat Leutnant Nepschitschezki, der in der Dunkelheit den Fürsten Galzin an der weißen Mütze erkannt hatte und diese Gelegenheit auszunutzen gedachte, um mit so einem gewichtigen Menschen ins Gespräch zu kommen, an ihn heran.

»Geruhen Sie etwa in Erfahrung zu bringen, was los war?« fragte er ehrerbietig und berührte mit der Hand den Mützenrand.

»Ich frage lieber selbst«, sagte der Fürst Galzin und wandte sich erneut an den Soldaten mit den zwei Gewehren. »Vielleicht geschah es, als du schon fort warst? Bist du schon lange von dort fort?«

»Soeben, Euer Wohlgeboren!« erwiderte der Soldat. »Das kann kaum sein, *er* muß den Graben genommen haben ... *er* hat vollständig gesiegt.«

* Von den Türkenkriegen her waren unsere Soldaten so an dieses Schlachtgeschrei der Feinde gewöhnt, daß sie immer erzählten, die Franzosen riefen im Kampfe ebenfalls: »Allah!«

»Aber schämt ihr euch denn nicht, euren Laufgraben herzugeben! Das ist doch schrecklich!« rief Galzin, ergrimmt über diese Gleichgültigkeit. »Daß ihr euch nicht schämt!« wiederholte er und wandte sich von den Soldaten ab.

»Oh! das ist ein schreckliches Volk! Sie belieben es nicht zu kennen«, hakte der Leutnant Nepschitschezki ein, »ich sage Ihnen, daß Sie von diesen Leuten weder Stolz noch Patriotismus noch höhere Gefühle verlangen können. Schauen Sie nur, haufenweise gehen sie fort, nicht der zehnte Teil von allen ist verwundet, das übrige sind lauter *Assistenten*, nur um dem Treffen zu entkommen. Ein feiges Volk! Eine Schande, so vorzugehen, Kinder, eine Schande! *Unseren* Laufgraben aufzugeben!« fügte er hinzu und wandte sich an die Soldaten.

»Was ist da zu machen, wenn *er* in seiner ganzen Stärke kommt!« brummte der Soldat.

»Aber, Euer Wohlgeboren«, mischte sich da ein Soldat auf einer Tragbahre ein, die vorübergetragen wurde, »wie sollten wir den Graben nicht hergeben, wo *er* uns doch alle niedergemacht hat? Wären wir stärker gewesen, hätten wir ihn im Leben nicht hergegeben. Aber was sollten wir machen? Einen stach ich nieder, da kriegte ich gleich diesen Hieb hier ab ... O-o-och! ... Vorsichtiger, Brüder, ruhiger, Brüder, gleichmäßiger gehen ... O-o-oh!« stöhnte der Verwundete.

»Hier scheinen tatsächlich viele für nichts und wieder nichts mitzulaufen«, rief Galzin und hielt noch einmal den großen Soldaten mit den zwei Gewehren an. »Warum gehst du fort? He, du, halt!«

Der Soldat blieb stehen und nahm mit der linken Hand die Mütze ab.

»Wohin gehst du und warum?« schrie Galzin ihn streng an. »Du ...«

Aber in diesem Augenblick, als er ganz nahe an den Soldaten herantrat, bemerkte er, daß dessen rechter Arm bis über den Ellenbogen ganz voll Blut war.

»Ich bin verwundet, Euer Wohlgeboren.«

»Wodurch verwundet?«

»Hier muß es sein, durch eine Kugel«, antwortete der Soldat und zeigte auf seinen Arm. »Und dann hier, aber was mich da hinten in den Kopf getroffen hat, das weiß ich nicht«, und er beugte sich vor und zeigte die blutigen, zusammengeklebten Haare im Genick.

»Und wem gehört das andere Gewehr?«

»Das ist ein französischer Stutzen, Euer Wohlgeboren, den hab ich mir mitgenommen. Ich wäre auch nicht gegangen, wenn ich nicht diesen hier führen müßte, der fällt sonst um«, fügte er hinzu und zeigte auf einen Soldaten, der, auf sein Gewehr gestützt und mühsam das linke Bein nachschleifend, dicht vor ihm ging.

»Und wo gehst du hin, Schurke!« schrie der Leutnant Nepschitschezki einen anderen Soldaten an, der ihm entgegenkam, weil er mit seinem Gebrüll dem einflußreichen Fürsten zu Diensten sein wollte. Der Soldat war auch verwundet.

Fürst Galzin begann sich auf einmal über den Leutnant Nepschitschezki und noch mehr über sich selber zu schämen. Er fühlte, wie er rot wurde (was nur selten geschah), wandte sich von dem Leutnant ab und ging, ohne die Verwundeten weiter auszufragen oder sie zu beachten, auf den Verbandsplatz.

Nur mit Mühe kam Galzin auf der Vortreppe durch die zu Fuß gehenden Verwundeten und Träger, die mit Verwundeten hineingingen und mit Toten herauskamen, hindurch. Galzin trat in das erste Zimmer, sah sich um, fuhr aber unwillkürlich zurück und lief wieder auf die Straße hinaus: es war zu entsetzlich!

## 8

Der große, hohe, dunkle Saal, der nur von vier oder fünf Kerzen erleuchtet war, bei deren Schein die Ärzte die Verwundeten untersuchten, war buchstäblich voll. Ununterbrochen brachten die Träger Verwundete herein, legten sie nebeneinander auf den Fußboden, wo es so eng war, daß die Unglücklichen aneinanderstießen und sich gegenseitig mit Blut benetzten, und gingen neue holen. Die Blutlachen, die nur an den freien Stellen sichtbar waren, der Fieberatem von einigen hundert Menschen und die Ausdünstungen der Träger verursachten einen besonderen, schweren, dicken, übelriechenden Gestank, in dem die vier Kerzen in den Ecken des Saales nur trübe brannten. Dumpfes Stöhnen, Seufzen und Röcheln, ab und zu von einem durchdringenden Schrei unterbrochen, erfüllten das ganze Zimmer. Schwestern mit ruhigen Gesichtern, auf denen nicht jenes hohle, weiblich rührselige und tränenreiche Mitleid, sondern tatkräftige, praktische Teilnahme zum Ausdruck kam, stiegen über die Verwundeten und tauchten mit Arzneien, mit Wasser, mit Binden oder Scharpie bald hier, bald dort zwischen den blutigen Mänteln und Hemden auf. Ärzte mit finsteren Gesichtern und aufgestreiften Ärmeln knieten vor den Verwundeten, neben denen ein Feldscher die Kerze hielt, griffen mit den Fingern in die Kugelwunden und sondierten sie und drehten die abgeschossenen, hängenden Glieder hin und her, unbeirrt durch das furchtbare Stöhnen und Flehen der Leidenden. Einer der Ärzte saß neben der Tür an einem Tischchen und notierte, als Galzin ins Zimmer trat, gerade die Nummer 532.

»Iwan Bogajew, Gemeiner der dritten Kompanie des Regiments S., fractura femoris complicata«, rief hinten aus dem Saal ein anderer, der das zerschossene Bein des Verwundeten befühlte. »Dreht ihn herum!«

»O–o–oh, Väterchen, Väterchen!« schrie der Soldat flehentlich, daß man ihn nicht anrühren solle.

»Perforatio capitis.«

»Semjon Neferdow, Oberstleutnant des Infanterieregiments N. Sie müssen ein wenig stillhalten, Oberst, so geht das nicht, sonst muß ich Sie liegen lassen«, sagte ein dritter Arzt, der mit einer Hakensonde im Kopf des Unglücklichen herumstocherte.

»Au, lassen Sie doch! Oh, um Gottes willen, schneller, schneller! Um ... a–a–a–a–ah!«

»Perforatio pectoris ... Sewastjan Sereda, Gemeiner ... welches Regiment? Übrigens, schreiben Sie nichts: moritur. Tragt ihn fort«, sagte der Arzt und ging von dem Soldaten weg, der mit brechenden Augen schon röchelte ...

Etwa vierzig als Träger verwendete Soldaten, die an der Tür warteten, bis wieder Verwundete ins Lazarett und Tote in die Kapelle zu tragen waren, standen stumm da und seufzten nur ab und zu schwer, wenn sie das Bild vor sich betrachteten ...

## 9

Auf dem Wege zur Bastion traf Kalugin viele Verwundete; da er aber aus Erfahrung wußte, wie nachteilig dieser Anblick in einer Schlacht auf die Stimmung eines jeden wirkt, hielt er nicht an, um sie auszufragen, sondern war vielmehr bemüht, ihnen nicht die geringste Aufmerksamkeit zu schenken. Unten am Berge stieß er auf einen Ordonnanzoffizier, der in gestrecktem Galopp von der Bastion angesprengt kam.

»Sobkin, Sobkin! Warten Sie einen Augenblick!«

»Was gibt's?«

»Wo kommen Sie her?«

»Aus den Schützengräben.«

»Wie steht's dort? Geht's heiß her?«

»Ach, grauenhaft!«

Und der Ordonnanzoffizier sprengte weiter. Und tatsächlich: wenn auch das Gewehrfeuer nachgelassen hatte, so war doch die Kanonade mit neuer Wucht und Erbitterung entbrannt.

Wie ekelhaft! dachte Kalugin und empfand ein unangenehmes Gefühl, und auch ihn überkam eine Vorahnung, das heißt ein ganz alltäglicher Gedanke: der Gedanke an den Tod. Aber Kalugin war nicht der Stabskapitän Michailow, er war ehrgeizig und mit eisernen Nerven begnadet, also das, was man mit einem Worte tapfer nennt. Er gab sich nicht jedem ersten Gefühl hin, sondern flößte sich selber Mut ein, indem er an jenen Adjutanten – Napoleons, glaube ich – dachte, der, um einen Befehl zu überbringen, mit blutüberströmtem Kopf auf Napoleon zugesprengt war.

»Vous êtes blessé?« fragte ihn Napoleon.

»Je vous demande pardon, Sire, je suis tué.« Und der Adjutant fiel vom Pferde und war auf der Stelle tot.

Das gefiel ihm ausgezeichnet, und er kam sich selber ein wenig wie dieser Adjutant vor, dann zog er seinem Pferde eins mit der Peitsche über, ritt noch mehr *ganz nach Kosakenart*, sah sich nach seinem Burschen um, der in den Steigbügeln stehend hinter ihm hertrabte, und kam so in schneidigem Ritt bis zu der Stelle, wo er absitzen mußte. Hier traf er vier Soldaten, die sich auf Steine gesetzt hatten und ihre Pfeifen rauchten.

»Was macht ihr hier?« schrie er sie an.

»Wir haben Verwundete fortgeschafft, Euer Wohlgeboren, und uns eben hergesetzt, um ein bißchen auszuruhen«, antwortete der eine von ihnen, versteckte seine Pfeife hinter dem Rücken und nahm die Mütze ab.

»Ach was ausruhen! Marsch an eure Plätze, sonst sage ich es dem Regimentskommandeur!«

Und Kalugin ging zusammen mit ihnen durch den Laufgraben den Berg hinauf, wobei ihnen auf Schritt und Tritt Verwundete begegneten. Oben angelangt, wandte er sich im Laufgraben nach links und befand sich, nachdem er ein paar Schritte gegangen war, ganz allein. Dicht neben ihm sauste ein Splitter vorbei und schlug in den Graben ein. Eine andere Bombe tauchte plötzlich vor ihm auf und schien gerade auf ihn zuzufliegen. Ihm wurde plötzlich unheimlich zumute: marschmarsch rannte er einige Schritte weiter und warf sich dann auf die Erde. Als die Bombe, weit von ihm entfernt, geplatzt war, ärgerte er sich schrecklich über sich selber, stand auf und sah sich um, ob jemand sein Hinwerfen gesehen habe, aber es war niemand da.

Wenn sich aber die Furcht einmal in einer Seele eingenistet hat, macht sie nicht sobald wieder einem anderen Gefühl Platz. Er, der sich immer gebrüstet hatte, daß er sich niemals ducken werde, ging jetzt mit beschleunigten Schritten und fast kriechend den Graben entlang. Ach, das ist ein böses Zeichen, dachte er, als er plötzlich stolperte, sicher werde ich fallen. Und als er spürte, wie schwer er atmen mußte und daß sein ganzer Körper in Schweiß geriet, wunderte er sich über sich selbst, versuchte aber nicht mehr, seiner Gefühle Herr zu werden.

Plötzlich hörte er vor sich Schritte. Schnell richtete er sich auf, warf den Kopf zurück, klirrte forsch mit dem Säbel und ging nun nicht mehr mit so hastigen Schritten wie vorher. Er erkannte sich selbst nicht wieder. Als er mit dem Schanzgrabenoffizier und dem Matrosen, die ihm entgegenkamen, zusammenstieß und ersterer ihm zuschrie: »Hinwerfen!« indem er auf den feurigen Punkt einer Bombe zeigte, die heller und heller und schneller und schneller heranflog und in der Nähe des Grabens krepierte, bog er nur unwillkürlich unter dem Einfluß des erschreckten Zurufes ein wenig den Kopf zur Seite und ging weiter.

»Schau, der ist aber tapfer«, sagte der Matrose, der seelenruhig das Platzen der Bombe beobachtet und mit geübtem Auge sofort berechnet hatte, daß ihre Splitter nicht bis in den Graben fliegen würden, »der will sich nicht einmal hinlegen.«

Nur mehr ein paar Schritte hatte Kalugin bis zur Blindage des Kommandeurs der Bastion über einen freien Platz zu gehen, als sich wieder diese Kopflosigkeit und dieses dumpfe Gefühl der Furcht seiner bemächtigten; sein Herz begann stärker zu schlagen, das Blut stieg ihm zu Kopf, und er mußte sich gehörig zusammennehmen, um das kurze Stück bis zur Blindage hinüberzulaufen.

»Warum sind Sie denn so außer Atem?« fragte der General, als er den Befehl überbrachte.

»Ich bin sehr schnell gegangen, Exzellenz.«

»Wollen Sie vielleicht ein Glas Wein?«

Kalugin trank ein Glas Wein und rauchte eine Zigarette. Das Treffen war schon zu Ende, nur die starke Kanonade nahm auf beiden Seiten ihren Fortgang. In der Blindage saßen der General N., der Kommandeur der Bastion, und noch gegen sechs Offiziere, darunter auch Praskuchin, die sich über verschiedene Einzelheiten des Gefechts unterhielten. Als Kalugin nun in diesem gemütlichen Zimmerchen saß, das mit hellblauen Tapeten, einem Diwan, einem Bett, einem Tisch, auf dem Papiere lagen, einer Wanduhr und Heiligenbildern, vor denen ein Lämpchen brannte, ausgestattet war, und diese wohnliche Einrichtung und die dicken, schweren Balken, die die Decke bildeten, betrachtete und die Schüsse hörte, die in der Blindage nur schwach zu vernehmen waren, konnte er durchaus nicht begreifen, wie er sich zweimal von solch einer unverzeihlichen Schwäche hatte unterkriegen lassen können. Er ärgerte sich über sich selbst und wünschte eine Gefahr herbei, um sich noch einmal auf die Probe zu stellen.

»Das freut mich aber, daß Sie auch hier sind, Kapitän«, sagte er zu einem Marineoffizier im Stabsoffiziersmantel, mit großem Schnurrbart und dem Georgskreuz, der soeben in die Blindage gekommen war und den General um Arbeiter gebeten hatte, um bei seiner Batterie zwei Schießscharten ausbessern zu können, die verschüttet waren. »Der General hat mir befohlen, in Erfahrung zu bringen«, fuhr Kalugin fort, als der Batteriechef aufgehört hatte, mit dem General zu sprechen, »ob Ihre Geschütze den Laufgraben mit Kartätschen beschießen können.«

»Nur ein einziges Geschütz«, erwiderte finster der Kapitän.

»Wir wollen aber trotzdem hingehen und es uns ansehen.«

Der Kapitän legte die Stirn in Falten und räusperte sich ärgerlich.

»Ich habe schon die ganze Nacht dort gesessen und bin gerade hierhergekommen, um mich ein bißchen auszuruhen«, sagte er. »Können Sie nicht allein gehen? Mein Stellvertreter, Leutnant Karz, ist dort und wird Ihnen alles zeigen.«

Der Kapitän kommandierte diese Batterie, die eine der am meisten gefährdeten war, nun schon ein halbes Jahr; seit Anfang der Belagerung, selbst als es noch keine Blindagen gab, wohnte er auf der Bastion und stand bei den Matrosen im Rufe großer Tapferkeit. Deshalb war Kalugin über seine Weigerung besonders erstaunt und befremdet. Da sieht man mal wieder, was ein Ruf zu bedeuten hat! dachte er.

»Nun, dann gehe ich eben allein, wenn Sie gestatten«, sagte

er etwas spöttisch zu dem Kapitän, der jedoch seinen Worten gar keine Beachtung schenkte.

Aber Kalugin zog nicht in Betracht, daß er zu verschiedenen Zeiten alles in allem nur fünfzig Stunden auf den Bastionen verbracht, der Kapitän aber ein halbes Jahr lang dauernd dort gewohnt hatte. Ihn stachelten auch die Eitelkeit, der Wunsch zu glänzen an, die Hoffnung auf Auszeichnungen, auf Ruhm und der Reiz der Gefahr, während der Kapitän dies alles schon durchgemacht hatte – zuerst war er eitel gewesen, hatte sich tapfer gezeigt, allerlei gewagt, auf Auszeichnungen und Ruhm gehofft und diese auch erworben, jetzt aber hatten all diese Reizmittel ihre Macht über ihn verloren, er sah die Dinge mit anderen Augen an: er erfüllte gewissenhaft seine Pflicht, da er aber ganz genau wußte, wie gering nach einem sechsmonatigen Aufenthalt auf der Bastion die Möglichkeit für ihn, am Leben zu bleiben, noch war, setzte er sein Leben nicht ohne zwingende Notwendigkeit aufs Spiel, so daß der junge Leutnant, der erst vor acht Tagen zur Batterie gekommen war und jetzt Kalugin alles zeigte, mit dem er sich in zwecklosem Wetteifer aus den Schießscharten hinausbeugte und auf die Banketts kletterte, zehnmal tapferer schien als der Kapitän.

Als Kalugin die Batterie besichtigt hatte und nach der Blindage zurückging, stieß er in der Dunkelheit auf den General, der mit seinen Ordonnanzoffizieren auf den Berg hinaufging.

»Rittmeister Praskuchin!« rief der General, »gehen Sie bitte hinunter in den rechten Schützengraben und sagen Sie dem zweiten Bataillon des Regiments M., das dort arbeitet, daß es die Arbeit einstellt, geräuschlos abzieht und sich mit seinem Regiment vereinigt, das hinterm Berg in Reserve steht... Verstanden? Sie selber führen das Bataillon zum Regiment zurück.«

»Zu Befehl!«

Und Praskuchin begab sich im Laufschritt zum Schützengraben hinunter. Das Schießen ließ nach.

## 10

»Ist dies das zweite Bataillon des Regiments M.?« fragte Praskuchin, als er an Ort und Stelle angelangt war und auf einen Soldaten stieß, der auf dem Rücken Erde in einem Sack hinausschleppte.

»Zu Befehl!«

»Wo ist der Kommandeur?«

Michailow, in der Annahme, daß nach dem Kompanieführer gefragt werde, kam aus seinem Loch hervorgekrochen, hielt Praskuchin für einen Vorgesetzten und trat, die Hand am Mützenschirm, auf ihn zu.

»Der General hat befohlen ... Sie ... möchten abziehen ... schnell ... und vor allen Dingen leise ... zurück ... nicht zurück, sondern zur Reserve«, stieß Praskuchin atemlos hervor und schielte nach dem feindlichen Feuer hinüber.

Nachdem Michailow Praskuchin erkannt, die Hand heruntergenommen und verstanden hatte, worum es sich handelte, gab er den Befehl weiter, und das Bataillon geriet in fröhliche Bewegung, griff nach den Gewehren, zog die Mäntel an und setzte sich in Marsch.

Wer es nicht selbst erfahren hat, kann sich keinen Begriff davon machen, was für ein erlösendes Gefühl der Mensch empfindet, wenn er nach dreistündigem Bombardement von einem so gefährlichen Ort, wie es die Schützengräben sind, abziehen darf. Während dieser drei Stunden hatte Michailow schon mehrmals sein Ende für unvermeidlich gehalten und schon mehrmals alle Heiligenbildchen geküßt, die er bei sich hatte, aber sich schließlich ein wenig unter dem Einfluß der Überzeugung beruhigt, daß – nachdem so viele Bomben und Geschosse an ihm vorübergeflogen waren, ohne ihn zu erwischen – ihn jetzt kaum noch etwas erwischen könnte. Trotzdem kostete es ihn große Mühe, seine Beine zurückzuhalten, damit sie nicht zu laufen anfingen, als er neben Praskuchin vor seiner Kompanie aus den Schützengräben abzog.

»Auf Wiedersehen!« sagte ein Major zu ihm, der Kommandeur eines anderen Bataillons, das in den Schützengräben bleiben mußte, mit dem zusammen er seinen Käse gegessen und in dem Loch an der Brustwehr gesessen hatte. »Glück auf den Weg!«

»Und Ihnen wünsche ich ein glückliches Durchhalten; es scheint jetzt ruhiger zu werden.«

Aber kaum hatte er das gesagt, als der Feind, der wahrscheinlich die Bewegung im Schützengraben beobachtet hatte, heftiger und heftiger zu feuern begann. Die Unsrigen antworteten, und wieder setzte eine starke Kanonade ein. Die Sterne standen hoch am Himmel, leuchteten aber nicht hell; die Nacht war so dunkel, daß man die Augen anstrengen mußte und doch nichts erkennen konnte: nur das Aufblitzen der Schüsse und das Platzen der Bomben erhellten für Augenblicke die Gegenstände. Die Soldaten gingen schnell und schweigend und überholten einander unwillkürlich; durch das ununterbrochene Krachen der Schüsse tönte nur das gleichmäßige Hallen ihrer Schritte auf dem trockenen Weg, das Klirren der Bajonette, die aneinanderstießen, oder das Seufzen und Beten irgendeines schüchternen Soldaten: »Herrgott! Herrgott! So etwas!« Bisweilen hörte man das Aufstöhnen eines Verwundeten und den Ruf: »Träger!« (In der Kompanie, die Michailow kommandierte, wurden in dieser Nacht allein durch Artilleriefeuer sechsundzwanzig Menschen getötet.) Oder es zuckte ein Blitz am dunklen, fernen Horizont auf, der Posten auf der Bastion schrie: »Kano–ne«, und eine Kugel sauste über die Kompanie hinweg, wühlte sich in die Erde hinein und warf Steine in die Luft.

Hol's der Teufel, gehen die aber langsam! dachte Praskuchin, während er neben Michailow herging und sich fortwährend umsah. Tatsächlich, ich sollte lieber vorauslaufen, ich habe doch den Befehl überbracht ... Doch nein, dieses Rindvieh könnte nachher erzählen, ich sei ein Feigling, vielleicht mit ähnlichen Worten, wie ich es gestern von ihm gesagt habe. Wie's kommt, so kommt's. Ich werde mit ihnen gehen.

Warum geht der nur mit mir? dachte Michailow seinerseits. Soviel ich bemerkt habe, bringt er immer Unglück; da fliegt eine heran, gerade auf uns zu, wie es scheint.

Als sie noch einige hundert Schritt gegangen waren, stießen sie auf Kalugin, der forsch und säbelklirrend nach den Schützengräben schritt, um im Auftrage des Generals festzustellen, wie weit dort die Arbeiten gediehen seien. Als er aber Michailow erblickte, kam er auf den Gedanken, daß er ja in diesem schrecklichen Feuer gar nicht selber hinzugehen brauche, was ihm auch nicht befohlen worden war, sondern einfach diesen Offizier, der ja dort gewesen war, nach allen Einzelheiten ausfragen könne. Und wirklich berichtete ihm Michailow ausführlich über den Stand der Arbeiten, obgleich er dabei gelegentlich Kalugin vergaß (der den Schüssen nicht das geringste Augenmerk zu schenken schien), weil er bei jedem Geschoß auch wenn es manchmal sehr weit entfernt einschlug, in die Hocke ging, den Kopf einzog und der festen Überzeugung war, daß es »gerade auf ihn zufliege«.

»Schauen Sie, Kapitän, die kommt gerade auf uns zu«,

sagte Kalugin scherzend, wobei er Praskuchin in die Seite stieß. Nachdem er noch ein Stück mit ihnen gegangen war, bog er in einen Graben ein, der zur Blindage führte. Man kann nicht sagen, daß dieser Kapitän besonders tapfer wäre, dachte er, als er die Tür zur Blindage öffnete.

»Nun, was gibt's Neues?« fragte ihn der Offizier, der dort allein im Zimmer beim Abendbrot saß.

»Nichts Besonderes; es scheint kein größeres Gefecht mehr zu geben.«

»Kein Gefecht mehr? Im Gegenteil, der General ist soeben wieder auf die Anhöhe hinaufgegangen. Es ist noch ein Regiment gekommen. Da haben wir's ja ... hören Sie? Das ist wieder Gewehrfeuer. Gehen Sie nicht! Wozu Sie?« fügte der Offizier hinzu, als er die Bewegung sah, die Kalugin machte.

Eigentlich müßte ich unbedingt dort sein, dachte Kalugin, aber ich habe mich heute schon so vielen Gefahren ausgesetzt. Ich hoffe, daß ich nicht als chair à canon gebraucht werde.

»Tatsächlich, ich werde lieber hier warten«, erwiderte er.

Nach etwa fünf Minuten kehrte der General wirklich mit den ihn begleitenden Offizieren in die Blindage zurück; unter ihnen befand sich auch der Junker Baron Pest, aber Praskuchin war nicht mehr dabei.

Die Schützengräben waren vom Feinde gesäubert und von den Unsrigen genommen.

Nachdem Kalugin ausführliche Kunde über das Gefecht erhalten hatte, verließ er zusammen mit Pest die Blindage.

## 11

»Du hast ja lauter Blut am Mantel; hast du denn an einem Handgemenge teilgenommen?« fragte ihn Kalugin.

»Ach, Bruder, es war entsetzlich! Kannst du dir vorstellen ...«

Und Pest fing an zu erzählen, wie er, als sein Kompanieführer gefallen sei, die Kompanie geführt und einen Franzosen erstochen habe, und daß, wenn er nicht die Sache in die Hand genommen hätte, die ganze Schlacht verlorengegangen wäre und so weiter.

Der Kern dieser Erzählung: daß der Kompaniechef gefallen war und daß Pest einen Franzosen erstochen hatte, war richtig; als aber der Junker dies mit allen Einzelheiten erzählte, kam er ins Phantasieren und Prahlen.

Und zwar tat er dies unwillkürlich, weil er sich während der ganzen Zeit des Gefechts in einer Art von Umnebelung und halbem Bewußtsein befunden hatte, so daß es ihm vorgekommen war, als geschähe dies alles irgendwo, irgendwann und irgendwem; und es war nur natürlich, daß er sich nun bemühte, diese Einzelheiten in einer für ihn vorteilhaften Weise wiederzugeben. In Wirklichkeit hatte sich die Sache anders abgespielt.

Das Bataillon, dem der Junker für den Ausfall zugeteilt worden war, stand zuerst gegen zwei Stunden in der Nähe einer kleinen Befestigung im Feuer, dann sagte der Bataillonskommandeur vorne etwas, die Kompanieführer begannen sich zu regen, das Bataillon setzte sich in Bewegung, marschierte über die Brustwehr hinaus, machte nach etwa hundert Schritten halt und nahm in Kompaniekolonnen Aufstellung. Pest wurde auf den rechten Flügel der zweiten Kompanie beordert.

Ohne sich irgendwie darüber Rechenschaft abzulegen, wohin und warum er ging, begab sich der Junker auf seinen Posten, wobei er unwillkürlich den Atem anhielt und ein kalter Schauer ihm über den Rücken lief, und starrte in Erwartung von etwas Furchtbarem besinnungslos vor sich hin. Ihm war übrigens, weil nicht geschossen wurde, weniger ängstlich als vielmehr abenteuerlich und seltsam zumute bei dem Gedanken, daß er sich außerhalb der Festung auf freiem Felde befand. Wieder erteilte der Bataillonskommandeur vorne einen Befehl. Wieder gaben die Offiziere den Befehl flüsternd weiter, und plötzlich fiel die schwarze Wand der ersten Kompanie zu Boden. Es war befohlen worden, sich hinzulegen. Auch die zweite Kompanie warf sich auf die Erde, und Pest stach sich beim Hinlegen mit der Hand an irgendeinem stacheligen Kraut. Nur der Führer der zweiten Kompanie legte sich nicht hin; seine kleine Gestalt mit dem gezogenen Degen, den er, fortwährend redend, hin und her schwenkte, lief vor der Kompanie hin und her.

»Kinder, paßt auf, zeigt euch als meine Helden! Mit den Gewehren wird nicht geschossen, geht mit den Bajonetten auf sie los, diese Kanaillen. Wenn ich hurra schreie, lauft ihr mir nach; daß mir keiner zurückbleibt ... Wie Kameraden zusammenhalten, das ist die Hauptsache ... Wir wollen ihnen zeigen, wer wir sind, und nicht mit der Nase in den Dreck fallen, nicht wahr, Kinder? Für unser Väterchen, den Zaren!« sagte er, wobei er seine Rede ständig mit Schimpfwörtern durchsetzte und auch übermäßig mit den Händen fuchtelte.

»Wie heißt denn unser Kompanieführer?« fragte Pest den Junker, der neben ihm lag. »Was für ein tapferer Mensch!«

»Ja, wenn's zum Losschlagen kommt, ist er immer – stockblau...« erwiderte der Junker. »Er heißt Lisinkowskij.«

In diesem Augenblick zuckte dicht vor der Kompanie eine Flamme auf, ein Krachen, das die ganze Kompanie betäubte, erscholl, und hoch in die Luft wirbelten Steine und Sprengstücke (wenigstens kam noch nach fünfzig Sekunden ein Stein von oben herab und zerschmetterte einem Soldaten das Bein). Es war eine Bombe von einer *Elevationslafette*, und ihr Einschlagen vor der Kompanie bewies, daß die Franzosen die Kolonne bemerkt hatten.

»Mit Bomben zu schmeißen! Ihr Hundesöhne... Aber laßt uns nur hinkommen, dann werdet ihr das dreikantige russische Bajonett schon zu kosten bekommen, ihr Verdammten!« rief der Kompanieführer so laut, daß der Bataillonskommandeur ihm Ruhe gebieten und ihm nahelegen mußte, nicht solchen Lärm zu schlagen.

Gleich darauf erhob sich die erste Kompanie und nach ihr die zweite. Es war befohlen worden, mit gefälltem Bajonett vorzugehen, und das Bataillon setzte sich in Bewegung. Pest war so von Furcht benommen, daß er nicht wußte, ob es lange währte, wohin sie liefen und was geschah. Wie ein Trunkener lief er mit. Aber plötzlich blitzten von allen Seiten ungezählte Feuer auf, etwas pfiff und krachte. Er schrie und rannte, weil alle schrien und alle rannten. Dabei stolperte er und fiel über etwas – es war der Kompanieführer, der vor der Kompanie verwundet worden war, in dem Junker einen Franzosen zu sehen glaubte und ihn am Beine festhielt. Kaum hatte er sein Bein freigemacht und war aufgestanden, als ihn irgendwer in der Finsternis mit dem Rücken so heftig anstieß, daß er beinahe wieder hingefallen wäre. Ein anderer schrie ihm zu: »Stich ihn nieder! Was schaust du!« Er nahm das Gewehr und stieß das Bajonett in etwas Weiches. »A moi, camarades! Ah! sacré b... Ah! Dieu!« schrie jemand mit furchtbarer, durchdringender Stimme, und erst jetzt kam es Pest zum Bewußtsein, daß er einen Franzosen erstochen hatte. Kalter Schweiß brach ihm am ganzen Körper aus; er zitterte wie im Fieber und warf das Gewehr weg. Aber das dauerte nur einen Augenblick;

dann schoß ihm sogleich der Gedanke durch den Kopf, daß er ein Held sei. Er packte das Gewehr und lief zusammen mit der Menge, die hurra schrie, von dem getöteten Franzosen fort, dem sofort jemand die Stiefel auszog. Nachdem er etwa zwanzig Schritt vorgestürzt war, kam er in einen Laufgraben. Dort waren die Unsrigen und der Bataillonskommandeur.

»Ich habe einen erstochen!« rief er dem Bataillonskommandeur zu.

»Sie sind ein wackerer Soldat, Baron!«..................
..............................................

12

»Weißt du übrigens schon, daß Praskuchin gefallen ist?« sagte Pest, als er Kalugin, der nach Hause ging, noch ein Stück begleitete.

»Das kann nicht sein!«

»Doch, ich habe es selbst gesehen.«

»Leb wohl, ich habe Eile.«

Ich bin recht zufrieden, dachte Kalugin, als er zu Hause angelangt war; zum erstenmal habe ich bei meinem Dienst Glück gehabt. Ein famoses Gefecht, ich lebend und unversehrt, es wird hervorragende Auszeichnungen geben und unbedingt einen goldenen Säbel. Übrigens habe ich mir den auch verdient.

Als er dem General alles, was nötig war, gemeldet hatte, ging er in sein Zimmer, in dem Fürst Galzin saß, der schon lange heimgekehrt war, auf ihn wartete und »Splendeur et misères des courtisanes« las, das er bei Kalugin auf dem Tische gefunden hatte.

Kalugin empfand ein wunderbar süßes Gefühl, als er sich zu Hause und außer Gefahr wußte, sich das Nachthemd anzog und, schon im Bette liegend, Galzin ausführlich das Gefecht beschrieb, wobei er es ganz natürlicherweise von einem Gesichtspunkt aus darstellte, der bewies, daß er, Kalugin, ein äußerst tüchtiger und tapferer Offizier war, worauf er, glaube ich, gar nicht hätte hinzuweisen brauchen, weil das bereits alle wußten und niemand ein Recht und einen Grund hatte, daran zu zweifeln, ausgenommen vielleicht der gefallene Rittmeister Praskuchin, der, obgleich er es für ein Glück hielt, Arm in Arm mit Kalugin zu gehen, doch erst tags zuvor im Vertrauen einem Freunde erzählt hatte, daß zwar Kalugin ein sehr netter

Kerl sei, »aber unter uns gesagt, auf die Bastionen geht er schrecklich ungern«.

Kaum hatte sich Praskuchin, der neben Michailow einherging, von Kalugin getrennt und – da sie nun an eine weniger gefährliche Stelle gekommen waren – wieder ein wenig aufzuleben begonnen, als er hinter sich einen grellen Blitz aufzucken sah, den Ruf des Postens: »Mörser!« vernahm und die Worte eines der hinter ihnen gehenden Soldaten: »Gerade auf die Bastion fliegt sie zu!« Michailow sah sich um. Der leuchtende Punkt der Bombe schien auf seiner höchsten Höhe stehenzubleiben, in einer Lage, in der es entschieden unmöglich war, ihre weitere Richtung zu bestimmen. Aber es dauerte nur einen Augenblick: die Bombe senkte sich immer schneller, kam immer näher, so daß man schon die Funken des Zünders sehen und das verhängnisvolle Pfeifen hören konnte, und fiel mitten in das Bataillon hinein.

»Hinlegen!« rief eine entsetzte Stimme.

Michailow fiel auf den Bauch. Praskuchin drückte sich unwillkürlich an die Erde und kniff die Augen zu; er hörte nur, wie das Geschoß dicht neben ihm auf die harte Erde aufschlug. Es verging eine Sekunde, die eine Stunde schien – die Bombe krepierte nicht. Praskuchin erschrak: hatte er sich unnötigerweise feige gezeigt? Vielleicht war die Bombe weit weggeflogen, und es hatte ihm nur so geschienen, als ob der Zünder hier neben ihm zischte. Er machte die Augen auf und sah mit selbstgefälliger Genugtuung, daß auch Michailow, dem er zwölfeinhalb Rubel schuldete, unbeweglich zu seinen Füßen auf dem Bauche lag. Da aber fielen seine Augen für einen Augenblick auf den leuchtenden Zünder der Bombe, die sich nur eine Elle von ihm entfernt im Kreise drehte.

Das kalte Entsetzen, das alle anderen Gedanken und Gefühle unmöglich machte, durchdrang ihn; er bedeckte das Gesicht mit den Händen.

Es verging noch eine Sekunde – eine Sekunde, in der eine ganze Welt von Gefühlen, Gedanken, Hoffnungen und Erinnerungen in seiner Phantasie vorüberhuschte.

Wen wird sie töten – mich oder Michailow? Oder beide zusammen? Und wenn sie mich trifft, wohin dann? In den Kopf, dann ist alles aus. Trifft sie aber ins Bein, so wird man es mir abnehmen ... ich werde bitten, mich unbedingt zu chloroformieren ... aber ich kann dann doch am Leben bleiben. Doch vielleicht trifft sie nur Michailow allein? Dann werde ich erzählen, wie wir nebeneinandergingen, wie es ihn getötet und mich mit Blut bespritzt hat. Aber nein, sie ist näher bei mir – mich wird sie...! Er dachte an die zwölf Rubel, die er Michailow schuldete, dachte noch an eine andere Schuld in Petersburg, die er schon lange hätte bezahlen müssen; das Zigeunerlied, das er am Abend vorher gesungen hatte, kam ihm in den Sinn; die Frau, die er liebte, tauchte in einem Morgenhäubchen mit lila Bändern vor seinem geistigen Auge auf, in einem Häubchen mit lila Bändern; ein Mensch, der ihn vor fünf Jahren beleidigt und dem er diese Beleidigung nicht heimgezahlt hatte, stand plötzlich vor ihm, obgleich ihn, untrennbar von diesen und tausend anderen Erinnerungen, das Gefühl des Gegenwärtigen – die Erwartung des Todes – keinen Augenblick verließ.

Vielleicht krepiert sie auch gar nicht, dachte er und wollte mit verzweifelter Entschlossenheit die Augen aufmachen. Aber in diesem Augenblick traf seine Augen, noch durch die geschlossenen Lider hindurch, ein roter Feuerschein, unter furchtbarem Krachen schlug ihn etwas mitten vor die Brust; er lief irgendwohin, stolperte über den Säbel, der ihm zwischen die Beine kam, und fiel auf die Seite.

Gott sei Dank! nur eine Quetschung, war sein erster Gedanke, und er wollte sich an die Brust fassen, aber seine Hände waren wie gefesselt, und sein Kopf war wie in einen Schraubstock eingeklemmt. Vor seinen Augen huschten Soldaten vorüber, und mechanisch zählte er sie: Eins, zwei, drei, und dort im Mantel ein Offizier, dachte er. Dann zuckte ein Blitz vor ihm auf, und er überlegte, woraus man wohl geschossen haben mochte: aus einem Mörser oder aus einer Kanone? Doch wohl aus einer Kanone. Und da schossen sie wieder, und da waren auch noch mehr Soldaten: fünf, sechs, sieben Soldaten, alle gingen vorbei. Plötzlich überkam ihn die Angst, daß sie ihn zertreten könnten; er wollte schreien, daß er eine Quetschung erlitten habe, aber der Mund war ihm so trocken, daß die Zunge am Gaumen festklebte, und ein entsetzlicher Durst quälte ihn. Er fühlte, daß er um die Brust herum naß war, und dieses Gefühl der Nässe erinnerte ihn an Wasser, und am liebsten hätte er sogar das getrunken, wovon er naß war. Wahrscheinlich habe ich mich blutig geschlagen, als ich hinfiel, dachte er, und da die Angst ihn immer mehr bedrückte, die Soldaten, die fortwährend an ihm vorüberhuschten, könnten ihn zertreten, raffte er alle seine Kräfte zusammen und wollte schreien: »Nehmt mich mit!« – aber statt dessen stöhnte er nur so furchtbar auf, daß er sich zu fürchten begann, als er sich hörte. Dann begannen rote Flammen vor seinen Augen zu lodern, und die Soldaten schienen Steine auf ihn abzuladen; die Flammen loderten immer heller und höher, und die Steine, die man auf ihn warf, drückten ihn immer härter. Er strengte sich an, die Steine von sich zu wälzen, streckte sich aus, und dann sah, hörte, dachte und fühlte er nichts mehr. Ein Splitter mitten in die Brust hatte ihn auf der Stelle getötet.

## 13

Ebenso wie Praskuchin hatte sich auch Michailow, als er die Bombe erblickt hatte, zu Boden geworfen und während der zwei Sekunden, da die Bombe, ohne zu platzen, dalag, unendlich viel durchdacht und durchfühlt. Er betete in Gedanken und wiederholte immer wieder: Dein Wille geschehe! Warum bin ich in den Militärdienst getreten, dachte er gleichzeitig, und noch dazu zur Infanterie übergewechselt, um an dem Feldzug teilzunehmen? Hätte ich nicht lieber beim Ulanenregiment in T. bleiben und die Zeit mit meiner Freundin Natascha verbringen sollen? Nun ist es zu spät! Und er fing an zu zählen: Eins, zwei, drei, vier ... und dachte sich aus: Platzt sie bei einer geraden Zahl, bleibe ich am Leben, bei einer ungeraden, werde ich getötet. Es ist alles aus: ich werde getroffen, dachte er, als die Bombe krepierte (er wußte nicht mehr, ob es bei einer geraden oder ungeraden Zahl gewesen war), und verspürte einen Schlag und einen heftigen Schmerz im Kopf. »Herrgott, vergib mir meine Sünden!« stammelte er, faltete die Hände und wollte aufstehen, fiel aber bewußtlos auf den Rücken.

Das erste, was er fühlte, als er wieder zu sich kam, war das Blut, das ihm über die Nase lief, und der Schmerz im Kopf, der aber bedeutend nachgelassen hatte. Das ist meine Seele, die entschwebt, dachte er, was wird *dort* sein! Lieber Gott, nimm meine Seele in Frieden auf. Nur eins ist merkwürdig, überlegte er, daß ich sterbend so deutlich die Schritte der Soldaten und das Knallen der Schüsse höre.

»Eine Tragbahre her! He ... der Hauptmann ist gefallen!« schrie über seinem Kopfe eine Stimme, die er sofort als die des Trommlers Ignatjew erkannte.

Jemand faßte ihn an den Schultern. Er versuchte die Augen aufzuschlagen und sah über sich den dunkelblauen Himmel, ein Sternbild und zwei Bomben, die über ihn hinwegflogen und wie um die Wette dahinzujagen schienen, sah Ignatjew, Soldaten mit Tragbahren und Flinten, den Wall des Laufgrabens, und wurde sich mit einem Male bewußt, daß er noch nicht in jener Welt war.

Er war durch einen Stein leicht am Kopf verwundet. Die allererste Empfindung war fast etwas wie Bedauern: er hatte sich so schön und friedlich auf den Übergang ins Jenseits vorbereitet, daß die Rückkehr in die Wirklichkeit mit ihren Bomben, Laufgräben und all dem Blut unangenehm auf ihn wirkte; die zweite Empfindung aber war eine unbewußte Freude, daß er noch am Leben war, und die dritte: Angst und der Wunsch, so schnell wie möglich von der Bastion wegzukommen. Der Trommler band seinem Kompanieführer ein Tuch um den Kopf, stützte ihn mit dem Arm und führte ihn zum Verbandsplatz.

Wohin gehe ich denn und warum? dachte der Stabskapitän, als er wieder etwas zu sich gekommen war. Meine Pflicht ist, bei der Kompanie zu bleiben und nicht früher wegzugehen, um so mehr, als ja die Kompanie bald ganz aus dem Feuerbereich herauskommt, flüsterte ihm eine innere Stimme zu. Und mit der Kompanie im Gefecht bleiben bedeutet eine sichere Auszeichnung.

»Nicht nötig, Bruder«, sagte er und entzog dem dienstfertigen Trommler seinen Arm. »Ich gehe nicht nach dem Verbandsplatz, ich bleibe bei der Kompanie.«

Und er kehrte um.

»Sie sollten sich doch lieber ordentlich verbinden lassen, Euer Wohlgeboren«, meinte der schüchterne Ignatjew. »Das sieht nur im ersten Eifer so aus, als wäre es nichts, Sie sollten es aber nicht schlimm werden lassen: schauen Sie doch, wie heiß es hier zugeht ... Wirklich, Euer Wohlgeboren!«

Michailow blieb einen Augenblick unschlüssig stehen und hätte, glaube ich, Ignatjews Rat befolgt, wenn ihm nicht plötzlich eine Szene eingefallen wäre, die er vor einigen Tagen auf dem Verbandsplatz erlebt hatte: ein Offizier mit einem kleinen Kratzer auf der Hand kam herein, um sich verbinden zu lassen, und die Ärzte lächelten, als sie das sahen, und einer – mit einem Backenbart – sagte sogar, daß er an dieser Wunde kaum sterben dürfte und daß man sich mit einer Gabel ärger verletzen könnte.

Vielleicht werden die Ärzte über meine Wunde ebenso ungläubig lächeln oder gar noch etwas sagen, dachte der Stabskapitän und kehrte trotz der Vorstellungen des Trommlers zu seiner Kompanie zurück.

»Wo ist denn der Ordonnanzoffizier Praskuchin, der neben mir ging?« fragte er den Fähnrich, der die Kompanie führte, als er wieder zu ihnen stieß.

»Ich weiß nicht ... wahrscheinlich gefallen«, erwiderte der Fähnrich unwirsch, der übrigens deshalb so unzufrieden war, weil der Stabskapitän zurückgekehrt war und ihn dadurch des Vergnügens beraubt hatte, erzählen zu können, daß er als einziger Offizier in der Kompanie übriggeblieben sei.

»Sie wissen nicht einmal, ob er verwundet oder tot ist? Er ging doch mit uns zusammen. Warum haben Sie ihn denn nicht mitgenommen?«

»Wie sollte man ihn mitnehmen, wo es so heiß zuging?«

»Ach, sind Sie aber ein Mensch, Michail Iwanytsch!« rief Michailow zornig. »Wie können Sie ihn liegen lassen, wenn er noch lebt? Und auch wenn er tot ist, hätten Sie seine Leiche mitnehmen müssen ... Sagen Sie, was Sie wollen, aber er war doch eine Ordonnanz des Generals und lebte vielleicht noch.«

»Wie kann er denn noch am Leben sein! Ich sage Ihnen ja, daß ich selber zu ihm gegangen bin und ihn gesehen habe«, erwiderte der Fähnrich. »Ich bitte Sie! Wenn wir nur unsere eignen Leute alle hätten fortschaffen können! Diese Kanaillen! Jetzt schießen sie wieder mit Kanonenkugeln«, fügte er hinzu und setzte sich nieder. Michailow setzte sich auch nieder und griff sich an den Kopf, der ihm von der Bewegung wieder schrecklich weh tat.

»Nein, wir müssen zurückgehen und ihn holen: vielleicht lebt er noch«, sagte er dann. »Das ist unsere *Pflicht*, Michail Iwanytsch!«

Michail Iwanytsch gab keine Antwort.

Wenn er ein guter Offizier wäre, hätte er ihn vorhin mitgenommen, nun muß ich ein paar Soldaten allein hinschikken ... Darf ich sie aber wirklich hinschicken? In diesem furchtbaren Feuer können sie ganz zwecklos getötet werden, dachte Michailow.

»Kinder! Wir müssen noch einmal zurückgehen und einen Offizier holen, der dort verwundet im Graben liegt«, sagte er ziemlich laut und befehlend, weil er fühlte, wie unangenehm es den Soldaten sein werde, diesem Befehle nachzukommen. Und tatsächlich: da er sich an keinen namentlich gewandt hatte, trat auch keiner vor, um den Befehl auszuführen.

»Unteroffizier! Komm her!«

Der Unteroffizier tat, als ob er nicht gehört hätte, und ging an seinem Platz weiter.

Wirklich, vielleicht ist er tot, und es *lohnt sich nicht*, die Leute unnütz der Gefahr auszusetzen. Schuld bin ich allein, weil ich mich nicht um ihn gekümmert habe. Ich werde selber zurückgehen und nachsehen, ob er noch lebt. Das ist meine *Pflicht*, sagte sich Michailow.

»Michail Iwanytsch, führen Sie die Kompanie, ich hole Sie dann wieder ein«, sagte er, hielt mit der einen Hand seinen Mantel zusammen, drückte die andere auf das Bild des heiligen Mitrofan, zu dem er besonderes Vertrauen hatte, und trabte gebückt und vor Angst zitternd den Graben zurück.

Nachdem sich Michailow davon überzeugt hatte, daß Praskuchin tot war, schleppte er sich keuchend zurück, wobei er sich hin und wieder niedersetzte und mit der Hand den gelockerten Verband und seinen Kopf hielt, der ihn wieder zu schmerzen begann. Das Bataillon war bereits unten am Berg an Ort und Stelle und fast außer Schußweite, als Michailow es einholte. Ich sage: *fast* außer Schußweite, weil sich ab und zu auch noch dorthin vereinzelte Bomben verirrten (ein Splitter hatte in der gleichen Nacht einen Kapitän getötet, der zur Zeit des Gefechts in einer Erdhütte der Matrosen gesessen hatte).

Morgen muß ich wirklich auf den Verbandsplatz gehen und mich einschreiben lassen, dachte der Stabskapitän, während ein herbeigekommener Feldscher ihn verband, das hilft der Beförderung.

## 14

Hunderte frischer, blutbefleckter Menschenleiber, die noch vor zwei Stunden von bunten, großen und kleinen Hoffnungen und Wünschen erfüllt gewesen waren, lagen mit erstarrten Gliedern in dem taufrischen, blühenden Tal, das die Bastion vom Laufgraben trennte, und auf dem nackten Boden der Totenkapelle von Sewastopol; Hunderte von Menschen krochen, wanden sich und stöhnten mit Flüchen und Gebeten auf den vertrockneten Lippen zwischen den Leichen im blühenden Tal, auf den Tragbahren, den Pritschen und dem blutigen Boden des Verbandsplatzes; aber ebenso wie alle Tage zuckte das Wetterleuchten hinter dem Sapunberge, verblaßten die leuchtenden Sterne, zog der weiße Nebel herüber vom brausenden, dunklen Meer, erglühte im Osten die grelle Morgenröte, liefen die langen, purpurnen Wolken am hellblauen Horizont auseinander, und ebenso wie alle Tage stieg, der ganzen erwachenden Welt Freude, Liebe und Glück verheißend, das mächtige, herrliche Tagesgestirn empor.

## 15

Am nächsten Tag gegen Abend spielte wieder die Jägerkapelle auf dem Boulevard, spazierten wieder Offiziere, Junker, Soldaten und junge Frauenzimmer müßig um den Pavillon und unten in den Alleen aus blühenden, duftenden weißen Akazien herum.

Kalugin, Fürst Galzin und noch ein Oberst gingen Arm in Arm um den Pavillon und unterhielten sich über das gestrige Gefecht. Wie das immer bei solchen Gelegenheiten der Fall zu sein pflegt, war der rote Faden ihres Gespräches nicht das Gefecht selber, sondern der Anteil, den der Erzähler jeweilig daran genommen hatte, und seine Tapferkeit. Auf ihren Gesichtern und in dem Klang ihrer Stimmen lag ein ernster, fast trauriger Ausdruck, als wäre durch die Verluste des gestrigen Tages ein jeder von ihnen schmerzlich berührt und bekümmert. Da aber keiner von ihnen einen ihm nahestehenden Menschen verloren hatte (und gibt es beim Militär überhaupt einander sehr nahestehende Menschen?), war dieser Ausdruck der Trauer, um die Wahrheit zu sagen, nur ein offizieller Ausdruck, den zu zeigen sie für ihre Pflicht hielten. Kalugin und der Oberst wären im Gegenteil bereit gewesen, Tag für Tag ein solches Gefecht mit anzusehen, um jedesmal einen goldenen Säbel und den Rang eines Generalmajors zu erhalten, obgleich sie im Grunde ausgezeichnete Menschen waren. Ich höre es gern, wenn man einen Eroberer, der um seines Ehrgeizes willen Millionen von Menschen zugrunde richtet, einen Unmenschen nennt. Fragt man aber den Fähnrich Petruschow und den Leutnant Antonow und andere auf Ehre und Gewissen, so wird sich herausstellen, daß jeder von ihnen ein kleiner Napoleon ist, ein kleiner Unmensch, der sogleich bereit ist, einen Kampf einzugehen und Hunderte von Menschen zu töten, nur um ein zusätzliches

Ordenssternchen oder den dritten Teil seines Gehalts als Belohnung zu bekommen.

»Nein, entschuldigen Sie«, sagte der Oberst, »zuerst ist es auf dem linken Flügel losgegangen. *Ich bin doch selber dort gewesen.*«

»Das ist wohl möglich«, erwiderte Kalugin. »*Ich bin mehr auf dem rechten gewesen; ich bin zweimal dort gewesen: das erstemal suchte ich den General, das zweitemal war ich nur so dort, um mir die Schützengräben anzusehen. Da ging es aber heiß her.*«

»Ja, das stimmt, Kalugin weiß es«, sagte Fürst Galzin zum Obersten. »Weißt du, mir hat heute W. gesagt, du seist ein Held ...«

»Aber die Verluste, diese furchtbaren Verluste!« fiel der Oberst im Ton offizieller Trauer ein. »In meinem Regiment sind *vierhundert* Mann gefallen. Ein Wunder, daß *ich* mit dem Leben davongekommen bin.«

In diesem Augenblick tauchte am anderen Ende des Boulevards die lilafarbige Gestalt Michailows in abgetretenen Stiefeln und mit verbundenem Kopf auf, der den Herren entgegenkam. Als er sie erblickte, geriet er in höchste Verwirrung: er erinnerte sich, wie er gestern vor Kalugin immer in die Hocke gegangen war, und er verfiel auf den Gedanken, daß sie meinen könnten, er stelle sich nur verwundet. Wenn ihn diese Herren nicht schon erblickt hätten, wäre er in den Park hinuntergelaufen und nach Hause gegangen und hätte sein Quartier nicht früher verlassen, ehe man ihm nicht die Binde hätte abnehmen können.

»Il fallait voir dans quel état je l'ai rencontré hier sous le feu«, sagte Kalugin, als er herankam. »Was, Sie sind verwundet, Kapitän?« fuhr er mit einem Lächeln fort, das bedeutete: Nun, haben Sie mich gestern gesehen? Wie war ich?

»Ja, nur leicht, durch einen Stein«, antwortete Michailow errötend und mit einem Gesichtsausdruck, der besagte: Ja, ich habe Sie gesehen und muß gestehen, daß Sie ein Held sind, während ich ein schlechter Kerl bin.

»Est-ce que le pavillon est baissé déjà?« fragte Fürst Galzin wieder mit seiner hochmütigen Miene, wobei er die Mütze des Stabskapitäns betrachtete, ohne sich an jemanden Bestimmten zu wenden.

»Non, pas encore«, erwiderte Michailow, der zeigen wollte, daß auch er französisch konnte.

»Dauert denn der Waffenstillstand fort?« wandte sich Galzin

wieder höflich, aber auf russisch, an ihn, um ihm dadurch – wie dem Stabskapitän schien – zu verstehen zu geben, daß es ihm doch wohl schwerfallen dürfte, französisch zu sprechen, und man daher lieber ganz einfach ... Darauf gingen die Adjutanten fort.

Ebenso wie gestern fühlte sich der Stabskapitän recht verlassen. Er grüßte noch einige Herren – auf die einen wollte er nicht zugehen, bei den anderen wagte er es nicht –, setzte sich dann an das Kasarskij-Denkmal und zündete sich eine Zigarette an.

Auch Baron Pest kam auf den Boulevard. Er erzählte, daß er an der Demarkationslinie gewesen sei und mit französischen Offizieren gesprochen habe, von denen der eine zu ihm gesagt habe: »S'il n'avait pas fait clair encore pendant une demi-heure, les embuscades auraient été reprises«, worauf er ihm erwidert habe: »Monsieur, je ne dis pas non, pour ne pas vous donner un démenti«, und wie schön er das gesagt habe und so weiter.

In Wirklichkeit war er zwar an der Demarkationslinie gewesen, hatte aber dort keine Gelegenheit gehabt, irgend etwas besonders Gescheites zu sagen, obwohl er gar zu gern mit den Franzosen gesprochen hätte (denn mit den Franzosen zu sprechen ist ja furchtbar lustig). Der Junker Baron Pest war lange an der Linie entlanggegangen und hatte alle Franzosen, die in seine Nähe gekommen waren, gefragt: »De quel régiment êtes-vous?« Darauf hatten sie ihm geantwortet – und das war alles. Als er einmal zu weit über die Linie hinausgegangen war, hatte ein französischer Posten, der nicht ahnte, daß dieser Soldat Französisch verstand, ihn in der dritten Person ausgeschimpft: »Il vient regarder nos travaux, ce sacré c ...« Darauf hatte der Junker Baron Pest kein weiteres Interesse mehr für die Demarkationslinie gezeigt, war zurückgeritten und hatte sich unterwegs die französischen Phrasen ausgedacht, die er jetzt erzählte.

Auf dem Boulevard waren auch der Leutnant Sobow, der sich laut unterhielt, und der Kapitän Obschogow in schlampiger Adjustierung und ein Artilleriekapitän, der um niemandes Gunst buhlte, und der in der Liebe erfolgreiche Junker und alle die gestrigen Gesichter – und immer mit dem ewig gleichen Drang zu lügen, zu prahlen und leichtsinnig zu sein. Nur Praskuchin, Neferdow und noch einer fehlten, aber schon jetzt erinnerte sich und dachte kaum noch jemand an sie, obgleich ihre Leiber noch nicht gewaschen, aufgebahrt und eingegraben waren; und in einem Monat wahrscheinlich werden sie auch von Vater, Mutter, Frau und Kindern, wenn sie solche gehabt haben, vergessen sein, wenn man sie nicht schon früher vergessen hat.

»Ich hätte ihn nicht wiedererkannt, den Alten«, sagt ein Soldat bei der Aufbahrung der Leichen und hebt an den Schultern einen Toten mit zerschmetterter Brust, ungeheuer angeschwollenem Kopf, schwarzem, glänzendem Gesicht und herausgetretenen Augäpfeln an den Schultern hoch, »faß am Rücken an, Moroska, daß er uns nicht entzweibricht. Ach, dieser häßliche Geruch!« Ach, dieser häßliche Geruch! Das war alles, was von diesem Menschen übrigblieb ......................

## 16

Auf unserer Bastion und auf dem französischen Laufgraben sind weiße Fähnchen gehißt, und in dem blühenden Tal dazwischen liegen in grauen und blauen Uniformen und ohne Stiefel Haufen verstümmelter Leichen, die von Arbeitssoldaten aufgehoben und auf Wagen geladen werden. Widerlicher, schwerer Leichengeruch erfüllt die Luft. Aus Sewastopol und aus dem französischen Lager strömen Scharen von Menschen herbei, um sich dieses Schauspiel anzusehen, und streben mit gieriger, wohlwollender Neugier aufeinander zu.

Hören wir, was diese Leute untereinander sprechen.

Ein junger Offizier, der mitten in einem Kreise von Russen und Franzosen steht und zwar schlecht, aber doch hinreichend Französisch spricht, um verstanden zu werden, betrachtet eine Gardepatronentasche.

»Eh seßi purkua se uaso ißi?« fragt er.

»Parce que c'est une giberne d'un regiment de la garde, monsieur, qui porte l'aigle impérial.«

»Eh wu de la gard?«

»Pardon, monsieur, du sixième de ligne.«

»Eh seßi u aschteh?« fragt der Offizier und zeigt auf eine Zigarettenspitze aus gelbem Holz, aus der der Franzose seine Zigarette raucht.

»A Balaclave, monsieur! C'est tout simple en bois de palme.«

»Scholi«, meint der Offizier, der sich in seiner Unterhaltung weniger vom eigenen Willen als von den Vokabeln, die er weiß, leiten läßt.

»Si vous voulez bien garder cela comme souvenir de cette

rencontre vous m'obligerez.« Und der höfliche Franzose bläst die Zigarette heraus und überreicht dem Offizier mit einer kleinen Verbeugung die Zigarettenspitze. Der Offizier gibt ihm die seinige, und alle Herumstehenden, Franzosen wie Russen, sind anscheinend sehr zufrieden und lächeln.

Dort tritt ein lustiger Infanteriesoldat in einem rosa Hemd, den Mantel über die Achseln geworfen und von anderen Soldaten begleitet, welche, die Hände auf dem Rücken, mit vergnügten, neugierigen Gesichtern hinter ihm stehen, auf einen Franzosen zu und bittet ihn um Feuer für seine Pfeife. Der Franzose facht seine Pfeife stärker an, stochert den Tabak auf und schüttet dem Russen etwas Glut in die Pfeife.

»Tabak *bun*«, sagt der Soldat im rosa Hemd. Die Umstehenden lachen.

»Oui, bon tabac, tabac turc«, erwidert der Franzose, »et chez vous tabac russe? bon?«

»Russ – bun«, meint der Soldat im rosa Hemd, und die Umstehenden biegen sich vor Lachen. »Franße nicht bun, bonschur mussje!« sagt der Soldat im rosa Hemd, wobei er seinen gesamten Vorrat an Sprachkenntnissen auf einmal verschwendet, und klopft lachend dem Franzosen auf den Bauch. Auch der Franzose lacht.

»Ils ne sont pas jolis ces bêtes de russes«, bemerkt ein Zuave aus dem Franzosenhaufen heraus.

»De quoi est-ce qu'ils rient donc?« fragt ein anderer, schwarzer, mit italienischer Aussprache, und tritt auf den Russen zu.

»Kaftan bun«, sagt der lustige Soldat und sieht sich die gestickten Rockschöße des Zuaven genauer an. Wieder lachen alle.

»Ne sortez pas de la ligne, à vos places, sacré nom ...!« schreit ein französischer Korporal, und die Soldaten laufen mit sichtlichem Mißvergnügen auseinander.

Dort steht in einem Kreise französischer Offiziere ein junger russischer Kavallerieoffizier und ergeht sich in französischem Friseurjargon. Sie sprechen über einen »comte Sazonoff, que j'ai beaucoup connu, monsieur«, sagt ein französischer Offizier mit einem Achselstück, »c'est un de ces vrais comtes russes, comme nous les aimons.«

»Il y a un Sazonoff, que j'ai connu«, meint der Kavallerist, »mais il n'est pas comte, à moins que je sache; un petit brun de votre âge à peu près.«

»C'est ça, monsieur, c'est lui. Oh, que je voudrais le voir, ce cher comte. Si vous le voyez, je vous prie bien de lui faire mes compliments. Capitaine Latour«, fügt er mit einer Verbeugung hinzu.

»N'est-ce pas terrible la triste besogne, que nous faisons? Ça chauffait cette nuit, n'est-ce pas?« fährt der Kavallerist, der das Gespräch weiterführen möchte, fort und zeigt auf die Leichen.

»Oh, monsieur, c'est affreux! Mais quels gaillards vos soldats, quels gaillards! C'est un plaisir que de se battre avec des gaillards comme eux.«

»Il faut avouer, que les vôtres ne se mouchent pas du pied non plus«, meint der Kavallerist mit einer Verbeugung und findet sich sehr liebenswürdig.

Aber genug.

Schau lieber auf diesen zehnjährigen Knaben, der in einer alten Mütze seines Vaters, mit Schuhen an den nackten Füßen und in Nankinghosen, die nur durch Bänder gehalten werden, gleich nach dem Waffenstillstand über den Wall gelaufen kam und nun durch das Tal schlendert, mit stumpfer Neugier die Franzosen und die auf der Erde liegenden Leichen betrachtet und dabei die blauen Feldblumen pflückt, mit denen das ganze Elendstal übersät ist. Als er mit einem großen Strauß, in den er wegen des Gestankes, den der Wind ihm zuträgt, die Nase hineinsteckt, wieder nach Hause gehen will, bleibt er vor einem Haufen zusammengetragener Leichen stehen und betrachtet lange einen furchtbar verstümmelten Leichnam ohne Kopf, der dicht vor ihm liegt. Nachdem er eine ganze Weile so dagestanden hat, will er noch näher herantreten und berührt dabei mit dem Fuße den ausgestreckten starren Arm der Leiche. Der Arm bewegt sich ein wenig. Er berührt ihn noch einmal und stärker. Wieder bewegt sich der Arm und fällt auf seinen Platz zurück. Der Knabe schreit plötzlich auf, versteckt sein Gesicht in den Blumen und läuft, so schnell er kann, auf die Festung zu.

Ja, auf der Bastion und auf dem Laufgraben sind weiße Fähnlein gehißt, das blühende Tal ist mit stinkenden Leichen angefüllt, die herrliche Sonne sinkt von einem durchsichtigen Himmel in das blaue Meer, und das blaue, wogende Meer leuchtet in den goldenen Strahlen der Sonne. Tausende von Menschen drängen sich, schauen, unterhalten sich und lächeln einander zu. Und alle diese Menschen sind Christen, die sich zu dem großen Gebot der Liebe und Selbstverleugnung bekennen, und fallen beim Anblick dessen, was sie getan haben, nicht vor

Reue auf die Knie vor dem, der ihnen das Leben gegeben und dabei in die Seele eines jeden, zusammen mit der Todesfurcht, auch die Liebe zum Guten und Schönen gelegt hat? Und sie umarmen einander nicht wie Brüder, Tränen des Glücks und der Freude in den Augen? Nein! Die weißen Fähnlein werden verschwinden – und wieder werden die Geschütze, Tod und Verderben speiend, pfeifen, wieder wird ehrliches, unschuldiges Blut vergossen werden und Stöhnen und Fluchen zu hören sein.

Ich habe gesagt, was ich sagen wollte; doch schwere Bedenken suchen mich heim. Vielleicht hätte ich es nicht sagen sollen. Vielleicht gehört das, was ich gesagt habe, zu jenen schlimmen Wahrheiten, die sich unbewußt in der Seele eines jeden verbergen und nicht ausgesprochen werden dürfen, um nicht schädlich zu wirken, wie der Bodensatz beim Wein, den man nicht aufschütteln darf, um den Wein nicht zu trüben.

Wo ist das Spiegelbild des Bösen, das man meiden soll? Wo das Spiegelbild des Guten, dem man in dieser Erzählung nacheifern muß? Wo ist der Bösewicht, wo der Held? Alle sind gut, und alle sind schlecht.

Weder Kalugin mit seiner glänzenden Tapferkeit (bravour de gentilhomme) und seiner Ruhmsucht, die der Motor all seiner Handlungen ist, noch Praskuchin, dieser hohle, aber ungefährliche Mensch, obgleich er *im Kampfe für Glauben, Thron und Vaterland* fiel, noch Michailow in seiner Befangenheit und beschränkten Einsicht, noch Pest, ein Kind ohne feste Überzeugungen und Grundsätze – sie alle sind weder Bösewichte noch Helden.

Der Held meiner Erzählung, den ich mit allen Kräften meiner Seele liebe, in seiner ganzen Schönheit zu schildern mich bemüht habe, der immer schön ist, war und sein wird, ist – die Wahrheit.

26. Juni 1855

## *Sewastopol im August 1855*

### I

Ende August fuhr auf der großen, zerklüfteten Sewastopoler Heerstraße zwischen Duwanka* und Bastschisarai durch den dichten, heißen Staub im Schritt ein Offizierswägelchen von

* Letzte Station vor Sewastopol.

jener besonderen Art, wie man es sonst nirgends findet: ein Mittelding zwischen einer Judenbritschka, einem russischen Landauer und einem Korbwagen.

Vorn auf dem Wagen hockte ein Offiziersbursche im Nankingrock und einer schlapp gewordenen alten Offiziersmütze und hielt die Zügel; hinten saß auf Bündeln und Ballen, die mit einem Soldatenmantel zugedeckt waren, ein Infanterieoffizier im Sommermantel. Dieser Offizier war, soweit man das bei seiner sitzenden Stellung beurteilen konnte, nicht allzu groß von Gestalt, aber außerordentlich breit, und das nicht nur von Schulter zu Schulter, sondern auch von der Brust nach dem Rücken; er schien stämmig und stark zu sein, Hals und Nacken waren kräftig entwickelt und sehnig; eine sogenannte Taille – eine Verjüngung in der Mitte des Rumpfes – hatte er nicht, aber ebensowenig einen Bauch, im Gegenteil, er war eher mager, besonders im Gesicht, das eine ungesunde, gelblichbraune Färbung zeigte. Dieses Gesicht wäre hübsch gewesen, wenn es nicht etwas Aufgedunsenes und jene weichen, aber nicht greisenhaften, großen Falten gehabt hätte, welche die Züge verwischten und vergrößerten und dem ganzen Gesicht den allgemeinen Ausdruck des Verbrauchten und der Derbheit verliehen. Seine Augen waren klein, braun, ungemein lebhaft und fast keck; der Schnurrbart war sehr dicht, aber nicht breit und etwas abgekaut; aber das Kinn und besonders die Backen waren mit einem außerordentlich starken, dichten, schwarzen Bart bedeckt, der schon zwei Tage alt war.

Der Offizier war am zehnten Mai durch einen Splitter am Kopf verwundet worden, um den er auch jetzt noch einen Verband trug. Seit etwa acht Tagen fühlte er sich wieder gesund und begab sich jetzt aus dem Lazarett in Simferopol zu seinem Regiment zurück, das dort irgendwo stand, woher das Schießen kam; ob das aber in Sewastopol selber war oder mehr im Norden oder in Inkerman, das hatte er noch von niemandem mit Sicherheit erfahren können. Das Schießen hörte man, besonders dann, wenn keine Berge dazwischenstanden und der Wind den Schall herübertrug, außerordentlich deutlich, häufig und scheinbar sehr nahe: bald erschütterte eine Explosion die Luft und ließ jeden unwillkürlich erbeben, bald folgten weniger starke Töne schnell aufeinander wie Trommelwirbel, die ab und zu von einem durchdringenden Getöse unterbrochen wurden, bald floß dies alles zusammen zu einem dröhnenden Getöse, das an Donnerschläge erinnerte, wenn das Gewitter seine größte Wucht hat und der erste Wolkenbruch niedergeht. Alle sagten, daß ein furchtbares Bombardement stattfinde, was ja auch zu hören war.

Der Offizier trieb seinen Burschen an, als wollte er so schnell wie möglich hinkommen. Ihnen entgegen kam ein langer Zug russischer Bauernwagen, die Proviant nach Sewastopol gefahren hatten und jetzt mit verwundeten und kranken Soldaten in grauen Mänteln, Matrosen in schwarzen Überröcken, griechischen Freiwilligen in roten Fessen und bärtigen Landwehrleuten zurückkamen. Das Offizierswägelchen mußte in der dichten, unbeweglichen Staubwolke, die die Führer aufgewirbelt hatten, haltmachen, und der Offizier betrachtete die Gesichter der Verwundeten und Kranken, die an ihm vorüberzogen, wobei er infolge des Staubes, der ihm in Augen und Ohren drang, die Augen zusammenkniff und die Stirn runzelte.

»Dort ist auch ein kranker Soldat unserer Kompanie«, sagte der Bursche zu seinem Herrn und zeigte auf einen Wagen mit Verwundeten, der gerade an ihnen vorbeifuhr.

Vorne auf der Fuhre saß ein russischer Vollbart im Filzhut und flocht seine Peitsche zurecht, wobei er den Stiel mit dem Ellenbogen an sich drückte. Hinter ihm wurden fünf Soldaten in den verschiedensten Stellungen hin und her gerüttelt. Der eine – er hatte den Arm mit einer Schnur verbunden und den Mantel über sein äußerst schmutziges Hemd geworfen – saß, obgleich er mager und blaß aussah, dennoch stramm in der Mitte des Wagens und wollte, als er den Offizier sah, nach der Mütze greifen, doch als ihm einfiel, daß er verwundet war, tat er, als wollte er sich nur den Kopf kratzen. Ein anderer lag neben ihm auf dem Boden des Wagens; man sah nur seine beiden Hände, mit denen er sich an den Wagenleitern festhielt, und die hochgezogenen Knie, die wie ein Bastwisch nach allen Seiten schwankten. Ein dritter mit aufgedunsenem Gesicht und verbundenem Kopf, auf dem eine Soldatenmütze thronte, saß an der Seite, ließ die Beine zum Rad herabhängen, hatte die Ellenbogen auf die Knie gestützt und schien zu dösen. An ihn wandte sich der vorüberfahrende Offizier.

»Dolschnikow!« rief er ihm zu.

»Jawo–uhl!« antwortete der Soldat mit einem so tiefen und volltönenden Baß, als riefen zwanzig Soldaten gleichzeitig, riß die Augen auf und nahm die Mütze ab.

»Bist du denn verwundet, Freundchen?«

Die matten, verschwommenen Augen des Soldaten belebten sich: er erkannte offenbar seinen Offizier.

»Wir wünschen Euer Wohlgeboren Gesundheit!« sagte er mit derselben lauten Baßstimme.

»Wo steht denn das Regiment jetzt?«

»Es stand in Sewastopol; am Mittwoch wollte es abmarschieren, Euer Wohlgeboren.«

»Wohin?«

»Das wußte niemand... wohl nach der Nordseite, Euer Wohlgeboren. Heute, Euer Wohlgeboren«, fügte er mit gedehnter Stimme hinzu und setzte die Mütze auf, »hat *er* in die Kreuz und Quere zu schießen angefangen, meistens mit Bomben, sogar in die Bucht schießt er; heute hat er so gepfeffert, daß es ein wahrer Jammer ist, sogar...«

Weiter war nicht zu hören, was der Soldat sagte, aber an seinem Gesichtsausdruck und seiner Haltung war zu erkennen, daß er mit der Feindseligkeit des Leidenden unerfreuliche Dinge erzählte.

Der Reisende, Leutnant Koselzow, war kein Dutzendoffizier. Er war nicht einer von jenen, die soundso leben und das und das tun, nur weil andere so leben und handeln; er tat, wonach ihm der Sinn stand, und andere machten es ihm nach und waren überzeugt, daß es gut war. Er war von der Natur ziemlich reich bedacht worden: er war klug und außerdem talentiert, sang gut, spielte Gitarre, redete flott und schrieb gewandt, besonders amtliche Schriftstücke, worin er sich während seiner Stellung als Regimentsadjutant sehr vollkommnet hatte; vor allem aber zeichnete er sich durch eine selbstbewußte Energie aus, die, obgleich sie im allgemeinen auf diese kleinen Gaben gegründet war, bei ihm doch einen scharfen, auffallenden Charakterzug bildete. Er besaß jene Art von Ehrgeiz, die das ganze Leben des Betreffenden durchdringt und sich hauptsächlich bei Männern und mit Vorliebe in Militärkreisen entwickelt, so daß er gar keine andere Wahl kannte, als der Erste zu sein oder nichts, und daß dieser Ehrgeiz sogar der Antrieb seiner inneren Regungen war: er stellte sich in Gedanken immer gern an die Spitze aller derer, mit denen er sich verglich.

»Ach was! Ich werde auf das hören, was so ein Moskau* zusammenfaselt!« brummte der Leutnant und fühlte dabei eine gewisse Apathie und ein nebelhaftes Träumen, das der

* In vielen Linienregimentern nennen die Offiziere die Soldaten halb geringschätzig, halb schmeichelhaft »Moskau« oder auch »Eid«.

Anblick des Verwundetentransports und die Worte des Soldaten, deren Bedeutung unwillkürlich durch das Getöse des Bombardements unterstrichen wurde, in ihm zurückgelassen hatten. »Dieser Moskau ist lächerlich ... Fahr zu, Nikolajew, spute dich ... Bist wohl eingeschlafen!« fuhr er seinen Burschen brummig an, indem er seine Mantelschöße richtete.

Nikolajew schnalzte mit der Zunge, zerrte an den Zügeln, und der Wagen rollte im Trab dahin.

»Nur einen Augenblick füttern, und dann gleich weiter«, sagte der Offizier.

2

Schon war Leutnant Koselzow in die Straße von Duwanka eingebogen, das nur noch ein Trümmerfeld tatarischer Steinhäuser war, als er durch einen Transport von Bomben und Kanonenkugeln aufgehalten wurde, der nach Sewastopol fuhr und die Straße versperrte. Sein Gefährt mußte anhalten und warten.

Auf den Steinen einer zertrümmerten Mauer saßen im größten Staub zwei Infanteristen und aßen eine Melone mit Brot.

»Kommst du von weit her, Landsmann?« fragte der eine von ihnen, während er sein Brot kaute, einen Soldaten, der mit einem Säckchen über der Schulter vor ihnen stehenblieb.

»Wir kommen aus dem Gouvernement und gehen zur Kompanie«, erwiderte der Soldat, schaute von der Melone weg und schob den Sack auf dem Rücken zurecht. »Wir waren, denk nur, drei Wochen beim Heu der Kompanie, aber jetzt werden dort alle verlangt; kein Mensch weiß, wo unser Regiment gegenwärtig steht. Es hieß, sie wären vorige Woche nach der Korabelnaja abmarschiert. Habt ihr vielleicht etwas davon gehört, meine Herren?«

»In der Stadt steht es, Bruder, in der Stadt«, antwortete der eine, ein alter Trainsoldat, der mit einem Taschenmesser in der unreifen, weißlichen Melone herumstocherte. »Wir sind erst am Mittag von dort fort. Es war so fürchterlich, Bruder, daß man sich am besten nicht zeigt, sondern lieber ein, zwei Tage im Heu liegen möchte, bis es wieder erträglicher wird.«

»Warum denn, meine Herren?«

»Hörst du denn nicht, daß ringsum gefeuert wird? Da gibt es kein heiles Fleckchen mehr. Wer da von den Unseren alles umgekommen ist, ist nicht zu sagen!«

Der Sprecher machte eine trostlose Handbewegung und schob die Mütze zurecht.

Der Soldat mit dem Sack wiegte nachdenklich den Kopf, schnalzte mit der Zunge, zog dann aus dem Stiefelschaft sein Pfeifchen hervor, stocherte, ohne es neu zu füllen, den halbverbrannten Tabak darin auf, zündete bei einem rauchenden Soldaten ein Stück Feuerschwamm an und lüftete seine Mütze.

»Steht alles in Gottes Hand, meine Herren! Lebt wohl!« sagte er, rückte den Sack zurecht und ging seines Wegs.

»He, solltest lieber noch ein bißchen warten!« rief der die Melone bearbeitende Soldat eindringlich.

»Ganz gleich«, murmelte der Dahinziehende und wand sich an den Rädern der gedrängt stehenden Fuhrwerke vorbei, »ich muß mir auch eine Melone zum Abendessen kaufen; was die Leute alles reden.«

## 3

Die Station war voller Menschen, als Koselzow dort ankam. Der erste, der ihm bereits auf der Freitreppe begegnete, war ein magerer, sehr junger Mensch, der Stationsaufseher, der sich mit zwei ihm folgenden Offizieren herumstritt.

»Nicht drei Tage, sondern zehn werden Sie warten müssen! Selbst Generale müssen warten, Väterchen!« rief der Aufseher, in der Absicht, die Reisenden zu ärgern. »Ich selber kann mich doch nicht anschirren lassen.«

»Dann darf niemand Pferde kriegen, wenn keine da sind! ... Aber warum hat der Lakai da mit dem Gepäck welche bekommen?« schrie der ältere der beiden Offiziere, der noch sein Teeglas in der Hand hielt und absichtlich das Fürwort vermied, um ihn fühlen zu lassen, daß er zu einem Stationsaufseher sehr leicht auch *du* sagen könnte.

»Aber überlegen Sie doch selber, Herr Stationsaufseher«, sagte der andere, ein noch junger Offizier, stotternd, »wir reisen doch nicht zu unserem Vergnügen. Auch wir werden doch anscheinend notwendig gebraucht, sonst hätte man uns nicht angefordert. Ich werde das unbedingt dem General Kramper melden. Was soll denn das heißen ... Sie haben, scheint's, gar keine Achtung vor dem Offiziersstand!«

»Sie fahren die Karre nur in den Dreck!« unterbrach ihn der ältere ärgerlich. »Sie sind mir bloß hinderlich; mit solchen Leuten muß man zu reden verstehen. Er hat ja den ganzen

Respekt vor uns verloren... Pferde her, augenblicklich, sage ich!«

»Herzlich gern, Väterchen, aber wo soll ich sie hernehmen?«

Der Aufseher schwieg einen Augenblick und fing dann plötzlich, indem er mit den Armen fuchtelte, zu reden an: »Ich verstehe das alles sehr gut, Väterchen, aber was ist zu machen? Geben Sie mir...« – über die Gesichter der Offiziere huschte ein Hoffnungsstrahl –»... noch bis Ende des Monats Zeit, hier so weitermachen zu müssen, dann werde ich nicht mehr sein. Lieber gehe ich auf den Malachowhügel, als daß ich hierbliebe, bei Gott! Mögen sie machen, was sie wollen! Auf der ganzen Station nicht ein einziges festes Gespann mehr, und seit drei Tagen haben die Pferde kein Bund Heu gesehen!«

Und der Aufseher verschwand durch das Tor.

Koselzow trat mit den Offizieren zusammen ins Zimmer.

»Je nun«, sagte der ältere Offizier ganz ruhig zu dem jüngeren, obgleich er soeben noch ganz aufgebracht gewesen war, »wir sind nun schon drei Monate unterwegs, also können wir auch noch ein bißchen warten. Zu spät kommen wir nicht.«

Das schmutzige, verrauchte Zimmer war so voll von Offizieren und Koffern, daß Koselzow nur schwer noch am Fenster einen Platz fand, wo er sich auch niederließ. Er drehte sich eine Zigarette, betrachtete die Gesichter ringsum und lauschte auf die Gespräche.

Rechts von der Tür, um einen schiefen, schmierigen Tisch herum, auf dem zwei Samoware mit stellenweise schon grün gewordenem Kupfer standen und Zucker auf verschiedenen Fetzen Papier lag, saß die Hauptgruppe: ein junger Offizier ohne Bart in einem neuen, gesteppten Archaluk, der offensichtlich aus einem weiblichen Kapot geschneidert war, goß die Teekanne voll; vier andere, ebenso junge Menschen hatten sich in die verschiedenen Ecken des Zimmers verstreut: der eine von ihnen hatte sich einen Pelz unter den Kopf geschoben und schlief auf dem Diwan; ein zweiter stand am Tisch und schnitt Hammelbraten für einen anderen, der nur einen Arm hatte und am Tisch saß. Zwei Offiziere, der eine im Adjutantenmantel, der andere in einem Infanteriemantel, aber aus feinem Tuch, und eine Tasche über der Schulter, saßen neben der Ofenbank; und daran, wie sie die anderen betrachteten und wie der mit der Tasche seine Zigarre rauchte, konnte man erkennen, daß sie keine Frontoffiziere bei der Infanterie waren und sich darauf etwas zugute taten. Nicht, daß etwas Geringschätziges in ihrem Betragen gelegen hätte, wohl aber eine gewisse selbstbewußte Ruhe, die zum Teil auf ihr Geld, zum Teil auf ihre nahen Beziehungen zu Generalen gegründet war, und das Bewußtsein einer gewissen Überlegenheit, das sogar so weit ging, es zu verbergen. Ein noch junger Arzt mit dicken Lippen und ein Artillerist mit deutscher Physiognomie saßen fast auf den Beinen des jungen Offiziers, der auf dem Diwan schlief, und zählten Geld. Von den vier Burschen schliefen die einen, während sich die anderen mit den Koffern und Bündeln an der Tür zu schaffen machten.

Koselzow fand unter allen diesen Gesichtern nicht ein einziges bekanntes; aber er lauschte gespannt auf die Gespräche. Diese jungen Offiziere, die, wie er auf den ersten Blick gesehen hatte, soeben erst aus dem Kadettenkorps kamen, gefielen ihm und erinnerten ihn vor allem daran, daß sein Bruder ebenfalls in diesen Tagen aus dem Korps bei einer Batterie in Sewastopol eintreffen sollte. Doch an dem Offizier mit der Tasche, dessen Gesicht er schon irgendwo gesehen zu haben glaubte, erschien ihm alles widerwärtig und frech. Er ging sogar mit dem Vorsatz, es ihm gehörig zu geben, wenn er es wagen sollte, ein Wort zu sagen, vom Fenster weg auf die Ofenbank zu und setzte sich dort hin. Als echter Frontsoldat und guter Infanterieoffizier schätzte er schon im allgemeinen diese »Herren vom Stabe« nicht allzusehr, als welche er die beiden Offiziere auf den ersten Blick erkannt hatte.

## 4

»Das ist doch scheußlich ärgerlich«, sagte der eine der jungen Offiziere, »daß wir nun so ganz in der Nähe sind und nicht hinkommen können. Vielleicht findet heute ein Gefecht statt, und wir sind nicht dabei!«

An dem schrillen Ton der Stimme und den frischen roten Flecken, die über das Gesicht dieses jungen Offiziers huschten, während er sprach, erkannte man die liebe, jugendliche Schüchternheit eines Menschen, der immer fürchtet, seine Worte könnten nicht richtig herauskommen.

Der Offizier ohne Arm sah ihn lächelnd an.

»Sie kommen schon noch zeitig genug hin, glauben Sie mir«, sagte er.

Der junge Offizier schaute dem Einarmigen mit Achtung

in das abgemagerte Gesicht, das plötzlich von einem Lächeln erhellt wurde, schwieg und wandte seine Aufmerksamkeit wieder dem Tee zu. Und wirklich sprach aus dem Gesicht des einarmigen Offiziers, aus seiner ganzen Haltung und besonders aus seinem leeren Mantelärmel jenes hohe Maß von ruhiger Überlegenheit, als wollte er bei jeder Sache, die er sah, bei jedem Gespräch, das er hörte, immer nur sagen: Das ist ja alles ganz gut und schön, ich weiß das alles und könnte es auch tun, wenn ich nur wollte.

»Wie wollen wir es nun machen?« wandte sich der junge Offizier wieder an seinen Kameraden im Archaluk. »Übernachten wir hier, oder fahren wir mit *unserem* Pferd?«

Der Kamerad wollte nicht fahren.

»Stellen Sie sich vor, Kapitän«, sagte der Tee-Eingießer zu dem Einarmigen, indem er das Messer aufhob, das dieser hatte fallen lassen, »uns hat man gesagt, die Pferde wären furchtbar teuer in Sewastopol, und da haben wir uns gemeinsam in Simferopol ein Pferd gekauft.«

»Das wird man Ihnen wohl für teures Geld aufgeschwatzt haben?«

»Ich weiß wirklich nicht, Kapitän; wir haben für Pferd und Wagen zusammen neunzig Rubel bezahlt. Ist das sehr teuer?« fügte er hinzu und wandte sich dabei an alle, auch an Koselzow, der ihn ansah.

»Das ist nicht zu teuer, wenn das Pferd jung ist«, meinte Koselzow.

»Nicht wahr? Aber man sagte uns, es sei teuer... Nur lahmt es ein bißchen, aber das geht ja vorbei. Man sagte uns, es sei sehr kräftig.«

»Aus welchem Korps sind Sie?« fragte Koselzow, der gern etwas über seinen Bruder erfahren hätte.

»Wir kommen soeben aus dem Adelsregiment, wir sind unser sechs und gehen alle auf eignen Wunsch nach Sewastopol«, erzählte das redselige Offizierchen. »Nur wissen wir nicht, wo unsere Batterien stehen: die einen sagen, in Sewastopol, und die dort behaupten wieder, in Odessa.«

»Konnten Sie denn das nicht in Simferopol erfahren?« fragte Koselzow weiter.

»Die wissen nichts... Können Sie sich vorstellen, mein Kamerad ging dort in die Kanzlei, da hat man ihm noch Grobheiten gesagt... Sie können sich vorstellen, wie unangenehm... Darf ich Ihnen nicht eine fertige Zigarette anbieten?«

fragte er dabei den einarmigen Offizier, der seine Zigarettentasche hervorsuchen wollte.

Er bediente ihn mit einer gewissen leidenschaftlichen Begeisterung.

»Sie sind auch aus Sewastopol?« fuhr er dann fort. »Ach Gott, wie bewundernswert das ist! Wir in Petersburg dachten alle nur an Sie, an alle diese Helden!« sagte er mit Achtung und gutmütiger Schmeichelei zu Koselzow.

»Wenn Sie aber nun wieder zurückfahren müssen?« fragte der Leutnant.

»Das ist's ja, was wir fürchten. Stellen Sie sich vor, wir haben doch nun das Pferd gekauft und uns mit dem Nötigsten ausgestattet, mit einem Spirituskocher und noch verschiedenen notwendigen Kleinigkeiten, und da ist uns nun gar kein Geld mehr übriggeblieben«, erzählte er mit leiser Stimme und sah sich nach seinen Kameraden um. »Wenn wir also zurückfahren müßten, wüßten wir nicht, wie wir das machen sollten.«

»Haben Sie denn keine Reisegelder erhalten?« fragte Koselzow.

»Nein«, antwortete der junge Offizier flüsternd. »Uns wurde versprochen, wir bekämen sie hier.«

»Aber Sie haben doch eine Bescheinigung darüber?«

»Ich weiß, daß das die Hauptsache ist, die Bescheinigung, aber mir hat in Moskau ein Senator, der mein Onkel ist, als ich bei ihm war, gesagt, daß man uns das Geld hier auszahlen würde, sonst hätte er es mir gegeben. So werden wir es also hier bekommen?«

»Unbedingt.«

»Auch ich denke, daß wir es hier bekommen«, sagte er in einem Ton, dem anzumerken war, daß er, nachdem er auf dreißig Stationen immer ein und dasselbe gefragt und überall eine andere Antwort erhalten hatte, nun schon niemandem mehr recht glaubte.

## 5

»Warum sollten Sie es nicht bekommen«, sagte plötzlich der Offizier, der sich auf der Vortreppe mit dem Aufseher gestritten hatte, indem er an die Sprechenden herantrat und sich an die danebensitzenden Stabsoffiziere als die gewichtigeren Zuhörer wandte. »Ich habe mich ebenso wie diese Herren zur kämpfenden Truppe gemeldet und mich sogar von einem herrlichen Posten nach Sewastopol gedrängt, und auch mir hat man außer den Reisespesen von P., alles in allem hundertsechs Silberrubel, nichts gegeben, so daß ich schon von meinem eigenen Geld über hundertfünfzig Rubel zusetzen mußte. Dazu bin ich – lächerliche achthundert Werst – schon den dritten Monat unterwegs. Mit diesem Herrn da schon den zweiten Monat. Nur gut, daß ich selber Geld hatte. Wenn das nicht der Fall gewesen wäre ...«

»Tatsächlich schon den dritten Monat?« fragte jemand.

»Was wollen Sie tun?« fuhr der Erzähler fort. »Wenn ich nicht gerne gefahren wäre, hätte ich meinen schönen Posten nicht verlassen; dann hätte ich unterwegs auch nicht so schlecht leben müssen, nicht daß ich mich etwa fürchtete ... aber es war nicht anders möglich. In Perekop zum Beispiel mußte ich zwei Wochen lang warten; der Stationsaufseher hier will überhaupt nicht mit uns sprechen: fahrt, wann ihr wollt; er hat nur einige Kuriergespanne. Wahrscheinlich will es unser Schicksal nicht anders ... und ich möchte doch so gerne, aber das Schicksal ist offenbar dagegen; nicht, daß ich das Bombardement fürchtete, aber tu, was du willst, hab's eilig oder hab's nicht eilig – alles gleich; und ich möchte doch so gerne ...«

Dieser Offizier erklärte und rechtfertigte die Ursachen seiner Verzögerung so umständlich, daß er seine Zuhörer unwillkürlich auf den Gedanken brachte, er sei ein Feigling. Das wurde noch deutlicher, als er sich nach dem Standort seines Regiments erkundigte und fragte, ob es dort gefährlich sei. Als der einarmige Offizier, der im gleichen Regiment diente, erzählte, daß im Laufe von zwei Tagen allein siebzehn Offiziere gefallen seien, erbleichte er sogar, und seine Stimme begann zu zittern.

In diesem Augenblick war der Offizier tatsächlich der jämmerlichste Feigling, obwohl er es vor sechs Monaten keineswegs gewesen war. Mit ihm war eine große Veränderung vorgegangen, wie sie vielen – vor und nach ihm – widerfuhr. Er hatte in einem unserer Gouvernements gelebt, in denen es Kadettenkorps gibt, und hatte einen schönen, ruhigen Posten innegehabt; doch als er in Zeitungen und Briefen von den Taten der Sewastopoler Helden, seiner Kameraden von früher, las, entflammte er plötzlich vor Ehrgeiz und noch mehr – vor Patriotismus.

Er opferte diesem Gefühl sehr viel, das heimische Städtchen, das Quartier mit den Polstermöbeln, die seit acht Jahren eingespielte Bedienung, die Bekannten und die Hoffnungen auf eine reiche Heirat; er gab alles auf, ließ sich noch im Februar zur kämpfenden Truppe versetzen und träumte vom unsterblichen Kranz des Ruhmes und von Generalsepauletten. Zwei Monate nach Eingabe seines Gesuchs erhielt er auf dem Kommandoweg eine Anfrage, ob er an die Regierung Versorgungsansprüche stellen würde. Er antwortete verneinend und wartete weiterhin ungeduldig auf seine Abstellung, obwohl das patriotische Feuer in diesen zwei Monaten schon wesentlich im Abflauen war. Nach zwei weiteren Monaten erhielt er eine Anfrage, ob er einer Freimaurerloge oder ähnlichen Verbänden angehöre, und nach seiner verneinenden Antwort erfolgte nach fünf Monaten endlich seine Abstellung. Inzwischen hatten ihn die Freunde und noch mehr jenes hinterhältige Gefühl der Unzufriedenheit mit allem Neuen, das sich bei jeder Veränderung einstellt, davon zu überzeugen vermocht, daß er mit seiner Meldung zur kämpfenden Truppe eine großartige Dummheit begangen hatte. Als er sich – allein und mit verschwitztem und staubbedecktem Gesicht – auf der fünften Station befand, wo er einem Kurier nach Sewastopol begegnete, der ihm von den Schrecken des Krieges erzählte, und zwölf Stunden auf Pferde warten mußte, empfand er bereits die bitterste Reue über seinen Leichtsinn, dachte mit bangem Entsetzen an das bevorstehende Leben und fuhr verwirrt und ängstlich weiter. Dieses Gefühl ergriff im Laufe seiner dreimonatigen Reise von einer Poststation zur anderen, zumal er auf jeder lange warten mußte und auf Sewastopoler Offiziere traf, die Fürchterliches erzählten, immer mehr Besitz von ihm und brachte den armen Offizier schließlich dahin, daß er sich von einem zu den kühnsten Unternehmungen bereiten Helden, als der er sich in P. gefühlt hatte, in einen traurigen Feigling in Duwanka verwandelte; und seit er vor einem Monat auf die jungen Leute aus dem Kadettenkorps gestoßen war, reiste er möglichst langsam, da er diese Tage als die letzten seines Lebens betrachtete, untersuchte auf jeder Station das Bett, den Flaschenkeller, spielte Preference, las genau und umständlich das Beschwerdebuch und freute sich, wenn er keine Pferde bekam.

Er wäre tatsächlich ein Held geworden, wenn man ihn aus P. direkt auf die Bastionen geschickt hätte, aber jetzt mußte er noch viele moralische Leiden durchmachen, um einer jener ruhigen, geduldigen Menschen in Kampf und Gefahr zu werden, als welchen wir den russischen Offizier zu sehen gewohnt sind. Aber Enthusiasmus konnte man in ihm wohl kaum mehr entfachen.

## 6

»Wer hat Borstsch bestellt?« rief die reichlich schmutzige Wirtin, eine dicke Frau von etwa vierzig Jahren, die mit einer Schüssel Suppe ins Zimmer trat.

Die Unterhaltung verstummte sogleich, und alle, die im Zimmer waren, richteten ihre Blicke auf die Wirtin. Der Offizier aus P. blinzelte sogar dem jungen Offizier zu.

»Ach, die hat Koselzow bestellt«, rief der junge Offizier, »wir müssen ihn wecken. Steh auf, das Essen ist da!« rief er, trat auf den jungen Menschen zu, der auf dem Diwan schlief, und rüttelte ihn an der Schulter.

Ein junger Mann von siebzehn Jahren mit lustigen schwarzen Augen und roten Backen sprang energisch vom Diwan auf, rieb sich die Augen und blieb mitten im Zimmer stehen.

»Ach, entschuldigen Sie bitte«, sagte er mit heller, silberner Stimme zu dem Arzt, den er beim Aufstehen angestoßen hatte.

Leutnant Koselzow erkannte sogleich seinen Bruder und ging auf ihn zu.

»Du kennst mich wohl gar nicht?« fragte er lächelnd.

»Ah-ah-ah!« rief der Jüngere aus. »Das ist ja wunderbar!« und er küßte den Bruder ab.

Sie küßten sich dreimal, beim dritten Male aber hielten sie plötzlich inne, als käme ihnen beiden auf einmal der Gedanke: warum muß es denn unbedingt dreimal sein?

»Na, wie ich mich freue!« sagte der Ältere und betrachtete den Bruder. »Komm, wir wollen auf die Treppe hinausgehen und miteinander reden.«

»Ja, komm! Ich will keine Suppe . . . iß du sie, Federson!« rief er einem Kameraden zu.

»Aber du wolltest doch etwas essen?«

»Ich mag nichts.«

Als sie auf die Treppe hinausgetreten waren, fragte der Jüngere immerzu den Bruder: »Nun, was machst du? Wie geht's dir? Erzähle doch!« und wiederholte immer wieder, wie er sich freue, ihn zu sehen, erzählte aber von sich selber nichts.

Als fünf Minuten vergangen waren und sie schon wieder ein Weilchen geschwiegen hatten, fragte ihn der ältere Bruder, warum er nicht bei der Garde eingetreten sei, was doch alle erwartet hätten.

»Ach, ja!« erwiderte der Jüngere und errötete. »Das hat

mich furchtbar niedergeschlagen, und ich habe gar nicht erwartet, daß es geschehen könnte. Kannst du dir vorstellen, unmittelbar vor der Ausmusterung gingen wir zu dritt rauchen – du weißt schon, das kleine Zimmer hinter der Portiersloge, es wird auch bei euch schon so gewesen sein, nur – kannst du dir vorstellen? diese Kanaille von Portier sah uns und lief es sofort dem Offizier vom Dienst erzählen, obwohl wir dem Portier schon öfter ein Trinkgeld gegeben hatten; der Offizier schlich sich heran: kaum hatten wir ihn erblickt, da warfen die anderen die Zigaretten fort und rissen durch die Nebentür aus, weißt du, während ich nicht mehr dazukam – und da sagte er mir, versteht sich, einige Ungehörigkeiten, die ich mir nicht gefallen ließ, nun, da sagte er's eben dem Direktor – und es ging los. Ich erhielt eine schlechte Note in Betragen, während alle übrigen ausgezeichnet waren, bis auf Mechanik, und so ging es weiter. Ich wurde in die Armee ausgemustert. Dann versprachen sie mir die Versetzung zur Garde, aber ich wollte nicht mehr und meldete mich an die Front.«

»So war's also.«

»Ja, ich sage dir allen Ernstes, alles wurde mir so zuwider, daß ich so schnell wie möglich nach Sewastopol wollte. Denn wenn hier alles gut geht, kann ich doch schneller vorwärtskommen als bei der Garde. Dort braucht man zehn Jahre bis zum Oberst, hier aber ist Totleben in zwei Jahren vom Oberstleutnant zum General aufgestiegen. Na, und falle ich, dann ist eben nichts zu machen!«

»So einer bist du also!« sagte der Bruder lachend.

»Vor allen Dingen, Bruder, weißt du«, fuhr der Jüngere lächelnd fort und wurde rot dabei, als schickte er sich an, etwas sehr Heikles zu sagen, »das sind ja alles nur Nebensachen. Die Hauptsache, warum ich darum gebeten habe, ist doch, daß man sich gewissermaßen schämt, in Petersburg zu leben, während andere hier fürs Vaterland sterben«, fügte er noch verlegener hinzu.

»Wie komisch du bist«, sagte der ältere Bruder und griff, ohne ihn anzusehen, nach seiner Zigarettentasche. »Nur schade, daß wir nicht beisammen bleiben können.«

»Sag mal ganz aufrichtig: ist es wirklich so fürchterlich auf den Bastionen?« fragte der Jüngere unvermittelt.

»Zuerst ist es furchtbar, aber dann gewöhnt man sich daran, und es macht einem nichts mehr aus. Du wirst ja selber sehen.«

»Und dann noch eins! Was denkst du: werden sie Sewastopol nehmen? Ich glaube, daß sie es keinesfalls bekommen werden.«

»Das weiß Gott.«

»Eins ist ärgerlich ... Kannst du dir vorstellen, so ein Pech: uns wurde unterwegs ein ganzes Bündel gestohlen, in dem gerade mein Tschako war. Nun bin ich in einer scheußlichen Lage und weiß nicht, wie ich mich dort vorstellen soll. Du weißt doch, daß wir jetzt neue Tschakos haben, und überhaupt gibt es eine Menge Veränderungen; immer zum Besseren. Ich kann dir alles erzählen ... Ich bin in Moskau überall gewesen.«

Der jüngere Koselzow, Wladimir, war seinem Bruder Michail sehr ähnlich, aber so ähnlich wie eine aufblühende Knospe einer abgeblühten Rose. Er hatte ebenfalls blondes Haar, aber es war voller und an den Schläfen lockig. Auf dem weißen, zarten Nacken bildete es ein blondes Zöpfchen – ein glückbringendes Zeichen, wie die Ammen sagen. Die vollblütige, jugendliche Röte lag nicht auf seinem zarten Gesicht, sondern loderte nur ab und zu auf und verriet alle Regungen seiner Seele. Er hatte dieselben Augen wie sein Bruder, nur waren sie bei ihm offener und heller, was besonders deshalb so schien, weil sie oft mit einem feuchten Glanz bedeckt waren. Ein weicher blonder Flaum sproßte auf den Wangen und über den roten Lippen, die sich sehr oft zu einem schüchternen Lächeln auseinanderzogen und dann die blendend weißen Zähne sehen ließen. Schlank, breitschultrig, im offenen Mantel, unter dem sein rotes Hemd mit schrägem Kragen zu sehen war, mit der Zigarette in der Hand, auf das Geländer der Treppe gelehnt, mit einer naiven Freude auf dem Gesicht und in allen Bewegungen, wie er jetzt vor dem Bruder stand, war er ein so reizender, hübscher junger Kerl, daß man ihn ohne Unterlaß hätte anschauen mögen. Er freute sich außerordentlich über seinen Bruder, sah mit Achtung und Stolz zu ihm auf, da er ihn für einen Helden hielt; doch in gewisser Beziehung, was weltliche Bildung (die er, um die Wahrheit zu sagen, auch nicht besaß), Französischsprechen, Umgang mit vornehmen Leuten, Tanzen und so weiter betraf, schämte er sich seiner ein wenig, sah von oben auf ihn herab und hoffte sogar, ihn noch etwas erziehen zu können. Er stand noch ganz unter Petersburger Eindrücken, die er im Hause einer Dame empfangen hatte, die hübsche junge Leute gern hatte und ihn feiertags immer einlud, aber auch im Haus des Senators in Moskau, wo er einmal auf einem großen Ball getanzt hatte.

## 7

Nachdem sich die Brüder ausgesprochen hatten, waren sie beide von dem Gefühl beherrscht, das man häufig zu empfinden pflegt, wenn man sich zwar herzlich gern hat, aber wenig Gemeinsames empfindet – und schwiegen nun ziemlich lange.

»So nimm doch deine Sachen und fahre gleich mit mir«, sagte der Ältere.

Der Jüngere wurde plötzlich rot und verlegen.

»Direkt nach Sewastopol fahren?« fragte er, nachdem er einen Augenblick geschwiegen hatte.

»Nun ja. Du hast doch wenig Gepäck; ich denke, das werden wir unterbringen.«

»Schön. Also fahren wir gleich«, sagte der Jüngere seufzend und ging ins Zimmer.

Doch bevor er die Tür öffnete, blieb er im Hausflur stehen, ließ traurig den Kopf hängen und dachte: Jetzt gleich nach Sewastopol, in diese Hölle ... entsetzlich! Aber schließlich ist es gleich, einmal muß es doch sein. Jetzt fahre ich wenigstens mit dem Bruder ...

Die Sache war die: erst jetzt, bei dem Gedanken, daß er sich in den Wagen setzen und, ohne noch einmal auszusteigen, nach Sewastopol kommen werde und kein Zufall ihn mehr zurückhalten könne, trat ihm die Gefahr, die er gesucht hatte, ganz deutlich vor Augen, und er verlor bei dem Gedanken an ihre Nähe den Kopf. Nachdem er sich etwas beruhigt hatte, trat er ins Zimmer; aber es verging eine ganze Viertelstunde, ohne daß er zu seinem Bruder zurückkam, so daß dieser endlich die Tür aufmachte, um ihn zu rufen. Der jüngere Koselzow sprach mit der Miene eines Schülers, der etwas ausgefressen hat, mit dem Offizier aus P. Als der Bruder die Tür aufmachte, geriet er vollständig in Verwirrung.

»Gleich, gleich komme ich«, rief er und winkte dem Bruder mit der Hand ab. »Warte bitte draußen auf mich.«

Und wirklich kam er eine Minute später heraus und ging mit einem tiefen Seufzer auf den Bruder zu.

»Stell dir vor, Bruder, ich kann doch nicht mit dir fahren«, sagte er.

»Wie? Das ist doch Unsinn.«

»Ich will dir die ganze Wahrheit sagen, Mischa! Wir haben alle kein Geld mehr und haben bei diesem Stabskapitän aus P. Schulden gemacht. Es ist furchtbar peinlich.«

Der ältere Bruder machte ein finsteres Gesicht und schwieg lange.

»Bist du ihm viel schuldig?« fragte er endlich und sah den Bruder von unten her an.

»Viel? Nein, nicht sehr viel; aber doch ist es schrecklich peinlich. Er hat auf drei Stationen für mich bezahlt und uns seinen ganzen Zucker gegeben ... ich weiß also nicht ... und dann haben wir noch Preference gespielt ... da blieb ich ihm etwas schuldig.«

»Das ist scheußlich, Wolodja! Was hättest du angefangen, wenn du nicht zufällig mit mir zusammengetroffen wärst?« sagte der Ältere streng, ohne den Bruder anzusehen.

»Ich dachte doch, Bruder, daß ich in Sewastopol mein Reisegeld bekommen würde; dann hätte ich es ihm zurückgegeben. So kann ich es doch machen und fahre darum lieber morgen mit ihm zusammen.«

Der ältere Bruder griff nach seiner Börse und zog mit etwas zitternden Fingern zwei Zehnrubelscheine und eine Dreirubelnote heraus.

»Das ist mein ganzes Geld«, sagte er. »Wieviel bist du ihm schuldig?«

Koselzow sprach nicht ganz die Wahrheit, wenn er sagte, daß dies alles sei: er besaß noch vier Goldstücke, die er für alle Fälle in den Ärmelaufschlag eingenäht hatte; aber er hatte sich das Wort gegeben, sie nicht anzureißen.

Es stellte sich heraus, daß der junge Koselzow dem Offizier aus P. samt Preference und Zucker nur acht Rubel schuldete. Der ältere Bruder gab ihm das Geld und fügte nur die Bemerkung hinzu, wenn man kein Geld habe, dürfe man auch nicht Preference spielen.

»Auf Grund wessen hast du da eigentlich gespielt?«

Der jüngere Bruder erwiderte kein Wort. Die Frage erschien ihm wie ein Zweifel an seiner Ehrenhaftigkeit. Der Ärger über sich selbst, die Scham über eine Handlung, die seinen Bruder, den er doch so liebte, zu solch einem Verdacht und zu solch einer Kränkung veranlassen konnte, riefen in seiner empfindlichen Natur ein so starkes, schmerzliches Gefühl hervor, daß er kein Wort hervorbringen konnte. Da er sich außerstande fühlte, die Tränen und das Schluchzen, das ihm in der Kehle aufstieg, zurückzuhalten, nahm er, ohne den Bruder anzusehen, das Geld und ging zu seinen Kameraden.

Nikolajew, der sich in Duwanka durch zwei Maß Branntwein gestärkt hatte, den Soldaten an der Brücke feilboten, zog die Zügel an, und der Wagen hüpfte den steinigen, stellenweise schattigen Weg entlang, der am Belbek entlang nach Sewastopol führt. Die Brüder schwiegen hartnäckig, obgleich sie fortwährend mit den Beinen zusammenstießen und nur aneinander dachten.

Warum hat er mich gekränkt? dachte der Jüngere. Konnte er das nicht schweigend übergehen? Ganz als dächte er, ich sei ein Dieb; und auch jetzt scheint er noch böse zu sein, so daß es wohl ein Zerwürfnis für immer ist. Und wie herrlich wäre es doch gewesen, zu zweit in Sewastopol! Zwei Brüder, durch Freundschaft verbunden, kämpfen beide gegen den Feind; der eine, schon älter, wenn auch nicht sehr gebildet, doch ein tapferer Soldat, der andere, ein noch junger Mensch... aber doch auch schon ein Held... In acht Tagen hätte ich allen bewiesen, daß ich kein so junges Bürschchen mehr bin! Ich werde nicht mehr rot werden, werde männliche Züge bekommen, und wenn auch mein Schnurrbart noch nicht groß ist, so wird er doch bis dahin mächtig gewachsen sein – und er zerrte an dem Flaum, der da und dort an den Mundrändern sproßte. Vielleicht kommen wir heute noch hin und geraten gleich zusammen in ein Gefecht. Er muß sehr hartnäckig und tapfer sein, so einer, der nicht viel redet, aber mehr tut als die anderen. Ich möchte nur wissen, fuhr er dann in Gedanken fort, ob er mich mit oder ohne Absicht ganz in die äußerste Ecke des Wagens drückt. Er spürt doch sicher, daß es mir unbequem ist, gibt sich aber den Anschein, als merke er es nicht. Wenn wir also heute ankommen, fuhr er zu überlegen fort, wobei er sich ganz in die Ecke drückte und sich zu rühren vermied, um den Bruder nicht merken zu lassen, wie unbequem er saß, dann geht es geradeswegs auf die Bastion: ich mit den Geschützen und der Bruder mit seiner Kompanie, aber wir gehen zusammen. Plötzlich stürzen die Franzosen auf uns zu. Ich lasse schießen und schießen und strecke unmenschlich viele nieder, aber trotzdem laufen sie gerade auf mich zu. Schießen hilft nicht mehr, alles ist aus und für mich keine Rettung mehr; da stürzt plötzlich der Bruder mit gezogenem Säbel herbei, ich greife nach einem Gewehr, und zusammen mit unseren Soldaten stürmen wir vor. Die Franzosen stürzen sich auf meinen Bruder. Ich springe herbei, schlage einen tot und dann noch einen und rette den Bruder. Meine rechte Hand ist verwundet, aber ich nehme das Gewehr in die andere und stürme trotzdem weiter. Da streckt eine Kugel den Bruder an meiner Seite nieder. Ich bleibe einen Augenblick stehen, sehe ihn traurig an, dann raffe ich mich auf und schreie: »Mir nach! Wir müssen ihn rächen! Ich habe meinen Bruder mehr als alles in der Welt geliebt«, sage ich, »und ihn verloren. Wir wollen ihn rächen, die Feinde zunichte machen oder alle sterben!« Alle schreien und stürzen mir nach. Das ganze französische Heer rückt heran – Pelissier selbst. Wir machen alle nieder; schließlich aber werde ich zum zweiten, zum dritten Male verwundet und stürze tödlich getroffen zu Boden. Alle laufen auf mich zu. Gortschakow kommt und fragt, ob ich noch einen Wunsch habe. Ich sage ihm: nur den einen, mich neben meinen Bruder zu legen, daß ich an seiner Seite sterben kann. Man hebt mich auf und legt mich neben die blutüberströmte Leiche des Bruders. Ich richte mich noch einmal auf und sage nur: »Ja, ihr habt zwei Menschen nicht zu würdigen verstanden, die ihr Vaterland wahrhaft geliebt haben; jetzt sind sie beide gefallen ... Gott verzeihe euch!« und sterbe.

Wer weiß, inwieweit diese Träume Wirklichkeit werden!

»Bist du schon einmal bei einem Handgemenge dabeigewesen?« fragte er plötzlich den Bruder und vergaß ganz, daß er nicht mit ihm reden wollte.

»Nein, nicht ein einziges Mal«, erwiderte dieser. »In unserem Regiment sind zweitausend Mann gefallen, alle bei den Arbeiten; und auch ich wurde bei der Arbeit verwundet! Im Kriege geht's nicht immer so zu, wie du glaubst, Wolodja.«

Die Anrede Wolodja rührte den jüngeren Koselzow; er wollte sich mit dem Bruder aussprechen, der es sich gar nicht träumen ließ, daß er Wolodja beleidigt hatte.

»Bist du mir böse, Mischa?« fragte er, nachdem er einen Augenblick geschwiegen hatte.

»Weshalb?«

»Ach, nur so ... Wegen der Sache vorhin. Also nicht?«

»Nicht im geringsten«, erwiderte der Ältere, wandte sich zu ihm und klopfte ihm aufs Knie.

»So verzeih mir, Mischa, wenn ich dich gekränkt habe.«

Und der jüngere Bruder wandte sich ab, um die Tränen zu verbergen, die ihm plötzlich in die Augen kamen.

## 9

»Ist das schon Sewastopol?« fragte der jüngere Koselzow, als sie auf den Berg hinaufkamen.

Vor ihnen öffnete sich die Bucht mit den Masten der Schiffe, das Meer mit der fernen feindlichen Flotte, die weißen Strandbatterien, die Kasernen, die Wasserleitungen, die Docks und Gebäude der Stadt, die weißvioletten Rauchwölkchen, die fortwährend auf den gelben Höhen aufstiegen, welche die Stadt umgaben und sich vom blauen Himmel abhoben, beleuchtet von den rosigen Strahlen der Sonne, die sich mit ihrem Glanz im dunklen Meere widerspiegelte und zum Horizont hinabsenkte.

Wolodja erblickte ohne das geringste Beben diesen Ort des Schreckens, mit dem er sich in Gedanken schon so viel beschäftigt hatte; im Gegenteil, er betrachtete mit ästhetischem Entzücken und mit dem heroischen Gefühl der Selbstzufriedenheit, daß er in einer halben Stunde dort sein werde, dieses wirklich reizvoll originelle Schauspiel, betrachtete es mit gesammelter Aufmerksamkeit bis zu dem Augenblick, als sie an der Nordseite beim Fuhrpark des Regiments seines Bruders angekommen waren, wo sie genaue Auskunft über den Standort des Regiments und der Batterie zu erhalten hofften.

Der Offizier, der den Fuhrpark befehligte, wohnte in dem sogenannten neuen Städtchen (Holzbaracken, von Matrosenfamilien errichtet) in einem Zelt, das mit einer ziemlich geräumigen Laubhütte aus grünen Eichenzweigen, deren Blätter noch nicht ganz vertrocknet schienen, verbunden war.

Die Brüder trafen den Offizier vor einem mit Zigarettenasche bestreuten Klapptisch, auf dem ein Glas mit kaltem Tee sowie ein Tablett mit Schnaps, vertrockneten Kaviarresten und Brot standen. Er hatte nur ein schmutziges gelbes Hemd an und zählte an einem großen Rechenbrett einen gewaltigen Haufen Banknoten. Doch bevor wir auf die Persönlichkeit dieses Offiziers und seine Unterhaltung eingehen, müssen wir uns unbedingt im Innern seiner Laubhütte genauer umsehen und uns ein wenig mit seiner Lebensweise und Beschäftigung vertraut machen.

Die neue Laubhütte war groß, gut geflochten, geräumig, mit Tischen und Bänken aus Rasen versehen, überhaupt so bequem, wie man sie sonst nur für Generale und Regimentskommandeure errichtet. Die Seiten und die Decke waren, damit die Blätter nicht herabfielen, mit drei Teppichen behängt, die zwar recht geschmacklos, aber neu und jedenfalls sehr teuer waren. Auf dem eisernen Bett, das unter dem Hauptteppich, auf dem eine Amazone abgebildet war, stand, lagen eine grellrote Plüschdecke, ein schmieriges, zerrissenes Kissen und ein Waschbärpelz umher. Auf dem Tisch lagen ein Spiegel in silbernem Rahmen, eine silberne, furchtbar schmutzige Bürste, ein zerbrochener Hornkamm mit fettigen Haaren, ein silberner Leuchter, eine Likörflasche mit einem großen goldenen Etikett, eine goldene Uhr mit dem Bildnis Peters des Großen, zwei goldene Federn, eine kleine Schachtel mit Kapseln, eine Brotrinde und ein altes Kartenspiel. Unter dem Bett standen volle und leere Porterflaschen. Dieser Offizier hatte den Fuhrpark des Regiments und die Verpflegung der Pferde unter sich. Mit ihm zusammen wohnte sein guter Freund, der Kommissionär, der das Geschäftliche erledigte. Er schlief gerade im Zelt, als die Brüder eintraten, während der Offizier mit der Monatsabrechnung der Staatsgelder beschäftigt war.

Das Äußere des Offiziers war sehr hübsch und martialisch: er war groß von Gestalt, hatte einen gewaltigen Schnurrbart und eine stattliche Körperfülle. Unangenehm wirkten an ihm nur sein schwitzendes, aufgeschwemmtes Gesicht, in dem die kleinen grauen Augen kaum noch zu sehen waren (als wäre der ganze Kerl mit Porter angefüllt), und die auffallende Unsauberkeit, von den spärlichen, fettigen Haaren bis zu den großen nackten Füßen in Hermelinpantoffeln.

»Soviel Geld! Soviel Geld!« sagte Koselzow der Ältere, als er in die Hütte trat, und heftete mit unwillkürlicher Gier die Augen auf den Haufen Banknoten. »Wenn Sie mir nur die Hälfte davon pumpen würden, Wasilij Michailytsch!«

Der Trainoffizier krümmte sich, wie am Schlafittchen gefaßt, als er die Gäste sah, schob das Geld zusammen und verbeugte sich, ohne aufzustehen.

»Ja, wenn es meines wäre! Aber es sind Staatsgelder, Väterchen... Doch wen haben Sie denn da bei sich?« fragte er, indem er einen Blick auf Wolodja warf, und verwahrte das Geld in einer Schatulle, die neben ihm stand.

»Das ist mein Bruder, der aus dem Kadettenkorps kommt. Wir möchten gern von Ihnen wissen, wo das Regiment steht.«

»Nehmen Sie Platz, meine Herren«, sagte der Trainoffizier, stand auf, schenkte den Gästen weiter keine Aufmerksamkeit und ging in das Zelt. »Wollen Sie nicht etwas trinken? Porter vielleicht?« rief er zurück.

»Könnte nichts schaden, Wasilij Michailytsch!«

Wolodja war erstaunt über die Erhabenheit des Trainoffiziers, über seine lässige Art und Weise und über die Achtung, mit welcher der Bruder ihn behandelte.

Sicherlich ein guter Offizier von ihnen, den alle achten; gewiß schlicht, gastfrei und tapfer, dachte er und setzte sich schüchtern und bescheiden auf den Diwan.

»Also, wo steht unser Regiment?« fragte der ältere Bruder ins Zelt hinüber.

»Was?«

Er wiederholte die Frage.

»Heute war Seifer bei mir; er sagte, sie seien gestern auf die fünfte Bastion gekommen.«

»Wirklich?«

»Wenn ich es sage, dann ist es schon so; im übrigen mag's der Teufel wissen! Dem Seifer kommt's auf eine Lüge nicht an. Wie steht's also, wollen Sie Porter trinken?« fragte er aus dem Zelt heraus.

»Meinetwegen, ich trinke ein Glas«, erwiderte Koselzow.

»Trinken Sie mit, Osip Ignatjewitsch?« fuhr die Stimme im Zelt, sicherlich an den schlafenden Kommissionär gewandt, fort. »Sie haben genug geschlafen: es geht bereits auf acht Uhr.«

»Lassen Sie mich doch in Frieden, ich schlafe gar nicht«, erwiderte eine träge, dünne Stimme.

»Na, stehen Sie nur auf: mir ist's langweilig ohne Sie.«

Der Trainoffizier kehrte zu den Gästen zurück.

»Bring das Bier aus Simferopol!« schrie er.

Ein Bursche mit stolzem Gesichtsausdruck, wie es Wolodja schien, trat in die Hütte und holte das Bier unter der Bank hervor, wobei er Wolodja anstieß.

»Ja, Väterchen«, sagte der Trainoffizier, während er die Gläser füllte, »wir haben jetzt einen neuen Regimentskommandeur. Er braucht Geld, muß sich mit allem Nötigen ausstaffieren.«

»Nun, das ist ein ganz Besonderer, scheint mir«, sagte Koselzow und griff ehrfürchtig nach dem Glas.

»Ja, die neue Generation! Ein richtiger Knicker und Knauser ist er. Als er noch das Bataillon kommandierte, da hat er geschrien und gebrüllt, aber jetzt singt er ein ganz anderes Liedchen. Jetzt darf er nicht mehr.«

»So ist es.«

Der jüngere Bruder hatte von dem Gespräch der beiden kein Wort verstanden, aber es schien ihm, daß der Bruder anders redete, als er dachte, und zwar nur deshalb, weil er den Porter dieses Offiziers trank.

Die Flasche Porter war bereits ausgetrunken, und das Gespräch hatte sich schon ziemlich lange in derselben Art hingezogen, als die Zeltvorhänge auseinandergeschlagen wurden und ein kleiner, frischer Mann in blauem Chalat mit Troddeln heraustrat, auf dem Kopfe eine Militärmütze mit rotem Rand und einer Kokarde. Während er eintrat, strich er, den Blick irgendwohin auf den Teppich gerichtet, seinen schwarzen Schnurrbart zurecht und erwiderte mit einer kaum merklichen Bewegung der Schultern die Verbeugungen der Offiziere.

»Gib mir auch ein Gläschen zu trinken«, sagte er und setzte sich an den Tisch. »Sie kommen wohl aus Petersburg, junger Mann?« fragte er und wandte sich freundlich an Wolodja.

»Ja, ich gehe nach Sewastopol.«

»Haben Sie selber darum gebeten?«

»Gewiß.«

»Was das für ein Vergnügen für Sie ist, meine Herren, das begreife ich nicht!« fuhr der Kommissionär fort. »Ich würde jetzt gerne zu Fuß nach Petersburg laufen, wenn man mich nur fortließe. Ich habe, bei Gott, dieses verfluchte Leben hier gründlich satt!«

»Inwiefern geht es Ihnen denn hier so schlecht?« wandte sich der ältere Koselzow an ihn. »Wenn *Sie* hier kein schönes Leben haben!«

Der Kommissionär warf ihm einen Blick zu und wandte sich ab.

»Diese Gefahren«– von welchen Gefahren mag er nur sprechen? dachte Koselzow –, »Entbehrungen, dieser Mangel an allem«, fuhr er zu Wolodja gewandt fort. »Was das für eine Leidenschaft von Ihnen ist, das verstehe ich einfach nicht, meine Herren. Wenn noch irgendwelche Vorteile dabei heraussprängen, aber so! Ist das etwa schön, wenn man in Ihrem Alter für zeitlebens zum Krüppel geschossen wird?«

»Den einen reizen die Einkünfte, der andere dient um der Ehre willen«, mischte sich ärgerlich der ältere Koselzow ein.

»Was ist das für eine Ehre, wenn man nichts zu beißen hat!« erwiderte der Kommissionär mit verächtlichem Lachen und wandte sich an den Trainoffizier, der bei diesen Worten ebenfalls lachte. »Laß doch mal die ‚Lucia' spielen«, sagte er und zeigte auf die Spieldose, »die höre ich so gern.«

»Sag, ist das ein guter Mensch, dieser Wasilij Michailytsch?« fragte Wolodja den Bruder, als sie – es dämmerte bereits – aus der Laubhütte heraustraten und nach Sewastopol weiterfuhren.

»Es geht an, nur ein geiziger Schelm ist er, einfach schrecklich! Er hat doch nahezu dreihundert Rubel im Monat! Und lebt wie ein Schwein, wie du gesehen hast. Aber den Kommissionär kann ich nicht sehen, den verprügle ich noch einmal. Diese Kanaille hat doch aus der Türkei an die zwölftausend heimgebracht...« Und Koselzow begann sich über den Wucher auszulassen, ein wenig (um die Wahrheit zu sagen) mit dem Ärger eines Menschen, der den Wucher nicht deshalb verurteilt, weil er etwas Böses ist, sondern deshalb, weil es Leute gibt, die sich seiner zu bedienen verstehen.

## 10

Nicht daß Wolodja in niedergeschlagener Stimmung gewesen wäre, als sie bei einbrechender Nacht auf der großen Brücke über die Bucht fuhren, aber es lastete ihm wie ein Druck auf dem Herzen. Alles, was er hier hörte und sah, stimmte wenig mit seinen bisher empfangenen Eindrücken überein: mit dem großen, hellen, parkettierten Prüfungssaal, dem lustigen, harmlosen Schwatzen und Lachen der Kameraden, der neuen Uniform, dem vergötterten Zaren, den er während der sieben Jahre immer wieder gesehen hatte und der sie bei der Entlassung mit Tränen in den Augen seine Kinder genannt hatte – und alles, was er hier sah, glich nun so wenig seinen schönen, gleißenden, stolzen Träumen.

»Na, da wären wir ja!« sagte der ältere Bruder, als sie, bei der Michailowbatterie angekommen, aus dem Wagen stiegen. »Wenn man uns über die Brücke läßt, gehen wir gleich in die Nikolajewkaserne. Dort bleibst du über Nacht, während ich zu meinem Regiment gehe und mich erkundige, wo deine Batterie steht, und morgen hole ich dich ab.«

»Warum denn? Wir wollen doch lieber zusammen bleiben«, sagte Wolodja. »Ich gehe mit dir auf die Bastion. Das ist doch ganz gleich, ich muß mich ja doch daran gewöhnen. Wenn du hingehst, kann ich es auch.«

»Geh lieber nicht mit.«

»Nein, bitte, dann sehe ich doch wenigstens, wie ...«

»Mein Rat ist: geh nicht, aber meinetwegen ...«

Der Himmel war dunkel und klar; die Sterne und die ununterbrochen aufleuchtenden Feuer der Bomben und Schüsse strahlten hell in die Finsternis. Das große weiße Massiv der Batterie und der Anfang der Brücke traten aus der Dunkelheit hervor. Buchstäblich jede Sekunde erschütterten Kanonenschüsse oder Explosionen, schnell aufeinanderfolgend oder auch gleichzeitig und immer lauter und deutlicher werdend, die Luft. Durch dieses Getöse hindurch drang wie zur Begleitung das dumpfe Brausen der Fluten. Vom Meere her blies ein leichter Wind, und es roch nach Feuchtigkeit. Die Brüder kamen zur Brücke. Ein Landwehrmann stieß ungeschickt mit dem Gewehr auf und rief: »Wer da?«

»Soldat.«

»Übergang verboten.«

»Ja, wie denn? Wir müssen!«

»Fragen Sie den Offizier.«

Der Offizier, der dösend auf einem Anker saß, erhob sich und befahl, sie durchzulassen.

»Hinüber darf man, herüber nicht. Wo wollt ihr hin? Nicht alle auf einmal!« schrie er einigen mit Schanzkörben beladenen Regimentswagen zu, die sich vor der Brücke drängten.

Die Brüder stiegen zum ersten Ponton hinab und stießen auf einen Trupp Soldaten, die in lautem Gespräch von drüben herüberkamen.

»Wenn er eine Ausrüstungszulage bekommen hat, dann stimmt die Rechnung, das ist klar.«

»Ach, Brüder!« sagte eine andere Stimme, »wenn man auf die Nordseite hinüberkommt, tut sich eine ganz andere Welt auf, bei Gott! Eine ganz andere Luft ist dort.«

»Schwatz nur!« sagte der erste wieder. »Neulich kam hier so ein verdammtes Biest angeflogen, die hat gleich zwei Matrosen die Beine abgerissen, also sag lieber nichts.«

Die Brüder überschritten den ersten Ponton und blieben auf dem zweiten, der stellenweise schon mit Wasser gefüllt war, stehen, um auf ihren Wagen zu warten. Der Wind, der auf dem Festlande schwach erschienen war, blies hier ziemlich heftig und stoßweise; die Brücke schaukelte, und die Wellen, die krachend gegen die Balken schlugen und sich an den Ankern und Tauen brachen, überfluteten die Bohlen. Rechts brauste nebelhaft feindselig und schwarz das Meer, das durch eine endlose, gerade schwarze Linie vom gestirnten, lichtgrau schimmernden Horizont getrennt wurde; in der Ferne blitzten ab und zu die Lichter der feindlichen Flotte auf. Zur Linken dämmerte die dunkle Masse eines unserer Schiffe, man hörte, wie die Wellen gegen seinen Bord schlugen; hinten sah man einen Dampfer, der schnell und geräuschvoll von der Nordseite wegfuhr. Das Feuer einer in der Nähe krepierenden Bombe beleuchtete einen Augenblick lang die auf dem Verdeck hoch aufgeschichteten Schanzkörbe, die beiden Matrosen, die oben standen, und den weißen Gischt und die Schaumköpfchen der grünlichen Wogen, die der Dampfer durchschnitt. Auf dem Brückenrand saß ein Matrose im bloßen Hemd, ließ die Beine ins Wasser hängen und arbeitete mit einem Beil an dem Ponton. Geradeaus über Sewastopol flammten noch immer dieselben Feuer auf, und immer lauter drangen von daher die furchtbaren Töne. Eine vom Meere heranbrausende Welle überflutete die rechte Brückenseite und benetzte Wolodjas Füße; zwei Soldaten gingen, im Wasser watend, an ihm vorüber. Plötzlich erhellte vor ihnen etwas unter lautem Krachen die Brücke, das Fuhrwerk und den Reiter darauf – und pfeifend und spritzend sausten die Splitter ins Wasser.

»Ah, Michail Semjonytsch!« sagte der Reiter und hielt sein Pferd vor dem älteren Koselzow an. »Sind Sie wieder ganz hergestellt?«

»Wie Sie sehen. Aber wohin wollen Sie?«

»Auf die Nordseite, um Patronen zu holen. Ich vertrete doch jetzt den Regimentsadjutanten... Wir erwarten von Stunde zu Stunde einen Sturmangriff und haben keine fünf Patronen im Sack. Vortreffliche Organisatoren!«

»Wo ist denn Marzow?«

»Dem ist gestern ein Bein abgerissen worden... er schlief in der Stadt in seinem Zimmer... Sie kennen ihn wohl? Er befindet sich auf dem Verbandsplatz.«

»Unser Regiment steht auf der fünften, nicht wahr?«

»Ja, an Stelle der M–zer. Gehen Sie zum Verbandsplatz; dort sind welche von uns, die werden Sie hinführen.«

»Ist denn mein Quartier in der Seestraße noch heil?«

»Ach, Väterchen! diese Gegend ist schon längst von Bomben zerstört. Sie werden Sewastopol nicht wiedererkennen: da gibt es keine Frauen, keine Kneipen, keine Musik mehr. Gestern ist der letzte Gastwirt fortgezogen. Es ist jetzt recht trübselig geworden... Leben Sie wohl!«

Und der Offizier sprengte davon.

Wolodja wurde plötzlich angst: ihm schien, als müsse jeden Augenblick eine Kanonenkugel oder ein Granatsplitter auf ihn zugeflogen kommen und ihn gerade am Kopf treffen. Diese feuchte Finsternis, dieses Getöse, besonders das dumpfe Klatschen der Wellen, das alles schien ihm zu sagen, er solle nicht weitergehen, es warte seiner hier nichts Gutes, sein Fuß werde nie wieder russischen Boden jenseits der Bucht betreten, so daß er am liebsten augenblicklich umgekehrt und irgendwohin gelaufen wäre, so weit fort von diesem furchtbaren Ort wie nur möglich.

Aber vielleicht ist es schon zu spät, ist schon alles beschlossen, dachte er und erschauerte teils bei diesem Gedanken, teils wohl auch, weil das Wasser ihm durch die Stiefel gedrungen war und seine Füße naß gemacht hatte.

Wolodja seufzte tief und trat etwas von seinem Bruder zurück.

»Herrgott! muß ich denn wirklich fallen, gerade ich? Lieber Gott, erbarme dich meiner!« betete er flüsternd und bekreuzigte sich.

»Na, komm, Wolodja«, sagte der ältere Bruder, als der Wagen auf die Brücke fuhr. »Hast du die Bombe gesehen?«

Auf der Brücke trafen sie Fuhren mit Verwundeten, mit Schanzkörben und auch eine mit Möbeln, die von einer Frau gefahren wurde. Am jenseitigen Ende der Brücke hielt sie niemand an.

Instinktiv hielten sich die Brüder dicht an der Mauer der Nikolajewbatterie, und während sie schweigend auf das Krachen der hier schon über ihren Köpfen platzenden Bomben und auf das Sausen der herunterfallenden Sprengstücke lauschten, kamen sie zu jener Stelle der Batterie, wo das Heiligenbild stand. Hier erfuhren sie, daß die fünfte leichte, der Wolodja zugeteilt war, in der Korabelnaja stand, und beschlossen, trotz der Gefahr, zusammen auf der fünften Bastion zu übernachten und von dort aus morgen zur Batterie zu gehen. Sie bogen in einen Gang ein, stiegen über die Beine der Soldaten hinweg, die längs der ganzen Batteriewand schliefen, und kamen endlich auf den Verbandsplatz.

## 11

Als sie in das erste Zimmer traten, das voller Pritschen stand, auf denen Verwundete lagen, und von einem schweren, widerlich unangenehmen Lazarettgeruch erfüllt war, stießen sie auf zwei Barmherzige Schwestern, die ihnen entgegenkamen.

Die eine, eine Frau von etwa fünfzig Jahren, mit schwarzen Augen und strenger Miene, trug Binden und Scharpie und erteilte einem jungen Menschen, einem Feldscher, der neben ihr ging, allerlei Anordnungen; die andere, ein sehr hübsches Mädchen von etwa zwanzig Jahren, mit dem blassen, zarten Gesichtchen einer Blondine, das eigenartig reizend-hilflos aus dem weißen Häubchen hervorsah, ging, die Hände in den Taschen ihrer Schürze, hinter der älteren her, ängstlich besorgt, nicht hinter ihr zurückzubleiben.

Koselzow wandte sich an beide mit der Frage, ob sie nicht wüßten, wo Marzow läge, dem gestern ein Bein abgerissen worden sei.

»Wohl vom P.-Regiment?« fragte die Ältere. »Ist er ein Verwandter von Ihnen«

»Nein, ein Kamerad.«

»Hm! Führen Sie die Herren«, sagte sie zu der jungen Schwester auf französisch, »dort hinüber.« Sie selbst ging mit dem Feldscher zu einem Verwundeten.

»So komm doch ... was guckst du da!« sagte Koselzow zu Wolodja, der mit hochgezogenen Augenbrauen und schmerzlicher Miene nicht imstande war, sich vom Anblick der Verwundeten loszureißen. »Komm nur!«

Wolodja ging hinter dem Bruder her, schaute sich dabei aber immer wieder um und murmelte unwillkürlich immer wieder: »Ach, mein Gott! Ach, mein Gott!«

»Der Herr ist sicher noch nicht lange hier?« fragte die Schwester Koselzow mit einem Blick auf Wolodja, der seufzend hinter ihnen den Korridor entlangging.

»Soeben erst angekommen.«

Die hübsche Schwester schaute Wolodja an und begann plötzlich zu weinen.

»Mein Gott, mein Gott! wann wird dies alles ein Ende nehmen!« sagte sie mit verzweifelter Stimme.

Sie traten in die Offiziersabteilung. Marzow lag auf dem Rücken, hatte die sehnigen, bis zu den Ellbogen bloßen Arme unter den Kopf geschoben, und auf seinem gelben Gesicht lag ein Ausdruck, als bisse er die Zähne zusammen, um nicht vor Schmerz laut aufzuschreien. Das gesunde Bein, das in einem Strumpf steckte, hatte er unter der Decke hervorgestreckt, und man sah, wie er krampfhaft die Zehen bewegte.

»Nun, wie geht es Ihnen?« fragte die Schwester und hob mit ihren feinen, zarten Fingern, an deren einem Wolodja einen goldenen Ring bemerkte, seinen etwas kahlen Kopf und rückte das Kissen zurecht. »Ihre Kameraden sind gekommen, um Sie zu besuchen.«

»Natürlich tut's weh«, erwiderte er ärgerlich. »Lassen Sie, es ist schon gut so.« Die Zehen im Strumpfe bewegten sich noch schneller. »Willkommen. Wie heißen Sie? Verzeihen Sie...« sagte er zu Koselzow. »Ach ja, entschuldigen Sie, hier vergißt man alles«, erwiderte er, als jener ihm seinen Namen genannt hatte. »Wir wohnten ja zusammen«, fügte er ohne jeden Ausdruck von Freude hinzu und sah Wolodja fragend an.

»Das ist mein Bruder, der heute aus Petersburg gekommen ist.«

»Hm!... Nun habe ich mir die volle Pension verdient«, sagte er mit gerunzelter Stirn. »Aber die Schmerzen! Da wär's schon besser, es ginge bald zu Ende.«

Er zog das Bein an, bewegte noch schneller und krampfhafter die Zehen und schlug die Hände vors Gesicht.

»Wir müssen ihn in Ruhe lassen«, sagte die Schwester flüsternd, mit Tränen in den Augen. »Es geht ihm sehr schlecht.«

Die Brüder hatten auf der Nordseite beschlossen, gemeinsam auf die fünfte Bastion zu gehen; als sie aber aus der Nikolajewbatterie herauskamen, beschlossen sie, ohne darüber zu reden, als wären sie übereingekommen, sich nicht unnötig der Gefahr auszusetzen, jeder für sich allein zu gehen.

»Wirst du sie auch finden, Wolodja?« fragte der Ältere. »Übrigens, Nikolajew kann dich nach der Korabelnaja bringen; ich gehe allein und komme dann morgen zu dir.«

Weiter wurde bei diesem letzten Abschied der beiden Brüder nichts gesprochen.

## 12

Der Kanonendonner hielt mit unverminderter Stärke an, aber die Katharinenstraße, die Wolodja, von dem schweigenden Nikolajew gefolgt, entlangging, war still und leer. In der Dunkelheit sah er nur die breite Straße mit den weißen, an vielen Stellen zertrümmerten Mauern der großen Häuser und das Steintrottoir, auf dem er ging. Ab und zu kamen ihnen Soldaten und Offiziere entgegen. Als er bei der Admiralität auf die linke Seite hinüberging, erblickte er beim Schein eines hellen Feuers, das hinter einer Mauer brannte, die längs des Trottoirs gepflanzten Akazien mit ihren grünen Pfählen und den jämmerlichen, verstaubten Blättern. Deutlich hörte er seine und Nikolajews Schritte, der schwer atmend hinter ihm herging. Er dachte an nichts: die hübsche Krankenschwester, Marzows Fuß mit den im Strumpf zuckenden Zehen, die Dunkelheit, die Bomben und die mannigfaltigen Bilder des Todes tauchten trübe in seiner Seele auf. Sein ganzes jugendlich empfindsames Herz krampfte sich zusammen in dem Bewußtsein der Einsamkeit und allgemeinen Gleichgültigkeit an seinem Schicksal in der Gefahr. Sie schießen mich nieder, ich quäle mich, leide, und niemand weint um mich! Und dies alles statt eines Heldenlebens voller Tatkraft und Bewunderung, das er sich in seinen Träumen so herrlich ausgemalt hatte. Die Bomben platzten und pfiffen immer näher und näher, Nikolajew seufzte immer öfter, brach aber das Schweigen nicht. Als sie über die Brücke gingen, die nach der Korabelnaja hinüberführte, sah Wolodja, wie irgend etwas ganz in seiner Nähe pfeifend in die Bucht sauste, die violetten Wellen eine Sekunde lang purpurn beleuchtete, verschwand und dann wieder spritzend in die Höhe flog.

»Schau, die ist nicht erstickt!« rief Nikolajew heiser.

»Ja«, erwiderte Wolodja unwillkürlich mit einer für ihn selber unerwartet dünnen und schrillen Stimme.

Sie trafen Träger mit Verwundeten und abermals Wagen mit Schanzkörben; ein Regiment kam ihnen auf der Korabelnaja entgegen, Reiter ritten vorüber. Der eine war ein Offizier mit einem Kosaken. Er ritt im Trab heran, hielt, als er Wolodja erblickte, sein Pferd vor ihm an, sah ihm ins Gesicht, wandte sich ab und ritt weiter, wobei er seinem Pferde die Peitsche gab. Allein, allein ... allen ist es gleichgültig, ob ich da bin oder nicht, dachte der arme Junge und hätte allen Ernstes am liebsten losgeweint.

Als er an einer hohen weißen Mauer vorüber auf die Anhöhe gelangt war, kam er in eine Straße zerstörter kleiner Häuschen, die fortwährend von Bomben beleuchtet wurden. Ein betrunkenes, zerlumptes Weib, das mit einem Matrosen aus einem Pförtchen herauskam, stieß mit ihm zusammen.

»Denn wenn er ein anständiger Kerl wäre ...« lallte sie. »Pardon, Euer Wohlgeboren, Herr Offizier.«

Immer mehr krampfte sich das Herz des armen Jungen zusammen; immer öfter flammten am schwarzen Horizont die Blitze auf, immer häufiger pfiffen die Bomben und platzten in seiner Nähe. Nikolajew seufzte und fing plötzlich mit ängstlich gedämpfter Stimme, wie es Wolodja schien, zu reden an: »Da haben sie's nun so eilig gehabt, aus dem Gouvernement herzukommen. Nur her, nur her. Ist auch der rechte Ort danach. Manche gescheite Herren, die nur ein ganz kleines bißchen verwundet sind, bleiben fröhlich im Lazarett. Es geht ihnen so gut, daß sie nichts Besseres wollen.«

»Warum denn nicht, wenn der Bruder wieder ganz gesund ist«, erwiderte Wolodja, in der Hoffnung, wenigstens durch ein Gespräch das furchtbare Gefühl, das sich seiner bemächtigt hatte, zu verjagen.

»Gesund? Was ist das für eine Gesundheit, wenn er durch und durch krank ist! Auch die wirklich Gesunden und die Gescheiten sollten während dieser ganzen Zeit lieber im Lazarett bleiben. Ist das etwa eine besondere Freude hier? Ein Arm wird einem abgerissen – das ist alles. Wie schnell ist das Unglück da! Hier in der Stadt ist's ja nicht so schlimm, aber auf der Bastion, da ist's furchtbar. Geht man dorthin, kann man nur alle seine Gebete hersagen. So eine Bestie, wie nahe sie vorüberfliegt!« fügte er hinzu und lauschte gespannt auf das Pfeifen eines vorbeisausenden Splitters. »Und jetzt«, fuhr Nikolajew fort, »hat er mir befohlen, Euer Wohlgeboren zu führen. Natürlich weiß ich: was unsereinem befohlen wird, muß auch ausgeführt werden; aber die Hauptsache – unseren Wagen überließ er dem ersten besten Soldaten, und das Bündel ist nicht zugeschnürt ... ‚Geh nur, geh!' Wenn aber etwas von unseren Sachen verlorengeht, muß Nikolajew herhalten!«

Nachdem sie noch einige Schritte weitergegangen waren, kamen sie auf einen Platz. Nikolajew schwieg und seufzte.

»Da steht Ihre Artillerie, Euer Wohlgeboren!« sagte er auf einmal. »Fragen Sie den Posten, der wird Ihnen alles zeigen.« Und Wolodja hörte nach ein paar Schritten nicht mehr Nikolajews Seufzer hinter sich.

Er fühlte sich mit einem Male vollständig und endgültig allein. Dieses Bewußtsein der Verlassenheit in der Gefahr – vor dem Tode, wie er meinte – erschien ihm wie ein furchtbar schwerer, kalter Stein, der auf seinem Herzen lastete. Er blieb mitten auf dem Platze stehen, sah sich um, ob er nicht jemanden sähe, faßte sich an den Kopf und murmelte voller Entsetzen vor sich hin: »Herrgott, bin ich denn ein Feigling? Ein elender, widerlicher, nichtiger Feigling? Geht es nicht um das Vaterland, um den Zaren, für den zu sterben ich noch vor kurzem begeistert träumte? Nein! ich bin ein unglückliches, elendes Geschöpf!« Und mit einem wahren Gefühl der Verzweiflung und Enttäuschung über sich selber fragte Wolodja den Posten nach dem Hause des Batteriechefs und ging in der angegebenen Richtung weiter.

## 13

Das Quartier des Batteriechefs, das ihm der Posten gezeigt hatte, war ein kleines einstöckiges Häuschen, das man vom Hof aus betrat. Hinter dem einen Fenster, das mit Papier verklebt war, flackerte der schwache Schein einer Kerze. Ein Bursche saß vor der Tür und rauchte seine Pfeife. Er meldete Wolodja dem Batteriechef und führte ihn ins Zimmer. Drinnen standen zwischen den beiden Fenstern unter einem zerbrochenen Spiegel ein mit amtlichen Schriftstücken bedeckter Tisch, ein paar Stühle und ein eisernes Bett mit sauberem Bezug und einem kleinen Teppich davor.

Dicht an der Tür stand ein stattlicher Mann mit großem Schnurrbart, der Feldwebel, mit Seitengewehr und Mantel, an dem ein Kreuz und die ungarische Medaille hingen. Mitten im Zimmer ging ein kleiner, etwa vierzigjähriger Stabsoffizier mit verbundener, geschwollener Backe auf und ab, der einen dünnen, alten Mantel trug.

»Ich habe die Ehre, mich zu melden, kommandiert zur fünften Leichten, Fähnrich Koselzow II«, sagte Wolodja die eingelernte Phrase her, als er ins Zimmer trat.

Der Batteriechef erwiderte kurz und trocken seine Verbeugung und forderte ihn auf, Platz zu nehmen, ohne ihm die Hand zu reichen.

Wolodja ließ sich schüchtern auf einen Stuhl neben dem Schreibtisch nieder und drehte verlegen an einer Schere, die ihm unter die Finger geraten war, während der Batteriechef – die Hände auf den Rücken gelegt und den Kopf gesenkt – weiterhin schweigend auf und ab ging, ab und zu einen Blick auf Wolodjas mit der Schere spielende Finger warf und sich anscheinend an etwas zu erinnern suchte.

Der Batteriechef war ein ziemlich dicker Mann mit einer großen Glatze, einem dichten Schnurrbart, der heruntergekämmt war und ihm über den Mund hing, und freundlichen braunen Augen. Er hatte schöne, saubere und weiche Hände und trat mit seinen kleinen Füßen sehr auswärts, selbstsicher und mit einer gewissen Stutzerhaftigkeit auf, die merken ließ, daß er kein schüchterner und verlegener Mann war.

»Ja«, sagte er und blieb vor dem Feldwebel stehen, »den Pferden von der Munitionskolonne müssen wir von morgen ab ein Maß mehr geben, sonst werden sie uns zu mager. Was denkst du?«

»Ja, das können wir schon, Euer Wohlgeboren! Der Hafer ist jetzt billiger geworden«, erwiderte der Feldwebel, während seine Finger, mit denen er anscheinend gerne seinen Worten nachgeholfen hätte, an den Hosennähten zuckten.« Und dann hat mir unser Fourageur Frantschuk gestern vom Train einen Brief geschickt, Euer Wohlgeboren, wir sollten unbedingt dort Achsen kaufen, sagt er. Wie befehlen Sie also?«

»Meinetwegen kaufen: er hat ja Geld.« Der Batteriechef ging wieder im Zimmer auf und ab. »Wo haben Sie denn Ihr Gepäck?« fragte er plötzlich Wolodja und blieb vor ihm stehen.

Der arme Wolodja war von dem Gedanken, daß er ein Feigling sei, so überwältigt, daß er aus jedem Blick, jedem Wort Verachtung seiner Person, eines jämmerlichen Feiglings, herauszulesen glaubte. Ihm schien, als hätte auch der Batteriechef schon sein Geheimnis durchschaut und lachte nun über ihn. Er wurde verlegen und antwortete, seine Sachen seien auf der Grafskaja, und sein Bruder habe versprochen, sie ihm morgen zu schicken.

Doch der Oberstleutnant hörte ihm kaum zu, wandte sich wieder an den Feldwebel und fragte: »Wo können wir den Fähnrich unterbringen?«

»Den Fähnrich?« wiederholte der Feldwebel, der Wolodja durch den flüchtigen Blick, mit dem er ihn streifte und der die Frage auszudrücken schien: Was ist das schon für ein Fähnrich? noch mehr in Verlegenheit setzte. »Vielleicht unten, Euer Wohlgeboren, beim Stabskapitän könnten Seine Wohlgeboren Quartier nehmen«, fuhr er, nachdem er eine Weile überlegt hatte, fort. »Der Stabskapitän ist jetzt auf der Bastion, so daß sein Bett leer steht.«

»Vielleicht nehmen Sie inzwischen damit vorlieb?« sagte der

Batteriechef. »Sie werden müde sein, denke ich; morgen regeln wir das dann besser.«

Wolodja stand auf und verbeugte sich.

»Wünschen Sie vielleicht etwas Tee?« fragte der Batteriechef, als Wolodja bereits an der Tür war. »Ich kann einen Samowar aufstellen lassen.«

Wolodja verbeugte sich und ging hinaus. Der Bursche des Oberstleutnants brachte ihn hinunter und führte Wolodja in ein kahles, schmutziges Zimmer, in dem allerlei Kram aufgestapelt war und ein eisernes Bett ohne Wäsche und Decke stand. Auf diesem Bett schlief, mit einem dicken Mantel zugedeckt, ein Mann in einem rosa Hemd.

Wolodja hielt ihn für einen Soldaten.

»Pjotr Nikolajewitsch«, rief der Bursche und rüttelte den Schlafenden an der Schulter, »hier soll sich der Fähnrich hinlegen... Das ist unser Junker«, fügte er zu Wolodja gewandt hinzu.

»Ach, lassen Sie sich bitte nicht stören«, sagte Wolodja; aber der Junker, ein großer, stämmiger junger Mensch mit hübschem, aber recht dummem Gesicht, sprang auf, warf seinen Mantel um und ging, offenbar noch halb im Schlafe, aus dem Zimmer.

»Macht nichts, ich lege mich draußen hin«, brummte er.

## 14

Mit seinen Gedanken allein geblieben, war Wolodjas erstes Gefühl die Angst vor dem verworrenen, trostlosen Zustand, in dem sich seine Seele befand. Er wollte schlafen und seine ganze Umgebung vergessen – und vor allem sich selber. Er löschte das Licht aus, legte sich, nachdem er den Mantel ausgezogen hatte, aufs Bett und zog sich diesen über den Kopf, um die Angst vor der Dunkelheit loszuwerden, der er von frühester Kindheit an unterworfen war. Aber plötzlich durchzuckte ihn der Gedanke, daß eine Bombe geflogen käme, das Dach zertrümmerte und ihn erschlüge. Er lauschte: über sich hörte er die Schritte des Batteriechefs.

Übrigens, wenn sie auch kommt, dachte er, so wird sie doch zuerst die oben erschlagen und dann erst mich; wenigstens nicht mich allein. Dieser Gedanke beruhigte ihn ein wenig, und er war schon nahe daran, einzuschlafen. Wenn aber

Sewastopol plötzlich bei Nacht genommen wird und die Franzosen hier eindringen? Womit werde ich mich verteidigen? Er stand auf und ging durchs Zimmer. Die Furcht vor einer tatsächlichen Gefahr erstickte die geheime Angst vor der Dunkelheit. Außer einem Sattel und einem Samowar befand sich im Zimmer nichts Hartes. Ich bin ein elender Wicht, ein Feigling, ein erbärmlicher Feigling! dachte er plötzlich, und wieder überkam ihn jenes drückende Gefühl der Verachtung, ja sogar des Abscheus vor sich selbst. Er legte sich wieder hin und versuchte, an nichts zu denken. Doch bei dem ununterbrochenen Getöse, das die Scheiben in dem einzigen Fenster seines Zimmers erklirren ließ, tauchten die Eindrücke des Tages unwillkürlich noch einmal vor seinem Geiste auf und erinnerten ihn abermals an die Gefahr: bald sah er Verwundete vor sich und Blut, bald Bomben und Sprengstücke, die ins Zimmer geflogen kamen, bald die hübsche Krankenschwester, die ihm, dem Sterbenden, einen Verband anlegte und über ihn weinte, bald seine Mutter, wie sie in der Kreisstadt zum letzten Male mit ihm ging und mit Tränen in den Augen inbrünstig vor dem wundertätigen Heiligenbilde betete – und wieder schien der Schlaf unmöglich. Da plötzlich ging ihm der Gedanke an den gütigen, allmächtigen Gott, der alles kann und jedes Gebet erhört, mit aller Klarheit durch den Kopf. Er fiel auf die Knie, bekreuzigte sich und faltete die Hände, so wie man ihn als Kind beten gelehrt hatte. Diese Gebärde übertrug auf ihn plötzlich ein längst vergessenes, tröstendes Gefühl.

Wenn ich sterben muß, wenn es nötig ist, daß ich mein Leben hingebe, so tu es, Herrgott, dachte er, tu es schnell. Brauche ich aber Tapferkeit, Festigkeit, die ich nicht habe, so verleihe sie mir und wende Schimpf und Schande von mir, die ich nicht ertragen könnte. Lehre mich, was ich tun muß, um deinen Willen zu erfüllen.

Seine kindliche, schüchterne, beschränkte Seele wurde plötzlich männlicher, erleuchteter und erblickte neue, weite, helle Horizonte. Vieles noch durchdachte und durchfühlte er in der kurzen Zeit, solange dieses Gefühl anhielt. Bald darauf schlief er ruhig und sorglos bei dem nimmer verstummenden Getöse des Bombardements und dem Klirren der Fensterscheiben ein.

Großer Gott! Nur du allein hörst und kennst jene schlichten, aber heißen und verzweifelten Gebete der Einfalt, wirren Reue und Hoffnung, die zu dir aufsteigen von diesem furchtbaren Ort des Todes: vom General, der noch vor einem Augenblick an das Georgskreuz am Halse gedacht hat und nun mit Bangen deine Nähe fühlt, bis zu dem einfachen Soldaten, der sich auf der blanken Erde der Nikolajewbatterie wälzt und dich anfleht, ihm jene Belohnung für alle diese Leiden zuteil werden zu lassen, die seine Seele unbewußt vorausahnt. Ja, du hörst nicht auf, die Bitten deiner Kinder zu erhören, du sendest ihnen stets einen tröstenden Engel herab, der ihren Herzen Geduld, das Gefühl der Schuld und die Labe der Hoffnung verleiht.

## 15

Der ältere Koselzow hatte auf der Straße einen Soldaten seines Regiments getroffen und begab sich nun mit ihm zusammen zur fünften Bastion.

»Halten Sie sich an der Mauer, Euer Wohlgeboren«, sagte der Soldat.

»Warum?«

»Es ist gefährlich, Euer Wohlgeboren: da kommt schon eine geflogen«, rief er und lauschte auf den Ton einer heranpfeifenden Kanonenkugel, die in den trockenen Weg auf der anderen Seite der Straße einschlug.

Koselzow hörte nicht auf den Soldaten und ging forsch mitten auf der Straße weiter.

Es waren dieselben Straßen, dasselbe, sogar noch häufigere Aufblitzen der Schüsse, derselbe Lärm, dasselbe Stöhnen und Zusammentreffen mit Verwundeten, dieselben Batterien, Brustwehren und Laufgräben wie im Frühling, als er in Sewastopol gewesen war; doch aus irgendeinem Grund war jetzt alles trübseliger und dabei doch energischer. Zerschossene Hauswände gab es jetzt mehr; Licht in den Fenstern war überhaupt nicht zu sehen, ausgenommen in Kustschins Haus (dem Lazarett); Frauen traf man keine einzige, und alles zeigte nicht mehr jenen früheren Charakter der Gewohnheit und der Sorglosigkeit, sondern trug den Stempel einer schweren Erwartung, Müdigkeit und Abgespanntheit.

Doch da ist bereits der letzte Laufgraben, da ertönt die Stimme eines Soldaten des Regimentes P., der seinen früheren Kompaniechef erkennt, da steht in der Dunkelheit das dritte Bataillon an die Mauer gelehnt, ab und zu für einen Augenblick im Abschußfeuer aufleuchtend, und man hört gedämpftes Reden und das Klirren der Gewehre.

»Wo ist der Regimentskommandeur?« fragte Koselzow.

»In der Blindage, bei denen von der Flotte, Euer Wohlgeboren«, erwidert diensteifrig der Soldat. »Darf ich Sie hinführen?«

Von Graben zu Graben führte der Soldat Koselzow bis zu einer Ausbuchtung in einem Laufgraben. Dort saß ein Matrose, der ein Pfeifchen rauchte; hinter ihm sah man eine Tür, durch deren Ritzen Licht schimmerte.

»Darf man eintreten?«

»Ich werde Sie sogleich melden.«

Der Matrose verschwand hinter der Tür. Drinnen hörte man zwei Stimmen.

»Wenn Preußen fortfährt, seine Neutralität zu wahren«, sagte die eine Stimme, »so wird Österreich ebenfalls ...«

»Was heißt Örterreich«, erwiderte die andere Stimme, »wenn die slawischen Länder ... ja, laß ihn eintreten.«

Koselzow war noch niemals in dieser Blindage gewesen. Sie fiel ihm durch ihre außerordentliche Eleganz auf. Der Fußboden war getäfelt, Wandschirme verdeckten die Tür. An den Wänden standen zwei Betten, und in der Ecke befand sich ein großes Muttergottesbild in goldenem Rahmen, vor dem ein rotes Lämpchen brannte. Auf dem einen Bett schlief, vollständig angekleidet, ein Seeoffizier, auf dem anderen, vor dem ein Tisch mit zwei angerissenen Flaschen Wein stand, saß der neue Regimentskommandeur im Gespräch mit seinem Adjutanten. Obgleich Koselzow keineswegs feige war und sich weder vor der Behörde noch vor dem Regimentskommandeur irgendwie schuldig fühlte, so wurde er beim Anblick dieses Obersten, der noch kürzlich sein Kamerad gewesen war, doch etwas eingeschüchtert: so stolz erhob sich dieser Oberst und nahm seine Meldung entgegen. Auch der Adjutant, der neben ihm saß, regte ihn durch seine Pose und durch seinen Blick auf, der zu sagen schien: Ich bin nur der Freund Ihres Regimentskommandeurs. Sie kommen nicht zu mir, und ich kann und will von Ihnen keinerlei Aufmerksamkeit verlangen. Merkwürdig, dachte Koselzow, während er seinen Kommandeur ansah, sieben Wochen ist es erst her, daß er das Regiment übernommen hat, und wie deutlich merkt man aus seiner ganzen Umgebung, seiner Kleidung, seiner Haltung und aus seinem Blick die Würde des Regimentskommandeurs, diese Würde, die nicht so sehr auf dem Dienstalter und den militärischen Fähigkeiten als auf dem Reichtum beruht. Und dabei ist es noch gar nicht lange her, dachte er, daß dieser selbe Batristschew mit uns zechte, wochentags ein dunkles, nicht leicht schmutzendes Baumwollhemd trug und, ohne jemand einzuladen, diese ewigen Klopse und Quarkkuchen aß. Und jetzt! Schon lugt ein Hemd aus holländischem Linnen aus dem dicken, weitärmeligen Rock hervor, befindet sich eine Zehnrubelzigarre in seiner Hand, steht auf dem Tisch Lafitte, sechs Rubel die Flasche (alles zu unglaublichen Preisen über den Quartiermeister in Simferopol eingekauft) – und in den Augen der kalte Stolz des Geldaristokraten, der zu sagen scheint: Ich bin wohl dein Kamerad, weil ich Regimentskommandeur neuer Schule bin, aber vergiß nicht, daß du sechzig Rubel Gehalt hast, während durch meine Hände Zehntausende gehen, und glaube mir, ich weiß ganz genau, daß du dein halbes Leben dafür geben würdest, an meiner Stelle zu sein!

»Sie haben lange Zeit zu Ihrer Wiederherstellung gebraucht«, sagte der Oberst kalt und sah ihn an.

»Ich war krank, Oberst! auch jetzt ist die Wunde noch nicht ganz geschlossen.«

»Dann sind Sie unnützerweise hergekommen«, erwiderte der Oberst und umfaßte mit einem ungläubigen Blick die vierschrötige Gestalt des Offiziers. »Aber Dienst können Sie doch wohl tun?«

»Gewiß, das kann ich.«

»Nun, ich freue mich sehr. Dann übernehmen Sie also vom Fähnrich Saizew die neunte Kompanie – Ihre frühere. Gleich werden Sie die Order erhalten.«

»Zu Befehl.«

»Haben Sie die Güte, mir den Regimentsadjutanten hereinzuschicken, wenn Sie fortgehen«, schloß der Kommandeur und gab durch eine leichte Verbeugung zu verstehen, daß die Audienz zu Ende sei.

Während Koselzow die Blindage verließ, brummte er ein paarmal etwas vor sich hin und zuckte mit den Schultern, als wäre ihm etwas schmerzlich, unangenehm oder ärgerlich; und zwar ärgerte er sich nicht über den Regimentskommandeur (dazu war kein Grund vorhanden), aber er war mit sich selber und seiner ganzen Umgebung unzufrieden. Disziplin und ihre Voraussetzung – Subordination – ist, wie jede andere gesetzlich geregelte Beziehung, nur dann erfreulich, wenn sie, außer der gegenseitigen Einsicht ihrer Unerläßlichkeit, auf der anerkannten Überlegenheit, militärischen Erfahrung oder einfach moralischen Vollkommenheit des Vorgesetzten beruht; wenn aber die Disziplin, wie es bei uns häufig vorkommt, auf Zufälligkeit oder dem Geldprinzip beruht, verwandelt sie sich auf der einen Seite immer in Dünkel und auf der anderen Seite in heimlichen Haß und Ärger und zeitigt an Stelle nützlichen Einflusses zur Vereinigung der Massen in ein Ganzes eine völlig gegenteilige Wirkung. Ein Mensch, der in sich nicht die Kraft verspürt, durch seine innere Würde Achtung einzuflößen, wird instinktiv jede Annäherung an seine Untergebenen fürchten und bemüht sein, durch äußere Bekundungen seiner Würde jede Kritik von sich fernzuhalten. Die Untergebenen, die nur diese äußere, für sie beleidigende Seite zu sehen bekommen, werden schon ihretwegen – wenn auch größtenteils unberechtigt – nichts Gutes annehmen.

## 16

Bevor sich Koselzow zu seinen Offizieren begab, ging er, seine Kompanie zu begrüßen und nachzusehen, wo sie stünde. Die Brustwehren aus Schanzkörben, die Windungen der Laufgärben, die Kanonen, an denen er vorbeiging, sogar die Splitter und Bomben, über die er unterwegs stolperte – dies alles, ununterbrochen durch das Aufblitzen der Schüsse erhellt, war ihm sehr wohlbekannt: alles hatte sich während der vierzehn Tage, die er vor drei Monaten ohne Unterbrechung auf dieser Bastion verbracht hatte, lebhaft seinem Gedächtnis eingeprägt. Obgleich vieles Schreckliche in diesen Erinnerungen war, mischte sich ihnen dennoch ein gewisser Reiz des Vergangenen bei, und so sah er mit Vergnügen die bekannten Plätze und Gegenstände wieder, als wären die beiden hier verlebten Wochen äußerst angenehm gewesen. Die Kompanie lag an der Verteidigungswand nach der sechsten Bastion.

Koselzow trat in die lange, vom Eingang her völlig offene Blindage ein, in der, wie man ihm gesagt hatte, die neunte Kompanie stehen sollte. Buchstäblich konnte man in der ganzen Blindage kaum einen Fuß auf den Boden setzen, so war sie vom äußersten Eingang an mit Soldaten angefüllt. An der einen Seite brannte eine schiefe Talgkerze, die ein Soldat im Liegen hielt und mit der er ein Buch beleuchtete, aus dem ein anderer – unmittelbar neben der Kerze – buchstabierend vorlas. Rings um das Licht sah man in dem düsteren Halbunkel der Blindage erhobene Köpfe, die gierig dem Vorleser lauschten.

Das Buch war eine Fibel. Als Koselzow in die Blindage eintrat, hörte er folgendes: »Die To–des–angst ist ... ein dem Men–schen an–ge–bo–re–nes Ge–fühl ... «

»Putzt doch einmal das Licht!« sagte eine Stimme.

»Ein herrliches Buch!«

»Mein ... Gott ... « fuhr der Vorleser fort.

Als Koselzow nach dem Feldwebel fragte, verstummte der Vorleser, die Soldaten gerieten in Bewegung, husteten und räusperten sich, wie man es stets nach längerem Schweigen zu tun pflegt; der Feldwebel stand aus der Gruppe der Zuhörer auf, knöpfte den Mantel zu, schritt über die Beine derer, die sie nicht wegziehen konnten, hinweg und trat auf den Offizier zu.

»Grüß dich, Bruder! Nun, ist das unsere ganze Kompanie?«

»Wir wünschen Ihnen Gesundheit! Glück zur Ankunft, Euer Wohlgeboren!« erwiderte der Feldwebel und sah Koselzow heiter und freundlich an. »Sind Sie wieder ganz hergestellt, Euer Wohlgeboren? Na, Gott sei Dank. Uns war es hier sehr langweilig ohne Sie.«

Man merkte gleich, daß Koselzow bei der Kompanie sehr beliebt war.

Hinten aus der Blindage hörte man Stimmen: »Unser alter Kompanieführer ist wieder da, der verwundet war, Koselzow, Michail Semjonytsch«, und so weiter; einige kamen sogar auf ihn zu, und der Trommler grüßte ihn.

»Willkommen, Obantschuk!« sagte Koselzow. »Bist du noch heil? Grüß euch, Kinder!« rief er dann mit erhobener Stimme.

»Wir wünschen Gesundheit!« brauste es durch die Blindage.

»Wie geht es euch, Kinder?«

»Schlecht, Euer Wohlgeboren: der Franzose ist obenauf. Er schießt ganz eklig von den Schanzen her. Das ist aber auch alles, ins Freie wagt er sich nicht.«

»Vielleicht habe ich Glück, gebe Gott, daß sie jetzt herauskommen, Kinder!« erwiderte Koselzow. »Das wäre doch nicht das erstemal, daß wir zusammen über sie herfallen: wir werden sie schon wieder verhauen!«

»Wir werden uns mit Freuden bemühen, Euer Wohlgeboren!« riefen einige Stimmen.

»Ja, ja, er sind wirklich tapfer, Seine Wohlgeboren!« sagte eine Stimme.

»Furchtbar tapfer«, pflichtete der Trommler dem anderen Soldaten bei, nicht laut, aber doch so, daß man es hören konnte, als wollte er vor ihm die Worte des Kompanieführers rechtfertigen und ihn überzeugen, daß in ihnen nichts Großsprecherisches und Unwahrscheinliches sei.

Von den Soldaten ging Koselzow nach der Kaserne der Verteidigungsabteilung zu seinen Kameraden, den Offizieren.

## 17

Das große Zimmer in der Kaserne wimmelte von Menschen: Marineoffiziere, Artillerieoffiziere, Infanterieoffiziere. Die einen schliefen; andere saßen auf Pulverkästen und Lafetten von Festungskanonen und unterhielten sich; wieder einige, die hinter dem Gewölbe die größte und lauteste Gruppe bildeten, saßen auf zwei ausgebreiteten Filzmänteln auf dem Fußboden, tranken Bier und spielten Karten.

»Ah, Koselzow! Koselzow! Schön, daß du wieder da bist, wackerer Junge! Was macht die Wunde?« klang es von verschiedenen Seiten. Auch hier war zu erkennen, daß Koselzow beliebt war und sich alle über seine Ankunft freuten.

Koselzow drückte allen Bekannten die Hand und gesellte sich dann der lauten Gruppe bei, die Karten spielte. Unter ihnen hatte er ebenfalls Bekannte. Ein hübscher, magerer, brünetter junger Mann mit langer, feiner Nase und großem Schnurrbart, der ihm über die ganzen Backen ging, hielt mit seinen weißen, schlanken Fingern, an deren einem er einen großen goldenen Siegelring mit Wappen trug, die Bank. Er schien über etwas erregt zu sein, spielte schnell und nachlässig und wollte nur sorglos scheinen. Neben ihm zur Rechten lag, auf den einen Ellenbogen gestützt, ein grauhaariger Major, der schon ziemlich viel getrunken hatte und mit gespielter Kaltblütigkeit jedesmal einen halben Rubel setzte und immer sogleich auszahlte. Links hockte mit rotem, schwitzendem Gesicht ein junger Offizier, der gezwungen lächelte und scherzte, wenn man seine Karten stach. Er fuhr fortwährend mit der einen Hand in seiner leeren Hosentasche hin und her, spielte mit großen Einsätzen, aber anscheinend nicht gegen bar, was den hübschen brünetten Offizier zu ärgern schien. Im Zimmer ging ein kahlköpfiger, dürrer, blasser Offizier mit gewaltiger Nase und großem, bösem Mund auf und ab, der einen dicken Haufen Banknoten in der Hand hielt, stets mit barem Gelde va banque spielte und immer gewann.

Koselzow trank einen Schnaps und setzte sich zu den Spielenden.

»Setzen Sie doch, Michail Koselzow!« sagte der Bankhalter zu ihm. »Sie haben doch sicher eine Unmenge Geld mitgebracht.«

»Woher sollte ich Geld haben? Im Gegenteil, ich habe das letzte in der Stadt ausgegeben.«

»Ach was! Sie haben doch sicher in Simferopol jemanden tüchtig gerupft!«

»Ich habe wirklich nicht viel«, wiederholte Koselzow, wollte aber offenbar gar nicht, daß man ihm Glauben schenkte, knöpfte den Rock auf und nahm die alten Karten zur Hand.

»Versuchen schadet nichts! Der Teufel treibt oft kuriose Späße. Wer wagt, gewinnt. Man muß sich nur Mut antrinken!«

Und in kurzer Zeit befand sich Koselzow, nachdem er noch einen Schnaps und ein paar Glas Porter getrunken hatte, ganz in der Stimmung seiner Umgebung, das heißt im Dusel und bar jeglichen Gefühls für die Gegenwart, und hatte seine letzten drei Rubel verloren.

Dem kleinen Offizier mit dem schwitzenden Gesicht hatte man hundertfünfzig Rubel angekreidet.

»Nein, es will heute nicht«, sagte er und setzte nachlässig auf eine neue Karte.

»Wollen Sie die Güte haben und das Geld auszahlen«, sagte der Bankhalter, hielt im Austeilen der Karten inne und sah ihn an.

»Wenn Sie gestatten, zahle ich es morgen«, erwiderte der schwitzende Offizier, stand auf und fuhr noch aufgeregter mit seiner Hand in der leeren Tasche hin und her.

»Hm ...« machte der Bankhalter und brachte, sich ärgerlich nach rechts und links wendend, die Taille zu Ende. »Übrigens geht das nicht«, sagte er dann und legte die Karten hin. »Ich breche das Spiel ab. Das geht nicht, Sachar Iwanytsch«, fügte er hinzu. »Wir haben auf bar gespielt und nicht auf Kreide.«

»Was? Sie trauen mir wohl nicht? Das ist doch merkwürdig, wirklich!«

»Von wem soll ich das Geld erhalten?« brummte der schon stark betrunkene Major, der gegen acht Rubel gewonnen hatte. »Ich habe über zwanzig Rubel gesetzt, aber wenn ich gewinne, bekomme ich nichts ausgezahlt.«

»Woher soll ich denn das Geld nehmen«, sagte der Bankhalter, »wenn keins auf dem Tisch liegt.«

»Das geht mich nichts an!« schrie der Major und stand auf. »Ich spiele mit Ihnen, mit ehrlichen Leuten, und nicht mit jenen.«

Der schwitzende Offizier wurde plötzlich hitzig.

»Ich sage Ihnen ja, daß ich es morgen bezahle. Wie können Sie sich unterstehen, mir Frechheiten an den Kopf zu werfen!«

»Ich sage, was mir paßt! So spielen ehrliche Leute nicht... damit Sie's wissen!« schrie der Major.

»Hören Sie auf, Fjodor Fjodorowitsch!« riefen alle und versuchten, den Major zurückzuhalten. »Hören Sie auf!«

Aber der Major hatte anscheinend nur darauf gewartet, daß man ihn bäte, sich zu beruhigen, um endgültig in Wut zu geraten. Er sprang plötzlich auf und ging taumelnd auf den schwitzenden Offizier zu.

»Ich sage Frechheiten? Einer, der älter ist als Sie und seinem Zaren schon zwölf Jahre dient, sagt Frechheiten? Ach, du Jüngelchen!« schrie er plötzlich und wurde durch den Klang seiner Stimme immer mutiger. »Schurke!«

Doch lassen wir lieber den Vorhang über diese Szene fallen. Morgen oder heute noch wird vielleicht jeder dieser Menschen heiter und stolz dem Tode entgegengehen und standhaft und ruhig sterben; aber der einzige Trost für ein Leben unter solchen Bedingungen, die selbst den kühlsten Geist entsetzen, für den Mangel alles Menschlichen und die Aussichtslosigkeit eines günstigen Ausganges – der einzige Trost ist: vergessen, das Bewußtsein abtöten. Im Grunde eines jeden Herzens glimmt jener edle Funke, der einen Helden aus ihm macht; doch dieser Funke verliert allmählich seine Leuchtkraft – kommt aber der entscheidende Augenblick, dann lodert er zur hellen Flamme auf und beleuchtet große Taten.

## 18

Am nächsten Tag wurde das Bombardement in der gleichen Stärke fortgesetzt. Gegen elf Uhr morgens saß Wolodja Koselzow im Kreise der Batterieoffiziere, hatte sich schon ein wenig an sie gewöhnt, betrachtete die neuen Gesichter, stellte Beobachtungen an, fragte und erzählte. Die bescheidene, in gewissem Sinn gelehrt klingende Unterhaltung der Artillerieoffiziere flößte ihm Achtung ein und gefiel ihm. Sein eigenes schüchternes, unschuldiges und hübsches Äußeres machte ihm die

Offiziere geneigt. Der älteste Offizier der Batterie, ein kleiner, rothaariger Hauptmann, der das Haar vorn hoch und an den Scheiteln glattgekämmt trug, in den alten Überlieferungen der Artillerie aufgewachsen, ritterlich gegen Damen und anscheinend ein Gelehrter war, fragte Wolodja über seine Kenntnisse in der Artillerie und über die neuesten Erfindungen aus, machte ein paar liebenswürdige Späße über seine Jugendlichkeit und sein hübsches Gesicht und behandelte ihn überhaupt ganz so wie ein Vater seinen Sohn, was Wolodja sehr angenehm war. Der Unterleutnant Djadenko, ein junger Offizier in zerrissenem Mantel und mit struppigem Haar, der mit kleinrussischem Akzent sprach, redete zwar sehr laut, suchte ständig nach einer Gelegenheit, um über irgend etwas gallig herzufallen, und bewegte sich hastig und schroff, gefiel aber Wolodja trotzdem, weil er unter dessen rauhem Äußeren den tüchtigen, außerordentlich gutmütigen Menschen erkannte. Djadenko bot Wolodja fortwährend seine Dienste an und suchte ihm zu beweisen, daß alle Geschütze in Sewastopol nicht vorschriftsmäßig aufgestellt seien. Der Leutnant Tschernowizkij hingegen mit seinen hochgezogenen Brauen gefiel Wolodja nicht, obgleich er höflicher war als alle anderen und einen, wenn auch nicht neuen, so doch ordentlich geflickten und ziemlich sauberen Rock und eine Atlasweste trug, auf der eine goldene Kette prangte. Er fragte immer wieder, wie es dem Zaren gehe und dem Kriegsminister, erzählte Wolodja mit unnatürlicher Begeisterung von den Heldentaten, die in Sewastopol vollbracht würden, klagte darüber, daß es so wenige aufrichtige Patrioten gäbe, und bekundete überhaupt viel Wissen, Geist und edle Gefühle, machte aber trotzdem aus irgendeinem Grund auf Wolodja den Eindruck eines unangenehmen, unnatürlichen Menschen. Vor allem bemerkte Wolodja auch, daß die übrigen Offiziere sehr wenig mit ihm sprachen. Der Junker Wlang, den er am gestrigen Abend aus dem Schlafe geweckt hatte, war ebenfalls da. Er sprach wenig, saß bescheiden in einer Ecke, lachte, wenn es etwas zu lachen gab, half, wenn einer etwas vergessen hatte, reichte den Wodka herum und drehte für alle Offiziere Zigaretten. War es nun die bescheidene und höfliche Art Wolodjas, der ihn wie einen Offizier behandelte und nicht wie mit einem dummen Jungen mit ihm umsprang, oder fesselte »Wlanga« (wie die Soldaten ihn nannten, indem sie aus irgendeinem Grund seinem Familiennamen die weibliche Endung gaben) Wolodjas hübsches Äußere, jedenfalls wandte er seine großen, gutmütigen Augen nicht von dem Gesicht des Offiziers ab, erriet alle seine Wünsche, kam ihnen zuvor und befand sich die ganze Zeit über in einer Art verliebter Ekstase, was den Offizieren natürlich nicht entging und sie zum Lachen brachte.

Vor Tisch kam ein Stabskapitän, der abgelöst worden war, von der Bastion und gesellte sich den Herren bei. Dieser Stabskapitän Kraut war ein hübscher, blonder, flotter Offizier mit gewaltigem Schnurr- und Backenbart; er sprach vorzüglich Russisch, aber zu regelrecht und zu schön für einen Russen. Im Dienst und im Leben war er genauso wie in seiner Sprache: er versah seinen Dienst musterhaft, war ein ausgezeichneter Kamerad und der ehrenhafteste Mensch in Geldsachen; aber als Mensch fehlte ihm doch irgend etwas, gerade deshalb, weil alles an ihm so vorzüglich war. Wie alle Deutschrussen war er, in merkwürdigem Gegensatz zu den ideal eingestellten Deutschen in Deutschland, im höchsten Grad praktisch.

»Da kommt er ja, unser tapferer Held!« rief der Hauptmann, als Kraut, die Arme schwenkend und mit den Sporen klirrend, ins Zimmer trat. »Was wünschen Sie, Friedrich Kristianowitsch, Tee oder Branntwein?«

»Ich habe mir schon eine Kanne Tee bestellt«, erwiderte Kraut, »doch wäre ein Schnäpschen inzwischen als Seelenstärkung auch nicht zu verachten. Freue mich sehr, Ihre Bekanntschaft zu machen. Ich bitte Sie, uns Freundschaft und Wohlwollen entgegenzubringen«, sagte er zu Wolodja, der aufgestanden war und sich vor ihm verbeugt hatte. »Stabskapitän Kraut ... Mir sagte auf der Bastion der Feuerwerker, Sie seien schon gestern abend angekommen.«

»Ich danke Ihnen verbindlichst für Ihr Bett, ich habe die Nacht dort geschlafen.«

»Hoffentlich auch gut? Das eine Bein ist abgebrochen, aber bei diesem Belagerungszustand ist kein Mensch aufzutreiben, der es wieder festmachen könnte; man muß etwas drunterschieben.«

»Nun, ist Ihr Tagesdienst gut verlaufen?« fragte Djadenko.

»Ja, es ist nichts Besonderes vorgefallen; nur Skworzow hat's erwischt, und eine Lafette mußte neu gemacht werden, die eine Seite war ganz zerschossen.«

Er stand von seinem Platz auf und fing an, hin und her zu gehen; man sah ihm an, daß er ganz von dem angenehmen Gefühl eines Menschen beseelt war, der soeben einer Gefahr entronnen ist.

»Na, Dmitrij Gawrilytsch«, sagte er und klopfte dem Hauptmann aufs Knie, »wie geht es Ihnen denn, Väterchen? Wie steht's mit Ihrer Beförderung? Schweigt man sich noch immer darüber aus?«

»Es ist noch nichts eingegangen.«

»Es kann ja auch nichts kommen«, mischte sich Djadenko ein, »das habe ich Ihnen doch gleich gesagt.«

»Warum denn nicht?«

»Weil der Bericht nicht richtig gemacht worden ist.«

»Ach, Sie Streithammel, Sie Streithammel!« sagte Kraut und lachte lustig. »Ein echter kleinrussischer Dickschädel! Na, zur Strafe dafür wird wohl für Sie der Oberleutnant herauskommen.«

»Nein, das wird er nicht.«

»Wlang, bringen Sie mir meine Pfeife und stopfen Sie sie mir«, rief er dem Junker zu, der sogleich diensteifrig nach der Pfeife lief.

Kraut brachte Leben unter die Herren: er erzählte vom Bombardement, fragte, was während seiner Abwesenheit vorgefallen sei, und unterhielt sich mit allen.

## 19

»Na, haben Sie sich bei uns schon häuslich eingerichtet?« fragte Kraut Wolodja. »Verzeihen Sie, wie war Ihr Vor- und Vatersname? Wir halten es hier so bei der Artillerie, wie Sie wissen. Haben Sie sich ein Reitpferd zugelegt?«

»Nein«, erwiderte Wolodja, »ich weiß nicht, wie ich es machen soll. Ich habe es schon dem Kapitän gesagt: ich habe kein Pferd, und Geld habe ich auch keins, solange mir nicht die Tages- und Reisegelder ausgezahlt werden. Ich wollte den Batteriechef inzwischen um ein Pferd bitten, fürchte aber, daß er mich abweisen wird.«

»Apollon Sergejitsch?« Kraut blies durch die Lippen, um seinen starken Zweifel auszudrücken, und sah den Kapitän an. »Wohl schwerlich.«

»Na, schlägt er's ab, ist's auch kein Unglück«, meinte der Kapitän. »Hier braucht man ja im Grunde genommen gar kein Pferd. Aber versuchen kann man's ja, ich werde ihn heute fragen.«

»Was? Da kennen Sie ihn nicht«, mischte sich Djadenko ein.

»Einem anderen mag er es abschlagen, aber Ihnen wird er das sicherlich nicht ... Wetten?«

»Na, wir wissen schon: Sie müssen immer widersprechen.«

»Ich widerspreche nur, weil ich es genau weiß: in anderen Sachen ist er knauserig, aber ein Pferd gibt er her, weil ihm eine Absage keinen Vorteil brächte.«

»Wie sollte er keinen Vorteil davon haben, wo ihn doch hier der Hafer an die acht Rubel kostet?« entgegnete Kraut. »Und *ob* das ein Vorteil ist, keine überflüssigen Pferde zu halten!«

»Bitten Sie ihn doch um den ‚Star', Wladimir Semjonytsch!« meinte Wlang, der mit Krauts Pfeife zurückkam. »Das ist ein Prachtgaul!«

»Mit dem Sie bei Soroki in den Graben gefallen sind? Was, Wlang?« bemerkte der Stabskapitän lachend.

»Was sagen Sie da, acht Rubel der Hafer?« fuhr Djadenko zu streiten fort. »Wo er doch zehn und einen halben Rubel anschreibt? Keineswegs hat er einen Vorteil.«

»Das wäre noch schöner, wenn nichts für ihn übrigbliebe! Wenn Sie einmal Batteriechef sind, rücken Sie kein Pferd heraus, um in die Stadt zu reiten!«

»Wenn ich einmal Batteriechef bin, Väterchen, dann kriegen die Pferde vier Maß Hafer zu fressen, und das Geld werde ich auch nicht so zusammenkratzen, da brauchen Sie keine Angst zu haben!«

»Qui vivra, verra!« meinte der Stabskapitän. »Wahrscheinlich werden Sie's aber auch nicht anders machen, und Sie«, fügte er, auf Wolodja weisend, hinzu, »ebenfalls nicht, wenn Sie erst mal eine Batterie unter sich haben.«

»Warum denken Sie denn, Friedrich Kristianytsch, daß auch er sein Schäfchen ins trockene bringen wird?« mischte sich Tschernowizkij ein. »Vielleicht hat er Vermögen, warum sollte er dann auf seinen Vorteil bedacht sein?«

»Nein, ich ... ich ... verzeihen Sie, Kapitän«, erwiderte Wolodja und wurde rot bis über die Ohren, »ich halte das für unehrenhaft.«

»Ei, ei, wie radikal er ist!« lachte Kraut. »Wenn Sie es erst einmal zum Kapitän gebracht haben, werden Sie anders reden.«

»Einerlei: ich denke nur, wenn es nicht mein Geld ist, dann darf ich es auch nicht nehmen.«

»Ich will Ihnen mal was sagen, junger Mann«, fing der Stabskapitän in ernsterem Ton an, »wissen Sie, daß Ihnen als Batteriechef, wenn Sie die Geschäfte gut führen, in Friedenszeiten fünfhundert und in Kriegszeiten sieben-, achttausend von den Pferden allein übrigbleiben? Schön und gut. In die Verpflegung der Mannschaften mischt sich der Batteriechef nicht ein, das ist bei der Artillerie von jeher so Brauch. Sind Sie aber ein schlechter Verwalter, dann bleibt Ihnen nichts übrig. Da müssen Sie einmal gegen die Bestimmung größere Ausgaben machen: erstens für Hufbeschlag (er bog einen Finger um), zweitens für die Apotheke (er bog den zweiten Finger um), drittens für die Kanzlei, dann müssen Sie einmal für Handpferde fünfhundert Silberrubel zahlen, Väterchen, das wäre Nummer vier, dann müssen die Soldaten, gegen die Bestimmung, neue Kragen bekommen, für Kohlen geht eine Menge Geld drauf, und Sie haben die Offiziere zu Tisch zu laden. Außerdem müssen Sie als Batteriechef anständig leben: Sie brauchen einen Wagen, einen Pelz und noch ein anderes, ein drittes und ein zehntes ... Was ist also da zu sagen!«

»Vor allem aber«, fiel der Kapitän ein, der die ganze Zeit über geschwiegen hatte, »stellen Sie sich vor, Wladimir Semjonytsch: da dient nun so ein Mensch, wie ich zum Beispiel, zwanzig Jahre, für zweihundert Rubel Gehalt in ständiger Not; soll er da nicht für seine Dienste wenigstens ein Stückchen Brot im Alter haben, wo solch ein Kommissionär in der Woche Zehntausende verdient?«

»Aber natürlich, gar keine Rede!« fiel wieder der Stabskapitän ein. »Urteilen Sie nicht so vorschnell, leben Sie sich erst einmal ein und tun Sie Ihren Dienst.«

Wolodja war es schrecklich peinlich, und er schämte sich, daß er eine so unbedachte Äußerung getan hatte. Er murmelte etwas vor sich hin und hörte von nun an schweigend zu, wie Djadenko mit größtem Eifer wieder zu streiten anfing und das Gegenteil bewies.

Der Streit wurde durch den Burschen des Oberstleutnants unterbrochen, der zum Essen rief.

»Sagen Sie doch Apollon Sergejewitsch, daß er Wein auffahren läßt«, sagte Tschernowizkij, sich den Rock zuknöpfend, zum Kapitän. »Warum ist er so geizig? Wenn er fällt, hat er doch keine Erben!«

»Sagen Sie es ihm doch selber«, erwiderte der Kapitän.

»Nein, warum? Sie sind der älteste Offizier, Ordnung muß sein.«

## 20

In demselben Zimmer, in dem sich Wolodja gestern beim Oberstleutnant gemeldet hatte, war heute der Tisch von der Wand abgerückt und mit einem schmutzigen Tischtuch bedeckt. Der Batteriechef reichte ihm heute die Hand und fragte ihn über Petersburg und über seine Reise aus.

»Nun, meine Herren, wer Branntwein trinkt, bitte sich zu bedienen. Die Fähnriche trinken keinen«, fügte er lächelnd hinzu.

Überhaupt schien der Batteriechef heute nicht so streng wie gestern zu sein, im Gegenteil, er machte den Eindruck eines guten, freundlichen Wirtes und zeigte sich den Offizieren gegenüber wie ein älterer Kamerad. Aber trotzdem erwiesen ihm alle Offiziere, von dem alten Kapitän bis zum jüngsten Leutnant Djadenko, schon allein dadurch, wie sie ihm beim Sprechen höflich in die Augen sahen und schüchtern einer nach dem anderen herantraten, um Branntwein zu trinken, die größte Hochachtung.

Das Mittagessen bestand aus einer großen Schüssel Kohlsuppe, in der fette Stücke Rindfleisch und eine Unzahl Pfefferkörner und Lorbeerblätter schwammen, aus polnischem Srasy mit Senf und Fleischpiroggen mit nicht ganz frischer Butter. Servietten gab es nicht, die Löffel waren aus Blech und Holz, Gläser waren nur zwei da, und auf dem ganzen Tisch stand nur eine Karaffe mit abgebrochenem Hals. Dennoch war das Mittagessen sehr unterhaltend: das Gespräch verstummte nicht einen Augenblick.

Zuerst war von dem Gefecht bei Inkerman die Rede, an dem die Batterie teilgenommen hatte und von dem nun jeder seine Eindrücke und Erwägungen über die Gründe des Mißerfolgs zum besten gab, aber sofort verstummte, wenn der Batteriechef selber zu sprechen anfing. Dann kam man natürlich auf die Mangelhaftigkeit des Kalibers der leichten Geschütze und auf die neuen, vereinfachten Kanonen zu sprechen, wobei Wolodja Gelegenheit hatte, seine Kenntnisse in der Artillerie zu bekunden. Nur auf die wahrhaft furchtbare Lage Sewastopols ging das Gespräch nicht ein, als dächte ein jeder schon zuviel darüber nach, um noch davon zu reden. Auch von Wolodjas dienstlichen Pflichten, die er nun zu übernehmen hatte, war zu seiner Verwunderung und Bekümmernis überhaupt nicht die Rede, ganz als wäre er nur nach Sewastopol gekommen, um sich über neue Geschütze zu unterhalten und beim Batteriechef zu Mittag zu essen. Während des Mittagessens schlug nicht weit von dem Haus, in dem sie saßen, eine Bombe ein. Der Fußboden und die Wände erzitterten wie bei einem Erdbeben, und die Fenster trübten sich vom Pulverdampf.

»So etwas, meine ich, haben Sie in Petersburg nicht gesehen; hier aber haben wir des öfteren solche Überraschungen«, meinte der Batteriechef. »Schauen Sie mal nach, Wlang, wo sie geplatzt ist.«

Wlang schaute nach und kam mit der Meldung zurück, die Bombe sei auf dem Platz krepiert, und weiter war nicht mehr die Rede davon.

Kurz vor Beendigung des Mittagessens trat ein altes Männlein, der Batterieschreiber, mit drei versiegelten Briefen ins Zimmer und überreichte sie dem Batteriechef.

»Dieser hier ist äußerst eilig«, sagte er, »soeben hat ihn ein Kosak vom Oberbefehlshaber der Artillerie überbracht.«

Alle Offiziere blickten mit ungeduldiger Erwartung auf die in solchen Sachen geübten Finger des Batteriechefs, die das Siegel erbrachen und das »äußerst eilige« Schreiben herauszogen. Was wird das wohl sein? fragte sich jeder. Das konnte der Befehl sein, zur Erholung von Sewastopol abzurücken, konnte aber auch die Beorderung der ganzen Batterie auf die Bastionen enthalten.

»Schon wieder!« rief der Batteriechef und warf das Schreiben zornig auf den Tisch.

»Was gibt's, Apollon Sergejitsch?« fragte der älteste Offizier.

»Ein Offizier mit Bedienungsmannschaft wird angefordert für irgendeine Mörserbatterie. Ich habe im ganzen nur vier Offiziere, und die Bedienungsmannschaft ist auch nicht vollzählig«, brummte der Batteriechef. »Und da verlangt man noch einen von mir. Dennoch muß einer gehen, meine Herren«, fügte er hinzu, nachdem er eine Weile geschwiegen hatte. »Um sieben Uhr an der Sperre, laut Befehl ... Man rufe den Feldwebel! Wer von Ihnen will gehen, meine Herren? Entscheiden Sie sich!« wiederholte er.

»Er ist noch nirgends gewesen«, sagte Tschernowizkij, indem er auf Wolodja zeigte.

Der Batteriechef gab keine Antwort.

»Ja, ich würde sehr gern gehen«, erwiderte Wolodja und fühlte, wie ihm der kalte Schweiß über Hals und Rücken lief.

»Nein, wozu!« unterbrach ihn der Kapitän. »Natürlich wird sich keiner weigern, aber sich selbst anzubieten ist auch nicht nötig. Wenn Apollon Sergejitsch es uns überläßt, so wollen wir das Los werfen, wie wir es neulich getan haben.«

Alle waren einverstanden. Kraut schnitt Papierchen, rollte sie zusammen und warf sie in eine Mütze. Der Kapitän machte Witze und beschloß sogar, bei dieser Gelegenheit den Oberstleutnant um Wein zu bitten, damit sich alle Mut antrinken könnten, wie er sagte. Djadenko saß finster da, Wolodja lächelte, Tschernowizkij war überzeugt, daß das Los unbedingt ihn treffen werde, Kraut war vollständig ruhig.

Wolodja sollte zuerst ziehen. Er nahm ein Los, das etwas länger war, aber da kam ihm in den Sinn, es umzutauschen – er nahm ein anderes, das kleiner und dünner war, faltete es auseinander und las: Gehen.

»Ich«, sagte er und seufzte.

»Na, dann ziehen Sie mit Gott. Da kriegen Sie gleich Ihre Feuertaufe«, rief der Batteriechef und sah mit gutmütigem Lächeln in des Fähnrichs verwirrtes Gesicht. »Aber machen Sie sich schleunigst fertig. Und damit Sie keine Langeweile haben, mag Wlang als Feuerwerker mit Ihnen gehen.«

## 21

Wlang war mit dieser Entscheidung außerordentlich zufrieden, lief schnell fort, um seine Vorbereitungen zu treffen, und kam dann fix und fertig ausgerüstet wieder, um Wolodja zu helfen. Er überredete ihn, das Bett, den Pelz, einen alten Band der »Vaterländischen Memoiren«, einen Spirituskocher und noch andere unwesentliche Dinge mitzunehmen. Der Hauptmann riet Wolodja, zuvor noch einmal im »Handbuch*« über das Schießen aus Mörsern nachzulesen und sich die Schießtabellen abzuschreiben. Wolodja machte sich sogleich an die Arbeit und merkte zu seiner Verwunderung und Freude, daß ihn das Gefühl der Furcht vor der Gefahr und noch mehr davor, daß er sich als Feigling zeigen könnte, zwar immer noch beunruhigte, aber doch nicht mehr in dem Maße wie gestern abend. Der Grund hierfür war einesteils die Einwirkung des Tages und der Arbeit, andernteils kam es aber vor allem auch daher, daß die Furcht, wie jedes andere starke

* Handbuch für Artillerieoffiziere, herausgegeben von Besaque.

Gefühl, nicht immer in der gleichen Intensität anhalten kann. Mit einem Wort, er war schon über die erste Furcht hinaus. Gegen sieben Uhr, gerade als sich die Sonne hinter der Nikolajewkaserne zu verstecken begann, kam der Feldwebel zu ihm und meldete, daß die Mannschaften bereitstünden und warteten.

»Ich habe *Wlanga* die Liste übergeben. Wollen Sie ihn, bitte, danach fragen, Euer Wohlgeboren!« sagte er.

Gegen zwanzig Artilleristen mit Seitengewehren ohne Riemenzeug standen an der Hausecke. Wolodja und der Junker gingen auf sie zu. Soll ich ihnen eine kleine Rede halten oder einfach sagen: Grüß euch, Kinder, oder gar nichts sagen? dachte Wolodja. Ja, warum soll ich nicht sagen: Grüß euch, Kinder! Das muß ich doch sagen. Und er rief mit seiner klangvollen Stimme keck: »Grüß euch, Kinder!« Die Soldaten antworteten fröhlich: die junge, frische Stimme klang jedem angenehm im Ohr. Wolodja trat forsch an ihre Spitze, und wenn auch sein Herz so stark klopfte, als hätte er im Laufschritt einige Werst zurückgelegt, so schritt er doch leicht und mit heiterem Gesicht vor ihnen her. Als sie zum Malachowhügel kamen und die Anhöhe emporkletterten, bemerkte er, daß Wlang, der bisher keinen Schritt hinter ihm zurückgeblieben war und zu Hause einen so tapferen Eindruck gemacht hatte, immer wieder zur Seite wich und den Kopf einzog, als kämen alle Bomben und Kanonenkugeln, die hier sehr häufig vorüberpfiffen, geradewegs auf ihn zugeflogen. Einige Soldaten machten es ebenso, und überhaupt drückten die meisten Gesichter, wenn auch nicht Furcht, so doch Unruhe aus. Dieser Umstand beruhigte und ermutigte Wolodja endgültig.

Da bin ich nun schon auf diesem Malachowhügel, den ich mir tausendmal schrecklicher vorgestellt habe! Und ich kann gehen, ohne mich vor den Kugeln zu ducken, und zeige mich viel weniger furchtsam als andere! So bin ich also kein Feigling? dachte er mit Genugtuung und sogar einer gewissen entzückten Selbstzufriedenheit.

Doch dieses Gefühl der Furchtlosigkeit und Selbstzufriedenheit wurde bald durch ein Schauspiel ins Wanken gebracht, das er in der Dämmerung auf der Kornilowbatterie mit ansehen mußte, als er den Kommandeur der Bastion suchte. Vier Matrosen hielten an der Brustwehr einen blutigen Leichnam ohne Stiefel und Mantel an Händen und Füßen und schwenkten ihn hin und her, um ihn über die Brustwehr zu schleudern.

(Am zweiten Tag des Bombardements hatte man nicht überall Zeit, die Leichen von den Bastionen fortzuschaffen, und warf sie deshalb in den Graben, damit sie auf den Batterien nicht im Wege wären.) Wolodja war einen Augenblick wie versteinert, als er sah, wie der Leichnam oben auf der Brustwehr aufschlug und dann hinunter in den Graben rollte; aber zu seinem Glück stieß er in diesem Augenblick auf den Befehlshaber der Bastion, der ihm Befehle erteilte und einen Führer nach der Batterie und in die für die Mannschaften bestimmte Blindage mitgab.

Wir wollen nicht weiter schildern, wie viele Gefahren und Enttäuschungen unser Held an jenem Abend noch erleben mußte; wie er hier, statt der Genauigkeit und Ordnung, die er vom Übungsplatz auf dem Wolkowofeld her gewohnt war und auch hier anzutreffen gehofft hatte, nur zwei beschädigte kleine Mörser vorfand, von denen der eine an der Mündung durch eine Kanonenkugel breitgeschlagen war und der andere auf den Trümmern einer zerschossenen Plattform stand; wie er bis zum nächsten Morgen nirgends Arbeiter bekommen konnte, um die Plattform auszubessern; wie nicht ein einziges Geschoß das im »Handbuch« angegebene Gewicht hatte; wie zwei Soldaten seines Kommandos verwundet wurden und er selber an die zwanzigmal um ein Haar dem Tod entging. Zum Glück war ihm als Helfer ein Konstabelsmaat mitgegeben worden, ein Matrose von riesenhafter Gestalt, der seit Beginn der Belagerung bei den Mörsern tätig war und ihn von der Möglichkeit überzeugte, daß man aus solchen Geschützen noch feuern könne; dann führte er ihn während der Nacht mit einer Laterne auf der ganzen Bastion herum, ganz so, als zeigte er ihm seinen Gemüsegarten, und versprach, bis morgen alles in Ordnung zu bringen.

Die Blindage, zu der sein Führer ihn brachte, war eine in den Steinboden gegrabene längliche Grube, die mit dicken Eichenbalken gedeckt war. Hier ließ er sich mit allen seinen Soldaten nieder. Wlang war der erste, der, kaum daß er die niedere Tür der Blindage erblickt hatte, allen voran kopfüber hineinstürzte, sich – am Steinfußboden aufschlagend – in eine Ecke verkroch und aus ihr nicht wieder herauskam. Wolodja dagegen ließ erst alle Soldaten sich längs der Wand auf den Fußboden lagern und ihre Pfeifen anzünden, schlug dann sein Bett in einer Ecke auf, zündete eine Kerze an, rauchte eine Zigarette und legte sich hin. Über der Blindage hörte man unablässig schießen, aber nicht allzu laut, bis auf eine Kanone, die ganz in der Nähe stand und mit ihrem Donner die Erde erschütterte. In der Blindage selbst war es still. Nur die Soldaten, die in Gegenwart des neuen Offiziers schüchtern waren, sprachen ab und zu ein paar Worte, wenn einer den anderen bat, etwas zur Seite zu rücken oder ihm Feuer für die Pfeife zu geben; ab und zu polterte eine Ratte über die Steine, oder Wlang, der noch immer nicht ganz zu sich gekommen war und noch ängstlich um sich blickte, stieß einen tiefen Seufzer aus. Wolodja auf seinem Bett, in dem stillen, mit Menschen überfüllten und nur durch eine Kerze erhellten Eckchen, empfand jenes Gefühl der Geborgenheit, das er bisweilen als Kind empfunden hatte, wenn er beim Versteckspielen in einen Schrank oder unter den Rock seiner Mutter gekrochen war, den Atem angehalten und gelauscht, sich vor der Dunkelheit gefürchtet und dabei doch ergötzt hatte. Ihm war bange und zugleich lustig zumute.

## 22

Nach etwa zehn Minuten hatten sich die Soldaten eingewöhnt und fingen an, sich zu unterhalten. In der Nähe der Kerze und des Offiziersbettes hatten sich die gewichtigeren Leute niedergelassen: zwei Feuerwerker, der eine schon ergraut, mit allen möglichen Medaillen und Kreuzen außer dem Georgskreuz; der andere ein junger Kantonist, der gedrehte Zigaretten rauchte. Der Tambour hatte, wie immer, die Pflicht auf sich genommen, den Offizier zu bedienen. Dann kamen die Bombardiere und die Berittenen und ganz beim dunklen Eingang saßen die *Ergebenen*. Unter diesen lebte die Unterhaltung zuerst auf. Den Anlaß bildete der Lärm, den ein in die Blindage hereinstürzender Soldat verursachte.

»Na, Bruder, willst wohl nicht mehr auf der Straße bleiben? Singen die Mädchen nicht schön?« rief eine Stimme.

»Da werden so herrliche Lieder gesungen, wie ich sie auf dem Dorf noch niemals gehört habe«, entgegnete lachend der Eindringling.

»Ja, der Wasin mag die Bomben nicht, ach, er mag sie einfach nicht!« sagte einer aus der Aristokratenecke.

»Was wollt ihr? Ja, wenn's nötig ist, dann ist das etwas anderes«, ließ sich Wasins langsame Stimme vernehmen, bei der alle anderen immer verstummten. »Am vierundzwanzigsten haben wir ordentlich unter den Kugeln ausgehalten, weil's eben sein mußte; aber weshalb soll man sich mutwillig in Scheißdreck zerschlagen lassen, die Obrigkeit erweist unsereinem doch keinen Dank.«

Bei diesen Worten Wasins brachen alle in lautes Gelächter aus.

»Aber der Melnikow, der sitzt, weiß Gott, immer noch draußen«, meinte jemand.

»So holt ihn doch herein, den Melnikow!« sagte der alte Feuerwerker. »Sonst wird er wirklich für nichts und wieder nichts totgeschossen.«

»Was ist denn das für einer, der Melnikow?« fragte Wolodja.

»Ach, das ist so ein dummer Soldat bei uns, Euer Wohlgeboren. Der fürchtet sich rein vor gar nichts und geht auch jetzt ruhig draußen spazieren. Geruhen Sie ihn nur einmal anzuschauen: er sieht ganz aus wie ein Bär.«

»Er weiß die Zauberformel«, sagte Wasins langsame Stimme in der anderen Ecke.

Melnikow betrat die Blindage. Er war ein dicker (was bei den Soldaten außerordentlich selten ist), rothaariger, hübscher Mann mit großer, vorstehender Stirn und hellblauen Krebsaugen.

»Hast du denn keine Angst vor den Bomben?« fragte ihn Wolodja.

»Warum sollte ich vor den Bomben Angst haben?« erwiderte Melnikow, krümmte den Rücken und kratzte sich. »Die Bomben werden nicht mein Tod sein, das weiß ich.«

»Da möchtest du wohl immer hier bleiben?«

»Aber sicher, wie denn nicht! Hier ist's doch lustig!« sagte er und brach plötzlich in ein lautes Gelächter aus.

»Oh, dann muß man dich zu einem Ausfall mitnehmen! Willst du, daß ich es dem General sage?« fragte Wolodja, obgleich er hier keinen einzigen General kannte.

»Und ob ich das will! Natürlich will ich's.«

Und Melnikow versteckte sich hinter den anderen.

»Kommt, wir wollen ‚Nase' spielen, Kinder! Wer hat die Karten?« hörte man eine ungeduldige Stimme.

Und wirklich ging gleich darauf in der hinteren Ecke das Spiel los, man hörte Nasenstüber, Lachen und Trumpfen. Wolodja trank Tee aus dem Samowar, den der Tambour für ihn aufgestellt hatte, lud die Feuerwerker ein, scherzte und unterhielt sich mit ihnen, um sich populär zu machen, und freute sich über den Respekt, den sie ihm entgegenbrachten. Als die Soldaten merkten, daß der Offizier ein *schlichter* Herr war, tauten auch sie nach und nach auf. Der eine meinte, die Belagerung Sewastopols werde nun bald ein Ende haben, denn ein zuverlässiger Mann von der Flotte habe ihm erzählt, daß Konstantin, der Bruder des Zaren, mit der *amerikanischen* Flotte uns zu Hilfe kommen werde; ferner würde alsbald ein Vertrag abgeschlossen werden, zwei Wochen lang nicht zu schießen und allen Ruhe zu gönnen – wenn einer aber trotzdem schießen würde, müsse er für jeden Schuß fünfundsiebzig Kopeken Strafe zahlen.

Wasin, der, wie Wolodja jetzt erkennen konnte, ein kleiner Mann mit großen, guten Augen und einem Vollbart war, erzählte anfangs unter allgemeinem Schweigen und dann unter allgemeinem Gelächter: wie er auf Urlaub nach Hause gekommen sei, hätten sich zuerst alle gefreut, dann aber hätte ihn der Vater auf die Arbeit geschickt, während um sein Weib der Förster in einer Kutsche geschickt hätte. Dies alles machte Wolodja außerordentlich viel Spaß. Er empfand auch nicht die Spur von Angst oder Unbehagen wegen der Enge und des Gestanks in der Blindage, ihm war im Gegenteil äußerst lustig und angenehm zumute.

Viele Soldaten schnarchten bereits. Wlang hatte sich ebenfalls auf dem Boden ausgestreckt, und der alte Feuerwerker breitete seinen Mantel aus, bekreuzigte sich und murmelte vor dem Einschlafen ein paar Gebete vor sich hin, als Wolodja die Lust anwandelte, aus der Blindage hinauszugehen, um nachzusehen, was draußen vor sich gehe.

»Beine weg!« schrien die Soldaten einander zu, als er aufstand; und die Füße wurden zurückgezogen und machten ihm den Weg frei.

Wlang, der sich nur schlafend gestellt hatte, hob plötzlich den Kopf und faßte Wolodja am Mantelzipfel.

»Aber, ich bitte Sie, gehen Sie nicht hinaus, wie können Sie nur!« sagte er in weinerlich überzeugendem Ton. »Sie kennen das noch nicht. Dort schlagen fortwährend Geschosse ein. Hier ist es besser ...«

Doch Wolodja kümmerte sich nicht um Wlangs Bitten, wand sich aus der Blindage hinaus und setzte sich auf die Schwelle, auf der bereits Melnikow saß und die Stiefel umzog.

Die Luft war frisch und rein – besonders wenn man aus der Blindage kam –, die Nacht klar und still. Außer dem Donnern der Geschütze hörte man noch das Rattern der Fuhrwerke, die Schanzkörbe herbeibrachten, und das Plaudern der Mannschaften, die an einem Pulverkeller arbeiteten. Über ihren Köpfen wölbte sich der hohe Sternenhimmel, über den fortwährend die feurigen Schweife der Bomben hinliefen. Zur Linken führte eine ellenhohe Öffnung in eine andere Blindage, wo man die Füße und Rücken der dort stationierten Matrosen sah und ihre trunkenen Stimmen hörte. Vorne lag die Erhebung des Pulverkellers, an dem die Gestalten gebückter Menschen vorbeihuschten und auf dessen höchster Spitze, mitten unter den Kugeln und Bomben, die unaufhörlich die Stelle umpfiffen, eine große Gestalt im schwarzen Überrock stand und, die Hände in den Taschen, mit den Füßen die Erde festtrat, die andere Soldaten in Säcken herbeischleppten. Mehr als einmal kamen Bomben geflogen und platzten ganz in der Nähe des Kellers. Die Soldaten, welche die Erde herbeischleppten, bückten sich und gingen zur Seite, aber die schwarze Gestalt wankte nicht, trat ruhig weiter die Erde fest und verharrte immer in derselben Stellung auf ihrem Platz.

»Wer ist denn der Schwarze?« fragte Wolodja Melnikow.

»Ich weiß es nicht; werde mal fragen.«

»Geh nicht hin, das ist nicht nötig.«

Doch Melnikow hörte nicht darauf, stand auf und ging auf den Schwarzen zu und blieb eine ganze Weile ebenso gleichmütig und unbeweglich neben ihm stehen.

»Das ist der Kellerposten, Euer Wohlgeboren!« sagte er, als er zurückkam. »Eine Bombe hat den Keller durchschlagen, darum schleppen die Infanteristen Erde herbei.«

Bisweilen schien es, als flögen die Granaten gerade auf die Tür der Blindage zu. Dann drückte sich Wolodja in eine Ecke, kam aber gleich wieder hervor und sah nach oben, ob nicht doch eine geflogen käme! Obgleich ihn Wlang mehrmals aus der Blindage anflehte, doch wieder hereinzukommen, saß er wohl drei Stunden auf der Schwelle und empfand es als eine Art Genugtuung, das Schicksal zu versuchen und dem Flug der Bomben zuzuschauen. Gegen Ende des Abends wußte er schon, woher und wie viele Geschütze feuerten und wo ihre Geschosse einschlugen.

23

Am nächsten Morgen, dem siebenundzwanzigsten, trat Wolodja sehr früh, nachdem er zehn Stunden geschlafen hatte, frisch und munter auf die Schwelle der Blindage. Wlang war ebenfalls mit ihm herausgekrochen, doch als er die erste Gewehrkugel pfeifen hörte, stürzte er spornstreichs, wobei er sich mit dem Kopf den Weg bahnte, wieder in die Öffnung der Blindage zurück, was das allgemeine Gelächter der ebenfalls an die frische Luft herausgetretenden Soldaten hervorrief. Nur Wasin, der alte Feuerwerker und noch ein paar andere gingen selten aus dem Laufgraben heraus, die übrigen waren nicht zu halten: sie drängten aus der dumpfigen Blindage an die frische Morgenluft und lagerten sich ungeachtet des Bombardements, das noch ebenso stark wie gestern war, teils neben der Schwelle, teils unter der Brustwehr. Melnikow spazierte schon seit dem ersten Tagesgrauen auf der Batterie umher und schaute gleichgültig nach oben.

In der Nähe der Schwelle saßen zwei alte und ein junger Soldat mit krausem Haar, seinem Äußeren nach ein Jude. Dieser Soldat hatte eine der herumliegenden Kugeln aufgehoben, sie mit einem Sprengstück an einem Stein plattgeschlagen und schnitt nun aus ihr mit einem Messer Kreuze, die dem Georgskreuz ähnlich waren; die anderen plauderten und sahen ihm bei seiner Arbeit zu. Und wirklich brachte er ein sehr hübsches Kreuz zustande.

»Wenn wir hier noch eine Zeitlang bleiben müssen«, sagte einer von ihnen, »wird man uns wohl beim Friedensschluß alle entlassen.«

»Wie sollte das möglich sein? Ich habe im ganzen noch vier Jahre zu dienen und stehe jetzt erst fünf Monate in Sewastopol.«

»Das wird bei der Entlassung nicht so genau genommen«, meinte ein anderer.

In diesem Augenblick pfiff eine Kanonenkugel über die Köpfe der Sprechenden hin und schlug kaum einen Arschin von Melnikow entfernt ein, der im Graben auf sie zukam.

»Die hätte beinahe unseren Melnikow getroffen«, sagte der eine.

»Mich trifft keine«, erwiderte Melnikow.

»Hier hast du ein Kreuz für deine Tapferkeit«, sagte der junge Soldat, der das Kreuz gemacht hatte, und schenkte es Melnikow.

»Nein Bruder, hier wird dir ein Monat für ein ganzes Jahr gerechnet, so stand's im Befehl«, fuhren die anderen im Gespräch fort.

»Sei dem so oder so: jedenfalls wird nach Friedensschluß eine große Parade vor dem Zaren in Warschau stattfinden, und wenn wir nicht ganz entlassen werden, so bekommen wir doch bis auf weiteres Urlaub.«

In diesem Augenblick flog heulend ein Querschläger dicht über die Köpfe der Sprechenden hin und schlug gegen einen Stein.

»Schau, da kann man noch bis zum Abend seinen endgültigen Abschied kriegen«, sagte einer der Soldaten.

Alle lachten.

Und nicht erst am Abend, sondern schon nach zwei Stunden hatten zwei von ihnen ihren endgültigen Abschied erhalten und waren fünf verwundet. Die übrigen aber scherzten in der gleichen Weise weiter.

Gegen Morgen waren die zwei Mörser tatsächlich soweit instand gesetzt, daß man wieder aus ihnen schießen konnte. Gegen zehn Uhr erhielt Wolodja vom Befehlshaber der Bastion seinen Befehl, rief sein Kommando zusammen und ging mit ihnen auf die Batterie.

Sobald die Leute ihre Arbeit aufgenommen hatten, war ihnen nicht mehr eine Spur jenes Angstgefühls anzumerken, das sie gestern gezeigt hatten. Nur Wlang konnte sich nicht beherrschen: er versteckte und krümmte sich noch ebenso, und auch Wasin hatte seine Ruhe verloren, zeigte sich übergeschäftig und duckte sich fortwährend. Wolodja befand sich in äußerster Begeisterung: ihm kam der Gedanke an die Gefahr gar nicht in den Sinn. Die Freude, daß er seine Pflicht ordentlich erfüllte und kein Feigling war, sondern ein tapferer Offizier, das Gefühl, zu kommandieren, und die Gegenwart von zwanzig Mann, die, wie er wußte, ihn neugierig beobachteten, machten ihn zu einem wahren Helden. Er prahlte sogar mit seiner Tapferkeit, führte sie den Soldaten handgreiflich vor, kletterte auf das Bankett und knöpfte absichtlich den Mantel auf, um besser bemerkt zu werden. Der Befehlshaber der Bastion, der gerade um diese Zeit durch *seine Wirtschaft,* wie er sich ausdrückte, einen Rundgang machte und doch während der acht Monate an allerlei Tapferkeit gewöhnt war, konnte nicht umhin, mit Wohlgefallen diesen hübschen jungen Mann zu betrachten, wie er im aufgeknöpften Mantel, unter dem das rote, den weißen zarten Hals umschließende Hemd zu sehen war, mit glühenden Wangen und Augen in die Hände klatschte und mit voller Stimme »Erstes! Zweites!« kommandierte – und dann hurtig auf die Brustwehr lief, um zu beobachten, wo seine Geschosse einschlugen. Gegen halb zwölf Uhr ließ das Schießen auf beiden Seiten nach, und Punkt zwölf Uhr setzte der Sturm auf den Malachowhügel, auf die zweite, dritte und fünfte Bastion ein.

## 24

Auf dieser Seite der Bucht, zwischen Inkerman und den Nördlichen Befestigungen, standen um die Mittagszeit zwei Seeleute auf dem Telegraphenhügel: der eine Offizier schaute mit dem Fernrohr nach Sewastopol hinüber, der andere war mit einem Kosaken soeben zum großen Signalmast herangeritten.

Die Sonne stand leuchtend und hoch über der Bucht, die mit ihren vor Anker liegenden Schiffen, Booten und flatternden Segeln in heiterem, warmem Glanz flimmerte. Ein leichter Wind bewegte kaum merklich die Blätter des vertrockneten Eichengebüsches beim Telegraphen, blähte die Segel der Boote und wiegte die Wellen. Sewastopol, noch immer dasselbe, mit seiner unvollendeten Kirche, seiner Säule, seinem Uferdamm, seinem grünen Boulevard auf der Höhe und seinem prächtigen Bibliotheksgebäude, seinen kleinen, azurblauen, von Masten wimmelnden Buchten, seinen malerischen Wasserleitungsbögen und blauen Pulverdampfwolken, durch die ab und zu die rote Flamme eines Schusses aufblitzte – dieses immer noch schöne, sonntägliche, stolze Sewastopol, umsäumt auf der einen Seite von gelben, rauchenden Bergen, auf der anderen vom tiefblauen, in der Sonne glitzernden Meer, bot sich jenseits der Bucht dem Auge dar. Am Horizont des Meeres, an dem der schwarze Rauchstreifen irgendeines Schiffes zu sehen war, zogen lange, weiße, Wind ankündigende Wolken dahin. Die ganze Linie der Befestigungen entlang, besonders aber auf den Bergen der linken Seite, stiegen ununterbrochen, ab und zu von Blitzen durchzuckt, die sogar in der Mittagssonne leuchteten, dichte, weiße, zusammengepreßte Rauchballen auf, die sich ausbreiteten, mannigfaltige Formen annahmen, immer höher und weiter schwebten und sich am Himmel dunkler färbten. Solche bald hier, bald dort aufsteigende Rauchwölkchen zeigten sich auf den Bergen, auf den feindlichen Batterien, oberhalb der Stadt und auch hoch am Himmel. Das Getöse der Explosionen verstummte keinen Augenblick, floß ineinander und erschütterte die Luft...

Um zwölf Uhr ließen die Rauchwölkchen nach, und die Luft wurde weniger durch das Getöse erschüttert.

»Die zweite Bastion antwortet gar nicht mehr«, sagte der Husarenoffizier zu Pferde. »Sie scheint ganz zusammengeschossen zu sein! Schrecklich!«

»Ja, und auch vom Malachow kommt auf drei Schüsse nur einer zurück«, erwiderte der Offizier mit dem Fernrohr. »Es macht mich ganz toll vor Wut, daß sie schweigen. Jetzt hat wieder ein Treffer auf der Kornilowbatterie eingeschlagen, und sie antworten nicht.«

»Siehst du, wie ich gesagt habe: gegen zwölf Uhr hören sie immer mit dem Bombardement auf. So ist es auch heute. Wir wollen lieber frühstücken gehen ... sie warten schon auf uns... es ist doch nichts zu sehen.«

»Halt, stör mich nicht!« erwiderte der Offizier mit dem Fernrohr und beobachtete mit besonderer Spannung Sewastopol.

»Was ist das dort?«

»Eine Bewegung in den Laufgräben ... dichte Kolonnen gehen vor.«

»Man sieht's mit bloßem Auge ...« sagte der Matrose; »sie rücken in Kolonnen vor. Ich muß das Signal geben.«

»Sieh, sieh! Jetzt kommen sie aus den Laufgräben heraus.«

Tatsächlich konnte man mit bloßem Auge sehen, wie sich von den französischen Bastionen den Berg hinunter und durch das Tal auf die Bastionen zu schwarze Flecke bewegten. Vor diesen Flecken sah man schon dicht an unseren Linien dunkle Streifen. Auf den Bastionen blitzten an verschiedenen Stellen, wie einander ablösend, weiße Rauchwölkchen auf. Der Wind trug das Knattern des beiderseitigen schnellen Gewehrfeuers herüber, das klang, wie wenn der Regen gegen Fensterscheiben prasselt. Die schwarzen Streifen kamen sich im dichten Rauch immer näher und näher. Das Knattern der Gewehre, das immer stärker wurde, verschmolz zu einem ununterbrochenen, rollenden Prasseln. Der Rauch, der immer häufiger aufstieg, huschte schnell über die ganze Linie hin und ballte sich schließlich zu einer einzigen, violetten, auf und nieder wogenden Wolke zusammen, in der ab und zu Feuer aufblitzten und schwarze Punkte zu sehen waren: alle Geräusche verschmolzen zu einem einzigen rollenden Krachen.

»Sturm!« sagte der Offizier mit bleichem Gesicht und reichte dem anderen das Fernrohr.

Kosaken sprengten auf dem Weg vorbei, Offiziere kamen angeritten – und der Oberkommandierende mit seiner Suite fuhr im Wagen vorüber. Auf jedem Gesicht spiegelte sich höchste Erregung und die bange Erwartung von etwas Schrecklichem wider.

»Es ist unmöglich, daß sie ihn eingenommen haben!« sagte der Offizier zu Pferde.

»Bei Gott, die Fahne! Sieh nur, sieh!« rief der andere atemlos und trat vom Fernrohr zurück. »Die Franzosen sind auf dem Malachowhügel!«

»Das kann nicht sein!«

## 25

Der ältere Koselzow, der in jener Nacht zuerst sein Geld zurückgewonnen und danach wieder alles, sogar die im Ärmelaufschlag eingenähten Goldstücke, verloren hatte, schlief gegen Morgen einen ungesunden, schweren, aber festen Schlaf in der Verteidigungskaserne der fünften Bastion, als der von verschiedenen Stimmen wiederholte, verhängnisvolle Ruf ertönte: »Alarm!«

»Was schlafen Sie, Michail Semjonytsch! Sturm!« schrie ihm jemand zu.

»Gewiß ein Dummerjungenstreich«, sagte er ungläubig und öffnete die Augen.

Doch da sah er plötzlich einen Offizier, der ohne ersichtlichen Zweck aus einer Ecke in die andere stürzte und so kreideweiß aussah, daß er alles begriff. Der Gedanke, daß man ihn für einen Feigling halten könnte, der im entscheidenden Augenblick nicht auf seinen Posten hinaus gewollt hätte, fiel ihm schwer aufs Herz. Er lief zu seiner Kompanie, was er nur laufen konnte. Das Geschützfeuer war zu Ende; dagegen hatte das Knattern der Gewehre seinen Höhepunkt erreicht. Die Kugeln pfiffen nicht vereinzelt wie gewöhnlich, sondern flogen scharenweise wie Schwärme von Herbstvögeln über die Köpfe hinweg. Der ganze Platz, auf dem sein Bataillon gestern gestanden hatte, war in Rauch gehüllt; man hörte wildes Schreien und Rufen. Verwundete und nicht verwundete Soldaten stürzten ihm in Scharen entgegen. Nachdem er noch etwa dreißig Schritt weitergelaufen war, sah er seine Kompanie, die sich an eine Mauer gedrängt hatte, und das kreidebleiche, entsetzte Gesicht eines seiner Soldaten. Die Gesichter der übrigen waren nicht viel anders.

Das Gefühl der Angst übertrug sich unwillkürlich auch auf Koselzow: es lief ihm eiskalt über den Rücken.

»Sie haben die Redoute Schwarz genommen!« rief zähneklappernd ein junger Offizier. »Alles ist verloren!«

»Unsinn!« rief Koselzow zornig, packte seinen kleinen, eisernen, stumpfen Säbel und schrie: »Vorwärts, Kinder! Hurra–a!«

Seine Stimme tönte voll und laut; sie machte ihm selber Mut. Er stürzte vorwärts, den Quergraben entlang, gegen fünfzig Mann folgten ihm schreiend nach. Als sie aus dem Quergraben auf den freien Platz hinausliefen, fielen die Kugeln buchstäblich hageldicht. Zwei trafen ihn, aber wohin und was sie ihm antaten – ob sie ihn nur gestreift oder verwundet hatten, blieb ihm keine Zeit festzustellen. Vor ihm im Rauch tauchten schon blaue Uniformen und rote Hosen auf und ließ sich nichtrussisches Schreien vernehmen. Ein Franzose stand auf der Brustwehr, schwenkte die Mütze und schrie. Koselzow wußte genau, daß man ihn niederstrecken würde; aber gerade das machte ihn tapfer. Er lief immer weiter nach vorne. Ein paar Soldaten hatten ihn überholt, andere tauchten seitlich auf und liefen ebenfalls mit. Die blauen Uniformen hielten sich in derselben Entfernung und liefen vor ihm davon in ihre Gräben zurück, aber sein Fuß stieß an Verwundete und Gefallene. Als er schon bis zum Außengraben gelaufen war, fing sich vor seinen Augen alles zu drehen an, er fühlte einen Schmerz in der Brust, setzte sich auf das Bankett und sah mit großer Genugtuung durch die Schießscharte, wie Haufen blauer Uniformen in größter Unordnung zu ihren Gräben liefen und wie auf dem ganzen Feld in roten Hosen und blauen Uniformen Gefallene lagen und Verwundete dahinkrochen.

Eine halbe Stunde später lag er auf einer Tragbahre bei der Nikolajewkaserne und wußte, daß er verwundet war, fühlte aber keinen Schmerz; er hätte nur gern etwas Kaltes getrunken und bequemer gelegen.

Ein kleiner, dicker Arzt mit großem schwarzem Vollbart trat auf ihn zu und knöpfte ihm den Mantel auf. Koselzow sah über das Kinn hinweg zu, was der Doktor machte, und schaute ihm ins Gesicht, aber er spürte keinen Schmerz. Der Arzt deckte die Wunde wieder mit dem Hemd zu, wischte sich die Finger an den Mantelschößen ab und ging, ohne den Verwundeten anzusehen, zu einem anderen. Koselzow verfolgte unbewußt, was rings um ihn geschah. Als ihm einfiel, was auf der fünften Bastion geschehen war, wurde er sich mit einem außerordentlich tröstlichen Gefühl von Selbstzufriedenheit bewußt, daß er treu seine Pflicht erfüllt und zum erstenmal während seiner Dienstzeit so musterhaft wie nur möglich gehandelt hatte, so daß ihm niemand einen Vorwurf machen konnte. Der Arzt, der jetzt einen verwundeten Offizier verband, sagte, auf Koselzow zeigend, etwas zu einem Geistlichen mit großem, rotem Bart, der mit dem Kreuz in der Hand in der Nähe stand.

»Wie? Ich muß sterben?« fragte Koselzow den Geistlichen, als dieser auf ihn zutrat.

Der Geistliche gab keine Antwort, las ein Gebet und reichte dem Verwundeten das Kreuz.

Der Tod schreckte Koselzow nicht. Mit schwachen Händen nahm er das Kreuz, drückte es an seine Lippen und fing an zu weinen.

»Sind die Franzosen zurückgeschlagen?« fragte er den Geistlichen mit fester Stimme.

»Der Sieg ist uns überall verblieben«, erwiderte der Geistliche, um den Verwundeten zu trösten, und verhehlte ihm, daß auf dem Malachowhügel bereits die französische Flagge wehte.

»Gott sei Dank, Gott sei Dank!« murmelte der Verwundete und fühlte nicht, wie ihm die Tränen über die Wangen strömten, sondern empfand nur den unaussprechlichen Triumph des Bewußtseins, eine Heldentat vollbracht zu haben.

Der Gedanke an seinen Bruder schoß ihm für einen Augenblick durch den Kopf. Schenke ihm Gott ein ebensolches Glück! dachte er.

## 26

Aber ein solches Schicksal erwartete Wolodja nicht. Er hörte gerade einem Märchen zu, das Wasin ihm erzählte, als der Ruf ertönte: »Die Franzosen kommen!« Alles Blut strömte ihm augenblicklich zum Herzen, und er fühlte, wie seine Wangen kalt und bleich wurden.

Einen Augenblick lang stand er unbeweglich da; als er sich aber umschaute, sah er, wie die Soldaten ziemlich gemächlich ihre Mäntel zuknöpften und einer nach dem anderen hervorkrochen; einer, wahrscheinlich Melnikow, sagte scherzend: »Bringt ihnen Salz und Brot entgegen, Kinder!«

Mit *Wlanga* zusammen, der keinen Schritt von seiner Seite wich, kroch Wolodja aus der Blindage hervor und lief auf die Batterie. Das Artilleriefeuer schwieg sowohl auf der einen wie auch auf der anderen Seite vollständig. Wolodja fühlte sich nicht so sehr durch die Ruhe der Soldaten als vielmehr durch die klägliche, unverhohlene Feigheit des Junkers ermutigt. Sollte ich dem etwa ähnlich sein? dachte er und lief munter zur Brustwehr hin, an der seine Mörser standen. Ganz deutlich konnte er sehen, wie die Franzosen über das freie Feld gerade auf ihn zuliefen und wie sich ihre Scharen mit den in der Sonne blitzenden Bajonetten in die nächsten Laufgräben drängten. Einer von ihnen, ein kleiner, breitschultriger Mann in Zuavenuniform, stürmte, den Degen in der Hand, voran und sprang über die Gräben.

»Mit Kartätschen schießen!« schrie Wolodja und sprang vom Bankett herab; aber die Soldaten hatten schon alles ohne ihn getan, und der metallische Klang einer abgeschossenen Kartätsche pfiff über seinen Kopf hinweg, zuerst aus dem einen, dann auch aus dem zweiten Mörser. »Erstes! Zweites!« kommandierte Wolodja, lief im Qualm von einem Geschütz zum anderen und vergaß vollkommen die Gefahr. Von der Seite her drangen das nahe Gewehrgeknatter unserer Bedeckung und wirres Geschrei herüber.

Plötzlich ertönte von links her, von vielen Stimmen wiederholt, ein Schrei der Verzweiflung: »Wir sind umzingelt! Wir sind umzingelt!« Wolodja sah sich um. Gegen zwanzig Franzosen zeigten sich im Rücken. Der eine von ihnen, ein hübscher Mann mit schwarzem Bart, stürmte allen voran; als er aber bis auf etwa zehn Schritte an die Batterie herangekommen war, blieb er stehen, schoß auf Wolodja und lief dann auf ihn zu. Einen Augenblick stand Wolodja wie versteinert und traute seinen Augen nicht. Als er wieder zu sich kam und sich umschaute, sah er vor sich auf der Brustwehr blaue Uniformen und sogar einen, der sich heruntergelassen hatte und eine Kanone zustopfen wollte. Um sich herum sah er außer Melnikow, der, von einer Kugel getötet, neben ihm lag, nur noch Wlang, der ein Handstück ergriffen hatte und mit wütendem Gesicht und gesenkten Augen vorwärts stürmte.

»Mir nach, Wladimir Semjonytsch! Mir nach!« schrie Wlang mit verzweifelter Stimme und schwang das Handstück nach den Franzosen, die von hinten kamen. Die wütende Gestalt des Junkers machte sie stutzig. Den vordersten schlug er auf den Kopf, die anderen blieben unwillkürlich stehen. Immer wieder sah sich Wlang um und hörte nicht auf zu schreien: »Mir nach, Wladimir Semjonytsch! Was stehen Sie da? Fliehen Sie!« Damit rannte er nach dem Laufgraben, in dem unsere Infanterie lag und auf die Franzosen schoß. Er sprang hinein, steckte aber noch einmal den Kopf heraus, um zu sehen, was sein vergötterter Fähnrich mache. Jemand im Mantel lag mit dem Gesicht nach unten an der Stelle, wo Wolodja gestanden hatte, und der ganze Platz war voller Franzosen, die auf die Unsrigen schossen.

## 27

Wlang fand seine Batterie in der zweiten Verteidigungslinie. Von den zwanzig Mann, die bei der Mörserbatterie gewesen waren, hatten sich nur acht gerettet.

Gegen neun Uhr setzte Wlang mit der Batterie auf einem Dampfer, der mit Soldaten, Kanonen, Pferden und Verwundeten angefüllt war, auf die Nordseite über. Geschossen wurde nirgends mehr. Die Sterne glänzten ebenso hell wie in der vergangenen Nacht, aber ein starker Wind bewegte das Meer. Auf der ersten und zweiten Bastion zuckten den Erdboden entlang Blitze auf; Explosionen erschütterten die Luft und beleuchteten in ihrem Umkreis schwarze, seltsame Gegenstände und in die Luft fliegende Steine. In der Nähe des Docks brannte etwas, und die rote Flamme fand im Wasser ihren Widerschein. Die menschenüberfüllte Brücke wurde durch ein Feuer auf der Nikolajewbatterie erhellt. Eine große Flamme stand, wie es schien, über dem Wasser bei dem fernen Kap der Alexanderbatterie und beleuchtete den Saum einer Rauchwolke, die über ihr schwebte, und dieselben ruhigen, dreisten, fernen Lichter der feindlichen Flotte glänzten wie am vergangenen Tag weit draußen im Meer. Ein frischer Wind strich über die Bucht. Im Schein der Brände wurden die Masten unserer versenkten Schiffe sichtbar, die immer tiefer ins Wasser sanken. Unterhaltungen hörte man auf dem Verdeck des Schiffes nicht: durch das gleichmäßige Brausen der zerschnittenen Wellen und des Dampfes tönten nur das Schnauben und die Hufschläge der Pferde im Zwischendeck, die Kommandoworte des Kapitäns und das Stöhnen der Verwundeten. Wlang, der den ganzen Tag nichts gegessen hatte, zog ein Stück Brot aus der Tasche und fing an zu kauen, mußte aber plötzlich an Wolodja denken und fing so bitterlich an zu weinen, daß die Soldaten, die neben ihm standen, es hörten.

»Schau, unser Wlang ißt Brot und weint dabei«, sagte Wasin.

»Merkwürdig«, meinte ein anderer.

»Schau, da haben sie auch unsere Kaserne angesteckt«, fuhr er seufzend fort. »Wie viele unserer Brüder sind dort umgekommen; und ganz umsonst. Die Franzosen haben doch gesiegt.«

»Wenigstens sind wir selber lebend davongekommen, dem Herrn sei Dank dafür«, meinte Wasin.

»Aber schmerzlich ist's doch!«

»Was ist denn da schmerzlich? Wird *er* etwa lange dort herumspazieren? Keine Spur! Paß auf, das nehmen wir ihm bald wieder weg. Sind auch viele von uns dort gefallen, so wahr Gott heilig ist, wir nehmen's ihm wieder weg, wenn's der Herrscher befiehlt. Denkst du etwa, wir lassen ihm das? Keine Spur! Die nackten Mauern, die Schanzen sind alle gesprengt... Laß ihn nur sein Fähnchen auf den Hügel stecken, in die Stadt traut er sich ja doch nicht. Wart nur, mit dir werden wir schon endgültig abrechnen; laß uns nur Zeit!« schloß er, an die Franzosen gewandt.

»Das ist doch klar, daß es so kommt«, sagte eine andere Stimme mit Überzeugung.

Auf der ganzen Linie der Sewastopoler Bastionen, die so viele Monate hindurch von einem so schäumenden, ungemein tatkräftigen Leben beherrscht gewesen waren, so viele Monate mit angesehen hatten, wie sterbende Helden einer dem anderen durch den Tod Platz machten, so viele Monate hindurch die Furcht, den Haß und schließlich das Frohlocken der Feinde erregt hatten – auf den Sewastopoler Bastionen war kein Mensch mehr zu sehen. Alles war tot, verödet, furchtbar – aber nicht still: noch immer wurde zerstört. Auf der durch die frischen Explosionen aufgerissenen und zerwühlten Erde lagen überall verbogene Lafetten, die auf Russen- und Feindesleichen lasteten, schwere, nun auf immer verstummte eiserne Kanonen, mit furchtbarer Gewalt in Gräben geschleudert und halb mit Erde verschüttet, Bomben, Kanonenkugeln, abermals Leichen, Löcher, Balkensplitter aus den Blindagen und wieder stumme

Leichen in grauen und blauen Mänteln. Dies alles erbebte noch zeitweise und wurde von der roten Flamme der Explosionen beleuchtet, die immer noch die Luft erzittern ließen.

Die Feinde sahen, daß etwas Unbegreifliches in dem schrecklichen Sewastopol vor sich ging. Die Explosionen und das Todesschweigen auf den Bastionen ließen sie erbeben; aber noch ganz unter dem Einfluß des starken, ruhigen Widerstandes dieses Tages, wagten sie es nicht, an ein Zurückweichen des unerschütterlichen Feindes zu glauben, und warteten nun schweigend und bangen Herzens, ohne sich zu rühren, auf das Ende der finsteren Nacht.

Die Truppen von Sewastopol fluteten, wie das Meer in stürmischer, finsterer Nacht auf und nieder wogt und in seiner ganzen Masse erbebt, zur Bucht hinunter und über die Brücke zur Nordseite und bewegten sich langsam durch die undurchdringliche Finsternis fort von einem Ort, an dem sie so viele tapfere Brüder zurückgelassen und den sie mit ihrem Blute getränkt hatten, von einem Ort, den sie elf Monate gegen einen doppelt so starken Feind verteidigt hatten und nun auf höheren Befehl ohne Kampf räumen mußten.

Unbegreiflich schwer war für jeden Russen der erste Eindruck dieses Befehls. Das zweite Gefühl war die Angst vor Verfolgung. Die Leute fühlten sich schutzlos, sobald sie jene Stätten verlassen hatten, auf denen sie zu kämpfen gewohnt waren, und drängten sich ängstlich in der Finsternis am Eingang der Brücke, die bei dem starken Wind schaukelte. Die Infanterie drängte sich – mit den Bajonetten zusammenstoßend und auf andere Regimenter, Equipagen und Landwehr aufprallend – eng zusammen; berittene Offiziere mit Befehlen brachen sich Bahn; Einwohner und Burschen mit Fuhren, die man nicht durchließ, weinten und flehten; Räder ratterten, Artillerie arbeitete sich zur Bucht hindurch, um eilig davonzukommen. Trotz der Ablenkung durch verschiedenartige, eifrige Tätigkeit regte sich doch in der Seele eines jeden das Gefühl der Selbsterhaltung und der Wunsch, so schnell wie möglich von dieser furchtbaren Stätte des Todes wegzukommen. Dieses Gefühl empfand gleicherweise der tödlich verwundete Soldat, der unter fünfhundert Leidensgefährten auf dem Steinpflaster des Paulkais lag und Gott um seinen Tod bat, und der Landwehrmann, der sich mit seinen letzten Kräften in die dichte Menge hineindrängte, um einem vorbeireitenden General den Weg freizugeben, und der General, der mit fester Hand den Übergang leitete und die Hast der Soldaten eindämmte, und der Matrose, der in ein vorrückendes Bataillon hineingeraten war und von der wogenden Menge so gepreßt wurde, daß ihm fast der Atem ausging, und der verwundete Offizier, den vier Soldaten auf einer Bahre trugen und dann, aufgehalten durch eine Stauung der Menge, vor der Nikolajewbatterie auf die Erde niederließen, und der Artillerist, der sechzehn Jahre bei seinem Geschütz gedient und dieses nun auf einen ihm unverständlichen Befehl der Obrigkeit hin mit Hilfe seiner Kameraden vom steilen Ufer in die Bucht hinabgestürzt hatte, und schließlich die Seeleute, die soeben die Böden in den Schiffen eingeschlagen hatten und nun mit kräftigen Ruderschlägen auf ihren Barkassen abfuhren. Fast jeder Soldat nahm, am anderen Ende der Brücke angelangt, die Mütze ab und bekreuzigte sich. Doch unter diesem Gefühl verbarg sich noch ein anderes, niederdrückendes, nagendes und tieferes Gefühl: ein Gefühl, das der Reue, Scham und Wut ähnlich schien. Fast jeder Soldat seufzte, wenn er von der Nordseite auf das verlassene Sewastopol hinüberblickte, mit unaussprechlicher Bitterkeit im Herzen und drohte den Feinden.

## DER MORGEN EINES GUTSBESITZERS

### I

Fürst Nechljudow war neunzehn Jahre alt, als er nach dem dritten Kursus an der Universität für die Zeit der Sommerferien in sein Dorf fuhr und dort den ganzen Sommer allein verbrachte. Im Herbst schrieb er mit unausgeglichener Kinderhandschrift seiner Tante, der Gräfin Belorezkaja, die seinen Begriffen nach seine beste Freundin und die genialste Frau der Welt war, folgenden französischen, hier in Übersetzung wiedergegebenen Brief:

»Liebes Tantchen! Ich habe einen Beschluß gefaßt, von welchem das Schicksal meines ganzen Lebens abhängt. Ich will die Universität verlassen, um mich ganz dem Leben im Dorf zu widmen, weil ich fühle, daß ich dafür geboren bin. Um Gottes willen, liebes Tantchen, lachen Sie mich nicht aus! Sie werden sagen, daß ich zu jung sei; mag sein, daß ich wirklich noch ein Kind bin, aber das hindert mich nicht, meine Berufung zu fühlen, Gutes tun zu wollen und es zu lieben.

Wie ich Ihnen schon schrieb, habe ich meine Wirtschaft in einer unbeschreiblichen Zerrüttung vorgefunden. Als ich in dem Wunsch, Ordnung zu schaffen, Einblick in die Dinge gewann, entdeckte ich, daß das Hauptübel in der bejammernswerten, elenden Lage der Bauern besteht und daß diesem Übel nur durch Arbeit und Geduld gesteuert werden kann. Wenn Sie nur zwei meiner Bauern, David und Iwan, sehen könnten und das Leben, das sie mit ihren Familien führen, so würde Sie, dessen bin ich sicher, der bloße Anblick dieser Unglücklichen mehr überzeugen als alles, was ich Ihnen sagen kann, um meine Absicht zu erklären. Ist es nicht meine heilige und unmittelbare Pflicht, für das Glück dieser siebenhundert Menschen zu sorgen, für die ich Gott werde Rechenschaft ablegen müssen? Wäre es nicht Sünde, sie der Willkür roher Dorfältester und Verwalter zu überlassen um des Lebensgenusses und des Ehrgeizes willen? Und warum sollte ich in einer anderen Sphäre Gelegenheiten suchen, nützlich zu sein und Gutes zu tun, wenn sich mir eine so vornehme, glänzende und naheliegende Pflicht eröffnet? Ich fühle mich fähig, ein guter Landwirt zu werden; aber um es zu sein in dem Sinn, wie ich dieses Wort verstehe, bedarf es weder eines Kandidatendiploms noch eines Ranges, die Ihnen als so wünschenswert für mich erscheinen. Liebe Tante, schmieden Sie keine ehrgeizigen Pläne für mich, gewöhnen Sie sich an den Gedanken, daß ich einen ganz besonderen Weg eingeschlagen habe, der aber ein guter ist und mich, ich fühle es, zum Glück führen wird. Ich habe viel, sehr viel über meine zukünftige Pflicht nachgedacht, habe Richtlinien für meine Tätigkeit niedergeschrieben und werde Erfolg mit meinem Vorsatz haben, wenn Gott mir nur Leben und Kraft verleiht.

Zeigen Sie diesen Brief Bruder Wasja nicht: ich fürchte seinen Spott; er ist daran gewöhnt, den Vorrang vor mir zu haben, während ich gewöhnt bin, mich ihm zu unterwerfen. Wanja wird mein Vorhaben begreifen, auch wenn er es nicht billigt.«

Die Gräfin antwortete ihm mit folgendem Brief, der hier gleichfalls aus dem Französischen übersetzt ist:

»Dein Brief, lieber Dmitrij, hat mir nichts anderes bewiesen, als daß Du ein vortreffliches Herz hast, woran ich niemals gezweifelt habe. Aber unsere guten Eigenschaften, lieber Freund, bringen uns im Leben mehr Schaden als die schlechten. Ich will nicht darüber sprechen, daß Du eine Torheit begehst, daß Dein Handeln mich betrübt, ich will nur versuchen, durch Überzeugung auf Dich einzuwirken. Wollen wir überlegen, lieber Freund. Du sagst, daß Du die Berufung zum Landleben fühlst, daß Du Deine Bauern glücklich machen willst und daß Du hoffst, ein guter Landwirt zu werden. Erstens muß ich Dir sagen, daß wir unsere Berufung erst dann fühlen, wenn wir uns schon einmal in ihr getäuscht haben; zweitens ist es leichter, sich selber glücklich zu machen als andere, und drittens muß man, um ein guter Landwirt zu werden, ein kalter und strenger Mensch sein, der Du kaum jemals sein wirst, auch wenn du bemüht bist, als solcher zu erscheinen.

Du hältst Deine Ansichten für unwandelbar und läßt sie sogar als Lebensregeln gelten; doch in meinem Alter, lieber Freund, glaubt man nicht an Ansichten und an Regeln, sondern glaubt nur noch an die Erfahrung; die Erfahrung aber sagt mir, daß Deine Pläne – Kindereien sind. Ich bin schon nahe an die Fünfzig, und ich habe viele würdige Menschen gekannt, aber ich habe noch niemals gehört, daß ein junger Mann, der Namen und Fähigkeiten besitzt, sich unter dem Vorwand, Gutes zu tun, auf dem Lande vergraben hätte. Du hast immer danach gestrebt, als Original zu erscheinen, aber Deine Originalität ist nichts anderes als übergroße Eigenliebe. So wähle Dir lieber gebahnte Wege, mein Freund: sie führen schneller zum Erfolg; der Erfolg aber, wenn Du ihn auch als solchen nicht brauchst, ist unbedingt notwendig, wenn man die Möglichkeit haben will, das Gute zu tun, das Du liebst.

Die Armut einiger Bauern ist ein notwendiges Übel oder ein solches Übel, dem man abhelfen kann, ohne alle seine Pflichten gegen die Gesellschaft, gegen seine Anverwandten und gegen sich selbst zu vergessen. Mit Deinem Verstand, mit Deinem Herzen und Deiner Liebe zur Tugend gibt es keine Laufbahn, bei der Du nicht Erfolg haben könntest; so wähle wenigstens eine solche, die Deiner wert ist und Dir Ehre macht.

Ich glaube an Deine Aufrichtigkeit, wenn Du sagst, Du besäßest keinen Ehrgeiz; aber Du belügst Dich selber. Der Ehrgeiz ist eine Tugend in Deinem Alter und bei Deinen Mitteln; aber er wird zum Fehler und zur Abgeschmacktheit, wenn der Mensch nicht mehr imstande ist, diese Leidenschaft zu befriedigen. Und das wirst Du erfahren, wenn Du Deinen Vorsatz nicht änderst. Leb wohl, lieber Mitja. Es will mir scheinen, daß ich Dich um Deines ungereimten, aber edlen und großherzigen Planes willen noch inniger liebe. Handle, wie Du es verstehst, aber ich muß Dir sagen, daß ich Dir nicht zustimmen kann.«

Als der junge Mann diesen Brief erhielt, dachte er lange darüber nach und kam endlich zu dem Schluß, daß auch eine geniale Frau sich irren könne; er reichte ein Gesuch um Entlassung von der Universität ein und blieb für immer im Dorf.

## 2

Der junge Gutsbesitzer hatte sich, wie er seiner Tante geschrieben, Regeln für das Wirken in seiner Wirtschaft zusammengestellt, und sein ganzes Leben und alle seine Beschäftigungen waren nach Stunden, Tagen und Monaten eingeteilt. Der Sonntag war für den Empfang der Bittsteller, Hofleute und Bauern bestimmt, für die Besichtigung der Wirtschaften armer Bauern und für Hilfeleistungen im Einverständnis mit dem Mir, der jeden Sonntagabend zusammenkommen und beschließen mußte, wem Hilfe zuteil werden sollte. Mit solchen Beschäftigungen ging mehr als ein Jahr dahin, und der junge Mann war kein gänzlicher Neuling mehr, weder in der praktischen noch in der theoretischen Kenntnis der Wirtschaft.

Es war ein klarer Sonntag im Juni, als Nechljudow, nachdem er seinen Kaffee getrunken und ein Kapitel der »Maison rustique« durchflogen hatte, mit einem Notizbuch und einem Päckchen Geldscheinen in der Tasche seines leichten Überziehers aus dem großen Landhaus mit den Kolonnaden und Terrassen trat, in dessen Erdgeschoß er ein kleines Zimmerchen bewohnte, und auf den ungepflegten, verwachsenen Wegen des alten englischen Gartens den Weg nach dem Dorf einschlug, das sich zu beiden Seiten der Landstraße ausbreitete. Nechljudow war ein großer, schlanker, junger Mann mit vollem, lockigem, dunkelbraunem Haar, mit einem hellen Glanz in den schwarzen Augen, frischen Wangen und roten Lippen, über denen sich der erste Flaum der Jugend zeigte. In allen seinen Bewegungen und in seinem Gang waren Kraft, Energie und die gutmütige Selbstzufriedenheit der Jugend wahrzunehmen. Das Bauernvolk kehrte in bunten Scharen aus der Kirche zurück: Greise, Mädchen, Kinder, Weiber mit Säuglingen, alle in Feiertagsgewändern, strebten ihren Hütten zu, verneigten sich tief vor ihrem Herrn und gaben ihm den Weg frei. Als Nechljudow die Straße erreicht hatte, blieb er stehen, zog sein Notizbuch aus der Tasche und las auf der letzten, mit seiner Kinderhandschrift vollgeschriebenen Seite die Namen einiger Bauern und die danebenstehenden Bemerkungen. »Iwan Tschurisenok hat um Stangen gebeten«, las er, bog in die Straße ein und ging auf das Tor der zweiten Hütte rechts zu.

Tschurisenoks Behausung bestand aus einer an den Ecken durch die Feuchtigkeit halbverfaulten Hütte, die sich nach einer Seite geneigt hatte und in die Erde eingesunken war, so daß ein zerschlagenes, rotes Schiebefenster mit seinem halbabgerissenen Laden und ein anderes, kleineres, das mit Wollabfällen verstopft war, unmittelbar über dem Düngerhaufen hervorsahen. Der aus Brettern gezimmerte Flur mit der schmutzigen Schwelle und der niedrigen Tür, eine zweite kleine Balkenhütte, die noch älter und noch niedriger als der Flur war, das Tor und ein geflochtener Verschlag klebten an der Haupthütte. Dies alles war einstmals von einem ungleichen Dach bedeckt gewesen; jetzt aber hing nur noch auf dem Schirmdach dichtes, schwarzes, faulendes Stroh; oben aber sah man stellenweise die Dachlatten und die Sparren. Vor dem Hof befanden sich ein Brunnen mit einem verfallenen Holzkasten, die Überreste eines Pfostens und eines Rades und eine schmutzige, vom Vieh zerstampfte Pfütze, in der Enten herumplätscherten. Neben dem Brunnen standen zwei alte, geborstene und abgebrochene Weidenbäume mit spärlichen, blaßgrünen Zweigen. Unter einer dieser Weiden, die davon zeugten, daß irgend jemand irgendeinmal für die Verschönerung dieses Ortes Sorge getragen hatte, saß ein achtjähriges strohblondes Mädchen und hielt ein zweijähriges Mädchen dazu an, um sie herumzukriechen. Ein junger Hofhund, der um die beiden herumtollte, stürzte, als er den Herrn erblickte, jählings zum Tor und begann ängstlich und dumpf zu bellen.

»Ist Iwan zu Hause?« fragte Nechljudow.

Das größere Mädchen schien bei dieser Frage zu erstarren, riß die Augen immer weiter auf und antwortete gar nichts; das kleinere öffnete den Mund und wollte anfangen zu weinen. Ein kleines altes Weiblein in einem zerrissenen karierten Leinenrock, der tief unten mit einem alten, rötlichen Gürtel geschürzt war, sah aus der Tür heraus und antwortete auch nichts. Nechljudow ging zum Flur und wiederholte seine Frage.

»Er ist zu Hause, Wohltäter«, sagte die Alte mit dumpfer Stimme, verneigte sich tief und geriet in ängstliche Erregung.

Nachdem Nechljudow sie begrüßt hatte, ging er durch den Flur in den engen Hof, die Alte aber stützte ihre Wange auf die Handfläche, ging zur Tür und wiegte leise den Kopf hin und her, ohne den Herrn aus den Augen zu lassen. Auf dem Hof sah es ärmlich aus: an verschiedenen Stellen lag alter, nicht abgefahrener, schwarz gewordener Dünger; auf dem Dünger, liederlich hingeworfen, ein angefaulter Trog, Mistgabeln und zwei Eggen. Die offenen Schuppen rings um den Hof, unter denen auf einer Seite ein Pflug und ein Wagen ohne Rad und ein Haufen leerer, untauglicher Bienenstöcke lagen, waren fast alle abgedeckt und auf einer Seite eingefallen, so daß die Querbalken vorne nicht mehr auf den Stützen, sondern auf dem Düngerhaufen ruhten. Tschurisenok hackte mit der Schneide und dem Rücken seines Beils einen Zaun um, den das Dach niedergedrückt hatte.

Iwan Tschurisenok war ein Mann von etwa fünfzig Jahren

und überdurchschnittlich kleiner Statur. Die Züge seines sonnengebräunten länglichen Gesichts, das von einem dunkelblonden, leicht ergrauten Bart und ebensolchen dichten Haaren umrahmt war, waren schön und ausdrucksvoll. Seine dunkelblauen, halbgeschlossenen Augen blickten klug und gutmütig sorglos drein. Der kleine, regelmäßige Mund, der beim Lächeln scharf aus dem spärlichen blonden Schnurrbart hervortrat, drückte ruhiges Selbstvertrauen aus und eine etwas spöttische Gleichgültigkeit gegen alles, was ihn umgab. An seiner rauhen Haut, den tiefen Runzeln, den scharf hervortretenden Sehnen am Halse, im Gesicht und an den Händen, an der unnatürlichen gebückten Haltung und der krummen, bogenförmigen Stellung seiner Beine sah man, daß sein ganzes Leben in einer seine Kräfte übersteigenden, allzu schweren Arbeit dahingegangen war. Seine Kleidung bestand aus weißen hanfleinenen Hosen mit blauen Flicken auf den Knien und einem ebensolchen schmutzigen Hemd, das auf dem Rücken und den Armen sehr fadenscheinig war. Das Hemd war tief unten mit einem Wollband gegürtet, an dem ein Messingschlüsselchen hing.

»Gott mit dir!« sagte der Herr, als er den Hof betrat.

Tschurisenok sah sich um und nahm wieder seine Arbeit auf. Nachdem er den Zaun durch ein energisches Zupacken aus dem Dünger befreit hatte, hackte er das Beil in einen Klotz, rückte seinen Gürtel zurecht und trat in die Mitte des Hofs.

»Guten Feiertag, Euer Durchlaucht!« sagte er mit einem tiefen Bückling und warf sein Haar zurück.

»Ich danke, mein Lieber. Ich bin gekommen, um nach deiner Wirtschaft zu sehen«, sagte Nechljudow mit kindlicher Freundlichkeit und Schüchternheit und musterte die Kleidung des Bauern. »Zeig mir, wozu du die Stangen brauchst, um die du mich in der Versammlung gebeten hast.«

»Die Stangen? Man weiß doch, wozu man Stangen braucht, Väterchen, Euer Durchlaucht. Ich wollte wenigstens ein kleines bißchen stützen, belieben Sie selbst zu sehen; neulich ist die ganze Ecke eingestürzt; Gott war uns noch gnädig, weil das Vieh um diese Zeit nicht im Stall war. Alles hält kaum noch zusammen«, sagte Tschurisenok und betrachtete verächtlich seine abgedeckten, schiefen und verfallenen Schuppen. »Jetzt braucht man die Dachsparren und die Seitenwände und die Querbalken nur anzurühren, da sieht man schon, daß kein taugliches Stück Holz mehr da ist. Aber wo soll man denn heutzutage Bauholz hernehmen? Das belieben Sie ja selbst zu wissen.«

»Ja, wozu brauchst du denn fünf Stangen, wenn ein Schuppen schon eingestürzt ist und die anderen bald einstürzen werden? Du brauchst keine Stangen, sondern Dachsparren, Querbalken, Pfosten – alles muß erneuert werden«, sagte der Herr, der auf seine Sachkenntnis offensichtlich stolz war.

Tschurisenok schwieg.

»Du brauchst also Bauholz, aber keine Stangen; das hättest du auch sagen sollen.«

»Gewiß brauche ich es; aber woher nehmen: ich kann doch nicht immer auf den Herrenhof gehen! Wenn unsereinem erlaubt wird, wegen jedem Ding zu Euer Durchlaucht auf den Herrenhof bitten zu gehen, was für Bauern sind wir denn da? Aber wenn Eure Güte dahin ginge, mir die Eichenwipfel, die nutzlos in der herrschaftlichen Scheune liegen, zu geben«, sagte er, sich verneigend und von einem Fuß auf den anderen tretend, »so könnte ich manche vielleicht auswechseln, manche zuschneiden und aus dem Alten noch irgend etwas zurechtzimmern.«

»Wieso aus dem Alten? Du sagst doch selber, daß bei dir alles verfault und alt ist; heute stürzt diese Ecke ein, morgen jene, übermorgen die dritte; wenn man schon etwas macht, so muß alles neu gemacht werden, damit die Arbeit nicht umsonst ist. Sag mir mal, glaubst du, daß dein Anwesen diesen Winter noch aushalten wird oder nicht?«

»Wer kann das wissen!«

»Nein, wie denkst du? wird alles zusammenstürzen oder nicht?«

Tschuris dachte einen Augenblick nach.

»Es muß alles zusammenstürzen«, sagte er plötzlich.

»Nun, siehst du, das hättest du in der Versammlung sagen sollen, daß du den ganzen Hof umbauen mußt, nicht aber nur ein paar Stangen verlangen. Ich möchte dir ja gern helfen ...«

»Ich danke Euer Gnaden herzlich«, antwortete Tschurisenok mißtrauisch, und ohne den Herrn anzusehen. »Wenn Sie mir vier Balken und ein paar Stangen geben wollten, so könnte ich vielleicht allein fertigwerden; das untaugliche Holz, das ich herausnehme, könnte ich im Haus als Stützen verwenden.«

»Ist dein Haus denn auch schlecht?«

»Ich warte mit meinem Weib nur darauf, daß mal jemand erschlagen wird«, sagte Tschuris gleichgültig. »Neulich hat schon ein Balken von der Decke mein Weib erschlagen.«

»Wie, erschlagen?«

»Einfach erschlagen, Euer Durchlaucht: er ist ihr auf den Rücken gefallen, so daß sie auf die Nacht wie tot dagelegen hat.«

»Ist's denn vorübergegangen?«

»Vergangen ist's wohl, aber sie kränkelt fortwährend. Sie scheint von Geburt an kränklich zu sein.«

»Bist du krank?« fragte Nechljudow die Frau, die noch immer in der Tür stand und sofort zu ächzen begann, als der Mann von ihr zu sprechen anfing.

»Es will mich hier immer nicht loslassen, und dann ist's ganz aus«, antwortete sie und zeigte auf ihre schmutzige dürre Brust.

»Wieder einmal!« sagte der junge Herr, ärgerlich die Achseln zuckend. »Weshalb gehst du denn nicht ins Krankenhaus, wenn du krank bist? Dazu ist das Krankenhaus doch eingerichtet worden. Hat man euch denn nichts gesagt?«

»Man hat es uns wohl gesagt, unser Ernährer, aber ich habe immer keine Zeit: da muß ich aufs Herrengut, da zu Hause arbeiten, dann sind die Kinder da – und zu allem bin ich allein! Wir sind ganz allein ...«

3

Nechljudow trat in die Hütte. Die unebenen verrußten Wände waren im Ofenwinkel mit verschiedenen Fetzen und Kleidern verhängt, im Heiligenwinkel aber buchstäblich mit rötlichen Schaben bedeckt, die sich um die Bilder und die Bank angesammelt hatten. In der Mitte dieser schwarzen, übelriechenden, sechs Ellen langen Hütte klaffte in der Decke ein großer Riß, und obwohl an zwei Stellen Stützen standen, hatte sich die Decke so gesenkt, daß sie jeden Augenblick einzustürzen drohte.

»Ja, das Haus ist sehr schlecht«, sagte der Herr und sah Tschurisenok, der offenbar gar nicht erst von diesem Gegenstand zu reden anfangen wollte, forschend ins Gesicht.

»Es wird uns erschlagen und es wird die Kinder erschlagen«, begann das Weib mit weinerlicher Stimme und lehnte sich unterhalb der Schlafstelle an den Ofen.

»Rede du nicht!« sagte Tschuris streng und wandte sich mit einem feinen, kaum merklichen Lächeln, das seinen Schnurrbart leicht bewegte, an den Herrn: »Es will mir gar nicht in den Kopf, was ich mit ihr anfangen soll, Euer Durchlaucht, ich meine, mit der Hütte; ich habe Stützen und Unterlagen angebracht – es läßt sich nichts machen.«

»Wie sollen wir hier überwintern? Oh–o–oh!« sagte das Weib.

»Wenn man noch ein paar Stützen aufstellte, neue Latten an der Balkendecke anbrächte«, unterbrach sie der Mann mit ruhigem, sachlichem Ausdruck, »und da und dort einen Querbalken auswechselte, so könnten wir uns vielleicht noch einen Winter lang durchschlagen. Wohnen könnte man ja noch darin, nur würde die ganze Stube von den Stützen verstellt sein – das ist's; rührt man aber dran, so bleibt kein Span ganz, sie hält sich nur, solange sie steht«, schloß er, scheinbar sehr zufrieden damit, daß er diesen Umstand festgestellt hatte.

Nechljudow war ärgerlich und traurig, daß sich Tschurisenok in eine solch schlimme Lage gebracht und sich nicht schon früher an ihn gewandt hatte, obwohl er doch seit seiner Ankunft keinem Bauern etwas abgeschlagen hatte und gerade danach strebte, daß alle mit ihren Nöten geradeswegs zu ihm kommen sollten. Er empfand sogar einen gewissen Zorn gegen den Bauern, zuckte ärgerlich die Achseln und runzelte die Stirn; aber der Anblick der ihn umgebenden Armut und Tschurisenoks ruhiges und selbstzufriedenes Äußeres inmitten dieser Armut verwandelten seinen Ärger in ein schwermütiges, hoffnungsloses Gefühl.

»Nun, warum hast du es mir nicht schon früher gesagt, Iwan?« bemerkte er vorwurfsvoll und setzte sich auf die schmutzige, schiefe Bank.

»Ich habe mich nicht getraut, Euer Durchlaucht«, antwortete Tschuris mit demselben kaum merklichen Lächeln, indem er mit seinen schwarzen bloßen Füßen auf dem unebenen Lehmboden herumtrat; aber er sagte es so kühn und ruhig, daß man schwer daran glauben konnte, daß er nicht den Mut gehabt hätte, zum Herrn zu kommen.

»Wir sind doch Bauern: wie dürften wir es wagen ...« wollte die Frau aufschluchzend beginnen.

»Schwatz nicht«, wandte sich Tschuris von neuem an sie.

»In diesem Haus kannst du nicht wohnen bleiben; das ist Unsinn!« sagte Nechljudow nach einigem Schweigen. »Aber wir können folgendes machen, Bruder ...«

»Zu Befehl«, ließ sich Tschuris hören.

»Hast du die Gerhard-Steinhäuschen gesehen, die ich auf dem neuen Weiler habe bauen lassen, die mit den hohen Wänden?«

»Wie sollte ich sie nicht gesehen haben«, antwortete Tschuris und zeigte beim Lächeln seine noch unversehrten weißen Zähne. »Wir haben uns ja nicht genug wundern können, als man sie baute – eigentümliche Häuser! Die Leute dachten noch, ob es nicht Speicher werden sollten, wo man das Korn in den Hohlraum schüttet, damit die Ratten nicht dran kommen! Feine Häuser!« schloß er und schüttelte den Kopf mit einem Ausdruck spöttischen Zweifels, »die reinen Gefängnisse.«

»Ja, prachtvolle Häuser, trocken und warm und nicht so feuergefährlich«, entgegnete der Herr und runzelte seine junge Stirn, offensichtlich unangenehm berührt von der spöttischen Bemerkung des Bauern.

»Unstreitig, Euer Durchlaucht, solide Häuser.«

»Nun also, das eine Häuschen ist schon ganz fertig. Es ist zehn Ellen lang, hat einen Flur, eine Vorratskammer und ist schon ganz fertig. Ich will es dir zum Selbstkostenpreis auf Borg überlassen; du gibst mir das Geld irgendeinmal wieder«, sagte der Herr mit selbstzufriedenem Lächeln, das er bei dem Gedanken, jemandem eine Wohltat erwiesen zu haben, nicht zurückhalten konnte. »Du wirst das alte Haus einreißen«, fuhr er fort, »es wird für einen Speicher langen; den Hof werden wir auch verlegen. Das Wasser dort ist prächtig, einen Gemüsegarten werde ich dir vom Neuland abtrennen, dein Ackerland trenne ich dir von allen drei Fluren, ganz in der Nähe, ebenfalls ab. Du wirst herrlich leben! Nun, gefällt dir das etwa nicht?« fragte Nechljudow, als er bemerkte, daß Tschuris, kaum daß er von der Übersiedlung zu reden begonnen hatte, in völlige Unbeweglichkeit versank, auch nicht mehr lächelte und zu Boden sah.

»Wie Euer Durchlaucht wünschen«, antwortete er, ohne die Augen zu erheben.

Die Alte trat vor, als wäre ihre empfindlichste Stelle berührt worden, und schickte sich an, etwas zu sagen, aber der Mann kam ihr zuvor.

»Wie Euer Durchlaucht wünschen«, wiederholte er entschlossen und zugleich demütig, sah den Herrn an und warf die Haare zurück, »aber auf dem neuen Hof können wir nicht leben.«

»Weshalb nicht?«

»Nein, Euer Durchlaucht, wenn Sie uns dort ansiedeln, es geht uns auch hier schlecht, dort aber werden wir nie und nimmer Bauern sein. Was für Bauern können wir denn dort sein? Dort kann man ja überhaupt nicht wohnen, wie Sie wollen!«

»Ja, weshalb denn nicht?«

»Wir würden unser Letztes verlieren, Euer Durchlaucht.«

»Weshalb sollte man dort nicht leben können?«

»Was wäre das dort für ein Leben? Denk doch selber: es ist ein unbewohnter Ort, wie das Wasser ist, weiß man nicht, Austrieb ist auch keiner dort. Unsere Hanffelder hier sind von jeher Düngerfelder, und was ist dort? Was ist denn überhaupt dort? Armut! Weder Zäune noch Darren noch Schuppen, nichts ist dort. Wir werden verarmen, Euer Durchlaucht, wenn du uns dorthin jagst, ganz verarmen! Ein neuer Ort, ein fremder...« wiederholte er nachdenklich, aber mit energischem Kopfschütteln.

Nechljudow schickte sich an, dem Bauern zu beweisen, daß eine Übersiedelung für ihn im Gegenteil sehr vorteilhaft sei, daß man Zäune und Schuppen bauen werde, daß das Wasser dort sehr gut sei und so weiter, aber das stumpfe Schweigen Tschurisenoks machte ihn verlegen, und er fühlte, daß er nicht so sprach, wie es hätte sein müssen. Tschurisenok widersprach ihm nicht; aber als der Herr geendet hatte, bemerkte er mit einem leichten Lächeln, daß es besser wäre, die alten Hofleute und den Narren Aljoschka auf diesem Weiler anzusiedeln, damit sie die Felder bewachten.

»Das wäre was Feines!« bemerkte er und lächelte wieder. »Das ist eine dumme Sache, Euer Durchlaucht!«

»Was liegt denn daran, daß es ein unbewohnter Ort ist?« verfocht Nechljudow geduldig seine Meinung. »Der Platz hier war doch auch einmal unbewohnt, und jetzt leben Leute hier; so wird's auch dort sein; siedle nur du dich zur guten Stunde als erster an... Siedle dich unbedingt an...«

»Ach, Euer Durchlaucht, läßt sich das denn vergleichen!« antwortete Tschuris lebhaft, als befürchtete er, der Herr könnte einen endgültigen Entschluß fassen, »der Platz hier im Mir ist ein heiterer, altgewohnter Platz: da hast du die Straße und den Teich, wenn das Weib die Wäsche waschen und das Vieh tränken muß, und unsere ganze Bauernwirtschaft seit jeher; da sind die Tenne und das Gemüsegärtlein und die Weiden – siehst du, die meine Eltern gepflanzt haben; und der Großvater und der Vater haben hier ihre Seelen ausgehaucht – wenn ich nur auch meine Tage hier beschließen könnte, Euer Durchlaucht, mehr will ich nicht haben. Wenn Euer Gnaden uns die Hütte ausbessern will, so sind wir sehr zufrieden, Euer Gnaden; wenn nicht, so werden wir unser Leben auch in dem alten Hüttlein irgendwie beschließen. Laß uns unser Lebtag für dich beten«, fuhr er mit einer tiefen Verbeugung fort, »vertreib uns nicht aus unserm Nest, Väterchen! . . . «

Während Tschuris sprach, ließ sich unter der Schlafstelle, wo sein Weib stand, ein immer heftigeres und hastigeres Schluchzen vernehmen, und als der Mann sagte »Väterchen«, stürzte die Frau unerwartet hervor und fiel dem Herrn weinend zu Füßen.

»Verdirb uns nicht, unser Ernährer! Du bist unser Vater, bist unsere Mutter! Wo sollten wir uns ansiedeln? Wir sind alte, einsame Leute. Wie Gott, so bist auch du . . . « fing sie an zu heulen.

Nechljudow sprang von der Bank auf und wollte die Alte aufheben, aber sie schlug wie in wollüstiger Verzweiflung mit dem Kopf auf den Lehmboden und stieß die Hand des Herrn zurück.

»Was machst du! Steh auf, bitte! Wenn ihr nicht wollt, ist es nicht nötig: ich will euch nicht zwingen«, sagte er, mit den Händen abwehrend, und machte ein paar Schritte auf die Tür zu.

Als sich Nechljudow wieder auf die Bank setzte und das Schweigen in der Hütte nur noch vom Greinen des Weibes unterbrochen wurde, das sich wieder unter die Schlafstelle zurückzog und die Tränen mit dem Hemdärmel wegwischte, da begriff der junge Gutsherr, welche Bedeutung für Tschuris und sein Weib die verfallene Hütte, der baufällige Brunnen mit der schmutzigen Pfütze, die morschen Ställchen und Schuppen und die gespaltenen Weiden hatten, die man vor dem schiefen Fensterchen sah; ihm wurde schwer und traurig ums Herz, und er fühlte sich gleichsam beschämt.

»Warum hast du denn am vorigen Sonntag im Mir nicht gesagt, daß du deine Hütte brauchst, Iwan? Nun weiß ich nicht, wie ich dir helfen soll. Ich habe euch in der ersten Versammlung erklärt, daß ich mich auf dem Gut niedergelassen habe, um euch mein Leben zu weihen, daß ich bereit bin, mir selber alles zu versagen, nur damit ihr zufrieden und glücklich werdet – und ich schwöre bei Gott, daß ich mein Wort halten werde«, sagte der junge Gutsherr, ohne zu wissen, daß derartige Ergüsse nicht dazu angetan sind, bei irgend jemand Vertrauen zu erwecken, am wenigsten beim russischen Bauern, der keine Worte will, sondern Taten, und kein Liebhaber von Gefühlsäußerungen ist, so schön sie auch sein mögen.

Der offenherzige junge Mann aber war so glücklich in dem Gefühl, das ihn bewegte, daß er sich nicht enthalten konnte, es zu äußern.

Tschurisenok neigte den Kopf zur Seite und hörte, während er langsam mit den Augen blinzelte, mit erzwungener Aufmerksamkeit seinem Herrn zu, wie einem, dem man eben zuhören muß, auch wenn er Sachen spricht, die nicht ganz gut sind und uns durchaus nichts angehen.

»Aber ich kann doch nicht allen alles geben, worum sie mich bitten. Wenn ich es keinem, der mich um Bauholz bittet, abschlüge, bliebe mir bald selbst nichts übrig, und ich könnte denen, die wirklich bedürftig sind, nichts geben. Deshalb habe ich einen Teil des Forstes abgeteilt, ihn zur Ausbesserung der Bauerngehöfte bestimmt und ganz in die Verwaltung des Mir gegeben. Dieser Wald gehört jetzt nicht mehr mir, sondern euch, den Bauern, und ich kann nicht mehr darüber verfügen, sondern der Mir verfügt nach Gutdünken darüber. Komm heute in die Versammlung; ich werde deine Bitte dem Mir vortragen: wenn er dir eine Hütte zuspricht, so ist's gut, aber ich habe jetzt kein Holz mehr. Ich bin mit ganzer Seele bereit, dir zu helfen; wenn du aber nicht übersiedeln willst, so ist das nicht mehr meine Sache, sondern Gemeindesache. Verstehst du mich?«

»Wir sind Euer Gnaden sehr dankbar«, sagte der verwirrte Tschuris. »Wenn Sie mir etwas Holz für den Hof überlassen, so helfen wir uns schon durch... Was soll da der Mir? Man weiß ja...«

»Nein, komm nur.«

»Zu Befehl. Ich werde kommen. Warum sollte ich nicht hingehen? Aber den Mir bitte ich nicht.«

## 4

Es schien, als ob der junge Gutsherr die Leute noch nach etwas fragen wollte; er stand nicht von der Bank auf und blickte unentschlossen bald auf Tschurisenok, bald auf den ungeheizten leeren Ofen.

»Wie ist's, habt ihr schon zu Mittag gegessen?« fragte er endlich.

Unter dem Schnurrbart des Bauern zeigte sich ein spöttisches

Lächeln, als käme es ihm lächerlich vor, daß der Herr so dumme Fragen stellte; er antwortete nicht.

»Was für ein Mittagessen, unser Ernährer?« sagte das Weib mit einem schweren Seufzer. »Wir haben Brot gefrühstückt, das ist unser Mittagessen. Um einen Stint zu holen, hatte keines Zeit, so konnte ich keine Kohlsuppe kochen, und was an Kwas da war, das habe ich den Kindern gegeben.«

»Wir haben Hungerfasten in diesem Jahr, Euer Durchlaucht«, mischte sich der Bauer ein, die Worte des Weibes erläuternd. »Brot und Zwiebel, das ist unsere Bauernkost. Gott sei's noch gedankt, daß mein Brot, dank Euer Gnaden, bis jetzt gereicht hat, denn unsere Bauern haben durchweg nicht einmal Brot. Die Zwiebeln sind dies Jahr überall mißraten. Da haben wir neulich zu Michail, dem Gärtner, geschickt, der verlangt einen Groschen fürs Bündel, unsereiner aber hat kein Geld, um etwas zu kaufen. Wir gehen auch schon seit Ostern nicht mehr in die Kirche und haben kein Geld, um dem heiligen Nikolaus eine Kerze zu weihen.«

Nechljudow kannte diesen ganzen äußersten Grad von Armut, in dem sich seine Bauern befanden, schon lange, nicht vom Hörensagen, nicht durch die Beteuerungen anderer, sondern aus eigener Anschauung; aber diese Wirklichkeit war so unvereinbar mit seiner ganzen Erziehung, seiner Denkungsweise und Lebensführung, daß er die Wahrheit unwillkürlich immer wieder vergaß und daß ihm jedesmal, wenn sie ihm jemand lebendig und greifbar in Erinnerung brachte wie zum Beispiel jetzt, unerträglich schwer und traurig ums Herz wurde, als quälte ihn die Erinnerung an irgendein begangenes ungesühntes Verbrechen.

»Warum seid ihr so arm?« sagte er, seinen Gedanken unwillkürlich aussprechend.

»Ja, wie könnten wir denn anders als arm sein, Väterchen, Euer Durchlaucht? Wie unser Boden ist, belieben Sie selber zu wissen: Lehm, Hügel, auch haben wir unseren Herrgott sichtbarlich erzürnt; seit der Cholera gedeiht das Getreide nicht mehr. Wiesen und Felder sind wieder weniger geworden: manche sind zur Ökonomie geschlagen worden, andere zu den herrschaftlichen Feldern. Ich bin ein einsamer alter Mann ... wenn ich auch gern schaffen möchte – die Kräfte geben's nicht her. Meine Alte ist krank, bringt jedes Jahr ein Mädchen zur Welt: die muß man doch alle ernähren. Ich plage mich ganz allein ab und habe sieben Köpfe zu Hause. Es ist ja eine Sünde vor Gott, aber ich denke mir oft: wenn unser Herrgott doch schneller ein paar von ihnen zu sich nähme – ich hätt's leichter, und auch für sie wär's besser, als hier mit leerem Bauch zu quaken...«

»O–och!« seufzte das Weib laut, als bekräftigte sie die Worte des Mannes.

»Das hier ist meine ganze Hilfe«, fuhr Iwan fort und zeigte auf einen weißblonden, struppigen, etwa siebenjährigen Jungen mit aufgetriebenem Leib, der inzwischen unter leisem Türknarren hereingekommen war, mit erstaunten Augen unter der Stirn hervor auf den Herrn blickte und sich mit beiden Händchen an Tschuris' Hemd festhielt. »Das ist meine einzige Stütze«, fuhr Iwan mit lauter Stimme fort und strich mit seiner rauhen Hand über die weißen Haare des Kindes. »Es dauert noch lange, bis er heranwächst, die Arbeit geht aber jetzt schon über meine Kräfte. Die Jahre wären ja noch zu ertragen, aber das Gliederreißen plagt mich. Bei schlechtem Wetter könnte ich schreien vor Schmerz; und ich müßte auch längst von der Fronarbeit befreit sein und den Altenteil bekommen. Jermilow, Djomkin, Sjabrew – alle sind jünger als ich und haben ihren Boden längst übergeben. Nun, ich habe niemanden, dem ich ihn übergeben könnte – das ist mein Unglück. Man muß essen: so rackere ich mich denn ab, Euer Durchlaucht.«

»Ich würde es dir wirklich gern erleichtern. Was läßt sich da tun?« sagte der junge Herr und sah den Bauern voller Teilnahme an.

»Ja, wie erleichtern? Das ist eine alte Sache. Wenn man Land hat, muß man auch Frondienst leisten – das ist so Ordnung und Brauch. Ich muß eben irgendwie aushalten, bis der Kleine heranwächst. Aber wenn Sie die Gnade haben wollten, so befreien Sie ihn von der Schule; der Gemeindeschreiber war neulich schon da, sagt, daß Euer Durchlaucht verlangen, er solle in die Schule kommen. Befreien Sie ihn doch: was für Verstand hat er denn, Euer Durchlaucht? Er ist noch jung, begreift nichts.«

»Nein, Bruder, alles, was du willst«, sagte der Herr, »aber dein Junge kann schon begreifen, es ist für ihn Zeit zu lernen. Ich spreche doch zu deinem Besten. Denk doch selber, wenn er heranwächst und die Wirtschaft übernimmt und lesen und schreiben kann und in der Kirche lesen – alles geht dann besser in deinem Hause mit Gottes Hilfe«, sagte Nechljudow, der sich

Mühe gab, sich so verständlich wie möglich auszudrücken, dabei aber errötete und verlegen wurde.

»Unstreitig, Euer Durchlaucht, Sie wünschen uns nichts Schlechtes; 's ist aber niemand da, der im Hause bleibt: mein Weib und ich sind bei der Fronarbeit, da hilft er doch, wenn er auch klein ist – treibt das Vieh in den Stall, tränkt die Pferde. Wie er auch sein mag, 's ist halt ein Bauer«, und Tschurisenok nahm die Nase des Jungen lächelnd zwischen seine plumpen Finger und schneuzte ihn.

»Schick ihn dennoch in die Schule, wenn du selber zu Hause bist und er Zeit hat: hörst du? Unbedingt.«

Tschurisenok seufzte schwer und gab keine Antwort.

## 5

»Ja, ich wollte dir noch etwas sagen«, begann Nechljudow wieder, »warum schaffst du den Dünger nicht fort?«

»Was habe ich denn für Dünger, Väterchen, Euer Durchlaucht! Da gibt's nichts fortzuschaffen. Was für Vieh habe ich denn? Eine Stute und ein Füllen; ein Kuhkalb habe ich im Herbst an den Hofbauern abgegeben – das ist mein ganzes Vieh.«

»Wenn du so wenig Vieh hast, warum hast du denn da noch das Kalb abgegeben?« fragte der Herr erstaunt.

»Womit hätte ich es füttern sollen?«

»Hast du denn nicht Stroh genug, um eine Kuh zu ernähren? Bei den anderen langt's doch auch.«

»Die anderen haben gedüngten Boden, ich aber habe nur Lehmboden, da ist nichts zu machen.«

»So dünge ihn eben, dann ist es kein Lehm mehr; der Boden erzeugt Getreide, dann hast du Futter für das Vieh.«

»Wenn ich aber kein Vieh habe, wo soll da der Dünger herkommen?«

Das ist ein seltsamer cercle vicieux, dachte Nechljudow, vermochte aber nichts zu ersinnen, was er dem Bauern hätte raten können.

»Und da muß man auch noch sagen, Euer Durchlaucht, nicht der Dünger erzeugt das Getreide, das macht alles Gott«, fuhr Tschuris fort. »Ich hatte im vorigen Jahr vom Humusboden sechs Schober, aber auf dem gedüngten haben wir keinen Krestez geerntet. Das macht nur Gott allein!« setzte er seufzend hinzu. »Auch das Vieh kommt in unserem Hof nicht fort.

Schon das sechste Jahr will nichts leben. Voriges Jahr ist ein Kuhkalb eingegangen, das zweite mußte ich verkaufen; wir hatten kein Futter; und im vorvergangenen Jahr ist eine gute Kuh gefallen; wir hatten sie aus der Herde heimgetrieben, ihr fehlte nichts, mit einemmal begann sie zu torkeln, zu torkeln – und war hin. So viel Unglück hat mich getroffen!«

»Nun, Brüderchen, damit du nicht sagen kannst, daß du kein Vieh hast, weil du kein Futter hast, und kein Futter hast, weil du kein Vieh hast, so nimm dies hier für eine Kuh«, sagte Nechljudow errötend, zog ein Bündel zerknitterter Banknoten aus der Hosentasche und entfaltete sie. »Kauf dir eine Kuh und hol dir Futter aus der Scheune – ich will es anordnen. Sieh zu, daß du am nächsten Sonntag eine Kuh hast: ich komme nachsehen.«

Tschuris stand so lange unschlüssig lächelnd da, ohne die Hand nach dem Geld auszustrecken, daß Nechljudow es schließlich auf die Tischkante legte und noch tiefer errötete.

»Wir sind Euer Gnaden sehr dankbar«, sagte Tschuris mit dem ihm eigenen, etwas spöttischen Lächeln.

Die Alte unter der Schlafstelle seufzte ein paarmal schwer auf und schien ein Gebet zu sprechen.

Der junge Herr wurde verlegen; er stand hastig von der Bank auf, trat in den Flur hinaus und rief Tschuris zu sich. Der Anblick eines Menschen, dem er eine Wohltat erwiesen hatte, war ihm so angenehm, daß er sich nicht so rasch von ihm trennen wollte.

»Ich helfe dir gern«, sagte er, beim Brunnen stehenbleibend. »Dir kann man helfen, weil ich weiß, daß du nicht faul bist. Du wirst arbeiten – und ich werde helfen: mit Gottes Hilfe wirst du dich schon wieder erholen.«

»Mit dem Erholen hat's gute Wege, wenn ich mich nur nicht ganz zugrunde richte, Euer Durchlaucht«, sagte Tschuris und setzte plötzlich eine ernste, sogar strenge Miene auf, als wäre er mit der Annahme des Herrn, daß er sich erholen könnte, äußerst unzufrieden. »Solange wir mit den Brüdern zusammen bei Väterchen lebten, kannten wir keine Not; seitdem er aber gestorben ist und wir uns getrennt haben, ist es immer schlechter gegangen. Das kommt alles vom Alleinsein!«

»Warum habt ihr euch denn getrennt?«

»Alles nur wegen der Weiber, Euer Durchlaucht. Damals lebte Ihr Großväterchen nicht mehr; unter ihm hätten wir es nicht gewagt: damals gab es noch eine richtige Ordnung. Er kümmerte sich, ebenso wie Sie selber, um alles – wir hätten nicht einmal gewagt, an eine Trennung zu denken. Der selige Herr mochte nicht nachsichtig gegen die Bauern sein; nach Ihrem Großväterchen hatte Andrej Iljitsch die Aufsicht über uns – Gott mag ihm verzeihen! –, ein Trinker und unzuverlässiger Mensch. Wir kamen das eine Mal zu ihm, um ihn zu bitten, ein zweites Mal – es ist nicht mehr auszuhalten mit den Weibern, erlaube uns, auseinanderzugehen; da hat er uns gezaust und gezaust, und geendet hat's schließlich doch damit, daß die Weiber ihren Willen durchsetzten und wir einzeln zu wirtschaften anfingen; aber man weiß ja, was einer allein vermag! Es war auch gar keine Ordnung damals; Andrej Iljitsch sprang mit uns um, wie er wollte. Daß du ja alles herschaffst! – aber wo es der Bauer hernehmen sollte, danach fragte er nicht. Dann wurde die Kopfsteuer erhöht, es mußten mehr Lebensmittel für den herrschaftlichen Tisch geliefert werden, aber das Land wurde weniger, und das Getreide hörte auf zu wachsen. Nun, und als dann die Vermessung kam und er unsere Düngerfelder dem herrschaftlichen Besitz einverleibte, der Schurke, da hat er uns ganz zugrunde gerichtet, verreckt meinetwegen! Ihr Väterchen – Gott hab ihn selig – war ein guter Herr, aber wir bekamen ihn kaum zu sehen: er lebte immer in Moskau; nun, da mußte man natürlich öfters Fuhren hinbringen. Oft war der Weg recht schlecht, Futter war nicht da, aber fahr du nur! Der Herr konnte ohne unsere Beihilfe nicht leben. Wir dürfen darüber nicht klagen, aber es war keine Ordnung in allem. Seit nun Euer Gnaden jeden Bauer vor Ihr Antlitz lassen, da sind auch wir anders geworden, und der Verwalter ist ein anderer Mensch geworden. Wir wissen jetzt wenigstens, daß wir einen Herrn haben. Und es läßt sich gar nicht sagen, wie dankbar die Bauern Euer Gnaden sind. Denn in der Zeit der Vormundschaft gab's keinen wirklichen Herrn; jeder war der Herr: der Vormund war der Herr, und Iljitsch war der Herr, und seine Frau spielte die Herrin, und der Amtsschreiber war auch der Herr. Damals ist viel – ach! viel Unglück über die Bauern gekommen!«

Wiederum empfand Nechljudow ein Gefühl wie Beschämung oder Gewissensbisse. Er lüftete den Hut und ging weiter.

## 6

»Juchwanka-Mudrjonyj will ein Pferd verkaufen«, las Nechljudow in seinem Notizbuch und ging über die Straße zum Hof Juchwanka-Mudrjonyjs. Juchwankas Hütte war sorgfältig mit Stroh aus der herrschaftlichen Scheune gedeckt und aus frischen, hellgrauen Espenbalken (gleichfalls aus herrschaftlichem Besitz) gezimmert: mit zwei rotgestrichenen Fensterläden und einem Treppenaufgang mit Vordach und eigenartigem, aus Brettern geschnitztem Geländer. Der Flur und die kalte Stube waren auch in Ordnung; aber der allgemeine Eindruck von Zufriedenheit und Wohlstand, den dieses Anwesen machte, wurde etwas beeinträchtigt durch eine an den Torflügel angelehnte Vorratskammer mit einem halbfertigen Flechtzaun und offenem Vordach, so daß man hineinschauen konnte. In demselben Augenblick, da Nechljudow sich von der einen Seite dem Treppenaufgang näherte, kamen von der anderen Seite zwei Bauernweiber mit einem vollen Wasserzuber. Eine von ihnen war die Frau, die andere die Mutter des Juchwanka-Mudrjonyj. Die erstere war ein üppiges, rotwangiges Weib mit ungewöhnlich stark entwickelter Brust und breiten, fleischigen Wangen. Sie trug ein reines, an den Ärmeln und am Kragen gesticktes Hemd, eine ebensolche Schürze, einen neuen Faltenrock, neue Schuhe, Glasperlen und einen mit rotem Garn und Flitter bestickten, viereckigen, prächtigen Kopfputz.

Das Ende des Tragjochs schwankte nicht, sondern lag fest auf ihrer breiten und harten Schulter. Die leichte Anstrengung, die sich in ihrem roten Gesicht, in der Krümmung des Rückens und der gleichmäßigen Bewegung der Hände und Füße bemerkbar machte, zeugte von ungewöhnlicher Gesundheit und männlicher Kraft. Juchwankas Mutter hingegen, die das andere Ende des Jochs trug, war eine von jenen alten Frauen, welche die äußerste Grenze des Alters und des Verfalls eines lebenden Menschen erreicht zu haben scheinen. Ihre knochige Gestalt, in ein schwarzes, zerrissenes Hemd und in einen farblosen Rock gehüllt, war gebückt, so daß das Tragjoch mehr auf ihrem Rücken als auf der Schulter lag. Ihre beiden Hände mit den gekrümmten Fingern, die sich gleichsam an dem Tragjoch festklammerten, waren von dunkelbrauner Farbe und konnten sich scheinbar nicht mehr auseinanderbiegen; der gesenkte Kopf, der mit irgendeinem Fetzen umwunden war, trug die abstoßendsten Spuren der Armut und des hohen Alters. Unter der niedrigen, nach allen Richtungen von tiefen Falten durchfurchten Stirn blickten zwei rote, wimpernlose Augen trübe zu Boden. Die eingefallene Oberlippe ließ einen einzigen, gelben, ständig wackelnden Zahn sehen, der hin und wieder auf das spitzige Kinn aufstieß. Die Falten am unteren Rand des Gesichts und am Hals sahen Säken ähnlich, die bei jeder Bewegung hin und her schwankten. Sie atmete schwer und röchelnd; aber die bloßen, verkrümmten Füße bewegten sich gleichmäßig einer nach dem anderen, obwohl sie sich nur mit äußerster Anstrengung fortzuschleppen schienen.

## 7

Das junge Weib stieß beinahe mit dem Herrn zusammen, setzte den Zuber gewandt ab, schlug die Augen zu Boden, verneigte sich und sah dann unter der Stirn hervor mit glänzenden Augen auf den Herrn, bemüht, ihr leichtes Lächeln mit dem gestickten Ärmel zu verdecken; dann lief sie, mit den Absätzen klappernd, die Stufen hinauf.

»Trag das Joch zu Tante Nastasja, Mütterchen«, sagte sie, in der Tür stehenbleibend und sich der Alten zuwendend.

Der bescheidene junge Gutsherr sah das rotwangige Weib streng, aber aufmerksam an, runzelte die Stirn und wandte sich an die Greisin, die das Tragjoch aus ihren gichtigen Fingern befreit hatte, es nun auf die Schulter lud und ergeben der Nachbarhütte zuschritt.

»Ist dein Sohn zu Hause?« fragte der Herr.

Die Greisin krümmte ihre gebückte Gestalt noch mehr zusammen, verneigte sich und wollte etwas sagen, legte aber die Hände an den Mund und begann so heftig zu husten, daß Nechljudow, ohne eine Antwort abzuwarten, in die Hütte trat. Juchwanka, der im Ikonenwinkel auf der Bank saß, stürzte beim Anblick des Herrn auf den Ofen zu, als wollte er sich vor ihm verstecken, warf hastig einen Gegenstand auf die Schlafstelle und drückte sich, mit dem Mund und den Augen zuckend, an die Wand, als wollte er dem Herrn Platz machen. Juchwanka war ein blonder, etwa dreißigjähriger, hagerer, schlanker Bursche mit einem Spitzbärtchen und hätte recht hübsch genannt werden können, wären nicht die unsteten braunen Äuglein gewesen, die unangenehm unter den gerunzelten Augenbrauen hervorsahen, und hätten ihm nicht die beiden Vorderzähne gefehlt, was sofort in die Augen fiel, da seine Lippen kurz und in beständiger Bewegung waren. Er trug ein festtägliches Hemd mit grellroten Schwalbennestern, gestreifte Kattunhosen und schwere Stiefel mit faltigen Schäften. Im Innern von Juchwankas Hütte war es nicht so eng und düster wie bei Tschuris, obwohl die Luft ebenso stickig war, ebenso nach Rauch und Schafpelz roch und Männerkleider und Hausgerät ebenso unordentlich herumlagen. Zwei Dinge lenkten hier in besonderer Weise die Aufmerksamkeit auf sich: ein kleiner, verbeulter Samowar, der auf dem Wandbrett stand, und ein schwarzer Rahmen mit dem Überrest eines schmutzigen Glases und dem Bildnis irgendeines Generals in roter Uniform, das neben den Heiligenbildern hing. Nechljudow sah mißfällig auf den Samowar, auf das Bildnis des Generals und auf die Schlafstelle, auf der das Ende einer Tabakspfeife in Messingfassung unter irgendeinem Lumpen hervorragte, und wandte sich an den Bauern.

»Sei mir gegrüßt, Jepifan«, sagte er, ihm in die Augen blikkend.

Jepifan verneigte sich und murmelte: »Ich wünsche Euer Durchlaucht Gesundheit«, wobei er das Wort »Durchlaucht« besonders zärtlich aussprach und seine Augen sofort über die ganze Gestalt des Herrn, die Stube, den Fußboden und die Decke schweifen ließ, ohne irgendwo mit dem Blick haften zu bleiben; dann schritt er hastig auf die Schlafstelle zu, nahm seinen Kittel und zog ihn an.

»Warum ziehst du dich an?« sagte Nechljudow, indem er sich auf die Bank setzte und sich sichtlich Mühe gab, möglichst streng auf Jepifan zu blicken.

»Wie denn, Durchlaucht, ich bitte Sie, geht es denn anders? Unsereins kann doch auch verstehen...«

»Ich bin zu dir gekommen, um zu erfahren, warum du ein Pferd verkaufen mußt, wie viele Pferde du hast und welches du verkaufen willst«, sagte der Herr kühl und wiederholte offenbar vorher zurechtgelegte Fragen.

»Wir sind Euer Durchlaucht sehr dankbar, weil Sie nicht verschmäht haben, zu mir, einem Bauern, zu kommen«, antwortete Juchwanka und warf flüchtige Blicke auf das Bildnis des Generals, auf den Ofen, auf die Stiefel des Herrn und auf alle Gegenstände, nur nicht auf Nechljudows Gesicht, »wir beten immer zu Gott für Euer Durchlaucht...«

»Warum mußt du das Pferd verkaufen?« wiederholte Nechljudow mit erhobener Stimme und räusperte sich.

Juchwanka seufzte, warf die Haare zurück (sein Blick schweifte wiederum durch die Stube), und als er die Katze entdeckte, die friedlich schnurrend auf der Bank lag, schrie er ihr zu: »Weg da, gemeines Vieh!« und wandte sich hastig an den Herrn: »Das Pferd, Durchlaucht, taugt nichts... Wär's ein gutes Tier, würd ich es nicht verkaufen, Euer Durchlaucht.«

»Wieviel Pferde hast du denn im ganzen?«

»Drei Pferde, Euer Durchlaucht.«

»Und keine Füllen?«

»Wie denn, Euer Durchlaucht, ein Füllen ist auch da.«

## 8

»Komm, zeig mir deine Pferde; hast du sie im Hof?«

»Gewiß, Euer Durchlaucht, wie es mir befohlen worden ist, so ist es geschehen, Euer Durchlaucht. Dürfen wir denn Euer Durchlaucht ungehorsam sein? Jakob Alpatytsch hat mir befohlen, die Pferde morgen nicht aufs Feld zu lassen: der Fürst werden sie ansehen, da habe ich sie denn nicht hinausgelassen. Wir wagen es nicht, Euer Durchlaucht ungehorsam zu sein.«

Während Nechljudow zur Tür hinausschritt, nahm Juchwanka die Pfeife von der Schlafstelle weg und warf sie hinter den Ofen; seine Lippen zuckten immer noch unruhig, auch wenn der Herr ihn nicht ansah.

Eine magere, graue Stute wühlte unter dem Vordach in faulem Stroh; ein zwei Monate altes, langbeiniges Füllen von unbestimmter Farbe, mit bläulichen Beinen und Maul wich nicht von ihrem dünnen, mit Kletten besäten Schweif. Inmitten des Hofs stand ein dickbäuchiger, brauner Wallach mit zusammengekniffenen Augen und nachdenklich gesenktem Kopf, dem Anschein nach ein gutes Bauernpferdchen.

»So sind das alle deine Pferde?«

»Durchaus nicht, Euer Durchlaucht; da ist noch die Stute und das Füllen«, antwortete Juchwanka und zeigte auf die Pferde, die der Herr gar nicht übersehen konnte.

»Ich sehe. Also welches willst du denn verkaufen?«

»Nun, dieses hier, Euer Durchlaucht«, antwortete er, indem er mit dem Rockschoß nach dem schlummernden Wallach schlug und dabei unaufhörlich blinzelte und mit den Lippen zuckte. Der Wallach öffnete die Augen und drehte ihm faul das Hinterteil zu.

»Er ist allem Anschein nach nicht alt und ein stattliches Pferdchen«, sagte Nechljudow. »Fang ihn und zeige mir seine Zähne. Ich will sehen, ob er alt ist.«

»Ich kann ihn allein nicht einfangen; das ganze Vieh ist keinen Groschen wert, dabei hat es Mucken – stößt mit Maul und Brust, Euer Durchlaucht«, entgegnete Juchwanka mit äußerst fröhlichem Lächeln und ließ die Augen nach allen Seiten schweifen.

»Unsinn! Fang es, sag ich dir.«

Juchwanka lächelte und gebärdete sich lange Zeit unschlüssig, und erst als Nechljudow ihn zornig anschrie: »Nun, wird's?« stürzte er unter das Vordach, brachte die Halfter und fing an, das Pferd zu jagen, machte es scheu und ging statt von vorn stets von hinten auf das Tier zu.

Der junge Herr war es sichtlich überdrüssig, noch länger zuzusehen, vielleicht wollte er auch seine Geschicklichkeit zeigen.

»Gib die Halfter her!« sagte er.

»Ich bitte Sie! Wie könnte Euer Durchlaucht denn? Belieben doch...«

Nechljudow aber schritt geradeswegs auf den Kopf des Pferdes zu, packte es plötzlich an den Ohren, bog es mit so viel Kraft zur Erde nieder, daß der Wallach, der sich als ein ganz frommes Bauernpferdchen erwies, ins Schwanken geriet, zu schnauben begann und sich loszureißen suchte. Als Nechljudow merkte, daß es ganz unnötig gewesen war, soviel Kraft anzuwenden, und Jepifan ansah, der nicht aufhörte zu lächeln, schoß ihm der in seinem Alter kränkendste Gedanke durch den Kopf, daß sich nämlich Juchwanka über ihn lustig mache und ihn in innerster Seele als Kind betrachte. Er errötete, ließ die Ohren des Pferdes los, öffnete ihm ohne Hilfe der Halfter das Maul und prüfte die Zähne: die unteren Eckzähne waren unversehrt, die Kronen der Vorderzähne voll, das alles hatte der junge Landwirt schon gelernt – folglich war das Pferd jung.

Juchwanka war inzwischen zum Schuppen getreten; er sah, daß die Egge nicht an ihrem Platz lag, hob sie auf und lehnte sie aufrecht an den geflochtenen Zaun.

»Komm hierher!« rief der Herr mit dem Ausdruck kindlichen Unwillens im Gesicht und einer Stimme, die beinahe von Tränen des Ärgers und Zornes erstickt war. »Ist dieses Pferd etwa alt?«

»Ich bitte, Euer Durchlaucht, sehr alt, so an die zwanzig Jahre... welches Pferd...«

»Schweig! Du bist ein großer Lügner und Taugenichts, denn ein ehrlicher Bauer lügt nicht: er hat's nicht nötig!« sagte Nechljudow, der an den Tränen würgte, die ihm vor Zorn in die Kehle stiegen. Er hielt inne, um nicht in Tränen auszubrechen und sich vor dem Bauern keine Blöße zu geben. Juchwanka schwieg auch, schnaufte durch die Nase wie ein Mensch, der gleich zu weinen anfangen will, und zuckte leicht mit dem Kopf.

»Womit willst du denn zum Ackern hinausfahren, wenn du dieses Pferd verkaufst?« fuhr Nechljudow fort, als er sich hinreichend beruhigt hatte, um mit seiner gewöhnlichen Stimme sprechen zu können. »Man gibt dir absichtlich Arbeiten, bei denen du deine Pferde nicht brauchst, damit du sie für die Ackerzeit schonen kannst, und du willst das letzte verkaufen? Und vor allem – weshalb lügst du?«

Sobald der Herr sich beruhigt hatte, beruhigte sich auch Juchwanka. Er stand in gerader Haltung da und ließ, mit den Lippen zuckend, seine Augen nach wie vor von einem Gegenstand zum anderen schweifen.

»Ich werde für Durchlaucht nicht schlechter als die anderen zur Arbeit gefahren kommen«, erwiderte er.

»Ja, womit willst du denn fahren?«

»Seien Sie ohne Sorge, die Arbeit für Euer Durchlaucht wird schon gemacht werden«, antwortete er, den Wallach durch einen Zuruf wegjagend. »Würd es mir denn einfallen, das Pferd zu verkaufen, wenn ich das Geld nicht brauchte?«

»Wozu brauchst du Geld?«

»Wir haben gar kein Brot, Euer Durchlaucht, auch muß man den Bauern die Schulden bezahlen, Euer Durchlaucht.«

»Ihr habt kein Brot? Wie kommt es denn, daß die anderen, die Familie haben, noch eines haben und daß du, der Kinderlose, keins mehr hast? Wo ist es denn hingekommen?«

»Aufgegessen, Euer Durchlaucht, und nun ist kein Krümchen mehr da. Zum Herbst kaufe ich dann ein Pferd, Euer Durchlaucht.«

»Wage ja nicht an den Verkauf des Pferdes zu denken!«

»Wie denn, Euer Durchlaucht, wenn's so ist, wie sollen wir da weiterleben: Brot ist nicht da, und ich soll mich nicht unterstehen, etwas zu verkaufen«, antwortete er, ganz zur Seite gewandt, zuckte mit den Lippen und sah dem Herrn dann plötzlich mit einem herausfordernden Blick gerade ins Gesicht. »Das heißt also, wir sollen Hungers sterben.«

»Hüte dich, Bruder!« schrie Nechljudow erblassend, da er sich von dem Bauern persönlich beleidigt fühlte, »solche Bauern wie dich mag ich nicht behalten. Das wird dir übel bekommen.«

»Das steht in Euer Durchlaucht Belieben«, antwortete Juchwanka, die Augen schließend, mit einer geheuchelt unterwürfigen Miene, »wenn ich's nicht anders um Sie verdient habe. Ich meine aber, es kann mir niemand etwas vorwerfen. Natürlich, wenn ich Euer Durchlaucht nicht genehm bin, so liegt alles in Ihrem Belieben; ich weiß nur nicht, wofür ich leiden soll.«

»Ich will dir sagen wofür: dafür, daß dein Hof vernachlässigt, der Dünger nicht eingeackert ist, die Zäune zerbrochen sind, du aber zu Hause sitzt und deine Pfeife rauchst, statt zu arbeiten; dafür, daß du deiner Mutter, die dir die ganze Wirtschaft übergeben hat, nicht einmal ein Stück Brot gibst, deiner Frau erlaubst, sie zu schlagen, und das arme Weib so weit gebracht hast, daß sie mit einer Klage zu mir gekommen ist.«

»Ich bitte, Euer Durchlaucht, ich weiß nicht einmal, daß es solche Pfeifen gibt«, antwortete Juchwanka verlegen, den die Beschuldigung, daß er Pfeife rauche, offenbar mehr als alles andere kränkte. »Einem Menschen läßt sich vieles nachsagen.«

»Nun lügst du wieder! Ich habe selbst gesehen ...«

»Wie dürfte ich es wagen, Euer Durchlaucht zu belügen?«

Nechljudow schwieg, biß sich auf die Lippen und fing an, im Hof auf und ab zu gehen. Juchwanka verfolgte, auf seinem Platz verharrend, und ohne die Augen zu erheben, die Beine des Herrn mit den Blicken.

»Höre, Jepifan«, sagte Nechljudow mit kindlich sanfter Stimme, blieb vor dem Bauern stehen und versuchte, seine Erregung zu verbergen, »so darf man nicht leben, du richtest dich zugrunde. Denk doch einmal ordentlich nach. Wenn du ein guter Bauer sein willst, so ändere deine Lebensweise, laß von deinen schlechten Gewohnheiten ab, lüge nicht, trinke nicht und achte deine Mutter. Ich weiß ja alles über dich. Befasse dich mit der Wirtschaft, nicht aber damit, daß du im Staatsforst Holz stiehlst und in die Kneipen läufst. Sage doch, ob daran etwas Gutes ist. Wenn du etwas brauchst, so komm zu mir, sage offen, was du brauchst und weshalb, aber lüge nicht, sondern sprich die volle Wahrheit, dann werde ich dir helfen, so gut ich es kann.«

»Ich bitte, Euer Durchlaucht, wir können Euer Durchlaucht, meine ich, gut verstehen!« antwortete Juchwanka lächelnd, als wüßte er den ganzen Reiz, der in diesem Schmerz des Herrn lag, zu würdigen.

Dieses Lächeln und diese Antwort ließen Nechljudows Hoffnungen, den Bauern zu rühren und durch Ermahnungen auf den richtigen Weg zurückzubringen, vollständig zuschanden werden. Zudem hatte er das Gefühl, daß es ihm, der die Macht besaß, nicht anstehe, seinen Bauern zu ermahnen, und daß alles, was er sagte, gar nicht das war, was man hätte sagen müssen. Er senkte traurig den Kopf und ging in den Flur. Auf der Schwelle saß die Alte und stöhnte laut, als wollte sie damit bekunden, daß sie den Worten des Herrn, die sie gehört hatte, zustimme.

»Da habt Ihr etwas für Brot«, flüsterte ihr Nechljudow ins Ohr und legte ihr einen Geldschein in die Hand, »aber kauft es selber, gebt es nicht Juchwanka, sonst vertrinkt er es.«

Die Alte griff mit ihrer knochigen Hand nach dem Türpfosten, um aufzustehen und dem Herrn zu danken; ihr Kopf begann zu wackeln; als sie endlich auf den Füßen stand, war Nechljudow bereits auf der anderen Seite der Straße.

## 9

»Davydka Bjelyj bittet um Brot und Zaunpfähle«, war in seinem Merkbuch hinter Juchwanka verzeichnet.

Nechljudow ging an mehreren Höfen vorüber; als er in eine Gasse einbiegen wollte, begegnete ihm sein Verwalter Jakow Alpatytsch, der beim Anblick des Herrn schon von weitem seine Wachstuchmütze abnahm, ein seidenes Taschentuch hervorzog und sein dickes, rotes Gesicht abzuwischen begann.

»Setz deine Mütze auf, Jakow! Jakow, setze sie doch auf, sage ich dir ...«

»Wen hat Euer Durchlaucht zu besuchen geruht?« fragte Jakow, der sich mit der Mütze vor der Sonne schützte, sie aber nicht aufsetzte.

»Ich war bei Mudrjonyj. Sage mir bitte, warum ist der so geworden?« fragte der Herr und setzte seinen Weg fort.

»Wieso denn, Euer Durchlaucht?« fragte der Verwalter, der seinem Herrn in ehrfurchtsvollem Abstand folgte, seine Mütze aufsetzte und sich den Schnurrbart strich.

»Wieso? Er ist ein vollständiger Taugenichts geworden, ein Faulpelz, Dieb und Lügner, er mißhandelt seine Mutter und ist scheint's ein so eingefleischter Tunichtgut, daß er sich niemals bessern wird.«

»Ich weiß nicht, Euer Durchlaucht, warum er Ihnen so wenig gefallen hat...«

»Und seine Frau«, unterbrach ihn der Herr, »scheint ein ganz abscheuliches Weib zu sein. Die Alte ist schlechter angezogen als jede Bettlerin und hat nichts zu essen, sie aber ist herausgeputzt und er auch. Ich weiß gar nicht, was man mit ihm machen soll.«

Jakow wurde sichtlich verlegen, als Nechljudow von Juchwankas Frau zu sprechen anfing.

»Nun, wenn er sich so gehen läßt, Euer Durchlaucht«, begann er, »muß man Maßnahmen ergreifen. Er ist wirklich arm, wie alle Einzelbauern, aber er hält doch noch auf sich, er macht es nicht so wie die anderen. Er ist ein kluger Mann, der zu lesen und zu schreiben versteht, und anscheinend auch ein ehrlicher Bauer. Bei der Eintreibung der Kopfsteuer ist er immer mit dabei. Seit ich Verwalter bin, ist er auch schon drei Jahre lang Dorfältester gewesen und hat sich nichts zuschulden kommen lassen. Im dritten Jahr hat ihn die Vormundschaft abgesetzt, er hat sich aber auch im Frondienst ordentlich geführt. Vielleicht, daß er ein wenig zu trinken angefangen hat, als er in der Stadt bei der Post war, da muß man eben Maßnahmen ergreifen. Wenn er zuweilen über die Schnur haut, schüchtert man ihn etwas ein — dann nimmt er wieder Vernunft an: das tut ihm gut, und die Familie kommt auch wieder zum Frieden; aber wenn Sie diese Maßregeln nicht anzuwenden wünschen, so weiß ich auch nicht, was wir mit ihm anfangen sollen. Er hat sich wirklich sehr gehen lassen. Zum Soldaten taugt er auch nicht, weil ihm, wie Sie wohl bemerkt haben, zwei Zähne fehlen. Und er ist nicht der einzige, erlaube ich mir zu bemerken, der gar keinen Respekt hat...«

»Das laß sein, Jakow«, antwortete Nechljudow mit leichtem Lächeln, »darüber habe ich mit dir schon genug geredet. Du weißt, wie ich darüber denke, und ich werde, was du mir auch sagen magst, doch immer so denken.«

»Gewiß ist das Euer Durchlaucht alles bekannt«, antwortete Jakow und zuckte die Achseln; der Blick, mit dem er seinen Herrn von hinten ansah, schien zu sagen, daß er nicht viel Gutes von ihm erwarte. »Aber es ist ganz unnötig, daß Sie sich wegen der Alten aufzuregen belieben«, fuhr er fort, »sie hat ja freilich die Waisen betreut, Juchwanka großgezogen und verheiratet und alles das; aber es ist nun einmal nicht anders im Bauernstand: wenn der Vater oder die Mutter dem Sohn die Wirtschaft übergibt, so sind der Sohn und die Schwiegertochter die Herren im Hause, die Alte aber muß sich ihr Brot nach Kräften und Vermögen selber erarbeiten. Diese Leute besitzen natürlich keine so zarten Gefühle, aber im Bauernstand ist es so Sitte. Deshalb erlaube ich mir auch zu bemerken, daß die Alte Sie unnötig belästigt hat. Sie ist ein kluges Weib und eine tüchtige Hausfrau; weshalb aber belästigt sie den Herrn wegen jeder Kleinigkeit? Nun, sie hat sich mit der Schwiegertochter gezankt, und diese hat sie vielleicht auch gestoßen – Weibersache! Sie hätten sich schon wieder versöhnt, ohne Sie zu belästigen. Sie nehmen sich ohnedies alles viel zu sehr zu Herzen«, sagte der Verwalter und blickte dabei mit einer gewissen Zärtlichkeit und Nachsicht auf den Herrn, der schweigend, mit großen Schritten, vor ihm auf der Straße dahinging.

»Belieben Sie nach Hause zu gehen?« fragte er.

»Nein, zu Davydka Bjelyj oder Kosjol... wie heißt er?«

»Nun, das ist auch ein Pack, muß ich Ihnen sagen. Die ganze Sippe der Kosjols ist so. Was habe ich alles mit ihm angefangen – nichts hat genützt. Gestern fahre ich über die Bauernfelder, aber bei ihm ist nicht einmal Buchweizen gesät; was wollen Sie mit solch einem Völkchen machen? Wenn der Alte wenigstens den Sohn lehren wollte, aber das ist genauso ein Taugenichts: er arbeitet weder für sich noch für den Herrn und packt alles ungeschickt an. Was haben der Vormund und ich nicht alles mit ihm gemacht: wir haben ihn einsperren lassen und zu Hause bestraft – das lieben Sie ja nicht...«

»Wen denn, am Ende gar den Alten?«

»Jawohl, den Alten. Der Vormund hat ihn etlichemal vor der ganzen Versammlung bestrafen lassen; aber glauben Euer Durchlaucht, daß ihm das was ausmacht? Er schüttelt sich, geht fort, und alles bleibt beim alten. Und dabei ist Davydka, muß ich Ihnen sagen, ein ruhiger und keineswegs dummer Bauer, er raucht nicht und trinkt nicht«, erklärte Jakow, »ist aber schlimmer als mancher Trunkenbold. Man kann ihn nur zu den Soldaten stecken oder zur Ansiedlung wegschicken, weiter bleibt einem nichts übrig. Die ganze Kosjolsche Sippe ist so: Matrjuschka, der in der Hinterstube wohnt und auch zu ihrer Familie gehört, ist derselbe verdammte Faulenzer. So brauchen Sie mich also nicht, Euer Durchlaucht?« fügte der Verwalter hinzu, da er bemerkte, daß der Herr ihm nicht zuhörte.

»Nein, du kannst gehen«, antwortete Nechljudow zerstreut und schlug die Richtung zu Davydka Bjelyj ein.

Davydkas Hütte stand schief und einsam am Rand des Dorfes. Da war kein dazugehöriger Hof, keine Getreidedarre, keine Scheune; nur ein paar schmutzige Viehställchen lehnten sich auf der einen Seite an die Hütte an; auf der anderen Seite lagen ein Haufen Reisig und Balken, für den Bau des Hofes bestimmt. Hohes grünes Steppengras wuchs an der Stelle, wo er früher einmal gewesen war. Niemand war bei der Hütte zu sehen, außer einem Schwein, das im Schmutz vor der Schwelle lag und grunzte.

Nechljudow klopfte an die zerbrochene Fensterscheibe; da ihm aber niemand antwortete, ging er zum Flur und rief: »Wirtsleute!« Aber auch darauf antwortete niemand. Er ging durch den Flur, warf einen Blick in die leeren Ställe und betrat die offenstehende Stube. Ein alter roter Hahn und zwei Hühner gingen, die Halsfedern gesträubt und mit den Krallen klappernd, auf dem Fußboden und den Bänken spazieren. Als sie einen Menschen erblickten, flogen sie mit entsetztem Gakkern und gespreizten Flügeln gegen die Wände, und eine Henne sprang auf den Ofen. Das ganze sechs Ellen große Stübchen war von einem Ofen mit einem zerbrochenen Rohr, einem Webstuhl, der trotz der Sommerzeit nicht hinausgetragen worden war, und einem schwarz gewordenen Tisch ausgefüllt, dessen Platte sich geworfen hatte und geborsten war.

Trotz des trockenen Wetters stand an der Schwelle doch eine schmutzige Pfütze, die sich bei einem früheren Regen durch das leck gewordene Dach und die Decke gebildet hatte. Schlafstellen waren nicht vorhanden. Man konnte kaum glauben, daß dies eine menschliche Behausung sei – einen so offensichtlichen Eindruck von Verwahrlosung und Unordnung machte sowohl das Äußere als auch das Innere der Stube; indessen wohnte Davydka Bjelyj mit seiner ganzen Familie darin. In diesem Augenblick schlief Davydka, trotz dem heißen Junitag, unter dem Schafpelz, den er sich über die Ohren gezogen hatte, fest in einer Ofenecke. Das erschrockene Huhn, das auf den Ofen geflogen war und sich von seiner Aufregung noch nicht erholt hatte, stieg auf Davydkas Rücken herum, ohne daß er erwachte.

Da Nechljudow niemanden in der Stube erblickte, wandte er sich zum Gehen, als ein langgedehnter Seufzer den Hausherrn verriet.

»He! Wer ist da?« rief der Herr.

Vom Ofen her ertönte ein zweiter langgedehnter Seufzer.

»Wer ist dort? Komm her!«

Ein weiterer Seufzer, ein Grunzen und ein lautes Gähnen antworteten auf den Ruf des Herrn.

»Nun, wird's bald?«

Auf dem Ofen begann es sich langsam zu bewegen; zuerst erschien der Schoß eines abgetragenen Schafpelzes; ein großer Fuß in einem zerrissenen Bastschuh ließ sich herab, dann der zweite, und endlich tauchte Davydka Bjelyjs ganze Gestalt auf; er saß auf dem Ofen und rieb sich mit seiner großen Faust faul und unzufrieden die Augen. Langsam beugte er den Kopf vor, blickte gähnend in die Stube und begann, als er den Herrn gewahrte, sich etwas schneller als vorher zu bewegen, aber immerhin noch so langsam, daß Nechljudow Zeit hatte, dreimal von der Pfütze zum Webstuhl und zurück zu gehen, während Davydka immer noch vom Ofen herunterstieg. Davydka Bjelyj war – wie sein Name besagte – wirklich weiß: seine Haare, sein Körper, sein Gesicht – alles war ungewöhnlich weiß. Er war groß und sehr dick, aber dick, wie es die Bauern zu sein pflegen, das heißt nicht nur am Bauch, sondern am ganzen Körper. Seine Leibesfülle hatte indessen etwas Weichliches und Ungesundes. Das ziemlich hübsche Gesicht mit den hellblauen, ruhigen Augen und dem breiten, großen Bart trug den Stempel der Kränklichkeit. Es war weder von der Sonne gebräunt, noch zeigte es die geringste Röte; es hatte eine blasse, gelbliche Farbe mit einem leichten lila Schatten unter den Augen und schien vor Fett ganz gedunsen oder geschwollen zu sein. Die Hände waren gedunsen und gelb, wie bei Menschen, die an Wassersucht leiden, und mit feinen weißen Haaren bedeckt. Er war so verschlafen, daß er die Augen nicht ganz öffnen konnte und schwankend und gähnend dastand.

»Nun, schämst du dich denn nicht«, begann Nechljudow, »am hellichten Tage zu schlafen, wo du doch deinen Hof zu bauen hast und kein Brot im Hause ist?...«

Als Davydka sich endlich vom Schlaf ermannte und zu begreifen anfing, daß sein Herr vor ihm stand, faltete er seine Hände unter dem Bauch, senkte den Kopf, neigte ihn ein wenig zur Seite und rührte sich nicht. Er schwieg; aber der Ausdruck seines Gesichts und die Haltung des ganzen Körpers besagte: Ich weiß, ich weiß; ich höre es nicht zum erstenmal. So schlagen Sie mich denn, wenn es sein muß – ich werde es ertragen. Er wünschte anscheinend, daß der Herr zu reden aufhöre und schneller mit dem Schlagen beginne, ja, daß er ihn schmerzhaft auf die dicken Backen schlage, ihn aber dafür schneller in Ruhe lasse. Da Nechljudow bemerkte, daß Davydka ihn nicht verstand, bemühte er sich, den Bauern durch verschiedene Fragen seinem demütig geduldigen Schweigen zu entreißen.

»Weshalb hast du mich denn um Holz gebeten, wenn es seit einem Monat bei dir herumliegt und du die ganze freie Zeit verliegst – he?«

Davydka schwieg beharrlich und rührte sich nicht.

»Nun, so antworte doch!«

Davydka brummte irgend etwas und zuckte mit seinen weißen Wimpern.

»Man muß doch arbeiten, Brüderchen: was soll denn ohne Arbeit werden? Jetzt hast du kein Brot mehr, woher kommt das? Weil dein Boden schlecht gepflügt und nicht zweimal geackert ist und weil du nicht zur Zeit gesät hast – alles aus Faulheit. Du bittest mich um Brot; nun gut, ich gebe es dir, weil ich dich nicht Hungers sterben lassen kann, aber so darf nicht verfahren werden. Wessen Brot werde ich dir geben? Was glaubst du, wessen? Antworte mir: wessen Brot werde ich dir geben?« beharrte Nechljudow auf seiner Frage.

»Herrschaftliches«, murmelte Davydka und hob zaghaft und fragend seine Augen.

»Und wo kommt das herrschaftliche Brot her? Überlege einmal, wer hat das Feld gepflügt, geeggt? Wer hat gesät und geerntet? Die Bauern? Ja? Siehst du wohl: wenn also das herrschaftliche Brot unter die Bauern verteilt werden soll, so muß ich denen mehr geben, die sich mehr darum bemüht haben, du aber hast am wenigsten von allen gearbeitet, auch bei der Fronarbeit wird über dich geklagt – du hast am wenigsten gearbeitet und verlangst am meisten. Warum soll ich es also dir geben und den anderen nicht? Wenn alle so wie du auf der faulen Haut lägen, so wären wir alle längst verhungert. Man muß arbeiten, mein Lieber, aber so, wie du es machst, ist es schlecht – hörst du, Davyd?«

»Zu Befehl!« sagte der Bauer langsam durch die Zähne.

10

In diesem Augenblick huschte der Kopf einer Bäuerin, die Leinwand auf dem Schulterjoch trug, am Fenster vorbei, und eine Minute später trat Davydkas Mutter in die Stube, eine große, sehr frische und lebhafte Frau von etwa fünfzig Jahren. Ihr von Pockennarben entstelltes und von Runzeln durchfurchtes Gesicht war unschön, aber die gerade, feste Nase, die zusammengepreßten, dünnen Lippen und die scharfen, grauen Augen drückten Verstand und Energie aus. Ihre eckigen Schultern, die flache Brust, die hageren Hände und die entwickelten Muskeln zeugten davon, daß sie schon lange aufgehört hatte, Weib zu sein, und nur noch Arbeiter war. Sie trat rasch in die Stube, zog die Tür hinter sich zu, zupfte ihren Rock zurecht und warf dem Sohn einen zornigen Blick zu. Nechljudow wollte ihr etwas sagen, aber sie wandte sich von ihm ab und begann sich vor dem schwarzen hölzernen Heiligenbild, das hinter dem Webstuhl hervorsah, zu bekreuzigen. Als sie damit fertig war, rückte sie das schmutzige karierte Tuch, das um ihren Kopf geschlungen war, zurecht und verneigte sich tief vor dem Herrn.

»Ich wünsche einen guten Feiertag, Euer Durchlaucht!« sagte sie. »Gott behüte dich, du, unser Vater ...«

Davydka war bei dem Anblick seiner Mutter merklich verlegen geworden, krümmte seinen Rücken ein wenig und senkte den Kopf noch tiefer.

»Ich danke dir, Arina«, antwortete Nechljudow. »Ich habe soeben mit deinem Sohn über eure Wirtschaft gesprochen.«

Arina oder Arischka Burlak – diesen Beinamen hatten ihr die Bauern schon als Mädchen gegeben – stützte das Kinn auf die Faust der rechten Hand, wobei sie den Arm auf die linke flache Hand stützte, und begann, ohne den Herrn bis zu Ende anzuhören, so scharf und laut zu sprechen, daß sich die ganze Stube mit dem Klang ihrer Stimme füllte und es sich von draußen anhören mochte, als ob mehrere Weiberstimmen gleichzeitig redeten.

»Wozu, du, mein Vater, wozu redest du mit ihm! Er kann ja nicht einmal sprechen wie ein Mensch. Da steht er, der Tölpel«, fuhr sie fort und wies mit dem Kopf verächtlich auf Davydkas jämmerliche, plumpe Gestalt. »Was habe ich denn für eine *Wirtschaft*, Euer Durchlaucht? Wir sind bettelarmes Volk; schlechtere als uns hast du in deinem ganzen Dorf nicht:

wir haben weder für uns etwas noch für die Herrschaft – eine Schande. Und er ist's, der uns so weit gebracht hat. Wir haben ihn geboren, gefüttert und getränkt, konnten es nicht erwarten, bis der Bursche heranwuchs. Da haben wir uns was Rechtes erwartet: Brot fressen kann er, aber Arbeit sieht man von ihm ebensoviel wie von dem angefaulten Klotz dort. Er kann nur auf dem Ofen liegen oder so dastehen und seinen dummen Schädel kratzen«, sagte sie, ihn nachahmend. »Wenn du ihm wenigstens Furcht einjagen könntest, Väterchen. Ich bitte dich selber: bestrafe ihn um Gottes willen, gib ihn zu den Soldaten – dann hat's ein Ende. Ich halte es nicht mehr aus mit ihm – so ist's.«

»Fühlst du denn nicht, daß es sündhaft ist, Davydka, seine Mutter so weit zu bringen?« wandte sich Nechljudow vorwurfsvoll an den Bauern.

Davydka rührte sich nicht.

»Wenn der Kerl noch krank wäre«, fuhr Arina mit derselben Lebhaftigkeit und denselben Handbewegungen fort, »aber man braucht ihn ja nur anzusehen, wie ein aufgeblasenes Schwein ist er. Es wäre genug Arbeit da für so einen Fettkloß! Aber nein, er verkommt auf dem Ofen, der Lotterbube. Wenn er etwas anfaßt, möchte ich am liebsten nicht hinsehen: bis er sich erhebt, bis er sich umdreht, bis sonst was geschieht«, sagte sie, wobei sie die Worte dehnte und ihre eckigen Schultern plump von einer Seite auf die andere drehte. »So ist auch heute der Alte allein in den Wald um Reisig gefahren, und ihm hat er befohlen, Gruben auszuheben: aber nein, er hat die Schaufel nicht einmal in die Hand genommen ...« Sie verstummte einen Augenblick. »Er hat mich arme Waise zugrunde gerichtet!« kreischte sie plötzlich auf, holte mit den Händen aus und ging mit einer drohenden Gebärde auf den Sohn zu. »Du mit deiner glatten, frechen Fratze, Gott verzeih mir!« Sie wandte sich verächtlich und zugleich verzweifelt von ihm ab, spuckte aus, wandte sich wieder dem Herrn zu und fuhr mit derselben Lebhaftigkeit und mit Tränen in den Augen fort, mit den Händen herumzufuchteln. »Ich muß alles allein machen, mein Wohltäter. Der Alte ist kränklich, und er taugt auch zu nichts, und ich bin ganz allein, mutterseelenallein. Ein Stein könnte bersten. Sterben wäre das Beste, dann hätte man es leichter – und es nähme ein Ende. Zu Tode hat er mich gequält, der Schuft! Du, Herr, bist mein Vater! Ich kann nicht mehr! Meine Schwiegertochter ist vor lauter Arbeit umgekommen – und mir wird es auch so gehen.«

II

»Wie ist sie denn umgekommen?« fragte Nechljudow ungläubig.

»Aus Überanstrengung, mein Ernährer, ist sie zugrunde gegangen, so wahr Gott lebt. Wir haben sie im vorvergangenen Jahr aus Baburino hergeholt«, fuhr sie fort, und ihr zorniger Ausdruck wich plötzlich einem weinerlichen und traurigen, »ein junges, frisches, stilles Weib, Väterchen. Zu Hause bei ihrem Vater ist sie als Mädchen verhätschelt worden, hat keine Not gekannt, aber als sie zu uns kam, als sie unsere Arbeit kennenlernte – die Fronarbeit und im Hause und überall! Sie und ich – wir haben allein gewerkt. Was verschlägt's mir? Ich bin ein an Arbeit gewöhntes Weib, aber sie war in anderen Umständen und mußte viel leiden; und hat immer über ihre Kraft gearbeitet – nun, und ist dabei zu Schaden gekommen, das Herzchen. Im Sommer, vor Peter und Paul, hat sie zum Unglück noch einen Buben geboren, aber wir hatten kein Brot, haben uns nur irgendwie ernährt, du, mein Vater, eilige Arbeit kam auch noch dazu – da ist ihr die Brust eingetrocknet. Es war ihr erstes Kindchen, ein Kühlein hatten wir nicht, und wir sind ja auch Bauern: wie hätten wir's denn fertiggebracht, ein Kind mit der Flasche aufzuziehen; nun, man weiß ja, Weiberdummheit – sie ist darüber noch unglücklicher gewesen. Und wie der Kleine starb, da hat sie vor Kummer geheult und geheult, gejammert und gejammert, und die Arbeit und die Not wurden immer schlimmer: sie richtete sich in dem Sommer so zugrunde, das Herzchen, daß sie vor Mariä Schutz und Fürbitte selber starb. Er hat sie umgebracht, diese Bestie!« wandte sie sich wieder mit verzweifelter Wut an den Sohn. »Ich wollte dich noch um etwas bitten, Euer Durchlaucht«, fuhr sie nach einem kurzen Schweigen fort, dämpfte ihre Stimme und verneigte sich.

»Was willst du?« fragte Nechljudow zerstreut, da er von ihrer Erzählung noch ganz erregt war.

»Er ist ja noch ein junger Bauer. Von mir kann man nicht mehr viel Arbeit erwarten: heute lebe ich, morgen bin ich tot. Wie soll er ohne Frau leben? Er wird dir ja kein guter Bauer sein. Mach du etwas für uns ausfindig, du bist unser Vater.«

»Das heißt: du willst ihn verheiraten? Nun denn, das ist eine gute Sache!«

»Tu uns die göttliche Gnade; du bist uns Vater und Mutter.«

Sie machte ihrem Sohn ein Zeichen, und beide stürzten dem Herrn zu Füßen.

»Warum kniest du?« sagte Nechljudow ärgerlich und hob sie an den Schultern in die Höhe. »Kannst du es denn nicht so sagen? Du weißt, daß ich das nicht liebe. Verheirate deinen Sohn, meinetwegen; es wird mich sehr freuen, falls du eine Braut für ihn im Auge hast.«

Die Alte erhob sich und wischte mit dem Ärmel ihre trockenen Augen ab. Davydka folgte ihrem Beispiel, wischte mit seiner gedunsenen Faust die Augen aus, blieb in derselben geduldig demütigen Haltung stehen und hörte zu, was Arina sagte.

»Eine Braut wüßte ich wohl, wie denn nicht! Etwa Wasjutka Michejkina, ein nettes Mädchen, aber ohne dein Geheiß wird sie ihn nicht nehmen.«

»Ist sie denn nicht einverstanden?«

»Nein, unser Ernährer, falls es nach ihr geht!«

»Nun, was ist dann zu machen? Ich kann sie nicht zwingen; sucht eine andere – wenn es keine hiesige ist, so nehmt eine fremde; ich werde sie loskaufen, nur muß sie aus freiem Willen gehen, denn mit Gewalt darf man kein Mädchen verheiraten. Es gibt kein solches Gesetz, außerdem ist es eine große Sünde.«

»Äh, äh, äh, mein Ernährer! Wie wäre es denn möglich, daß eine Lust bekäme, hierher zu heiraten, wenn sie unser Leben und unsere Armut sieht? Nicht einmal ein Soldatenweib würde eine solche Not auf sich nehmen. Welcher Bauer würde denn sein Mädchen in unsere Wirtschaft lassen? Ein Verrückter gäbe sie nicht her. Wir sind Gesindel, Bettelleute. Die eine, werden sie sagen, haben sie vor Hunger sterben lassen, da wird es meiner auch so ergehen. Wer wird denn sein Mädchen hergeben?« fügte sie mit ungläubigem Kopfschütteln hinzu, »überlege es dir, Euer Durchlaucht.«

»Was kann ich denn tun?«

»Überdenke es für uns, mein Lieber!« wiederholte Arina eindringlich. »Was sollen wir denn machen?«

»Was kann ich denn überdenken? Ich kann in diesem Falle auch nichts für euch tun.«

»Wer soll denn für uns denken, wenn nicht du?« sagte Arina, senkte den Kopf und breitete mit dem Ausdruck traurigen Zweifels die Arme aus.

»Ihr habt um Getreide gebeten, ich werde also befehlen, euch welches zu geben«, sagte der Herr nach einigem Schweigen, währenddessen Arina seufzte und Davydka es ihr gleichtat. »Aber mehr kann ich nicht tun.«

Nechljudow ging in den Hausflur. Mutter und Sohn folgten ihrem Herrn, indem sie sich ständig verneigten.

## 12

»Ach, ach, wie verlassen ich bin!« sagte Arina schwer seufzend.

Sie blieb stehen und sah den Sohn zornig an. Davydka machte sofort kehrt, hob seinen dicken Fuß in dem riesengroßen, schmutzigen Bastschuh schwerfällig über die Schwelle und verschwand hinter der gegenüberliegenden Tür.

»Was soll ich mit ihm anfangen, Vater?« fuhr Arina, zu Nechljudow gewandt, fort. »Du siehst ja selber, wie er ist. Er ist ja kein schlechter Bauer, trinkt nicht, ist ruhig, tut keinem Kinde was zuleide – es wäre Sünde, so etwas zu sagen: Schlechtes ist nicht an ihm, aber weiß Gott, was ihm zugestoßen, daß er sein eigener Feind geworden ist. Er ist darüber ja selber nicht froh. Glaubst du mir wohl, Väterchen, daß mir das Herz blutet, wenn ich sehe, was für eine Qual er leiden muß. Mag er sein, wie er ist, ich habe ihn doch unter dem Herzen getragen; er tut mir leid, so leid ... Er tut ja nichts gegen mich oder den Vater oder die Obrigkeit, er ist ein furchtsamer Bauer, man kann sagen, ein kleines Kind. Wie soll er als Witwer leben? Denk für uns, mein Wohltäter«, wiederholte sie mit dem sichtlichen Wunsch, den schlechten Eindruck zu verwischen, den ihr Geschimpfe auf den Herrn gemacht haben mochte. »Väterchen, Euer Durchlaucht«, fuhr sie mit vertraulichem Flüstern fort, »ich habe hin und her gedacht: mein Verstand faßt es nicht, warum er so ist. Es kann nicht anders sein, als daß ihn böse Menschen behext haben.« Sie verstummte für eine Weile. »Wenn man diesen Menschen fände, könnte man ihn heilen.«

»Was redest du für einen Unsinn, Arina! Wie könnte man einen Menschen behexen?«

»Ach, mein Vater du, man kann ihn so behexen, daß er für ewige Zeiten kein Mensch mehr ist! Gibt es denn wenig schlechte Menschen auf der Welt? Aus reiner Bosheit nimmt da jemand eine Handvoll Erde aus der Fußspur ... oder sonst was ... und man ist für alle Zeiten kein Mensch mehr; wie bald ist ein Unglück geschehen! Ich denke mir so: sollte ich nicht zum alten Dunduk gehen, der in Worobjowka lebt; er kennt allerlei Sprüche und Kräuter, er bricht den Hexenbann, er läßt Wasser über das Kreuz fließen; da hilft er ihm vielleicht auch?« sagte das Weib, »vielleicht kann er ihn heilen.«

Da haben wir's, die Armut und die Unwissenheit! dachte der junge Mann, der mit traurig gesenktem Kopf schnellen Schritts die Dorfstraße hinabging. Was soll ich tun mit ihm? Ihn in dieser Lage zu lassen ist sowohl um meinetwillen als auch um des schlechten Beispiels für andere willen und nicht zuletzt um seiner selbst willen unmöglich, sagte er sich und zählte diese Gründe an den Fingern her. Ich kann ihn in dieser Lage nicht sehen, aber wie soll ich ihn herausreißen? Er macht alle meine besten Pläne in der Wirtschaft zunichte. Wenn ich solche Bauern behalte, werden meine Träume niemals in Erfüllung gehen, dachte er und empfand Unwillen und Ärger über den Bauern, der seinen Plänen hinderlich war. Soll man ihn zur Ansiedlung wegschicken, wie Jakow sagt, wenn er selber nicht haben will, daß es ihm gut gehe, oder ihn unter die Soldaten stecken? Gewiß: wenigstens werde ich ihn los und kann ihn durch einen guten Bauern ersetzen, beschloß er.

Nechljudow dachte mit Vergnügen darüber nach; aber zugleich sagte ihm eine unklare Erkenntnis, daß er einseitig denke und daß irgend etwas nicht stimme. Er blieb stehen. Halt, woran denke ich? sagte er sich selber, ja, unter die Soldaten, zur Ansiedlung. Wofür? Er ist ein guter Mensch, besser als viele andere, und woher weiß ich denn ... Ihm die Freiheit geben, dachte er, die Frage nicht mehr einseitig betrachtend wie vorher, ist ungerecht und unmöglich. Aber plötzlich kam ihm ein Gedanke, der ihn sehr erfreute; er lächelte mit der Miene eines Menschen, der eine schwere Aufgabe gelöst hat. Ich werde ihn auf den Hof nehmen, ihn selber beobachten und mit Sanftmut, Ermahnungen und richtig gewählten Beschäftigungen an die Arbeit gewöhnen und ihn bessern.

## 13

So werde ich es machen, sagte sich Nechljudow mit freudiger Selbstzufriedenheit und erinnerte sich daran, daß er noch zu dem reichen Bauer Dutlow gehen wollte. Er schlug die Richtung zu einem hohen und geräumigen Bauernhaus mit zwei

Schornsteinen ein, das mitten im Dorf stand. Als er sich ihm näherte, stieß er beim Nachbarhaus mit einem großen, einfach gekleideten Weib von ungefähr vierzig Jahren zusammen, das ihm entgegenkam.

»Einen guten Feiertag, Väterchen«, sagte das Weib ohne alle Schüchternheit, blieb neben ihm stehen, lächelte erfreut und verneigte sich.

»Sei mir gegrüßt, Amme!« antwortete er. »Wie geht es dir? Ich gehe zu deinem Nachbarn.«

»So, so, Euer Durchlaucht, Väterchen, das ist eine gute Sache. Wollen Sie nicht auch zu uns kommen? Wie mein Alter sich freuen würde!«

»Nun, so komm, wir wollen ein bißchen miteinander plaudern, Amme. Ist das dein Haus?«

»Ja, Väterchen.«

Und die Amme lief voraus. Nechljudow folgte ihr in den Flur, setzte sich auf einen kleinen Zuber und steckte sich eine Zigarette an.

»Dort ist es heiß; laß uns lieber hier sitzen und plaudern«, antwortete er auf die Einladung der Amme, in die Stube einzutreten. Die Amme war ein noch hübsches und frisches Weib. In ihren Gesichtszügen und besonders in den großen, schwarzen Augen lag eine große Ähnlichkeit mit dem Herrn. Sie faltete die Hände unter der Schürze, sah den Herrn ohne Scheu an und begann mit ihm zu reden, wobei sie fortwährend mit dem Kopf nickte.

»Was ist denn, Väterchen, warum wollen Sie zu Dutlow gehen?«

»Ich will, daß er von mir etwa dreißig Desjatinen Land pachtet und eine eigene Wirtschaft einrichtet, und außerdem soll er mit mir zusammen Wald kaufen. Er hat doch Geld, weshalb soll es denn ungenützt daliegen? Wie denkst du darüber, Amme?«

»Nun, was denn? Es ist bekannt, Väterchen, daß die Dutlows vermögende Leute sind; im ganzen Erbgut ist er wohl der erste Bauer«, antwortete die Amme, mit dem Kopf nickend. »Im vorigen Sommer hat er ein zweites Haus von seinem eigenen Holz gebaut, hat die Herrschaft nicht bemüht. Pferde wird er, außer den Füllen und den Halbwüchsigen, so an die sechs Dreigespanne haben und Vieh, Kühe und so viele Schafe – wenn man sie von der Weide hereintreibt und die Weiber sie von der Straße in den Hof treiben, da entsteht ein solches

Gedränge am Tor, daß einem bange werden kann; und Bienen hat er wohl an die zweihundert Völker, wenn nicht noch mehr. Ein vermögender Bauer, und Geld muß der Dutlow auch haben.«

»Aber wie denkst du, hat er viel Geld?« fragte der Herr.

»Die Leute sagen, natürlich aus Bosheit, daß der Alte nicht wenig Geld hat; aber er selber redet nicht darüber und sagt es auch den Söhnen nicht, aber Geld muß er haben. Warum sollte er keinen Wald kaufen? Er könnte höchstens befürchten, daß man erfährt, wie reich er ist. Er hat sich vor fünf Jahren mit dem Großbauern Schkalik in bescheidenem Umfang an Wiesenpachtungen beteiligt, aber Schkalik muß ihn wohl betrogen haben, der Alte hat damals gegen dreihundert Rubel eingebüßt; seit der Zeit hat er es sein lassen. Warum sollte es ihm auch nicht gut gehen, Väterchen, Euer Durchlaucht!« fuhr die Amme fort, »er hat drei Stück Land, eine große Familie, alle arbeiten, und der Alte – warum sollte man Schlechtes reden – ist ein guter Wirt. In allem hat er Erfolg, so daß das Volk sogar staunt: mit dem Getreide, mit den Pferden, mit dem Vieh, mit den Bienen und mit den Kindern hat er Glück. Jetzt hat er alle Söhne verheiratet. Erst hat er die Töchter von unseren Bauern geholt, den Iljuschka aber hat er jetzt mit einer Freien verheiratet, hat sie selber losgekauft. Und die ist auch ein tüchtiges Weib.«

»Sie leben also in Eintracht?« fragte der Herr.

»Wenn in einem Haus ein gutes Oberhaupt ist, so herrscht auch Eintracht. Natürlich zanken und balgen sich auch bei den Dutlows die Schwiegertöchter nach Weiberart hinter dem Ofen – aber unter der Herrschaft des Alten leben die Söhne in Eintracht.«

Die Amme schwieg einen Augenblick.

»Jetzt will der Alte, wie man hört, den ältesten Sohn, den Karp, zum Herrn im Hause machen. Er sagt, er sei schon zu alt, sein Platz sei bei den Bienen. Nun, Karp ist ein guter Bauer, ein genauer Bauer, aber als Hausvater reicht er an den Alten nicht heran. Er hat schon diesen Verstand nicht.«

»Da wird vielleicht Karp willens sein, sich mit dem Land und den Wäldern zu befassen, was glaubst du?« fragte der Herr, der von der Amme alles erfahren wollte, was sie von den Nachbarn wußte.

»Kaum, Väterchen«, fuhr die Amme fort, »der Alte hat dem Sohne nicht gesagt, wieviel Geld er hat. Solange er lebt und sein Geld im Hause hat, bedeutet das so viel, daß noch immer der Kopf des Alten regiert; die Söhne befassen sich auch mehr mit dem Fuhrwesen.«

»Und der Alte wird nicht einverstanden sein?«

»Er wird Angst haben.«

»Wovor sollte er denn Angst haben?«

»Wie kann denn ein leibeigener Bauer sagen, wieviel Geld er hat, Väterchen? Wie leicht kann es da geschehen, daß er sein ganzes Geld verliert! Da hat er sich mit dem Großbauer in Geschäfte eingelassen und ist hereingefallen. Wo hätte er mit ihm vor Gericht gehen sollen? So war das Geld eben verloren, und mit dem Gutsherrn wird er erst recht alles los!«

»Ja, deshalb also ...« sagte Nechljudow errötend. »Leb wohl, Amme.«

»Leben Sie wohl, Väterchen, Euer Durchlaucht. Untertänigsten Dank.«

## 14

Sollte ich nicht nach Hause gehen? dachte Nechljudow, als er sich Dutlows Tor näherte; er empfand eine unbestimmte Traurigkeit und war ein wenig verzagt.

Aber in diesem Augenblick öffnete sich knarrend das neue Brettertor vor ihm, und ein hübscher, rotwangiger, strohblonder Bursche von achtzehn Jahren in Fuhrmannstracht erschien im Tor, der eine Troika starkbeiniger, noch dampfender, zottiger Pferde hinter sich führte, mit einer Kopfbewegung rasch sein helles Haar zurückwarf und sich vor dem Herrn tief verneigte.

»Ist der Vater zu Hause, Ilja?« fragte Nechljudow.

»Er ist im Bienengarten, hinter dem Hof«, antwortete der Bursche und führte die Pferde, eines nach dem anderen, durch das halbgeöffnete Tor.

Nein, ich will fest bleiben, ich werde es ihm vorschlagen und alles tun, was von mir abhängt, dachte Nechljudow, ließ die Pferde an sich vorbeigehen und trat in Dutlows geräumigen Hof. Man sah, daß der Dünger vor kurzem abgefahren worden war: die Erde war noch schwarz und feucht, und an manchen Stellen, besonders bei den Torflügeln, lagen rötliche, fasrige Klumpen. Auf dem Hof und unter dem hohen Schuppen standen in schönster Ordnung viele Wagen, Pflüge, Schlitten, Tröge, Zuber und allerhand Bauerngeräte; Tauben flatterten und gurrten im Schatten unter den breiten, soliden Dachsparren;

es roch nach Dünger und Teer. In einem Winkel brachten Karp und Ignat ein neues Reibscheit unter einem großen, dreispännigen, eisenbeschlagenen Wagen an. Alle drei Söhne Dutlows hatten beinahe ein und dasselbe Gesicht. Der jüngste, Ilja, den Nechljudow beim Tor getroffen, hatte keinen Bart, war kleiner, rotbackiger und besser gekleidet als die anderen; der zweite, Ignat, war größer, dunkler, hatte ein Spitzbärtchen, hatte aber, obwohl auch er Stiefel, ein Kutscherhemd und einen Hut aus gefilzter Lammwolle trug, doch nicht jenes feiertägliche, sorglose Aussehen des jüngeren Bruders. Der älteste, Karp, war noch größer, trug Bastschuhe, einen grauen Kaftan und ein Hemd ohne Schulterzwickel, hatte einen breiten, roten Bart und sah nicht nur ernst, sondern beinahe düster aus.

»Befehlen Euer Durchlaucht, daß ich den Vater herschicke?« fragte er, an den Herrn herantretend und sich linkisch verbeugend.

»Nein, ich werde selber zu ihm in den Bienengarten gehen; ich will mir seine Einrichtungen ansehen; aber ich habe mit dir zu reden«, sagte Nechljudow und ging mit ihm auf die andere Seite des Hofes, damit Ignat nicht hören könne, was er mit Karp zu besprechen beabsichtigte.

Das Selbstbewußtsein und ein gewisser Stolz, die in dem ganzen Gebaren dieser beiden Bauern zu bemerken waren, und das, was ihm die Amme erzählt hatte, verwirrten den jungen Herrn so sehr, daß er sich nur schwer entschließen konnte, mit ihnen über seine Pläne zu sprechen. Er fühlte sich gleichsam schuldig, und es erschien ihm leichter, nur mit dem einen Bruder zu sprechen, damit es der andere nicht hörte. Karp schien sich darüber zu wundern, daß der Herr ihn zur Seite führte, aber er folgte ihm.

»Hör mal«, begann Nechljudow stockend, »ich wollte dich fragen: habt ihr viele Pferde?«

»Fünf Troikas werden wir wohl zusammenkriegen, Füllen sind auch da«, antwortete Karp ungezwungen und kratzte sich den Rücken.

»Deine Brüder fahren mit der Post?«

»Der Post stellen wir drei Troikas, er ist eben erst zurückgekommen.«

»Und ist das vorteilhaft? Wieviel verdient ihr damit?«

»Was kann da für ein Vorteil sein, Euer Durchlaucht? Wir füttern uns mit den Pferden gerade so durch – und dafür muß man Gott danken.«

»Ja, warum beschäftigt ihr euch denn nicht mit andern Dingen? Ihr könntet doch Wald kaufen oder Land pachten?«

»Natürlich, Euer Durchlaucht, Land könnte man schon pachten, wenn es nur bei der Hand wäre.«

»Ich will euch folgendes vorschlagen: statt euch, nur um satt zu werden, mit dem Fuhrwesen zu befassen, pachtet lieber bei mir etwa dreißig Desjatinen Land. Den ganzen Landstrich, der hinter Sapowo liegt, will ich euch geben, da könnt ihr eine große Wirtschaft einrichten.«

Und Nechljudow, der von seinem Plan einer Bauernfarm, den er schon oft bei sich erwogen und überdacht hatte, begeistert war, erklärte jetzt dem Bauern, ohne zu stocken, seine Ansichten über die Bauernfarm.

Karp hörte dem Herrn sehr aufmerksam zu.

»Wir sind Euer Gnaden sehr dankbar«, sagte er, nachdem Nechljudow geendet hatte und ihn fragend ansah. »Natürlich, da ist nichts Schlechtes dabei. Sich mit Landarbeit zu befassen steht dem Bauern besser an, als mit der Peitsche zu knallen. Wenn unsereiner viel unter fremde Menschen kommt, alles mögliche Volk sieht, wird er verdorben. Das allerbeste ist, wenn sich der Bauer mit Landarbeit befaßt.«

»Wie denkst du also?«

»Was kann ich denn denken, Euer Durchlaucht, solange Väterchen lebt? Es geht alles nach seinem Willen.«

»Führ mich in den Bienengarten; ich will mit ihm sprechen.«

»Hierher, bitte«, sagte Karp und ging langsam auf den hinteren Schuppen zu. Er öffnete die niedrige Pforte, die in den Bienengarten führte, ließ den Herrn hindurch, schloß sie wieder, ging zu Ignat und nahm schweigend seine Arbeit wieder auf.

## 15

Nechljudow ging durch die niedere Pforte unter dem schattigen Vordach des Schuppens in den Bienengarten, der hinter dem Hof lag. Der kleine, mit Stroh und durchsichtigem Flechtwerk umzäumte Platz, auf dem symmetrisch – mit Bretterstücken bedeckt und vom laut summenden, golden blitzenden Bienenvolk umschwärmt – die Stöcke standen, war von den heißen, glänzenden Strahlen der Junisonne überflutet. Von der Pforte führte ein ausgetretener Fußpfad in die Mitte zu einem überdachten Holzkreuz, an dem ein Heiligenbild aus dünnem Metall hing und grell in der Sonne blitzte. Einige junge Linden, die ihre buschigen Wipfel schlank über das Strohdach des Nachbarhofes hoben, wiegten ihr dunkelgrünes, frisches Laub – begleitet vom Summen der Bienen – mit kaum vernehmbarem Raunen. Alle Schatten, von dem überdachten Zaun, von den Linden und den mit Brettern bedeckten Bienenstöcken, fielen schwarz und kurz auf das niedrige, buschige Gras, das zwischen den Bienenstöcken hervorsproß. Die gebückte kleine Gestalt eines alten Mannes mit einem in der Sonne glänzenden unbedeckten, grauen Kopf und einer Glatze wurde neben der Tür der Mooshütte sichtbar, die unter den Linden stand und mit frischem Stroh gedeckt war. Als der Alte das Knarren der Pforte vernahm, sah er sich um, wischte mit dem Zipfel des Hemdes sein schwitzendes, sonnenverbranntes Gesicht ab, lächelte sanft und freudig und ging dem Herrn entgegen.

Im Bienengarten war es gemütlich, heiter, still und hell; die Gestalt des grauhaarigen Alten mit den vielen strahlenförmigen Runzeln um die Augen, in den weiten, über die bloßen Füße gezogenen Schuhen, der wiegenden Ganges, gutmütig und selbstzufrieden lächelnd, dem Herrn entgegenkam und ihn in seinem eigenen Besitz begrüßte, mutete Nechljudow so herzlich und freundlich an, daß er alle schweren Eindrücke des heutigen Morgens in einem Augenblick vergaß und sein Lieblingstraum lebhaft vor sein inneres Auge trat. Es sah bereits alle seine Bauern ebenso reich und so gutmütig wie den alten Dutlow, und alle lächelten ihm freundlich und freudig zu, weil sie nur ihm allein ihren Reichtum und ihr Glück verdankten.

»Wünschen Sie nicht ein Netz, Euer Durchlaucht? Die Bienen sind jetzt böse, sie stechen«, sagte der Alte und nahm einen schmutzigen, nach Honig duftenden Leinensack vom Zaun, an den ein Ring aus Baumrinde angenäht war, und bot ihn dem Herrn an. »Mich kennen die Bienen und stechen nicht«, fügte er mit dem sanften Lächeln hinzu, das von seinem schönen, sonnengebräunten Gesicht fast nie verschwand.

»Dann brauche ich es auch nicht. Schwärmen sie schon?« fragte Nechljudow und lächelte auch, ohne selber zu wissen warum.

»Wann sollen sie schwärmen, Väterchen Mitrij Nikolajewitsch«, antwortete der Alte und drückte durch diese Anrede des Herrn mit Vor- und Vatersnamen eine besondere Zärtlichkeit aus, »sie haben eben jetzt angefangen einzutragen, so wie es sich gehört. Das Frühjahr war heuer kalt, müssen Sie wissen.«

»Ich habe da in einem Buch gelesen«, begann Nechljudow und wehrte eine Biene ab, die in sein Haar geraten war und gerade über seinem Ohr summte, »wenn die Waben gerade auf Stangen stehen, schwärmen die Bienen früher. Deshalb baut man jetzt Bienenstöcke aus Brettern... mit Querhölzchen...«

»Belieben Sie nicht zu fuchteln; sonst werden sie noch böser«, sagte der Alte. »Soll ich Ihnen nicht das Netz bringen?«

Nechljudow empfand einen Schmerz; aber ein kindischer Ehrgeiz ließ es ihn nicht eingestehen, und er fuhr, nachdem er das Netz zum zweitenmal ausgeschlagen hatte, fort, dem Alten von jener Bauart der Bienenstöcke zu erzählen, über die er in der »Maison rustique« gelesen hatte und derzufolge die Bienen doppelt soviel schwärmen müßten; aber eine Biene stach ihn in den Hals, er verlor den Faden und blieb mitten in seiner Erzählung stecken.

»Gewiß, Väterchen Mitrij Nikolajewitsch«, sagte der Alte und sah den Herrn mit väterlicher Gönnermiene an, »das steht im Buch gewiß so beschrieben. Aber vielleicht ist es schlecht beschrieben – aber wenn er das täte, was wir schreiben, würden wir dann vielleicht auch lachen. Das gibt es auch! Wie kann man die Biene lehren, wo sie die Waben befestigen soll? Sie sucht sich im Bienenstock selber einen guten Platz aus, bald schräg, bald gerade. Bitte sehen Sie selbst«, fügte er hinzu, öffnete einen der nächststehenden Bienenstöcke und blickte durch die Öffnung auf die laut summenden, über schräge Waben kriechenden Bienen. »Das sind junge Bienen; da sieht man, an der Spitze sitzt die Königin, und die Waben machen sie gerade oder seitwärts, wie es ihnen in dem Stock besser paßt«, sagte der Alte, von seinem Lieblingsgegenstand sichtlich hingerissen, ohne die Lage des Herrn zu bemerken. »Heute tragen sie Blütenstaub, heute ist ein warmer Tag, man kann alles sehen«, fügte er hinzu, machte den Korb zu, wischte die umherkriechenden Bienen mit einem Lappen hinein und strich dann mit seiner rauhen Hand ein paar Bienen von seinem runzligen Nacken. Die Bienen stachen ihn nicht; aber Nechljudow konnte seinen Wunsch, aus dem Bienengarten fortzulaufen, kaum noch zurückhalten: die Bienen hatten ihn an drei Stellen gestochen und summten von allen Seiten um seinen Kopf und Hals.

»Hast du viele Bienenstöcke?« fragte er, der Pforte zuschreitend.

»So viele mir Gott gegeben hat«, antwortete Dutlow lächelnd, »man soll sie nicht zählen, Väterchen: die Bienen lieben das nicht. Ja, Euer Durchlaucht, ich wollte Euer Gnaden um etwas bitten«, fuhr er fort und deutete auf die kleinen Bienenstöcke, die am Zaun standen, »wegen Ossip, des Mannes Ihrer Amme; wenn Sie es ihm doch verbieten wollten: es ist häßlich, im eigenen Dorf an den Nachbarn so zu handeln, wie er es tut, das ist nicht gut.«

»Was ist nicht gut?... Ach, die stechen aber!...« antwortete Nechljudow und griff bereits nach der Klinke der Pforte.

»Jedes Jahr läßt er seine Bienen auf meine jungen los. Sie sollen sich erholen, aber die fremden Bienen schleppen ihnen das Wachs weg und verderben sie mir«, sagte der Alte, ohne die Gebärden seines Herrn zu bemerken.

»Gut, später, gleich...« sagte Nechljudow und lief, da er es nicht mehr aushalten konnte, mit beiden Händen die Bienen abwehrend, schnell durch die Pforte hinaus.

»Reiben Sie's mit Erde: dann tut's nichts«, sagte der Alte und folgte dem Herrn in den Hof. Nechljudow rieb die Stellen, wo er gestochen worden war, mit Erde ein, errötete, sah sich nach Karp und Ignat um, die nicht auf ihn schauten, und runzelte zornig die Stirn.

## 16

»Um was ich Sie noch der Kinder wegen bitten wollte, Euer Durchlaucht...« sagte der Alte, als bemerkte er das schreckliche Aussehen seines Herrn nicht; vielleicht war es ihm auch wirklich entgangen.

»Was?«

»Mit Pferden sind wir, Gott sei Dank, gut versorgt, und Knechte haben wir auch, da werden wir mit der Arbeit für die Herrschaft nicht zurückbleiben.«

»Nun und?«

»Wenn Euer Gnaden die Söhne gegen den üblichen Zins entlassen wollten, so würden Iljuschka und Ignat den Sommer über mit drei Dreigespannen das Fuhrwesen betreiben: vielleicht könnten sie da etwas verdienen.«

»Wohin wollen sie denn gehen?«

»Wie es sich gerade trifft«, mischte sich Iljuschka ein, der die Pferde inzwischen unter dem Schuppen angebunden hatte und nun zum Vater trat. »Die Kadminsker Burschen sind mit acht Dreigespannen nach Romen gefahren, sie sagen, daß sie dort ihren Unterhalt gehabt und noch gegen dreißig Rubel je Troika nach Hause gebracht haben. Sie fahren auch bis Odessa, sagen sie, dort ist das Futter billig.«

»Gerade darüber wollte ich mit dir sprechen«, sagte der Herr zum Alten gewandt und bemühte sich, das Gespräch möglichst geschickt auf die Bauernfarm zu bringen. »Sagt mir, bitte, ist es denn vorteilhafter, das Fuhrwesen zu betreiben, als sich zu Hause mit der Feldarbeit zu befassen?«

»Weit vorteilhafter, Euer Durchlaucht!« mischte sich Ilja wieder ein und warf sein Haar zurück, »zu Hause haben wir kaum das Futter für die Pferde.«

»Nun, wieviel kannst du denn im Sommer verdienen?«

»Im Frühling, als das Futter noch teuer war, sind wir mit Ware nach Kiew gefahren, in Kursk haben wir wieder Grütze für Moskau aufgeladen, da haben wir uns selber durchgefüttert, und die Pferde waren satt, und wir haben noch fünfzehn Rubel nach Hause gebracht.«

»Es ist ja nicht schlimm, ein ehrliches Gewerbe zu treiben, welches es auch sein mag«, sagte der Herr und wandte sich wieder an den Alten, »aber ich glaube, es ließe sich auch eine andere Beschäftigung finden; zudem bringt diese Arbeit es mit sich, daß ein junger Bursche überall hinkommt, allerhand Volk kennenlernt und verdorben wird«, fügte er, Karps Worte wiederholend, hinzu.

»Womit soll sich denn unsereins beschäftigen, wenn nicht mit dem Fuhrwesen?« entgegnete der Alte mit seinem sanften Lächeln. »Wenn man eine gute Fahrt hat, wird man selber satt und die Pferde auch; und was die Verderbnis anbelangt, so fahren sie, Gott sei Dank, nicht das erste Jahr, und ich selber bin auch gefahren und habe von niemand etwas Schlechtes erfahren, immer nur Gutes.«

»Es gibt genug Dinge, mit denen ihr euch zu Hause beschäftigen könntet: mit Feldern, mit Wiesen...«

»Wie wäre das möglich, Euer Durchlaucht!« fiel Iljuschka lebhaft ein. »Wir sind dafür geboren, wir kennen alle die Bräuche, es ist das Geeignete für uns, es gibt keine schönere Beschäftigung für unsereinen, als Fuhrmann sein!«

»Aber wir bitten Euer Durchlaucht um die Ehre, in unsere Stube eintreten zu wollen. Sie waren noch nicht bei uns, seit wir das neue Haus haben«, sagte der Alte, indem er sich tief vor dem Herrn verneigte und dem Sohn mit den Augen zuzwinkerte. Iljuschka rannte in das Haus, der Alte und Nechljudow folgten ihm.

## 17

Nachdem sie in die Stube eingetreten waren, verneigte sich der Alte noch einmal, wischte mit dem Schoß seines Bauernkittels die vordere Ecke der Bank ab und fragte lächelnd: »Womit kann ich Sie bedienen, Euer Durchlaucht?«

Die Stube war geräumig, hatte einen Rauchfang, Schlafstellen und Pritschen. Die frischen Balken aus Espenholz, zwischen denen das erst kürzlich verdorrte Moos zu sehen war, waren noch nicht schwarz, die neuen Bänke und die Schlafstellen noch nicht durch langen Gebrauch glatt geworden und der Boden noch nicht festgetreten. Ein junges, mageres Weib, Iljas Frau, mit einem länglichen, nachdenklichen Gesicht, saß auf der Pritsche und schaukelte mit dem Fuß eine Wiege, die an einer langen Stange von der Decke herabhing. In der Wiege schlummerte, ganz leise atmend, mit geschlossenen Äuglein, ein Säugling, der sich aufgestrampelt hatte. Ein zweites, üppiges und rotwangiges Weib, Karps Hausfrau, hatte die Ärmel bis zum Ellenbogen ihrer starken, über dem Handgelenk von der Sonne gebräunten Arme aufgestreift und schnitt vor dem Ofen Zwiebelstückchen in eine Holzschüssel. Ein pockennarbiges, schwangeres Weib stand, sich mit dem Ärmel vor der Glut schützend, neben dem Ofen. Die Hitze in der Stube rührte nicht nur von der Sonnenglut, sondern auch vom Ofen her, und es roch stark nach frischgebackenem Brot. Von der Schlafstelle sahen die strohblonden Köpfchen zweier Buben und eines Mädchens voller Neugierde auf den Herrn herab; sie hatten sich in Erwartung des Mittagessens dort hinaufbegeben.

Nechljudow freute sich, diesen Wohlstand zu sehen, und schämte sich gleichzeitig ein wenig vor den Weibern und Kindern, die ihn alle ansahen. Er setzte sich errötend auf die Bank.

»Gib mir ein Stückchen heißes Brot: das liebe ich sehr«, sagte er und errötete noch mehr.

Karps Frau schnitt ein großes Stück Brot ab und reichte es dem Herrn auf einem Teller. Nechljudow schwieg und wußte nicht, was er sagen sollte; die Weiber schwiegen ebenfalls; der Alte lächelte sanft.

Weshalb schäme ich mich eigentlich? Als ob ich irgendwie

schuldig wäre, dachte Nechljudow. Weshalb sollte ich meinen Vorschlag wegen der Farm nicht vorbringen? Das ist doch zu dumm! Er schwieg aber trotzdem.

»Nun, Väterchen Mitrij Nikolajewitsch, was werden Sie wegen der Söhne beschließen?« fragte der Alte.

»Ich würde dir raten, sie gar nicht fortzulassen, sondern ihnen hier Arbeit zu suchen«, sagte Nechljudow plötzlich mutig. »Weißt du, was ich mir für dich ausgedacht habe? Kaufe mit mir auf halbpart ein Stück vom staatlichen Wald und auch noch Land...«

Das sanfte Lächeln verschwand mit einemmal vom Gesicht des Alten.

»Wie denn das, Euer Durchlaucht, von welchem Geld sollen wir denn kaufen?« unterbrach Dutlow den Herrn.

»Doch nur ein kleines Wäldchen, für ungefähr zweihundert Rubel«, bemerkte Nechljudow.

Der Alte lächelte zornig.

»Das wäre ganz gut, wenn ich Geld hätte; warum sollte ich es dann nicht kaufen?« sagte er.

»Hast du denn nicht einmal soviel Geld?« fragte Nechljudow vorwurfsvoll.

»Ach, Väterchen, Euer Durchlaucht«, antwortete der Bauer mit trauriger Stimme und sah sich nach der Tür um, »wenn wir nur die Familie durchbringen – Wälder kaufen können wir nicht.«

»Aber du hast doch Geld, weshalb soll es so daliegen?« beharrte Nechljudow.

Der Alte geriet plötzlich in große Aufregung; seine Augen funkelten, die Schultern begannen zu zucken.

»Vielleicht haben das schlechte Menschen von mir erzählt«, hob er mit zitternder Stimme an. »Aber, bei Gott«, er wurde immer erregter und richtete die Augen auf das Heiligenbild, »die Augen mögen mir auf der Stelle erblinden, der Boden soll mich verschlingen, wenn ich etwas habe außer den fünfzehn Rubel, die Iljuschka mitgebracht hat, und davon muß ich die Kopfsteuer bezahlen; Sie wissen ja selber: wir haben das Haus gebaut...«

»Nun, gut, gut!« sagte der Herr und stand von der Bank auf. »Lebt wohl, Wirtsleute.«

Mein Gott! Mein Gott! dachte Nechljudow und eilte mit großen Schritten durch die schattigen Alleen des verwilderten Gartens dem Hause zu, wobei er zerstreut Blätter und Zweige abriß, die ihm in den Weg kamen, waren denn alle meine Träume über das Ziel und die Pflichten meines Lebens Unsinn? Warum ist mir so schwer, so traurig zumute, als ob ich mit mir selber unzufrieden wäre; dabei bildete ich mir ein, ich würde, wenn ich einmal den Weg gefunden hätte, immer jene Fülle sittlicher Befriedigung empfinden, die ich damals empfand, da mir diese Gedanken zum erstenmal kamen. Und er versetzte sich mit ungewöhnlicher Lebhaftigkeit und Klarheit in die Zeit vor einem Jahr, in jenen glücklichen Augenblick.

Zeitig in der Frühe war er vor allen anderen im Haus aufgestanden und, erregt von verhaltenem, unausgesprochenem Jugenddrang, ohne Ziel in den Garten gegangen und von da in den Wald; dort war er lange allein, ohne jeglichen Gedanken, inmitten der kräftigen, saftigen, aber ruhigen Maiennatur umhergeschweift, gequält von der Überfülle eines Gefühls, für das er keinen Ausdruck fand.

Bald gaukelte ihm seine junge Einbildungskraft mit dem ganzen Reiz des Unbekannten das Bild einer verführerischen Frau vor, und es schien ihm, daß dies sein unausgesprochener Wunsch sei. Aber ein anderes, höheres Gefühl sagte ihm, *das ist es nicht*, und zwang ihn, etwas anderes zu suchen. Dann eröffnete ihm sein unerfahrener, stürmischer Geist, der ihn immer höher in den Bereich des Abstrakten entführte, die Gesetze des Seins, wie es ihm schien, und er verharrte mit stolzem Genuß bei diesen Gedanken. Aber wieder sagte das höhere Gefühl, *das ist es nicht*, und hieß ihn weitersuchen und sich erregen.

Ohne Gedanken und ohne Wünsche, wie das immer nach einer angestrengten Tätigkeit zu sein pflegt, legte er sich unter einem Baum auf den Rücken und sah in die durchsichtigen Morgenwolken, die über ihm am blauen, endlosen Himmel dahinzogen. Plötzlich stiegen ihm, ohne jeden Grund, Tränen in die Augen, und es kam ihm, Gott weiß auf welchem Weg, ein klarer Gedanke, der seine ganze Seele erfüllte und an den er sich voller Wonne klammerte – der Gedanke, daß die Liebe und das Gute die Wahrheit und das Glück, die einzige Wahrheit und das einzig mögliche Glück auf Erden seien. Das höhere Gefühl sagte nicht mehr, *das ist es nicht*. Er erhob sich und fing an, diesen Gedanken zu überprüfen. Das ist's, das ist's! sagte er sich voller Begeisterung und maß alle früheren Überzeugungen, alle Erscheinungen des Lebens an dieser neuentdeckten und – wie es ihm schien – völlig neuen Wahrheit. Wie töricht ist alles, was ich wußte, woran ich glaubte und was ich liebte; Liebe, Selbstverleugnung – das ist das einzige, nicht vom Zufall abhängige Glück, wiederholte er lächelnd und breitete die Arme aus. Er wandte diesen Gedanken von allen Seiten auf das Leben an und fand, daß sowohl das Leben als auch seine innere Stimme, die ihm sagte, *das ist es*, diesen Gedanken bestätigten; das erfüllte ihn mit einem ganz neuen Gefühl freudiger Erregung und Wonne. Also muß ich Gutes tun, um glücklich zu sein, dachte er, und seine ganze Zukunft erstand deutlich vor seinem inneren Auge, aber nicht in abstrakter Form, sondern in Bildern, in der Form des gutsherrlichen Lebens.

Er sah ein gewaltiges Arbeitsfeld für sein ganzes Leben vor sich, das er dem Guten weihen wollte und in dem er folglich glücklich sein würde. Er brauchte keinen Bereich für seine Tätigkeit zu suchen: er war da; er hatte eine unmittelbare Pflicht – er hatte seine Bauern... Und welch eine freudige und dankbare Arbeit bot sich ihm: für diese einfache, empfängliche, unverderbte Klasse des Volkes tätig sein, es von der Armut befreien, ihm Wohlstand geben und Bildung vermitteln, die ich glücklicherweise besitze, seine Fehler verbessern, die durch Unwissenheit und Aberglaube erzeugt werden, die Sittlichkeit entwickeln, sie das Gute lieben lehren... Welch eine glänzende, glückliche Zukunft! Und für alles das werde ich, der ich es für mein eigenes Glück tue, für alles das werde ich ihre Dankbarkeit genießen, werde sehen, wie ich mit jedem Tag dem mir gesetzten Ziel näher und näher komme. Eine herrliche Zukunft! Wie habe ich das früher nicht sehen können?

Und außerdem, dachte er gleichzeitig, wer sollte mich daran hindern, selber durch die Liebe zu einer Frau glücklich zu sein, mir die Freuden eines Familienlebens zu schaffen? Und seine junge Einbildungskraft malte ihm eine noch bezauberndere Zukunft. Ich und meine Frau, die ich so liebe, wie niemals jemand auf Erden geliebt hat, leben stets inmitten dieser ruhigen, poetischen Natur, mit unsern Kindern, und vielleicht mit meiner alten Tante; wir haben unsere gemeinsame Liebe zu den Kindern, und wir wissen beide, daß unsere Aufgabe – das Wohltun ist. Wir helfen einander, dieses Ziel zu erreichen. Ich treffe die allgemeinen Anordnungen, führe eine Musterwirtschaft, Sparkassen,

Werkstätten ein; sie dagegen, mit ihrem reizenden Köpfchen, geht im einfachen weißen Kleid, das sie über das zierliche Füßchen hebt, durch den Straßenschmutz in die Dorfschule, ins Lazarett oder zu einem unglücklichen Bauern, der eigentlich keine Hilfe verdient, und tröstet und hilft überall... Kinder, Greise und Weiber vergöttern sie und sehen in ihr einen Engel, die Vorsehung selber. Dann kommt sie zurück und verheimlicht es vor mir, daß sie bei dem unglücklichen Bauern gewesen ist und ihm Geld gegeben hat, aber ich weiß alles und umarme sie stürmisch und küsse ihre wunderschönen Augen heiß und zärtlich, küsse ihre schamhaft errötenden Wangen und ihren lächelnden roten Mund..................
...........................................................

## 19

Wo sind diese Träume? dachte der Jüngling jetzt, als er nach seinen Besuchen dem Hause zuschritt. Schon länger als ein Jahr suche ich nun das Glück auf diesem Wege, und was habe ich gefunden? Es ist ja wahr, manchmal fühle ich, daß ich mit mir zufrieden sein kann; aber das ist eine so nüchterne, verständige Zufriedenheit. Ach nein, ich bin doch unzufrieden, weil ich hier kein Glück finde, das Glück aber ersehne, leidenschaftlich ersehne. Ich habe mich, ohne Genuß empfunden zu haben, bereits von allem losgelöst, was mir Genuß verschaffen könnte. Warum? Weshalb? Wem ist damit gedient? Die Tante hat die Wahrheit geschrieben, daß es leichter ist, selber Glück zu finden, als es anderen zu geben. Sind meine Bauern etwa reicher geworden? Sind sie heute gebildeter oder sittlich höher entwickelt? Keineswegs. Ihnen geht es nicht besser, mir aber wird von Tag zu Tag schwerer zumute. Wenn ich bei meinem Unternehmen Erfolg sähe, wenn ich Dankbarkeit sähe, aber nein, ich sehe Trug, Laster, Mißtrauen, Hilflosigkeit. Ich verschwende die besten Jahre meines Lebens umsonst, dachte er, und es fiel ihm ein, daß ihn die Nachbarn einen »grünen, unerfahrenen Jungen« nannten, wie ihm seine Kinderfrau erzählt hatte; daß er im Kontor kein Geld mehr hatte; daß die von ihm erfundene neue Dreschmaschine zum allgemeinen Gespött der Bauern nur gepfiffen, aber nicht gedroschen hatte, als man sie vor zahlreichen Zuschauern zum erstenmal im Dreschschuppen in Gang gesetzt, daß er von Tag zu Tag die

Ankunft des Landgerichts zu erwarten hatte, das eine Bestandsaufnahme des Gutes vornehmen würde, weil er über verschiedenen neuen Wirtschaftsunternehmungen, die ihn ganz in Anspruch genommen, eine Zahlungsfrist versäumt hatte. Und ebenso lebhaft, wie vorher sein Waldspaziergang und sein Traum vom Landleben vor ihm aufgetaucht war, so lebhaft erstand nun sein Moskauer Studentenzimmerchen vor ihm: dort sitzt er spät in der Nacht mit seinem Kameraden und vergötterten sechzehnjährigen Freund bei einer Kerze. Sie haben fünf Stunden hintereinander gelesen und irgendwelche langweilige Aufzeichnungen über das bürgerliche Recht wiederholt; dann haben sie nach Beendigung der Arbeit nach einem Abendbrot geschickt, das Geld für eine Flasche Champagner zusammengelegt und über die Zukunft, die sie erwartete, geredet. Wie so ganz anders hatte sich der junge Student seine Zukunft gedacht! Damals war sie voller Genüsse, abwechslungsreicher Tätigkeiten, glänzender Erfolge gewesen und führte zu dem, wie es ihnen damals erschien, größten Glück der Welt – zum Ruhm.

Er ist schon auf diesem Weg und schreitet schnell vorwärts, dachte Nechljudow über seinen Freund, ich dagegen...

Doch da war er bereits bei der Auffahrt des Hauses angekommen, wo ungefähr zehn Bauern und Hofknechte standen, die mit den verschiedensten Anliegen auf den Herrn warteten, und er mußte von seinen Träumereien zur Wirklichkeit zurückkehren.

Da war ein zerlumptes, zerzaustes und blutig geschlagenes Bauernweib, das sich weinend über den Schwiegervater beklagte, der sie angeblich hatte erschlagen wollen; da waren zwei Brüder, die bereits seit zwei Jahren ihre Wirtschaft teilten und einander mit rasender Wut ansahen; da war ein unrasierter, grauhaariger Hofknecht mit zitternden Händen vom übermäßigen Trinken, den sein Sohn, der Gärtner, zum Herrn gebracht hatte, um sich über sein zügelloses Betragen zu beschweren; da war ein Bauer, der sein Weib aus dem Hause gejagt, weil es den ganzen Frühling nichts gearbeitet hatte; und auch dieses Weib selber war da, eine kranke Frau, die schluchzend, und ohne zu reden, auf dem Gras bei der Auffahrt saß und ihr entzündetes, nachlässig mit schmutzigen Lappen umwickeltes, geschwollenes Bein zur Schau stellte...

Nechljudow hörte sich alle Bitten und Klagen an, beriet die einen, schlichtete den Streit der anderen, gab wieder anderen irgendwelche Versprechungen und ging dann mit einem Gefühl von Müdigkeit, Scham, Ohnmacht und Reue in sein Zimmer.

## 20

In dem nicht allzu großen Zimmer, das Nechljudow bewohnte, standen ein alter, mit Messingnägeln beschlagener Lederdiwan, ein paar dazu passende Lehnstühle, ein aufgeklappter, altertümlicher Kartentisch in Einlegearbeit, mit Vertiefungen und einer Messingeinfassung, auf dem Papiere lagen, und ein offenes englisches Klavier mit abgenutzten, verbogenen schmalen Tasten. Zwischen den Fenstern hing ein großer Spiegel in einem alten, vergoldeten Schnitzrahmen. Auf dem Fußboden neben dem Tisch lagen Stöße von Papieren, Büchern und Rechnungen. Überhaupt trug das ganze Zimmer das Gepräge des Charakterlosen und Unordentlichen; und diese lebendige Unordnung bildete einen schroffen Gegensatz zu der steifen, altertümlich herrschaftlichen Einrichtung der übrigen Zimmer des großen Hauses.

Nechljudow warf seinen Hut ärgerlich auf den Tisch, setzte sich auf einen Stuhl, schlug ein Bein über das andere und ließ den Kopf sinken.

»Wie ist's, wollen Sie frühstücken, Euer Durchlaucht?« fragte eine in diesem Augenblick eintretende große, magere, verrunzelte Frau in Haube, Kattunkleid und Umhängetuch.

Nechljudow sah sich nach ihr um und schwieg eine Weile, als müßte er sich erst besinnen.

»Nein, ich habe keine Lust, Njanja«, sagte er und versank wieder in Nachdenken.

Die Kinderfrau schüttelte ärgerlich den Kopf über ihn und seufzte.

»Ach, Väterchen Dmitrij Nikolajewitsch, warum sind Sie traurig? Es gibt größeres Unglück – alles wird vorübergehen, bei Gott.«

»Ich bin doch gar nicht traurig. Wie kommst du darauf, Mütterchen Malanja Finogenowna?« antwortete Nechljudow und bemühte sich zu lächeln.

»Ich sehe es doch, daß Sie traurig sind«, antwortete die Kinderfrau eifrig. »Tag für Tag sind Sie mutterseelenallein. Und alles nehmen Sie sich zu Herzen, um alles müssen Sie sich selber kümmern; Sie essen ja beinahe gar nichts mehr. Ist das vernünftig? Wenn Sie wenigstens in die Stadt führen oder zu den Nachbarn. Hat man so etwas schon gesehen? Sie sind jung und grämen sich über alles. Entschuldige mich, Väterchen, ich muß mich setzen«, fuhr die Kinderfrau fort und nahm neben der Tür Platz. »Sie sind zu nachsichtig, niemand fürchtet Sie mehr. Handeln denn Herrschaften so? Da kommt nichts Gutes dabei heraus: du richtest dich nur zugrunde, und das Volk wird übermütig. Wie ist denn unser Volk: es empfindet das nicht, wahrhaftig. Reisen Sie doch zum Tantchen, sie hat die Wahrheit geschrieben ...« redete die Kinderfrau ihm zu.

Nechljudow wurde immer trauriger zumute. Seine rechte Hand, die auf dem Knie ruhte, berührte leise die Tasten. Ein Akkord erklang, ein zweiter, dritter ... Nechljudow rückte näher heran, zog die andere Hand aus der Tasche und begann zu spielen. Die Akkorde, die er griff, waren nicht immer vorbereitet, mitunter sogar falsch, oft gewöhnlich bis zur Abgeschmacktheit und deuteten auf keinerlei musikalische Begabung hin, aber diese Beschäftigung bereitete ihm einen unbestimmbaren, traurigen Genuß. Bei jeder Veränderung der Harmonie wartete er mit stockendem Herzen, was daraus entstehen werde, und ergänzte, wenn etwas daraus entstand, das Fehlende undeutlich in seiner Phantasie.

Es schien ihm, daß er Hunderte von Melodien hörte: einen Chor, ein Orchester, das im Einklang mit seiner Harmonie stand. Den größten Genuß aber bereitete ihm die gesteigerte Tätigkeit seiner Phantasie, die ihm, zwar unzusammenhängend und abgerissen, aber mit verblüffender Klarheit, die mannigfaltigsten verworrenen und ungereimten Gestalten und Bilder aus Vergangenheit und Zukunft vorgaukelte. Da sieht er die gedunsene Gestalt des Davydka Bjelyj, der beim Anblick der schwarzen sehnigen Faust seiner Mutter erschrocken mit den weißen Wimpern zuckt, seinen runden Rücken und die riesengroßen, mit weißen Haaren bedeckten Hände, die auf alle Mißhandlungen und Entbehrungen nur mit Geduld und Ergebung in sein Schicksal antworten. Dann sieht er die forsche, unter dem Hofgesinde dreister gewordene Amme und stellt sich aus irgendeinem Grund vor, wie sie in die Dörfer geht und den Bauern predigt, daß sie ihr Geld vor den Gutsbesitzern verstecken müßten, und wiederholt sich selber unbewußt: Ja, man muß das Geld vor den Gutsbesitzern verstecken. Dann sieht er plötzlich das braune Köpfchen seiner künftigen Frau, die sich weinend und in großem Kummer an seine Schulter lehnt. Dann wieder Tschurisenoks gute blaue Augen, die voller Zärtlichkeit auf das einzige dickbäuchige Söhnchen blicken. Ja, er sieht in dem Kleinen nicht nur den Sohn, sondern seinen Gehilfen und Retter. Das ist wahre Liebe! flüstert Nechljudow. Dann erinnert er sich an Juchwankas Mutter, an den Ausdruck der Duldsamkeit und Allvergebung, den er, trotz des hervorstehenden Zahns und der verunstalteten Züge, auf ihrem Greisenantlitz bemerkt hat. Ich bin wahrscheinlich der erste, der das in den siebzig Jahren ihres Lebens entdeckt hat, denkt er und flüstert: Seltsam! wobei er seine Hände weiterhin unbewußt über die Tasten gleiten läßt und den Tönen lauscht. Dann stellt er sich lebhaft seine Flucht aus dem Bienengarten vor, die Mienen Ignats und Karps, die offenbar lachen wollen, aber so tun, als ob sie nicht auf ihn sähen. Er errötet und blickt sich unwillkürlich nach der Kinderfrau um, die noch immer neben der Tür sitzt, ihn schweigend und prüfend betrachtet und zuweilen ihren grauen Kopf schüttelt. Nun sieht er plötzlich eine Troika dampfender Pferde und Iljuschkas schöne, kräftige Gestalt mit den hellen Locken, den lustig blitzenden blauen Augen, dem frischen Rot der Wangen und dem hellen Flaum, der um Lippen und Kinn zu sprossen beginnt. Er erinnert sich daran, was für Angst Iljuschká hatte, man könnte ihm verbieten, das Fuhrwesen zu betreiben, und wie heiß er seine ihm so lieb gewordene Tätigkeit verteidigt; und er sieht einen grauen, frühen, nebligen Morgen, eine glitschige Landstraße und eine Reihe hochbeladener, mit Bastmatten bedeckter Troikas, die mit großen schwarzen Buchstaben gekennzeichnet sind. Die starkbeinigen satten Rosse klingeln mit den Schellen, krümmen die Rücken, ziehen die Stränge an und stampfen in gleichem Schritt den Berg hinan, wobei sie sich mit den langen Stollen angestrengt an den schlüpfrigen Boden klammern. Dem Wagenzug entgegen kommt schnell bergab die Post gefahren, ihr Schellengeläut hallt weit in dem großen Wald wider, der sich zu beiden Seiten der Straße hinzieht.

»A–a–ah!« schreit der vordere Postkutscher mit dem kleinen Blechschild auf dem Filzhut mit lauter, kindlicher Stimme und schwingt die Peitsche über dem Kopf.

Neben dem Vorderrad der ersten Fuhre schreitet der rotbärtige schwerfällige Karp in großen Stiefeln dahin und macht ein finsteres Gesicht. Aus dem zweiten Wagen steckt Iljuschka seinen hübschen Kopf heraus: er hat sich unter der Bastmatte des Vordersitzes prächtig erwärmt. Drei mit Koffern beladene

Troikas sausen unter Rädergerassel, Schellengeläut und Zurufen vorüber; Iljuschka versteckt seinen hübschen Kopf wieder unter der Bastmatte und schläft ein ... Da ist auch ein klarer warmer Abend. Vor den müden, beim Einkehrgasthof sich drängenden Troikas öffnet sich knarrend das Tor, und eine hohe, mit Bastmatten bedeckte Fuhre nach der anderen fährt aufhüpfend über das Brett, das im Tor liegt, und verschwindet in dem geräumigen Schuppen.

Iljuschka begrüßt fröhlich die Wirtin mit dem weißen Gesicht und der vollen Brust, die ihn fragt: »Von weit her? Werden viele zu Abend essen?« und den hübschen Burschen mit ihren glänzenden freundlichen Augen voller Vergnügen ansieht. Nun hat er die Pferde versorgt und geht in die heiße, von Menschen überfüllte Stube, bekreuzigt sich, setzt sich vor die volle Holzschüssel und führt ein lustiges Gespräch mit der Wirtin und den Kameraden. Und dann winkt das Nachtlager unter dem freien Himmel, dessen Sterne durch das Dach des offenen Schuppens zu sehen sind, auf dem duftenden Heu neben den Pferden, die von einem Fuß auf den anderen treten, schnauben und in den Futterkrippen wühlen. Iljuschka ist zum Heu getreten, wendet sich gen Osten, bekreuzigt an die dreißigmal seine breite starke Brust, schüttelt seine hellen Locken aus der Stirn, betet das Vaterunser, sagt zwanzigmal »Herr, erbarme dich meiner«, wickelt sich mit dem Kopf in den Armäck und schläft den gesunden sorglosen Schlaf eines starken, jungen Menschen. Und nun sieht er im Traum allerhand Städte: Kiew mit seinen Heiligen und den Pilgerscharen, Romen mit seinen Kaufleuten und Waren, Odessa und das weite blaue Meer mit den weißen Segeln und die Stadt Zargrad mit den goldenen Häusern und den weißbusigen schwarzäugigen Türkinnen; er fliegt dorthin, von unsichtbaren Flügeln getragen. Frei und leicht schwebt er immer weiter und weiter und sieht unter sich goldene Städte, von heller Sonne überflutet, und den blauen Himmel mit den klaren Sternen und das blaue Meer mit den weißen Segeln – und es erscheint ihm so lieblich und heiter, immer weiter und weiter zu fliegen ...

»Herrlich!« flüstert Nechljudow vor sich hin, und der Gedanke: Warum bin ich nicht Iljuschka! geht ihm durch den Sinn.

# DIE KOSAKEN

*Erzählung aus dem Kaukasus*

## I

Es ist still in Moskau. Nur hin und wieder ist das Knirschen von Rädern auf den winterlichen Straßen zu hören. In den Fenstern brennt kein Licht mehr, und die Laternen sind erloschen. Von den Kirchen dringt Glockengeläut, schwebt über der schlafenden Stadt und mahnt an den Morgen. Die Straßen sind leer. Ganz selten vermengt ein Nachtkutscher mit den schmalen Kufen seines Schlittens den Schnee mit Sand und schläft an der nächsten Straßenecke in Erwartung eines Fahrgastes ein. Eine Alte kommt auf dem Weg zur Kirche vorbei, in der schon rot und nicht sehr dicht die unsymmetrisch aufgestellten Wachskerzen leuchten und sich in den goldenen Einfassungen widerspiegeln. Das Arbeitervolk erhebt sich nach der langen Winternacht und geht an die Arbeit.

Aber bei den Herrschaften ist noch Abend.

In einem Fenster bei Chevalier schimmert gesetzwidrig unter dem geschlossenen Fensterladen Kerzenlicht hervor. An der Auffahrt stehen Karossen, Schlitten und Mietkutscher. Auch eine Posttroika ist darunter. Der Hausknecht, eingemummt und zusammengekauert, drückt sich an die Hausecke.

Wozu reden sie nur soviel unnützes Zeug? denkt der Lakai, der mit müdem Gesicht im Vorzimmer sitzt. Und ausgerechnet wenn ich Dienst habe. Aus dem erleuchteten Zimmer nebenan ertönen die Stimmen der drei soupierenden jungen Leute. Sie sitzen im Zimmer um den Tisch, auf dem Überreste des Abendessens und Wein stehen. Der erste – klein, reinlich, mager und häßlich – sitzt und schaut den Abreisenden mit gütigen, müden Augen an. Der zweite, große, liegt neben dem mit Flaschen vollgestellten Tisch und spielt mit seinem Uhrschlüssel. Der dritte, in einem neuen kurzen Halbpelz, geht im Zimmer auf und ab, bleibt manchmal stehen und knackt dann mit seinen ziemlich dicken, kräftigen Fingern, die polierte Nägel haben, eine Mandel auf und lächelt immer über etwas; seine Augen und das ganze Gesicht glühen. Er spricht hitzig und mit Gesten, aber offenbar findet er nicht die richtigen Worte, und die Worte, die ihm einfallen, genügen nicht, um alles das auszudrücken, was ihm zu Herzen drängt. Er lächelt unausgesetzt ...

»Jetzt kann man ja alles sagen!« sagte der Abreisende. »Ich will mich nicht rechtfertigen, ich möchte nur, daß du mich so verstehst, wie ich mich selbst verstehe, daß du die Sache nicht trivial ansiehst. Du sagst, ich wäre ihr gegenüber schuldig«, wendet er sich an jenen, der ihn mit gütigen Augen anschaut.

»Jawohl, schuldig«, antwortete der kleine Häßliche, und in seinem Blick kommt noch mehr Güte und Müdigkeit zum Vorschein.

»Ich weiß, weshalb du das sagst«, fährt der Abreisende fort. »Geliebt werden, das ist deiner Ansicht nach ein ebenso großes Glück wie selbst lieben, und wer das erreicht hat, der hat für sein Leben genug.«

»Ja, vollständig genug, mein Lieber! Mehr als nötig«, bestätigt der kleine Häßliche, die Augen öffnend und wieder schließend.

»Aber warum soll man nicht selbst lieben?« sagt der Abreisende, versinkt in Gedanken und sieht den Freund mitleidig an. »Warum nicht lieben? Es geht nicht ... Nein, geliebt werden ist ein Unglück in dem Fall, wenn man sich schuldig fühlt, weil man nichts wiedergibt, nichts wiederzugeben hat. Großer Gott!« Er macht eine wegwerfende Handbewegung. »Wenn wenigstens verständig gehandelt würde, aber es wird im Gegenteil alles verdreht gemacht, auf eine ganz eigene, gar nicht unsere Art und Weise. Es sieht ja aus, als hätte ich ihr Gefühl gestohlen. Du denkst auch so; widersprich nicht, du mußt so denken. Wirst du mir glauben? Von all den Dummheiten und häßlichen Sachen, die ich in meinem Leben verbrochen habe, ist das die einzige, die ich nicht bereue und nicht bereuen kann. Ich habe vor mir selbst und vor ihr niemals gelogen, weder am Anfang noch später. Ich glaubte wirklich zu lieben, aber später merkte ich, daß es eine unbewußte Lüge war, daß man so nicht lieben kann, und ich konnte nicht weiter; sie aber ging weiter. Bin ich denn schuld, weil ich nicht konnte? Was sollte ich denn machen?«

»Nun, jetzt hat ja alles ein Ende!« sagte der Freund, indem er, um den Schlaf zu verscheuchen, sich eine Zigarre anzündete. »Nur eins: du hast noch nicht geliebt und weißt nicht, was das heißt.«

Der im kurzen Pelz wollte etwas erwidern und griff sich an den Kopf. Aber er konnte nicht ausdrücken, was er sagen wollte.

»Nicht geliebt! Natürlich nicht geliebt. Aber ich habe den Wunsch zu lieben, so stark wie nur einer ihn haben kann. Aber gibt es überhaupt solche Liebe? Es bleibt alles irgendwie unvollkommen. Was ist da viel zu reden! Ich habe in meinem Leben alles vollständig verwirrt. Aber jetzt hat alles ein Ende, du hast recht. Ich fühle, daß ein neues Leben beginnt.«

»Und in das wirst du wieder Verwirrung bringen«, sagte derjenige, der auf dem Diwan lag und mit dem Uhrschlüssel spielte; aber der Abreisende hörte ihn nicht.

»Ich bin traurig und gleichzeitig froh, daß ich wegfahre«, fuhr er fort. »Warum ich traurig bin, weiß ich nicht.«

Und der Abreisende begann über sich selber zu sprechen und merkte nicht, daß es für die anderen nicht ganz so interessant war wie für ihn. Der Mensch ist niemals so egoistisch wie in den Augenblicken, da er sich in Begeisterung befindet. Er glaubt dann, es gäbe in der Welt nichts Schöneres und Interessanteres als ihn selbst.

»Dmitrij Andrejewitsch, der Kutscher will nicht länger warten!« sagte der junge leibeigene Diener, der in Pelz und Schal ins Zimmer trat. »Seit elf stehen die Pferde, und jetzt ist es vier.«

Dmitrij Andrejewitsch sah seinen Wanjuscha an. Aus seinem Schal, seinen Filzstiefeln, seinem verschlafenen Gesicht sprach die Stimme eines anderen Lebens zu ihm, eines Lebens voll Mühe, Entbehrung und Arbeit; dieses Leben rief jetzt nach ihm.

»Es ist wahr, lebt wohl!« sagte er, mit der Hand nach einem offengebliebenen Haken seines Pelzes suchend.

Es wurde ihm geraten, dem Kutscher ein Trinkgeld zu geben, aber er setzte sich entschlossen seine Mütze auf und stellte sich in die Mitte des Zimmers. Sie küßten einander einmal, zweimal, machten eine Pause und küßten sich zum drittenmal. Der im Halbpelz trat an den Tisch heran, trank den auf dem Tisch stehenden Pokal leer, nahm den kleinen Häßlichen bei der Hand und errötete.

»Nein, ich will es doch sagen ... Ich will und muß aufrichtig zu dir sein, weil ich dich liebe ... Du liebst sie doch? Ich habe es mir immer gedacht ... ja?«

»Ja«, antwortete der Freund, noch sanfter lächelnd.

»Und vielleicht ... ?«

»Bitte sehr, die Lichter müssen ausgemacht werden«, sagte der verschlafene Lakai, der das letzte Gespräch gehört hatte und sich jetzt überlegte, warum die Herren immer und immer dasselbe sprächen. »Auf wessen Rechnung darf ich das Ganze anschreiben? Auf Ihre?« fügte er zu dem Großen gewandt hinzu; er wußte schon im voraus die Antwort.

»Auf meine!« sagte der Große. »Wieviel?«

»Sechsundzwanzig Rubel.«

Der Große wurde nachdenklich, sagte aber nichts und steckte die Rechnung in die Tasche.

Die beiden anderen ließen sich nicht stören.

»Leb wohl, du bist ein lieber Junge!« sagte der kleine Häßliche mit den sanften Augen.

Beiden kamen Tränen in die Augen. Sie traten auf die Freitreppe hinaus.

»Ach ja!« sagte der Abreisende errötend zu dem Großen: »Die Rechnung von Chevalier wirst du wohl in Ordnung bringen und schreibst mir dann, nicht?«

»Ja, ja«, sagte der Große, die Handschuhe anziehend. »Wie ich dich beneide!« fügte er plötzlich unerwartet hinzu, als sie hinausgingen.

Der Abreisende setzte sich in den Schlitten, wickelte sich in den großen Pelz und sagte: »Also los, fahr mit!« und rückte sogar zur Seite, um dem, der vom Beneiden sprach, Platz zu machen; seine Stimme zitterte.

Der Begleitende sagte: »Leb wohl, Mitja, Gott gebe dir ...« Er wünschte nur das eine, daß der andere möglichst bald wegfahren möge, und konnte deswegen nicht das sagen, was er wollte.

Sie schwiegen eine Weile. Noch einmal sagte jemand: »Leb wohl!«

Jemand sagte: »Los!« Und der Kutscher fuhr an.

»Jelisar, gib vor!« rief einer der Begleiter.

Die Mietskutscher und der Kutscher kamen in Bewegung, schnalzten mit der Zunge und rissen an den Zügeln. Die festgefrorene Kutsche knirschte auf dem Schnee.

»Ein netter Kerl, dieser Olenin«, sagte der eine Begleiter; »aber weshalb er als Junker in den Kaukasus will? Ich würde keinen halben Rubel dafür geben. Ißt du morgen im Klub zu Mittag?«

»Jawohl.«

Und sie fuhren ihrer Wege.

Dem Abreisenden war warm, sogar heiß im Pelz. Er setzte sich auf den Boden des Schlittens, knöpfte den Pelz auf, und die zottige Posttroika zog ihn aus einer dunklen Straße in die andere, an niegesehenen Häusern vorbei. Es schien Olenin, als ob nur Abreisende durch diese Straßen führen. Alles war dunkel, lautlos und trübe ringsumher, aber seine Seele war voller Erinnerungen, Liebe, Bedauern und angenehmer Tränen von vorhin . . .

## 2

Ich liebe sie! Ich liebe sie sehr! Sie sind so nett. So schön! wiederholte er für sich und hätte am liebsten geweint. Weshalb hätte er am liebsten geweint? Wer war so nett? Wen liebte er? Er wußte es selbst nicht recht. Hin und wieder schaute er ein Haus an und wunderte sich, weshalb es so sonderbar gebaut war; manchmal kam es ihm verwunderlich vor, daß der Kutscher und Wanjuscha, die ihm so fremd waren, sich in seiner Nähe befanden, mit ihm zusammen wackelten und hin und her schaukelten, wenn die Seitenpferde die gefrorenen Stränge anzogen – und wieder sagte er: Sie sind nett, ich liebe sie. Und einmal sagte er sogar: Wie er pfeffert! Großartig. Und wunderte sich selber, warum er das gesagt hatte, und stellte sich die Frage: Bin ich denn betrunken? In der Tat, er hatte seine zwei Flaschen Wein getrunken, aber nicht der Wein allein übte auf Olenin diese Wirkung aus. Es fielen ihm alle die, wie ihm schien, aufrichtigen Freundesworte ein, die ihm verschämt, gleichsam unwillkürlich, in den letzten Augenblicken vor der Abfahrt gesagt worden waren. Er dachte an die Händedrücke, die Blicke, an den Klang der Stimme, die »Leb wohl, Mitja!« gesagt hatte, als er schon im Schlitten gesessen. Er entsann sich seiner eigenen entschlossenen Aufrichtigkeit. Das alles hatte für ihn eine rührende Bedeutung. Nicht nur Freunde und Verwandte, nicht nur gleichgültige, sondern auch unsympathische, übelwollende Menschen schienen sich vor seiner Abreise verabredet zu haben, ihn zu lieben, ihm alles zu verzeihen, wie vor der Beichte oder vor dem Tode. Vielleicht komme ich aus dem Kaukasus nicht mehr zurück, dachte er. Und es schien ihm, daß er seine Freunde und noch jemanden anders sehr liebhabe. Und er empfand Mitleid mit sich selbst. Aber nicht die Liebe zu seinen Freunden war es, die seine Seele so weich und zärtlich stimmte, daß er sinnlose Worte vor sich hinsagen mußte, auch nicht die Liebe zu einer Frau (er hatte noch nie geliebt) hatte ihn in diesen Zustand versetzt. Die Liebe zu sich selbst, heiß, voller Hoffnung, die junge Liebe zu all dem, was Schönes in seiner Seele war (und es wollte ihm jetzt scheinen, daß alles schön war), brachte ihn zum Weinen und veranlaßte ihn, sinnlose Worte zu stammeln.

Olenin war ein Jüngling, der keinen Schulkursus beendet hatte, nirgends angestellt war (obwohl sein Name im Etat einer Behörde stand), die Hälfte seines Vermögens durchgebracht, trotz seiner vierundzwanzig Jahre noch keine Laufbahn gewählt und noch nie etwas getan hatte. Er war einfach das, was man in der Moskauer Gesellschaft »einen jungen Mann« nennt.

Mit achtzehn Jahren war Olenin schon so frei, wie es in den vierziger Jahren nur reiche junge Leute sein konnten, die ihre Eltern früh verloren hatten. Er kannte keine – weder physische noch moralische – Fesseln; er konnte alles tun, brauchte nichts, war nicht gebunden. Er hatte keine Familie, kein Vaterland, keinen Glauben und keine Not. Er glaubte an gar nichts und ließ nichts gelten. Aber obwohl er nichts gelten ließ, war er keineswegs trübsinnig, gelangweilt oder unzufrieden, im Gegenteil, er befand sich dauernd in einem begeisterten Zustand. Er war zu der Überzeugung gekommen, daß es wirkliche Liebe gar nicht gäbe, aber die Anwesenheit einer schönen jungen Frau benahm ihm regelmäßig den Atem. Er wußte schon seit langem, daß Ehren und Titel dummes Zeug wären, aber er empfand trotzdem Vergnügen, wenn auf einem Ball ein Fürst Sergej auf ihn zuging und freundlich mit ihm sprach. Er gab sich seinen Leidenschaften nur so weit hin, als sie ihn nicht banden. Wenn er nach etwas strebte und Mühsal und Kampf, kleinlichen Kampf mit dem Leben witterte, beeilte er sich ganz instinktiv, von dem Gefühl oder dem Tun loszukommen und seine Freiheit wiederzuerlangen. So hatte er das gesellschaftliche Leben, den Dienst, die Landwirtschaft, die Musik, der er sich eine Zeitlang ganz zu widmen gedachte, und die Liebe zu Frauen, an die er nicht glaubte, kennengelernt. Er überlegte, wem er diese ganze jugendliche Kraft, die dem Menschen nur einmal im Leben gegeben ist, opfern sollte – der Kunst, der Wissenschaft, der Liebe zu einer Frau oder einer praktischen Tätigkeit – nicht die Kraft des Verstandes, des Herzens oder der Bildung, sondern jenen nicht wiederkehrenden Drang, jene nur einmal dem Menschen gegebene Macht, aus sich das zu machen, was er will, ja wie ihm scheint, aus der ganzen Welt zu machen, was er will. Es gibt freilich Menschen, die diesen Drang nicht kennen, die sich beim Eintritt ins Leben sofort das erste beste Joch auflegen lassen und sich bis zu ihrem Lebensende ehrlich darin abplagen. Aber Olenin war sich der Gegenwart dieses allmächtigen Gottes der Jugend, dieser Fähigkeit, sich in einen einzigen Wunsch, einen einzigen Gedanken zu verwandeln, der Fähigkeit, zu wollen und zu handeln, der Fähigkeit, sich kopfüber in einen bodenlosen Abgrund zu stürzen, ohne zu wissen, wozu und warum, zu sehr bewußt. Er trug dieses Bewußtsein in sich, war stolz darauf und, ohne es zu wissen, glücklich darüber. Bis jetzt hatte er nur sich selbst geliebt. Es konnte auch nicht anders sein, da er von sich nur Gutes erwartete und noch keine Ursache hatte, von sich selber enttäuscht zu sein. Bei der Abreise aus Moskau befand er sich in der glücklichen, jugendlichen Gemütsverfassung eines Jünglings, der seine früheren Fehler eingesehen und sich gesagt hat, daß alles Bisherige zufällig und unbedeutend gewesen sei, daß er bisher nicht den Wunsch gehabt habe, ordentlich zu leben, daß er aber jetzt, nach seiner Abreise aus Moskau, ein neues Leben, ein Leben ohne Fehler und Reue, ein Leben voller Glück beginnen wolle.

Wenn man eine lange Reise vor sich hat, bleiben die Gedanken während der ersten zwei bis drei Stationen an dem Ort haften, den man eben verlassen hat, und fliegen dann plötzlich am ersten Morgen, den man unterwegs erlebt, dem Reiseziel zu und bauen dort Luftschlösser. Auch Olenin erging es nicht anders.

Als er die Stadt hinter sich hatte und nur Schneefelder um sich herum sah, freute er sich, daß er allein inmitten dieser Felder war, hüllte sich in seinen Pelz, ließ sich auf den Boden des Schlittens gleiten, wurde ruhig und nickte ein. Der Abschied von seinen Freunden hatte ihn weich gestimmt, er erinnerte sich des letzten, ganz in Moskau verbrachten Winters, und Bilder dieser Vergangenheit, von unklaren Gedanken und Selbstvorwürfen unterbrochen, begannen sich seiner Vorstellung aufzudrängen.

Er dachte an den Freund, der ihn begleitet hatte, und an dessen Beziehungen zu dem jungen Mädchen, von dem die Rede gewesen war. Das Mädchen war reich. Wie konnte er sie lieben, wenn sie doch mich liebte? dachte er, und ein häßlicher Verdacht stieg in ihm auf. Es gibt soviel Unehrlichkeit bei den Menschen, wenn man näher hinsieht. Weshalb habe ich denn noch nie geliebt? fragte er sich. Alle sagen, ich hätte noch nicht geliebt. Sollte ich ein moralischer Krüppel sein? Und er erinnerte sich seiner »Flammen«. Er erinnerte sich der ersten Zeit seines Gesellschaftslebens und der Schwester des einen Freundes, mit der er die Abende am Tisch bei dem Schein der Lampe verbrachte, die ihre arbeitenden, schmalen Finger und den unteren Teil ihres schönen, feinen Gesichts beleuchtete, und er entsann sich der Gespräche, die sich träge hinschleppten, der allgemeinen Befangenheit, des Zwanges und des ständigen Gefühls der Auflehnung gegen solche Gezwungenheit. Eine innere Stimme sagte immer: Es ist nicht das Richtige – und es war auch nicht das Richtige. Dann kam ihm ein Ball und die Masurka mit der schönen D. in Erinnerung. Wie war ich in dieser Nacht verliebt, wie war ich glücklich! Und wie weh und ärgerlich war mir zumute, als ich am anderen Morgen erwachte und merkte, daß ich frei war! Warum kommt sie nicht, die Liebe? Warum bindet sie mich nicht an Händen und Füßen? dachte er. Nein, es gibt keine Liebe. Meine Nachbarin, die Dame, die mir und Dubrowin und dem Adelsmarschall immer erzählte, daß sie die Sterne liebe, war auch nicht das Richtige. Und er erinnerte sich seiner landwirtschaftlichen Tätigkeit im Dorf, und wieder hatte er nichts, wobei er mit Vergnügen verweilen konnte. Ob sie wohl sehr lange über meine Abreise sprechen werden? dachte er. Aber wer diese »sie« waren, wußte er selbst nicht. Dann tauchte ein Gedanke auf, der ihn veranlaßte, die Stirn zu runzeln und unartikulierte Laute zu murmeln. Es war die Erinnerung an Monsieur Copel und die sechshundertachtundsiebzig Rubel, die er dem Schneider schuldig bleiben mußte, und er dachte an seine eigenen Worte, mit denen er den Schneider gebeten hatte, noch ein Jahr zu warten, und an den Ausdruck von Verständnislosigkeit und Ergebenheit in sein Schicksal, der auf dem Gesicht des Schneiders zu lesen war. Ach, mein Gott, mein Gott, wiederholte er, drückte die Augen zu und versuchte, die unerträglichen Gedanken fortzuscheuchen. Aber sie hat mich trotz allem geliebt, dachte er von dem jungen Mädchen, von dem beim Abschied die Rede gewesen war. Hätte ich sie geheiratet, hätte ich heute keine Schulden, jetzt bin ich Wasiljew soviel schuldig geblieben. Und es kam ihm der letzte Abend im Klub, in den er damals von ihr aus gefahren war und wo er gegen Herrn Wasiljew gespielt hatte, in Erinnerung; er entsann sich seiner eigenen flehentlichen Bitten, doch weiterzuspielen, und der kalten, abschlägigen Antwort. Ein Jahr lang werde ich mich einschränken müssen, und alles wird bezahlt sein, und dann soll sie alle der Teufel holen... Aber dieser Überzeugung zum Trotz begann er von neuem die übriggebliebenen Schulden, die Termine und den voraussichtlichen Zeitpunkt der Abzahlung auszurechnen. Ich bin ja außer Chevalier auch noch Morel etwas schuldig, kam ihm zum Bewußtsein; und er entsann sich der Nacht, in der er soviel Schulden gemacht hatte. Es war ein Gelage mit Zigeunern, das die aus Petersburg eingetroffenen Sascha B., der Flügeladjutant und der Fürst D. und jener vornehme Alte angestiftet hatten... Wieso sind sie immer so selbstzufrieden, diese Herren? dachte er, und mit welchem Recht bilden sie einen besonderen Zirkel, von dem sie glauben, daß man sich geschmeichelt fühlen muß, wenn man aufgenommen wird? Etwa, weil sie Flügeladjutanten sind? Es ist schrecklich, für wie dumm und gemein sie die anderen Menschen halten! Jedenfalls habe ich ihnen gezeigt, daß mir durchaus nichts daran liegt, ihnen näherzukommen. Immerhin, der Verwalter Andrej würde sehr verblüfft sein, wenn er wüßte, daß ich mich mit solchen Leuten wie dem Oberst und dem Flügeladjutanten Sascha B. duze... Und niemand hat an dem Abend mehr getrunken als ich; ich habe den Zigeunern ein neues Lied beigebracht, und alle haben zugehört. Obwohl ich sehr viel Dummheiten gemacht habe, bin ich doch eigentlich ein sehr, sehr annehmbarer junger Mann, dachte er.

Olenin befand sich auf der dritten Poststation, als der Morgen anbrach. Er trank Tee, legte mit Hilfe Wanjuschas die Bündel und Koffer in den anderen Schlitten und setzte sich selber sehr vernünftig, aufrecht und ordentlich zwischen die Sachen; er wußte ganz genau, wo alles untergebracht war, wo sich das Geld, der Paß und die Reisepapiere befanden, und glaubte alles so praktisch eingerichtet zu haben, daß er lustig wurde und die lange Reise als eine verlängerte Spazierfahrt betrachtete.

Den Morgen und den halben Nachmittag verbrachte er damit, daß er allerhand arithmetische Berechnungen anstellte: wieviel Werst er hinter sich habe, wieviel es bis zur nächsten Station, bis zur nächsten Stadt, bis Mittag, bis zum Tee und bis Stawropol seien und welchen Teil des Weges er schon zurückgelegt habe. Dann rechnete er aus, wieviel Geld er habe, wieviel ihm übrigbleiben und wieviel nötig sein werde, um alle Schulden zu tilgen, und welchen Teil seines Einkommens er im Monat ausgeben dürfe. Am Abend nach dem Tee rechnete er aus, daß er bis Stawropol noch sieben Elftel des ganzen Weges vor sich habe, daß er die Schulden in sieben sparsamen Monaten tilgen könnte und daß sie ein Achtel seines Vermögens ausmachten. Das beruhigte ihn, er wickelte sich in seinen Pelz, legte sich hin und verfiel in Träumereien. Seine Phantasie beschäftigte sich jetzt mit der Zukunft, mit dem Kaukasus. In seinen Zukunftsträumen spielten Amalat-Begs, Tscherkessenfrauen, Berge und Abgründe, reißende Ströme und Gefahren eine große Rolle. Das alles stellte sich ihm freilich nur unklar dar; doch es lockte der Ruhm, und es schreckte der Tod, und beide ließen die Zukunft interessant erscheinen. Er sah sich, mit außergewöhnlicher Tapferkeit und einer Kraft, die alle Welt in Erstaunen setzte, zahllose Kaukasier töten oder unterwerfen, dann wieder stellte er sich vor, er sei selbst Kaukasier und verteidige seine Unabhängigkeit gegen die Russen. Sobald er sich Einzelheiten vorstellte, tauchten alte Moskauer Gesichter auf. Sascha B. kämpfte entweder mit den Russen oder mit den Kaukasiern gegen ihn. Irgendwie nahm sogar der Schneider, Monsieur Copel, an dem Triumph des Siegers teil. Wenn ihm alte Erniedrigungen, Schwächen oder Fehler in Erinnerung kamen, waren diese Erinnerungen nur angenehm. Er glaubte, daß sich dort, inmitten von Bergen, Strömen, Tscherkessenfrauen und Gefahren, solche Fehler nicht wiederholen könnten. Jetzt hatte er vor sich selbst das Bekenntnis seiner Fehler abgelegt, und damit Schluß. Ein bestimmter Traum, der liebste von allen, mischte sich jedem Zukunftsgedanken des jungen Menschen bei. Der Traum von der Frau. Inmitten der Berge sah er sie in Gestalt einer Tscherkessensklavin von schlanker Gestalt, mit langem Zopf und demütigen, tiefen Augen. Er sah eine einsame Hütte in den Bergen, an der Schwelle stand *sie* und erwartete ihn, während er müde, mit Staub, Blut und Ruhm bedeckt zu ihr zurückkehrte, er stellte sich ihre Küsse vor, ihre Schultern, ihre süße Stimme, ihre Demut. Sie war reizend, aber ungebildet, scheu und wild. Während der langen Winterabende begann er sie zu erziehen. Sie war klug, verständig, begabt und eignete sich die nötigen Kenntnisse sehr bald an. Warum nicht? Sie lernte sehr leicht Sprachen, konnte Werke der französischen Literatur lesen und sie verstehen, »Notre Dame de Paris« zum Beispiel müßte ihr gefallen. Sie konnte auch französisch sprechen. Im Salon wird sie mehr angeborenen Anstand aufweisen als eine Dame der höchsten Gesellschaft. Sie wird zu singen verstehen, schlicht, stark und leidenschaftlich ... Was für ein Unsinn! sagte er zu sich selbst. Er war an einer Station angekommen, mußte in einen anderen Schlitten steigen und Trinkgelder verteilen. Dann suchte er den alten Unsinn wiederzufinden – und von neuem sah er Tscherkessenmädchen, Ruhm, seine Rückkehr nach Rußland als Flügeladjutant, eine reizende Ehefrau. Aber es gibt doch keine Liebe, sagte er zu sich selbst. Und Ehren sind Unsinn. Und die sechshundertachtundsiebzig Rubel? Und das eroberte Land, das mir mehr Reichtum einträgt, als ich jemals im Leben brauchen könnte? Es wäre nicht recht, diesen Reichtum allein zu besitzen. Ich muß das Geld verteilen. Aber wie? Sechshundertachtundsiebzig Rubel an Copel, das übrige wird sich finden ... Und höchst unklare Visionen schieben sich vor die Gedanken, nur Wanjuschas Stimme und die Empfindung, daß die Bewegung aufhört, unterbrechen den gesunden, jungen Schlaf, und ohne zu sich zu kommen, klettert er auf der neuen Station in einen anderen Schlitten und fährt weiter.

Am nächsten Morgen wieder dasselbe, dieselben Stationen, Trinkgelder, dieselben sich bewegenden Pferdekruppen, dieselben kurzen Unterhaltungen mit Wanjuscha, dieselben unklaren Wunschvorstellungen und Träumereien am Abend und müder, gesunder, junger Schlaf in der Nacht.

## 3

Je weiter sich Olenin vom Zentrum Rußlands entfernte, desto weiter schienen seine Erinnerungen zurückzuweichen, und je näher er dem Kaukasus kam, desto fröhlicher wurde ihm zumute. Ganz wegfahren und niemals wieder zurückkommen, sich nie wieder in Gesellschaft zeigen, dachte er manchmal. Diese Menschen, die ich hier sehe, sind *keine Menschen;* niemand von ihnen kennt mich, niemand von ihnen wird jemals nach Moskau und in die Gesellschaft kommen, in der ich verkehrt habe, niemand von ihnen wird meine Vergangenheit erfahren. Und niemand aus der Gesellschaft wird jemals etwas von dem hören, was ich unter diesen Menschen hier getrieben habe. Und ein ganz neues Gefühl der Freiheit von allem Vergangenen ergriff ihn inmitten dieser groben Wesen, die ihm unterwegs begegneten, die er nicht Menschen nennen, nicht auf eine Stufe mit seinen Moskauer Bekannten stellen konnte. Je derber das

Volk war, je weniger Merkmale der Zivilisation zu sehen waren, desto freier fühlte er sich.

Die Stadt Stawropol, durch die er fahren mußte, betrübte ihn. Aushängeschilder, sogar französische, Damen in Equipagen, Mietskutscher auf dem Marktplatz, Boulevards und ein Herr in Mantel und Hut, der die Vorbeifahrenden musterte – das alles wirkte niederdrückend. Vielleicht kennen diese Menschen einen meiner Bekannten, und wieder wurden Klubs, Schneider, Karten und Gesellschaft in seiner Erinnerung lebendig ... Aber hinter Stawropol ging es schon anders zu: wild und schön und kriegerisch. Und Olenin wurde immer lustiger. Die Kosaken, Kutscher, Stationsvorsteher schienen lauter schlichte, einfache Wesen zu sein, mit denen man scherzen und plaudern konnte, ohne erst zu überlegen, welcher Kategorie sie angehörten. Alle gehörten dem Geschlecht der Menschen an, welches Olenin liebte, und alle betrugen sich freundlich gegen ihn.

Schon im Land der Donkosaken ersetzte man den Schlitten durch einen Wagen, aber hinter Stawropol wurde es so warm, daß Olenin ohne Pelz fahren konnte. Es war Frühling – unerwarteter, fröhlicher Frühling für Olenin. Nachts wurde man von den Stationen nicht mehr fortgelassen, und abends wurde davon gesprochen, daß es gefährlich sei. Wanjuscha bekam es mit der Angst zu tun, und die geladene Büchse lag griffbereit im Wagen. Olenin wurde noch übermütiger. Auf einer Station erzählte der Vorsteher von einem kürzlich unterwegs geschehenen furchtbaren Mord. Hin und wieder begegnete man bewaffneten Leuten. Es fängt an! sagte sich Olenin und wartete auf den Anblick der Schneeberge, von denen er soviel gehört hatte. Eines Abends zeigte der nogaische Kutscher mit der Peitsche auf die Berge hinter den Wolken. Olenin blickte begierig hin, aber es war trübe, und die Berge waren bis zur Hälfte von Wolken verhüllt. Olenin sah etwas Graues, Weißes, Krauses und konnte trotz aller Mühe im Aussehen der Berge, von denen er soviel gelesen und gehört hatte, nichts Schönes finden. Er dachte, daß sich Berge und Wolken sehr ähnlich sähen und daß die angebliche Schönheit der Schneeberge, über die immer geredet wurde, ebenso eine Erfindung sei wie die Musik von Bach und die Liebe, an die er nicht glaubte – und er hörte auf, sich auf die Berge zu freuen. Aber am nächsten Tag wachte er, weil es kühl war, sehr früh in seinem Wagen auf und sah gleichmütig nach rechts. Der Morgen war völlig klar. Plötzlich erblickte er – in zwanzig Schritt Entfernung, wie ihm im ersten Augenblick schien – die reinen, weißen Kolosse mit ihren zarten Umrissen und die wundervolle, deutliche, luftige Linie der Gipfel und des fernen Himmels. Und als er die Entfernung zwischen sich, den Bergen und dem Himmel, die ungeheuerliche Höhe dieser Berge begriff und als ihm das Gefühl für die Unendlichkeit dieser Schönheit aufging, da erschrak er, es könnte das alles nur ein Wahngebilde, ein Traum sein. Er gab sich einen Ruck, um aufzuwachen. Die Berge blieben dieselben.

»Was ist das? Was ist denn das?« fragte er den Kutscher.

»Die Berge«, antwortete der Kutscher gleichmütig.

»Ich sehe sie mir auch schon lange an«, sagte Wanjuscha. »Ist das schön! Zu Hause werden sie es nicht glauben.«

Bei der schnellen Bewegung der Troika auf der ebenen Straße schienen die Berge am Horizont zu laufen, und ihre rosafarbigen Gipfel glänzten im Scheine der aufgehenden Sonne. Olenin war anfangs von den Bergen nur überrascht, später erfreut; aber je länger er diese Kette von Schneebergen anschaute, die nicht etwa aus anderen schwarzen Bergen, sondern direkt aus der Steppe herauswuchsen und dann wegzulaufen schienen, um so tiefer *empfand* er deren Schönheit. Von diesem Augenblick an erhielt alles, was er sah, dachte und fühlte, einen neuen, ernsten, hoheitsvollen Charakter. Alle Moskauer Erinnerungen, Scham und Reue, die trivialen Träume über den Kaukasus, alles verschwand, um nicht wieder zurückzukehren. Jetzt hat es angefangen, schien eine feierliche Stimme zu verkünden. Der Weg, die in der Ferne sichtbare Linie des Flusses, jede Staniza, das Volk – das war jetzt kein Scherz mehr. Er schaute zum Himmel hinauf und dachte an die Berge. Er blickte sich selbst oder Wanjuscha an – und wieder die Berge. Da reiten zwei Kosaken, die Gewehre gleichförmig in den Überzügen hinter ihren Rücken, und die grauen und braunen Füße ihrer Pferde scheinen ineinanderzufließen, aber die Berge ... Hinter dem Terek steigt Rauch über einem Aul auf, aber die Berge ... Die Sonne geht auf und glänzt auf dem hinter dem Schilf sichtbaren Terek, aber die Berge ... Aus einer Staniza kommt ein hochrädriger Wagen gefahren, es kommen Frauen, schöne, junge Frauen, aber die Berge ... Abreken treiben sich in der Steppe herum, aber ich fahre und fürchte mich nicht, ich habe ein Gewehr, ich bin kräftig und jung – und die Berge ...

## 4

Der ganze Teil der Tereklinie, an der in einer Länge von etwa achtzig Werst die Siedlungen der Grebener Kosaken liegen, trägt nach Landschaft und Bevölkerung einen höchst einförmigen Charakter. Der Terek, die Scheide zwischen den Kosaken und den Kaukasiern, fließt trübe und schnell, obwohl breit und ruhig, schwemmt grauen Sand auf das niedrige, mit Schilf bewachsene rechte Ufer und unterspült das steile, nicht sehr hohe linke Ufer mit den Wurzeln hundertjähriger Eichen, verfaulten Platanen und dem jungen Nachwuchs. Am rechten Ufer breiten sich die friedfertigen, aber doch noch nicht ganz zuverlässigen Aule der Kaukasier aus; am linken Ufer, eine halbe Werst vom Wasser und sieben bis acht Werst voneinander entfernt, liegen die Kosakendörfer. Früher lagen die meisten von ihnen ganz dicht am Ufer, aber der Terek, der alljährlich von den Bergen weg nach Norden abbiegt, unterspülte sie, so daß jetzt nur dichtüberwucherte Häuserruinen und Gärten mit Brombeerhecken und von wildem Wein umrankte Pyramidenpappeln zu sehen sind. Niemand wohnt hier, und auf dem Sande kann man die Spuren von Hirschen, Wölfen, Hasen und Fasanen sehen, die an diesem Ort gern weilen. Von einem Kosakendorf zum anderen führt eine Straße, schnurgerade wie ein Kanonenschuß durch den Wald gehauen. Auf dieser Straße stehen Kosakenkordons, und zwischen den Kordons stehen Posten auf Wachttürmen. Nur ein schmaler Streifen fruchtbaren, mit Wald bedeckten Landes – etwa dreihundert Saschen breit – gehört den Kosaken. Nach Norden zu beginnt gleich dahinter die Sandbrandung der Nogaischen oder Moskodischen Steppe, die sich weit nach Norden hinzieht, um dann irgendwo mit den Truchmenischen, Astrachanischen und Kirgis-Kaissakischen Steppen zusammenzufließen. Im Süden des Terek befinden sich die große Tschetschnja, der Kotschkalowsche Bergkamm, die Schwarzen Berge, noch ein anderer Kamm und schließlich die Schneeberge, die man zwar sehen kann, auf denen aber noch nie jemand gewesen ist. Diesen fruchtbaren, waldbewachsenen, an Vegetation sehr reichen Landstreifen bewohnt seit undenklichen Zeiten eine kriegerische, schöne und reiche, altgläubige russische Bevölkerung, die sogenannten Grebener Kosaken.

Vor langer, langer Zeit waren deren Ahnen, Altgläubige, aus Rußland geflohen und hatten sich hinter dem Terek, auf dem Greben, dem ersten bewaldeten Kamm der großen Tschetschnja, mitten zwischen den Tschetschenzen angesiedelt. Die Kosaken vermischten sich mit der Bevölkerung, eigneten sich die Sitten, Eigenschaften, die Lebensart der Kaukasier an, behielten aber in voller Reinheit die russische Sprache und den alten Glauben bei. Die noch heute unter den Kosaken verbreitete Sage erzählt, Zar Iwan der Schreckliche wäre seinerzeit selbst an den Terek gekommen, hätte die Alten vom Greben zu sich gerufen, ihnen Land auf dieser Seite des Flusses geschenkt, sie ermahnt, in Freundschaft miteinander zu leben, und ihnen versprochen, daß er sie niemals zur Untertanenschaft oder zur Veränderung ihres Glaubens zwingen werde. Bis auf den heutigen Tag besteht Blutsverwandtschaft zwischen den Kosaken und den Tschetschenzen. Liebe zu Freiheit und Müßiggang, zu Raub und Krieg ist ihre hervorstechendste Charaktereigenschaft. Rußlands Einfluß ist nicht groß und äußert sich nicht gerade angenehm: in der Beschränkung der Wahlen, der Entfernung von Glocken und darin, daß Truppen einquartiert werden oder durchziehen. Der Kosak haßt weniger den kühnen Kaukasier, der seinen Bruder ermordet hat, als den Soldaten, der bei ihm in Quartier steht und seine Hütte mit Tabak vollraucht. Er achtet den feindlichen Kaukasier und verachtet den fremden Unterdrücker, den Soldaten. Der eigentliche russische Bauer ist in seinen Augen ein fremdes, unkultiviertes, verächtliches Wesen, er beurteilt ihn nach manchmal durchziehenden Krämern und nach den kleinrussischen Kolonisten. Die Eleganz seiner Kleidung besteht in Nachahmung der Tscherkessentracht. Die besten Waffen erwirbt er von den Kaukasiern, die besten Pferde werden ebendort gekauft oder gestohlen. Der flotte Kosak prunkt mit seiner Kenntnis der tatarischen Sprache, und wenn er fidel ist, spricht er auch mit seinesgleichen tatarisch. Aber trotz alledem: dieses kleine christliche Völklein, das in diesem Erdenwinkel zwischen halbwilden mohammedanischen Stämmen und Soldaten lebt, ist fest überzeugt, daß es sich auf einer höheren Kulturstufe als die anderen befindet, es hält nur den Kosaken für einen vollwertigen Menschen und sieht auf alle anderen Menschen mit Verachtung herab. Der Kosak verbringt den größten Teil seiner Zeit in den Kordons und auf Feldzügen, auf der Jagd oder beim Fischfang. Zu Hause arbeitet er fast nie. Hält er sich einmal im Dorfe auf, so ist es eine Ausnahme, und dann feiert er. Alle Kosaken besitzen eigenen Wein, und das Trinken ist nicht eigentlich eine allgemeine Sucht, sondern eher eine Sitte, die man einhalten muß, wenn man nicht als Abtrünniger verschrien werden will. Die Frau ist in den Augen des Kosaken nichts anderes als das Werkzeug seines Wohlstandes, nur das Mädchen darf feiern, die Frau muß für ihn arbeiten – von Jugend an und bis ins tiefste Alter hinein; wie die Völker des Ostens verlangt auch er von der Frau Gehorsam und Arbeit. Infolge dieses Standpunktes entfaltet sich die Frau physisch und seelisch sehr stark, und obwohl sie sich äußerlich unterwirft, erhält sie in Wirklichkeit – wie überall im Osten – unvergleichlich mehr Einfluß und Geltung im häuslichen Leben, als es im Westen der Fall ist. Ihr Ausschluß aus dem gesellschaftlichen Leben und die Gewöhnung an schwere männliche Arbeit geben ihr um so mehr Geltung und Macht im Hause. Der Kosak, der es für unanständig hält, in Anwesenheit Fremder freundlich und ohne zwingenden Grund überhaupt mit seiner Frau zu reden, fühlt unwillkürlich ihre Überlegenheit, sobald er mit ihr allein ist. Das Haus, das ganze Besitztum, die Wirtschaft, alles hat sie erworben, alles wird nur durch ihre Arbeit und Vorsorge zusammengehalten. Obwohl er fest davon überzeugt ist, daß für einen Kosaken Arbeit schimpflich ist und nur dem nogaischen Knecht und der Frau ansteht, so fühlt er doch unwillkürlich, daß alles, was er hat und sein eigen nennt, das Resultat dieser Arbeit ist und daß es in der Macht der Frau – Mutter oder Eheweib (die er als Leibeigene betrachtet) – steht, ihm alles zu nehmen, was er zum Leben nötig hat. Fortwährende schwere männliche Arbeit und die Sorgen, die ihrer Verantwortung überlassen sind, haben bei der Grebener Frau einen besonders selbständigen, männlichen Charakter ausgebildet und ganz erstaunliche physische Kraft, praktischen Verstand, Entschlossenheit und Standhaftigkeit entwickelt. Die Frauen sind im allgemeinen kräftiger, klüger, entwickelter und schöner als die Kosaken selbst. Die Schönheit der Grebener Frau ist besonders auffallend durch die Vereinigung rein tscherkessischen Gesichtsschnitts mit dem kraftvollen Körperbau der Frau aus dem Norden. Die Kosakenfrauen tragen tscherkessische Kleidung: tatarisches Hemd, Beschmet und Tschuwjak; aber die Tücher binden sie auf russische Art. Ein gewisser Staat, Reinlichkeit und Geschmack in der Kleidung und Einrichtung der Hütten sind ihnen zur Gewohnheit und unentbehrlich geworden. Im Umgang mit Männern haben die Frauen, vor allem die Mädchen, völlige Freiheit. Nowomlinskoje ist das Stammdorf der

Grebener Kosaken. Die Sitten der alten Grebener Bevölkerung haben sich hier am reinsten erhalten, und die Frauen dieses Dorfes sind von altersher durch ihre Schönheit im ganzen Kaukasus berühmt. Die Erwerbsquellen der Kosaken sind die Wein- und Obstgärten, die Melonen- und Kürbispflanzungen, der Fischfang, die Jagd, der Anbau von Mais und Hirse und die Kriegsbeute.

Die Staniza Nowomlinskoje liegt drei Werst vom Terek entfernt und ist durch einen dichten Wald getrennt von ihm. Auf der einen Seite der Straße, die durch das Dorf führt, fließt der Fluß, auf der anderen ist alles grün von Wein- und Obstgärten, und dahinter kann man die Sandwälle der Nogaischen Steppe sehen. Das Dorf ist von einem Erdwall und einer Dornenhecke umgeben. Wenn man aus dem Dorf heraus oder ins Dorf hinein will, muß man durch ein Tor hindurch, das hohe Seitenpfosten und ein kleines mit Schilf gedecktes Dach hat, daneben steht auf hölzernem Untergestell eine unförmige, einst von den Kosaken eroberte Kanone, die seit hundert Jahren nicht mehr schießt; ein Kosak in Uniform mit Tscherkessensäbel und Gewehr steht manchmal beim Tor auf Wache und manchmal nicht, macht manchmal vor einem vorübergehenden Offizier Front und manchmal auch nicht. Unter dem Torbogen steht auf weißem Brett mit schwarzer Farbe geschrieben: Häuser 266, männlichen Geschlechts 897 Seelen, weiblichen Geschlechts 1012. Die Häuser der Kosaken stehen alle auf Pfosten, einen Arschin und mehr über dem Erdboden, sind säuberlich mit Schilfrohr gedeckt und haben hohe Giebel. Wenn auch nicht alle Häuser neu sind, so sind doch alle kerzengerade und sauber, mit verschiedenartigen hohen Freitreppen versehen; sie kleben nicht dicht beieinander, sondern sind im Gegenteil weit und malerisch an breiten Straßen und Quergassen errichtet. Vor den hellen, großen Fenstern vieler Häuser stehen hinter der Einzäunung dunkelgrüne Pyramidenpappeln, die teils höher sind als die Häuser selbst, zarte hellblättrige Akazien mit weißen, duftigen Blüten, vorlaut glänzende gelbe Sonnenblumen, Schlingpflanzen und Weinreben. Auf dem breiten Marktplatz befinden sich drei Läden mit Kurzwaren, Sonnenblumenkernen, Johannisbrot und Lebkuchen, und hinter einem hohen Zaun schaut durch eine Reihe hoher Pyramidenpappeln das Haus des Regimentskommandeurs hindurch, länger und höher als die anderen und mit zweiflügeligen Fenstern. Werktags und vor allem im Sommer sind nur wenig Menschen auf den

Straßen der Staniza zu sehen. Die Kosaken haben Dienst, sind in den Kordons oder auf einem Feldzug, die Alten auf der Jagd oder beim Fischfang oder auch mit den Frauen bei der Arbeit im Wein- oder Gemüsegarten. Nur die ganz Alten, die Kleinen oder die Kranken bleiben zu Hause.

## 5

Es war ein Abend, wie es ihn nur im Kaukasus geben kann. Die Sonne hatte sich schon hinter die Berge gesenkt, aber es war noch hell. Das Abendrot umfaßte ein Drittel des Himmels, und scharf hoben sich die mattweißen Bergriesen von dem Licht des Abendrotes ab. Die Luft war dünn, unbeweglich und klingend. Ein mehrere Werst langer, von den Bergen verursachter Schatten legte sich auf die Steppe. In der Steppe hinter dem Fluß, auf den Straßen, überall war es leer. Wenn sich irgendwo Reiter zeigen, schauen die Kosaken von den Wachttürmen und die Tschetschenzen aus ihrem Aul neugierig hin, was das wohl für böse Leute sein könnten. Die Furcht voreinander treibt die Menschen abends in die Nähe der Behausungen, nur Tiere und Vögel streifen frei in der Wüste herum, ohne Furcht vor den Menschen. Noch vor Sonnenuntergang kommen mit lustigem Geplauder die Kosakenfrauen aus den Gärten, wo sie Reben gebunden haben, zurück. In den Gärten wird es leer, wie in der ganzen Umgegend; aber um so lebendiger wird's um diese Abendzeit in der Staniza. Von allen Seiten strömen Menschen herbei, zu Fuß, zu Pferd und auf knarrenden Wagen. Junge Mädchen in aufgeschürzten Hemden laufen mit langen Ruten lustig schwatzend zu den Toren, dem Vieh entgegen. Das Vieh kommt in einer Wolke von Staub und Mücken, die ihm aus der Steppe folgen. Die satten Kühe und Büffelkühe zerstreuen sich nach verschiedenen Richtungen, Kosakenmädchen in farbigen Beschmets laufen dazwischen hin und her. Durchdringende Stimmen, lustiges Lachen und Kreischen wird vom Gebrüll der Kühe unterbrochen. Dort kommt ein bewaffneter Kosak angeritten, der vom Kordon beurlaubt ist, nähert sich seinem Haus, beugt sich herunter und klopft an ein Fenster; sofort erscheint im Fenster das schöne junge Gesicht eines Kosakenmädchens, und freundliche, lächelnde Reden werden laut. Dort kommt ein zerlumpter nogaischer Arbeiter mit Schilfrohr aus der Steppe gefahren, dreht den knarrenden Wagen auf dem sauberen, breiten Hof des Jessauls herum, nimmt den Ochsen, die mit den Köpfen wackeln, das Joch ab und ruft auf tatarisch etwas zu seinem Herrn hinauf. An der Pfütze, die beinahe die ganze Straße einnimmt und an der schon seit vielen Jahren die Menschen nicht anders vorüber können, als daß sie sich mit Mühe an den Zaun klammern, sucht sich jetzt ein barfüßiges Kosakenmädchen mit einem Bündel Brennholz auf dem Rücken den Weg; sie hebt das Hemd hoch über die weißen Beine, ein heimkehrender Jäger zielt nach ihr hin und ruft scherzend: »Du schamlose Dirne, heb's doch gleich noch ein bißchen höher!« Das Mädchen reißt am Hemd und läßt das Holz fallen. Ein alter Kosak mit aufgekrempelten Hosen und offener grauer Brust kommt vom Fischfang zurück, trägt über der Schulter im Netz noch zappelnde silbrige Fische, klettert, um den Weg abzukürzen, über den zerbrochenen Zaun seines Nachbarn und reißt ungeduldig an seinem Kittel, der sich festgehakt hat. Dort schleppt eine Frau einen langen dürren Ast, hinter dem Haus kann man Axthiebe hören. Es kreischen die Kinder, die auf den Straßen, überall da, wo sie einen ebenen Platz finden können, ihre Kreisel drehen. Frauen klettern über die Zäune, um einen Umweg zu sparen. Aus allen Schornsteinen steigt der beizende Rauch des getrockneten Kuhmists empor. Auf jedem Hof ist das lebhafte Treiben zu hören, das der Stille der Nacht voranzugehen pflegt.

Mutter Ulitka, die Frau des Kosakenfähnrichs und Schullehrers, geht wie die anderen zum Hoftor, dem Vieh entgegen, das ihr Mädchen, die Marjanka, jetzt die Straße heruntertreibt. Sie hat das Tor erst halb geöffnet, als eine große Büffelkuh, von Mücken verfolgt, mit Gebrüll hereindrängt; hinterher kommen langsamer die satten Kühe, schauen mit großen Augen ihre Herrin an und schlagen gemessen mit den Schwänzen. Die schlanke schöne Marjanka kommt durch das Tor herein, wirft die Rute weg und beeilt sich, das Vieh hereinzutreiben.

»Nimm das Schuhzeug ab, Teufelsmädel!« schreit die Mutter, »hast es schon ganz ausgetreten ...«

Marjanka nimmt die Benennung Teufelsmädel durchaus nicht ernst, faßt das Wort als Lob auf und setzt ihre Arbeit lustig fort. Marjankas Gesicht ist durch das umgebundene Tuch verdeckt, sie trägt ein rosa Hemd und einen grünen Beschmet. Jetzt verschwindet sie hinter dem fetten, großen Vieh unter dem Vordach des Hofes, und man hört aus dem Stall nur noch ihre Stimme, die der Büffelkuh zärtlich zuredet: »Willst du wohl stehen? Na, du! Ich werde dir gleich, Mütterchen, na ...!« Bald darauf kommen das Mädchen und die Alte aus dem Stall heraus und tragen zwei große Töpfe Milch, den Ertrag des heutigen Tages; damit begeben sie sich in die niedrige Vorratshütte. Aus dem Lehmschornstein wird nun bald der Rauch des getrockneten Kuhmists aufsteigen, die Milch wird zu Kaimak verarbeitet; das Mädchen macht das Feuer an, während die Alte vors Tor geht. Die Staniza ist von Dämmerung umhüllt. In der Luft steht Geruch von Gemüse und Vieh und der stickige Rauch von Kuhmist. An den Toren und auf den Straßen sieht man Frauen mit brennenden Lappen in den Händen laufen. Im Hof hört man das gemolkene Vieh schnaufen und die Stimmen von Frauen und Kindern, die einander von Hof zu Hof und auf der Straße etwas zurufen. Betrunkene Männer hört man werktags nur selten.

Eine alte, große Kosakenfrau von männlichem Aussehen kommt von dem gegenüberliegenden Hof zu Mutter Ulitka herüber, um sie um Feuer zu bitten; in der Hand hält sie einen Lappen.

»Na, Mutter, schon fertig?« fragt sie.

»Das Mädchen heizt an. Braucht ihr Feuer?« sagt Mutter Ulitka stolz darauf, daß sie aushelfen kann.

Beide Frauen gehen ins Haus; die groben Hände, die nicht an kleine Gegenstände gewöhnt sind, öffnen zitternd den Dekkel der kostbaren Schachtel mit Zündhölzern, die im Kaukasus selten sind. Die männlich aussehende Nachbarin setzt sich, offenbar in der Absicht zu plaudern, auf die Ofenbank.

»Ist der Deinige noch in der Schule, Mutter?« fragt sie.

»Ja, er unterrichtet die Kinder, Mutter. Hat geschrieben, daß er zu den Feiertagen kommt«, sagt die Fähnrichsfrau.

»Ein kluger Mensch; es bringt ja auch Nutzen.«

»Natürlich bringt's Nutzen.«

»Mein Lukascha ist im Kordon und wird nicht nach Hause gelassen«, sagt die Besucherin, obwohl es die Fähnrichsfrau längst weiß. Sie möchte über ihren Lukascha sprechen, den sie erst kürzlich zu den Kosaken gesteckt hatte und gerne mit Marjanka, der Tochter des Fähnrichs, verheiraten möchte.

»Schläft er auch im Kordon?«

»Ja, Mutter. Seit den Feiertagen ist er nicht wieder hier gewesen. Neulich habe ich ihm durch Fomuchkin Hemden geschickt. Er sagt: die Vorgesetzten loben ihn. Es soll wieder nach Abreken gefahndet werden ... Lukaschka, sagt er, wäre fidel und munter.«

»Na, Gott sei Dank«, sagt die Fähnrichsfrau. »Ein *Herausreißer* mit einem Wort.«

Lukaschka hatte den Beinamen »der Herausreißer« für seine Kühnheit bekommen, dafür, daß er einen Kosakenjungen aus dem Wasser herausgezogen, *herausgerissen* hatte. Und die Frau des Fähnrichs erwähnte das jetzt, um ihrerseits Lukaschkas Mutter etwas Angenehmes zu sagen.

»Ich danke Gott, Mutter, er ist ein guter Sohn; ein forscher Kerl, alle sind des Lobes voll«, sagt Lukaschkas Mutter. »Verheiraten möchte ich ihn noch, dann könnte ich ruhig sterben.«

»Es gibt ja genug Mädchen im Dorf«, antwortet die schlaue Fähnrichsfrau und schließt mit ihren verkrümmten Fingern sorgfältig die Zündholzschachtel.

»Freilich gibt es viele, Mutter«, meint Lukaschkas Mutter und wiegt den Kopf, »aber so eine wie dein Mädchen, die Marjanka – so eine gibt es keine zweite im Regiment.«

Die Fähnrichsfrau kennt die Absichten von Lukaschkas Mutter, aber obwohl sie Lukaschka für einen guten Kosaken hält, will sie dieses Gespräch vermeiden; erstens, weil sie eine Fähnrichsfrau und reich ist, Lukaschka dagegen der Sohn eines gemeinen Kosaken und Waise ist; zweitens, weil sie sich jetzt noch nicht von ihrer Tochter trennen möchte; vor allem aber, weil es der *Anstand* so verlangt.

»Na ja, Marjanka soll nur erst heranwachsen, dann wird sie nicht schlechter als die andern sein«, äußert sie zurückhaltend und bescheiden.

»Ich werde Brautwerber senden, laß mich nur erst mit den Gärten fertig werden, dann werden wir kommen und um deine Gnade bitten«, sagt Lukaschkas Mutter, »auch Ilja Wasiljewitsch werden wir bitten.«

»Wozu denn Ilja?« sagt die Fähnrichsfrau stolz, »mit mir werdet Ihr zu reden haben. Aber alles hat seine Zeit.«

Aus dem strengen Gesichtsausdruck der Fähnrichsfrau schließt Lukaschkas Mutter, daß es jetzt nicht angebracht ist, weiter über dies Thema zu sprechen, sie zündet ihren Lappen mit dem Streichholz an und sagt, während sie aufsteht: »Sei gnädig, Mutter, denk an meine Worte. Ich muß jetzt anheizen gehen«, fügt sie hinzu.

Als sie über die Straße geht und dabei den Lappen in der ausgestreckten Hand schwenkt, kommt ihr Marjanka entgegen und grüßt.

Ein hübsches Mädchen, eine fleißige Arbeiterin, denkt sie,

während sie Marjanka anschaut, wohin soll sie denn noch wachsen? Einen Mann braucht sie aus gutem Haus. Den Lukaschka soll sie heiraten.

Aber Mutter Ulitka hat ihre eigenen Sorgen; sie bleibt auf der Schwelle sitzen und denkt angestrengt über etwas nach, bis das Mädchen sie ruft.

## 6

Der männliche Teil der Bevölkerung verbringt das Leben auf Feldzügen und in den Kordonen, auf Posten, wie die Kosaken selber sagen. Lukaschka, der Herausreißer, über den sich die beiden Alten im Dorf unterhalten hatten, stand diesen Abend auf dem Wachtturm des Postens von Nischne-Protozk, der sich direkt am Ufer des Terek befindet. Auf das Geländer des Turms gestützt, schaute er mit zugekniffenen Augen bald in die Ferne hinter dem Terek, bald hinunter auf seine Kameraden, mit denen er hin und wieder ein paar Worte wechselte. Die Sonne näherte sich schon dem mit Schnee bedeckten Bergrücken, der aus den krausen Wolken herauslugte. Die Wolken, die an seinem Fuße wallten, nahmen immer dunklere Färbungen an. Die Luft wurde abendlich-durchsichtig. Aus dem dichten, verfilzten Wald zog es kühl, aber um den Posten herum war es noch recht heiß. Die Stimmen der Kosaken klangen voller und standen in der Luft. Der braune schnelle Terek hob sich durch seine bewegte Masse klar von den unbeweglichen Ufern ab. Er wurde allmählich seichter, da und dort bedeckte nasser brauner Sand Ufer und Sandbänke. Dem Kordon gegenüber war alles leer; niedriges, endloses, ödes Schilfrohr erstreckte sich bis dicht an die Berge. Seitwärts waren auf dem niedrigen Ufer die Lehmhütten, die flachen Dächer und die trichterartigen Rauchfänge des Tschetschenzendorfes zu sehen. Die scharfen Augen des Kosaken auf dem Turm verfolgten in der Ferne, durch den abendlichen Rauch des friedlichen Auls hindurch, aufmerksam die Bewegungen der Tschetschenzenfrauen in blauen und roten Kleidern.

Obwohl die Kosaken jeden Augenblick den Angriff der Abreken erwarten mußten, die den Fluß von der tatarischen Seite her leicht überschreiten konnten, besonders jetzt im Mai, wo der Wald am Terek so dicht war, daß ein Fußgänger Mühe hatte durchzukommen, und der Fluß so seicht war, daß man stellenweise durch die Furten reiten konnte, und obwohl vor zwei Tagen ein Bote des Regimentskommandeurs mit einem Zettel* des Inhalts vorbeigekommen war, daß durch Kundschafter die Nachricht eingegangen sei, eine Gruppe von acht Mann würde den Terek überschreiten, weshalb äußerste Vorsicht erforderlich sei, wurde trotz alledem auf dem Kordon keine besondere Vorsicht beobachtet. Die Pferde ungesattelt, ohne Waffen, beschäftigten sich die Kosaken, als wären sie zu Hause, mit Fischfang, Trinken und Jagen. Nur das Pferd des Wachthabenden ging gesattelt mit gekoppelten Füßen zwischen den Dornen am Wald umher, und nur der wachhabende Kosak selber war im Tscherkessenrock, mit Flinte und Säbel. Der Unteroffizier, ein hoher, hagerer Kosak, mit außerordentlich langem Rücken und kleinen Füßen und Händen, saß auf dem Erdaufwurf der Hütte im aufgeknöpften Beschmet und legte mit einem Ausdruck von Faulheit und Langeweile, wie ihn sich nur die Obrigkeit erlauben darf, mit geschlossenen Augen den Kopf von einer Hand in die andere. Ein älterer Kosak mit breitem, schwarz und grau meliertem Bart, lag im Hemd, das mit einem schwarzen Riemen gegürtet war, am Wasser und sah gelangweilt auf den einförmigen, tobenden und sich windenden Terek. Die anderen waren ebenfalls von der Hitze entkräftet und nur halb angezogen; der eine spülte seine Wäsche im Terek, der andere flocht einen Zügel, der dritte lag auf dem heißen Sand des Flusses und summte ein Liedchen. Ein vierter Kosak, mit magerem, schwarzverbranntem Gesicht, lag auf dem Rücken, offenbar vollständig betrunken, neben der Wand der Hütte, die vor zwei Stunden wohl im Schatten gewesen sein mochte, auf die aber jetzt die sengenden schrägen Strahlen der Sonne fielen.

Lukaschka, der auf dem Turm stand, war ein hochgewachsener, gut aussehender Bursche von etwa zwanzig Jahren und seiner Mutter sehr ähnlich. Sein Gesicht und sein ganzer Körperbau zeugten, der jugendlichen Unbeholfenheit zum Trotz, von großer physischer und moralischer Kraft. Obwohl er erst seit kurzem in die kämpfende Truppe aufgenommen worden war, konnte man an dem breiten Gesichtsausdruck und der ruhigen, selbstbewußten Haltung sehen, daß er schon Zeit gehabt hatte, sich den kriegerischen, etwas stolzen Anstand anzueignen, der den Kosaken ebenso wie anderen waffentragenden Männern eigen ist. Man konnte ihm gleich ansehen, daß er

* Ein Zettel bezeichnet ein Zirkular, das an alle Posten geschickt wird.

Kosak und sich seines Wertes bewußt war. Der breite Tscherkessenrock war stellenweise schon zerrissen, die Mütze nach Tschetschenzenart auf den Hinterkopf geschoben, die Gamaschen saßen unterhalb der Knie. Seine Kleidung war nicht reich, aber sie hatte den besonderen Kosakenschmiß, der den Tschetschener Dschigiten abgeschaut ist. An einem richtigen Dschigiten ist alles weit, zerrissen und nachlässig, nur seine Waffen sind gut. Aber richtig angezogen, gegürtet und hergerichtet, bewirken diese abgerissenen Kleider samt den Waffen einen eigenartigen Eindruck, den nicht jeder hervorrufen kann, der aber jedem Kosaken oder Kaukasier sofort in die Augen springt. Lukaschka hatte dieses Aussehen eines kühnen Dschigiten. Die Hände am Säbel, blickte er mit zugekniffenen Augen nach dem fernen Aul. Einzeln betrachtet waren seine Züge nicht eigentlich schön, aber jeder, der seinen stattlichen Körperbau, sein kluges Gesicht mit den schwarzen Augenbrauen sah, mußte unwillkürlich denken: Das ist ein ganzer Kerl.

»Was jetzt für eine Menge Weiber im Dorf zu sehen ist«, sagte er mit scharfer Stimme, seine leuchtend weißen Zähne träge öffnend, ohne sich an jemand Bestimmten zu wenden.

Nasarka, der unten gelegen hatte, hob sofort den Kopf und bemerkte: »Werden wohl Wasser holen gehen.«

»Man sollte sie durch einen Schuß erschrecken«, sagte Lukaschka lachend, »die würden schön durcheinanderfahren.«

»Trägt nicht bis hin.«

»Meins trägt schon rüber. Na warte, demnächst haben sie Festtag, da werde ich Girej-Khan einen Besuch machen und Busa trinken«, sagte Lukaschka, gleichzeitig ärgerlich nach den zudringlichen Mücken schlagend.

Geraschel im Dickicht ließ die Kosaken aufhorchen. Ein scheckiger Hühnerhundbastard kam, nach einer Fährte suchend und angestrengt mit seinem mageren Schwanz wedelnd, auf den Kordon zugelaufen. Lukaschka erkannte den Hund des Jägernachbarn, des Onkels Jeroschka, und bemerkte gleich darauf im Dickicht die Gestalt des sich nähernden Jägers.

Onkel Jeroschka war ein Kosak von ungeheurer Größe, schlohweißem Bart und breiten Schultern und breiter Brust, aber im Wald, wo er nicht mit anderen verglichen werden konnte, wirkte er gar nicht groß: so wohlproportioniert waren seine mächtigen Glieder. Er trug einen zerrissenen, hochgeschürzten Bauernkittel, aus ungegerbtem Hirschfell verfertigtes Schuhzeug, das mit Schnüren an die Füße gebunden war, und eine zottige weiße Mütze. Auf dem Rücken hing über die eine Schulter eine Kobylka und ein Sack mit einem Huhn und einem jungen Rotfußfalken zum Anlocken von Habichten; über die andere Schulter trug er am Riemen eine erlegte wilde Katze; auf dem Rücken hingen am Gurt ein Täschchen mit Kugeln, Schießpulver und Brot, ein Pferdeschweif zum Abwehren der Fliegen, ein großer Dolch in zerrissener, mit altem Blut besudelter Scheide und zwei erlegte Fasanen. Er sah den Kordon und blieb stehen.

»He, Ljam!« schrie er den Hund in einem so dröhnenden Baß an, daß das Echo tief im Wald widerhallte; dann hängte er das riesengroße Pistongewehr, das die Kosaken *Flinte* nennen, über die Schulter und lüftete die Mütze.

»Hallo! Einen guten Tag, ihr lieben Leute!« wandte er sich mit derselben lauten Stimme und in lustigem Ton ohne jegliche Anstrengung, doch so laut, als wollte er jemandem auf der anderen Seite des Flusses etwas zurufen, an die Kosaken.

»Guten Tag, Onkel! Guten Tag!« antworteten von verschiedenen Seiten die Stimmen der Kosaken.

»Was habt ihr gesehen? Erzählt mal«, rief Onkel Jeroschka, indem er sich mit einem Rockärmel den Schweiß von dem breiten roten Gesicht wischte.

»Ja, Onkel, irgendein Habicht haust hier auf der Platane. Sobald es Abend wird, kreist er regelmäßig hier herum«, sagte Nasarka, mit den Augen zwinkernd und mit Schulter und Fuß Zeichen machend.

»Was du nicht sagst!« sagte der Alte mißtrauisch.

»Tatsächlich, Onkel, du solltest dich auf den Anstand stellen«, bekräftigte Nasarka lächelnd.

Die Kosaken lachten.

Der Spaßmacher hatte keinen Habicht gesehen, aber es herrschte in dem Kordon bei den jungen Kosaken schon seit langem die Sitte, Onkel Jeroschka, wenn er zu ihnen kam, zu necken und zu foppen.

»Ach, du Narr, immer mußt du Unsinn reden«, sagte Lukaschka vom Turm aus zu Nasarka.

Nasarka verstummte sofort.

»Na, wenn man sich auf den Anstand setzen muß, dann setze ich mich eben«, sagte der Alte zur Freude der Kosaken. »Habt ihr Wildschweine gesehen?«

»Wildschweine! Als ob das so leicht wäre!« sagte der Unteroffizier, drehte sich dabei auf die andere Seite und kratzte sich mit beiden Händen den Rücken. Die Zerstreuung kam ihm sehr gelegen. »Abreken sollen wir fangen und nicht Wildschweine. Du hast wohl nichts gehört, Onkel? Was?« fügte er hinzu, indem er die Augen grundlos zusammenkniff und eine Reihe weißer Zähne zeigte.

»Abreken?« sagte der Alte, »nein, ich habe nichts gehört. Habt ihr keinen Tschichir da? Gib mir zu trinken, lieber Mensch. Ich bin ganz erschöpft, wahrhaftig. Ich will dir auch nächstens Wild bringen, wahrhaftig. Gib einen Schluck!« fügte er hinzu.

»Willst du wirklich auf den Anstand gehen?« fragte der Unteroffizier, als hätte er die Worte des anderen gar nicht gehört.

»Ich wollte mal eine Nacht auf den Anstand gehen«, antwortete Onkel Jeroschka, »vielleicht erlege ich zum Feiertage mit Gottes Hilfe etwas; dann gebe ich dir davon ab, ganz bestimmt.«

»Onkel! Hallo, Onkel!« schrie Lukaschka, die allgemeine Aufmerksamkeit auf sich lenkend, scharf vom Turm herunter. Die Kosaken sahen sich nach ihm um.

»Geh doch zu dem oberen Durchfluß, dort steht eine ganze Herde. Ich lüge nicht. Wahrhaftig! Neulich hat ein Kosake einen Keiler geschossen. Ich sage die Wahrheit«, fügte er, seine Büchse auf dem Rücken zurechtrückend und in einem solchen Ton hinzu, daß jedermann sehen konnte, daß er nicht lachte.

»Ach, Lukaschka der Herausreißer ist auch hier!« sagte der Alte, nach oben schauend. »Wo hat er ihn denn geschossen?«

»Hast mich noch gar nicht bemerkt? Ich bin wohl zu klein?« sagte Lukaschka. »Direkt am Graben, Onkel«, fügte er ernst hinzu und warf mit einer Kopfbewegung das Haar zurück. »Wir gingen am Graben entlang, plötzlich hörten wir etwas rascheln, und ich hatte mein Gewehr im Futteral. Aber Pljaska ballerte los ... Ich werde dir die Stelle zeigen, Onkel, es ist hier ganz in der Nähe. Laß mir nur Zeit. Ich kenne alle Wege, Bruder. Onkel Mossew!« setzte er sehr bestimmt und beinahe befehlend zu dem Unteroffizier gewandt hinzu, »Zeit zur Ablösung!« – Und ohne den Befehl abzuwarten, warf er sein Gewehr über die Schulter und begann herunterzusteigen.

»Komm herunter!« sagte erst hinterher der Unteroffizier und blickte sich um. »Du bist an der Reihe, Gurko, nicht? Geh! Ja, geschickt ist dein Lukaschka geworden«, fügte der Unteroffizier zu dem Alten gewandt hinzu, »immerzu muß er herumlaufen, genauso wie du, kann nicht zu Hause sitzen; neulich hat er einen erschossen.«

## 7

Die Sonne war verschwunden, nächtliche Schatten schoben sich vom Wald heran. Die Kosaken hatten ihren Dienst im Kordon beendigt und versammelten sich zum Abendessen in der Hütte. Nur der Alte saß in Erwartung des Habichts unter der Platane und riß hin und wieder an dem Faden, der um den Fuß des Lockvogels geschlungen war. Der Habicht saß auf dem Baum, ließ sich aber nicht auf das Huhn herab. Lukaschka legte, ohne sich zu beeilen, mitten im dicksten Dornengewirr Schlingen für die Fasanen und sang ein Lied nach dem anderen. Trotz seines großen Wuchses und seiner großen Hände gedieh jegliche Arbeit, ob groß oder klein, in seinen Händen.

»He, Luka!« ertönte aus dem Dickicht die durchdringend klingende Stimme Nasarkas, »die Kosaken sind zum Abendessen gegangen.«

Nasarka kletterte mit einem lebenden Fasan unter dem Arm durch die Dornen auf den Fußweg heraus. Lukaschka hörte mit dem Singen auf.

»Wo hast du den Hahn her? Wohl aus meiner Schlinge?«

Nasarka war im selben Alter wie Lukaschka und auch erst seit dem Frühjahr an der Front.

Er war häßlich, mager, unansehnlich und hatte eine hohe Stimme, die einem durch und durch ging. Die beiden waren Nachbarn und Kameraden. Lukaschka saß auf tatarische Weise im Grase und bereitete seine Schlingen vor.

»Ich weiß nicht, wird wohl deine gewesen sein.«

»Hinter dem Graben unter der Platane? Das ist meine, ich habe sie gestern gelegt.«

Lukaschka stand auf und besah sich den gefangenen Vogel. Er streichelte den dunklen Kopf, den der Hahn, der die Augen verdrehte, erschrocken vorstreckte. Dann nahm er ihn in die Hand.

»Aus dem machen wir heute Pilaw. Geh, schlachte und rupfe ihn.«

»Wollen wir ihn selber essen, oder soll der Unteroffizier wieder etwas bekommen?«

»Der hat genug bekommen.«

»Ich mag nicht schlachten, ich fürchte mich«, sagte Nasarka.

»Gib her.«

Lukaschka holte unter dem Dolch ein kleines Messer hervor und machte eine kurze Bewegung. Der Hahn schrak empor, fand aber keine Zeit, die Flügel auszubreiten, der blutige Kopf bog sich zuckend nach hinten.

»So wird es gemacht!« sagte Lukaschka und warf den Hahn auf die Erde, »wird ein fettes Pilaw abgeben.«

Nasarka sah den Hahn an und schauerte zusammen.

»Hör mal, Luka, der Satan will uns schon wieder auf Horchposten schicken!« fügte er hinzu. Damit meinte er den Unteroffizier. Er hob den Fasan auf. »Den Fomuschkin hat er um Tschichir geschickt, eigentlich wäre der an der Reihe. Die wievielte Nacht ist das schon? Wir sollen die ganze Arbeit für ihn machen.«

Lukaschka ging pfeifend vor dem Kordon auf und ab.

»Nimm die Schnur mit!« rief er.

Nasarka gehorchte.

»Ich werde es ihm heute sagen, unbedingt«, fuhr Nasarka fort. »Wir wollen sagen: wir gehen nicht, wir sind zu müde, und damit Schluß. Sag du es ihm, auf dich wird er hören. Es ist doch wirklich keine Art!«

»Das lohnte sich, darüber Worte zu verlieren!« sagte Lukaschka, offenbar an etwas ganz anderes denkend ... »So ein Unsinn! Wenn wir jetzt im Dorfe wären, und er würde uns in die Nacht hinausjagen, ja dann ... Dort bummelst du, aber hier? Ob man im Kordon oder auf Horchposten sitzt, es ist ja alles eins.«

»Wirst du ins Dorf gehen?«

»Zu den Feiertagen.«

»Gurko hat erzählt, daß deine Dunajka jetzt mit Fomuschkin geht«, sagte Nasarka plötzlich.

»Mag sie der Teufel holen!« antwortete Lukaschka; seine weißen Zähne blitzten auf, obwohl er nicht lachte. »Ich kann auch eine andere finden.«

»Der Gurko erzählte, er wäre zu ihr gekommen, ihr Mann wäre nicht dagewesen, aber Fomuschkin hätte dagesessen und einen Kuchen gegessen. Er selbst wäre eine Weile geblieben und dann weggegangen; wie er unter dem Fenster vorbeigeht, hört er, wie sie zu dem anderen sagt: ‚Er ist fort, der Satan. Warum ißt du den Kuchen nicht, Liebster? Zum Schlafen‘, sagt sie, ‚brauchst du nicht erst nach Hause zu gehen.‘ Und darauf hätte er dann unter dem Fenster gerufen: ‚Herrlich!‘«

»Du lügst!«

»Wirklich und wahrhaftig, bei Gott!«

Lukaschka schwieg eine Weile.

»Hat sie einen anderen gefunden, so soll sie der Teufel holen. Gibt es nicht genug Mädchen? Ich möchte sie sowieso nicht mehr.«

»Na, du bist auch ein Teufel!« sagte Nasarka. »Du solltest dich an die Marjanka des Fähnrichs ranmachen. Warum geht die mit niemandem?«

Lukaschka runzelte die Stirn. »Warum denn die Marjanka? Es ist ja alles eins!« sagte er.

»Na ja, probier es einmal...«

»Was denkst du dir denn? Aber gibt es denn nicht genug Mädchen im Dorf?«

Und Lukaschka begann wieder zu pfeifen, ging weiter und riß im Vorbeigehen die Blätter von den Zweigen. Wie er so durch die Büsche ging, fiel ihm ein glattes Bäumchen auf, er blieb stehen, holte sein Messer unter dem Dolch hervor und schnitt es heraus. »Wird einen feinen Ladestock abgeben«, sagte er, indem er die Gerte durch die Luft pfeifen ließ.

Die Kosaken saßen beim Abendessen zwischen den mit Lehm beworfenen Wänden des Kordons auf der Erde vor einem niedrigen tatarischen Tisch, als die Rede darauf kam, wer an der Reihe sei, auf Horchposten zu gehen.

»Wer soll heute gehen?« rief einer der Kosaken durch die geöffnete Tür der Hütte dem Unteroffizier zu.

»Ja, wer soll gehen?« antwortete der Unteroffizier, »Onkel Burlak ist gewesen, Fomuschkin auch«, sagte er etwas unsicher. »Geht ihr beiden, du und Nasar«, wandte er sich an Luka, »und Jerguschow wird gehen, wenn er seinen Rausch ausgeschlafen hat.«

»Du wirst ja auch nicht nüchtern, wie sollte dann er?« sagte Nasarka halblaut.

Die Kosaken lachten.

Jerguschow war der nämliche Kosak, welcher betrunken neben der Hütte gelegen hatte. Gerade kam er, die Augen reibend, in den Flur herein.

Lukaschka war unterdes aufgestanden und brachte sein Gewehr in Ordnung.

»Ja, und macht schnell; eßt und geht«, sagte der Unteroffizier und schloß die Tür; offenbar hatte er nicht viel Hoffnung, daß die Kosaken gehorchen würden. »Ich würde niemanden schicken, wenn es nicht befohlen wäre, der Hauptmann kann auch jeden Augenblick kommen. Es sollen acht Mann Abreken über den Fluß gesetzt sein.«

»Ja, wir müssen gehen«, sagte Jerguschow, »Ordnung muß sein ... Es geht nicht anders, es sind nun mal solche Zeiten. Ich sage, wir müssen gehen.«

Lukaschka hielt indes ein großes Stück Fasan mit beiden Händen vor den Mund, schaute abwechselnd bald den Unteroffizier, bald Nasarka an, schien gegenüber allem, was sich tat, gleichgültig zu sein und lachte über beide. Die Kosaken waren noch nicht fort, als Onkel Jeroschka, der bis in die Nacht hinein vergebens unter der Platane gesessen hatte, in den dunklen Flur hereinkam.

»Nun, Kinder«, dröhnte sein Baß, der alle Stimmen übertönte, in dem niedrigen Flur, »ich gehe mit euch. Ihr werdet den Tschetschenzen auflauern und ich den Wildschweinen.«

## 8

Es war bereits stockfinster, als Onkel Jeroschka und die drei Kosaken vom Kordon, in die Umhänge gehüllt und die Gewehre über der Schulter, am Terek entlang zu der Stelle gingen, die für den Horchposten bestimmt war. Nasarka wollte nicht gehen, aber Luka hatte ihn angefahren, und alle hatten sich eilig fertiggemacht. Nachdem sie ein paar Schritte schweigend gegangen waren, bogen sie von dem Graben ab und näherten sich auf einem im Schilf kaum sichtbaren Fußweg dem Terek. Am Ufer lag ein dicker schwarzer Balken, den der Fluß angespült hatte, das Schilf um den Balken herum war frisch zertreten.

»Bleiben wir hier sitzen?« fragte Nasarka.

»Natürlich«, sagte Lukaschka. »Setz dich, ich komme gleich wieder, möchte nur dem Onkel den Platz zeigen.«

»Der denkbar beste Platz: wir können alles sehen und werden nicht gesehen«, sagte Jerguschow, »hier muß man sitzen, der allerbeste Platz.«

Nasarka und Jerguschow breiteten hinter dem Balken ihre Umhänge aus und legten sich nieder, während Lukaschka mit Onkel Jeroschka weiterging.

»Es ist hier ganz in der Nähe, Onkel«, sagte Lukaschka, lautlos vor dem Alten hergehend; »ich werde dir zeigen, wo sie durchgegangen sind. Ich allein weiß es.«

»Zeig mir's; du bist ein Prachtkerl, Herausreißer«, antwortete der Alte im Flüsterton.

Nachdem sie ein paar Schritte gegangen waren, blieb Lukaschka stehen, beugte sich über eine Pfütze und pfiff.

»Hier sind sie zur Tränke durchgegangen, siehst du es?« sagte er kaum hörbar und zeigte auf eine frische Fährte.

»Gott segne dich«, antwortete der Alte. »Der Keiler wird in dem Loch hinter dem Graben sein«, fügte er hinzu. »Geh jetzt, ich werde hierbleiben.«

Lukaschka zog seinen Umhang höher und ging allein am Ufer entlang zurück, wobei er bald nach links auf die Schilfmauer, bald auf den Terek blickte, der dicht neben ihm schäumte. Die werden jetzt wohl auch irgendwo kriechen oder auf der Lauer liegen, dachte er von den Tschetschenzen. Starkes Rascheln und Plätschern im Wasser ließen ihn plötzlich zusammenzucken und nach dem Gewehr greifen. Auf das Ufer sprang keuchend ein Keiler herauf, seine schwarze Gestalt hob sich einen Augenblick deutlich von der glänzenden Wasseroberfläche ab und verschwand im Schilfrohr. Luka hatte nach dem Gewehr gefaßt und angelegt, doch ehe er abdrücken konnte, war der Keiler im Dickicht verschwunden. Er spuckte ärgerlich aus und ging weiter. Nach einiger Zeit blieb er stehen und pfiff leise, der Pfiff wurde beantwortet. Er trat zu den Kameraden.

Nasarka lag zusammengerollt und schlief. Jerguschow saß mit angezogenen Beinen da und rückte zur Seite, um Lukaschka Platz zu machen.

»Es sitzt sich lustig hier, ein guter Platz«, sagte er. »Hast du ihn begleitet?«

»Ich habe es ihm gezeigt«, antwortete Lukaschka, seinen Umhang ausbreitend. »Was für einen mächtigen Keiler ich eben aufgescheucht habe! Wahrscheinlich war es derselbe! Hast du eben nichts gehört?«

»Ich habe ein Krachen gehört und wußte sofort, daß es ein Tier sein muß. Ich habe mir gleich gedacht: Lukaschka hat ein Tier aufgescheucht«, sagte Jerguschow, sich in seinen Umhang hüllend. »Ich werde jetzt schlafen«, fügte er hinzu, »wecke mich, sobald die ersten Hähne krähen, denn Ordnung muß sein. Ich werde mich hinlegen und schlafen; nachher kannst du schlafen und ich werde sitzen ... So machen wir es.«

»Ich möchte auch gar nicht schlafen«, antwortete Lukaschka.

Die Nacht war finster, warm und windstill. Nur auf einer Seite des Himmels sah man leuchtende Sterne, der andere, größere Teil war von einer mächtigen Wolke bedeckt. Die schwarze

Wolke floß mit den Bergen in eins zusammen, bewegte sich langsam, ohne Wind, immer weiter und hob sich mit ihrem ausgebuchteten Rand scharf von dem tiefen Sternenhimmel ab. Vor sich hatte der Kosak den Terek und die Ferne, hinten und von den Seiten umringte ihn eine Wand aus Schilfrohr. Hin und wieder bewegte sich das Schilf, scheinbar ohne Ursache, und raschelte. Von unten sahen die buschigen Spitzen des Schilfs auf dem hellen Hintergrund des Himmels wie Baumzweige aus. Lukaschkas Füße reichten bis zum Rand des Ufers, unterhalb brauste der Strom. Weiterhin war die glänzende bewegliche Masse des braunen Wassers zu sehen, die sich einförmig an den Sandbänken und am Ufer kräuselte. Noch weiter flossen Wasser, Ufer und Wolke in der undurchdringlichen Finsternis in eins zusammen. Auf der Oberfläche des Wassers bewegten sich schwarze Schatten, in denen das geübte Auge des Kosaken gespaltene Baumstämme erkannte. Nur manchmal erhellte ein Wetterleuchten, das sich in dem schwarzen Wasser widerspiegelte, den Umriß des gegenüberliegenden flachen Ufers. Die gleichmäßigen nächtlichen Töne, das Rascheln des Schilfs, das Schnarchen der Kosaken, das Summen der Mücken und das Rauschen des Wassers wurden hin und wieder durch einen fernen Schuß, das Glucksen eines abgebröckelten Uferstücks, das Plätschern eines großen Fisches oder das Geräusch eines Tieres in dem großen dichten Wald unterbrochen. Eine Eule flog den Terek entlang und stieß bei jedem dritten Flügelschlag mit den Flügeln aneinander. Sie bog gerade über den Köpfen der Kosaken nach dem Wald ab und steuerte auf einen Baum zu. Es dauerte dann eine ganze Weile, bis sie es sich auf der alten Platane bequem gemacht hatte. Bei jedem dieser unerwarteten Töne spannte sich das Gehör des wachenden Kosaken, seine Augen kniffen sich zusammen, und er tastete jedesmal nach dem Gewehr.

Der größte Teil der Nacht war vorüber. Die schwarze Wolke war nach Westen abgezogen, und hinter ihrem zerfetzten Rand erschien der sternklare Himmel, und die umgekehrte goldene Mondsichel leuchtete rot über den Bergen. Es wurde kühl. Nasarka wachte auf, sagte etwas und schlief wieder ein. Lukaschka begann Langeweile zu verspüren, er erhob sich, holte sein Messer unter dem Dolch hervor und begann einen Ladestock zu schnitzen. In seinem Kopf arbeiteten die Gedanken. Er mußte daran denken, wie die Tschetschenzen in den Bergen leben, wie die Kühnsten auf diese Seite herüberkommen, wie sie keine Angst vor den Kosaken haben, und daß sie doch auch an einer anderen Stelle über den Fluß herüberkommen können. Und er streckte den Kopf vor und blickte den Fluß entlang, aber es war nichts zu sehen. Auf diese Weise sah er von Zeit zu Zeit auf den Fluß und das entfernte Ufer, das sich bei dem matten Schein des Mondes nur schwach von dem Wasser abhob, er hörte aber allmählich auf, an die Tschetschenzen zu denken, und wartete nur noch auf den Augenblick, da es an der Zeit sein würde, die Kameraden zu wecken und ins Dorf zu gehen. Dabei kam ihm Dunka, sein Herzchen, wie die Kosaken ihre Liebsten nennen, in Erinnerung, und er dachte voll Unmut an sie. Das erste Anzeichen des Morgens, silbriger Nebel, wurde über dem Wasser sichtbar; in nächster Nähe begannen jetzt junge Adler durchdringend zu pfeifen und mit den Flügeln zu schlagen. Endlich ertönte weit weg in einem Dorf der erste Hahnenschrei, dem sofort ein zweites langgezogenes Krähen folgte, worauf verschiedene Stimmen antworteten.

Es ist Zeit, sie zu wecken, dachte Lukaschka, dessen Ladestock jetzt fertig war; er fühlte, daß seine Augenlider schwer wurden. Er drehte sich zu den Kameraden herum und versuchte herauszufinden, wem welche Füße gehörten; aber plötzlich war ihm, als hörte er auf der anderen Seite des Terek etwas aufplätschern, er drehte sich noch einmal nach den hellwerdenden Umrissen der Berge unter der umgekehrten Sichel um, nach der Linie des gegenüberliegenden Ufers, nach dem Terek und den auf ihm schwimmenden, jetzt deutlich sichtbaren Baumstämmen. Es schien ihm, daß er selbst sich bewegte, der Terek und die Baumstämme dagegen stillständen, aber dies dauerte nur einen Augenblick. Er blickte schärfer hin. Ein großer, gespaltener, schwarzer Baumstamm mit einem Ast fesselte seine Aufmerksamkeit. Der Baumstamm schwamm irgendwie sonderbar, direkt in der Mitte, ohne zu schaukeln und ohne sich zu drehen. Es schien sogar, daß er nicht mit der Strömung schwamm, sondern den Terek auf eine Sandbank zu durchkreuzte. Lukaschka streckte den Hals vor und blickte angespannt hin. Der Baumstamm näherte sich der Sandbank, hielt an und bewegte sich höchst merkwürdig. Es schien Lukaschka, daß jetzt eine Hand unter dem Baumstamm hervorlugte. Ich will den Abreken allein töten, dachte er, griff nach dem Gewehr, stellte rasch, doch ohne sich überflüssig zu beeilen, die Stützgabel auf, legte das Gewehr darauf und spannte vorsichtig den Hahn. Den Atem anhaltend und aufmerksam hinblickend, begann er zu zielen. Ich will die anderen nicht erst wecken, dachte er. Aber sein Herz klopfte so stark, daß er einhielt und lauschte. Der Baumstamm gluckste plötzlich wieder auf und schwamm quer durch das Wasser dem diesseitigen Ufer zu. Nur nicht vorüberlassen! dachte er, und plötzlich sah er bei dem schwachen Licht des Mondes vor dem Baumstamm den Kopf eines Tataren. Er zielte nach dem Kopf. Er schien ganz nahe, am Ende des Laufes, zu sein. Er blickte über den Lauf hinweg. Natürlich, das ist ein Abrek, dachte er voller Freude, sprang plötzlich ungestüm auf die Knie, richtete das Gewehr auf das Ziel, das am Ende des langen Laufes nur schwach zu sehen war, sprach nach alter, von Kindheit auf gewohnter Kosakenweise schnell: »Gottvater und Sohn« vor sich hin und drückte ab. Ein Blitz erhellte für einen Augenblick das Schilf und das Wasser. Der scharfe, abgerissene Knall des Schusses hallte den Fluß entlang und ging irgendwo in der Ferne in Donner über. Der Baumstamm schwamm nicht mehr quer über den Fluß, sondern mit der Strömung, drehte sich und schwankte.

»Halt, sag ich!« schrie, nach dem Gewehr greifend und sich hinter dem Baumstumpf emporrichtend, Jerguschow.

»Schweig, zum Teufel!« flüsterte Lukaschka mit zusammengepreßten Zähnen: »Abreken!«

»Auf wen hast du geschossen?« fragte Narsaka. »Auf wen hast du geschossen, Lukaschka?«

Lukaschka antwortete nicht. Er lud sein Gewehr und verfolgte mit den Augen den fortschwimmenden Baumstamm, der jetzt an einer Sandbank zum Halten gekommen war; dahinter kam jetzt irgend etwas Großes, das auf dem Wasser schaukelte, zum Vorschein.

»Was hast du geschossen? Warum sprichst du nicht?« wiederholten die Kosaken.

»Abreken, du hörst doch!« sagte Lukaschka.

»Schwatz keinen Unsinn. Ist das Gewehr aus Versehen losgegangen?«

»Einen Abreken habe ich getötet! Deshalb habe ich geschossen«, sagte Lukaschka mit vor Aufregung abgerissener Stimme und sprang auf die Füße. »Ein Mensch schwamm ...« sagte er, auf die Sandbank weisend. »Ich habe ihn getötet. Seht mal hin.«

»Schwatz nicht dummes Zeug«, wiederholte Jerguschow und rieb sich die Augen.

»Wieso dummes Zeug? Schau doch hin! dahin schau«, sagte

Lukaschka. Er nahm Jerguschow bei den Schultern und beugte ihn mit solcher Kraft zu sich herunter, daß dieser aufstöhnte. Jerguschow schaute in die Richtung, nach der Lukaschka wies, erblickte den Körper und sagte in verändertem Ton: »Ja so! Ich sage dir, es werden andere kommen, kannst dich darauf verlassen.« Er sprach leise und besah sein Gewehr. »Das war der erste, entweder sie sind schon hier oder auf der anderen Seite ganz in der Nähe, du kannst dich darauf verlassen.«

Lukaschka schnallte seinen Ledergurt ab und wollte seinen Tscherkessenrock ausziehen.

»Wohin, du Narr?« rief Jerguschow. »Versuch es nur – du wirst umkommen für nichts und wieder nichts, kannst mir's glauben. Hast du ihn getötet, so wird er dir nicht entgehen. Laß mich erst Pulver aufschütten. Du hast doch welches? Nasar! Lauf rasch zum Kordon, aber ja nicht am Ufer entlang: sie würden dich töten.«

»Ich werde doch nicht allein gehen! Geh doch selbst«, sagte Nasarka zornig.

Lukaschka hatte seinen Tscherkessenrock abgeworfen und war an das Ufer getreten.

»Nicht hineinspringen, sag ich dir«, sagte Jerguschow, indem er Pulver auf die Zündpfanne schüttete. »Du siehst doch, er rührt sich nicht, ich sehe es deutlich. Es ist bald Morgen, sie sollen vom Kordon herkommen. Geh doch, Nasar! Wie kann man sich fürchten? Fürchte dich nicht, sag ich.«

»Luka, Luka!« sagte Nasarka, »erzähl doch, wie hast du ihn getötet?«

Lukaschka hatte es sich anders überlegt.

»Lauft schnell zum Kordon, ich bleibe inzwischen hier sitzen. Sagt den Kosaken, sie sollen eine Streife aussenden. Sollten sie schon auf dieser Seite sein, so müssen sie eingefangen werden.«

»Ich sage, sie entgehen uns«, rief Jerguschow aufstehend, »wir müssen sie fangen, unbedingt.«

Und Jerguschow und Nasarka erhoben sich, bekreuzigten sich und machten sich auf den Weg zum Kordon. Sie gingen nicht am Ufer entlang, sondern kletterten durch das Dornengebüsch, um auf den durch den Wald führenden Fußweg zu kommen.

»Nun, paß auf, Luka, und rühr dich nicht«, sagte Jerguschow, »es könnte dich den Kopf kosten. Paß auf und bleib wachsam, sag ich dir!«

»Geh, ich weiß schon«, sagte Lukaschka, besah sein Gewehr und setzte sich wieder hinter den Baumstumpf.

Lukaschka saß allein, schaute auf die Sandbank und wartete auf die Kosaken, aber bis zum Kordon war es weit, und ihn quälte die Ungeduld; er fürchtete, die Abreken, die mit dem Getöteten gegangen waren, könnten entkommen. Genauso wie er sich am Abend vorher geärgert hatte, daß ihm der Keiler entgangen war, so ärgerte er sich jetzt, daß die Abreken entkommen könnten. Er schaute nach allen Seiten und auf das gegenüberliegende Ufer und meinte, jeden Augenblick einen Menschen zu erblicken; er hatte die Stützgabel gerichtet und war zum Schießen bereit. Daß er selbst getötet weden könnte, diese Möglichkeit kam ihm gar nicht in den Sinn.

## 9

Es begann hell zu werden. Der ganze Körper des Tschetschenzen, der zum Stillstand gekommen war und nur mehr leise über der Sandbank hin und her schaukelte, war jetzt deutlich zu sehen. Plötzlich knackte in nächster Nähe des Kosaken das Schilf, Schritte wurden laut, es bewegten sich die Spitzen des Schilfes. Der Kosak spannte den Hahn und murmelte: »Gottvater und Sohn.« Sofort nach dem Knacken des Hahnes verstummten die Schritte.

»Hallo, Kosaken! Erschießt den Onkel nicht«, erscholl ein ruhiger Baß. Das Schilfrohr wurde beiseite geschoben, und Onkel Jeroschka trat heraus.

»Beinahe hätte ich dich getötet, bei Gott!« sagte Lukaschka.

»Was hast du geschossen?« fragte der Alte.

Die klangvolle Stimme des Alten, die im Wald und am Fluß widerhallte, vertrieb die nächtliche geheimnisvolle Stille, die den Kosaken umgeben hatte. Alles schien plötzlich heller und deutlicher zu werden.

»Du hast nichts gesehen, Onkel, aber ich habe ein Tier erlegt«, sagte Lukaschka, während er den Hahn entspannte und unnatürlich ruhig aufstand.

Der Alte schaute, ohne die Augen abzuwenden, auf den weißen Rücken, der jetzt deutlich zu sehen war und um den herum sich das Wasser kräuselte.

»Mit einem Baumstamm auf dem Rücken schwamm er. Ich habe ihn gesichtet ... schau mal hin! Da! Blaue Hosen, ein Gewehr ... Kannst du sehen?« sagte Luka.

»Natürlich sehe ich«, sagte der Alte ärgerlich. Etwas Ernstes und Strenges war in sein Gesicht gekommen. »Einen Dschigiten hast du getötet«, sagte er mitleidsvoll.

»Ich sitze so da und sehe plötzlich: was ist das, das Schwarze auf der anderen Seite? Ich hatte ihn schon dort gesehen – es schien mir, als wäre ein Mensch herangekommen und hineingesprungen. Sehr wunderlich! Und ein Baumstamm, ein gehöriger Baumstamm schwimmt nicht hinab, sonder quer herüber. Und schau, darunter kommt jetzt ein Kopf zum Vorschein. Was ist denn das für ein Wunderding? Hinter dem Schilf kann ich nichts sehen: ich erhebe mich etwas, und das Geräusch wird er gehört haben, er klettert auf die Sandbank und schaut sich um. Na warte, denk ich, du wirst mir nicht entgehen. Er klettert heraus und schaut sich um. Hm, die Kehle ist mir wie zugeschnürt! Ich mache das Gewehr schußbereit und rühre mich nicht, warte. Der andere wartet auch, schwimmt dann aber wieder los. Wie er in den Mondschein kommt, ist der Rücken ganz deutlich zu sehen. Vater, Sohn und Heiliger Geist! Ich schaue durch den Pulverrauch: er zappelt. Stöhnt auch, aber vielleicht schien es mir nur so. Na, Gott sei Lob und Dank, denk ich – getroffen! Und wie er an die Sandbank geschwemmt wird, da ist es deutlich zu sehen, er will aufstehen, hat aber keine Kraft. Versucht es wieder und wieder und legt sich hin. Es ist aus. Rührt sich nicht mehr, offenbar verreckt. Die Kosaken sind jetzt zum Kordon gelaufen, es könnten uns die anderen entgehen!«

»So leicht zu fangen sind sie nicht«, sagte der Alte. »Werden wohl schon über alle Berge sein ... « Und er schüttelte traurig den Kopf. In diesem Augenblick erklangen laute Stimmen, Äste knackten, Kosaken zu Fuß und zu Pferd kamen heran.

»Habt ihr das Boot mit?« rief Luka.

»Tüchtig, Luka! Schlepp ihn ans Ufer!« schrie der Kosak. Lukaschka kleidete sich aus, ohne noch länger auf das Boot zu warten.

»Warte, Nasarka kommt im Boot«, schrie der Unteroffizier.

»Narr! Er ist vielleicht lebendig, stellt sich nur tot! Nimm den Dolch mit«, schrie ein anderer.

»Hat sich was!« rief Luka und streifte seine Hosen ab.

Er kleidete sich rasch aus, bekreuzigte sich und sprang mit einem Satz ins Wasser, tauchte unter und begann die Strömung zu durchqueren. Er arbeitete stark mit den beiden weißen Armen, hielt den Rücken hoch über Wasser, pustete und steuerte auf die Sandbank zu. Die Kosaken unterhielten sich laut und vielstimmig am Ufer. Drei Berittene wurden als Streife ausgeschickt. An der Biegung zeigte sich das Boot. Lukaschka kletterte auf die Sandbank hinaus, beugte sich über den Körper und schüttelte ihn ein paarmal. »Tot!« rief er mit scharfer Stimme herüber.

Der Tschetschenze war in den Kopf getroffen. Er hatte blaue Hosen, Hemd und Rock an, Gewehr und Dolch waren auf den Rücken gebunden, obenauf war ein großer Ast befestigt, der Lukaschka zu Anfang irregemacht hatte.

»Wie ein Karpfen ist er ins Netz gegangen«, sagte einer der herumstehenden Kosaken, als der Körper aus dem Boot genommen und auf das Ufer gelegt wurde.

»Wie gelb er ist!« sagte ein anderer.

»Wohin sind die Unsrigen geritten? Die sind gewiß alle auf der anderen Seite. Wenn er nicht der Anführer gewesen wäre, wäre er nicht so geschwommen. Weshalb sollte er allein herüberschwimmen?« sagte ein dritter.

»Das ist jedenfalls ein sehr Geschickter gewesen, wollte durchaus vorneweg schwimmen. Ein waghalsiger Dschigit!« sagte Lukaschka spöttisch. Er wrang die nasse Kleidung aus und schauerte wiederholt zusammen. »Der Bart ist gefärbt und gestutzt.«

»Und den Kittel hat er im Sack auf dem Rücken. Dadurch hat er es leichter beim Schwimmen gehabt«, sagte irgend jemand.

»Hör mal, Lukaschka!« meinte der Unteroffizier, der den Dolch und die Flinte des Toten in den Händen hielt. »Nimm du dir den Dolch und den Kittel auch, und für das Gewehr werde ich dir drei Moneten geben, wenn du zu mir kommst. Sieh an, es hat schon einen Riß«, fügte er, nachdem er in den Lauf geblasen hatte, hinzu. »Ich möchte es als Andenken behalten.«

Lukaschka antwortete nicht. Dies Betteln ärgerte ihn, doch er wußte schon, da war nichts zu machen.

»Pfui Teufel!« sagte er ärgerlich und warf den Tschetschenzenkittel auf die Erde, »wenn er wenigstens ordentlich wäre, aber das sind ja Lumpen.«

»Gut genug zum Holz holen«, sagte ein anderer Kosak.

»Mossew! Ich gehe jetzt nach Hause«, sagte Lukaschka.

Er schien seinen Ärger überwunden zu haben und wollte jetzt aus dem Geschenk an den Vorgesetzten einen Nutzen für sich ziehen.

»Na ja, geh schon!«

»Tragt ihn hinter den Kordon, Kinder«, wandte sich der Unteroffizier an die Kosaken. Er besah sich das Gewehr. »Man wird eine Laubhütte zum Schutz gegen die Sonne für ihn machen müssen. Vielleicht kommen sie ihn auslösen.«

»Es ist noch nicht heiß«, sagte jemand.

»Und wenn ihn die Schakale zerreißen? Das wäre nicht schön«, meinte ein anderer.

»Wir müssen eine Wache aufstellen, sollten sie ihn auslösen kommen, wäre es nicht schön, wenn er angefressen wäre.«

»Na, Lukaschka, wie du willst, aber einen Eimer Schnaps mußt du spendieren«, fügte der Unteroffizier lustig hinzu.

»Ja, das gehört sich«, stimmten die Kosaken bei. »So ein Geschenk Gottes: noch nichts gesehen und schon einen Abreken getötet.«

»Kauft den Dolch und den Kittel. Gebt mir Geld. Die Hosen verkaufe ich auch – Gott steh euch bei«, sagte Luka, »mir passen sie doch nicht, hager war er, der Satan.«

Der eine Kosak kaufte für eine Monete den Kittel. Für den Dolch gab ein anderer zwei Eimer.

»Trinkt, Kinder, ich spendiere einen Eimer«, sagte Luka, »werde ihn selber aus dem Dorf mitbringen.«

»Aus den Hosen kannst du Tücher für die Mädchen schneidern«, sagte Nasarka.

Die Kosaken brachen in lautes Gelächter aus.

»Hört doch endlich mit dem Lachen auf«, wiederholte der Unteroffizier, »tragt die Leiche beiseite! Warum habt ihr den Unrat in die Nähe der Hütte gelegt ...«

»Was steht ihr da? Schleppt ihn hierher, Kinder!« rief Lukaschka befehlend den Kosaken zu, welche die Leiche nur ungern anfaßten. Die Kosaken führten den Befehl aus, als ob er ihr Vorgesetzter wäre. Nachdem sie die Leiche ein paar Schritte zur Seite getragen hatten, ließen sie die Beine wieder fallen, die leblos zusammenzuckten und dann liegenblieben. Die Kosaken traten zurück und blieben eine Weile schweigend stehen. Nasarka trat an die Leiche heran und drehte den Kopf des Toten herum, um das Gesicht und die blutige runde Wunde an der Schläfe zu sehen. »Seht, wie er ihn gezeichnet hat! Bis in das Hirn hinein«, sagte er, »jetzt kann er seinem Herrn nicht verlorengehen.« Niemand antwortete, und wieder flog ein stiller Engel über die Kosaken.

Inzwischen war die Sonne aufgegangen und beleuchtete mit

zitternden Strahlen das taunasse Grün. Der Terek rauschte ganz nahe im erwachenden Wald; den Morgen begrüßend, schrien von allen Seiten die Fasanen. Die Kosaken standen schweigend und unbeweglich um den Toten herum und sahen ihn an. Der braune Körper in den blauen, von der Feuchtigkeit dunkelgewordenen Hosen, die über der eingefallenen Magengrube von einem schmalen Gurt zusammengehalten waren, war schlank und schön. Die kräftigen Arme lagen längs den Rippen ausgestreckt. Der bläuliche, frischrasierte runde Kopf mit dem geronnenen Blut an der Schläfe war nach hinten geworfen. Die glatte verbrannte Stirn stach scharf von der rasierten Stelle ab. Die gläsernen, geöffneten Augen mit den tief eingefallenen Pupillen schauten nach oben an allem vorbei. Auf den schmalen Lippen, die an den Enden breitgezogen waren und unter dem roten, beschnittenen Schnurrbart hervorsahen, schien ein gutmütiges feines Lächeln stehengeblieben zu sein. An den kleinen, mit rötlichem Haar bedeckten Händen waren die Finger nach innen gebogen und die Nägel rot gefärbt. Lukaschka kleidete sich noch immer nicht an. Er war naß, sein Nacken war röter, und die Augen glänzender als sonst, die breiten Backenknochen zuckten. In der morgendlich kühlen Luft ging von dem gesunden weißen Körper ein kaum sichtbarer Dampf aus.

»Ist auch ein Mensch gewesen!« sagte er mit sichtlicher Bewunderung für den Toten.

»Wärst du in seine Hände geraten, es wäre dir schlecht ergangen«, antwortete einer der Kosaken.

Der stille Engel flog davon. Die Kosaken begannen zu sprechen und sich zu rühren. Zwei gingen, um Büsche für die Laubhütte zu schlagen, zwei andere begaben sich zum Kordon zurück. Luka und Nasarka machten sich auf den Weg, um sich für das Dorf fertigzumachen.

Eine halbe Stunde später eilten Lukaschka und Nasarka beinahe im Laufschritt durch den dichten Wald, der den Terek vom Dorfe scheidet, und sprachen dabei eifrig miteinander.

»Geh und sieh nach, ob ihr Mann zu Hause ist, aber sag ihr nicht, daß ich dich geschickt habe«, sprach Lukaschka mit scharfer Stimme.

»Ich werde auch zu Jamka gehen. Wir bummeln heute, nicht?« fragte der gehorsame Nasarka.

»Wenn nicht heute, wann sonst?« antwortete Lukaschka.

Im Dorf angelangt, tranken die Kosaken einen und schliefen dann bis zum Abend.

Drei Tage nach dem eben beschriebenen Ereignis wurden zwei Kompanien eines kaukasischen Infanterieregiments in der Staniza Nowomlinskoje einquartiert. Der Troß stand schon abgeschirrt auf dem Platz. Die Köche, die ein Loch gegraben und aus den Nachbarhöfen kleine Klötze herangeschleppt hatten, kochten jetzt die Buchweizengrütze. Die Feldwebel zahlten die Leute aus. Die Fahrer schlugen die Pfähle ein, um die Pferde anzubinden. Die Quartiermacher liefen über Straßen und Gassen, als wären sie hier zu Hause, und wiesen den Offizieren und Soldaten ihre Quartiere an. Da standen ausgerichtet die grünen Munitionskisten. Da standen die Fuhrwerke und Pferde der Truppen. Da standen die Kessel, in denen Grütze gekocht wurde. Da standen auch der Hauptmann, der Leutnant und der Feldwebel Onisim Michailowitsch. Das alles befand sich in der Staniza, wo die Kompanien befehlsgemäß stehen sollten; folglich waren die Kompanien zu Hause. Warum stehen sie hier? Wer waren eigentlich diese Kosaken? Waren sie zufrieden, daß sie Einquartierung bekamen? Waren sie Altgläubige oder nicht? Das alles interessierte niemanden. Die erschöpften, verstaubten Soldaten, die eben ihr Geld ausbezahlt bekommen haben, zerstreuen sich mit Lärm und Getue wie ein ausgeflogener Bienenschwarm über Plätze und Straßen, beachten die üble Stimmung der Kosaken nicht im geringsten und gehen zu zweit und zu dritt in lustigem Geplauder und mit klirrenden Gewehren umher, treten in die Hütten ein, hängen ihre Ausrüstung auf, packen ihre Säcke aus und scherzen mit den Weibern. Am Lieblingsplatz der Soldaten, um die Kessel mit Grütze herum, versammelt sich eine große Gruppe; mit der Pfeife zwischen den Zähnen stehen die Soldaten da und schauen bald auf den Rauch, der unmerklich in den heißen Himmel emporsteigt und sich in der Höhe zu einem weißen Wölkchen verdichtet, bald auf die Flamme des Feuers, die wie zerschmolzenes Glas in der reinen Luft zittert, witzeln und machen sich über die Kosaken lustig, weil sie anders leben als die Russen. Auf allen Höfen sind Soldaten zu sehen, ihr Lachen und das erbitterte und durchdringende Schreien der Kosakenfrauen ist zu hören, die ihre Häuser verteidigen und weder Wasser noch Geschirr hergeben wollen. Die Knaben und Mädchen schmiegen sich an die Mütter oder aneinander und verfolgen mit ängstlichem Staunen die Bewegungen der von ihnen noch nie gesehenen Soldaten oder laufen ihnen auch in ehrerbietiger Entfernung nach. Die alten Kosaken kommen aus ihren Behausungen heraus, setzen sich auf die Erdaufwürfe und sehen finster und schweigend auf das Treiben der Soldaten, als ob sie sich schon längst in das Unvermeidliche gefügt hätten und dennoch nicht verstünden, was aus alledem werden solle.

Olenin, der seit drei Monaten diesem kaukasischen Regiment als Fahnenjunker zugeteilt war, hatte man ein Quartier in einem der besten Häuser des Dorfes angewiesen, bei dem Fähnrich Ilja Wasiljewitsch oder vielmehr bei der Mutter Ulitka.

»Was soll denn das werden, Dmitrij Andrejewitsch?« sagte Wanjuscha ganz außer Atem zu Olenin, der eben im Tscherkessenrock auf dem in Grosnaja gekauften Kabardiner nach fünfstündigem Ritt lustig in den Hof des ihm zugewiesenen Quartiers ritt.

»Was soll schon werden, Iwan Wasiljewitsch?« fragte er, das Pferd beruhigend, und blickte lustig auf den verschwitzten Wanjuscha, der ihm mit zerzaustem Haar und unglücklicher Miene entgegenkam. Wanjuscha war mit dem Troß angekommen und packte gerade die Sachen aus.

Olenin sah ganz anders aus als früher. Statt rasierter Kinnbacken hatte er einen jungen Backen- und Schnurrbart. An Stelle der vom allnächtlichen Bummeln früher gelben und ungesunden Gesichtsfarbe war jetzt auf den Wangen, auf der Stirn und hinter den Ohren roter, gesunder Sonnenbrand zu sehen. Statt eines neuen schwarzen Frackes trug er einen weißen schmutzigen Tscherkessenrock mit großen Falten und Waffen. Statt frischgestärkter Kragen umschloß der rote Kragen eines Beschmet aus Kanausseide den verbrannten Hals. Er war nach Tscherkessenart gekleidet, aber schlecht: jedermann erkannte in ihm sofort den Russen, nicht etwa einen Dschigiten. Alles war richtig, aber doch nicht richtig. Dennoch atmete sein ganzes Wesen Gesundheit, Lebenslust und Zufriedenheit.

»Es erscheint Ihnen komisch«, sagte Wanjuscha, »aber gehen Sie und sprechen Sie mal selbst mit diesem Volk: sie lassen sich auf nichts ein – und damit basta! Nicht ein Wort kann man aus ihnen herausbringen.« Wanjuscha warf verärgert den eisernen Eimer auf die Schwelle. »Es ist, als wären sie gar keine Russen.«

»Du hättest dich an den Ortskommandanten wenden sollen.«

»Ich kenne doch die örtlichen Verhältnisse nicht«, sagte Wanjuscha gekränkt.

»Wer hat dich denn so gekränkt?« fragte Olenin und schaute sich um.

»Der Teufel soll sie alle holen! Einen richtigen Hausherrn gibt es nicht, sie sagen, er sei zu irgendeiner Kriga* gegangen. Und die Alte ist der leibhaftige Satan. Gott schütze und bewahre mich!« antwortete Wanjuscha und griff sich an den Kopf. »Wie wir hier leben sollen, weiß ich nicht. Sie sind schlimmer als die Tataren, bei Gott. Und das sollen Christen sein! Jeder Tatare ist vornehmer. ‚Zur Kriga'! Was das für eine Kriga sein soll, möchte ich wissen!« sagte Wanjuscha und wandte sich ab.

»Es ist hier nicht wie bei uns zu Hause, was?« hänselte ihn Olenin, ohne abzusteigen.

»Bitte, das Pferd«, sagte Wanjuscha; er war durch die neuen Verhältnisse verwirrt, ergab sich aber in sein Schicksal.

»Also der Tatare ist vornehmer? Wie, Wanjuscha?« wiederholte Olenin, indem er herabsprang und das Pferd auf den Rükken klopfte.

»Ja, lachen Sie nur! Ihnen kommt alles komisch vor!« sagte Wanjuscha ärgerlich.

»Na, ärgere dich nicht, Iwan Wasiljewitsch«, sagte Olenin immer noch lächelnd. »Ich werde selbst zu den Hausleuten gehen und alles in Ordnung bringen. Du wirst sehen, wir werden hier noch prächtig leben! Reg dich nicht auf!«

Wanjuscha antwortete nicht, kniff die Augen zusammen, blickte seinem Herrn verächtlich nach und schüttelte den Kopf. Wanjuscha sah in Olenin seinen Herrn. Olenin sah in Wanjuscha seinen Diener. Und beide wären erstaunt gewesen, hätte jemand ihnen gesagt, daß sie Freunde seien. Aber sie waren Freunde, ohne es zu wissen. Wanjuscha war als elfjähriger Junge ins Haus genommen worden, und Olenin war ebenso alt gewesen. Als Olenin fünfzehn war, hatte er Wanjuscha eine Zeitlang unterrichtet und hatte ihn gelehrt, französisch zu lesen. Wanjuscha war nicht wenig stolz darauf, und wenn er guter Laune war, pflegte er französische Wörter fallen zu lassen und recht einfältig dabei zu lachen.

Olenin lief die Freitreppe hinauf und stieß die Tür zum Flur auf. Marjanka, nur mit einem rosa Hemd bekleidet (die Frauen bei den Kosaken gehen im Hause nie anders), sprang erschreckt von der Tür weg, drückte sich an die Wand und verdeckte den unteren Teil ihres Gesichts mit dem breiten Ärmel ihres tatarischen Hemdes. Olenin machte die Tür weit auf und

*So nennt man eine zwecks Fischfang umfriedete Stelle am Ufer.

sah im Halblicht die ganze Figur der hohen und schlanken jungen Kosakin. Mit der raschen und begehrlichen Neugier der Jugend nahm er unwillkürlich die kräftigen mädchenhaften Formen wahr, die sich unter dem dünnen Kattunhemd abzeichneten, und die herrlichen schwarzen Augen, die mit kindlichem Entsetzen und wilder Neugier auf ihn gerichtet waren. Das ist sie, dachte Olenin. Aber es wird noch viele solche geben, mußte er gleich darauf denken, und er machte die andere Tür auf, die ins Haus führte. Die alte Mutter Ulitka stand gebückt, auch nur im Hemd, mit dem Rücken zu ihm und kehrte den Fußboden.

»Sei gegrüßt, Mütterchen! Ich komme wegen des Quartiers ...« begann er.

Die Kosakenfrau richtete sich nicht auf, drehte ihm aber ihr strenges, noch immer schönes Gesicht zu.

»Weshalb bist du gekommen? Willst du dich lustig machen? He? Ich werde dir was lachen! Die Pest soll dich holen!« schrie sie und warf dem Ankömmling mit finster zusammengezogenen Brauen einen schrägen Blick zu.

Olenin hatte geglaubt, das erschöpfte, tapfere kaukasische Heer, dem er angehörte, würde überall, und vor allem von den Kosaken, den Kriegskameraden, mit Freuden begrüßt werden, und dieser Empfang verwirrte ihn. Er wollte erklären, daß er für das Quartier zahlen wolle, aber die Alte ließ ihn nicht zu Ende sprechen.

»Wozu kommst du? Was bist du für ein Geschwür! Du geschabter Rüssel! Warte, bis der Hausherr kommt, der wird dir einen Platz anweisen. Ich brauche dein heidnisches Geld nicht. Das kennen wir! Mit Tabak das Haus verunreinigen und dann zahlen! So ein Geschwür! Sollst in Herz und Leib getroffen werden!« schrie sie Olenin mit durchdringender Stimme an.

Wanjuscha scheint nicht so unrecht gehabt zu haben, dachte Olenin, ein Tatare ist vornehmer, und ging von Mutter Ulitkas Geschimpfe begleitet aus der Hütte. In diesem Augenblick schlüpfte Marjanka, so wie sie war, in ihrem rosa Hemd, aber das weiße Kopftuch schon bis auf die Augen heruntergezogen, unerwartet an ihm vorbei. Rasch lief sie die Freitreppe hinunter (ihre nackten Füße klatschten dabei auf jeder Stufe fest auf), blieb einen Augenblick stehen, drehte sich mit lachenden Augen nach dem jungen Mann um und verschwand hinter der Ecke der Hütte.

Der sichere jugendliche Gang, das wilde Aufblitzen der Augen unter dem weißen Tuch und der schlanke kräftige Körperbau der jungen Schönheit machten jetzt auf Olenin einen noch stärkeren Eindruck. Das wird sie wohl sein, dachte er. Er dachte nicht mehr an das Quartier, blickte sich nur fortwährend nach Marjanka um und ging zu Wanjuscha.

»Seht, sogar das Mädchen ist ganz wild!« sagte Wanjuscha, der noch am Wagen zu tun hatte, aber schon etwas vergnügter aussah. »Wie eine junge Herdenstute. La femme!« fügte er mit lauter, feierlicher Stimme hinzu und lachte auf.

## 11

Gegen Abend kam der Hausherr vom Fischfang zurück, und als er hörte, daß er für das Quartier bezahlt werden sollte, besänftigte er sein Weib und gab Wanjuscha das Gewünschte.

Das neue Quartier wurde eingerichtet. Die Wirtsleute zogen in das Winterhaus und überließen dem Fahnenjunker für drei Moneten im Monat die kühle Sommerhütte. Olenin aß und schlief ein. Als er gegen Abend aufwachte, wusch er sich, brachte seine Kleidung in Ordnung, aß zu Abend, steckte sich eine Zigarette an und setzte sich ans Fenster, das auf die Straße hinausging. Die Hitze hatte nachgelassen. Der schräge Schatten der Hütte mit dem geschnitzten Giebel legte sich quer über die staubige Straße und erstreckte sich bis zum gegenüberliegenden Haus. Das steile, mit Schilfrohr gedeckte Dach des anderen Hauses glänzte in den Strahlen der untergehenden Sonne. Die Luft wurde kühler. Im Dorf war alles ruhig. Die Soldaten hatten sich eingerichtet und waren still geworden. Die Herde war noch nicht zurück und das Volk noch draußen bei der Arbeit.

Olenins Quartier befand sich beinahe am Rand des Dorfes. Von Zeit zu Zeit ertönten vereinzelt dumpfe Schüsse, weit hinter dem Terek, in der Gegend, aus der Olenin gekommen war, in der Tschetschnja vielleicht oder auf der Kumükischen Hochebene. Nach seinem dreimonatigen Biwakleben fühlte Olenin sich jetzt äußerst wohl. Voller Behagen empfand er die Frische seines eben gewaschenen Gesichts, die in der letzten Zeit vermißte Reinlichkeit seines Körpers, die Ruhe und Kraft seiner ausgeruhten Glieder; auch in seiner Seele war alles rein und klar. Er dachte an den Feldzug, an die verflossenen Gefahren. Er dachte daran, daß er sich in der Gefahr tapfer gehalten hatte, durchaus nicht schlechter als die anderen und daß er in den Kreis der tapferen Kaukasier aufgenommen sei. Die

Moskauer Erinnerungen waren Gott weiß wo. Das alte Leben war ausgelöscht, ein neues, vollständig neues hatte begonnen, das keinerlei Fehler aufzuweisen hatte. Als neuer Mensch konnte er sich hier zwischen neuen Menschen eine neue gute Beurteilung seiner selbst verdienen.

Er empfand ein junges Gefühl ganz grundloser Freude, während er bald durchs Fenster die Knaben beobachtete, die im Schatten des Hauses ihre Kreisel antrieben, bald wieder sein neues, eben in Ordnung gebrachtes Quartier betrachtete und daran dachte, wie angenehm er sich das neue Leben im Dorfe einrichten würde. Er schaute noch Berge und Himmel an, und in seine Erinnerungen und Träume mischte sich das ernste Gefühl für die Erhabenheit der Natur. Sein Leben hatte zwar nicht ganz so begonnen, wie er es in Moskau erwartet hatte, dafür aber unerwartet schön. Berge, Berge, Berge! empfand er bei allem, was er dachte und fühlte.

»Seine Hündin hat er geküßt! Den Krug hat er ausgeleckt! Onkel Jeroschka hat seine Hündin geküßt!« schrien plötzlich die Knaben, die vor dem Fenster ihre Kreisel antrieben, und liefen in eine Seitengasse. »Die Hündin hat er geküßt! Den Dolch hat er vertrunken!« schrien sie und zogen sich vorsichtig zurück.

Die Rufe galten Onkel Jeroschka, der jetzt mit der Büchse über der Schulter und Fasanen am Gürtel von der Jagd heimkehrte.

»Meine Schuld, Kinder, meine Schuld!« antwortete Onkel Jeroschka. Er schwenkte heftig die Arme und schaute in die Fenster der Hütten auf beiden Seiten der Straße hinein. »Ich habe die Hündin vertrunken, meine Schuld!« wiederholte er offensichtlich verärgert, ohne es zugeben zu wollen.

Olenin wunderte sich über das Benehmen der Knaben dem alten Jäger gegenüber; das ausdrucksvolle, kluge Gesicht und der mächtige Körperbau des Mannes, den man Onkel Jeroschka nannte, machten Eindruck auf ihn.

»Großvater! Kosak!« rief er ihm zu. »Komm doch her!«

Der Alte sah nach dem Fenster und blieb stehen.

»Sei mir gegrüßt, lieber Mensch!« sagte er und zog sein Mützchen vom kurzgeschorenen Kopf.

»Sei mir gegrüßt, lieber Mensch!« antwortete Olenin. »Was ist das, was dir die Knaben zurufen?«

Onkel Jeroschka trat ans Fenster.

»Sie hänseln mich Alten. Das macht nichts. Ich habe es gern. Sollen sie sich nur über den Onkel freuen«, sagte er in dem bestimmten singenden Tonfall alter, angesehener Leute. »Bist du der Vorgesetzte der Liniensoldaten?«

»Nein, ich bin Fahnenjunker. Wo hast du die Fasanen geschossen?« fragte Olenin.

»Im Wald habe ich drei Hühner geschossen«, antwortete der Alte und drehte dem Fenster seinen breiten Rücken zu, auf dem drei Fasanenhühner, deren Blut auf dem Tscherkessenrock Flecken gemacht hatte, mit den kleinen Köpfen hinter dem Gürtel hingen.

»Hast du nie welche gesehen?« fragte er. »Kannst ein Paar haben, wenn du willst. Hier!« Er reichte zwei Fasane zum Fenster hinein. »Bist du Jäger?« fragte er.

»Ja. Während des Feldzuges habe ich selbst vier erlegt.«

»Vier? Das ist viel!« sagte der Alte spöttisch. »Trinkst du? Trinkst du Tschichir?«

»Warum nicht? Ich trinke gern.«

»Oh, ich sehe, du bist ein ganzer Kerl! Wir müssen Freunde werden«, sagte Onkel Jeroschka.

»Komm herein«, sagte Olenin, »dann können wir gleich einen Schluck trinken.«

»Warum nicht«, sagte der Alte. »Nimm die Fasanen.«

Dem Gesicht des Alten war anzumerken, daß ihm Olenin gut gefiel und daß er verstanden hatte, daß er hier würde umsonst trinken können, und deswegen taten ihm auch die beiden Fasanen nicht leid.

Einen Augenblick später erschien Onkel Jeroschka in der Türöffnung. Jetzt erst fiel Olenin die übermäßige Größe, die ganze mächtige Kraft dieses Mannes auf. Sein rotbraunes Gesicht mit dem langen, vollständig weißen Bart war von mächtigen Altersfurchen durchzogen. Die Muskeln der Beine, Arme und Schultern waren voll und gewölbt, wie sonst nur bei jungen Leuten. Unter dem kurzen Kopfhaar waren tiefe, jetzt verheilte Schrammen. Der sehnige dicke Hals war mit Falten wie bei einem Stier bedeckt. Die rauhen Hände waren voller Wunden und Kratzer. Er schritt leicht und gewandt über die Schwelle, befreite sich von der Büchse, die er in eine Ecke stellte, warf einen raschen und prüfenden Blick auf die Sachen, die im Zimmer zusammengestellt waren, und ging, ohne zu trampeln, bis in die Mitte des Zimmers. Gleichzeitig mit ihm drang ein starker, aber durchaus nicht unangenehmer Geruch von Tschichir, Wodka, Pulver und geronnenem Blut herein.

Onkel Jeroschka verneigte sich vor den Heiligenbildern,

strich über seinen Bart, trat auf Olenin zu und streckte ihm seine schwarze breite Hand hin.

»Koschkildy!« sagte er. »Das ist tatarisch und heißt: seid gegrüßt, Friede sei mit euch.«

»Koschkildy! Ich weiß schon«, antwortete Olenin, indem er ihm die Hand reichte.

»Gar nichts weißt du, du kennst die Sitten nicht! Dummkopf!« sagte Onkel Jeroschka, indem er mißbilligend den Kopf schüttelte. »Sagt man Koschkildy, so mußt du Allah rasi bo sun, Gott schütze dich, antworten. So ist es und nicht Koschkildy! Ich werde es dir schon beibringen. Es war einer hier, Ilja Mosejewitsch, auch ein Russe wie du, mit dem sind wir gut Freund gewesen. War ein ganzer Kerl. Ein Säufer, Dieb, Jäger, und was für ein Jäger! Ich habe ihm alles beigebracht.«

»Was willst du mir denn beibringen?« fragte Olenin, dessen Interesse für den Alten immer mehr zunahm.

»Auf die Jagd werde ich dich mitnehmen, werde dich lehren, Fische zu fangen, werde dir Tschetschenzen zeigen, werde dir ein Herzchen verschaffen, wenn du es wünschst. So ein Mensch bin ich. Ich bin für Spaß zu haben!« Und der Alte lachte. »Ich werde mich setzen, mein Vater, ich bin müde. Karga?« setzte er fragend hinzu.

»Was heißt denn Karga?« fragte Olenin.

»Karga heißt im Grusinischen ‚gut'. Aber ich gebrauche es häufig einfach so, es ist mein Lieblingswort: karga, karga sage ich, wenn ich spaße. Na, mein Vater, laß mal Tschichir auftragen Du hast doch einen Soldaten, einen Trabanten? Ja? Iwan!« schrie der Alte. »Bei euch heißen ja alle Soldaten Iwan. Heißt deiner auch Iwan?«

»Nur Iwan. Wanjuscha! Hol mal Tschichir von unseren Wirtsleuten!«

»Na, das ist ja dasselbe, Wanjuscha und Iwan. Warum heißt bei euch jeder Soldat Iwan? Iwan!« rief der Alte. »Sag ihnen, Väterchen, sie sollen dir aus dem angebrochenen Faß geben. Sie haben den besten Tschichir im Dorf. Aber gib ihr ja nicht mehr als dreißig Kopeken für das Achtel, die Hexe wäre imstande ... Unser Volk ist ein verteufelt dummes Volk«, fuhr er vertraulich fort, als Wanjuscha gegangen war. »Sie halten euch gar nicht für echte Menschen. Du bist in ihren Augen weniger als ein Tatar. Weltlich wären die Russen. Aber ich meine, wenn du auch Soldat bist, bist du deswegen doch ein Mensch, hast auch eine Seele. Habe ich nicht recht? Ilja Mosejewitsch war auch Soldat und doch ein goldener Mensch. Ist es nicht so, mein Vater? Dafür lieben mich die Unsrigen auch nicht. Aber mir ist es egal. Ich bin ein fröhlicher Mensch, ich liebe alle, ich, Jeroschka! So ist es, mein Vater!«

Und der Alte tätschelte den jungen Mann freundlich auf die Schulter.

## 12

Wanjuscha war in der besten Stimmung, er hatte den Haushalt in Ordnung gebracht, sich bei dem Kompaniebarbier rasieren lassen und seine Hosen aus den Stiefeln herausgelassen zum Zeichen, daß man sich in einem geräumigen Quartier befände. Er schaute Jeroschka aufmerksam, aber nicht gerade freundlich an, wie ein wildes, noch nie gesehenes Tier, schüttelte beim Anblick des Bodens, den dieser etwas beschmutzt hatte, den Kopf, zog zwei leere Flaschen unter der Bank hervor und begab sich zu den Wirtsleuten.

»Seid gegrüßt, ihr Lieben!« sagte er. Er hatte beschlossen, äußerst sanft aufzutreten. »Mein Herr hat befohlen, Tschichir zu kaufen, seid so gut, schenkt ein.«

Die Alte antwortete nichts. Das Mädchen stand vor einem kleinen tatarischen Spiegel und band sich gerade ein Tuch um den Kopf; sie blickte sich schweigend nach Wanjuscha um.

»Ich bezahle mit Geld, meine Verehrtesten«, sagte Wanjuscha und klimperte in der Tasche mit dem Kupfergeld. »Seid gut, so werden auch wir gut sein«, fügte er hinzu.

»Wieviel?« fragte die Alte kurz angebunden.

»Ein Achtel.«

»Geh, Liebste, gieß ihm Wein ein«, sagte Großmutter Ulitka zu ihrer Tochter. »Aus dem angebrochenen Faß schenk ihm ein, meine Ersehnte.«

Das Mädchen nahm Schlüssel und Karaffe und ging mit Wanjuscha aus dem Zimmer.

»Sag bitte, wer ist diese Frau?« fragte Olenin, auf Marjanka weisend, als diese an seinem Fenster vorbeiging.

Der Alte blinzelte und versetzte dem jungen Mann einen Stoß mit dem Ellenbogen.

»Warte mal«, sagte er und beugte sich aus dem Fenster.

»Kchm! Kchm!« hüstelte und räusperte er sich. »Marjanuschka, Marjanka! Liebe mich, Mädchen! Ich bin ein Spaßmacher!« fügte er im Flüsterton, zu Olenin gewandt, hinzu.

Das Mädchen wandte nicht einmal den Kopf, sondern ging mit regelmäßigen und schwungvollen Armbewegungen in der sicheren und flotten Gangart der Kosakenfrauen am Fenster vorüber. Nur die schwarzen, von langen Wimpern beschatteten Augen wandten sich langsam dem Alten zu.

»Liebe mich, ich werde dich glücklich machen!« rief Jeroschka, während er Olenin zuzwinkerte und fragend anschaute. »Ich bin ein ganzer Kerl und ein Spaßmacher«, fügte er hinzu. »Die reine Königin, das Mädchen, nicht?«

»Eine Schönheit«, sagte Olenin. »Rufe sie her!«

»Nein, nein!« sagte der Alte. »Sie wird den Luka heiraten. Luka ist ein flotter Kosak, ein ganzer Kerl, hat neulich einen Abreken erschossen. Ich werde dir eine Bessere verschaffen. Eine, die in Seide und Silber geht. Was ich verspreche, das tue ich; ich werde dir eine Schöne ausfindig machen.«

»Wie kannst du so reden in deinem Alter!« sagte Olenin. »Das ist doch Sünde!«

»Sünde? Was ist hier Sünde?« versetzte der Alte mit großer Bestimmtheit. »Ein schönes Mädchen ansehen soll Sünde sein? Mit ihr gehen, eine Sünde? Oder sie lieben, eine Sünde? Ist das bei euch so? Nein, Verehrtester, das ist nicht Sünde, sondern Erlösung. Gott hat dich geschaffen, Gott hat auch das Mädchen geschaffen. Alles hat Er, Väterchen, geschaffen. Und deshalb ist es durchaus keine Sünde, ein schönes Mädchen anzusehen. Es ist dazu da, um geliebt zu werden, um Freude zu bereiten. So sehe ich die Sache, lieber Mensch.«

Marjanka ging über den Hof und trat in einen dunklen, kühlen Raum, der mit Fässern vollgestellt war. Sie ging an ein Faß heran, sprach das gewohnte Gebet und tat den Stechheber hinein. Wanjuscha blieb in der Tür stehen und sah sie lächelnd an. Es kam ihm schrecklich komisch vor, daß sie nur mit einem Hemd bekleidet war, welches hinten gerafft und vorne geschürzt war, und daß sie um den Hals eine Kette aus Münzen hatte. Er dachte bei sich, daß das gar nicht russisch sei, daß der Anblick eines solchen Mädchens zu Hause im Dorf ein großes Gelächter hervorrufen würde. La fille comme ça très bien, so als Abwechslung, dachte er bei sich, ich muß es meinem Herrn sagen.

»Was stehst du im Licht, Satan!« rief plötzlich das Mädchen. »Gib die Karaffe her!«

Sie füllte die Karaffe mit kaltem rotem Tschichir und reichte sie Wanjuscha.

»Das Geld kannst du der Mutter geben«, sagte sie, indem sie Wanjuschas Hand zurückstieß.

Wanjuscha lächelte.

»Warum seid Ihr denn so böse, Liebenswerteste?« sagte er gutmütig und trat von einem Bein aufs andere.

Das Mädchen schloß das Faß und lachte.

»Seid ihr etwa gut?«

»Wir, mein Herr und ich, sind sehr gut«, sagte Wanjuscha mit Überzeugung. »Überall, wo wir gewohnt haben, sind die Wirte des Lobes voll gewesen, so gut sind wir. Er ist ein vornehmer Mann.«

Das Mädchen blieb stehen.

»Ist er verheiratet, dein Herr?« fragte sie.

»Nein. Unser Herr ist jung und nicht verheiratet. Vornehme Herren können doch nicht jung heiraten«, antwortete Wanjuscha belehrend.

»Nein, aber! So ein vollgefressener Büffel und zum Heiraten zu jung! Ist er der Befehlshaber von euch allen?« fragte sie.

»Mein Herr ist Junker, noch nicht einmal Offizier. Aber sein Stand ist höher als der des Generals, des großen Tiers. Nicht nur der Oberst, der Zar selbst kennt ihn«, sagte Wanjuscha stolz. »Wir sind nicht so wie die anderen Habenichtse; sein Vater ist Senator, hat mehr als tausend Seelen und schickt uns einen Tausendrubelschein jeden Monat. Darum sind wir auch überall beliebt. Ein anderer ist Hauptmann und hat kein Geld. Was hat man davon?«

»Geh, ich schließe ab«, unterbrach ihn das Mädchen.

Wanjuscha brachte Olenin den Wein, erklärte: »La fille c'est très jolie«, und entfernte sich mit dummem Lachen.

## 13

Unterdes wurde auf dem Dorfplatz der Zapfenstreich geschlagen. Die Leute waren schon von der Arbeit zurückgekehrt. Von einer goldenen Staubwolke umhüllt, drängte sich am Tor brüllend die Herde. Auf den Straßen und in den Höfen waren geschäftige Mädchen und Frauen dabei, das Vieh hereinzutreiben. Die Sonne verschwand vollständig hinter den schneebedeckten Bergrücken. Ein bläulicher Schatten breitete sich über Erde und Himmel. Über den dunklen Gärten entzündeten sich kaum sichtbare Sterne, und der Lärm im Dorf begann sich zu legen. Die Frauen hatten das Vieh eingetrieben und kamen auf die Straße heraus. Sonnenblumenkerne knackend, setzten sie sich auf die Erdaufwürfe. Marjanka hatte die Büffelkuh und die beiden anderen Kühe gemolken und gesellte sich auch einem Kreis bei.

Der Kreis bestand aus ein paar Frauen und Mädchen und einem alten Kosaken.

Das Gespräch drehte sich um den getöteten Abreken. Der Kosak erzählte, und die Frauen stellten Fragen.

»Wird wohl eine hohe Belohnung bekommen, denke ich«, sagte eine Frau.

»Natürlich. Er bekommt ein Kreuz, heißt es.«

»Mossew wollte ihn übervorteilen, hat ihm das Gewehr weggenommen, aber die Obrigkeit in Kisljar hat es erfahren.«

»Eine gemeine Seele, dieser Mossew.«

»Lukaschka soll ja hier sein, heißt es«, sagte ein Mädchen.

»Ja, Nasarka und er sitzen bei Jamka.« Jamka war eine unverheiratete liederliche Kosakin, die Inhaberin der Schenke. »Sie sollen schon einen halben Eimer ausgetrunken haben.«

»Ein Glück hat dieser Herausreißer!« sagte jemand. »Wahrhaftig, ein Herausreißer! Aber ein lieber Kerl! Und geschickt! Ein gerechter Bursche. So war auch sein Vater, der Kirjak. Wie der seinerzeit erschossen wurde, hat das ganze Dorf geheult ... Aber dort gehen sie ja«, fügte die Sprecherin hinzu und wies auf die Kosaken, die sich ihnen näherten. »Und der Jerguschow ist auch dabei, der Säufer.«

Lukaschka, Nasarka und Jerguschow hatten einen halben Eimer ausgetrunken und kamen jetzt auf die Mädchen zu. Alle drei, und besonders der Alte, waren röter als sonst. Jerguschow schwankte etwas, lachte und stieß Nasarka in die Seite.

»Na, ihr Hühnervolk, was singt und spielt ihr nicht?« schrie er die Mädchen an. »Ihr sollt zu unserer Belustigung singen.«

»Seid gegrüßt! Seid gegrüßt!« hörte man überall.

»Warum sollen wir singen? Ist heute Feiertag?« fragte eine Frau. »Hast dich vollgesoffen, dann sing auch.«

Jerguschow lachte und stieß Nasarka an.

»Sing du! Ich werde auch singen, darin bin ich geschickt, das kann ich dir sagen.«

»Na, ihr seid ja eingeschlafen, ihr Schönen«, sagte Nasarka. »Wir sind vom Kordon gekommen, um uns zu vergnügen. Um Lukaschka zu feiern.«

Lukaschka war an den Kreis herangekommen, hatte langsam

seine Papacha gelüftet und war vor den Mädchen stehengeblieben. Seine Backenknochen und sein Hals waren rot. Er stand und sprach langsam und gesetzt, aber in seinen langsamen und gesetzten Bewegungen war mehr Leben und Kraft als in Nasarkas Geschwätzigkeit und Geschäftigkeit. Er erinnerte an ein übermütiges Füllen, das mitten im Spiel plötzlich aufschnaubt und mit erhobenem Schweif wie angewurzelt auf allen vieren stehenbleibt. Lukaschka stand ruhig vor den Mädchen, aber seine Augen lachten, er sprach wenig und schaute bald die betrunkenen Kameraden, bald die Mädchen an. Als Marjanka herankam, hob er, ohne sich zu bewegen, die Mütze, trat etwas zur Seite und stellte sich ihr gegenüber auf, mit gespreizten Beinen, die Daumen hinter dem Gürtel. Er spielte mit dem Dolch. Als Antwort auf seinen Gruß senkte Marjanka langsam den Kopf, ließ sich auf den Erdaufwurf nieder und nahm Sonnenblumenkerne aus ihrem Brustlatz. Lukaschka schaute Marjanka an, ohne die Augen abzuwenden, knackte Sonnenblumenkerne auf und spuckte die Schalen aus. Alle waren still geworden.

»Wie ist es? Bleibt ihr lange hier?« fragte eine Kosakin, das Schweigen unterbrechend.

»Bis zum Morgen«, antwortete Luka ehrerbietig.

»Gott gebe, daß für dich eine gute Belohnung herauskommt«, sagte ein Kosak. »Ich freue mich für dich, wir sprachen eben davon.«

»Ich sage es auch«, fiel der betrunkene Jerguschow lachend ein. »Wieviel Gäste wir haben!« fügte er, auf einen vorübergehenden Soldaten weisend, hinzu. »Einen guten Wodka haben sie, das muß man ihnen lassen.«

»Drei solche Teufel sind uns auf den Hals geschickt worden«, sagte eine Kosakin. »Der Großvater ist beim Ortskommandanten gewesen, aber da ist nichts zu machen.«

»Hast du jetzt das Unglück kennengelernt?« fragte Jerguschow.

»Haben mit ihrem Tabak gewiß alles vollgeraucht?« fragte eine andere Kosakin. »Raucht im Hof, soviel ihr wollt, ins Haus lassen wir euch nicht. Da kann der Ortskommandant selbst kommen, ich lasse keinen rein. Bestohlen wird man womöglich auch noch. Sich selber hat er keine genommen, der Teufelssohn, der Ortskommandant.«

»So was liebst du wohl nicht?« fragte Jerguschow wieder.

»Man sagt, es wäre ein neuer Befehl gekommen, die Mädchen

sollen den Soldaten die Betten machen und sie mit Tschichir und Met bewirten«, sagte Nasarka. Er spreizte die Beine, wie Lukaschka es tat, und schob ebenso seine Papacha in den Nacken.

Jerguschow brach in schallendes Gelächter aus und umarmte das Mädchen, das ihm am nächsten saß. »Es ist so, wie ich sage.«

»So ein klebriges Harz!« kreischte das Mädchen auf. »Ich sag's der Mutter.«

»Sag's nur!« schrie er. »Nasarka hat wahr gesprochen; es ist ein Zettel gekommen, er kann doch lesen. Tatsächlich!« Und er umarmte das nächste Mädchen in der Reihe.

»Ach, du Lump!« kreischte lachend die rotbackige, rundgesichtige Ustjuscha und holte zum Schlag aus.

Der Kosak wich aus und fiel beinahe hin.

»Und da heißt es noch, die Mädchen hätten keine Kräfte; beinahe hätte sie mich totgeschlagen.«

»Der Teufel hat dich vom Kordon hergebracht!« sagte Ustjuscha, drehte sich weg und prustete wieder vor Lachen.

»Den Abreken hast du verschlafen, er hätte dir den Kopf abschneiden sollen, das wäre besser gewesen.«

»Da würdest du jetzt schön heulen«, lachte Nasarka.

»Deinetwegen werde ich heulen!«

»Sieh mal an, wie sie tut. Ganz bestimmt würde sie doch geheult haben, Nasarka, was?« sagte Jerguschow.

Lukaschka hatte die ganze Zeit über Marjanka schweigend angeblickt. Sein Blick beunruhigte das Mädchen sichtlich.

»Ich höre, Marjanka, daß ihr den Vorgesetzten zugewiesen bekommen habt?« sagte er, näher an sie herantretend.

Ihrer Gewohnheit gemäß antwortete Marjanka nicht gleich, sondern blickte nur langsam zu dem Kosaken auf. Lukaschkas Augen lachten, als ginge, unabhängig vom Gespräch, etwas Besonderes zwischen ihm und dem Mädchen vor.

»Die haben es gut, die haben zwei Hütten«, antwortete statt Marjanka eine Alte. »Aber bei Fomuschkins ist auch ein Vorgesetzter einquartiert, der soll das halbe Zimmer mit seinen Sachen vollgestellt haben, und die Familie kann sehen, wo sie bleibt. Hat man je gehört, eine ganze Horde in einem Dorf unterzubringen! Aber was kann man machen?« sagte sie. »Und was sie hier überhaupt wollen, möchte ich wissen.«

»Es heißt, sie sollen eine Brücke über den Terek bauen«, sagte ein Mädchen.

»Und mir hat man gesagt, sie werden ein Loch graben und alle Mädchen hineinstecken, weil sie die jungen Burschen nicht lieben«, sagte Nasarka, der sich Ustinka näherte. Er machte dabei wieder ein paar Tanzschritte, alles brach in Lachen aus, aber Jerguschow umging Marjanka, welche die nächste in der Reihe gewesen wäre, und umarmte eine alte Kosakin.

»Warum umarmst du Marjanka nicht? Es geht doch der Reihe nach«, sagte Nasarka.

»Nein, nein, meine Alte ist süßer!« schrie der Kosak und küßte die sich wehrende Alte.

»Er erdrosselt mich!« schrie sie lachend.

Ein Geräusch von gleichmäßig aufstampfenden Schritten am anderen Ende der Straße unterbrach das Lachen. Drei Soldaten in Mänteln und mit geschulterten Gewehren marschierten als Ablösung zum Pulverwagen. Der Gefreite, ein alter Soldat, führte mit einem zornigen Blick auf die Kosaken die Soldaten so, daß Lukaschka und Nasarka, die im Wege standen, hätten zur Seite treten müssen. Nasarka trat auch zurück, doch Lukaschka kniff bloß die Augen zusammen, wandte den Kopf ab, drehte ihnen den breiten Rücken zu und wich nicht von der Stelle.

»Wo Leute stehen, da geht man gewöhnlich herum«, ließ er, auf die Soldaten schielend, verächtlich fallen.

Die Soldaten gingen gemessenen Schrittes schweigend auf der staubigen Straße weiter.

Marjanka lachte, die anderen Mädchen auch.

»Schmucke Kinder«, sagte Nasarka, »diese langschößigen Psalmodierer«, und ahmte ihr Marschieren nach.

Alles brach wieder in schallendes Lachen aus.

Lukaschka trat langsam an Marjanka heran.

»Wo habt ihr den Vorgesetzten einquartiert?«

Marjanka dachte nach.

»In die neue Hütte haben wir ihn gelassen.«

»Wie ist er denn, alt oder jung?« fragte Lukaschka und setzte sich neben das Mädchen.

»Ich habe ihn nicht danach gefragt«, antwortete das Mädchen. »Ich mußte ihm Tschichir holen und habe ihn mit Onkel Jeroschka am Fenster sitzen sehen; rothaarig ist er. Aber einen ganzen Wagen voll Habseligkeiten hat er mitgebracht.«

Sie senkte die Augen.

»Wie bin ich froh, daß ich vom Kordon nach Hause kommen konnte«, sagte Lukaschka. Er rückte auf dem Erdaufwurf näher an das Mädchen heran und ließ sie nicht aus den Augen.

»Bist du denn für lange gekommen?« fragte Marjanka leise lächelnd.

»Bis zum Morgen. Gib mir Sonnenblumenkerne!« fügte er hinzu und streckte die Hand aus.

Marjanka lächelte wieder und öffnete das Hemd am Kragen.

»Nimm nicht gleich alles«, sagte sie.

»Ich habe mich nach dir gesehnt, bei Gott!« sagte Lukaschka in verhalten ruhigem Flüsterton, während er die Kerne aus ihrem Brustlatz hervorholte; er neigte sich noch näher zu ihr und begann ihr etwas zuzuflüstern. Seine Augen lachten.

»Ich habe dir gesagt, ich komme nicht«, sagte Marjanka plötzlich ganz laut und beugte sich zurück.

»Wahrhaftig ... Was ich dir sagen wollte«, flüsterte Lukaschka, »bei Gott! Komm doch, Marjanka!«

Marjanka schüttelte verneinend den Kopf, aber sie lächelte dabei.

»Marjanka, Marjanka! die Mutter ruft zum Abendessen!« schrie Marjankas kleiner Bruder, der angelaufen kam.

»Ich komme gleich«, antwortete das Mädchen, »geh nur, Väterchen, geh voraus, ich komme gleich nach.«

Lukaschka erhob sich und lüftete seine Papacha.

»Es wird besser sein, ich gehe auch nach Hause«, sagte er, den Sorglosen spielend, und verschwand mit verhaltenem Lächeln hinter der Ecke des Hauses.

Unterdes war es im Dorf vollständig Nacht geworden.

Helle Sterne blinkten am dunklen Himmel. Die Straßen waren finster und leer. Nasarka war mit den Frauen auf dem Erdaufwurf sitzen geblieben, man konnte sie lachen hören, doch Lukaschka hatte erst ein paar langsame Schritte gemacht, sich dann wie eine Katze zusammengeduckt und plötzlich lautlos zu laufen begonnen, wobei er den hin und her baumelnden Dolch mit der Hand festhielt; er lief aber nicht nach Hause, sondern auf die Hütte des Fähnrichs zu. Nachdem er zwei Straßen passiert hatte, bog er in eine Quergasse ein, raffte seinen Tscherkessenrock hoch und ließ sich im Schatten des Zaunes auf die Erde nieder. Was die eingebildet ist, dachte er von Marjanka, für keinen Scherz zu haben, der Teufel! Na warte!

Die Schritte einer herankommenden Frau lenkten ihn von diesen Gedanken ab. Er lauschte gespannt und lachte vor sich hin. Marjanka kam mit gesenktem Kopf schnellen und gleichmäßigen Schrittes gerade auf ihn zu und klopfte im Gehen mit einer Gerte auf die Stäbe des Zaunes. Lukaschka erhob sich. Marjanka fuhr zusammen und blieb stehen.

»Teufel, verfluchter! Wie du mich erschreckt hast. So bist du doch nicht nach Hause gegangen«, sagte sie und lachte laut auf.

Lukaschka umarmte das Mädchen und faßte mit der anderen Hand nach ihrem Gesicht. »Was ich dir sagen wollte ... Bei Gott ... !« Seine Stimme zitterte und brach ab.

»Was sind das für Unterhaltungen mitten in der Nacht«, antwortete Marjanka. »Die Mutter wartet auf mich; geh du zu deiner Liebsten.«

Sie machte sich los und lief die paar Schritte bis zum Zaun ihres Hofes. Dort blieb sie stehen und wandte sich nach dem Kosaken um, der neben ihr hergelaufen war und sie zu überreden suchte, noch ein Stündchen zu warten.

»Na, was wolltest du mir sagen, Nachtschwärmer?« Und sie lachte wieder.

»Lach mich nicht aus, Marjanka! Bei Gott! Habe ich denn ein Herzchen? Der Teufel mag sie holen! Sag nur ein Wort, und ich werde dich lieben: was du wünschst, das will ich tun. Hier ist es!« Er klimperte mit dem Geld in seiner Tasche. »Jetzt fängt das Leben an. Die Leute haben ihren Spaß, aber ich? Du gönnst mir gar keine Freude, Marjanuschka!«

Das Mädchen antwortete nicht. Sie stand schweigend vor ihm und brach die Gerte mit raschen Bewegungen ihrer Finger in kleine Stücke.

Lukaschka ballte die Fäuste und biß die Zähne aufeinander.

»Immer warten und warten! Liebe ich dich nicht genug, Mütterchen? Mach mit mir, was du willst«, sagte er plötzlich finster und packte sie an den Händen.

Marjanka veränderte den ruhigen Ausdruck ihres Gesichts und ihre Stimme nicht.

»Tu nicht so, Lukaschka, und höre mich an«, sagte sie, ohne ihm die Hände zu entziehen, schob aber den Kosaken von sich fort. »Ich bin nur ein Mädchen, aber du mußt mich anhören. Ich kann nichts bestimmen, aber wenn du mich liebst, will ich dir etwas sagen. Laß meine Hände los, ich sage es auch so. Heiraten will ich dich, aber auf Dummheiten gehe ich nicht ein«, sagte sie, ohne ihr Gesicht abzuwenden.

»Heiraten? Das hängt nicht von uns ab. Du sollst mich lieben, Marjanuschka«, sagte Lukaschka, aus dem finsteren und heftigen Ton wieder in einen sanften, demütigen und zärtlichen fallend. Er lächelte und sah ihr tief in die Augen.

Marjanka schmiegte sich an ihn und küßte ihn fest auf die Lippen. »Bruder!« flüsterte sie, ihn leidenschaftlich an sich pressend. Dann riß sie sich plötzlich los und lief, ohne sich umzusehen, durch das Tor in den Hof.

Sie blieb nicht stehen, obwohl der Kosak sie beschwor, noch einen Augenblick zu warten, weil er ihr noch etwas zu sagen habe.

»Geh! Man wird dich sehen!« sagte sie. »Da, unser Mieter, der Teufel, geht im Hof auf und ab.«

Diese Fähnrichstochter! dachte Lukaschka. Heiraten! Heiraten ist eine Sache für sich, lieben sollst du mich.

Er traf Nasarka bei Jamka, zechte mit ihm und ging dann zu Dunjascha; und trotz ihrer Untreue blieb er die Nacht über bei ihr.

## 14

Es war tatsächlich Olenin, der im Hofe umherging, als Marjanka zum Tor hereinkam, und er hatte ihre Äußerung gehört: Unser Mieter, der Teufel, geht im Hof auf und ab. Diesen ganzen Abend hatte Olenin mit Onkel Jeroschka auf der Freitreppe seines neuen Quartiers verbracht. Er hatte einen Tisch, den Samowar, Wein und eine brennende Kerze herausbringen lassen und bei einem Glas Tee und einer Zigarre den Erzählungen des Alten gelauscht, der sich auf eine Treppenstufe zu seinen Füßen niedergesetzt hatte. Obwohl die Luft ruhig war, flackerte die Kerze, zuckte das Feuer hin und her und beleuchtete bald den Pfeiler der Treppe, bald den Tisch und das Geschirr und bald den weißen, geschorenen Kopf des Alten. Nachtfalter kreisten, stießen an den Tisch und an die Gläser, verloren den Staub ihrer Flügel, flogen in das Feuer der Kerze oder verschwanden in der Finsternis außerhalb des beleuchteten Kreises. Olenin und Onkel Jeroschka hatten gemeinsam fünf Flaschen Tschichir getrunken. Jeroschka schenkte immer wieder die Gläser voll, reichte das eine Olenin hinüber, wünschte ihm Gesundheit und redete ohne Unterlaß ... Er erzählte von dem Leben der Kosaken in alten Zeiten, von seinem Vater, dem »Breiten«, der auf dem Rücken einen erlegten, zehn Pud schweren Keiler allein heimtragen und hintereinander zwei Eimer Wein trinken konnte. Er erzählte von seiner Zeit und von seinem Freund Girtschik, mit dem zusammen er während der Pest Filzmäntel über den Terek geschmuggelt hatte. Er erzählte von einer Jagd, bei der er an einem Morgen zwei Hirsche geschossen hatte. Er erzählte von seinem Herzchen, das seinetwegen nachts zum Kordon gelaufen kam. Und er erzählte alles so lebendig und anschaulich, daß Olenin nicht merkte, wie die Zeit verflog.

»Ja, mein Vater, du hast mich nicht gekannt, als ich jung war, ich hätte dir damals alles gezeigt. Heute hat Jeroschka den Krug ausgeleckt, aber früher, da war Jeroschka im ganzen Regiment berühmt. Wer hat das schönste Pferd gehabt, den besten Gurda*, zu wem ging man, wenn man zechen oder bummeln wollte? Wer wurde in die Berge geschickt, um Achmet Khan zu töten? Immer Jeroschka. Wen liebten die Mädchen? Wieder Jeroschka. Weil ich ein echter Dschigit, Säufer, Dieb (habe in den Bergen ganze Herden weggetrieben) und Sänger war ... für alles zu haben. Jetzt gibt es keine solchen Kosaken mehr. Man mag gar nicht hinsehen. So hohe«, er hielt die Hand eine Elle über den Boden, »närrische Stiefel zieht er an, alles blickt ihm nach, das ist seine einzige Freude. Oder er säuft sich voll; aber nicht wie ein Mensch, sondern wie sonst was. Ich dagegen? Ich war der Dieb Jeroschka, nicht nur in den Dörfern, auch in den Bergen kannte mich alles. Meine Freunde, die Fürsten, kamen. Ich war mit allen befreundet: mit Tataren, Armeniern, Soldaten, Offizieren; mir ist alles eins, nur ein Säufer muß er sein! Jetzt sagen sie, du mußt dich rein halten von aller weltlichen Berührung: man soll nicht mit Soldaten trinken, nicht mit Tataren essen ...«

»Wer sagt das?« fragte Olenin.

»Unsere Kirchenmänner. Aber höre den Mullah oder den tatarischen Kadi an. Er sagt: ‚Ihr ungläubigen Giaurs, warum eßt ihr Schweinefleisch?' Jeder hält eben an seinem Gesetz fest. Meiner Ansicht nach ist alles eins. Alles hat Gott zur Freude der Menschen geschaffen. Es gibt keine Sünde. Nimm dir doch ein Beispiel am Tier. Das lebt im tatarischen Schilf und lebt auch in unserem. Wo es hinkommt, da ist es zu Hause. Was Gott gibt, das frißt es. Die Unsrigen behaupten, wir würden dafür in der Ewigkeit glühende Pfannen lecken müssen. Ich meine, das ist alles Schwindel.«

»Was ist Schwindel?« fragte Olenin.

»Was die Kirchenmänner behaupten. Wir haben in Tscherwlennaja einen Major gehabt, war ein Freund von mir, ein

*Die im Kaukasus am meisten geschätzten Säbel und Dolche heißen nach ihrem Meister Gurda.

flotter Kerl wie ich. Ist in der Tschetschnja gefallen. Der sagte, die Kirchenmänner dächten sich so etwas selbst aus. ‚Verreckst du', sagte er, ‚wächst Gras auf dem Grab, das ist alles.'« Der Alte lachte. »Der kannte keine Furcht.«

»Wie alt bist du?« fragte Olenin.

»Das mag Gott wissen! Siebzig etwa. Als bei euch noch die Zarin regierte, da war ich nicht mehr klein. Rechne es dir selbst aus. Siebzig werde ich wohl schon sein?«

»O ja. Aber du bist noch ein ganzer Kerl.«

»Ja, Gott sei Dank, ich bin sonst gesund; nur ein Weib, eine Hexe hat mich verdorben.«

»Wieso?«

»Einfach verdorben ...«

»Und wenn du stirbst, wächst Gras?« wiederholte Olenin.

Jeroschka wollte seine Anschauung offenbar nicht näher erläutern. Er schwieg ein Weilchen.

»Was hast du dir denn gedacht? Trink!« rief er und hielt ihm den Wein hin.

## 15

»Wovon sprach ich doch gleich?« fuhr er nachdenklich fort. »Ja, so ein Mensch bin ich. Ich bin Jäger. Einen zweiten solchen Jäger gibt es im Regiment nicht wieder. Jedes Tier, jeden Vogel kann ich dir ausfindig machen und zeigen; und was und wo – alles weiß ich. Ich habe Hunde und auch zwei Flinten und Netze und eine Kobylka und einen Habicht – alles ist da, Gott sei Dank. Bist du ein richtiger Jäger, nicht bloß ein Prahlhans, so werde ich dir alles zeigen. Weißt du, was ich für ein Mensch bin? Sobald ich eine Spur erblicke, weiß ich auch schon, was für ein Tier das ist, und weiß, wo es ruht, wo es trinkt und wo es sich wälzt. Ich mache mir einen Hochstand und sitze die Nacht über und passe auf. Was soll ich im Hause? Man kommt nur in Versuchung, sich vollzusaufen. Es kommen Weiber, das Geschnatter geht los, Kinder brüllen. Man wird ganz verdreht. Dagegen abends, beim Abendrot hinausgehen, ein passendes Fleckchen suchen, das Schilf niedertreten, sich hinsetzen und sitzen und warten, das ist eine andere Sache, braver Bursche. Dann weiß man alles, was im Wald vorgeht. Man schaut zum Himmel empor, da gehen Sterne, man sieht sie an und weiß, wie spät es ist. Man schaut ringsherum, der Wald raschelt leise, immer wieder denkt man, jetzt gleich wird es knacken, ein

Keiler wird herauskommen, um sich zu wälzen. Man hört die jungen Adler piepen, die Hähne im Dorf antworten oder auch die Gänse. Sind es Gänse, so ist es noch nicht Mitternacht. Und das alles weiß man. Manchmal hört man in der Ferne einen Schuß, und es kommen einem Gedanken. Wer hat geschossen? denkt man. Ein Kosak, der ebenso wie ich auf dem Anstand sitzt? Hat er ihn getroffen oder nur angeschossen, und wird der Ärmste nun gehen und das Schilf mit seinem Blut färben, für nichts und wieder nichts? Oh, so was liebe ich gar nicht! Warum quälst du das Tier? Du Narr, ach du Narr! Oder man denkt sich: vielleicht hat ein Abrek irgendeinen dummen jungen Kosaken getötet. Das geht einem alles im Kopf herum. Und einmal, da sitze ich am Wasser und sehe, eine Wiege kommt angeschwommen. Ganz heil, nur der Rand etwas abgebrochen. Die Gedanken, die da auf einen einstürmen! Wem gehört die Wiege? Eure Teufelssoldaten werden wohl in einen Aul eingedrungen sein, denk ich, die Tschetschenzenfrauen mitgenommen haben, und das Kindchen hat gewiß irgendein Teufel umgebracht: an den Beinchen genommen und gegen eine Ecke geschleudert. Wird es nicht häufig so gemacht? Die Menschen haben keine Seele! Ich dachte so darüber nach, und es wurde mir ganz weh zumute. Die Wiege weggeworfen, denke ich, die Frau fortgetrieben, das Haus angesteckt – und der Dschigit wird sein Gewehr genommen haben und zum Rauben auf unsere Seite herübergekommen sein. Ja, so sitzt man da und denkt. Und hört man plötzlich im Dickicht eine Herde nahen, so fängt das Herz an zu pochen. Mutter Gottes, laß sie herankommen! Werden womöglich Wind bekommen, denkt man; man sitzt und rührt sich nicht, und das Herz pocht so, daß man bei jedem Schlag einen richtigen Stoß verspürt. Letztes Frühjahr kam ein ganzes Rudel heraus. Gott Vater und Sohn ... Ich wollte schon losdrücken. Plötzlich schnaubt sie ihre Ferkel an: ‚Gefahr, Kinder: ein Mensch!‘ und fort waren sie, nur die Büsche krachten. Ich war außer mir, zerfleischen hätte ich die Sau können.«

»Wie konnte die Sau den Ferkeln sagen, daß ein Mensch da sitzt?« fragte Olenin.

»Wie hast du es dir denn vorgestellt? Du meinst, es sei dumm, das Tier? Nein, es ist viel klüger als der Mensch, obwohl es eine Sau ist. Sie weiß alles. Überlege doch: der Mensch geht an einer Fährte vorbei und merkt nichts, aber die Sau stößt auf deine Spur, dreht sofort um und ist fort; demnach muß sie doch Verstand haben. Du riechst deinen eigenen Gestank nicht, aber sie wittert ihn sofort. Und dann muß man sagen: Du möchtest sie töten, aber sie möchte lebendig im Wald herumlaufen. Du hast dein Gesetz, sie hat ihr Gesetz. Sie ist bloß eine Sau, aber nicht schlechter als du, ein Geschöpf Gottes. Ja, ja! Dumm ist der Mensch, dumm, sehr dumm!« wiederholte der Alte, ließ den Kopf hängen und versank in Gedanken.

Olenin überließ sich auch seinen Gedanken, ging die Treppe hinunter und begann, die Arme auf dem Rücken, auf und ab zu gehen.

Jeroschka kam wieder zu sich, hob den Kopf und beobachtete die Nachtfalter, die über der Kerze schwirrten und manchmal in die Flammen gerieten.

»Narr, Narr!« sagte er. »Wohin fliegst du, Narr?« Er erhob sich von seinem Sitz und scheuchte die Falter mit seinen dicken Fingern fort.

»Du wirst verbrennen, Narr, flieg doch dorthin, es ist Platz genug dort«, sprach er mit zärtlicher Stimme und versuchte, die Nachtfalter mit seinen dicken Fingern vorsichtig an den Flügeln zu ergreifen und freizulassen. »Du fliegst ins Verderben, ich möchte dich retten.«

Er saß lange, schwatzte und trank. Und Olenin ging im Hof auf und ab. Ein Geflüster hinter der Pforte schreckte ihn auf. Er hielt unwillkürlich den Atem an und hörte ein Frauenlachen und eine Männerstimme und das Geräusch eines Kusses. Er raschelte absichtlich mit den Füßen im Gras und ging auf die andere Seite des Hofes hinüber. Nach einiger Zeit krachte der Zaun; ein Kosak in dunklem Tscherkessenrock mit weißem Deckel auf der Mütze (es war Lukaschka) ging am Zaun vorbei, und eine hochgewachsene Kosakin in einem weißen Tuch kam Olenin entgegen. Ich habe nichts mit dir und du hast nichts mit mir zu schaffen, schien Marjankas entschlossener Gang zu sagen. Er verfolgte sie mit den Augen bis zur Tür und konnte durchs Fenster sehen, wie sie ihr Tuch abnahm und sich auf eine Bank setzte. Und plötzlich wurde in ihm ein Gefühl von Sehnsucht und Einsamkeit wach, unklare Wünsche und Hoffnungen und Neid umfingen die Seele des jungen Mannes.

Die letzten Lichter in den Hütten waren verloschen. Die letzten Töne im Dorf waren verstummt. Die geflochtenen Zäune, das weißschimmernde Vieh in den Höfen, die Dächer der Hütten, die schlanken Pyramidenpappeln – alles schien in einen gesunden, ruhigen, wohlverdienten Schlaf versunken zu sein. Nur das unausgesetzte Quaken der zahlreichen Frösche drang aus der Ferne zu dem aufmerksamen Lauscher herüber. Im Osten wurden die Sterne seltener und schienen in einem stärker werdenden Lichte zu zergehen. Direkt über seinem Kopf standen sie tiefer und dichter. Der Alte hatte den Kopf auf den Arm gestützt und war eingeschlummert. Ein Hahn krähte im gegenüberliegenden Hof. Aber Olenin ging in Gedanken versunken immer weiter auf und ab. Der Schall eines vielstimmigen Liedes drang an sein Ohr. Er trat an den Zaun heran und lauschte. Junge Stimmen sangen ein lustiges Lied, eine Stimme übertönte die anderen durch ihre schneidende Kraft.

»Weißt du, wer da singt?« fragte der Alte, der wieder erwachte. »Es ist der Dschigit Lukaschka. Er hat einen Tschetschenzen getötet und freut sich jetzt. Worüber freut er sich nur? Dieser Narr!«

»Hast du auch Menschen getötet?« fragte Olenin.

Der Alte stützte sich plötzlich auf beide Ellenbogen und näherte sein Gesicht dem Gesicht Olenins.

»Teufel!« schrie er ihn an. »Warum fragst du? Man soll nicht darüber sprechen. Es ist nicht so einfach, eine Seele zugrunde zu richten! Leb wohl, mein Vater, ich bin satt und besoffen«, sagte er im Aufstehen. »Soll ich dich morgen zur Jagd abholen?«

»Ja, komm!«

»Aber früh aufstehen! Wenn du verschläfst, mußt du Strafe zahlen!«

»Werde wohl früher auf sein als du«, antwortete Olenin.

Der Alte ging. Das Lied verstummte, statt dessen ließen sich Schritte und lautes Reden vernehmen. Dann erscholl das Lied wieder, aber schon weiter weg; Jeroschkas laute Stimme hatte sich zu den anderen gesellt.

Was sind das für Menschen, was ist das für ein Leben! dachte Olenin, seufzte und begab sich allein in seine Hütte.

## 16

Onkel Jeroschka war ein außeretatmäßiger und einsamer Kosak; seine Frau war ihm vor etwa zwanzig Jahren durchgegangen, hatte sich in die orthodoxe Kirche aufnehmen lassen und einen russischen Feldwebel geheiratet; Kinder hatte er keine. Er schnitt nicht auf, wenn er erzählte, er sei in früheren Jahren der flotteste Kosak im Dorf gewesen. Er war im ganzen Regiment für seine Verwegenheit bekannt. Er hatte mehr als einen Mord auf dem Gewissen, sowohl Tschetschenzen als auch Russen. Er hatte in den Bergen und bei den Russen geraubt und zweimal im Zuchthaus gesessen. Den größten Teil seines Lebens verbrachte er auf Jagden und im Wald, wobei er sich mit einem Stückchen Brot begnügte und nichts anderes trank als Wasser. Im Dorf bummelte er dafür von früh bis spät. Als er von Olenin nach Hause gekommen war, legte er sich für zwei Stunden schlafen, war aber noch, bevor es tagte, wieder wach, lag jetzt auf seinem Bett und sann über den Menschen nach, den er kennengelernt hatte. Olenins *Einfalt* hatte ihm gefallen. (Einfalt insofern, als nicht an Wein für ihn gespart worden war.) Und Olenin selbst hatte ihm gefallen. Es wunderte ihn, warum alle Russen einfältig und reich waren, warum sie alle, trotz ihrer Gelehrsamkeit, nichts verstanden. Er überlegte sich dies alles und auch, was er sich von Olenin ausbitten könnte. Onkel Jeroschkas Hütte war ziemlich groß und nicht baufällig, aber es war zu merken, daß eine Frau im Hause fehlte. Entgegen der sonst bei Kosaken herrschenden Sorgfalt und Reinlichkeit war das ganze Zimmer verschmutzt und in größter Unordnung. Auf dem Tisch lag der mit Blut besudelte Kittel, ein halber Fladen, daneben eine gerupfte und zerrissene Dohle als Lockvogel für Habichte. Auf den Bänken lagen Porschni, Gewehr, Dolch, eine Tasche, nasse Kleidungsstücke und allerhand Lappen herum. In der Ecke, in einem Kübel mit schmutzigem, stinkendem Wasser, waren andere Porschni eingeweicht, daneben standen eine Flinte und eine Kobylka. Auf dem Fußboden lagen ein Netz und einige tote Fasanen. Um den Tisch ging ein an einem Fuß festgebundenes Huhn, das auf dem schmutzigen Boden pickte. In dem ungeheizten Ofen stand eine Scherbe mit einer milchartigen Flüssigkeit. Auf dem Ofen kreischte ein kleiner Bienenfalke, der sich von seiner Schnur loszureißen versuchte, und ein sich mausernder Habicht saß still am Ofenrand, schielte nach dem Huhn und bog den Kopf von rechts nach links.

Onkel Jeroschka selbst lag rücklings, nur mit einem Hemd bekleidet, auf seinem kurzen Bett, das zwischen Wand und Ofen stand, hatte die kräftigen Beine auf den Ofen gestützt und kratzte mit seinem dicken Finger den Schorf von den vom Habicht zerschundenen Händen. Er richtete den Habicht ohne

Handschuhe ab. Im ganzen Zimmer, und vor allem in nächster Nähe des Alten, war die Luft von dem starken, nicht unangenehmen Geruch durchtränkt, der den Alten überallhin begleitete.

»Zu Hause, Onkel?« ertönte vor dem Fenster eine laute Stimme, die er sofort als die Stimme seines Nachbarn Lukaschka erkannte.

»Zu Hause, zu Hause, komm herein!« rief der Alte. »Nachbar Marka, Luka Marka, was willst du vom Onkel? Geht es zurück zum Kordon?«

Der Habicht zuckte bei dem Ton der Stimme zusammen, schlug mit den Flügeln und versuchte sich loszumachen.

Der Alte liebte Lukaschka; von der allgemeinen Verachtung, die er für das junge Geschlecht der Kosaken hegte, nahm er ihn allein aus. Dann gaben ihm Lukaschka und seine Mutter als Nachbarn auch häufig Wein, gekochte Sahne und andere Wirtschaftserzeugnisse, die ihm fehlten. Onkel Jeroschka, der sich leicht begeisterte, aber immer praktische Erklärungen zur Hand hatte, pflegte zu sagen: »Die Leute sind vermögend. Ich bringe ihnen Wild oder ein Huhn mit, da vergessen auch sie den Onkel nicht, schenken ihm gelegentlich eine Pirogge oder einen Fladen.«

»Grüß dich, Marka. Ich freue mich, dich zu sehen!« rief der Alte lustig. Mit einer einzigen raschen Bewegung nahm er die nackten Füße vom Bett, sprang auf, machte zwei Schritte auf dem knarrenden Boden und schaute seine auswärtsgedrehten Füße an, und plötzlich kamen ihm seine Füße komisch vor, er lachte auf, stieß mit der Ferse auf den Boden, noch einmal, und machte einen Tanzschritt. Seine kleinen Augen glänzten. »Geschickt, wie?« fragte er. Lukaschka lächelte. »Wieder zum Kordon zurück?« fragte der Alte.

»Ich habe dir den damals im Kordon versprochenen Tschichir gebracht, Onkel.«

»Christus schütze dich«, sagte der Alte. Er hob Hosen und Beschmet vom Boden auf, zog den Ledergurt fest, goß aus einem Scherben etwas Wasser auf seine Hände, trocknete sie an seinen alten Hosen ab, fuhr sich mit einem Stückchen Kamm durch den Bart und stellte sich vor Lukaschka auf. »Fertig!« sagte er.

Lukaschka nahm einen Becher, wischte ihn ab, setzte sich und reichte ihn dem Onkel.

»Wohl bekomm's! Gottvater und Sohn!« sagte der Alte,

den Wein feierlich in Empfang nehmend. »Mögen all deine Wünsche in Erfüllung gehen, mögest du ein ganzer Kerl werden.«

Lukaschka sprach auch ein Gebet, trank einen Schluck und stellte sein Glas auf den Tisch. Der Alte erhob sich und holte einen getrockneten Fisch, den er auf die Schwelle warf und mit einem Stock weich schlug und erst dann mit seinen groben Fingern auf seinen einzigen, blauen Teller legte und auf den Tisch stellte.

»Ich habe alles da, auch etwas zum Nachessen«, sagte der Alte stolz. »Wie steht es mit Mossew?« fragte er.

Lukaschka erzählte, daß der Unteroffizier ihm das Gewehr weggenommen habe; er wollte die Ansicht des Alten darüber hören.

»Versteif dich nicht auf das Gewehr«, sagte der Alte. »Gibst du das Gewehr nicht her, so kriegst du keine Belohnung.«

»Es heißt aber, ich hätte als Minderjähriger* keinen Anspruch auf eine hohe Belohnung. Und das Gewehr ist sehr gut, aus der Krim und seine achtzig Moneten wert.«

»Laß das! Ich habe mich auch mit dem Sotnik einmal gestritten: es ging um ein Pferd. ‚Gib mir das Pferd', sagte er, ‚so werde ich dich zum Fähnrich vorschlagen.' Ich habe es nicht hergegeben, so ist auch nichts daraus geworden.«

»Ja, gut, Onkel! Aber ich muß ein Pferd haben, und es heißt, für weniger als fünfzig Moneten kann man jenseits des Flusses keines bekommen. Und die Mutter hat den Wein noch nicht verkauft.«

»Wir hatten andere Sorgen!« sagte der Alte. »Als der Onkel Jeroschka in deinem Alter war, da hat er ganze Herden bei den Nogaiern geraubt und jenseits des Terek verkauft. Manch gutes Pferd ist da für ein Maß Wodka oder einen Filzmantel hergegeben worden.«

»Warum habt ihr sie so billig hergegeben?«

»Ei, du Narr, Marka!« sagte der Alte verächtlich. »Wozu raubt man denn? Um nicht geizig zu sein. Aber ihr, ihr wißt ja gar nicht, wie man es anfängt, Pferde fortzutreiben. Warum schweigst du?«

»Was soll ich sagen, Onkel?« sagte Lukaschka. »Wir können uns offenbar nicht mit euch messen.«

»Ein Narr bist du, Marka, wahrhaftig! Mit euch nicht mes-

*Als Minderjährigen bezeichnen die Kosaken einen Mann, der noch nicht zur ordentlichen, berittenen Mannschaft gehört.

sen können!« äffte er den jungen Kosaken nach. »Ich war ein anderer Kerl in deinen Jahren!«

»Wieso?« fragte Lukaschka.

Der Onkel schüttelte verächtlich den Kopf.

»Der Onkel Jeroschka war immer *einfältig*, hat niemals geknausert. Dafür waren aber auch alle Tschetschenzen seine Freunde. Kam ein Freund zu mir, so bekam er Wodka, soviel er wollte, und wurde noch zur Nacht dabehalten. Ritt ich selbst hin, so brachte ich ihm ein Peschkesch, ein Geschenk mit. So haben es die Menschen früher gehalten, nicht so wie jetzt, wo die Burschen nur ein Vergnügen kennen: Sonnenblumenkerne knacken und die Schalen ausspucken«, sagte der Alte verächtlich und machte nach, wie die jungen Kosaken die Kerne aufknacken und die Schalen ausspucken.

»Ja, das weiß ich«, sagte Lukaschka. »Es ist so, wie du sagst.«

»Willst du ein ganzer Kerl sein, so benimm dich wie ein Dschigit und nicht wie ein Bauer. Das kann ein Bauer auch: Geld hinlegen und dann das Pferd nehmen.«

Sie schwiegen eine Weile.

»Es ist langweilig, Onkel, im Dorf und im Kordon; aber was soll man unternehmen? Die Leute sind furchtsam. Nimm zum Beispiel Nasar. Neulich waren wir drüben im Aul; Girej Khan wollte uns überreden, mit nach Nogai zu kommen und Pferde zu rauben; aber es wollte niemand mit; allein kann ich doch nicht.«

»Und der Onkel? Meinst du, ich sei eingerostet? Nein, das bin ich nicht. Ein Roß her, ich reite sofort mit nach Nogai.«

»Das ist leeres Gerede«, sagte Lukaschka. »Sag, wie soll ich mich Girej Khan gegenüber verhalten? Er sagt: Bring die Pferde bis zum Terek, dann verschaffe ich dir ganze Herden und finde auch einen Platz für sie. Kann man ihm trauen, ist doch auch so ein Kahlkopf?«

»Dem Girej Khan kannst du trauen! Dies ganze Geschlecht, sein ganzes Geschlecht sind alles gute Leute; sein Vater war mir ein treuer Freund. Aber hör auf mich, ich werde dich nichts Schlechtes lehren: laß ihn schwören, dann kannst du sichergehen; aber halte die Pistole bereit, wenn du mit ihm reitest. Vor allem, wenn es an das Verteilen der Pferde geht. Mich hat mal ein Tschetschenze beinahe getötet: ich wollte zehn Moneten für das Pferd von ihm haben. Trauen? – ja, aber lege dich nicht ohne Gewehr schlafen.«

Lukaschka hörte aufmerksam zu.

»Wie ist es, Onkel? Du besitzest doch die Springwurz?« fragte er nach längerem Schweigen.

»Ich habe keine, aber ich kann dir sagen, wie du dir eine verschaffen kannst. Du bist ein guter Junge. Du vergißt den Alten nicht. Soll ich's dir sagen?«

»Ja, sag es.«

»Du kennst doch die Schildkröte? Sie ist ein Teufel!«

»Wie sollte ich sie nicht kennen?«

»Mache ihr Nest ausfindig und bau ringsum ein Gehege, damit sie nicht durch kann. Sie wird aus dem Nest kriechen, wird sich im Kreis herumdrehen, dann wieder umkehren, eine Springwurz ausfindig machen und das Gehege zertrümmern. Am nächsten Morgen mußt du hingehen und nachsehen: wo es zerbrochen ist, da liegt auch die Springwurz. Nimm sie und trag sie, wohin du willst. Kein Schloß und kein Riegel werden standhalten.«

»Hast du es denn ausprobiert, Onkel?«

»Das nicht, aber gute Menschen haben es mich gelehrt. Ich habe immer einen Spruch hergesagt, bevor ich aufs Pferd gestiegen bin, der hat mich gefeit. Niemand hat mich getötet.«

»Was für einen Spruch, Onkel?«

»Du kennst ihn nicht? Ist das ein Volk! Ist nur gut, daß du den Onkel danach fragst. Also paß auf und sprich mir nach:

Seid gegrüßt, ihr Leute, in Zion!
Siehe, euer König kommt.
Wir besteigen die Pferde.
Sophonios wehklaget,
Zacharias saget,
Vater Mandritios,
Menschenglück und -los.

Menschenglück und -los«, wiederholte der Alte. »Kannst du es? Sag's auf!«

Lukaschka lachte.

»Aber Onkel, soll dich deswegen niemand getötet haben? Vielleicht war es Zufall.«

»Klug seid ihr geworden. Lerne es auswendig und sage es auf. Wird dir nicht schaden. Hast du es aufgesagt, so hast du ein gutes Gewissen.« Der Alte lachte selber. »Aber nach Nogai reite lieber nicht, Luka.«

»Warum nicht?«

»Es sind andere Zeiten jetzt und andere Menschen; ihr

Kosaken seid auch nicht mehr viel wert. Und dann sieh doch, wieviel Russen hier sind! Ihr würdet zur Verantwortung gezogen und verurteilt werden. Laß es sein, wirklich, ihr seid dem allen nicht gewachsen. Girtschik und ich, wir pflegten ...« Und der Alte begann eine seiner endlosen Erzählungen. Aber Lukaschka sah nach dem Fenster.

»Es wird schon hell, Onkel«, unterbrach er ihn. »Es ist Zeit. Komm gelegentlich vorbei.«

»Christus beschütze dich; ich gehe zum Fahnenjunker, habe versprochen, ihn auf die Jagd mitzunehmen, es scheint ein guter Mensch zu sein.«

## 17

Lukaschka ging von Jeroschka aus nach Hause. Feuchter, tauiger Nebel hatte sich von der Erde gelöst und hielt das Dorf umfangen. Unsichtbares Vieh begann sich hier und da zu rühren. Öfter und angestrengter schrien die Hähne. Die Luft wurde durchsichtiger, und die Leute begannen aufzustehen. Lukaschka trat dicht heran und konnte den vom Nebel nassen Zaun seines Hofes, die Freitreppe und die geöffnete Scheune unterscheiden. Im Hof ertönten irgendwo im Nebel Axthiebe. Lukaschka betrat die Hütte. Die Mutter war schon auf, stand vor dem Ofen und warf Brennholz hinein. Auf dem Bett schlief die kleine Schwester.

»Na, Lukaschka, hast du dein Vergnügen gehabt?« fragte die Mutter leise. »Wo warst du denn die Nacht über?«

»Im Dorf«, antwortete der Sohn unwillig. Er hatte sein Gewehr aus dem Überzug genommen und untersuchte es.

Die Mutter schüttelte den Kopf.

Lukaschka schüttete Pulver auf ein Brett, holte einen kleinen Beutel hervor, entnahm ihm etliche leere Patronenhülsen, füllte sie und verschloß sie sorgfältig mit einer kleinen, in Lappen eingewickelten Kugel. Nachdem er die zugestopften Hülsen mit den Zähnen zusammengebissen hatte, betrachtete er sie noch einmal und legte sie in den Beutel.

»Wie ist es, Mutter, ich habe dir gesagt, der Sackranzen müßte ausgebessert werden; hast du es getan?« fragte er.

»Gewiß! Die Stumme hat am Abend daran geflickt. Ist es schon Zeit für den Kordon? Ich habe dich ja gar nicht gesehen.«

»Sobald ich hier fertig bin, muß ich gehen«, sagte Lukaschka und packte das Pulver ein. »Wo ist die Stumme? Ist sie draußen?«

»Wird wohl Brennholz spalten. Sie macht sich deinetwegen immer Sorgen. ‚Ich werde ihn nie wiedersehen', sagt sie. Zeigt auf das Gesicht, schnalzt mit der Zunge und preßt die Hände ans Herz; es täte ihr so leid. Soll ich gehen und sie rufen? Das mit dem Abreken hat sie alles verstanden.«

»Rufe sie«, sagte Lukaschka. »Und Talg habe ich noch gehabt, bring den her, ich muß meinen Säbel einfetten.«

Die Alte ging hinaus, und ein paar Augenblicke später kam über die knarrenden Stufen Lukaschkas stumme Schwester ins Zimmer. Sie war sechs Jahre älter als der Bruder und hätte ihm außerordentlich ähnlich gesehen, wäre nicht der allen Taubstummen eigene, etwas stumpfe und stark wechselnde Gesichtsausdruck gewesen. Ihre Kleidung bestand aus einem groben Hemd mit vielen Flicken, die Füße waren nackt und schmutzig, auf dem Kopf trug sie ein altes blaues Tuch. Hals, Hände und Gesicht waren sehnig wie bei einem Bauern. Der Kleidung und allem war anzusehen, daß sie schwere Männerarbeit zu verrichten hatte. Sie brachte ein Bund Brennholz herein und warf es am Ofen nieder. Dann trat sie mit einem freundlichen Lächeln, das ihr ganzes Gesicht verzog, an den Bruder heran, berührte seine Schulter und begann mit Händen, Gesicht und dem ganzen Körper sehr schnell Zeichen zu machen.

»Gut, sehr gut. Das ist brav, Stopka!« antwortete der Bruder und nickte mit dem Kopf. »Alles vorbereitet und ausgebessert, brav! Hier hast du was dafür.« Er holte aus der Tasche zwei Lebkuchen heraus und reichte sie ihr hin.

Die Stumme wurde rot und stieß vor Freude ein paar wilde, dumpfe Töne aus. Sie nahm die Lebkuchen und begann noch rascher Zeichen zu machen, indem sie immer nach ein und derselben Richtung wies und sich mit dem dicken Finger über Augenbrauen und Gesicht fuhr. Sie wollte ihm sagen, er solle den Mädchen Leckereien geben, die hätten ihn gern, und das eine Mädchen, die Marjanka, sei besser als alle die anderen und liebe ihn auch. Marjanka bezeichnete sie so, daß sie in Richtung ihres Hofes wies und sich dann schnell über Augenbrauen und Gesicht fuhr, mit der Zunge schnalzte und den Kopf wiegte. »Liebt« zeigte sie, indem sie die Hand auf ihre Brust preßte, ihre eigene Hand küßte und so tat, als umarmte sie etwas. Die Mutter kam in die Stube herein, verstand, worüber die Tochter sprach, lächelte und wiegte den Kopf. Die Stumme zeigte ihr die Lebkuchen und gab wieder freudige, dumpfe Töne von sich.

»Ich habe Ulitka neulich gesagt, ich würde Brautwerber schicken«, sagte die Mutter. »Sie hat meine Worte gut aufgenommen.«

Lukaschka sah schweigend auf die Mutter.

»Hör mal, Mutter, du mußt Wein verkaufen. Ich brauche ein Pferd.«

»Ich werde es schon besorgen, alles zu seiner Zeit; erst muß ich die Fässer ausbessern«, sagte die Mutter, der es offenbar nicht recht war, daß der Sohn sich in Wirtschaftsangelegenheiten einmischte. »Wenn du gehst«, fügte die Alte hinzu, »so nimm das Säckchen im Flur mit. Ich habe bei anderen geborgt, um dich für den Kordon zu versorgen. Oder soll ich's in den Sackranzen tun?«

»Ja, gut«, sagte Lukaschka. »Sollte Girej Khan von drüben kommen, so schicke ihn in den Kordon. Urlaub werde ich nicht so bald wieder kriegen – ich habe mit ihm zu tun.«

Er begann sich fertigzumachen.

»Ich werde ihn zu dir schicken, Lukaschka, sei unbesorgt. Sag mal, habt ihr die ganze Nacht bei Jamka gezecht?« fragte die Alte. »Als ich in der Nacht wegen des Viehs aufstand, kam es mir so vor, als hörte ich dich singen.«

Lukaschka antwortete nicht, ging in den Flur hinaus, hängte sich den Sack um, ordnete seinen Kittel, nahm sein Gewehr und blieb dann auf der Schwelle stehen.

»Leb wohl, Mutter«, sagte er, während er das Tor hinter sich zumachte. »Schick uns mit Nasarka ein Fläschchen Wein hinaus – ich hab's den Burschen versprochen. Nasarka wird herkommen.«

»Christus behüte dich, Lukaschka! Gott sei mit dir! – Ich werde es besorgen, aus dem neuen Faß werde ich euch welchen schicken«, antwortete die Alte, die an den Zaun getreten war. »Hör mal«, fügte sie hinzu und beugte sich über den Zaun.

Der Kosak blieb stehen.

»Du hast hier gebummelt, nun, Gott sei dank! Ein junger Mann muß sein Vergnügen haben. Glück hat Gott dir gegeben. Das ist gut. Aber paß auf, Söhnchen ... Und vor allem sieh zu, daß die Vorgesetzten zufrieden sind! Ich werde den Wein verkaufen, werde versuchen, Geld für ein Pferd zusammenzubringen, und ich werde für dich um das Mädchen werben.«

»Schon gut«, sagte der Sohn und runzelte die Stirn.

Die Stumme rief etwas, um seine Aufmerksamkeit auf sich zu lenken. Sie zeigte auf Kopf und Hand, das bedeutete: geschorener Kopf, Tschetschenze, zog die Augenbrauen zusammen und tat, als zielte sie, schrie dann auf und begann zu singen und den Kopf zu wiegen. Sie wollte sagen, Lukaschka solle noch einen Tschetschenzen töten.

Lukaschka verstand, lächelte, faßte nach seinem Gewehr auf dem Rücken unter dem Mantel, machte ein paar rasche, leichte Schritte und verschwand im dichten Nebel.

Die Alte stand eine Weile schweigend an der Pforte, kehrte in die Hütte zurück und ging sofort wieder an ihre Arbeit.

## 18

Lukaschka befand sich auf dem Weg zum Kordon. Um dieselbe Zeit pfiff Onkel Jeroschka seinen Hunden, kletterte über den Zaun und ging hinten herum zu Olenins Quartier. Wenn er zur Jagd ging, wollte er keinen Weibern begegnen. Olenin schlief noch. Wanjuscha, der aufgewacht, aber noch nicht aufgestanden war, lag da, schaute sich nach allen Seiten um und überlegte, ob es Zeit sei aufzustehen, als Onkel Jeroschka mit der Flinte auf der Schulter in voller Jagdausrüstung die Tür öffnete.

»Stöcke her!« schrie er mit seiner dröhnenden Stimme. »Alarm! Die Tschetschenzen sind da! Iwan! Stell den Samowar für deinen Herrn auf. Und du, steh auf! Fix!« schrie der Alte. »So geht's bei uns zu, lieber Mensch. Die Mädchen sind schon lange auf. Schau mal durchs Fenster, schau, da geht sie Wasser holen – und du schläfst!«

Olenin erwachte und sprang auf. Und beim Anblick des Alten und beim Ton seiner Stimme wurde ihm frisch und fröhlich zumute.

»Fix! Fix! Wanjuscha!« rief er.

»So gehst du also auf die Jagd! Die Leute frühstücken, und du schläfst. Wohin, Ljam?« schrie er den Hund an. »Ist denn die Büchse in Ordnung?« rief der Alte, als wäre ein Haufen Menschen im Zimmer.

»Ich habe mich vergangen, da ist nun nichts zu machen. Pulver, Wanjuscha! Pfropfen!« rief Olenin.

»Strafe zahlen!« schrie der Alte.

»Du thé voulez-vous?« fragte Wanjuscha mit selbstgefälligem Lächeln.

»Du gehörst nicht zu uns! Du sprichst eine fremde Sprache, Teufel!« schrie ihn der Alte an und fletschte seine Zahnstummel.

»Das erstemal muß Nachsicht geübt werden«, scherzte Olenin und zog seine hohen Stiefel an.

»Diesmal soll dir vergeben werden«, antwortete Onkel Jeroschka, »aber wenn du noch einmal verschläfst, mußt du einen Eimer Wein stellen. Es wird schon warm, wir werden den Hirsch nicht zu sehen kriegen.«

»Wenn wir ihn auch sehen sollten – er ist doch klüger als wir«, sagte Olenin, auf die gestrige Äußerung des Alten anspielend. »Wir werden ihm nichts anhaben können.«

»Ja, lach nur! Töte erst einen und dann rede. Na, fix! Sieh, da kommt ja dein Wirt zu dir«, sagte Jeroschka, der durchs Fenster schaute. »Sieh, wie er sich feingemacht hat – seinen neuen Kittel hat er angezogen, damit du gleich siehst, daß er Offizier ist. Diese Leute, nein, diese Leute!«

Und wirklich, Wanjuscha meldete, daß der Wirt den Herrn zu sehen wünsche.

»L'argent«, sagte er bedeutungsvoll, um seinen Herrn über den Zweck des Besuches aufzuklären. Gleich darauf trat der Fähnrich selbst in einem neuen Tscherkessenrock mit Epauletten auf den Schultern, in gewichsten Stiefeln und – was eine Seltenheit bei den Kosaken ist – mit einem Lächeln auf dem Gesicht ins Zimmer und wünschte Glück zum Einzug ins neue Quartier.

Der Fähnrich, Ilja Wasiljewitsch, war ein *gebildeter* Kosak, er war in Rußland gewesen, er war Schullehrer und er war *vornehm*. Er wollte *vornehm* erscheinen, aber unter der Tünche seines Benehmens, das sich in Unnatürlichkeit, Selbstgefälligkeit und in merkwürdigen Redewendungen äußerte, schaute unwillkürlich ein zweiter Onkel Jeroschka hervor. Das war an seinem sonnenverbrannten Gesicht, an seinen Händen und an seiner roten Nase zu sehen.

Olenin bat ihn, Platz zu nehmen.

»Sei gegrüßt, Väterchen Ilja Wasiljewitsch«, sagte Jeroschka aufstehend und sich besonders tief – wie Olenin schien: ironisch – verneigend.

»Grüß dich, Onkel! Auch schon da?« antwortete mit nachlässigem Kopfnicken der Fähnrich.

Der Fähnrich war etwa vierzig Jahre alt, hatte einen grauen, keilförmigen Bart, war sehnig, schlank und sah für sein Alter noch gut aus. Als er zu Olenin ging, hatte er Angst gehabt, dieser könnte ihn für einen ganz gemeinen Kosaken ansehen. Er wollte ihn daher gleich seine ganze Bedeutung fühlen lassen.

»Das ist unser *ägyptischer Nimrod*«, sagte er, mit selbstbewußtem Lächeln auf den Alten weisend, zu Olenin. »*Ein Jäger vor dem Herrn*. Und geschickt in allem. Haben Sie ihn schon kennengelernt?«

Onkel Jeroschka sah auf seine Füße, die in nassen Porschni steckten, wiegte nachdenklich den Kopf, staunte über die Gewandtheit und Gelehrsamkeit des Fähnrichs und wiederholte bei sich: Nimrod! Was der sich alles ausdenkt!

»Wir wollen zusammen auf die Jagd gehen«, sagte Olenin.

»Ja so«, meinte der Fähnrich. »Ich wollte mit Ihnen etwas besprechen.«

»Womit kann ich dienen?«

»Da Sie ein vornehmer Mann sind«, begann der Fähnrich, »und da ich sozusagen auch dem Offiziersstand angehöre, so können wir uns wie alle vornehmen Leute verständigen.« Er schwieg und blickte den Alten und Olenin lächelnd an. »Wenn Sie aber den Wunsch haben und ich auch einverstanden bin, meine Ehefrau ist ein dummes Weib, sie konnte Ihre gestrigen Worte naturgemäß nicht begreifen. Für dieses Quartier ohne Stall habe ich früher vom Regimentsadjutanten sechs Moneten bekommen, und ich bin nicht verpflichtet, jemanden ohne Bezahlung zu beherbergen, denn ich bin ein vornehmer Mann. Aber wenn Sie es wünschen, da ich selber dem Offiziersstand angehöre, so können wir uns vielleicht einigen, um so mehr, als ich hiesiger Einwohner bin und die Sitten und Gebräuche kenne.«

»Der kann reden«, murmelte der Alte.

Der Fähnrich sprach noch lang auf diese Weise. Das einzige, was Olenin mit einiger Mühe verstand, war, daß der Fähnrich sechs Silberrubel im Monat für das Quartier haben wollte. Er erklärte sich damit einverstanden und bot seinem Gast ein Glas Tee an. Der Fähnrich lehnte ab.

»Unserem dummen Gebrauche nach«, sagte er, »halten wir es für Sünde, aus einem weltlichen Glas zu trinken. Meine Bildung würde es zwar erlauben, darüber zu stehen, aber meine Frau in ihrer menschlichen Schwäche ...«

»Darf ich Ihnen also Tee geben?«

»Wenn Sie gestatten, bringe ich mein eigenes Glas«, antwortete der Fähnrich und ging auf die Freitreppe hinaus. »Ein Glas!« rief er.

Ein paar Augenblicke später ging die Tür auf, und ein junger, sonnenverbrannter Arm in einem rosafarbenen Kleid streckte sich mit einem Glas durch den Türspalt. Der Fähnrich ging hin, nahm das Glas und flüsterte der Tochter etwas zu. Olenin schenkte dem Fähnrich in das *besondere* und Jeroschka in das *weltliche* Glas Tee ein.

»Ich möchte Sie aber nicht aufhalten«, sagte der Fähnrich, der sich beeilte, den heißen Tee hinunterzuschlucken. »Ich hege eine große Leidenschaft für den Fischfang und bin nur vorübergehend hier, habe sozusagen Rekreation vom Dienst. Ich habe auch das Verlangen, mein Glück zu probieren und *Geschenke des Terek* in Empfang zu nehmen. Ich hoffe, Sie werden mich einmal besuchen und nach der Sitte unserer Staniza einen Verwandtschaftsschluck von unserem Wein trinken«, fügte er hinzu.

Der Fähnrich verbeugte sich, drückte Olenin die Hand und ging hinaus. Während Olenin sich zurechtmachte, konnte er draußen die Stimme des Fähnrichs hören, der seinen Hausgenossen vernünftige und klare Befehle erteilte. Und einige Minuten später sah er den Fähnrich, die Hosen bis zu den Knien aufgekrempelt, in zerrissenem Beschmet und mit einem Netz auf der Schulter an seinem Fenster vorübergehen.

»So ein Gauner!« sagte Onkel Jeroschka, der seinen Tee aus dem weltlichen Glas schlürfte. »Willst du ihm tatsächlich sechs Moneten zahlen? Hat man je so etwas gehört? Die beste Hütte im Dorf kannst du für zwei Moneten haben. Diese Bestie! Ich bin bereit, dir meine für drei Moneten abzutreten.«

»Nein, ich werde hierbleiben«, sagte Olenin.

»Sechs Moneten! Das Geld scheint nichts mehr wert zu sein«, sagte der Alte. »Tschichir, Iwan!«

Nachdem Olenin und der Alte gegessen und Wodka getrunken hatten, traten sie gemeinsam gegen acht Uhr auf die Straße hinaus.

Im Tor stießen sie auf einen angespannten Wagen. In einem weißen Tuch, das bis über die Augen heruntergezogen war, im Beschmet über dem Hemd, in hohen Stiefeln und mit einer Gerte in der Hand zog Marjanka zwei Ochsen an einem um die Hörner gebundenen Strick hinter sich her.

»Mütterchen!« sagte der Alte und tat, als wollte er sie umfassen. Marjanka hob abwehrend die Gerte und warf den beiden einen lustigen Blick aus ihren schönen Augen zu.

Olenin wurde noch fröhlicher.

»Gehn wir, gehn wir!« sagte er. Er schulterte seine Flinte und fühlte, daß der Blick des Mädchens auf ihm ruhte.

»Hü, hü!« hörten sie Marjankas Stimme rufen, und der Wagen setzte sich knarrend in Bewegung.

Solange der Weg hinten am Dorf entlang über die Weideplätze führte, redete Jeroschka ohne Unterlaß. Er konnte den Fähnrich nicht vergessen und schimpfte die ganze Zeit.

»Warum ärgerst du dich so über ihn?« fragte Olenin.

»Er ist geizig, das kann ich nicht ausstehen«, sagte der Alte. »Er wird verrecken und wird alles dalassen müssen. Für wen spart er? Zwei Häuser hat er aufgebaut. Einen zweiten Garten seinem Bruder abprozessiert. Und was für ein Hund er in allem ist, was Papiere und Dokumente anbetrifft! Aus anderen Dörfern kommen Leute zu ihm, daß er ihnen Gesuche aufsetzt. Und wie er es hinschreibt, so wird es auch – genauso. Für wen spart er? Hat nur einen Jungen und das Mädchen. Wenn die mal verheiratet sind, ist niemand mehr da.«

»So spart er wohl für die Aussteuer?« sagte Olenin.

»Was für eine Aussteuer? Das Mädchen wird auch so genommen, das Mädchen ist in Ordnung. Aber er ist der reine Teufel, er will einen Reichen für sie. Will auch dabei noch profitieren. Ein Kosak hier, Luka, mein Nachbar und Neffe, ein forscher Kerl, der einen Tschetschenzen erschossen hat, wirbt schon lange um sie, aber er gibt sie nicht her. Dies und jenes, sagt er, und das Mädchen ist noch zu jung. Ich weiß schon, was er sich denkt. Er will, daß man sich vor ihm verbeugt. Aber einerlei, Luka kriegt sie doch. Er ist der beste Kosak im Dorfe, tapfer und geschickt, hat einen Abreken getötet und wird eine Auszeichnung bekommen.«

»Ja, sag mal, als ich gestern im Hof auf und ab ging, sah ich, wie sich die Tochter des Hauses mit einem Kosaken küßte.«

»Das ist nicht wahr!« rief der Alte stehenbleibend.

»Bei Gott!« sagte Olenin.

»Jedes Weib ist ein Teufel«, sagte Jeroschka nachdenklich. »Wie war der Kosak?«

»Das konnte ich nicht sehen.«

»Der Tucheinsatz auf der Mütze weiß?«

»Ja.«

»Und der Kittel rot? Und so groß wie du?«

»Nein, größer.«

»Na, dann ist er es gewesen.« Jeroschka lachte. »Er, mein Marka, Lukaschka. Ich nenne ihn Marka, wenn ich scherze. Er ist es. Das gefällt mir. So bin ich auch gewesen. Was soll man da viel Wesens machen? In früheren Zeiten, da passierte es, daß mein Herzchen mit der Mutter oder der Schwägerin zusammen schlief – ich kletterte deswegen doch hinein. Oder sie wohnte hoch, ihre Mutter war die reine Hexe, ein Satan, konnte mich nicht ausstehen – dann kam ich mit meinem Freund, Girtschik hieß er. Ich kam unter ihr Fenster und kletterte auf seine Schulter, hob das Fenster hoch und tastete herum. Sie schlief am Fenster auf der Bank. Einmal wecke ich sie so auf. Und sie fängt an zu schreien. Hatte mich nicht erkannt. ‚Wer ist hier?‘ Ich kann nicht antworten. Die Mutter bewegt sich schon. Ich reiße meine Mütze herunter und presse sie ihr ins Gesicht: da hat sie mich an dem Riß, der in der Mütze war, erkannt und ist dann herausgesprungen. Nichts habe ich damals nötig gehabt. Kaimak, Weintrauben – alles schleppte sie an«, fügte Jeroschka hinzu, der alles praktisch auslegte. »Und sie war nicht die einzige. Das war ein Leben!«

»Und was ist jetzt?«

»Jetzt wollen wir den Hund holen, einen Fasan auf einen Baum setzen, dann kannst du schießen.«

»Würdest du Marjanka nachsteigen?«

»Paß auf die Hunde auf! Du kannst dich am Abend davon überzeugen«, sagte der Alte und wies auf seinen Liebling, den Ljam.

Sie schwiegen eine Weile. Hundert Schritte weiter blieb der Alte stehen und zeigte auf ein Stöckchen, das quer über den Weg lag.

»Was meinst du?« sagte er. »Du meinst, das sei Zufall? Nein, dieser Stock liegt schlecht.«

»Wieso schlecht?«

Er lächelte verächtlich.

»Gar nichts weißt du. Hör mir zu. Wenn ein Stock so liegt, so darfst du nicht darübersteigen, du mußt entweder herumgehen oder ihn zur Seite werfen und ein Gebet hersagen: Vater, Sohn und Heiliger Geist – dann kannst du mit Gott weitergehen. Wird dir nichts machen. So haben es mich die Alten gelehrt.«

»Ach, das ist ja Unsinn«, sagte Olenin. »Erzähl lieber von Marjanka. Läßt sie sich denn mit Lukaschka ein?«

»Sch! Schweig jetzt!« unterbrach ihn der Alte flüsternd. »Paß auf! Jetzt geht's in den Wald hinein.« Und mit seinen Porschni lautlos auftretend, ging der Alte auf dem engen Fußweg, der in den dichten, wilden, verwachsenen Wald hineinführte, voraus. Ein paarmal blickte er sich stirnrunzelnd nach Olenin um, der mit seinen großen Stiefeln Geräusche machte und seine Büchse so unvorsichtig trug, daß er damit verschiedentlich an Äste anhakte, die über den Weg hingen.

»Mach kein Geräusch, geh leise, Soldat!« sagte er ärgerlich flüsternd.

Man konnte in der Luft spüren, daß die Sonne aufgegangen war. Der Nebel zerteilte sich, verdeckte aber noch die Wipfel der Bäume. Der Wald erschien furchtbar hoch. Bei jedem Schritt veränderte sich die Landschaft. Was man für einen Baum angesehen hatte, erwies sich als Busch; jedes einzelne Schilfrohr erschien wie ein Baum.

## 19

Der Nebel stieg teils in die Höhe und enthüllte feuchte schilfbedeckte Dächer, teils verwandelte er sich in Tau und näßte den Weg und das längs der Zäune wachsende Gras. Rauch stieg aus allen Schornsteinen. Die Leute kamen aus dem Dorf heraus – die einen gingen zur Arbeit, die anderen an den Fluß, wieder andere zum Kordon. Die Jäger schritten nebeneinander auf dem feuchten, grasbewachsenen Weg einher. Die Hunde liefen wedelnd zu beiden Seiten und blickten sich nach ihrem Herrn um. Myriaden Mücken schwirrten in der Luft, verfolgten die Jäger und bedeckten ihre Rücken, Augen und Hände. Es roch nach Gras und Feuchtigkeit. Olenin drehte sich fortwährend nach dem Wagen um, in dem Marjanka saß und mit der Gerte ihre Ochsen antrieb.

Es war still. Die Geräusche des Dorfes, die bisher zu hören waren, drangen nicht mehr bis zu den Jägern, nur die Hunde raschelten in den Dornen, und manchmal rief ein Vogel.

Olenin wußte, daß es im Wald nicht ungefährlich war, weil sich hier Abreken aufzuhalten pflegten. Er wußte aber auch, daß das Gewehr für einen Fußgänger einen starken Schutz bedeutete. Er hatte keine Angst, aber er fühlte, daß ein anderer an seiner Stelle Angst haben könnte; er spähte mit besonderer, angestrengter Aufmerksamkeit in den nebligen, feuchten Wald und lauschte auf die seltenen schwachen Töne; er faßte sein Gewehr fester und empfand bei alledem ein angenehmes, für ihn neues Gefühl. Onkel Jeroschka ging voraus, und bei jeder

Pfütze, an der Spuren eines Zweihufers zu sehen waren, blieb er stehen, betrachtete sie aufmerksam und zeigte sie Olenin. Er sprach fast gar nichts; nur selten und flüsternd machte er Bemerkungen. Der Weg, auf dem sie gingen, war einst von Wagen befahren worden, jetzt aber schon längst mit Gras bewachsen. Der aus Pyramidenpappeln und Korkulmen bestehende Wald war auf beiden Seiten so dicht und verwachsen, daß nichts zu sehen war. Fast jeder Baum war von unten bis oben mit wildem Wein umwunden, unterhalb wuchs dichtes, dunkles Dornengestrüpp. Brombeerbüsche und Schilfrohr mit grauen schwankenden Quasten bedeckten die kleinen Lichtungen. Stellenweise führten Wildwechsel und tunnelartige Fasanenfährten vom Weg in das Dickicht. Die Wachstumskraft dieses von keiner Viehherde zertretenen Waldes versetzte Olenin, der nie Ähnliches gesehen hatte, immer wieder in Erstaunen. Dieser Wald, die Gefahr, der Alte mit seinem geheimnisvollen Flüstern, Marjanka mit ihrer kräftigen, schlanken Gestalt, die Berge – alles mutete Olenin wie ein Traum an.

»Ein Fasan«, flüsterte der Alte, indem er sich abwandte und die Mütze über das Gesicht zog. »Versteck deinen Rüssel, ein Fasan.« Er machte eine ärgerliche Handbewegung nach Olenin hin und kroch weiter, beinahe auf allen vieren. »Er liebt Menschenrüssel nicht.«

Olenin war zurückgeblieben. Der Alte blieb plötzlich stehen und sah an einem Baum hinauf – und da erblickte auch Olenin den Fasan, der vom Hund angebellt wurde. Im selben Augenblick erscholl aus Jeroschkas mächtigem Gewehr – wie aus einer Kanone – ein Schuß, der Fasanenhahn flatterte auf, Federn stäubten, und er fiel schwer zu Boden. Olenin scheuchte im Nähertreten noch einen zweiten auf. Er zielte und schoß. Der Fasan stieg erst wie ein Pfeil empor und fiel gleich darauf wie ein Stein durch die Zweige ins Dickicht.

»Brav!« rief der Alte lachend, der »etwas Fliegendes« nicht zu schießen verstand.

Sie hoben ihre Fasanen auf und gingen weiter. Olenin war durch den Schuß und das Lob des Alten angeregt und wollte reden.

»Warte, wir gehen jetzt hier hinein«, unterbrach ihn der Alte. »Gestern habe ich hier eine Hirschfährte gesehen.«

Sie bogen ins Dickicht ab und kamen nach etwa dreihundert Schritt auf einer teils mit Schilf bewachsenen, teils mit Wasser bedeckten Lichtung heraus. Olenin blieb immer wieder hinter dem Alten zurück. Etwa zwanzig Schritt vor ihm bückte sich Onkel Jeroschka nieder und machte bedeutungsvolle Zeichen mit Kopf und Hand. Olenin trat an den Alten heran und erblickte die Spur eines Menschen, auf die der Alte wies.

»Siehst du?«

»Ja. Und?« Olenin versuchte möglichst ruhig zu sprechen. »Eine Menschenspur.«

Unwillkürlich schoß ihm der Gedanke an Coopersche Pfadfinder und Abreken durch den Kopf. Er sah, wie vorsichtig sich der Alte bewegte, konnte sich nicht entschließen zu fragen und war im Zweifel, ob die Gefahr oder die Jagd solche Vorsicht erforderlich machte.

»Nein, das ist meine Spur«, antwortete der Alte gelassen und zeigte auf eine unter dem Gras kaum sichtbare Fährte.

Der Alte ging weiter. Olenin blieb nicht hinter ihm zurück. Sie machten zwanzig Schritt, gingen etwas bergab und stießen im Dickicht auf einen breitausladenden Birnbaum, unter dem frische Losung lag und die Erde schwarz war.

Von wildem Wein umwachsen, sah das Plätzchen wie eine verdeckte Laube aus, dunkel und kühl.

»Am Morgen war er hier«, sagte der Alte mit einem Seufzer. »Das Lager ist noch frisch.«

Plötzlich ertönte im Wald, in etwa zehn Schritt Entfernung, ein furchtbares Krachen. Beide zuckten zusammen und griffen nach ihren Gewehren, aber es war nichts zu sehen; man hörte nur die Zweige brechen. Gleichmäßiger, rascher Galopp wurde jetzt hörbar, das Krachen ging in ein Getöse über, das sich immer weiter, immer breiter in dem stillen Wald fortpflanzte. Olenins Herz stockte. Er blickte angestrengt in das Grün des Dickichts und wandte sich endlich nach dem Alten um. Onkel Jeroschka stand unbeweglich. Er hatte das Gewehr an die Brust gepreßt, die Mütze war auf den Hinterkopf zurückgeschoben, die Augen brannten in ungewöhnlichem Glanz, der Mund, aus dem die gelben Zahnstummel lugten, stand offen und schien in dieser Lage erstarrt zu sein.

»Der Hirsch!« sagte er. Er warf sein Gewehr voll Verzweiflung auf die Erde und begann sich seinen grauen Bart zu zausen. »Hier stand er! Vom Fußweg aus hätten wir herankommen sollen! – Nein, so ein Narr!« Er riß voll Wut an seinem Bart. »Narr! Schwein!« wiederholte er und zauste seinen Bart, daß es ordentlich weh tat. Im Nebel über dem Wald schien etwas davonzufliegen, immer weiter, immer dumpfer dröhnte der Lauf des aufgescheuchten Hirsches ...

In der Dämmerung kehrte Olenin mit dem Alten heim, müde, hungrig und doch lebensfroh. Das Essen war bereit. Er aß und trank mit dem Alten, so daß er warm und lustig wurde, und ging auf die Freitreppe hinaus. Wieder standen die Berge im Abendrot vor ihm. Wieder erzählte der Alte seine endlosen Geschichten von Jagden, von Abreken und von seinem sorglosen, verwegenen Leben. Wieder ging die schöne Marjanka hinein, heraus und über den Hof. Unter dem Hemd waren die Umrisse ihres kräftigen, jungfräulichen Körpers sichtbar.

## 20

Am anderen Tag ging Olenin allein an den Platz, wo er mit dem Alten den Hirsch aufgescheucht hatte. Statt durchs Tor zu gehen, kletterte auch er, wie es hier alle taten, über die Dornenhecke. Und er hatte noch nicht Zeit gehabt, die an seinem Tscherkessenrock hängengebliebenen Dornen zu entfernen, als sein Hund, der vorausgelaufen war, schon zwei Fasanen aufgeschreckt hatte. Kaum war er ins Dornengestrüpp hineingegangen, als wieder bei jedem Schritt Fasanen aufflogen. Der Alte hatte ihm tags zuvor diese Stelle nicht gezeigt, um sie für ein Schießen mit der Kobylka aufzusparen. Olenin erlegte fünf von den zwölf aufgescheuchten Fasanen, mußte im Dornengestrüpp lange herumkriechen, um sie zu finden, und geriet dadurch so in Hitze, daß ihm der Schweiß in Strömen herunterfloß. Er rief den Hund zurück, lud das Gewehr mit einer Kugel und ging, die Mücken mit dem Ärmel seines Rockes fortscheuchend, gemächlich an den gestrigen Platz. Aber es war fast unmöglich, den Hund zurückzuhalten, der selbst auf dem Weg auf Fasanenspuren stieß; er erlegte noch ein paar Fasanen, wurde dadurch aufgehalten und kam erst gegen Mittag an die Stelle von tags zuvor.

Der Tag war klar, still und heiß. Von der Kühle des Morgens war auch im Wald nichts mehr zu spüren, und Myriaden von Mücken bedeckten das Gesicht, den Rücken und die Hände. Der Hund war nicht mehr schwarz, sondern dunkelbraun: sein ganzer Körper war von Mücken bedeckt. Ebenso sah Olenins Tscherkessenrock aus, den die Mücken mit ihren Stacheln durchbohrten. Olenin wollte schon vor den Mücken die Flucht ergreifen; es erschien ihm unmöglich, den Sommer über im Dorf leben zu können. Er drehte sich um, erinnerte sich dann aber, daß auch andere Leute hier lebten, beschloß auszuhalten und gab seinen Körper den Mückenstichen preis. Merkwürdigerweise begannen diese Mückenstiche nach einiger Zeit eine angenehme Empfindung auszulösen. Er meinte, der Wald verlöre an Charakter und Reiz, wenn die ihn von allen Seiten umringende Mückenatmosphäre fehlte, dieser Mückenteig, der das ganze schweißtriefende Gesicht verschmierte, sobald man mit der Hand darüberfuhr, und dieses unruhige Jucken auf dem ganzen Körper. Diese Myriaden von Insekten paßten so gut zu der wilden, bis zur Formlosigkeit reichen Vegetation, zu der Unmenge von Tieren und Vögeln, die den Wald füllten, zu dem dunklen Grün, zu der duftgeschwängerten, heißen Luft, zu diesen kleinen Gruben mit trübem Wasser, das überall aus dem Terek durchsickerte und unter den überhängenden Blättern gluckste – daß ihm angenehm wurde, was vorher fürchterlich und unerträglich schien. Er ging um den Platz herum, wo er gestern das Wild gesehen hatte, traf nichts an und beschloß, etwas auszuruhen. Die Sonne stand direkt über dem Wald und schien ihm senkrecht auf Rücken und Kopf, sobald er auf die Lichtung oder den Weg hinaustrat. Das Rückgrat schmerzte von dem Gewicht der sieben schweren Fasanen. Er fand die Hirschfährte von tags zuvor, kroch unter einen Busch ins tiefste Dickicht hinein, wo gestern der Hirsch gelegen hatte, und legte sich an dessen früherem Lager nieder. Er betrachtete das dunkle Grün ringsumher, die Schweißspuren, die gestrige Losung, den Abdruck, den die Knie des Hirsches hinterlassen hatten, den Klumpen schwarze Erde, den der Hirsch aufgeworfen hatte, und seine eigenen gestrigen Spuren. Es war kühl und behaglich, er dachte an nichts und wünschte nichts. Und plötzlich überkam Olenin ein so merkwürdiges Gefühl von grundlosem Glück und Liebe zu allem und jedem, daß er nach alter kindlicher Gewohnheit sich zu bekreuzigen und jemandem zu danken begann. Mit besonderer Klarheit durchzuckte ihn plötzlich der Gedanke, daß er, Dmitrij Olenin, ein von allen anderen gesondertes Wesen, sich hier befände: Gott weiß wo, ganz allein, an einer Stelle, wo vorher der Hirsch gelebt hatte, der alte, schöne Hirsch, der vielleicht nie einen Menschen gesehen hatte, an einer Stelle, wo kein einziger Mensch jemals gesessen und Ähnliches gedacht hatte. Ich sitze, und ringsherum stehen alte und junge Bäume, einer von ihnen ist von wildem Wein umrankt, neben mir bewegen sich Fasanen, die einander den Platz streitig machen, vielleicht wittern sie die toten Brüder. Er betastete seine Fasanen, betrachtete sie und wischte die vom warmen Blut nasse Hand an seinem Tscherkessenrock ab. Jetzt eben wittern mich vielleicht auch Schakale und schleichen mit unzufriedenen Gesichtern nach der anderen Seite; neben mir, zwischen den Blättern, die ihnen wie riesige Inseln erscheinen müssen, fliegen, stehen und summen Mücken, eine, zwei, drei, vier, hundert, tausend, eine Million Mücken; und alle summen sie irgend etwas, und aus einem ganz bestimmten Grund neben mir, und jede von ihnen ist für sich genauso etwas Besonderes, wie ich, Dmitrij Olenin, es bin. Er stellte sich ganz deutlich vor, was die Mücken dachten und summten: Hierher, hierher, Kinder, den hier kann man fressen, summen sie und stürzen auf ihn los. Und es wurde ihm vollständig klar, daß er nicht ein russischer Edelmann, ein Glied der Moskauer Gesellschaft, ein Freund und Verwandter von dem und jenem, sondern genauso eine Mücke, ein Fasan oder ein Hirsch sei wie die, die jetzt um ihn herum lebten. Genau wie sie, wie Onkel Jeroschka, werde auch ich leben und dann sterben. Und er sagt wahr: Gras wird darüber wachsen.

Aber was macht es aus, daß Gras darüber wächst? überlegte er weiter, trotzdem soll man leben und glücklich sein. Ich wünsche mir nur eins, und das ist – Glück. Ob ich ein Tier wie die anderen bin, auf denen Gras wachsen wird und weiter nichts, ob ich der Rahmen für ein Teilchen der einigen Gottheit bin, es bleibt sich gleich, ich muß danach streben, auf die bestmögliche Art zu leben. Wie muß man denn leben, um glücklich zu sein, und warum bin ich früher nicht glücklich gewesen? Und er begann an sein früheres Leben zurückzudenken und wurde sich selbst zum Ekel. Er meinte, ein anspruchsvoller Egoist gewesen zu sein, obwohl er im Grunde doch wirklich nichts nötig gehabt hatte. Und immer wieder schaute er um sich: auf das durchscheinende Grün, auf die sinkende Sonne und den klaren Himmel, und fühlte sich immer gleich glücklich. Warum bin ich glücklich, und wozu habe ich früher gelebt? dachte er. Wie war ich anspruchsvoll, wie dachte ich mir immer Neues aus und habe nichts außer Scham und Unglück erreicht. Und ich brauche doch eigentlich gar nichts, um glücklich zu sein. Und plötzlich schien ihm ein neues Licht aufzugehen. Das Glück besteht darin, andere glücklich zu machen, sagte er sich. Das ist klar. Jedem Menschen wohnt das Glücksbedürfnis inne; demnach muß Glücksbedürfnis dem Naturgesetz gemäß sein. Will man dies Bedürfnis egoistisch befriedigen, durch Streben nach Reichtum, Ruhm, Annehmlichkeiten, Liebe – so kann es einem widerfahren, daß sich die Umstände ungünstig gestalten und die Wünsche unerfüllt bleiben. Diese Wünsche entsprechen eben nicht dem Naturgesetz; ihm entspricht aber das Bedürfnis nach Glück. Welche Wünsche kann der Mensch immer befriedigen, unabhängig von äußeren Umständen? Was ist Glück, Liebe, Selbstaufopferung? Olenin wurde so froh und aufgeregt, als er diese, wie ihm schien, neue Wahrheit entdeckte, daß er aufsprang, sich ungeduldig nach dem umschaute, für den er sich schnell aufopfern könnte, dem er Gutes erweisen, den er lieben könnte. Für sich selbst braucht man doch nichts, dachte er. Warum soll man dann nicht für andere leben?

Er nahm sein Gewehr, trat aus dem Dickicht heraus mit der Absicht, rasch nach Hause zu gehen, um sich das alles nochmals zu überlegen und um Gelegenheit zu finden, etwas Gutes zu vollbringen. Er kam auf die Lichtung heraus und blickte sich um: die Sonne war hinter den Baumwipfeln nicht mehr zu sehen, es wurde schon kühler, und die Gegend schien ihm vollständig unbekannt und der Umgebung des Dorfes gar nicht ähnlich zu sein. Ganz plötzlich hatte sich alles verändert: das Wetter und der Charakter des Waldes; der Himmel bezog sich mit Wolken, der Wind heulte in den Wipfeln der Bäume, ringsherum stand nur Schilfrohr und faulender, verkrüppelter Wald. Er rief den Hund, der vorhin ein Tier verfolgt hatte und jetzt verschwunden war; seine Stimme klang einsam und verloren. Und plötzlich wurde ihm schrecklich unheimlich zumute. Er bekam es mit der Angst zu tun. Abreken, Morde kamen ihm in den Sinn, von denen er gehört hatte, und er dachte: Gleich, gleich werden die Tschetschenzen hinter dem Busch hervorspringen, und ich werde um mein Leben kämpfen und sterben müssen und mich vielleicht wie ein Feigling benehmen. Er dachte an Gott und an das Leben nach dem Tode, an das er schon lange nicht mehr gedacht hatte. Und ringsherum war dieselbe düstere, strenge, wilde Natur. Lohnt es sich denn, für sich zu leben, dachte er, wenn man jeden Augenblick sterben kann, sterben, ohne etwas Gutes vollbracht zu haben, so sterben, daß niemand etwas davon erfährt? Er ging nach der Richtung, in der seiner Ansicht nach die Staniza liegen mußte. Er dachte nicht mehr an die Jagd, fühlte eine furchtbare Müdigkeit, betrachtete jeden Busch und jeden Baum aufmerksam und beinahe mit Entsetzen und glaubte, jeden Augenblick von seinem Leben Abschied nehmen zu müssen. Er irrte ziemlich lange umher und stieß endlich auf einen Graben mit sandigem, kaltem Wasser, das aus dem Terek floß. Um sich nicht wieder zu verirren, beschloß er, am Graben entlangzugehen. Er ging und wußte nicht, wohin ihn der Graben führen würde. Plötzlich krachte hinter ihm das Schilf. Er zuckte zusammen und griff nach seinem Gewehr – und schämte sich gleich darauf: sein Hund stürzte sich schwer keuchend auf das kalte Wasser im Graben und begann zu trinken. Olenin trank auch und ging in der Richtung weiter, in der der Hund ihn zog, in der Annahme, daß der Hund ihn zum Dorf hinausführen würde. Obwohl er jetzt an dem Hund einen Kameraden hatte, schien es ringsherum doch immer düsterer zu werden. Der Wald wurde dunkler, der Wind brauste immer stärker in den Wipfeln der alten gespaltenen Bäume. Große Vögel kreisten mit Gekreisch um die Nester in diesen Bäumen. Die Vegetation wurde ärmlicher, immer öfter begegneten sie raschelndem Schilf und kahlen, von Wildfährten durchzogenen Sandflächen. Zu dem dumpfen Heulen des Windes hatte sich ein anderer trostloser, einförmiger Ton gesellt. Die Stimmung wurde immer trüber. Olenin griff nach den Fasanen auf seinem Rücken: einer fehlte. Der Fasan war abgerissen worden und verschwunden, nur der blutige Hals und der Kopf ragten aus dem Gürtel hervor. Ihm wurde so unheimlich zumute wie nie zuvor. Er begann zu beten und hatte Angst, er könnte sterben, ohne vorher etwas Gutes und Schönes getan zu haben; er wollte leben, um große Taten der Selbstverleugnung vollbringen zu können.

## 21

Plötzlich wurde es wieder licht in ihm. Er vernahm russische Worte, hörte das schnelle und gleichmäßige Rauschen des Terek, und zwei Schritt vor ihm tat sich die braune, gleitende Fläche des Flusses mit dem dunklen feuchten Sand am Ufer und auf den Sandbänken auf und die sich weit hindehnende Steppe; er sah den Kordonturm über dem Wasser und ein gesatteltes Pferd, das mit zusammengekoppelten Füßen im Dorngebüsch herumging – und Berge. Die rote Sonne kam für einen Augenblick hinter einer Wolke hervor und ließ ihre letzten Strahlen lustig auf dem Fluß, auf dem Schilf, auf dem Wachtturm und auf den Kosaken, die in einer Gruppe zusammenstanden, spielen. Olenins Aufmerksamkeit wurde sofort von Lukaschkas lebensvoller Gestalt angezogen.

Ohne jeden ersichtlichen Grund fühlte er sich plötzlich wieder vollständig glücklich. Er war am Nischneprotozker-Posten herausgekommen, der sich direkt am Terek, dem friedlichen Aul gegenüber, befand. Olenin begrüßte die Kosaken, fand aber keine Gelegenheit, jemandem etwas Gutes zu erweisen, und betrat die Hütte. In der Hütte fand sich auch keine Gelegenheit. Die Kosaken empfingen ihn kühl. Er ging in den Flur und steckte sich eine Zigarette an. Die Kosaken beachteten ihn nur wenig, erstens, weil er rauchte, und zweitens, weil sie diesen Abend eine andere Zerstreuung hatten. Aus den Bergen waren mit einem Kundschafter feindliche Tschetschenzen, Angehörige des toten Abreken, gekommen, um die Leiche freizukaufen. Es wurde auf die Obrigkeit aus dem Dorf gewartet. Der Bruder des Toten, groß, schlank, mit gestutztem und gefärbtem rotem Bart, war trotz seines zerrissenen Rocks und einer ebensolchen Papacha ruhig und hoheitsvoll wie ein Zar. Er sah dem Toten sehr ähnlich. Er würdigte niemanden eines Blickes, schaute kein einziges Mal auf den Toten, kauerte im Schatten auf seinen Fersen, rauchte seine Pfeife, spuckte aus und gab hin und wieder ein paar befehlende Kehllaute von sich, denen sein Begleiter achtungsvoll lauschte. Man merkte sofort, daß er ein Dschigit war, ein Mann, der die Russen schon öfters und unter ganz anderen Umständen gesehen hatte und den bei den Russen nichts in Erstaunen zu setzen oder zu interessieren vermochte. Olenin trat an den Toten heran und wollte ihn anschauen, doch der Bruder blickte ihn gelassen und verächtlich mit zusammengezogenen Augenbrauen an und ließ ein paar abgerissene Worte fallen. Der Kundschafter beeilte sich, das Gesicht des Toten mit seinem Rock zu bedecken. Der erhabene und strenge Gesichtsausdruck des Dschigiten machte Eindruck auf Olenin, er wollte ein Gespräch mit ihm anbahnen und fragte, aus welchem Aul er sei; aber der Tschetschenze blickte ihn kaum an, spuckte aus und drehte sich weg. Olenin staunte, daß der Kaukasier so wenig Interesse für ihn zeigte, und erklärte sich diese Gleichgültigkeit mit Dummheit und Sprachunkenntnis. Er wandte sich an den Begleiter. Dieser Kundschafter und Dolmetscher trug ebenso zerlumpte Kleider, war aber schwarz und nicht rothaarig, außerdem sehr beweglich; er hatte die weißesten Zähne und blitzende, schwarze Augen. Der Kundschafter ging auf das Gespräch ein und bat um eine Zigarette.

»Von fünf Brüdern«, erzählte der Kundschafter in seinem gebrochenen Russisch, »ist das der dritte, den die Russen getötet haben, nur zwei sind übriggeblieben; er ist ein Dschigit, ein großer Dschigit«, sagte er, auf den Tschetschenzen weisend. »Als Achmed Khan« – so hieß der tote Abrek – »erschossen wurde, da hat er auf der anderen Seite im Schilf gesessen; er hat gesehen, wie er ins Boot gelegt und auf dies Ufer gebracht wurde. Er hat bis in die Nacht hinein gesessen und wollte den Alten erschießen, aber die anderen haben es nicht zugelassen.«

Lukaschka trat an die Sprechenden heran und setzte sich zu ihnen.

»Aus welchem Aul?« fragte er.

»Dort in den Bergen«, antwortete der Kundschafter und wies auf eine bläuliche, neblige Schlucht hinter dem Terek. »Kennst du Sujuk-Su? Etwa zehn Werst dahinter.«

»Kennst du Girej Khan in Sujuk-Su?« fragte Lukaschka, offenbar stolz auf diese Bekanntschaft. »Ist ein Freund von mir.«

»Er ist mein Nachbar«, antwortete der Kundschafter.

»Ein ganzer Kerl!« Lukaschka war sehr interessiert und begann tatarisch mit dem Kundschafter zu sprechen.

Bald darauf kamen der Sotnik und der Ortskommandant mit zwei anderen Kosaken im Gefolge angeritten. Der Sotnik, einer der neuen Kosakenoffiziere, grüßte die Kosaken, aber diese antworteten ihm nicht, wie es in der russischen Armee üblich ist, durch lauten Zuruf, sondern nur vereinzelt durch Verbeugungen. Einige andere, auch Lukaschka, erhoben sich und machten Front. Der Unteroffizier meldete, daß auf dem Posten alles in Ordnung sei. Alles das kam Olenin komisch vor; es sah aus, als ob diese Kosaken Soldaten spielten. Aber der förmliche Ton ging bald in einen ungezwungenen über, und der Sotnik, ein ebenso gewandter Kosak wie die anderen, begann mit dem Dolmetscher fließend tatarisch zu sprechen. Man setzte ein Schriftstück auf, übergab es dem Kundschafter, nahm von diesem das Lösegeld in Empfang und ging zur Leiche.

»Wer von euch ist Gawrilow Luka?« fragte der Sotnik.

Lukaschka nahm die Mütze ab und trat näher.

»Ich habe es dem Regimentskommandeur gemeldet. Was herauskommen wird, weiß ich nicht. Ich habe um das Kreuz ersucht – zum Unteroffizier bist du noch zu jung. Kannst du lesen und schreiben?«

»Nein.«

»So ein flotter Kerl!« sagte der Sotnik, den Vorgesetzten markierend. »Setz die Mütze auf. Von welchen Gawrilows bist du? Von dem Breiten etwa?«

»Ein Neffe«, antwortete der Unteroffizier.

»Ich weiß, ich weiß. Packt mit an, helft ihnen«, wandte er sich an die Kosaken.

Lukaschkas Gesicht strahlte vor Freude und war noch hübscher als sonst. Er trat zurück, setzte die Mütze auf und setzte sich wieder zu Olenin.

Als die Leiche schon im Boot war, näherte sich auch der Bruder des Toten dem Ufer. Die Kosaken traten unwillkürlich zurück, um ihm den Weg freizugeben. Er stieß mit dem Fuß kräftig vom Ufer ab und sprang ins Boot. Olenin bemerkte, daß er zum erstenmal einen raschen Blick auf die Kosaken warf und seinen Begleiter kurz nach etwas fragte. Der Begleiter antwortete und wies auf Lukaschka. Der Tschetschenze blickte ihn an, drehte sich langsam weg und betrachtete das gegenüberliegende Ufer. Nicht Haß, sondern kalte Verachtung war in seinem Blick. Er sagte noch etwas.

»Was hat er gesagt?« erkundigte sich Olenin bei dem zappligen Dolmetscher.

»Ihr schlagt uns, wir peitschen euch. Immer dasselbe Durcheinander«, antwortete der Kundschafter, fletschte lachend die weißen Zähne und sprang ins Boot.

Der Bruder des Erschossenen saß unbeweglich da und betrachtete aufmerksam das gegenüberliegende Ufer. Auf der russischen Seite konnte ihn nichts interessieren, zu groß waren Haß und Verachtung. Der Kundschafter stand auf dem einen Ende des Bootes, hob das Ruder von einer Seite zur anderen, steuerte sehr geschickt und sprach ohne Unterlaß. Das Boot kreuzte schräg über den Fluß und wurde immer kleiner, die Stimmen waren kaum noch zu hören, endlich landeten sie am anderen Ufer, wo ihre Pferde standen. Es war alles deutlich zu sehen. Sie trugen die Leiche heraus und legten sie, obwohl die Pferde scheuten, quer über den Sattel, bestiegen dann ihre Pferde und ritten im Schritt an dem Aul vorbei, aus dem ein Haufen Menschen herauskam, um sie zu sehen. Die Kosaken auf dieser Seite waren außerordentlich zufrieden und lustig. Von allen Seiten hörte man Lachen und Scherzen. Der Sotnik ging mit dem Ortskommandanten ins Haus, um sich zu stärken. Lukaschka saß mit lustigem Gesicht neben Olenin, bemühte sich vergeblich, einen gesetzten Ausdruck anzunehmen, hatte die Ellenbogen auf die Knie gestützt und schnitzte an einem Stäbchen herum.

»Sie rauchen?« fragte er, scheinbar neugierig, »ist denn das gut?«

Er hatte offenbar nur deshalb gefragt, weil er gemerkt hatte, daß Olenin sich vereinsamt und unbehaglich zwischen den Kosaken fühlte.

»Ich bin es gewohnt«, antwortete Olenin. »Warum?«

»Hm! Wenn unsereins rauchen wollte, es gäbe ein Unglück. Die Berge scheinen so nah«, sagte Lukaschka und wies auf die Schlucht, »aber man kommt nicht bis hin ... Wie werden Sie denn jetzt allein nach Hause gehen? Es ist dunkel. Ich werde Sie begleiten, wenn Sie wollen«, sagte Lukaschka. »Bitten Sie den Unteroffizier darum.«

Was für ein Kerl! dachte Olenin, das lustige Gesicht des Kosaken betrachtend. Er dachte an Marjanka, an den Kuß hinter dem Zaun, den er belauscht hatte, und bedauerte Lukaschka um seinen Mangel an Bildung. Was ist das für ein Unsinn und Durcheinander? dachte er. Ein Mensch tötet einen anderen und ist glücklich und zufrieden, als hätte er die schönste Tat vollbracht. Ist es möglich, daß er nicht fühlt, daß er gar keinen Grund hat, sich zu freuen? Daß das Glück nicht im Töten, sondern in der Selbstaufopferung liegt?

»Na, paß nur auf, daß du ihm nicht in die Hände fällst«, sagte einer von den Kosaken, die das Boot begleitet hatten, zu Lukaschka. »Hast du gehört, wie er nach dir fragte?«

Lukaschka hob den Kopf.

»Mein Taufsohn?« fragte Lukaschka und meinte den erschossenen Tschetschenzen.

»Dein Taufsohn wird nicht auferstehen, aber sein Bruder, der Rothaarige.«

»Der soll Gott danken, daß er selber mit heiler Haut davongekommen ist«, sagte Lukaschka lachend.

»Worüber freust du dich?« sagte Olenin zu Lukaschka. »Wenn dein Bruder getötet worden wäre, könntest du dich dann auch freuen?«

Der Kosak sah Olenin an, und seine Augen lachten. Er schien alles verstanden zu haben, was der andere ihm sagen wollte, doch über solche Betrachtungen erhaben zu sein.

»Was ist denn? Selbstverständlich, auch unsereins wird einmal getötet.«

## 22

Der Sotnik und der Ortskommandant waren wieder fortgeritten. Um Lukaschka ein Vergnügen zu machen und nicht allein durch den dunklen Wald gehen zu müssen, bat Olenin, Lukaschka mitgehen zu lassen, und der Unteroffizier ließ ihn gehen. Olenin dachte, Lukaschka würde froh sein, Marjanka wiederzusehen, und er selbst war froh, einen so angenehmen und unterhaltsamen Kosaken zum Begleiter zu haben. Lukaschka und Marjanka vereinigten sich unwillkürlich in seiner Vorstellung, und es machte ihm Vergnügen, an die beiden zu denken. Er liebt Marjanka, dachte Olenin, aber ich könnte sie auch lieben. Und ein starkes, ihm ganz neues Gefühl der Rührung bemächtigte sich seiner, während sie durch den dunklen Wald nach Hause gingen. Lukaschka war auch vergnügt. Ein Gefühl, das der Liebe nicht unähnlich war, keimte zwischen diesen beiden so verschiedenen jungen Leuten auf. Wenn sie einander anblickten, hatten sie Lust zu lachen.

»In welches Tor mußt du?« fragte Olenin.

»In das mittlere. Aber ich werde Sie bis zum Sumpf begleiten, von dort aus brauchen Sie keine Angst zu haben.«

Olenin lachte.

»Ich habe doch keine Angst! Geh zurück, ich danke dir. Ich kann auch allein gehen.«

»Aber warum denn, und wozu soll ich denn zurück? Es ist doch begreiflich, daß Sie Angst haben, auch wir haben Angst«, sagte Lukaschka, auch lachend, offenbar, um Olenins gekränkten Ehrgeiz zu beruhigen.

»Komm mit zu mir. Wir schwatzen und trinken, und am Morgen kannst du dann gehen.«

»Als ob ich keinen Platz zum Übernachten fände!« lachte Lukaschka. »Aber der Unteroffizier bat, ich solle sofort wiederkommen.«

»Ich habe dich gestern singen hören und dich auch gesehen.«

»Wir sind alle nur Menschen ...« Luka wiegte den Kopf.

»Sag mal, du heiratest? Ist das wahr?« fragte Olenin.

»Die Mutter will mich verheiraten. Aber ich habe noch kein Pferd.«

»Du bist noch nicht eingereiht?«

»Ach wo! Eben ausgerüstet. Habe noch kein Pferd und gar keine Aussicht, eins zu bekommen. Deswegen verheiratet man mich nicht.«

»Was kostet denn ein Pferd?«

»Wir haben neulich jenseits des Flusses um eins gehandelt; sie wollten es nicht um sechzig Moneten hergeben, und es war doch nur ein nogaisches.«

»Sag, würdest du als Ordonnanz zu mir kommen? Ich könnte es durchsetzen – und würde dir auch ein Pferd schenken«, fügte Olenin unerwartet hinzu. »Tatsächlich, ich habe zwei, ich brauche das eine gar nicht.«

»Wieso brauchen Sie es nicht?« sagte Lukaschka lachend. »Warum sollten Sie es verschenken? Mit Gottes Hilfe werden sich unsere Umstände schon bessern.«

»Nein tatsächlich! Oder willst du nicht als Ordonnanz gehen?« fragte Olenin. Er freute sich, daß ihm der Gedanke, Lukaschka ein Pferd zu schenken, gekommen war. Aber aus irgendeinem Grunde fühlte er sich unbehaglich und geniert. Er suchte nach Worten und wußte nichts zu sagen.

Lukaschka brach als erster das Schweigen.

»Sie haben ein eigenes Haus in Rußland?« fragte er.

Olenin konnte sich nicht enthalten, ihm zu erzählen, daß er nicht nur ein, sondern mehrere Häuser habe.

»Ein schönes Haus? Größer als die unsrigen?« fragte Lukaschka gutmütig.

»Viel größer, zehnmal größer, mit drei Stockwerken«, erzählte Olenin.

»Und haben Sie auch Pferde, solche wie wir?«

»Ich habe hundert Stück Pferde, zu dreihundert und vierhundert Rubel das Stück, aber sie sind anders als die hiesigen. Dreihundert Silberrubel! Traber, weißt du ... Aber ich habe die hiesigen lieber.«

»Sind Sie freiwillig oder unfreiwillig hergekommen?« fragte Lukaschka mit leisem Spott ... »Hier sind Sie irregegangen«, fügte er hinzu, auf einen kleinen Fußweg weisend, an dem sie gerade vorbeigingen. »Sie hätten nach rechts gehen sollen.«

»Freiwillig«, antwortete Olenin, »ich wollte die Gegend hier kennenlernen, Feldzüge mitmachen.«

»Ich würde am liebsten gleich heute ins Feld rücken«, sagte Luka. »Hören Sie die Schakale heulen?« fügte er hinzu.

»Sag mal, ist dir nicht bange, daß du einen Menschen getötest hast?« fragte Olenin.

»Was ist denn da zum Fürchten? Einen Feldzug möchte ich mitmachen!« wiederholte Lukaschka. »Das möchte ich zu gerne.«

»Vielleicht gehen wir zusammen. Unsere Kompanie wird noch vor den Feiertagen ausrücken und eure Sotnja auch.«

»Was hat Sie bewogen hierherzukommen? Ein Haus besitzen Sie, Pferde, Leibeigene. Ich an Ihrer Stelle würde immer nur gezecht und gebummelt haben. Was für einen Rang haben Sie?«

»Ich bin Junker, zum Offizier vorgeschlagen.«

»Wenn das wahr ist, daß Sie daheim so ein Leben haben – ich wäre niemals von Hause weggegangen. Aber ich würde auch so nicht weggehen. Ist es nicht schön bei uns?«

»Ja, sehr schön«, sagte Olenin.

Während sich die beiden unter solchen Gesprächen dem Dorfe näherten, war es vollständig dunkel geworden. Noch waren sie von der schwarzen Finsternis des Waldes umgeben. Der Wind brauste in den Wipfeln, und in nächster Nähe heulten, lachten und weinten Schakale; aber von vorn, aus der Staniza, drang schon der Schall von Frauenstimmen und Hundegebell zu ihnen, deutlich hoben sich die Umrisse der Hütten ab, Lichter schimmerten, und es roch nach Kisjakrauch. Olenin fühlte diesen Abend, daß hier im Dorfe sein Heim, seine Familie, sein ganzes Glück sei, daß er niemals und nirgends so glücklich gelebt habe oder leben würde. Er liebte alle Welt, diesen Abend und ganz besonders Lukaschka. Als sie zu Hause angelangt waren, führte Olenin, zur größten Verwunderung Lukaschkas, eigenhändig das in Grosnaja gekaufte Pferd aus dem Stall und übergab es ihm. Es war nicht das Pferd, auf dem er selbst immer ritt, es war nicht mehr ganz jung, aber durchaus nicht schlecht.

»Warum wollen Sie mich so reich beschenken?« sagte Lukaschka. »Ich habe bisher keine Gelegenheit gehabt, Ihnen einen Dienst zu erweisen.«

»Aber mir macht es doch nichts aus«, antwortete Olenin. »Nimm nur, du wirst mir auch mal was schenken ... Wir werden ja auch zusammen ins Feld rücken.«

Luka war verwirrt.

»Ja, wie denn ... so ein Pferd kostet doch viel Geld«, sagte er, ohne das Pferd anzusehen.

»Nimm nur, nimm. Du kränkst mich, wenn du es nicht annimmst. Wanjuscha, führ den Grauen zu ihm hinüber.«

Lukaschka nahm den Zügel.

»Nun denn, so bedanke ich mich bestens. Das ist ein unerwartetes Geschenk.«

Olenin war glücklich wie ein zwölfjähriger Knabe.

»Binde es hier an. Es ist ein gutes Pferd, ich habe es in Grosnaja gekauft, es galoppiert gut. Wanjuscha, gib uns Tschichir. Wollen wir ins Haus gehen?«

Der Wein wurde gebracht, Lukaschka setzte sich und nahm einen Becher.

»Ich werde Ihnen einen Gegendienst erweisen, so Gott will«, sagte er, den Becher leerend. »Wie heißt du?«

»Dmitrij Andrejewitsch.«

»Na, Mitrij Andrjitsch, Gott lohne es dir. Wir sind jetzt Freunde. Du mußt uns besuchen. Wir sind nicht reich, aber für einen Freund haben wir immer genug. Ich werde auch meiner Mutter sagen, falls du was brauchen solltest: Kaimak oder Weintrauben. Und wenn du in den Kordon kommst, so hast du nur zu befehlen: auf die Jagd, auf die andere Seite des Flusses, wohin du willst. Schade, daß ich es neulich noch nicht gewußt habe. Einen schönen Keiler habe ich erlegt und alles an die Kosaken verteilt, ich hätte dir davon etwas bringen können.«

»Ja, danke. Hör mal, du darfst das Pferd nicht anspannen, es ist nie im Gespann gegangen.«

»Wie kann man ein Pferd anspannen! Ich werde dir noch eins sagen«, sagte Lukaschka mit gedämpfter Stimme. »Ich habe einen Freund, Girej Khan, der hat mich aufgefordert mitzumachen: er will sich an der großen Straße, die aus den Bergen führt, in den Hinterhalt legen. Wenn du willst, könntest du mitkommen, ich werde dich nicht verraten, werde dein Leibwächter sein.«

»Gut, gut, machen wir einmal.«

Lukaschka meinte Olenins Verhalten zu verstehen und beruhigte sich. Diese Ruhe und Natürlichkeit versetzten Olenin in Erstaunen, berührten ihn sogar etwas unangenehm. Sie unterhielten sich ziemlich lange, und es war schon spät, als Lukaschka, der viel getrunken hatte, aber durchaus nicht betrunken war (das war er niemals), aufstand, Olenin die Hand drückte und hinausging.

Olenin schaute durchs Fenster, er wollte sehen, was der andere jetzt tun würde. Lukaschka ging sehr langsam mit gesenktem Kopf und führte das Pferd vor das Tor; plötzlich warf er den Kopf zurück, sprang wie eine Katze auf das Pferd, ordnete das Halfter, stieß einen lauten Schrei aus und jagte wie besessen die Straße hinunter. Olenin hatte geglaubt, er würde seine Freude Marjanka mitteilen, aber obwohl Luka das nicht getan hatte, war Olenin doch so glücklich wie nie zuvor. Er freute sich wie ein Kind und konnte sich nicht enthalten, Wanjuscha alles zu erzählen: daß er das Pferd Luka geschenkt habe und warum, und seine ganze neue Theorie des Glücks. Wanjuscha billigte diese Theorie durchaus nicht und erklärte: »L'argent il n'y a pas« – und darum sei das alles nichts als dummes Zeug.

Lukaschka ritt nach Hause, sprang ab, übergab das Pferd seiner Mutter und befahl, das Tier in die Dorfherde zu treiben, er selbst müßte noch in derselben Nacht in den Kordon zurück. Die Stumme übernahm es, das Pferd hinzuführen, und erklärte in ihrer Zeichensprache, sie würde sich bis zur Erde vor dem Menschen verneigen, der ihm das Pferd geschenkt habe. Die Alte schüttelte nur den Kopf, als sie die Erzählung ihres Sohnes hörte, und kam zu dem Ergebnis, Lukaschka müsse das Pferd gestohlen haben. Und sie gab der Stummen die Weisung, das Pferd noch vor Tagesanbruch in die Herde zu bringen.

Lukaschka ging allein zum Kordon zurück und mußte die ganze Zeit über Olenins Handlung nachdenken. Obwohl seiner Ansicht nach das Pferd nicht sehr gut war, so war es doch mindestens vierzig Moneten wert, und Lukaschka war über das Geschenk sehr erfreut. Aber den Grund, warum das Geschenk gemacht worden war, den konnte er nicht begreifen und empfand deshalb auch keine Dankbarkeit. Im Gegenteil, in seinem Kopf stieg der unklare Verdacht auf, der Junker hätte irgendwelche schlimmen Absichten. Er konnte sich nicht vorstellen, worin diese Absichten bestehen könnten, aber den Gedanken, daß ein unbekannter Mensch einfach so, aus Gutmütigkeit, ein Pferd, das vierzig Moneten wert war, verschenken könnte, diesen Gedanken konnte er nicht zulassen. Wäre der Junker betrunken gewesen, so hätte man glauben können, er wolle sich wichtig machen. Aber der Junker war nüchtern, so mußte er die Absicht gehabt haben, Luka zu bestechen, er mußte eine böse Tat vorhaben. Abwarten, dachte Lukaschka, das Pferd habe ich, und das übrige wird sich finden. Ich bin auch nicht von vorgestern. Wollen sehen, wer den kürzeren zieht. Er empfand Mißtrauen und ließ ein mißgünstiges Gefühl Olenin gegenüber groß werden. Er erzählte niemandem, wie er zu dem Pferde gekommen war. Den einen sagte er, er habe es gekauft, die anderen hielt er sich mit einer ausweichenden Antwort vom Leib. Trotzdem wurde im Dorf bald die Wahrheit bekannt. Als Lukaschkas Mutter, Marjanka, Ilja Wasiljewitsch und die anderen Kosaken von Olenins unmotiviertem Geschenk erfuhren, wußten sie nicht, was sie davon halten sollten, und wurden mißtrauisch. Aber außer Mißtrauen erregte diese Handlung auch große Achtung vor Olenins *Einfalt* und Reichtum.

»Hast du schon gehört, der Fahnenjunker, der bei Ilja Wasiljewitsch einquartiert ist, hat Lukaschka ein Pferd, das fünfzig Moneten wert ist, einfach so hingeschmissen«, sagte einer. »Der hat Geld!«

»Gehört habe ich es«, antwortete ein anderer tiefsinnig. »Wird ihm wohl einen Dienst erwiesen haben. Wollen mal sehen, was daraus wird. Hat der Herausreißer Glück!«

»Ein durchtriebenes Volk, diese Junker!« sagte ein dritter, »paß auf, er steckt noch etwas in Brand oder so.«

## 23

Olenins Leben verlief gleichmäßig und einförmig. Mit Vorgesetzten und Kameraden hatte er nur wenig zu tun. Die Stellung eines Fahnenjunkers im Kaukasus ist in dieser Beziehung besonders günstig. Zur Arbeit und zum Dienst wurde er nicht gezwungen. Für die Expedition war er zum Offizier vorgeschlagen, und bis dahin wurde er in Ruhe gelassen. Die Offiziere hielten ihn für einen Aristokraten und waren ihm gegenüber auf ihre Würde bedacht. Das Kartenspiel und die Offizierstrinkgelage mit Sängern, die er in der Abteilung kennengelernt hatte, kamen ihm wenig anziehend vor, so hielt auch er sich von der Gesellschaft und dem Leben der Offiziere im Dorf fern. Das Leben in einer Staniza trägt schon längst ein ganz besonderes Gepräge. In der Festung trinkt jeder Junker und Offizier Porter, spielt Stoß und redet von Auszeichnungen. Im Kosakendorf trinkt er mit seinen Hauswirten Tschichir, traktiert die Mädchen mit Backwerk und Honig, macht Kosakinnen, in die er sich verliebt, den Hof – und heiratet manchmal. Doch Olenin hatte von jeher auf seine eigene Weise gelebt, ausgetretene Wege waren ihm ein Greuel. Auch hier ging er seinen eigenen Weg.

Es hatte sich ganz von selbst so ergeben, daß er aufwachte, sobald es anfing hell zu werden. Er trank dann rasch seinen Tee, trat auf die Freitreppe hinaus, bewunderte die Berge, den Morgen und Marjanka, zog seinen zerrissenen Kittel und seine Porschni an, steckte einen Dolch in den Gürtel, nahm seine

Flinte, ein Säckchen mit Imbiß und Tabak, rief seinen Hund und begab sich – gewöhnlich kurz nach fünf – in den Wald. Gegen sieben Uhr abends kam er dann müde, hungrig, mit fünf bis sechs Fasanen im Gürtel, manchmal auch mit größerem Wild und mit unberührtem Imbiß und Tabak zurück. Wären die Gedanken in seinem Kopfe ebenso sichtbar gewesen wie die Zigaretten in seiner Tasche, so hätte man sich überzeugen können, daß sich nicht ein einziger Gedanke im Laufe dieser vierzehn Stunden in ihm geregt hatte. Er kehrte, moralisch erfrischt und gestärkt, vollkommen glücklich nach Hause zurück. Er hätte nicht sagen können, woran er die ganze Zeit über gedacht hatte. Es waren teils Gedanken, teils Erinnerungen und Träume, eigentlich nur Bruchstücke von all dem. Kam er zu sich und überlegte er, woran er den Augenblick vorher gedacht hatte, so ertappte er sich bei der Vorstellung, er sei Kosak und arbeite mit seiner Frau im Garten; oder er sei ein Abrek drüben in den Bergen; oder auch ein Keiler, der vor ihm, vor Olenin, flieht. Und dabei lauschte und blickte er ununterbrochen umher und vermeinte jeden Augenblick auf einen Fasan, einen Eber oder einen Hirsch zu stoßen.

Abends sitzt immer Onkel Jeroschka bei ihm. Wanjuscha bringt ein Achtel, sie plaudern gemütlich, trinken und gehen zufrieden auseinander, um zu schlafen. Am nächsten Morgen dieselbe Jagd, dieselbe gesunde Müdigkeit, dasselbe Plaudern beim Wein – und wieder sind sie glücklich. Manchmal, an einem Feier- oder Ruhetag, verbringt er den ganzen Tag zu Hause. Dann ist Marjanka sein Zeitvertreib. Marjankas geringste Bewegung verfolgt er von seinen Fenstern und von der Freitreppe aus unbewußt, aber heißhungrig mit den Augen. Er glaubte Marjanka mit denselben Augen zu betrachten und ebenso zu lieben, wie er die Schönheit der Berge und des Himmels liebte, er dachte gar nicht daran, in irgendein Verhältnis zu ihr zu treten. Er meinte, ein Verhältnis wie dasjenige zwischen ihr und dem Kosaken Lukaschka wäre zwischen ihnen ausgeschlossen; und vollends undenkbar ein solches, wie es sonst so häufig zwischen einem reichen Offizier und einem Kosakenmädchen besteht. Er meinte, er würde seine vollkommene Glückseligkeit und Beschaulichkeit gegen einen Abgrund von Qual, Enttäuschung und Reue eintauschen, wenn er sich versucht fühlen würde, so zu handeln, wie es seine Kameraden taten. Er hatte dieses Weibes wegen ein Opfer gebracht und dieses Opfer genossen, und dann: aus irgendeinem Grunde hatte er Angst vor Marjanka, er hätte es nie gewagt, ihr im Scherz ein Liebeswort zuzuflüstern.

Einmal im Sommer, als Olenin nicht auf die Jagd gegangen, sondern zu Hause geblieben war, kam unerwartet ein Moskauer Bekannter zu ihm, ein ganz junger Mensch, den er früher wiederholt in Gesellschaft getroffen hatte.

»Ah, mon cher, mein Lieber, ich habe mich so gefreut, als ich hörte, daß Sie hier sind«, fing letzterer in seinem Moskauer Französisch an und fuhr auch ebenso, immer wieder französische Brocken einstreuend, fort: »Man sagt mir: ‚Olenin'. Was für einer? Ich war so froh. Daß uns das Schicksal hier zusammenführen mußte! Na, und Sie? Wie geht's Ihnen? Was machen Sie hier?«

Und der Fürst Belezkij erzählte seine ganze Geschichte, warum er in dies Regiment eingetreten sei, daß der Oberbefehlshaber ihn zu seinem Adjutanten ernennen wollte, daß er seit Beendigung des Feldzuges diesen Posten tatsächlich bekleide und daß er wenig interessant sei.

»Der Dienst hier in dieser Einöde ... Man muß mindestens Karriere machen ... ein Kreuzlein ... ein Rang ... damit man in die Garde übernommen wird. Das ist unbedingt erforderlich, nicht meinetwegen, aber der Verwandten und Bekannten wegen. Der Fürst hat mich sehr freundlich aufgenommen, ein sehr anständiger Mensch ...« Belezkij redete, ohne aufzuhören. »Für den Feldzug ist mir der Annenorden in Aussicht gestellt. Jetzt bleibe ich bis zum nächsten Feldzug hier. Es ist ganz großartig hier. Was für Frauen! Und wie leben Sie? Unser Hauptmann sagt ... Sie wissen doch, Starzew: ein gutmütiges, ziemlich dummes Geschöpf ... er sagt, Sie leben wie ein Einsiedler, sehen keinen Menschen. Ich kann es schon begreifen, daß Sie keine Lust haben, mit den hiesigen Offizieren zu verkehren. Ich bin froh, wir werden zusammenhalten. Ich wohne hier beim Unteroffizier, der hat ein Mädchen, Ustinka! Ich kann Ihnen sagen – entzückend!«

Und französische und russische Worte aus jener Welt, die er für immer verlassen hatte, schlugen in ununterbrochener Folge an Olenins Ohr. Das allgemeine Urteil über Belezkij war, daß er ein netter, gutmütiger Junge sei. Vielleicht war er es auch, aber Olenin kam er trotz seinem gutmütigen, hübschen Gesicht außerordentlich unangenehm vor. Er roch förmlich nach all dem Moder, von dem er sich selbst freigemacht hatte. Am allerärgerlichsten war ihm, daß er nicht die Kraft hatte, diesen

Menschen aus jener anderen Welt scharf und entschieden abzuweisen, es war, als hätte diese seine frühere alte Welt ein unwiderrufliches Recht auf ihn. Er ärgerte sich über Belezkij und über sich selbst, streute gegen seinen Willen französische Phrasen in die Unterhaltung und fragte interessiert nach dem Oberbefehlshaber und den Moskauer Bekannten. Der Umstand, daß beide im Dorf französisch sprachen, schien ihnen das Recht zu geben, verächtlich über die anderen Kameraden und die Kosaken zu sprechen, und veranlaßte Olenin, Belezkij gegenüber freundschaftlich zu tun, ihn zum Wiederkommen aufzufordern und auch seinen eigenen Besuch zu versprechen. Doch es blieb bei dem Versprechen. Wanjuscha sprach sich anerkennend aus, er meinte, das sei einmal ein wirklicher Herr.

Belezkij hatte sich sehr rasch in das übliche Leben eines reichen kaukasischen Offiziers hineingefunden. Nach Verlauf eines Monats war er im Dorf vollständig zu Hause; er traktierte die Alten, besuchte und veranstaltete kleine Abendgesellschaften mit Mädchen, prahlte mit seinen Siegen – und brachte es bald so weit, daß die Frauen und Mädchen ihn aus irgendeinem Grunde »Großvater« nannten; und die Kosaken, denen dieser Mensch, der Weiber und Wein liebte, durchaus verständlich war, gewöhnten sich an ihn und hatten ihn bald lieber als Olenin, der für sie ein Rätsel blieb.

## 24

Es war fünf Uhr früh. Wanjuscha fachte den Samowar auf der Freitreppe der Hütte an. Olenin war ausgeritten. Er hatte sich kürzlich ein neues Vergnügen ersonnen – das Pferd im Terek zu baden. Die Wirtin war zu Hause und heizte den Ofen, aus dem Schornstein stieg schwarzer, dichter Rauch; das Mädchen melkte die Büffelkuh. »Kannst du nicht stehen, Verfluchte–« erscholl aus dem Stall ihre ungeduldige Stimme – und darauf der gleichmäßige Ton des Melkens. Auf der Straße in der Nähe des Hauses erklang rascher Hufschlag, Olenin kam ohne Sattel auf einem schönen, feuchtglänzenden, dunkelgrauen Roß angeritten. Marjankas schöner, von einem roten Tuch bedeckter Kopf lugte heraus und verschwand wieder. Olenin trug ein rotes Hemd aus Kanausseide, einen weißen Tscherkessenrock, einen Ledergurt mit einem Dolch daran und eine hohe Papacha. Er saß etwas gesucht flott auf dem nassen

Rücken seines satten Pferdes, hielt mit der einen Hand das Gewehr hinten am Rücken fest und bog sich jetzt vor, um das Tor zu öffnen. Sein Haar war noch naß, das Gesicht strahlte vor Jugend und Gesundheit. Er meinte schön und gewandt zu sein, einem Dschigiten zu gleichen, aber dem war nicht so. Jeder erfahrene Kaukasier erkannte in ihm sofort den Soldaten. Er bemerkte den spähenden Mädchenkopf, neigte sich besonders flott vor, öffnete das Tor, zog die Zügel an, schwang die Peitsche und ritt in den Hof. »Ist der Tee fertig, Wanjuscha?« rief er lustig, und ohne einen Blick auf die Stalltür zu tun; er fühlte, wie das edle Tier an den Zügeln zerrte, jeden Muskel spannte, mit den Hufen auf dem trockenen Lehm des Hofes aufschlug und jeden Augenblick bereit schien, über den Zaun zu setzen. »C'est prêt«, antwortete Wanjuscha. Es schien Olenin, daß Marjankas schöner Kopf immer noch aus dem Stall herausschaute, aber er drehte sich nicht nach ihr um. Er sprang vom Pferd, stieß dabei mit dem Gewehr an die Freitreppe, machte eine ungeschickte Bewegung und blickte sich erschrokken nach dem Stall um, aber es war niemand zu sehen, man hörte nur den gleichmäßigen Ton des Melkens.

Er ging ins Haus, kam aber nach kurzer Zeit mit einem Buch, einer Pfeife und einem Glas Tee wieder auf die Freitreppe heraus und setzte sich dorthin, wo die schrägen Strahlen der Sonne ihm nichts anhaben konnten. Er wollte an diesem Tag bis Mittag nirgends hingehen und längst fällige Briefe schreiben, aber es tat ihm leid, sein Plätzchen auf der Treppe zu verlassen und in die Hütte zu gehen, die ihn wie ein Gefängnis anmutete. Die Hausfrau war mit dem Ofen fertig, das Mädchen hatte das Vieh fortgetrieben, war zurückgekommen und hatte begonnen, den Mist zu sammeln und ihn zum Trocknen auf den Zaun zu kleben. Olenin las, konnte aber nicht verstehen, was in dem vor ihm geöffneten Buch stand. Er mußte immer wieder von dem Buch weg auf das kräftige junge Weib blicken, das sich vor ihm bewegte. Ob das Mädchen in den Morgenschatten des Hauses trat oder in der Mitte des Hofes stand, der in frohem, jungem Licht strahlte, so daß ihre schlanke, hellgekleidete Gestalt in der Sonne leuchtete und einen schwarzen Schatten warf – er war gleichermaßen ängstlich besorgt, keine einzige ihrer Bewegungen zu verlieren. Er freute sich, wenn er sah, wie frei und graziös ihre Haltung war, wenn sie sich bückte; wie das rosa Hemd, das ihre ganze Kleidung ausmachte, sich um die Brust und die schlanken Beine drapierte;

wie unter dem zusammengezogenen Hemd die Umrisse der atmenden festen Brust sichtbar wurden, wenn sie sich aufrichtete; wie die schmale Fußsohle in dem alten roten Schuh mit dem hohen Absatz auf die Erde auftrat, ohne ihre Form zu verändern; wie die starken Arme unter den aufgekrempelten Ärmeln mit gespannten Muskeln den Spaten handhabten; und es freute ihn, daß ihre tiefen schwarzen Augen ihn hin und wieder flüchtig streiften. Ihre schmalen Augenbrauen zogen sich dabei zusammen, aber in den Augen war die Freude und das Bewußtsein der eigenen Schönheit zu lesen.

»He, Olenin, sind Sie schon lange auf?« fragte Belezkij, der in seinem kaukasischen Offiziersrock in den Hof trat.

»Ah, Belezkij!« antwortete Olenin und streckte ihm die Hand entgegen. »So früh schon?«

»Was ist zu machen! Man hat mich hinausgeworfen. Bei uns ist heute Ball. Marjanka, du kommst doch zu Ustinka?« wandte er sich an das Mädchen.

Olenin wunderte es, daß Belezkij sich so einfach an dieses Mädchen wandte. Doch Marjanka tat, als hätte sie nicht gehört, sie neigte den Kopf, schulterte ihren Spaten und ging in ihrer flotten Gangart dem Hause zu.

»Sie ist schamhaft, die Kleine«, sagte Belezkij, ihr nachblickend. »Sie schämt sich vor Ihnen«, und er lief mit lustigem Lachen die Stufen der Freitreppe hinauf.

»Wie, ein Ball findet statt bei Ihnen? Wer hat Sie herausgeworfen?«

»Bei Ustinka, meiner Hauswirtin, findet ein Ball statt, auch Sie sind eingeladen. Ein Ball, das heißt ein Kuchen und eine Versammlung von Mädchen.«

»Was sollen wir da?«

Belezkij lächelte mit schlauem Gesicht, drückte ein Auge zu und wies auf die Hütte, in der Marjanka verschwunden war.

Olenin zuckte die Achseln und wurde rot.

»Sie sind bei Gott ein merkwürdiger Mensch!« sagte der andere.

»Also erzählen Sie.«

Olenin schnitt eine Grimasse. Belezkij merkte es. »Aber natürlich«, sagte er, »Sie wohnen in einem Hause mit ihr... und so ein nettes Mädchen, ein reizendes Mädchen, eine vollendete Schönheit...«

»Eine erstaunliche Schönheit! Ich habe nie vorher eine solche Frau gesehen«, sagte Olenin.

»Na also?« fragte Belezkij völlig verständnislos.

»Es klingt vielleicht sonderbar«, antwortete Olenin, »aber warum soll ich nicht sagen, wie es ist? Seitdem ich hier lebe, existieren Frauen für mich überhaupt nicht mehr. Und es ist gut so, wirklich! Nun, was haben wir auch mit diesen Frauen gemein? Jeroschka – das ist etwas anderes; die gemeinsame Leidenschaft für die Jagd verbindet uns.«

»Wieso gemein? Was habe ich denn mit Amalja Iwanowna gemein? Es ist doch dasselbe. Wenn Sie mir sagten, sie wären schmutzig, das würde ich begreifen. A la guerre, comme à la guerre.«

»Ich habe diese Amaljas nie gekannt und nie verstanden, etwas mit ihnen anzufangen«, antwortete Olenin. »Man konnte sie auch nicht achten, aber diese hier achte ich.«

»Aber tun Sie es doch! Wer verbietet es Ihnen?«

Olenin antwortete nicht. Aber er wollte doch zu Ende führen, was er zu erklären angefangen hatte. Es lag ihm zu sehr am Herzen.

»Ich weiß, daß ich eine Ausnahme bilde.« Er war offensichtlich verwirrt. »Aber mein Leben hat sich nun einmal so gefügt, daß ich gar kein Bedürfnis verspüre, von meinen Prinzipien abzugehen; ich könnte hier gar nicht leben und wäre noch viel weniger glücklich, als ich es jetzt bin, wenn ich so leben sollte, wie Sie es tun. Und dann: ich strebe nach etwas anderem, ich sehe in diesen Mädchen etwas ganz anderes als Sie.«

Belezkij hob ungläubig die Augenbrauen. »Einerlei, kommen Sie heute abend zu mir, Marjanka wird auch dasein, ich werde Sie bekannt machen. Kommen Sie, bitte! Wird es langweilig, so können Sie weggehen ... Werden Sie kommen?«

»Ich käme ja gerne, aber ich sage Ihnen allen Ernstes, ich habe Angst, ich könnte mich hinreißen lassen.«

»Oh!« rief Belezkij. »Kommen Sie nur, ich werde Sie schon beruhigen. Werden Sie kommen? Ehrenwort?«

»Ich käme schon, aber ich weiß wirklich nicht, was wir da machen werden, was für eine Rolle wir spielen sollen.«

»Bitte! Ich bitte Sie. Werden Sie kommen?«

»Ja, vielleicht«, sagte Olenin.

»Ich bitte Sie, so reizende Frauen wie nirgends, und Sie wollen wie ein Mönch leben! Wozu? Wozu soll man sich das Leben verderben und nicht alles mitnehmen, was da ist? Haben Sie schon gehört, unsere Kompanie soll nach Wosdwischenskoje gehen?«

»Schwerlich. Man hat mir gesagt, die achte«, erwiderte Olenin.

»Nein, ich habe einen Brief vom Adjutanten erhalten. Er schreibt, der Fürst werde den Marsch mitmachen. Ich freue mich, ihn zu sehen. Es wird mir hier zu langweilig.«

»Es heißt, daß ein Überfall geplant wird.«

»Ich habe nichts davon gehört; wohl aber, daß Krinowizin den Annenorden für den Feldzug erhalten hat – und er hatte auf den Leutnant gehofft«, sagte Belezkij lachend. »Der ist schön reingefallen. Er ist zum Stab gefahren ...«

Es begann zu dämmern. Olenin dachte an die Abendgesellschaft. Die Einladung quälte ihn. Er hatte Lust hinzugehen, aber es war sonderbar, unsinnig, unheimlich, daran zu denken, was ihn dort erwartete. Er wußte, daß keine Kosaken, keine alten Frauen, sondern nur die Mädchen allein dasein würden. Wie würde es sein? Wie sollte man sich benehmen? Was sagen? Was würden die Mädchen sagen? Was für Beziehungen sind zwischen mir und den Kosakenmädchen möglich? Belezkij erzählt von sehr merkwürdigen, heiklen und doch wieder ernsten Beziehungen ... Es war so sonderbar, sich vorzustellen, daß er sich da in einer Hütte mit Marjanka befinden würde, vielleicht mit ihr sprechen müßte. Wenn er an ihre würdevolle Haltung dachte, schien ihm das unmöglich. Belezkij sagte, es sei alles ganz einfach ... Ist es möglich, daß Belezkij auch mit Marjanka so einfach umgehen wird? Das ist doch interessant, dachte er. Nein, es ist besser, ich gehe nicht. Es ist alles eklig und abgeschmackt und führt zu nichts. Aber die Frage, wie es wohl sein würde, quälte ihn. Und dann fühlte er sich auch durch sein Wort gebunden. Er machte sich auf den Weg, noch vollständig unschlüssig, kam zu Belezkijs Hütte und trat ein.

Die Hütte, in der Belezkij wohnte, sah genauso aus wie die Olenins. Sie stand auf Pfeilern, zwei Arschin über der Erde, und hatte zwei Zimmer. Olenin ging die steile Freitreppe hinauf. Im ersten Zimmer lagen Betten, Teppiche, Decken und Kissen, nach Kosakenart hübsch und geschmackvoll an der Hauptwand ausgebreitet. An den Seitenwänden hingen Kupferbecken und Waffen, unter der Bank lagen Wassermelonen und Kürbisse. Im zweiten Zimmer befanden sich ein großer Ofen, ein Tisch, Bänke und Heiligenbilder. Hier hauste Belezkij mit seinem Feldbett, seiner Unmenge von Koffern, einem Teppich, an dem seine Waffen hingen, und einer Batterie von Toilettengegenständen und Bildern auf dem Tisch. Ein seidener Schlafrock lag auf einer Bank. Belezkij selber, hübsch und gepflegt, lag in Hemdärmeln auf dem Bett und las »Les trois mousquetaires«.

Belezkij sprang auf.

»Sehen Sie, wie ich mich eingerichtet habe! Nett, nicht? Nun, das ist schön, daß Sie hergekommen sind. Die Vorbereitungen sind schon in vollem Gange. Wissen Sie, woraus der Kuchen gemacht wird? Aus Teig, Schweinefleisch und Weintrauben. Aber das ist gar nichts. Sehen Sie, wie es da brodelt.«

Sie sahen zum Fenster hinaus. In der Hütte der Wirte herrschte ein ganz ungewöhnliches Treiben. Die Mädchen liefen bald mit diesen, bald mit jenen Sachen in den Flur und wieder zurück.

»Seid ihr bald fertig?« rief Belezkij.

»Sofort! Bist wohl hungrig, Großvater?« Und aus der Hütte erklang helles Lachen.

Die rundliche, rotbäckige, niedliche Ustinka kam mit aufgekrempelten Ärmeln eilig zu Belezkij herein, um Teller zu holen.

»Laß mich! Ich zerschlage noch die Teller«, rief sie Belezkij lachend zu. »Du könntest auch helfen kommen«, wandte sie sich lachend an Olenin. »Und besorgt für die Mädchen Näschereien.«

»Ist Marjanka gekommen?« fragte Belezkij.

»Natürlich, sie hat den Teig gebracht.«

»Wissen Sie«, sagte Belezkij, »wenn diese Ustinka richtig angezogen, geputzt und gepflegt wäre, würde sie besser aussehen als alle unsere anerkannten Schönheiten. Haben Sie die Kosakin Borstschewa gekannt? Sie hat einen Obersten geheiratet. Herrlich, wieviel dignité! Wo kommt das alles her . . . ?«

»Ich habe die Borstschewa nie gesehen, aber ich finde, es gibt gar keine kleidsamere Tracht als diese hier.«

»Ach, ich kann mich in jede Lebensweise schicken«, sagte Belezkij lustig seufzend. »Ich will einmal nachsehen, was dort vorgeht.« Er warf seinen Schlafrock über und lief hinaus. »Kümmern Sie sich um die Näschereien«, rief er Olenin zu.

Olenin schickte den Burschen um Lebkuchen und Honig, aber es kam ihm gemein vor, Geld auszugeben, so, als wollte er jemanden bestechen. Auf die Frage des Burschen, wieviel Pfeffer- und wieviel Honigkuchen er kaufen solle, antwortete er unbestimmt: »Wie du meinst.«

»Für das ganze Geld?« fragte der alte Soldat bedeutsam. »Die Pfefferkuchen sind teuer. Sechzehn Kopeken das Stück.«

»Für das ganze, ja«, sagte Olenin, setzte sich ans Fenster und wunderte sich, daß sein Herz so stark pochte, als bereitete er sich auf etwas Wichtiges und doch Unwürdiges vor.

Er hörte, wie in der anderen Hütte bei Belezkijs Erscheinen die Mädchen schrien und kreischten, und einige Augenblicke später sah er ihn, von Gekreisch, Getue und Gelächter begleitet, wieder herausstürzen und die Treppe hinunterlaufen.

»Man hat mich hinausgeworfen«, sagte er.

Einige Augenblicke später kam Ustinka herein und forderte die Gäste feierlich auf mitzukommen, es wäre alles bereit.

Als sie in die Hütte traten, war tatsächlich alles bereit. Ustinka rückte die Federbetten an der Wand zurecht. Auf dem Tisch, der mit einer zu kleinen Serviette bedeckt war, stand eine Karaffe mit Tschichir und gedörrter Fisch. Es roch nach Teig und Weintrauben in der Hütte. Sechs Mädchen in schmucken Beschmets und dieses Mal ohne Kopftücher standen in der Ecke hinter dem Ofen zusammengedrängt, flüsterten, lachten und prusteten.

»Ich bitte zu Ehren meines Namenspatrons anzustoßen«, sagte Ustinka und lud die Gäste zu Tisch.

Olenin erkannte Marjanka in der Gruppe der Mädchen, die alle ohne Ausnahme schön waren; es war ihm weh und ärgerlich zumute, daß er sie in einer so trivialen und ungemütlichen Umgebung kennenlernen sollte. Er kam sich selbst sehr dumm und ungeschickt vor und beschloß, Belezkij in allem nachzuahmen. Belezkij trat etwas feierlich, aber sicher und selbstwußt an den Tisch, leerte ein Glas auf Ustinkas Gesundheit und forderte die anderen auf, dasselbe zu tun. Ustinka erklärte, die Mädchen tränken nicht.

»Mit Honig würde es schon gehen«, sagte eine Stimme aus der Gruppe.

Der Bursche, der eben mit Honig und Näschereien aus dem Laden zurückgekommen war, wurde hereingerufen. Der Bursche blickte mürrisch und halb neidisch, halb verächtlich auf die Herren, die sich seiner Meinung nach vergnügten, übergab umständlich und gewissenhaft den in graues Papier gewickelten Honig und die Lebkuchen und begann aufzuzählen, was sie gekostet hätten und wieviel er herausbekommen habe, aber Belezkij schickte ihn hinaus.

Er mischte Honig in die mit Wein gefüllten Gläser, verstreute die drei Pfund Lebkuchen großartig über den Tisch, schleppte die Mädchen mit Gewalt aus ihrer Ecke, setzte sie um den Tisch herum und verteilte die Lebkuchen. Olenin bemerkte, wie Marjankas verbrannte, aber nicht große Hand zwei runde Pfefferkuchen und einen braunen Honigkuchen ergriff und nicht wußte, was sie damit anfangen sollte. Die Unterhaltung schleppte sich unsicher und unnatürlich hin, obwohl sich Ustinka und Belezkij ungezwungen gaben und sich bemühten, die Gesellschaft aufzuheitern. Olenin drückte sich herum, überlegte, was er sagen könnte, und spürte, daß er Neugierde, wenn nicht gar Spott erweckte und seine Befangenheit sich den anderen mitteilte. Er war rot, und es schien ihm, daß sich auch Marjanka unbehaglich fühlte. Sie erwarten gewiß, daß wir ihnen Geld geben, dachte er. Wie sollen wir das anfangen? Wenn man es nur irgendwie schnell erledigen und weggehen könnte.

## 25

»Wie kommt es denn, daß du euren Mieter nicht kennst?« wandte sich Belezkij an Marjanka.

»Wie soll ich ihn denn kennen, wenn er nie zu uns kommt?« sagte Marjanka mit einem flüchtigen Blick auf Olenin.

Olenin bekam einen Schreck, wurde rot und sagte, ohne zu überlegen: »Ich habe Angst vor deiner Mutter. Sie hat mich so heruntergemacht, gleich das erstemal, als ich zu euch kam.«

Marjanka lachte laut auf.

»Und du hast gleich einen Schreck gekriegt?« sagte sie, warf ihm einen Blick zu und drehte sich weg.

Da sah Olenin zum erstenmal das ganze Gesicht dieses schönen Mädchens, denn vorher war es immer bis an die Augen von einem Tuch verdeckt gewesen. Nicht umsonst galt sie für die erste Schönheit im Dorf. Ustinka war ein niedliches Mädchen, klein, rundlich, rotwangig, mit lustigen braunen Augen und mit ewig lächelnden roten Lippen; immer hatte sie etwas zu lachen und zu schwatzen. Marjanka dagegen war durchaus nicht niedlich – sie war schön. Ihre Gesichtszüge waren etwas männlich, hätten grob wirken können, wenn das andere nicht gewesen wäre: der hohe und schlanke Wuchs, die mächtigen Schultern und die schöne Brust, der strenge und doch zärtliche Ausdruck der länglichen schwarzen, unter schwarzen Augenbrauen dunkel umränderten Augen, der zärtliche Ausdruck des Mundes und ihres Lächelns. Sie lächelte nur selten, aber das Lächeln blieb nie wirkungslos. Sie strahlte jungfräuliche Kraft und Gesundheit aus. Die anderen Mädchen waren hübsch, aber sie selber und Belezkij und der Bursche, der mit den Lebkuchen gekommen war – alle sahen unwillkürlich Marjanka an und wandten sich an Marjanka, wenn sie zu den Mädchen sprachen. Sie erschien wie eine stolze und fröhliche Königin zwischen den anderen.

Belezkij gab sich Mühe, die Stimmung zu beleben, er schwatzte ohne Unterlaß, veranlaßte die Mädchen, Tschichir aufzutragen, und machte auf französisch unanständige Bemerkungen über Marjankas Schönheit, wobei er sie Olenin gegenüber »la vôtre« nannte und ihn anspornte, sich ebenso zu benehmen. Olenins Stimmung sank immer tiefer. Er hatte sich gerade einen Vorwand ausgedacht, um hinauszugehen und davonzulaufen, als Belezkij plötzlich verkündete, daß das Namenstagskind Ustinka jedem den Wein mit einem Kuß kredenzen müsse. Sie erklärte sich damit einverstanden, aber nur unter der Bedingung, daß man ihr dafür Geld auf den Teller legen müsse, wie es bei den Hochzeiten üblich sei. Der Teufel hat mich zu diesem scheußlichen Fest hergeschleppt, sagte sich Olenin, stand auf und wollte gehen.

»Wohin?«

»Ich will Tabak holen«, sagte er und wollte flüchten, aber Belezkij hielt ihn zurück.

»Ich habe Geld«, sagte er auf französisch.

Ich kann jetzt, da gezahlt werden muß, nicht gut fort, dachte Olenin und ärgerte sich über seine eigene Ungeschicklichkeit. Kann ich denn nicht dasselbe tun, was Belezkij tut? Ich hätte nicht kommen sollen, aber da ich nun einmal da bin, darf ich kein Spielverderber sein. Ich will trinken, wie es die Kosaken tun. Er ergriff die Tschapura (ein Holzgefäß, das etwa acht Glas faßt), goß sich ein und trank sie in einem Zuge leer. Die Mädchen sahen ihn bedenklich, beinahe ängstlich an. Sein Benehmen wirkte sonderbar, sogar unanständig. Ustinka kredenzte den beiden noch ein Glas und gab jedem einen Kuß. »Nun, ihr Mädchen, jetzt können wir Feste feiern«, sagte sie und schüttelte den Teller mit den vier Moneten, die sie bekommen hatte.

Olenin fühlte sich nicht mehr befangen. Er wurde gesprächig.

»Marjanka, jetzt mußt du kredenzen und küssen«, sagte Belezkij und faßte Marjanka an der Hand.

»Ich werde dich gleich so küssen«, sagte sie und holte scherzend zum Schlag aus.

»Den Großvater kann man auch ohne Geld küssen«, rief ein anderes Mädchen.

»Das ist ein verständiges Kind«, sagte Belezkij und küßte

das Mädchen, das sich zur Wehr setzte. »Nein, du mußt uns jetzt den Wein kredenzen«, sagte er zu Marjanka. »Vor allem deinem Mieter!«

Er nahm sie an der Hand, führte sie zu einer Bank und zwang sie, neben Olenin Platz zu nehmen.

»Welch eine Schönheit!« sagte er und drehte ihren Kopf ins Profil. Marjanka ließ ihn gewähren und wandte Olenin stolz lächelnd ihre länglichen Augen zu.

»Eine Schönheit!« wiederholte Belezkij.

Seht, wie schön ich bin! schien auch Marjankas Blick zu sagen. Olenin umarmte Marjanka, ohne lange zu überlegen, und wollte sie küssen. Sie riß sich plötzlich los, stieß beinahe Belezkij samt dem Tisch um und rannte zum Ofen. Es erhoben sich Geschrei und Lachen. Belezkij flüsterte den Mädchen etwas zu, und plötzlich liefen sie alle in den Flur hinaus und schlossen die Türe ab.

»Du hast doch Belezkij geküßt, warum willst du mich nicht küssen?« fragte Olenin.

»Ich will nicht und damit Schluß«, antwortete sie und zuckte dabei mit Unterlippe und Augenbrauen. »Er ist doch ein Großvater«, fügte sie mit einem kleinen Lächeln hinzu. Sie ging zur Tür und begann zu pochen. »Warum habt ihr uns eingeschlossen, Teufelspack?«

»Laß sie nur draußen bleiben«, sagte Olenin und trat an sie heran. Sie runzelte die Stirn, machte ein strenges Gesicht und schob ihn mit der Hand zur Seite. Und wiederum erschien sie Olenin so erhaben schön, daß er zur Besinnung kam und sich dessen schämte, was er tat. Er ging zur Tür und begann an ihr zu rütteln.

»Belezkij, machen Sie auf! Was sind das für dumme Späße?«

Marjanka lachte ihr helles, glückliches Lachen.

»Hast du Angst vor mir?« fragte sie.

»Du bist doch ebenso böse wie deine Mutter.«

»Du solltest noch mehr mit Jeroschka zusammensitzen, dann hätten dich die Mädchen noch lieber.«

Sie lächelte, trat ganz nahe heran und blickte ihm gerade in die Augen.

Er wußte nicht, was er sagen sollte. »Und wenn ich zu euch gekommen wäre?« sagte er unwillkürlich.

»Dann wäre vieles anders«, sagte sie und warf den Kopf zurück.

In diesem Augenblick stieß Belezkij die Türe auf, Marjanka sprang zur Seite und prallte mit der Hüfte an sein Bein.

Alles Unsinn, was ich vorher gedacht habe: Liebe, Selbstaufopferung, Lukaschka. Es gibt nur *ein* Glück. Und wer glücklich ist, der ist auch im Recht, fuhr es Olenin wie ein Blitz durch den Kopf, und mit einer ihn selbst überraschenden Kraft riß er Marjanka an sich und küßte sie auf die Schläfe und auf die Wange. Marjanka wurde nicht zornig, sie lachte nur laut auf und rannte zu den anderen Mädchen hinaus.

Die Abendgesellschaft war damit zu Ende. Die Alte, Ustinkas Mutter, war von der Arbeit zurückgekehrt, zankte die Mädchen aus und jagte sie nach Hause.

## 26

Ja, dachte Olenin auf dem Heimweg, ich brauchte nur ein bißchen die Zügel locker zu lassen, sofort würde ich mich wahnsinnig in die Kosakin verlieben. Er legte sich mit diesem Gedanken schlafen, meinte aber, daß alles vorübergehen und er wieder zu seinem früheren Leben zurückkehren würde.

Aber das frühere Leben kehrte nicht zurück. Sein Verhältnis zu Marjanka war ein anderes geworden. Die Wand, die sie getrennt hatte, war zusammengestürzt. Olenin grüßte jetzt jedesmal, wenn er sie traf.

Der Hausherr, der heimgekommen war, um das Geld für das Quartier in Empfang zu nehmen, hörte von Olenins Reichtum und seiner Freigebigkeit und lud ihn zu sich ein. Die Alte empfing ihn sehr freundlich, und Olenin ging von jetzt ab häufig des Abends hinüber und saß dort bis in die Nacht hinein. Es schien, als ob er wie früher lebte, aber in seiner Seele hatte sich alles umgedreht. Den Tag verbrachte er im Wald, aber gegen acht, wenn es zu dämmern anfing, ging er entweder allein oder mit Onkel Jeroschka zu seinen Hauswirten. Letztere hatten sich an ihn gewöhnt, so daß sie sich wunderten, wenn er nicht kam. Er zahlte gut für den Wein und war ein stiller Mensch. Wanjuscha brachte ihm seinen Tee herüber, er setzte sich in die Ecke an den Ofen, die Alte tat ihre Arbeit, ohne sich durch seine Anwesenheit stören zu lassen, und sie plauderten bei Tee und Tschichir über Kosakenangelegenheiten und Nachbarn. Olenin erzählte auch von Rußland, die anderen stellten Fragen. Manchmal nahm er ein Buch und las für sich. Marjanka saß mit untergeschlagenen Beinen auf dem Ofen oder in einer Ecke – wie ein scheues Reh. Sie beteiligte sich nicht an der

Unterhaltung, aber Olenin sah ihre Augen, ihr Gesicht, hörte, wie sie sich bewegte und wie sie Sonnenblumenkerne knackte; er fühlte, wie sie mit ganzer Seele zuhörte, wenn er erzählte, er empfand ihre Anwesenheit, wenn er für sich las. Manchmal schien es ihm, als wären ihre Augen auf ihn gerichtet, und wenn er ihren glänzenden Blick auffing, hörte er unwillkürlich mit dem Erzählen auf und sah sie an. Dann verkroch sie sich sogleich wieder, und er tat, als wäre er von der Unterhaltung mit der Alten ganz in Anspruch genommen, horchte dabei auf ihren Atem, ihre Bewegungen und wartete wieder auf einen Blick von ihr. Vor anderen war sie meist fröhlich und freundlich zu ihm, aber unter vier Augen scheu und grob. Manchmal, wenn er herüberkam, war Marjanka noch nicht von der Straße zurück; plötzlich hörte er ihre lauten Schritte, in der offenen Türe tauchte das hellblaue Kattunhemd auf, sie trat in die Mitte des Zimmers, erblickte ihn, lächelte ihm freundlich, kaum merklich zu – und ihm wurde fröhlich und bange zumute.

Er wünschte und verlangte nichts von ihr, aber ihre Anwesenheit wurde ihm mit jedem Tage unerläßlicher.

Olenin hatte sich im Dorf so eingelebt, daß ihm seine eigene Vergangenheit als etwas vollständig Fremdes vorkam, und eine Zukunft außerhalb der Welt, in der er jetzt lebte, hatte für ihn gar keinen Sinn. Wenn er Briefe von zu Hause bekam, von Verwandten und Freunden, war er empört, daß man ihn bedauerte, als wäre er ein verlorener Mensch, während er in seinem Dorf alle die für verloren hielt, die nicht so ein Leben führten wie er. Er war überzeugt, daß er es nie bedauern würde, sich von seinem früheren Leben losgerissen und sich so einsiedlerisch eingerichtet zu haben. Im Felde, in den Festungen hatte er sich wohlgefühlt; aber erst hier, bei Onkel Jeroschka, in seinem Wald, in seiner Hütte am Rand des Dorfes, vor allem bei dem Gedanken an Marjanka und Lukaschka, wurde er sich der Lüge klar bewußt, in der er früher gelebt hatte. Sie hatte ihn schon damals empört, jetzt erschien sie ihm unaussprechlich gemein und lächerlich. Mit jedem Tag fühlte er sich freier, mit jedem Tag fühlte er sich mehr als Mensch. Der Kaukasus erschien ihm in einem ganz anderen Licht, als er sich ihn vorgestellt hatte. Er hatte hier nichts seinen Träumen Entsprechendes gefunden, nichts, was den von ihm gehörten und gelesenen Schilderungen des Kaukasus ähnlich sah. Es gibt hier keine Burkas, Wasserstrudel, Amalat-Begs, Helden und Bösewichte, dachte er. Die Menschen leben wie die Natur selbst: sterben, werden geboren, vereinigen sich, gebären wieder, kämpfen, trinken, essen, freuen sich und sterben wieder und kennen keine anderen Bedingungen als die, welche die Natur selbst der Sonne, dem Gras, dem Tier und dem Baum vorgezeichnet hat. Andere Gesetze gibt es für sie nicht ... Und deshalb kamen ihm diese Menschen schön, stark und frei vor, und er schämte sich und war traurig, wenn er sich mit ihnen verglich. Es kam ihm allen Ernstes der Gedanke, alles von sich zu werfen, sich in die Kosakengemeinschaft aufnehmen zu lassen, eine Hütte und Vieh zu kaufen, eine Kosakin zu heiraten – aber nicht Marjanka, die trat er Lukaschka ab ... Mit Onkel Jeroschka leben, mit ihm auf die Jagd und zum Fischfang gehen, die Feldzüge der Kosaken mitmachen ... Warum tue ich es nicht? Worauf warte ich eigentlich? fragte er sich. Und er spornte sich an, redete sich selber zu: Habe ich denn Angst, das zu tun, was ich für vernünftig halte? Ist denn der Wunsch, einfacher Kosak zu sein, in der Natur zu leben, niemandem Böses zuzufügen, im Gegenteil Gutes zu tun – sind denn diese Träume dümmer als die, die ich früher geträumt habe, zum Beispiel Minister zu werden oder Regimentskommandeur? Aber irgendeine Stimme sagte ihm, er solle noch warten und nichts übereilen. Eine unklare Vorstellung hielt ihn zurück, die Vorstellung, daß er doch nicht so würde leben können wie Jeroschka und Lukaschka, weil ihm ein anderes Glück vorschwebte – das Glück der Selbstverleugnung. Die Erinnerung an seine Großmut gegenüber Lukaschka hörte nicht auf ihn zu freuen. Er suchte immer wieder nach einer Gelegenheit, sich für andere aufzuopfern, aber solche Gelegenheiten wollten sich nicht bieten. Zeitweise vergaß er dies von ihm entdeckte Glücksrezept und glaubte das Leben Onkel Jeroschkas leben zu können; dann kam ihm die Besinnung wieder, er rankte sich an dem Gedanken der Selbstaufopferung empor und sah ruhig und stolz auf die anderen Menschen und auf fremdes Glück herab.

## 27

Vor der Weinlese kam Lukaschka einmal zu Pferd bei Olenin vorbei. Er sah noch flotter aus als sonst.

»Na, wird jetzt geheiratet?« fragte Olenin und begrüßte ihn fröhlich.

Lukaschka antwortete nicht geradeheraus.

»Ihr Pferd habe ich jenseits des Flusses umgetauscht. Ist das da ein Pferd?! Ein Kabardiner aus dem Low-Tawro*. Ich verstehe mich darauf.«

Sie besahen das neue Pferd und ließen es im Hof gehen und laufen. Das Pferd war tatsächlich ungewöhnlich schön, ein brauner, breiter und langer Wallach mit glänzendem Fell, buschigem Schweif und zarter, feiner, rassiger Mähne und ebensolchem Rist. Es war wohlgenährt, auf seinem Rücken konnte man sich schlafen legen, wie Lukaschka sich ausdrückte. Hufe, Augen, Zähne – alles war fein und scharf ausgeprägt wie nur bei ganz rassigen Pferden. Olenin bewunderte das Pferd. Er hatte im Kaukasus noch kein so vollendet schönes gesehen.

»Und wie es ausgreift!« sagte Lukaschka, dem Pferd den Hals klopfend. »Und der Gang! Und klug! Läuft seinem Herrn nur so nach.«

»Hast du viel zuzahlen müssen?« fragte Olenin.

»Ich habe es nicht gezählt«, antwortete Lukaschka lächelnd. »Habe es von einem Freund bekommen.«

»Wunderbar, eine Schönheit von einem Pferd. Was verlangst du dafür?« fragte Olenin.

»Man hat mir hundertfünfzig Moneten geboten, Ihnen gebe ich es umsonst«, antwortete Lukaschka lustig. »Sie brauchen es nur zu sagen. Ich sattle ab, und Sie können es gleich haben. Für den Dienst können Sie mir irgendein anderes geben.«

»Nein, nicht um die Welt.«

»Nun denn, ich habe Ihnen ein anderes Präsent mitgebracht.« Lukaschka machte seinen Gürtel los und nahm einen von den zwei Dolchen ab, die daran hingen. »Ich habe ihn von jenseits des Flusses her.«

»Ich danke dir.«

»Und Weintrauben will Ihnen die Mutter selbst bringen.«

»Nicht nötig, wir werden schon abrechnen. Aber für den Dolch will ich dir kein Geld anbieten.«

»Selbstverständlich – wir sind doch Freunde. Girej Khan hinter dem Fluß hat mich in sein Haus geführt und hat gesagt: ‚Such dir aus, was dir am besten gefällt.' Ich habe diesen Dolch genommen. Das ist so Gesetz bei uns.«

Sie gingen in die Hütte und tranken zusammen.

»Bleibst du jetzt einige Zeit hier?« fragte Olenin.

»Nein, ich bin hergekommen, um mich zu verabschieden.

* Das Kabardinergestüt des Low in Tawro gilt als eines der besten im Kaukasus.

Man schickt mich vom Kordon in die Sotnja, die hinter dem Terek liegt. Ich muß noch heute mit meinem Kameraden, dem Nasarka, hin.«

»Und wann ist Hochzeit?«

»Ich komme bald wieder, um Verlobung zu feiern, dann geht es in den Dienst zurück«, antwortete Lukaschka widerwillig.

»Wieso? Dann wirst du deine Braut gar nicht sehen?«

»Was ist denn da viel zu sehen? Wenn Sie ins Feld rücken, fragen Sie doch in der Sotnja nach Lukaschka dem Breiten. Wieviel Keiler es dort gibt! Ich habe zwei erlegt. Ich werde Sie hinführen.«

»Gut. Also leb wohl! Christus beschütze dich.«

Lukaschka bestieg sein Pferd und ritt, ohne Marjanka zu besuchen, unter allerlei Kunststückchen auf die Straße hinaus, wo ihn Nasarka erwartete.

»Na und? Reiten wir nicht hin?« fragte Nasarka, nach der Seite zeigend, wo Jamka wohnte.

»Hat sich was!« sagte Lukaschka. »Hier, führ das Pferd zu ihr hin; sollte ich nicht bald kommen, so leg ihm Heu vor. Gegen Morgen werde ich jedenfalls in der Sotnja sein.«

»Hat dir der Junker nicht wieder was geschenkt?«

»Nein! Zum Glück hatte ich den Dolch für ihn, sonst hätte er mich um das Pferd gebeten«, sagte Lukaschka. Er sprang vom Pferd und übergab es Nasarka.

Unter Olenins Fenster vorbei schlich er in den Hof zurück und trat an das Fenster der Hausleute. Es war schon vollständig dunkel. Marjanka stand im Hemd da, kämmte ihr Haar und war im Begriff schlafen zu gehen.

»Ich bin es«, flüsterte der Kosak.

Marjankas Gesicht war streng und gleichgültig; als sie aber ihren Namen hörte, wurde es plötzlich lebendig. Sie hob das Fenster und streckte erschrocken und freudig den Kopf hinaus.

»Was ist? Was willst du?« fragte sie.

»Mach auf«, sagte Lukaschka. »Laß mich für einen Augenblick hinein. Ich habe mich so nach dir gesehnt! Ganz schrecklich!«

Er umschlang ihren Kopf im Fenster und küßte sie.

»Mach auf!«

»Rede keine Dummheiten! Ich habe gesagt, ich lasse dich nicht herein. Bleibst du lange?«

Er antwortete nicht und küßte sie. Und sie fragte nicht mehr.

»Nicht einmal umarmen kann man dich richtig durchs Fenster«, sagte Lukaschka.

»Marjanuschka! Mit wem bist du dort?« erscholl die Stimme der Alten.

Lukaschka riß die Papacha vom Kopf, um nicht gesehen zu werden, und duckte sich.

»Geh schnell!« flüsterte Marjanka.

»Lukaschka war hier«, antwortete sie der Mutter. »Hat nach dem Vater gefragt.«

»Laß ihn doch hereinkommen.«

»Er ist schon weg. Sagt, er hätte keine Zeit.«

Und tatsächlich lief Lukaschka mit schnellen Schritten gebückt unter den Fenstern in den Hof und zu Jamka; nur Olenin sah ihn. Er trank mit Nasarka zwei Tschapuren Wein und ritt aus dem Dorf. Die Nacht war warm, dunkel und still. Sie ritten schweigend, nur die Hufschläge der Pferde waren zu hören. Lukaschka begann das Lied von dem Kosaken Mingal zu singen, kam aber nur bis zur Hälfte der ersten Strophe, verstummte und wandte sich dann an Nasarka: »Sie hat mich nicht hineingelassen«, sagte er.

»Oh! Ich wußte, daß sie dich nicht hineinlassen würde«, antwortete Nasarka. »Weißt du, was Jamka mir erzählt hat? Der Junker geht jetzt zu ihnen. Onkel Jeroschka hat geprahlt, er hätte von dem Junker für Marjanka eine Flinte bekommen.«

»Er lügt, der Satan!« sagte Lukaschka. »Das Mädchen ist nicht so eine. Er soll aufpassen, der alte Teufel, daß ich ihm nicht die Rippen eindrücke.« Und er stimmte sein Lieblingslied an:

»Aus dem Dorf, dem Dorf Ismailowo,
Aus dem Lieblingsgärtlein des Herren dort,
Ein lichter Falke aus dem Gärtlein empor sich schwang,
Ihm nach setzte alsbald ein junger Jägersmann,
Lockte den lichten Falken auf die rechte Hand,
Gab zur Antwort der lichte Falke ihm:
‚Du verstehst nicht zu halten im goldenen Bauer mich,
Verstehst nicht zu halten mich auf der rechten Hand,
So flieg ich nun hinaus aufs blaue Meer,
Erlege mir dort einen weißen Schwan
Und labe mich am süßen Schwanenfleisch.‘«

## 28

Bei den Hausleuten wurde Verlobung gefeiert. Lukaschka war ins Dorf gekommen, hatte Olenin aber nicht aufgesucht. Und Olenin war nicht zur Verlobungsfeier gegangen, obwohl der Fähnrich ihn dazu aufgefordert hatte. Seitdem er im Dorf lebte, war er noch nie so traurig gewesen. Er hatte am Abend gesehen, wie Lukaschka, sehr sorgfältig gekleidet, in Begleitung seiner Mutter zu den Hausleuten ging. Die Frage, warum Lukaschka so kalt gegen ihn sei, quälte Olenin. Er schloß sich ein, um sein Tagebuch zu schreiben.

Ich habe in der letzten Zeit viel nachgedacht und habe mich sehr verändert, schrieb Olenin, und bin zu dem Ergebnis gekommen, das schon in jedem Lesebuch gedruckt steht: um glücklich zu sein, muß man eins können – lieben; alle und alles mit Selbstverleugnung lieben; das Netz der Liebe nach allen Seiten auswerfen und alles einfangen, was hineingerät. So habe ich Wanjuscha, Onkel Jeroschka, Lukaschka und Marjanka eingefangen.

Olenin war dabei, diese Worte niederzuschreiben, als Onkel Jeroschka zu ihm hereinkam.

Jeroschka war in denkbar bester Stimmung. Vor ein paar Tagen war Olenin abends zu ihm gekommen und hatte ihn glücklich und stolz in seinem Hof vor einem erlegten Keiler angetroffen, dem er mit einem kleinen Messer sehr geschickt die Haut abzog. Die Hunde, darunter auch sein Liebling Ljam, lagen daneben, wedelten mit den Schwänzen und sahen zu. Die kleinen Buben lugten achtungsvoll über den Zaun und neckten ihn nicht wie sonst. Nachbarsfrauen, die sonst nicht sehr freundlich zu ihm waren, grüßten ihn und brachten ihm Tschichir, Kaimak oder Mehl. Am nächsten Morgen saß Jeroschka, von oben bis unten mit Blut bespritzt, in seiner Vorratskammer und teilte pfundweise das Fleisch aus – teils für Geld, teils für Wein. Auf seinem Gesicht war deutlich zu lesen: Ich habe mit Gottes Hilfe das Tier erlegt, und jetzt haben alle den Onkel nötig. Natürlich hatte er aus diesem Grunde zu trinken angefangen, und er trank schon den vierten Tag, ohne aus dem Dorf zu kommen. Außerdem hatte er auch bei dem Verlobungsfest getrunken.

Jeroschka kam aus dem Haus der Hausleute gänzlich betrunken zu Olenin, mit rotem Gesicht und zerzaustem Bart, aber in einem neuen, roten, mit Tressen besetzten Beschmet und mit einer Balalaika, die er von jenseits des Flusses mitgebracht hatte. Er hatte Olenin dieses Vergnügen schon längst versprochen und war sehr guter Laune. Als er sah, daß Olenin schrieb, wurde er betrübt.

»Schreibe, schreibe nur, Vater«, sagte er im Flüsterton, so, als säße zwischen ihm und dem Papier ein Geist, den zu verscheuchen er Angst hatte; er ließ sich möglichst geräuschlos auf den Boden nieder. Wenn Onkel Jeroschka betrunken war, saß er am liebsten auf dem Boden. Olenin blickte sich nach ihm um, befahl Wein zu bringen, und schrieb weiter. Aber Jeroschka hatte keine Lust, allein zu trinken, er wollte sich unterhalten.

»Ich war bei den Hausleuten zur Verlobungsfeier. Solche Schweine! Ich will nicht. Ich bin zu dir gekommen.«

»Wo hast du die Balalaika her?« fragte Olenin und fuhr fort zu schreiben.

»Ich war hinter dem Fluß, mein Vater, dort habe ich die Balalaika bekommen«, sagte er ebenso leise. »Ich bin ein Meister im Spielen: Tataren-, Kosaken-, Herrschafts- und Soldatenlieder – was du willst.«

Olenin warf ihm einen Blick zu, lächelte und schrieb weiter. Das Lächeln gab dem Alten Mut.

»Laß das Geschreibsel, mein Vater, laß es sein!« sagte er plötzlich entschlossen. »Nun, sie haben dich gekränkt! Laß gut sein, spuck auf sie. Du schreibst und schreibst, aber hat es einen Zweck?«

Er ahmte Olenin nach, klopfte mit seinen dicken Fingern auf den Boden und verzog seine dicke Fratze zu einer verächtlichen Grimasse.

»Wozu kritzeln? Genieße dein Leben, sei ein flotter Kerl!«

In seinem Kopf war mit Schreiben keine andere Vorstellung verbunden als Ränke schmieden.

Olenin lachte. Jeroschka ebenfalls. Er sprang vom Boden auf und begann, seine Meisterschaft im Balalaikaspiel zu zeigen und tatarische Lieder zu singen.

»Wozu schreiben, lieber Mensch! Hör lieber zu, ich werde dir was vorsingen. Wenn du hin bist, bekommst du keine Lieder mehr zu hören.«

Zuerst sang er ein selbstverfaßtes Lied mit dem Kehrreim:

A didididididi,
Warum sieht man ihn denn nie?
Auf dem Markt und im Gewölbe,
Dort verkauft er Federvieh.

Dann sang er ein Lied, das ihm ein alter Feldwebel beigebracht hatte:

Am Montag hab ich mich verliebt,
Am Dienstag war ich tief betrübt,
Am Mittwoch hab ich ihr's gesagt,
Am Donnerstag dann nachgefragt,
Am Freitag kam die Antwort dann,
Daß ich auf gar nichts hoffen kann.
Am Samstag wollt ich mich entleiben,
Am Sonntag doch ließ ich es bleiben:
Rettete mich vor Verderben,
Denn wer wird aus Liebe sterben?

Und darauf wiederum:

A didididididi,
Warum sieht man ihn denn nie?

Dann sang er, die Augen verdrehend, mit den Schultern zuckend und unter tänzerischen Bewegungen:

Laß dich küssen, laß dich drücken,
Komm, mein Herzchen, mich beglücken,
Dich mit roten Bändern schmücken.
Ach, du meine Hoffnung, sprich:
Liebst du mich auch aufrichtig?

Und er kam so in Stimmung, daß er hopsend und springend sich wie ein Junger gebärdete und durch das Zimmer tanzte.

Die Lieder »Dididi« und ähnliche *herrschaftliche* Lieder sang er eigens für Olenin; doch nachdem er noch drei Glas Tschichir geleert hatte, gedachte er der alten Zeiten und sang echte Tataren- und Kosakenlieder. Mitten in einem seiner Lieblingslieder begann seine Stimme plötzlich zu zittern, und er verstummte, so daß er den Gesang abbrach und nur noch auf der Balalaika weiterklimperte.

»Ach, du mein Freund!« sagte er.

Der Klang seiner Stimme war so seltsam, daß Olenin sich umdrehte: der Alte weinte. Tränen standen ihm in den Augen, und eine lief ihm die Wange herunter.

»Vorbei seid ihr, meine goldenen Zeiten, ihr kommt nicht mehr zurück«, sagte er schluchzend und verstummte. »Trink, was trinkst du nicht!« schrie er plötzlich mit seiner betäubenden Stimme, ohne sich die Tränen abzuwischen.

Besonders rührend erschien ihm das eine Tawlinierlied. Es hatte nicht viel Worte, der Reiz lag in dem traurigen Refrain: »Ai, dai, dalalai.« Jeroschka übersetzte die Worte des Liedes: Ein Tawlinier treibt Vieh aus dem Aul in die Berge, Russen kommen daher, stecken den Aul in Brand, erschlagen die Männer, nehmen die Frauen gefangen. Der Tawlinier kommt heim: wo der Aul gestanden hat, ist ein leerer Platz, die Mutter ist nicht da, die Brüder sind nicht da, das Haus ist nicht da, nur ein Baum ist übriggeblieben. Der Tawlinier setzt sich unter den Baum und weint: »Allein, allein wie du!« und er singt: »Ai, dai, dalalai.« Den langgezogenen packenden Refrain wiederholte der Alte ein paarmal.

Bei den letzten Klängen seines Liedes griff Jeroschka plötzlich nach der Flinte, die an der Wand hing, lief auf den Hof hinaus, gab aus beiden Läufen einen Schuß in die Luft ab, wiederholte noch schwermütiger: »Ai, dai, dalalai«, und verstummte.

Olenin war dem Alten auf die Freitreppe gefolgt und blickte schweigend in den dunklen Sternenhimmel, nach der Richtung, wo die Schüsse aufgeblitzt waren. Im Haus der Wirtsleute waren die Fenster erleuchtet und Stimmen zu hören. Im Hof drängten sich die Mädchen an den Freitreppen und an den Fenstern und eilten zwischen der Stube und dem Flur hin und her. Ein paar Kosaken kamen aus dem Flur heraus und beantworteten den Schluß des Liedes und Onkel Jeroschkas Schüsse mit anfeuerndem Rufen und Schreien.

»Warum gehst du nicht wieder hinüber?« fragte Olenin.

»Laß sie, laß sie!« sagte der Alte, den man offenbar irgendwie gekränkt hatte. »Ich liebe sie nicht! Ist das ein Volk! Laß uns ins Haus gehen. Sie können für sich feiern, wir wollen für uns feiern.«

Olenin ging in seine Hütte.

»Wie ist denn Lukaschka, lustig? Wird er nicht zu mir kommen?« fragte er.

»Ach was, Lukaschka! Man hat ihm vorgelogen, ich führte dir das Mädchen zu«, sagte der Alte flüsternd. »Was ist ein Mädchen? Sie wird unser sein, wenn wir nur wollen. Gib mir mehr Geld – und sie ist unser! Ich richte es für dich ein, wahrhaftig.«

»Nein, Onkel, mit Geld ist nichts zu machen, wenn sie nicht liebt. Wir wollen nicht darüber sprechen.«

»Ungeliebt sind wir beide, Waisenkinder sind wir!« sagte Onkel Jeroschka und begann wieder zu schluchzen.

Olenin hatte beim Zuhören mehr getrunken als sonst. Jetzt ist mein Lukaschka also glücklich, dachte er; aber er war traurig. Der Alte betrank sich diesen Abend dermaßen, daß er auf dem Boden liegenblieb, und um ihn wegzubringen, mußt Wanjuscha Soldaten zu Hilfe rufen. Er war wegen dieses schlechten Benehmens so erbost auf den Alten, daß er sogar französisch zu sprechen vergaß.

## 29

Es war August. Mehrere Tage hintereinander stand kein Wölkchen am Himmel, die Sonne brannte unerträglich, vom frühen Morgen an blies ein warmer Wind, der auf Wegen und Dünen ganze Wolken heißen Sandes aufwirbelte und sie über Schilf, Bäume und Dörfer hintrug. Das Gras, die Blätter der Bäume waren mit Staub bedeckt, die Wege und die Salzmoräste waren kahl und steinhart. Das Wasser im Terek stand tief, die Gräben leerten sich und trockneten aus. Im Dorfteich waren die vom Vieh ausgetretenen, mit Schlamm bedeckten Ufer zu sehen, und den ganzen Tag konnte man das Plätschern und das Geschrei der Mädchen und der kleinen Buben im Wasser hören. Das Gras und das Schilf in der Steppe dörrten aus, und das Vieh lief am Tag brüllend in die Felder. Das Wild zog sich in fernes Schilf und in die Berge hinter dem Terek zurück. Die Mücken und Fliegen standen in ganzen Wolken über den Niederungen und Dörfern. Die Schneeberge hüllten sich in grauen Nebel. Die Luft war dünn und übelriechend. Es hieß, daß Abreken über den seicht gewordenen Fluß gesetzt hätten und sich diesseits des Terek herumtrieben. Die Sonne versank jeden Abend im glühend heißen Abendrot. Es war schlimmste Arbeitszeit. Die ganze Bevölkerung befand sich auf den Melonenfeldern und in den Weingärten. Die Gärten waren dicht von Schlingpflanzen überwuchert und lagen im kühlen, tiefen Schatten. Hinter den breiten, durchsichtigen Blättern sahen schwarze, schwere, reife Trauben hervor. Bis hoch hinauf mit schwarzen Weintrauben beladen, zogen knarrende, großrädrige Wagen die staubige Landstraße, die zu den Gärten führte, entlang. Von den Rädern zerdrückte Trauben lagen im Staub der Straße. Die Hemdchen mit Traubensaft beschmutzt, liefen die kleinen Knaben und Mädchen hinter ihren Müttern her und hatten Trauben im Mund und in den Händen. Zerlumpte Arbeiter kamen mit großen Körben voll Trauben auf den starken

Schultern des Weges. Frauen, die Kopftücher bis an die Augen heruntergezogen, führten Ochsen, die Wagen voll Weintrauben zogen. Soldaten kamen und bettelten um Weintrauben, die Kosakenfrauen kletterten auf die Wagen, ohne sie erst halten zu lassen, nahmen einen Arm voll Trauben und warfen sie den Soldaten in den Schoß. In einigen Höfen wurde der Wein schon gekeltert. Der Geruch der Trauben erfüllte die Luft. Blutigrote Tröge standen unter den Vordächern, und in den Höfen waren nogaische Arbeiter mit aufgekrempelten Beinkleidern und gefärbten Waden zu sehen. Schweine grunzten, fraßen die ausgepreßten Schalen und wälzten sich darin. Die flachen Dächer der Vorratsräume waren mit schwarzen und bernsteinfarbenen Trauben bedeckt, die in der Sonne welkten. Krähen und Elstern pickten die Kerne auf, scharten sich um die Dächer und flogen auf und ab. Die Früchte eines ganzen Jahres voller Arbeit wurden fröhlich gesammelt; und dieses Jahr war die Ernte besonders reich und gut ausgefallen.

In den schattigen, grünen Gärten inmitten eines Meeres von Weinstöcken erschollen von allen Seiten Lachen, Lieder, vergnügte Rufe und Frauenstimmen, und schauten überall helle, bunte Frauenkleider hervor.

Marjanka saß um die Mittagszeit in ihrem Garten im Schatten eines Pfirsichbaumes und holte das Mittagbrot der Familie unter dem abgeschirrten Wagen hervor. Ihr gegenüber, auf einer ausgebreiteten Pferdedecke, saß der Fähnrich, der aus der Schule heimgekommen war, und wusch sich aus einem kleinen Krug die Hände. Der Knabe, Marjankas Bruder, der gebadet hatte, trocknete sein Gesicht mit dem Ärmel ab, atmete schwer und blickte in Erwartung des Mittagessens unruhig auf Mutter und Schwester. Die Mutter hatte die Ärmel aufgekrempelt und stellte mit ihren kräftigen, sonnenverbrannten Händen Weintrauben, trockenen Fisch, Kaimak und Brot auf den niedrigen runden Tatarentisch. Der Fähnrich trocknete sich die Hände, nahm seine Mütze ab, bekreuzigte sich und rückte an den Tisch heran. Der Knabe ergriff den Krug und begann hastig zu trinken. Mutter und Tochter setzten sich mit untergeschlagenen Beinen zu Tisch. Auch im Schatten war es unerträglich heiß. Die Luft über dem Garten war stickig. Der starke warme Wind, der durch die Zweige fuhr, bog immer wieder die Wipfel der Birn-, Pfirsich- und Maulbeerbäume, die verstreut in den Gärten standen, brachte aber keine Kühlung. Der Fähnrich sprach ein Gebet, holte hinter seinem Rücken ein mit Weinlaub bedecktes Krüglein Tschichir hervor, trank daraus und reichte den Krug der Alten. Der Fähnrich hatte nur ein Hemd an, das am Hals aufgeknöpft war und seine muskulöse, behaarte Brust sehen ließ. Sein feines, schlaues Gesicht war vergnügt. Weder in seiner Pose noch in seinen Reden war etwas von seiner gewöhnlichen Diplomatie zu merken, er war natürlich und lustig.

»Werden wir bis zum Abend das Stück hinter der Scheune fertigbekommen?« fragte er, während er seinen nassen Bart abwischte.

»Wir werden es schaffen, wenn nur das Wetter aushält«, antwortete die Alte. »Die Demkins sind noch nicht bis zur Hälfte gekommen«, fügte sie hinzu. »Ustinka muß die ganze Arbeit beinahe allein machen.«

»Wie sollten sie auch!« sagte der Alte stolz.

»Hier, trink, Marjanuschka«, sagte die Alte, dem Mädchen den Krug hinhaltend. »So Gott will, werden wir jetzt etwas für die Hochzeit zurücklegen können.«

»Das hat noch gute Wege«, sagte der Fähnrich unzufrieden.

Das Mädchen senkte den Kopf.

»Warum soll man nicht darüber sprechen?« sagte die Alte. »Die Arbeit ist getan, und die Zeit rückt heran.«

»Niemand kann in die Zukunft sehen«, sagte der Fähnrich. »Jetzt muß erst die Ernte eingebracht werden.«

»Hast du das neue Pferd von Lukaschka gesehen?« fragte die Alte. »Dasjenige, welches Mitrij Andrejitsch ihm geschenkt hat, ist nicht mehr da: er hat es umgetauscht.«

»Nein, ich habe es nicht gesehen. Aber ich habe heute mit dem Diener unseres Mietherrn gesprochen«, sagte der Fähnrich, »er sagt, sie hätten wieder tausend Rubel bekommen.«

»Ein reicher Mann, mit einem Wort«, bestätigte die Alte.

Die ganze Familie war vergnügt und zufrieden. Die Arbeit ging flott vonstatten. Es gab mehr und bessere Trauben, als sie erwartet hatten.

Nach dem Mittagessen legte Marjanka den Ochsen Gras vor, schob ihren Beschmet unter den Kopf und legte sich unter den Wagen, auf das saftige, niedergetretene Gras. Sie hatte außer dem rotseidenen Kopftuch nur ein hellblaues, ausgeblichenes Kattunhemd an, aber ihr war trotzdem unerträglich heiß. Das Gesicht brannte, die Füße fanden keinen geeigneten Platz, die Augen fielen vor Müdigkeit zu, die Lippen öffneten sich von selbst, die Brust atmete schwer und stark.

Die Arbeitszeit hatte vor zwei Wochen begonnen, und die schwere, endlose Arbeit nahm die ganze Zeit des jungen Mädchens in Anspruch. Früh beim Morgenrot sprang sie auf, wusch das Gesicht mit kaltem Wasser, warf ein Tuch um und lief barfüßig zum Vieh. Hinterher kleidete sie sich rasch an, spannte die Ochsen an, packte ein Bündelchen mit Brot ein und fuhr für den ganzen Tag in die Gärten. Dort ruhte sie nur eine Stunde, die ganze übrige Zeit schnitt sie Trauben und schleppte Körbe, und wenn es Abend wurde, war sie lustig und gar nicht müde. Sie kam ins Dorf zurück, zog dabei die Ochsen an einem Strick hinter sich her und trieb sie mit einer Gerte an. Sie besorgte das Vieh, während es dunkelte, nahm dann Sonnenblumenkerne in den breiten Hemdsärmel und ging auf die Straße, um mit den anderen Mädchen zu schwatzen. Aber sobald das Abendrot verblaßte, ging sie ins Haus, aß im dunklen Verschlag mit Vater, Mutter und Bruder zu Abend, kroch auf den Ofen und lauschte im Halbschlaf den Erzählungen des Mieters. Sie war sorglos und gesund. Sobald er wegging, warf sie sich aufs Bett und schlief bis zum Morgen, ruhig und ohne aufzuwachen. Am nächsten Tag wiederholte sich alles. Lukaschka hatte sie seit dem Verlobungstag nicht wiedergesehen und wartete ruhig auf die Hochzeit. An den Mieter hatte sie sich gewöhnt und empfand Vergnügen, wenn sie seine Blicke auf sich ruhen fühlte.

## 30

Obwohl man vor Hitze nicht aus noch ein wußte, obwohl die Mücken in großen Schwärmen im kühlen Schatten des Wagens surrten, obwohl der Knabe sich herumdrehte und sie fortwährend stieß – Marjanka hatte trotzdem das Tuch über das Gesicht gezogen und war gerade am Einschlafen, als plötzlich die Nachbarin Ustinka gelaufen kam, unter den Wagen kroch und sich neben sie hinlegte.

»Schlafen, Mädchen, schlafen!« sagte Ustinka, während sie es sich unter dem Wagen bequem machte. »Warte!« rief sie plötzlich und sprang wieder auf, »so ist es noch nicht richtig.«

Sie sprang auf, pflückte grüne Zweige, befestigte sie von beiden Seiten an den Rädern und bedeckte das Ganze noch mit ihrem Beschmet.

»Mach mal Platz, du!« schrie sie den Knaben an, während

sie wieder unter den Wagen kroch. »Seit wann liegen die Kosaken bei den Mädchen? Geh!«

Als sie unter dem Wagen allein waren, umfaßte sie die Freundin mit beiden Armen, drückte sich an sie und begann sie auf Wangen und Hals zu küssen.

»Liebster! Brüderchen!« sagte sie mit dünner, heller Stimme und wollte sich ausschütten vor Lachen.

»Sieh mal an, das hast du vom *Großvater* gelernt!« sagte Marjanka und versuchte sich zu befreien. »Laß doch!«

Die beiden lachten so laut, daß die Mutter sie anfuhr.

»Du bist wohl neidisch?« sagte Ustinka flüsternd.

»Hör auf! Laß uns schlafen. Nun, weshalb bist du gekommen?«

Aber Ustinka wollte keine Vernunft annehmen. »Was ich dir sagen wollte. Hör mal.«

Marjanka stützte sich auf den Ellenbogen und rückte ihr Tuch zurecht. »Na, was willst du sagen?«

»Was ich über deinen Mieter weiß.«

»Da ist nichts zu wissen«, antwortete Marjanka.

»Du bist eine Schelmin!« sagte Ustinka, stieß sie mit dem Ellenbogen in die Seite und lachte. »Erzählst nie was. Kommt er zu euch?«

»Ja. Was ist denn dabei!« sagte Marjanka und errötete plötzlich.

»Ich bin geradeheraus, ich erzähle es allen. Wozu soll ich mich verstecken?« sagte Ustinka. Ihr rotbäckiges, lustiges Gesicht nahm einen nachdenklichen Ausdruck an. »Tue ich denn jemandem etwas zuleide? Ich liebe ihn und damit Schluß.«

»Den Großvater?«

»Na ja.«

»Das ist sündhaft!« sagte Marjanka.

»Ach, Maschenka! Jetzt, solange wir frei sind, müssen wir das Leben genießen. Wann denn sonst? Ich werde einen Kosaken heiraten, Kinder gebären und die Not kennenlernen. Heirate du erst deinen Lukaschka, und dir wird jede Freude vergehen. Kinder werden kommen und Arbeit.«

»Warum? Andere sind auch verheiratet und haben ein gutes Leben. Das ist doch alles eins!« antwortete Marjanka ruhig.

»Erzähl doch mal, was hast du mit Lukaschka gehabt?«

»Was soll ich denn gehabt haben? Er hat um mich gefreit. Der Vater hat es um ein Jahr hinausgeschoben, jetzt ist Verlobung gefeiert worden, im Herbst wird man mich weggeben.«

»Aber was hat er dir gesagt?«

Marjanka lächelte.

»Das kannst du dir doch denken. Er hat gesagt, daß er mich liebt; und er hat mich überreden wollen, mit ihm in die Gärten zu gehen.«

»So eine Klette! Du bist aber nicht gegangen? Aber was für ein flotter Kerl er geworden ist. Was für ein Dschigit! In der Sotnja soll er immer bummeln. Neulich war unser Kirka da und erzählte, er hätte sich ein herrliches Pferd eingetauscht. Wird doch wohl immer Sehnsucht nach dir haben. Was sagt er dir denn noch?« fragte Ustinka.

»Alles mußt du wissen«, lachte Marjanka. »Einmal kam er in der Nacht betrunken zu Pferd vor das Fenster und hat gebettelt.«

»Und du hast ihn nicht hineingelassen?«

»Wozu? Wenn ich was gesagt habe, bleibe ich dabei. Mein Wort ist so hart wie ein Stein«, antwortete Marjanka ernsthaft.

»Ist aber doch ein ganzer Kerl! Kein Mädchen würde widerstehen können, er brauchte nur zu wollen.«

»Soll er zu anderen gehen«, antwortete Marjanka stolz.

»Hast du kein Mitleid mit ihm?«

»Doch, aber Dummheiten mache ich nicht. Das ist schlecht.«

Ustinka ließ plötzlich ihren Kopf auf die Brust der Freundin fallen, umfaßte sie mit beiden Armen und schüttelte sich vor Lachen. »Du dumme Närrin!« rief sie ganz außer Atem. »Dein Glück stößt du von dir.« Sie begann Marjanka zu kitzeln.

»Laß sein!« rief Marjanka quietschend und lachend. »Ich werde Lasutka zerquetschen!«

»Diese Teufel können doch keine Ruhe geben, haben wohl noch nicht genug gearbeitet!« ließ sich die schläfrige Stimme der Alten hinter dem Wagen vernehmen.

»Du kennst dein Glück nicht«, wiederholte Ustinka flüsternd. »Aber Glück hast du, bei Gott! Wie du geliebt wirst! Du bist so rauh und ruppig – und doch liebt man dich. Wenn ich an deiner Stelle wäre, ich würde den Mieter schön umgarnen. Ich habe ihn beobachtet, als er bei uns war: er hätte dich am liebsten mit den Augen gefressen. Mein Großvater hat mir schon eine ganze Menge geschenkt. Und der eurige soll einer der reichsten Russen sein. Sein Bursche erzählt, sie besäßen eine Masse Leibeigene.«

Marjanka richtete sich etwas auf und kaute an einem Grashalm.

»Weißt du, was er mir gesagt hat, unser Mieter? Er sagte:

‚Ich möchte gern ein Kosak sein, Lukaschka oder dein kleiner Bruder Lasutka!‘ Warum er das wohl gesagt hat?«

»Ach, er sagt, was ihm gerade in den Kopf kommt«, antwortete Ustinka. »Was redet meiner nicht alles! Als wäre er nicht recht bei Trost.«

Marjanka warf sich mit dem Kopf auf den zusammengelegten Beschmet, legte die eine Hand auf Ustinkas Schulter und schloß die Augen.

»Heute wollte er zum Arbeiten herkommen; Väterchen hat ihn aufgefordert«, sagte sie, schwieg einen Augenblick und schlief ein.

31

Die Sonne war schon hinter dem Birnbaum, der den Wagen beschattete, hervorgekommen, und die schrägen Strahlen stachen sogar durch die Zweige, die Ustinka angebracht hatte, auf die Gesichter der Mädchen, die unter dem Wagen schliefen. Marjanka wachte auf, wischte ihr Gesicht mit einem Tuch ab, sah sich um und bemerkte hinter dem Birnbaum ihren Mieter, der mit der Flinte über der Schulter dastand und sich mit ihrem Vater unterhielt. Sie stieß Ustinka an und wies mit leisem Lächeln schweigend auf ihn.

»Gestern habe ich keinen einzigen gesehen«, sagte Olenin und schaute unruhig umher und konnte Marjanka hinter den Zweigen nicht sehen.

»Gehen Sie in diese Gegend, gerade dem Zirkel nach, dort in dem verwilderten Garten auf dem unbebauten Platze finden Sie immer Hasen«, sagte der Fähnrich, der seine Sprache sofort wieder veränderte.

»Jetzt während der dringlichsten Arbeitszeit herumzugehen und nach Hasen zu suchen! Nein, so etwas! Sie sollten lieber kommen und uns helfen. Sollten den Mädchen bei der Arbeit helfen«, sagte die Alte lustig. »He, ihr Mädchen, aufstehen!« rief sie.

Marjanka und Ustinka flüsterten miteinander unter dem Wagen und konnten nur mit Mühe das Lachen zurückhalten.

Seitdem bekannt geworden war, daß Olenin Lukaschka ein Pferd, das fünfzig Moneten wert war, geschenkt hatte, waren seine Hausleute sehr freundlich geworden, vor allem beobachtete der Fähnrich mit Vergnügen Olenins Annäherung an seine Tochter.

»Ich kann ja nicht arbeiten«, sagte Olenin und gab sich Mühe, die grünen Zweige unter dem Wagen nicht zu sehen, zwischen denen er das hellblaue Hemd und das rote Tuch bemerkt hatte.

»Komm nur, ich gebe dir Aprikosen«, sagte die Alte.

»Eine Altweiberdummheit aus der alten gastfreundlichen Kosakenzeit«, sagte der Fähnrich, als wollte er die Worte der Alten erläutern und verbessern. »In Rußland werden Sie nicht Aprikosen, sondern Ananaskonfitüren und dergleichen nach Herzenslust gegessen haben.«

»Es gibt also Hasen in dem verwilderten Garten?« fragte Olenin. »Ich werde hingehen.« Er warf einen raschen Blick durch die grünen Zweige, lüftete seine Mütze und verschwand hinter den regelmäßigen grünen Reihen der Weinstöcke.

Die Sonne hatte sich schon hinter der Umzäunung der Gärten versteckt, nur einzelne Strahlen blitzten noch durch die durchsichtigen Blätter, als Olenin in den Garten zu seinen Wirtsleuten zurückkam. Der Wind hatte sich gelegt, eine angenehme Kühle begann sich in den Weingärten zu verbreiten. Schon von weitem erkannte Olenin durch eine Art Instinkt Marjankas hellblaues Hemd zwischen den Reihen der Weinreben; er pflückte ein paar Beeren ab und trat an sie heran. Auch der schweratmende Hund schnappte mit geiferndem Maul nach tiefhängenden Trauben. Marjanka hatte das Tuch bis unter das Kinn gezogen, schnitt hastig mit rotem Gesicht und aufgekrempelten Ärmeln eine schwere Traube nach der anderen ab und legte sie in den Korb. Sie ließ die Rebe, die sie gerade hielt, nicht los, blieb stehen, lächelte freundlich und setzte ihre Arbeit fort. Olenin trat heran und hängte seine Flinte über die Schulter, um die Hände frei zu bekommen. Wo sind die anderen? Gott segne deine Arbeit. Bist du allein? wollte er sagen, aber er sagte nichts und lüftete nur seine Mütze. Er fühlte sich unbehaglich, wenn er mit Marjanka allein war, aber er zwang sich, näher zu treten, als ob er sich absichtlich peinigen wollte.

»So wirst du uns Weiber mit deinem Gewehr erschießen,« sagte Marjanka.

»Nein, ich schieße nicht.«

Beide schwiegen.

»Du könntest mir helfen.«

Er holte ein kleines Messer hervor und begann schweigend zu schneiden. Als er unter dem Laub auf eine gewaltige, etwa drei Pfund schwere Traube stieß, deren Beeren so eng aufeinandersaßen, daß sie aus Platzmangel einander plattgedrückt hatten, zeigte er sie Marjanka.

»Soll ich alle schneiden? Ist diese nicht zu grün?«

»Gib sie her.«

Ihre Hände berührten sich. Olenin ergriff ihre Hand, sie sah ihn lächelnd an.

»Du wirst bald heiraten?« sagte er.

Sie antwortete nicht, drehte sich etwas weg und wandte ihm ihre strengen Augen zu.

»Liebst du Lukaschka?«

»Was geht es dich an?«

»Ich bin neidisch.«

»Was nicht gar!«

»Tatsächlich. Du bist so schön!«

Und plötzlich schämte er sich: so trivial kamen ihm seine eigenen Worte vor. Er wurde rot, kam aus der Fassung und ergriff ihre Hände.

»Wie ich auch sein mag, aber ich bin nicht für dich da! Spotte du nur!« antwortete Marjanka, aber ihr Blick verriet, daß sie wußte, daß er nicht lachte.

»Wieso spotten! Wenn du wüßtest, wie ich ...«

Die Worte klangen noch trivialer, entsprachen noch weniger dem, was er fühlte, aber er fuhr fort: »Ich bin bereit, alles für dich zu tun.«

»Laß mich, du Klette!«

Aber ihr Gesicht, die glänzenden Augen, die hohe Brust, die schlanken Beine sagten etwas anderes. Ihm schien, daß sie fühlte, wie trivial seine Worte waren, daß sie aber über solche Nichtigkeiten erhaben war; es schien ihm, daß sie längst alles wußte, was er ihr sagen wollte und nicht konnte, daß sie jetzt nur hören wollte, wie er es sagen würde. Wie soll sie es auch nicht wissen, dachte er, ich will ihr ja nur sagen, wie sie ist. Aber sie will nicht verstehen, sie will nicht antworten, dachte er.

»He!« ertönte plötzlich hinter den Weinstöcken aus nächster Nähe Ustinkas Stimme und ihr helles Lachen. »Komm und hilf mir, Mitrij Andrejitsch, ich bin allein!« schrie sie Olenin zu, und ihr rundes, kindliches Gesicht erschien zwischen den Blättern.

Olenin antwortete nicht und rührte sich nicht von der Stelle.

Marjanka schnitt weiter, blickte jedoch unverwandt den Mieter an. Er wollte etwas sagen, blieb stecken, zuckte die

Achseln, schulterte sein Gewehr und ging mit schnellen Schritten aus dem Garten.

## 32

Zweimal blieb er stehen und horchte auf das helle Lachen Marjankas und Ustinkas, die beisammenstanden und etwas riefen. Den ganzen Abend verbrachte er auf der Jagd im Wald. In der Dämmerung kam er, ohne etwas geschossen zu haben, zurück. Als er über den Hof ging, sah er ein hellblaues Hemd in der offenen Tür des Verschlages. Er rief ganz besonders laut nach Wanjuscha, um sie von seinem Kommen zu unterrichten, und setzte sich auf der Freitreppe an seinen gewohnten Platz. Die Hausleute waren schon aus den Gärten zurück, sie kamen aus dem Verschlag, gingen ins Haus, forderten ihn aber nicht auf hereinzukommen. Marjanka ging zweimal an die Pforte. Das eine Mal, als es schon beinahe dunkel war, hatte sie sich nach ihm umgedreht. Er beobachtete heißhungrig ihre Bewegungen, wagte es aber nicht, zu ihr zu gehen. Als sie im Haus verschwunden war, begann er im Hof auf und ab zu gehen. Aber Marjanka kam nicht wieder heraus. Die ganze Nacht verbrachte Olenin ohne Schlaf im Hof, lauschte auf jeden Ton im Haus der Wirtsleute. Er hörte, wie sie sich unterhielten, wie sie zu Abend aßen, wie sie die Betten herausbrachten und sich schlafen legten; er hörte, wie Marjanka lachte und wie dann alles still wurde. Der Fähnrich unterhielt sich noch flüsternd mit der Alten, jemand atmete. Er ging in seine Hütte. Wanjuscha schlief unausgekleidet. Olenin beneidete ihn. Er ging wieder in den Hof, ging wieder auf und ab und wartete auf etwas, aber niemand kam heraus, niemand rührte sich, nur das gleichmäßige Atmen von drei Menschen war zu hören. Er kannte Marjankas Atem, er hörte dieses Atmen und das Pochen seines eigenen Herzens. Im Dorf war alles still; spät kam der Mond herauf, und in den Höfen wurde das Vieh sichtbar, das keuchte, sich aufrichtete und sich wieder hinlegte. Olenin fragte sich ärgerlich: Was will ich denn? und konnte sich doch nicht von der Nacht trennen. Plötzlich glaubte er Schritte und ein Knarren im Hause der Wirtsleute zu hören. Er stürzte zur Tür, aber es war wieder nichts anderes zu hören als gleichmäßiges Atmen. Im Hof seufzte jetzt die Büffelkuh schwer auf, bewegte sich, kniete sich erst auf die Vorderbeine, erhob sich dann auf alle Viere, schlug mit dem Schwanz, etwas klatschte gleichmäßig auf den trockenen Lehmboden des Hofes auf, dann legte sie sich mit schwerem Aufseufzen wieder hin, kaum sichtbar in dem von Mondschein durchleuchteten Nebel ... Er fragte sich: Was soll ich tun? und faßte endlich den Entschluß, schlafen zu gehen. Aber wieder hörte er ein Geräusch, wieder sah er im Geiste Marjanka in die neblige Mondscheinnacht heraustreten, wieder stürzte er zum Fenster, wieder hörte er Schritte. Schließlich, bevor es ganz hell wurde, trat er wirklich ans Fenster, rüttelte an dem Laden und lief zur Tür; er hörte Marjanka aufseufzen und dann Schritte. Er faßte nach der Klinke und klopfte. Barfüßige, vorsichtige Schritte näherten sich der Tür, die Dielenbretter knarrten leise. Die Klinke bewegte sich, die Tür knarrte, ein Geruch von Ofenwärme und Kürbissen strömte heraus, und auf der Schwelle erschien Marjankas Gestalt. Er sah sie nur einen Augenblick im Scheine des Mondes. Sie warf die Tür zu, flüsterte etwas und lief leise auftretend zurück. Olenin klopfte wieder, aber niemand antwortete. Eine durchdringend hohe männliche Stimme schreckte ihn auf.

»Sehr schön!« sagte ein kleiner Kosak mit weißer Papacha und trat dicht an Olenin heran. »Sehr schön, ich habe alles gesehen.«

Olenin erkannte Nasarka und schwieg, da er nicht wußte, was er tun oder sagen sollte.

»Sehr schön! Ich werde zum Ortskommandanten gehen und auch alles dem Vater erzählen. So eine Vornehme! An einem scheint sie nicht genug zu haben.«

»Was willst du von mir? Was willst du?« sagte Olenin.

»Gar nichts, ich will nur zum Ortskommandanten gehen.« Nasarka sprach sehr laut, offenbar mit Absicht. »Außerordentlich gewandt scheinen mir die Junker zu sein.«

Olenin war blaß und zitterte.

»Komm her, hierher.« Er packte ihn am Arm und zog ihn zu seiner Hütte hinüber.

»Es ist doch nichts gewesen, sie hat mich nicht hineingelassen, und ich habe nichts ... Sie ist ehrlich ...«

»Da soll sich einer zurechtfinden«, sagte Nasarka.

»Ich will dir etwas geben ... Warte ...«

Nasarka schwieg. Olenin lief in die Hütte und brachte zehn Rubel heraus.

»Es ist ja nichts gewesen, aber immerhin, ich bin wohl schuldig, und deshalb gebe ich dir das. Aber um Gottes willen, niemand darf etwas erfahren. Es ist ja auch nichts geschehen ...«

»Leben Sie wohl«, sagte Nasarka lachend und ging.

Nasarka war diese Nacht in Lukaschkas Auftrag im Dorf gewesen, um einen Platz für ein gestohlenes Pferd vorzubereiten, und hatte beim Vorübergehen Schritte gehört. Am nächsten Morgen kehrte er in die Sotnja zurück und erzählte dem Kameraden prahlend, wie er sich geschickt zehn Moneten verschafft habe. Olenin sah am nächsten Morgen die Hausleute, aber niemand wußte etwas. Mit Marjanka sprach er nicht, sie lachte nur, wenn sie ihn ansah. Die Nacht verbrachte er wieder schlaflos umherirrend auf dem Hof. Den folgenden Tag verbrachte er absichtlich auf der Jagd, und am Abend ging er, um sich selbst zu entfliehen, zu Belezkij. Er fürchtete sich vor sich selbst und gab sich das Wort, nie wieder zu seinen Wirtsleuten zu gehen. Die Nacht darauf wurde er vom Feldwebel geweckt. Die Kompanie mußte zu einem Überfall ausrücken. Olenin war dem Zufall dankbar und glaubte, er würde nie wieder in diese Staniza zurückkommen.

Die Expedition dauerte vier Tage. Der Befehlshaber wünschte Olenin, der mit ihm verwandt war, zu sprechen und machte ihm den Vorschlag, im Stab zu bleiben. Olenin lehnte ab. Er konnte ohne sein Dorf nicht mehr existieren und bat, heimkehren zu dürfen. Für den Überfall wurde ihm das Soldatenkreuz verliehen, das er sich früher so sehr gewünscht hatte. Es war ihm jetzt gleichgültig, und das Avancement, das noch immer auf sich warten ließ, interessierte ihn noch weniger. Er fuhr, ohne eine Gelegenheit abzuwarten, an die Front zurück und kam ein paar Stunden früher als die Kompanie im Dorf an. Den ganzen Abend verbrachte Olenin auf der Freitreppe und ließ Marjanka nicht aus den Augen. Die ganze Nacht wanderte er ruhelos im Hof auf und ab – ohne Ziel und ohne Gedanken.

## 33

Am nächsten Morgen wachte Olenin sehr spät auf. Die Hausleute waren schon fort; Olenin ging nicht auf die Jagd, er griff nach einem Buch, trat auf die Treppe hinaus, ging wieder hinein und warf sich schließlich auf sein Bett. Wanjuscha meinte, er wäre krank geworden. Gegen Abend stand er entschlossen auf und begann zu schreiben – und schrieb bis in die Nacht hinein. Er schrieb einen Brief, schickte ihn aber nicht weg, weil doch niemand verstanden hätte, was er sagen wollte, und weil das Ganze niemanden außer ihn selbst etwas anging. Er schrieb:

»Man schreibt mir teilnahmsvolle Briefe aus Rußland, man hat Angst, ich könnte in dieser Einöde umkommen. Man sagt von mir: Er wird roh werden, wird die Fühlung mit der Gesellschaft verlieren, wird zu trinken anfangen und womöglich eine Kosakin heiraten. Nicht umsonst pflegte doch Jermolow zu sagen: ,Wer zehn Jahre im Kaukasus gedient hat, der wird zum Säufer oder heiratet ein liederliches Frauenzimmer.' Wie schrecklich, wenn ich meine Laufbahn wirklich ruinieren sollte – während ich doch das Glück haben könnte, Ehegatte der Gräfin B., Kammerherr oder Adelsmarschall zu werden. Wie seid ihr alle abstoßend und kläglich. Ihr wißt nicht, was Glück und was Leben ist. Einmal wenigstens muß man das Leben in seiner ganzen, kunstlosen, natürlichen Schönheit ausgekostet haben. Man muß das gesehen und begriffen haben, was ich jeden Tag vor mir sehe: den ewigen, unerreichbaren Schnee der Berge und das hoheitsvolle Weib in der urwüchsigen Schönheit, in der auch das erste Weib aus den Händen des Schöpfers hervorgegangen sein mag, dann wird einem klar, wer sich zugrunde richtet, wer in der Wahrheit lebt und wer in der Lüge – ihr oder ich. Wenn ihr wüßtet, wie abstoßend und kläglich ihr in eurer Verführung seid. Wenn ich mir statt meiner Hütte, meines Waldes und meiner Liebe eure Empfangszimmer vorstelle, eure Frauen mit dem glattgestrichenen, pomadisierten Haar über falschen Locken, die unnatürlich lispelnden Lippen, die verborgenen, verstümmelten, schwachen Glieder, das Salongeschwätz, das eine Unterhaltung sein soll und es nicht ist – dann wird mir unaussprechlich schlecht. Ich sehe stumpfe Gesichter, reiche heiratsfähige Mädchen, deren Gesichtsausdruck zu sagen scheint: Komm nur heran, es ist gestattet, obwohl ich eine reiche Partie bin; dies Hinsetzen und Umsetzen; diese schamlose Kuppelei und diese ewigen Klatschereien und Anstellereien; diese Regeln – dem einen einen Händedruck, dem anderen ein Zunicken oder ein paar Worte; und nicht zuletzt diese ewige Langeweile, die ihnen im Blut sitzt, von Generation zu Generation vererbt wird! Und das alles ganz bewußt und in der festen Überzeugung, daß es so sein muß. Begreift es und glaubt es mir: man muß gesehen und verstanden haben, was Wahrheit und Schönheit ist, dann wird das, was ihr sagt und glaubt und mir und euch wünscht, zu Staub. Glück ist: in der Natur leben, sie schauen, mit ihr sprechen. Er wird womöglich, Gott behüte, eine einfache Kosakin heiraten und für die Gesellschaft verloren sein, höre ich euch mit innigem Mitleid sagen. Und ich wünsche mir nur das eine: für euch verloren zu sein, ich möchte eine einfache Kosakin heiraten und wage es nicht, weil das den Gipfel des Glückes bedeuten würde, dessen ich nicht wert bin.

Seitdem ich zum ersten Male die Kosakin Marjanka gesehen habe, sind drei Monate verflossen. Die Begriffe und Vorurteile der Welt, aus der ich gekommen, waren noch lebendig in mir. Damals habe ich nicht geglaubt, daß ich dies Weib würde lieben können. Ich bewunderte sie, wie ich die Schönheit der Berge und des Himmels bewundere, ich konnte nicht anders, denn sie ist schön wie sie. Dann begann ich zu fühlen, daß mir das Anschauen dieser Schönheit zur Notwendigkeit ward, und ich fragte mich, ob ich sie nicht liebte. Aber ich fand nichts, was der Vorstellung entsprochen hätte, die ich mir von diesem Gefühl gemacht hatte. Dieses Gefühl war nicht die Sehnsucht eines Einsamen nach der Ehe, es glich weder der platonischen noch der körperlichen Liebe, die ich von früher her kannte. Ich mußte sie nur sehen, hören, ich mußte sie nur in der Nähe wissen – dann war ich, wenn nicht glücklich, so doch ruhig. Nach der Abendgesellschaft, bei der ich mit ihr zusammen gewesen war, bei der ich sie berührt hatte, empfand ich ganz deutlich, daß ein unzerreißbares, wenn auch nicht anerkanntes Band dieses Weib und mich verbindet, daß wir nichts dagegen tun können. Aber ich kämpfte noch, ich sagte mir: Kann ich denn eine Frau lieben, die den innersten Inhalt meines Lebens niemals wird verstehen können? Kann man denn eine Frau um ihrer Schönheit willen lieben, kann man eine Statue lieben? So fragte ich – und liebte sie doch schon und wollte meinem Gefühl nicht glauben.

Unsere Beziehungen veränderten sich nach der Abendgesellschaft, bei der ich zum ersten Mal mit ihr gesprochen hatte. Vorher war sie für mich ein Teil der fremdartigen, erhabenen Natur gewesen; nach dieser Gesellschaft wurde sie für mich ein Mensch. Ich versuchte ihr zu begegnen, mit ihr zu sprechen, ihren Vater bei seiner Arbeit zu besuchen und ganze Abende bei ihnen zu verbringen. Aber trotz dieser näheren Beziehungen blieb sie in meinen Augen immer gleich rein, unzugänglich und erhaben. Auf alles und jedes antwortete sie immer gleich ruhig, stolz und gleichmütig. Sie war manchmal freundlich, doch drückten ihre Blicke, Worte und Bewegungen meistens nur

Gleichmut aus, der nicht verächtlich war, doch niederdrückend und bestrickend zugleich wirkte. Jeden Tag versuchte ich von neuem, mich ihr mit einem gemachten Lächeln irgendwie anzupassen, und mit qualvoller Leidenschaft und qualvollen Wünschen im Herzen versuchte ich scherzhaft mit ihr zu sprechen. Sie merkte, daß ich mich verstellte, sah mir aber offen, fröhlich und frei in die Augen. Meine Lage wurde unerträglich. Ich wollte nicht mehr lügen, ich wollte ihr alles sagen, was ich dachte und fühlte. Ich war besonders gereizt; es war in den Gärten. Ich begann von meiner Liebe in Worten zu sprechen, daß ich mich schäme, daran zurückzudenken. Ich schäme mich, weil ich nicht hätte wagen dürfen, so mit ihr zu sprechen, weil sie unermeßlich höher steht als diese Worte oder das Gefühl, das ich durch sie ausdrücken wollte. Seitdem schweige ich, aber meine Lage ist unerträglich. Ich wollte mich durch die Beibehaltung der früheren scherzhaften Beziehungen nicht noch mehr erniedrigen, aber ich fühlte, daß ich einem geraden, einfachen Verhältnis nicht gewachsen war. Ich fragte mich voll Verzweiflung: Was muß ich denn tun? In sinnlosen Phantasien stellte ich sie mir bald als Geliebte, bald als meine Ehefrau vor – und verwarf mit Abscheu beides. Ein Frauenzimmer aus ihr zu machen, das wäre furchtbar, es wäre schlimmer als Mord. Aber eine Dame (wie jene andere Kosakin, die einen Offizier geheiratet hat) aus ihr machen zu wollen, die Frau Dmitrij Andrejewitsch Olenins – nein, das wäre beinahe noch schlimmer. Ja, wenn ich selber ein Kosak wie Lukaschka werden könnte, wenn ich Pferde stehlen, saufen, Lieder singen, Menschen töten, in der Nacht betrunken zu ihr ins Fenster steigen könnte, ohne daran zu denken, wer ich bin und wozu ich liebe – ja, dann wäre die Sache anders: dann könnten wir einander verstehen, dann könnte ich wohl glücklich sein. Ich habe versucht, mich einem solchen Leben hinzugeben, und habe meine Schwäche und Krüppelhaftigkeit desto stärker gefühlt. Ich konnte mich selbst nicht vergessen, nicht meine komplizierte, unharmonische, häßliche Vergangenheit. Und meine Zukunft ist vollständig trostlos. Jeden Tag sehe ich die fernen Schneeberge und das hoheitsvoll glückliche Weib vor mir. Aber nicht für mich ist das einzig mögliche Glück auf Erden, nicht für mich ist dieses Weib! Das Furchtbarste und das Süßeste in meiner Lage ist, daß ich sie verstehe und weiß, daß sie mich niemals verstehen kann. Nicht, weil sie niedriger steht als ich, wird sie mich nie verstehen, nein, im Gegenteil, sie soll mich auch nicht verstehen. Sie ist glücklich, sie ist wie die Natur gleichmäßig, ausgeglichen, in sich selbst ruhend. Und ich verpfuschtes schwaches Wesen sollte wünschen, daß sie meine Häßlichkeit und meine Qualen verstehen lernte? Ich habe ganze Nächte nicht geschlafen, ohne Ziel unter ihrem Fenster verbracht und habe mir keine Rechenschaft über meine Gefühle gegeben. Am achtzehnten rückte unsere Kompanie aus. Drei Tage war ich fort. Ich war traurig, alles war mir gleichgültig. Die Lieder, Karten, Trinkgelage, die Unterhaltungen über Auszeichnungen waren mir noch widerlicher als sonst. Heute bin ich zurückgekommen. Ich sah sie wieder, meine Hütte, Onkel Jeroschka, die schneebedeckten Berggipfel, und es packte mich ein so starkes, neues Gefühl der Freude, daß mir plötzlich alles klarwurde. Ich liebe dieses Weib mit wirklicher Liebe, zum ersten und einzigen Mal in meinem Leben. Ich weiß, was mit mir ist. Ich habe keine Angst, mich zu erniedrigen, ich schäme mich meiner Liebe nicht, ich bin stolz darauf. Ich bin nicht schuld, daß ich liebe. Es ist gegen meinen Willen so gekommen. Ich wollte vor meiner Liebe fliehen, zur Selbstverleugnung greifen, ich habe versucht, bei der Vorstellung von Lukaschkas und Marjankas Liebe Freude zu empfinden – und habe nur meine eigene Liebe und Eifersucht entfacht. Es ist nicht eine ideale, sogenannte erhabene Liebe, wie ich sie früher einmal empfunden habe, nicht ein Gefühl des Hingezogenseins, bei dem man seine eigene Liebe bewundert, in seinem eigenen Innern die Quelle seines Gefühls fühlt und selber handelt. Ich habe auch das erlebt. Noch weniger ist es das Verlangen nach Genuß, es ist etwas ganz anderes. Vielleicht liebe ich in ihr die Natur, die Personifizierung alles Schönen in der Natur; aber ich habe keinen eigenen Willen: irgendeine Elementarkraft, Gottes Weltall liebt sie durch mich, die Natur drückt diese Liebe in meine Seele und spricht: ‚Liebe!‘ Ich liebe sie nicht mit dem Verstand oder der Phantasie, nein, mit meinem ganzen Wesen. Ich liebe sie und fühle mich als unteilbares Stück von Gottes glücklicher Welt. Ich habe früher von den Überzeugungen geschrieben, zu denen mein einsames Leben mich gebracht hatte; niemand weiß, wieviel Arbeit sie mir gemacht haben und wieviel Freude, daß sich mir ein neuer Weg aufgetan hatte. Nichts war mir teurer als diese meine Überzeugungen ... Aber die Liebe kam und hat alles weggefegt, nicht einmal ein Bedauern ist übriggeblieben. Ja, jetzt fällt es mir sogar schwer zu verstehen, daß ich einen so großen Wert auf eine so einseitige, kalte, ausgeklügelte Stimmung habe legen können. Die Schönheit kam, und im Nu war die ganze schwierige, innere Arbeit zerstört. Und nicht einmal ein Bedauern über das spurlos Verschwundene ist übriggeblieben. Selbstverleugnung ist Unsinn, Krampf. Es ist nur Stolz, Zuflucht vor verdientem Unglück, Rettung vor Neid angesichts fremden Glücks. Für andere leben, Gutes tun! Warum? Wo doch in mir nur die Liebe zu mir selbst ist und der Wunsch, zu lieben, ihr Leben mit ihr zu leben. Ich wünsche nicht anderen, nicht Lukaschka Glück. Ich liebe diese anderen nicht mehr. Früher hätte ich mir gesagt, daß das schlecht sei, die Frage hätte mich gequält: Was wird aus ihr, aus mir, aus Lukaschka? Jetzt ist mir das alles gleich. Ich lebe nicht, wie ich will, es ist etwas Stärkeres, das mich führt. Ich quäle mich, aber ich war früher tot und jetzt lebe ich. Ich werde noch heute hinübergehen und ihr alles sagen.«

## 34

Als Olenin diesen Brief fertiggeschrieben hatte, ging er spät abends zu seinen Hauswirten. Die Alte saß auf einer Bank am Ofen und drillte Seide. Marjana saß mit unbedecktem Haar und nähte beim Schein einer Kerze. Als sie Olenin erblickte, sprang sie hastig auf, ergriff ihr Tuch und eilte zum Ofen.

»Bleib doch bei uns sitzen, Marjanuschka«, sagte die Mutter.

»Nein, ich habe kein Kopftuch auf.« Und sie sprang auf den Ofen.

Olenin konnte nur ihr Knie und das schlanke, herunterhangende Bein sehen. Er traktierte die Alte mit Tee. Sie bot ihm Kaimak an, die Marjana holen mußte. Aber Marjana stellte den Teller auf den Tisch und kletterte sofort wieder auf den Ofen, und Olenin konnte nur ihren Blick fühlen. Sie unterhielten sich über die Wirtschaft. Großmutter Ulitka kam in Stimmung und überbot sich in Gastfreundlichkeit. Sie brachte eingeweichte Weintrauben, einen Fladen mit Weintrauben und einen Krug vom besten Wein und bewirtete Olenin mit der besonderen, groben und stolzen Gastfreudigkeit, die nur denen eigen ist, die ihr Brot mit eigenhändiger, körperlicher Arbeit verdienen. Die Alte, die Olenin im Anfang durch ihre Grobheit abgestoßen hatte, rührte ihn jetzt häufig durch die ungekünstelte Zärtlichkeit, die sie der Tochter entgegenbrachte.

»Warum sollten wir Gott zürnen? Wir haben gottlob alles, was wir brauchen. Wir haben Tschichir gekeltert, können wahrscheinlich noch drei Faß Wein verkaufen und immer noch genug trinken. Laß dir Zeit mit dem Weggehen. Du mußt erst noch die Hochzeit mitfeiern.«

»Wann ist die Hochzeit?« fragte Olenin und fühlte, wie ihm das Blut ins Gesicht schoß und das Herz unruhig und quälend zu schlagen begann.

Auf dem Ofen bewegte sich etwas, man hörte das Knacken der Sonnenblumenkerne.

»Ja, wahrscheinlich nächste Woche. Wir sind bereit«, antwortete die Alte so einfach und ruhig, als gäbe es keinen Olenin auf der Welt. »Ich habe für Marjanuschka alles vorbereitet. Wir werden sie gut weggeben. Nur eines ist nicht so, wie es sein sollte. Unser Lukaschka geht ein bißchen weit. Schon etwas zu weit. Macht Dummheiten. Neulich war ein Kosak aus der Sotnja hier und erzählte, daß er zu den Nogaiern geritten ist.«

»Wenn er nur nicht erwischt wird«, sagte Olenin.

»Ich sage auch: Mach keinen Unsinn, Lukaschka! Ein junger Mann muß seinen Mut zeigen, natürlich. Aber alles hat seine Zeit. Er hat Pferde fortgetrieben, gestohlen, einen Abreken getötet, gut. Jetzt sollte er etwas stiller leben. Es könnte ein schlechtes Ende nehmen.«

»Ich habe ihn zweimal bei der Truppe gesehen, er bummelt ununterbrochen. Das Pferd hat er auch verkauft«, sagte Olenin und warf einen Blick nach dem Ofen.

Die großen, schwarzen, glänzenden Augen sahen ihn streng und unfreundlich an. Er schämte sich seiner Worte.

»Was ist dabei? Er tut niemandem etwas zuleide«, sagte Marjanka plötzlich. »Wenn er bummelt, so bezahlt er es selbst.« Sie ließ die Beine herab, sprang vom Ofen, lief aus dem Zimmer und warf die Tür hinter sich zu.

Solange sie noch im Zimmer war, hatte Olenin sie mit den Augen verfolgt, dann sah er auf die Tür, wartete und verstand nichts von alledem, was ihm Mutter Ulitka erzählte. Ein paar Minuten später kamen Gäste: ein Bruder von Großmutter Ulitka und Onkel Jeroschka, und hinter ihnen Marjanka und Ustinka.

»Sei mir gegrüßt!« sagte Ustinka. »Du bummelst wohl immer?« wandte sie sich an Olenin.

»Ja«, antwortete er und fühlte sich aus irgendeinem Grund unbehaglich.

Er wollte weggehen und konnte nicht. Schweigen konnte er auch nicht. Der Alte kam ihm zu Hilfe: er bat um einen Schluck

Wein, und sie tranken. Dann trank Olenin mit Jeroschka. Dann wieder mit einem anderen Kosaken. Und wieder mit Jeroschka. Je mehr Olenin trank, um so schwerer wurde ihm das Herz. Aber die beiden Alten wurden vergnügt. Die Mädchen hatten sich auf den Ofen gesetzt, beobachteten sie und flüsterten miteinander; sie tranken bis in die Nacht hinein. Olenin sprach nicht und trank am meisten von allen. Die Kosaken schrien irgend etwas. Die Alte trieb sie hinaus und wollte keinen Wein mehr hergeben. Die Mädchen lachten über Onkel Jeroschka. Es war gegen zehn Uhr, als sie auf die Freitreppe hinaustraten. Die Alten wollten zu Olenin, um weiterzuzechen. Ustinka war nach Hause gelaufen. Jeroschka ging mit den anderen Kosaken zu Wanjuscha. Die Alte begab sich in den Verschlag, um dort aufzuräumen. Marjana war allein in der Hütte. Olenin fühlte sich frisch und munter, als wäre er erst jetzt aufgewacht. Er beobachtete alles, ließ die Alten vorausgehen und kehrte in die Hütte zurück. Marjana war im Begriff, schlafen zu gehen. Er trat an sie heran und wollte etwas sagen, aber seine Stimme versagte. Sie setzte sich aufs Bett, zog die Beine an, rückte in die entfernteste Ecke und sah ihn schweigend, erschrocken und wild an. Sie hatte Angst vor ihm. Olenin fühlte es. Sie tat ihm leid, er schämte sich und empfand doch eine Art stolzer Freude, daß er wenigstens dieses Gefühl in ihr hatte wachrufen können.

»Marjanka!« sagte er. »Wirst du niemals Mitleid mit mir haben? Ich weiß selbst nicht, wie lieb ich dich habe.«

Sie rückte noch weiter fort.

»Es ist der Wein, der aus dir spricht. Du wirst nichts von mir erhalten.«

»Nein, es ist nicht der Wein. Nimm den Lukaschka nicht. Ich will dich heiraten.« Was sage ich? dachte er im selben Augenblick. Werde ich morgen dasselbe sagen? Doch, ja, und ich will es sofort wiederholen, antwortete eine innere Stimme.

»Wirst du mich nehmen?«

Sie sah ihn ernsthaft an, ihre Furcht schien zu vergehen.

»Marjana! Ich werde verrückt. Ich bin nicht mehr ich selbst. Was du befiehlst, das tue ich.« Und töricht zärtliche Worte strömten von seinen Lippen.

»Was schwatzt du da?« unterbrach sie ihn plötzlich und faßte die Hand, die er ihr entgegenstreckte. Aber sie stieß die Hand nicht zurück, sie drückte sie fest mit ihren kräftigen, harten Fingern. »Seit wann heiraten denn Herren einfache Kosakenmädchen? Geh!«

»Würdest du mich heiraten? Ich werde alles ...«

»Und wo tun wir Lukaschka hin?« sagte sie lachend.

Er entriß ihr die Hand, die sie festgehalten hatte, und umfaßte heftig ihren jungen Körper. Aber sie sprang wie ein Reh auf und lief barhäuptig auf die Freitreppe hinaus. Olenin kam zur Besinnung und erschrak über sich selbst. Er kam sich wieder unaussprechlich schlecht im Vergleich zu ihr vor. Aber er bereute keinen Augenblick, was er gesagt hatte. Er ging nach Hause, blickte die beiden Alten, die bei ihm zechten, gar nicht an, legte sich hin und schlief so fest, wie er schon seit langem nicht mehr geschlafen hatte.

## 35

Der nächste Tag war ein Feiertag. Am Abend war die ganze Bevölkerung auf der Straße, die feiertäglichen Gewänder glänzten im Schein der untergehenden Sonne. Es war mehr Wein als sonst gekeltert worden. Jetzt waren die Leute frei. In einem Monat sollten die Kosaken wieder ins Feld ziehen; in vielen Familien wurden Vorbereitungen zu Hochzeiten getroffen.

Auf dem Platz vor der Ortskommandantur und rings um die beiden Läden – der eine mit Näschereien und Sonnenblumenkernen, der andere mit Tüchern und Stoffen – standen die meisten Menschen. Auf den Erdbänken des Verwaltungsgebäudes saßen und standen die alten Kosaken in grauen und schwarzen Röcken ohne Tressen und Borten. Die Alten sprachen mit ruhigen, gemessenen Stimmen über die Ernte, über die jungen Burschen, über Gemeindeangelegenheiten und die alten Zeiten und blickten erhaben und gleichgültig auf das junge Geschlecht herab. Die Frauen und Mädchen blieben im Vorübergehen stehen und neigten den Kopf, auch die jungen Kosaken verhielten achtungsvoll ihre Schritte, zogen ihre Papacha und hielten sie eine Zeitlang über dem Kopf. Die Alten schwiegen dann; einige blickten streng, die anderen freundlich auf die Vorübergehenden, zogen gemessen die Papacha und setzten sie wieder auf.

Die Mädchen hatten noch nicht mit dem Chorowod begonnen, sondern saßen in grellfarbenen Beschmets, die weißen Kopftücher bis über die Augen gezogen, auf der Erde oder auf den Erdaufschüttungen vor den Hütten, wo sie, vor den schrägen Sonnenstrahlen geschützt, munter plauderten und lachten.

Die Kinder spielten Schlagball, warfen den Ball hoch in den klaren Himmel und rannten mit Geschrei und Gekreisch auf dem Platz umher. Halbwüchsige Mädchen führten in einer Ecke ihre Reigen auf und piepten mit dünnen, schwachen Stimmen ihre Lieder. Schreiber, Dienstfreie und junge Burschen, die zum Feiertag beurlaubt waren, gingen in weißen und ganz neuen roten, mit Tressen besetzten Tscherkessenröcken mit feiertäglich vergnügten Gesichtern eingehakt zu zweit und zu dritt von einer Gruppe der Frauen und Mädchen zur anderen, blieben stehen, scherzten und spaßten. Ein armenischer Ladenbesitzer in einem Tscherkessenrock aus feinem blauem Tuch, mit Tressen besetzt, stand an der geöffneten Tür, durch die ganze Stöße zusammengelegter bunter Tücher zu sehen waren, und wartete im Bewußtsein seiner Wichtigkeit mit dem typischen Stolz des östlichen Händlers auf die Käufer. Zwei rotbärtige, barfüßige Tschetschenzen, die von jenseits des Terek gekommen waren, um das Fest mit anzusehen, hockten auf der Erde neben dem Haus, das ihrem Bekannten gehörte, rauchten nachlässig ihre kleinen Pfeifen, spuckten aus, schauten auf das Volk und wechselten in raschen Kehllauten Bemerkungen. Hin und wieder ging ein nicht feiertagsmäßig gekleideter Soldat in einem alten Mantel eilig zwischen den bunten Gruppen auf dem Platz hindurch. Hier und da hörte man schon betrunkene Kosaken grölen. Die Hütten waren verschlossen, die Freitreppen waren schon am Abend vorher gescheuert worden. Sogar die alten Weiber befanden sich auf der Straße. Auf den staubigen, trockenen Straßen lagen überall Schalen von Melonen- und Kürbiskernen. Die Luft war warm und unbeweglich, der klare Himmel blau und durchsichtig. Der mattweiße Bergkamm über den Dächern schien ganz nahe zu sein und leuchtete rosa in den Strahlen der untergehenden Sonne. Hin und wieder drang über den Fluß das ferne Dröhnen eines Kanonenschusses. Doch über dem Dorf schwebten und vermengten sich mannigfaltige, fröhliche, feiertägliche Töne.

Olenin war den ganzen Morgen über im Hof gewesen und hatte immer gehofft, Marjana zu sehen. Aber nachdem sie ihre Arbeit getan hatte, war sie zum Mittagsgottesdienst in die Kapelle gegangen; später saß sie mit den anderen Mädchen auf der Straße und knackte Kerne, kam hin und wieder mit den Freundinnen für einen Augenblick hereingelaufen und warf dann dem Mieter lustige und freundliche Blicke zu. Olenin fürchtete sich, mit ihr vor den anderen zu sprechen, und noch dazu scherzhaft. Er wollte die gestrige Unterhaltung zu Ende führen und eine Antwort erzwingen. Er wartete auf einen Augenblick wie am Abend vorher, aber der Augenblick kam nicht, und noch länger in solcher Ungewißheit zu verbleiben, dazu fehlte ihm die Kraft. Sie ging wieder auf die Straße hinaus, und eine Weile später ging er ihr nach, ohne zu wissen wohin. Er ging an der Ecke vorbei, wo sie in ihrem hellblauen, glänzenden Beschmet mit den anderen saß, und hörte die Mädchen hinter sich lachen; sein Herz krampfte sich zusammen. Belezkijs Hütte befand sich auf dem Platz. Im Vorbeigehen hörte Olenin Belezkijs Stimme: »Kommen Sie herein!« und er ging hinein.

Sie sprachen miteinander und setzten sich ans Fenster. Alsbald gesellte sich Jeroschka in einem neuen Beschmet zu ihnen und ließ sich auf dem Boden nieder.

»Das ist das aristokratische Häuflein«, sagte Belezkij lächelnd und wies mit der Zigarette auf die Gruppe an der Ecke. »Die Meinige ist auch dabei, sehen Sie, in Rot ... Warum beginnt der Chorowod nicht?« schrie er zum Fenster hinaus. »Warten Sie, sobald es anfängt zu dämmern, wollen wir hingehen. Hinterher rufen wir Sie dann zu Ustinka; wir wollen einen Ball geben.«

»Ich werde auch zu Ustinka kommen!« sagte Olenin entschlossen. »Kommt Marjana?«

»Natürlich, kommen Sie nur«, sagte Belezkij, gar nicht erstaunt. »Es sieht doch hübsch aus!« fügte er, auf die bunten Scharen weisend, hinzu.

»Ja, sehr«, sagte Olenin und gab sich Mühe, gleichgültig zu erscheinen. »Bei solchen Gelegenheiten«, fügte er hinzu, »wundere ich mich immer, warum alle Leute, nur deshalb, weil heute der Fünfzehnte ist, plötzlich zufrieden und lustig werden. Alles sieht festlich aus. Die Augen, die Gesichter, die Stimmen, die Bewegungen, die Kleidung, die Luft, die Sonne, alles ist feiertagsmäßig. Wir kennen keine Feiertage mehr.«

»Ja«, sagte Belezkij, der für solche Erörterungen nicht viel übrighatte. »Warum trinkst du nicht, Alter?« wandte er sich an Jeroschka.

Jeroschka machte Olenin ein Zeichen mit den Augen: Er ist hochmütig, dein Freund.

Belezkij hob sein Glas.

»Allah birdi«, sagte er und trank. (Allah birdi heißt: Gott hat es gegeben. Kaukasier pflegen einander mit diesen Worten zuzutrinken.)

»Sau bul!« (zur Gesundheit) antwortete Jeroschka lächelnd und leerte sein Glas.

»Du sagst Feiertag!« sagte er aufstehend zu Olenin und blickte durchs Fenster. »Was ist das für ein Feiertag! Du hättest sehen sollen, wie in alten Zeiten gefeiert wurde. Die Frauen kamen in Sarafanen heraus, von oben bis unten mit Tressen benäht. Auf der Brust zwei Reihen goldener Münzen. Auf dem Kopf einen goldenen Turban. Wenn so eine an dir vorbeikam, so rauschte es. Jede Frau eine Fürstin. Wenn die ganze Herde so herauskam und zu singen anhob, stand ein einziges Gestöhn in der Luft, die ganze Nacht wurde gespielt und gesungen. Und die Kosaken rollten Fässer auf den Hof, setzten sich herum und tranken, bis es wieder tagte. Oder sie hakten sich ein und gingen durch das Dorf. Wer ihnen entgegenkam, wurde mitgenommen, so gingen sie von einem zum anderen. Manchmal wurde drei Tage lang gezecht. Mein Vater pflegte manchmal nach Hause zu kommen, ich entsinne mich noch, rot im Gesicht, geschwollen, ohne Mütze. Alles hatte er verloren, kam und legte sich hin. Die Mutter kannte das schon, brachte ihm frischen Kaviar und jungen Wein zur Stärkung und lief ins Dorf, seine Mütze zu suchen. Zweimal vierundzwanzig Stunden schlief er dann. Solche Leute hat es damals gegeben. Was ist heutzutage dagegen!«

»Na, und die Mädchen in ihren Sarafanen? Die vergnügten sich wohl für sich allein?« fragte Belezkij.

»Jawohl, allein! Die Kosaken kamen zu Fuß oder auch zu Pferd und sagten: ‚Wir wollen euren Chorowod sprengen!' Und die Mädchen nahmen Stöcke. Während der Butterwoche kam mitunter so ein Bursche auf sie zugeritten, und sie schlagen ihn und schlagen das Pferd. Er durchbricht die Kette, ergreift die, die er liebt, und reitet mit ihr davon. Aber die Mädchen waren auch danach! Die reinen Königinnen!«

## 36

In diesem Augenblick kamen zwei Reiter aus einer Seitengasse auf den Platz herausgeritten. Es waren Nasarka und Lukaschka. Lukaschka saß etwas schräg auf seinem satten, braunen Kabardiner, der auf dem harten Weg leicht auftrat und dabei den schönen Kopf mit dem glänzenden Schopf hochwarf. Das griffbereit im Überzug hängende Gewehr, die Pistole und der zusammengerollte Mantel hinten auf dem Sattel bezeugten, daß Lukaschka nicht aus einem friedlichen Nachbarort kam. In dem schrägen, eleganten Sitz, in der nachlässigen Handbewegung, mit der er das Pferd kaum hörbar mit der Peitsche unter den Bauch schlug, vor allem in seinen glänzenden Augen, die stolz zusammengekniffen waren, prägte sich das Gefühl seiner Kraft und jugendliches Selbstvertrauen aus. Habt ihr schon einmal einen flotten Kerl gesehen? schienen seine Augen, nach rechts und links schauend, zu sagen. Das stattliche Pferd mit dem silbernen Zaumbeschlag, die Waffen und der schöne Kosak fesselten die Aufmerksamkeit aller, die auf dem Platz versammelt waren. Nasarka, klein und hager, war viel schlechter gekleidet als Lukaschka. Als sie an den Alten vorbeikamen, hielt Lukaschka sein Pferd an und hob seine weiße, zottige Papacha über den geschorenen, schwarzen Kopf.

»Na, hast du viele nogaische Pferde gestohlen?« sagte ein magerer Alter mit mißmutigem, finsterem Blick.

»Hast du sie gezählt, Großvater, oder warum fragst du?« antwortete Lukaschka und wandte sich weg.

»Den Burschen wenigstens solltest du nicht immer mitschleppen«, sagte der Alte noch finstrer.

»So'n Teufel! Alles weiß er!« sagte Lukaschka halblaut. Sein Gesicht nahm einen nachdenklichen Ausdruck an. Aber dann blickte er nach der Ecke, wo die vielen Kosakinnen standen, und lenkte sein Pferd auf sie zu.

»Seid gegrüßt, Mädchen!« rief er mit lauter, kräftiger Stimme und hielt das Pferd an. »Alt seid ihr geworden, während ich weg war, ihr Hexen!« Er lachte.

»Sei gegrüßt, Lukaschka! Tag, Väterchen!« antworteten lustige Stimmen. »Hast du viel Geld mitgebracht? Könntest uns was zum Naschen kaufen! Bist du für längere Zeit gekommen? Wir haben dich lange nicht gesehen.«

»Nur für die eine Nacht sind Nasarka und ich angeflogen gekommen«, antwortete Lukaschka, seine Peitsche schwingend und gerade auf die Mädchen zureitend.

»Ja, ja, Marjanka hat dich schon ganz und gar vergessen«, piepste Ustinka. Sie stieß Marjanka mit dem Ellenbogen in die Seite und lachte mit ihrer feinen Stimme.

Marjanka rückte vom Pferd weg, warf den Kopf zurück und sah mit glänzenden, großen Augen ruhig auf den Kosaken.

»Ja, du bist lange nicht dagewesen. Warum reitest du mit deinem Pferd auf uns herum?« fragte sie trocken und wandte sich von ihm ab.

Lukaschka war ganz besonders lustig. Sein Gesicht strahlte vor Mut und Freude. Aber Marjankas kühle Antwort machte ihn stutzig. Er runzelte die Augenbrauen.

»Stell dich in den Steigbügel, Mütterchen, ich reite mit dir in die Berge!« rief er plötzlich, wie um gewaltsam häßliche Gedanken zu verscheuchen. Er ritt zwischen die Mädchen und beugte sich zu Marjana herunter: »Ich will dich küssen, richtig küssen!«

Marjanas Augen begegneten seinem Blick, und sie wurde plötzlich rot. Sie trat einen Schritt zurück.

»Geh weg. Du trampelst einem ja auf den Füßen herum«, sagte sie, senkte den Kopf und sah auf ihre schlanken, in hellblauen Strümpfen mit Pfeilen steckenden Beine und auf die neuen roten, mit einer schmalen silbernen Borte benähten tatarischen Schuhe.

Lukaschka wandte sich zu Ustinka.

Marjanka setzte sich zu einer Kosakin, die ihr kleines Kind im Arm hatte. Das Kind drehte sich zu dem Mädchen hin und griff mit den weichen Händchen nach der Münzenkette auf ihrem hellblauen Beschmet. Marjana bückte sich zu dem Kind hinunter und schielte nach Lukaschka hin. Lukaschka zog aus der Tasche unter dem Tscherkessenrock ein Bündelchen mit Näschereien und Sonnenblumenkernen heraus.

»Hier, das ist für euch alle«, sagte er, indem er Ustinka das Bündel überreichte, und warf einen lächelnden Blick auf Marjanka.

Wieder drückte sich Verwirrung auf dem Gesicht des Mädchens aus. Die schönen Augen überzogen sich wie mit Nebel. Sie ließ ihr Kopftuch bis an die Lippen herab, beugte ihren Kopf auf das weiche Gesicht des Kindes, das sich an dem Halsschmuck festhielt, und küßte es leidenschaftlich. Das Kind stemmte die Händchen gegen die hohe Brust des Mädchens, machte den zahnlosen Mund weit auf und schrie.

»Du erdrosselst ja das Bübchen!« sagte die Mutter des Kindes, nahm es ihr fort und öffnete ihren Beschmet, um dem Kinde die Brust zu reichen. »Knutsch lieber deinen Burschen ab!«

»Ich will nur das Pferd einstellen, dann kommen wir zurück und wollen uns die ganze Nacht vergnügen«, sagte Lukaschka. Er schwang die Peitsche und ritt davon.

Nasarka und er bogen in eine Seitengasse ein und näherten sich zwei nebeneinander stehenden Hütten.

»Na, wir haben uns etwas eingebrockt. Beeile dich!« rief

Lukaschka seinem Kameraden zu. Er sprang ab und führte sein Pferd vorsichtig durch die geflochtene Pforte seines Hofes. »Grüß dich, Stjopka!« wandte er sich an die Stumme, die feiertäglich herausgeputzt von der Straße hereinkam, um das Pferd in Empfang zu nehmen. Er erklärte ihr durch Zeichen, daß sie dem Pferde Heu vorlegen, es aber nicht absatteln sollte.

Die Stumme zeigte auf das Pferd, gab dumpfe Töne von sich und küßte es auf die Nase. Sie wollte sagen, daß sie das Pferd liebhabe, daß es schön sei.

»Sei gegrüßt, Mutter! Bist du noch gar nicht auf der Straße gewesen?« rief Lukaschka, mit der einen Hand sein Gewehr haltend, während er die Stufen der Freitreppe hinauflief.

Die Mutter machte die Tür auf.

»Das habe ich mir wirklich nicht träumen lassen«, sagte die Alte. »Kirka hatte gesagt, du würdest nicht kommen.«

»Geh, bring Wein, Mutter. Nasarka wird gleich kommen, wir wollen auf den Feiertag anstoßen.«

»Sofort, Lukaschka, sofort!« antwortete die Alte. »Die Weiber sind alle draußen, unsere Stumme wird wohl auch fort sein.«

Sie nahm die Schlüssel und ging eilig in den Vorratsraum.

Nasarka hatte sein Pferd versorgt, sein Gewehr abgenommen und war zu Lukaschka gekommen.

## 37

Lukaschka nahm die volle Schale aus den Händen der Mutter und führte sie, den Kopf vorsichtig beugend, zum Munde. »Auf dein Wohl!« sagte er.

»Ja, das ist so 'ne Sache«, sagte Nasarka. »Großvater Burlak hat gefragt: ‚Wieviel Pferde hast du gestohlen?' Es ist klar, er weiß alles.«

»Ein Hexenmeister!« antwortete Lukaschka kurz. »Aber das macht nichts!« fügte er, den Kopf in den Nacken werfend, hinzu. »Sie sind ja schon längst über dem Fluß. Sucht sie nur.«

»Trotzdem.«

»Was trotzdem? Bring ihm morgen Tschichir. So muß man es machen, dann passiert nichts. Jetzt wollen wir zechen. Trink!« rief Lukaschka im selben Tonfall wie der alte Jeroschka. »Wir wollen auf die Straße, zu den Mädchen! Geh und hol Honig, oder ich werde die Stumme schicken. Wir wollen uns bis zum Morgen vergnügen.«

Nasarka lachte.

»Bleiben wir lange da?« fragte er.

»Wir wollen uns vergnügen. Lauf, hol Wodka. Hier hast du Geld.«

Nasarka ging gehorsam zu Jamka.

Onkel Jeroschka und Jerguschow hatten sofort herausbekommen, daß hier gezecht wurde, und torkelten, schon betrunken, einer nach dem anderen in die Hütte.

»Gib noch einen halben Eimer her!« rief Lukaschka der Mutter zu, statt jene zu begrüßen.

»Also sag, Teufelskerl, wo hast du sie gestohlen?« schrie Onkel Jeroschka. »Ein Tausendsasa! So was habe ich gern.«

»Hat sich was, gern!« antwortete Lukaschka lachend. »Im Auftrag von Fahnenjunkern den Mädchen Näschereien bringen, das verstehst du. Schäm dich, Alter.«

»Das ist nicht wahr; das ist nicht wahr, Marka!« Der Alte lachte. »Gebeten hat mich der Satan. Geh«, sagte er, »richte es ein. Wollte mir seine Flinte schenken. Nein, Gott steh ihm bei! Ich hätte es machen können, aber es hat mir um dich leid getan. Na, erzähl, wo du gewesen bist!« Der Alte begann tatarisch zu sprechen.

Lukaschka antwortete ebenso.

Jerguschow, der das Tatarische nur schlecht verstand, schaltete hin und wieder russische Worte ein.

»Ich habe es ja gleich gesagt, er hat die Pferde weggetrieben. Ich weiß es genau«, wiederholte er.

»Wir reiten also mit Girejka los«, erzählte Lukaschka. Er nannte den Girej Khan geringschätzig Girejka, und das entging den anderen Kosaken nicht. »Diesseits des Flusses hatte er geprahlt, er wüßte in der Steppe genau Bescheid, würde mich geradewegs dahinführen; aber wie wir drüben sind und die Nacht dunkel ist, da verirrt sich mein Girejka, beginnt unruhig zu werden, aber es kommt nichts dabei heraus. Er kann den Aul einfach nicht finden. Wir waren offenbar zu weit nach rechts abgekommen. Bis Mitternacht haben wir herumgesucht. Zum Glück fingen die Hunde an zu heulen.«

»Narren!« sagte Onkel Jeroschka. »So haben auch wir uns manchmal nachts in der Steppe verirrt. Der Teufel mag da durchfinden. Ich pflegte in solchen Fällen auf einen Hügel hinaufzureiten und wie ein Wolf zu heulen.« Er legte die Hände an den Mund und heulte eintönig wie ein Rudel Wölfe. »Die Hunde antworten. Na, erzähl weiter. Habt ihr sie gefunden?«

»Im Nu war alles fertig! Nasarka hätten die nogaischen Weiber beinahe gefangen.«

»Hat sich was!« sagte Nasarka, der eben zurückkam, gekränkt.

»Auf dem Rückweg hat sich Girejka wieder verirrt, hätte uns beinahe in die Sandwüste geführt. Wir glaubten zum Terek zu kommen und entfernten uns immer weiter von ihm.«

»Du hättest nach den Sternen sehen sollen«, sagte Onkel Jeroschka.

»Ja, das mein ich auch«, fügte Jerguschow bei.

»Ja, wie willst du sehen, wenn alles dunkel ist? Ich habe mich herumgequält, kann ich dir sagen. Habe eine Stute eingefangen und mein eigenes Pferd laufen lassen, hab mir gedacht, es würde uns schon herausführen. Was glaubst du? Es schnaubt einmal, zweimal, legt die Nase auf die Erde und galoppiert los, hat uns wirklich ins Dorf geführt. Es wurde schon hell, wir hatten gerade noch Zeit, die Pferde im Wald zu verstecken. Nagim ist von jenseits des Flusses gekommen und hat sie mitgenommen.«

Jerguschow wiegte den Kopf. »Ich sage es ja: ordentlich! Und wieviel?«

»Das Ganze hier«, sagte Lukaschka und klopfte auf seine Tasche.

In diesem Augenblick kam die Alte in das Zimmer herein. Lukaschka sprach nicht zu Ende.

»Trink!« schrie er.

»So sind auch Girtschik und ich mal spät abends weggeritten...« fing Jeroschka an.

»Na, du findest nie ein Ende«, sagte Lukaschka. »Ich will gehen.« Er trank seine Tschapura leer, schnallte seinen Gürtel fester und ging auf die Straße hinaus.

## 38

Es war schon dunkel, als Lukaschka auf die Straße hinaustrat. Die Herbstnacht war kühl und windstill. Der volle goldene Mond kam hinter den schwarzen Pyramidenpappeln, die sich auf der einen Seite des Platzes erhoben, hervor. Aus den Schornsteinen stieg Rauch, verfloß mit dem Nebel und stand über dem Dorf. In den Fenstern brannte hier und da Licht. Es roch nach Viehdung, Wein und Nebel. Stimmgewirr, Lachen, Gesang und das Aufknacken der Melonenkerne, alles klang durcheinander aber klarer als am Tage. An den Zäunen und neben den Hütten leuchteten im Dunkel zuhauf die weißen Tücher und Papachas.

In der Mitte des Platzes, vor der geöffneten und erleuchteten Tür des Ladens drängten sich in schwarzen und weißen Gruppen Kosaken und Mädchen und ertönte lauter Gesang, Lachen und Sprechen. Die Mädchen hielten sich an den Händen, gingen im Kreis herum und schritten gleichmäßig im Staub des Platzes einher. Ein mageres und sehr wenig hübsches Mädchen begann zu singen:

»Aus dem Walde, aus dem grünen Wald,
Ai-da-ljuli!
Aus dem Haine, aus dem grünen Hain
Alsda gingen-kamen zwei Burschen kühn,
Zwei kühne Burschen, beide ledig noch.
Und sie gingen-kamen, blieben alsdann stehn,
Und sie blieben stehen, zankten sich.
Kam heraus zu ihnen ein junges Mägdelein,
Kam heraus zu ihnen und begann also:
‚Einem von euch beiden muß gehören ich.‘
Und dem blonden Burschen da gehörte sie,
Dem blonden Burschen, dem strohblonden da.
Und er nimmt, er nimmt sie bei der rechten Hand,
Und er führt, er führt sie durch den ganzen Kreis,
Vor den Freunden rühmt und brüstet er sich:
‚Seht nur, Brüder, welch ein schmuckes Hausfrauchen!‘«

Die alten Frauen standen herum und lauschten den Liedern. Die kleinen Buben und Mädchen liefen herum und versuchten, einander in der Dunkelheit zu haschen.

Die Kosaken standen ringsherum, faßten nach den vorüberschreitenden Mädchen, rissen hin und wieder den Reigen auseinander und traten in die Mitte. An der dunklen Tür standen Belezkij und Olenin in ihren Tscherkessenröcken und Fellmützen und unterhielten sich in einer anderen Mundart als die Kosaken halblaut und doch hörbar miteinander und fühlten, daß sie auffielen.

Die rundliche Ustinka im roten Beschmet und die große Marjanka in ihrem neuen Hemd und Rock schritten im Chorowod hintereinander.

Olenin und Belezkij beratschlagten, wie sie Marjanka und

Ustinka aus dem Chorowod herausholen könnten. Belezkij glaubte, daß Olenin bloß Spaß machen wollte, aber Olenin wartete auf die Entscheidung seines Schicksals. Er wollte Marjanka unbedingt noch heute allein sprechen, ihr alles sagen und sie fragen, ob sie seine Frau werden könnte und wollte. Obwohl er sich diese Frage selbst schon längst verneinend beantwortet hatte, hoffte er doch wenigstens die Kraft zu haben, ihr alles zu erzählen, was er fühlte, und hoffte, daß sie ihn verstehen würde.

»Warum haben Sie es mir nicht schon früher gesagt?« fragte Belezkij. »Ich hätte Ihnen durch Ustinka alles einrichten können. Sie sind wirklich sonderbar.«

»Was ist da zu machen? Ich werde Ihnen sehr bald einmal alles erzählen. Richten Sie es nur jetzt um Gottes willen ein, daß sie zu Ustinka kommt.«

»Gut. Das ist sehr einfach ... Also dem blonden Burschen wirst du zufallen, Marjanka, und nicht Lukaschka?« sagte Belezkij anstandshalber zuerst zu Marjanka; und ohne erst die Antwort abzuwarten, trat er an Ustinka heran und bat sie, Marjanka mitzubringen. Er hatte noch nicht ganz zu Ende gesprochen, als die Vorsängerin ein neues Lied begann und die Mädchen weiterzogen. Sie sangen:

»Hinterm Garten, hinterm Hof
Sieht man einen Burschen stehn,
Auf der Straße wieder gehn.
Kam zum erstenmal vorbei,
Mit der rechten Hand er winkt,
Kam zum zweitenmal vorbei,
Seinen Kastorhut er schwingt,
Kam zum drittenmal vorbei,
Und da macht er plötzlich halt.
Und er machte plötzlich halt,
Richtet Hemd und Rock sogleich;
,Wollte eben zu dir gehn,
Bei dir bittre Klage führen:
Weshalb gehst du, meine Liebste,
In dem Garten nicht spazieren?
Oder willst du, meine Liebste,
Einen andern dir erküren?
Aber warte, meine Liebste,
Wirst noch bittre Reue spüren.
Ich laß freien,

Um dich freien,
Nehme dich als Weib zu mir,
Will den Herrn dann zeigen dir!‘
Wußte, was man darauf sagt,
Hab die Antwort nicht gewagt,
Hab die Antwort nicht gewagt
Und nicht lange mehr gefragt:
Ließ ihn nicht mehr lange warten
Und ging in den grünen Garten,
Verbeugte mich vor meinem Freund.
‚Sei gegrüßet, Mädchen mein,
Als Angebind dies Tüchlein fein
Bitte ich dich anzunehmen,
In die weiße Hand zu nehmen.
Nimm es in die weiße Hand
Als der Liebe Unterpfand.
Womit soll ich dich bedenken,
Was soll ich dir alles schenken?
Bringe dir das nächstemal
Einen großen Seidenschal.
Doch für dieses Tüchlein hier
Gibst du jetzt fünf Küsse mir!’«

Lukaschka und Nasarka rissen den Chorowod auseinander und traten zwischen die Mädchen. Lukaschka sang mit scharfer, halblauter Stimme mit, schwenkte die Arme und ging mitten im Chorowod auf und ab.

»Na, komm mal eine von euch heraus!«

Die Mädchen stießen Marjanka vor, aber sie wollte nicht. Obwohl der Gesang weiterging, waren leises Lachen, Flüstern, Schläge und Küsse zu hören.

Als Lukaschka an Olenin vorbeiging, nickte er ihm freundlich zu.

»Mitrij Andrejewitsch, auch du bist gekommen?« fragte er.

»Ja«, antwortete Olenin kurz und trocken.

Belezkij beugte sich zu Ustinkas Ohr und sagte ihr etwas. Sie wollte antworten, hatte keine Zeit und sagte, als sie zum zweitenmal vorbeikam: »Gut, wir werden kommen.«

»Marjanka auch?«

Olenin beugte sich zu Marjana.

»Wirst du kommen? Wenigstens für einen Augenblick! Bitte! Ich muß mit dir sprechen.«

»Wenn die Mädchen kommen, komme ich auch.«

»Wirst du mir sagen, worum ich gebeten habe?« fragte er, sich wieder zu ihr niederbeugend. »Du bist lustig heute.«

Sie ging wieder weiter. Er folgte ihr nach.

»Wirst du es mir sagen?«

»Was soll ich sagen?«

»Was ich dich vorgestern gefragt habe«, sagte Olenin an ihrem Ohr. »Ob du mich heiraten willst?«

Marjana dachte nach.

»Ja«, antwortete sie, »ich werde es dir heute sagen.«

Und ihre Augen blitzten den jungen Mann fröhlich und freundlich aus der Dunkelheit an. Er ging ihr nach. Es machte ihm Freude, sich zu ihr bücken zu können.

Doch Lukaschka zog sie plötzlich, ohne sein Singen zu unterbrechen, stark an der Hand und riß sie aus dem Chorowod in die Mitte. Olenin konnte ihr gerade noch sagen: »Also du kommst zu Ustinka«, dann trat er zu seinem Kameraden. Das Lied war zu Ende. Lukaschka wischte sich die Lippen, Marjanka auch, und sie küßten sich. »Nein, fünfmal«, sagte Lukaschka. Gerede, Gelächter und Gelaufe waren an die Stelle der gleichmäßigen Bewegungen und Töne getreten. Lukaschka, dem anzumerken war, daß er schon viel getrunken hatte, verteilte Näschereien unter die Mädchen.

»Allen spendiere ich etwas«, sagte er mit stolzem, komisch rührendem Selbstbewußtsein, »aber wenn eine mit den Soldaten geht, die trete aus dem Reigen heraus«, fügte er plötzlich mit einem feindlichen Blick auf Olenin hinzu.

Die Mädchen griffen nach dem Naschwerk und rissen sich lachend darum. Belezkij und Olenin traten zur Seite.

Lukaschka schämte sich seiner eigenen Freigebigkeit. Er nahm seine Papacha ab, wischte sich mit dem Ärmel den Schweiß von der Stirn und trat zu Marjanka und Ustinka.

»Oder willst du etwa nichts von mir wissen, meine Liebe?« wandte er sich an Marjanka, die Worte des Liedes, das eben gesungen wurde, wiederholend. »Nichts von mir wissen?« wiederholte er zornig. »Du wirst noch weinen, nach der Trauung«, fügte er hinzu und umarmte gleichzeitig Ustinka und Marjanka.

Ustinka riß sich los, hob den Arm und schlug ihn so stark auf den Rücken, daß ihr die Hand weh tat.

»Werdet ihr noch im Chorowod tanzen?« fragte er.

»Wie die Mädchen wollen«, antwortete Ustinka. »Ich gehe jetzt nach Hause, und Marjana wollte zu uns kommen.«

Der Kosak ließ Marjanka nicht los und führte sie in eine dunkle Hausecke.

»Geh nicht, Maschenka«, sagte er. »Wir wollen uns zum letztenmal vergnügen. Oder geh nach Hause, und ich komme zu dir.«

»Was soll ich zu Hause machen? Der Feiertag ist zum Bummeln da. Ich werde zu Ustinka gehen«, sagte Marjana.

»Ich werde dich doch heiraten.«

»Ist schon gut«, sagte Marjana, »das wird sich finden.«

»Willst du trotzdem gehen?« fragte Lukaschka streng, preßte sie an sich und küßte sie auf die Wange.

»Laß! Was fällt dir ein?« Marjana riß sich los und wandte sich weg.

»Paß auf, Mädchen! Das geht dir nicht durch!« sagte Lukaschka drohend. Er war stehengeblieben und wiegte den Kopf. »Wirst noch bittre Reue spüren.« Er wandte sich ab und rief den Mädchen zu: »Tanzt doch weiter!«

Marjana schienen seine Worte erschreckt und geärgert zu haben. Sie blieb stehen.

»Was geht mir nicht durch?«

»Nun das.«

»Was denn?«

»Daß du mit dem Mieter, dem Soldaten, gehst und mich nicht mehr liebst!«

»Ich tue, was ich will. Du bist mir weder Vater noch Mutter. Was willst du? Ich liebe, wen ich will.«

»So, so!« sagte Lukaschka. »Denk an meine Worte!« Er ging zu dem Laden zurück. »Madchen!« schrie er, »warum steht ihr herum? Singt weiter! Nasarka, lauf, bring Tschichir her!«

»Werden sie kommen?« fragte Olenin Belezkij.

»Ja, sie werden gleich da sein«, antwortete Belezkij. »Kommen Sie, wir müssen alles für den ‚Ball' vorbereiten.«

## 39

Spät in der Nacht trat Olenin hinter Marjana und Ustinka aus Belezkijs Hütte heraus. Das weiße Tuch des Mädchens leuchtete in der dunklen Straße. Der goldene Mond senkte sich auf die Steppe. Über dem Dorf stand silberner Nebel. Alles war still, kein Licht war zu sehen, nur die Schritte der sich entfernenden Frauen waren zu hören. Olenins Herz klopfte. Sein glühendes Gesicht wurde in der feuchten Luft kühler. Er schaute zum Himmel und drehte sich nach der Hütte um, aus der er gekommen war: das Licht wurde gerade ausgelöscht. Er blickte wieder auf den sich entfernenden Schatten der Frauen. Das weiße Tuch verschwand im Nebel. Er hatte Angst, allein zu bleiben; er war so glücklich! Er sprang die Stufen der Treppe hinab und lief den Mädchen nach.

»Du, man wird dich sehen!« sagte Ustinka.

»Schadet nichts.«

Olenin holte Marjanka ein und umarmte sie. Marjanka wehrte sich nicht.

»Habt ihr euch noch nicht genug geküßt?« sagte Ustinka. »Erst heiraten, dann küssen, aber jetzt heißt's warten.«

»Leb wohl, Marjanka. Morgen werde ich zu deinem Vater kommen und ihm selbst alles sagen. Sag du nichts.«

»Was soll ich auch sagen!« antwortete Marjanka.

Die Mädchen liefen voraus. Olenin ging allein und dachte an alles, was gewesen war. Er hatte den ganzen Abend mit ihr allein in der Ecke am Ofen verbracht. Ustinka war nicht einen Augenblick aus der Hütte gegangen und hatte sich mit den anderen Mädchen und mit Belezkij zu schaffen gemacht. Olenin unterhielt sich flüsternd mit Marjanka.

»Willst du meine Frau werden?« fragte er sie.

»Du betrügst mich, du nimmst mich ja gar nicht«, antwortete sie heiter und ruhig.

»Liebst du mich denn? Sag es, um Gottes willen!«

»Warum sollte ich dich nicht lieben? Du schielst doch nicht!« antwortete Marjana lachend und drückte mit ihren harten Händen seine Hände. »Was du für weiße Hände hast, weiß und weich wie Kaimak«, sagte sie.

»Ich scherze nicht. Sag, willst du mich heiraten?«

»Warum nicht, wenn der Vater mich hergibt?«

»Ich werde verrückt, wenn du mich betrügst, denke daran! Morgen werde ich mit deiner Mutter und dem Vater sprechen und um dich werben.«

Marjanka lachte laut auf.

»Was ist?«

»Es ist zu komisch!«

»Tatsächlich! Ich werde einen Garten, ein Haus kaufen, mich als Kosak einreihen lassen ...«

»Dann darfst du aber andere Frauen nicht lieben. Ich lasse in diesem Punkt nicht mit mir spaßen!«

Olenin rief sich diese Worte ins Gedächtnis zurück und wiederholte sie mit Genuß. Bei diesen Erinnerungen wurde ihm bald weh zumute, bald stockte ihm wieder der Atem vor Glück. Weh war ihm, weil sie immer gleich ruhig blieb, wenn sie mit ihm sprach. Die neue Lage der Dinge schien sie gar nicht aufzuregen. Sie schien ihr nicht ganz zu trauen und gar nicht an die Zukunft zu denken. Es kam ihm so vor, als ob sie ihn nur im gegenwärtigen Augenblick liebte und als ob eine Zukunft mit ihm für sie gar nicht existierte. Und glücklich war er, weil ihm alle ihre Worte wahr erschienen und weil sie einwilligte, ihm anzugehören. Ja, sagte er sich, wir werden uns erst dann verstehen, wenn sie vollständig mein geworden ist. Für eine solche Liebe gibt es keine Worte, ein Leben ist nötig, ein ganzes Leben. Morgen wird sich alles klären. Ich kann so nicht weiterleben, morgen sage ich's ihrem Vater, Belezkij und der ganzen Staniza ...

Lukaschka hatte nach zwei schlaflosen Nächten am Feiertag so viel getrunken, daß er zum erstenmal zusammenbrach und bei Jamka schlief.

## 40

Am nächsten Morgen erwachte Olenin früher als sonst, und gleich im ersten Augenblick kam ihm der Gedanke an das Bevorstehende wieder in den Sinn; er dachte mit Seligkeit an ihre Küsse, an den festen Druck ihrer harten Hände und an ihre Worte: »Was du für weiße Hände hast!« Er sprang auf und wollte sofort zu seinen Hauswirten gehen und um Marjanas Hand anhalten. Die Sonne war noch nicht aufgegangen, aber es kam Olenin vor, als ob auf der Straße eine ungewöhnliche Aufregung herrschte: es wurde gelaufen, geritten und gesprochen. Er warf seine Tscherkeska über und lief auf die Freitreppe. Die Hausleute waren noch nicht aufgestanden. Fünf Kosaken ritten gerade vorbei und unterhielten sich geräuschvoll. Vorneweg ritt Lukaschka auf seinem breiten Kabardiner. Die Kosaken sprachen und schrien: man konnte nichts ordentlich verstehen.

»Reite zu dem oberen Posten!« schrie der eine.

»Sattle und komm rasch nach«, sagte ein anderer.

»Das andere Tor ist näher.«

»Ach was«, schrie Lukaschka, »wir müssen durch das mittlere ...«

»Natürlich haben wir es da näher«, bestätigte ein schwitzender Kosak auf einem schaumbedeckten Pferd.

Lukaschkas Gesicht war rot und von dem gestrigen Trinkgelage verschwollen, die Papacha saß auf dem Hinterkopf. Er schrie gebieterisch, als wäre er der Befehlshaber.

»Was ist los? Wohin?« fragte Olenin, konnte aber nur mit Mühe die Aufmerksamkeit auf sich lenken.

»Abreken fangen, die in den Sandwällen sitzen. Wir müssen sofort hin, haben aber noch zu wenig Leute.«

Und die Kosaken ritten mit großem Geschrei vorüber. Olenin überlegte sich, daß er nicht recht daran täte, wenn er nicht mitritte; er meinte auch, bald wieder zurück sein zu können. Er kleidete sich an, lud sein Gewehr mit Kugeln, sprang auf das von Wanjuscha in aller Eile gesattelte Pferd und holte die Kosaken am Dorfende ein. Die Kosaken waren abgestiegen, standen im Kreise herum, schenkten aus einem hölzernen Fäßchen Wein in die Tschapura und tranken auf einen glücklichen Ausgang der Expedition. Unter ihnen befand sich auch ein junger Stutzer von Fähnrich, der zufällig im Dorf anwesend war und das Kommando über die neun anwesenden Kosaken übernommen hatte. Die anderen waren alles gemeine Kosaken, und obwohl sich der Fähnrich ein befehlshaberisches Aussehen zu geben bemühte, gehorchten alle nur Lukaschka. Olenin wurde gar keine Aufmerksamkeit geschenkt. Als alle aufgesessen und losgeritten waren, näherte sich Olenin dem Fähnrich und fragte ihn, worum es sich handelte, aber der Fähnrich, der sonst sehr freundlich war, tat jetzt sehr von oben herab. Nur mit Mühe gelang es Olenin zu erfahren, um was es sich handelte. Die Streife, die auf Suche nach Abreken ausgeschickt worden war, hatte einige Krieger aus den Bergen etwa acht Werst vom Dorfe entfernt in den Sandwällen der Steppe angetroffen. Die Abreken hatten sich in einem Loch festgesetzt, schossen und drohten, sie würden sich nicht lebendig ergeben. Der Unteroffizier, der mit zwei anderen bei der Streife gewesen war, war dageblieben, um sie zu bewachen, und hatte einen Kosaken nach Verstärkung ins Dorf geschickt.

Die Sonne ging auf. Drei Werst vom Dorf entfernt öffnete sich nach allen Seiten die Steppe, nichts war zu sehen als die einförmige, trostlose, trockene Ebene mit von Viehspuren durchzogenem Sand, mit welkem Gras hier und da, mit niedrigem Schilf in den Vertiefungen, mit wenigen, kaum ausgetretenen Wegen und mit nogaischen Lagern, die in der Ferne am

Horizont zu sehen waren. Überraschend wirkte das Fehlen von Schatten und der herbe Charakter der Landschaft. Die Sonne geht in der Steppe rot auf und ebenso rot unter. Wenn es windig ist, wirbelt der Wind ganze Berge von Sand auf. Und ist es still, so wirkt die Stille, die weder durch eine Bewegung noch durch Töne unterbrochen wird, geradezu überwältigend. An diesem Morgen war die Steppe vollständig still und trübe, obwohl die Sonne schon aufgegangen war; es war irgendwie besonders einsam und weich. Die Luft bewegte sich nicht. Nur das Auftreten und das Schnauben der Pferde war zu hören, aber auch diese Laute waren schwach und erstarben bald. Die Kosaken ritten schweigend. Die Waffen sind so angebracht, daß nichts klingen oder klirren kann. Klirrende Waffen sind die größte Schande für einen Kosaken. Zwei Kosaken aus dem Dorf kamen nach, und es wurden ein paar Worte gewechselt. Unter Lukaschka stolperte das Pferd, es blieb mit dem Huf irgendwie im Gras hängen – das gilt bei den Kosaken als schlechtes Vorzeichen. Die Kosaken drehten sich um und beeilten sich wegzusehen und diesen Umstand, der gerade jetzt besonders wichtig schien, nicht zu beachten. Lukaschka zog die Zügel an, machte ein finsteres Gesicht, preßte die Zähne zusammen und schwang die Peitsche über dem Kopf. Der edle Kabardiner, der nicht wußte, mit welcher Hand er zuerst auftreten sollte, begann auf allen vieren zu tänzeln und wäre am liebsten geflogen; aber Lukaschka versetzte ihm einen Hieb auf die runden Flanken, einen zweiten und einen dritten, und der Kabardiner stieg schnaubend, mit gefletschten Zähnen und flatterndem Schweif auf die Hinterhand und überholte um einige Schritte die übrigen Kosaken.

»Ein gutes Pferd!« sagte der Fähnrich.

Daß er *Pferd* statt *Gaul* sagte, bedeutete eine besondere Auszeichnung für das Tier.

»Ein Löwe!« bestätigte ein älterer Kosak.

Die Kosaken ritten schweigend, bald im Schritt, bald im Trab, weiter, nur diese eine Begebenheit hatte für wenige Augenblicke die Stille und Feierlichkeit ihres Rittes unterbrochen. Seit sie in der Steppe waren, hatten sie auf einer Strecke von acht Werst nur einmal in der Ferne ein nogaisches Nomadenzelt auf einem Wagen, der sich langsam bewegte, gesehen. Es war ein Nogaier, der mit seiner Familie ein anderes Lager aufsuchte. Dann trafen sie in einer Schlucht noch zwei zerlumpte nogaische Frauen, die Körbe auf dem Rücken trugen und Viehdünger zum Heizen sammelten. Der Fähnrich, der nur sehr mangelhaft kumükisch sprach, wollte sie ausfragen, aber sie verstanden ihn nicht und tauschten untereinander ängstliche Blicke aus.

Lukaschka ritt heran, brachte sein Pferd zum Stehen und wandte sich mit der gebräuchlichen Begrüßung an sie. Die Frauen begannen sich sofort sehr erfreut mit ihm wie mit einem der Ihrigen zu unterhalten.

»Ai, ai, kop Abrek!« sagten sie klagend und wiesen nach der Richtung, in der die Kosaken ritten. Olenin verstand; sie sagten, es wären viele Abreken da.

Olenin hatte solche Unternehmungen noch nie mitgemacht, kannte sie nur aus den Erzählungen Onkel Jeroschkas und wollte hinter den Kosaken nicht zurückbleiben und alles sehen. Er freute sich über die Kosaken, beachtete alles, hörte zu und machte seine Beobachtungen. Er hatte zwar seinen Säbel und die geladene Flinte mit, da sich aber die Kosaken von ihm zurückzogen, beschloß er, an einem Kampf nicht teilzunehmen, um so mehr, als er seine Tapferkeit im Felde schon bewiesen hatte, vor allem aber, weil er jetzt sehr glücklich war.

Plötzlich ertönte in der Ferne ein Schuß.

Der Fähnrich geriet in Aufregung und begann anzuordnen, wie die Kosaken sich verteilen sollten und wer von welcher Seite anreiten sollte. Aber die Kosaken beachteten diese Anordnungen offenbar nicht im geringsten, hörten nur auf das, was Lukaschka sagte, und sahen nur auf ihn. Auf dem Gesicht und in der ganzen Figur Lukaschkas drückten sich Ruhe und Feierlichkeit aus. Er führte seinen Kabardiner, dem die anderen Pferde im Schritt nicht nachkommen konnten, und schaute mit zusammengekniffenen Augen vorwärts.

»Da ist ein Reiter«, sagte er, indem er sein Pferd zurückhielt und auf die anderen wartete.

Olenin konnte bei bestem Willen nichts sehen. Die Kosaken unterschieden bald zwei Reiter und ritten auf sie los.

»Sind das Abreken?« fragte Olenin.

Die Kosaken antworteten nicht, weil diese Frage in ihren Augen sinnlos war. Die Abreken wären dumm, wenn sie sich auf diese Seite zu Pferde herübergewagt hätten.

»Vater Rodka macht uns Zeichen«, sagte Lukaschka, auf die beiden Reiter weisend, die jetzt deutlich zu sehen waren. »Jetzt reitet er auf uns zu.«

Und wirklich – ein paar Minuten später war kein Zweifel mehr möglich: die Reiter waren Kosaken der Streife. Der Unteroffizier ritt an Lukaschka heran.

## 41

»Weit?« fragte Lukaschka nur.

Im selben Augenblick ertönte in dreißig Schritt Entfernung ein kurzer und trockener Schuß. Der Unteroffizier lächelte leicht.

»Das ist unser Gurko, der auf sie schießt«, sagte er, indem er mit dem Kopf in die Richtung des Schusses wies.

Nach ein paar Schritten sahen sie Gurko, der hinter einem kleinen Sandhügel saß und sein Gewehr lud. Gurko schoß aus Langeweile auf die Abreken, die hinter einem Sandhügel versteckt saßen. Eine Gewehrkugel pfiff vorbei. Der Fähnrich war blaß und aufgeregt. Lukaschka sprang vom Pferd, warf den Zügel einem anderen Kosaken zu und ging zu Gurko. Olenin tat dasselbe und ging gebückt hinter ihm her. Sie waren eben an den schießenden Kosaken herangekommen, als zwei Kugeln über sie hinwegpfiffen. Lukaschka blickte sich lachend nach Olenin um und bückte sich etwas.

»Sie werden dich noch erschießen, Andrejitsch«, sagte er. »Geh lieber weg. Da hast du nichts zu suchen.«

Aber Olenin wollte durchaus die Abreken sehen.

In etwa zweihundert Schritt Entfernung erblickte er Mützen und Gewehre hinter dem Hügel. Plötzlich zeigte sich Rauch, noch eine Kugel pfiff vorbei. Die Abreken saßen unterhalb eines Hügels in einem Sumpf. Olenin überraschte der Ort. Der Ort war eigentlich nicht viel anders als die übrige Steppe, aber dadurch, daß die Abreken dort saßen, bekam er einen besonderen Anstrich. Es kam ihm so vor, als ob die Abreken durchaus gerade da sitzen müßten. Lukaschka ging zu seinem Pferd zurück, und Olenin ging ihm nach.

»Wir müssen einen Heuwagen nehmen«, sagte Luka, »sonst erschießen sie uns. Dort hinter dem Hügel steht ein nogaischer Wagen mit Heu.«

Der Fähnrich hörte ihn an, der Unteroffizier pflichtete bei. Der Heuwagen wurde gebracht, die Kosaken verschanzten sich dahinter und begannen den Wagen vor sich herzuschieben. Olenin ritt auf einen kleinen Hügel hinauf, von dem aus er alles sehen konnte. Der Heuwagen bewegte sich vorwärts; die Kosaken drängten nach. Die Kosaken bewegten sich vorwärts; die Tschetschenzen – es waren neun Mann – saßen nebeneinander, Knie an Knie, und schossen nicht. Alles war still. Plötzlich erschallten aus der Stellung der Tschetschenzen die merkwürdigen Klänge eines schwermütigen Liedes, ähnlich dem »Adalalai«

Onkel Jeroschkas. Die Tschetschenzen wußten, daß sie nicht entkommen konnten, und um nicht der Versuchung zur Flucht zu unterliegen, hatten sie sich Knie an Knie mit Riemen zusammengebunden, ihre Flinten schußbereit gemacht und den Todesgesang angestimmt.

Die Kosaken kamen mit dem Heuwagen immer näher, und Olenin erwartete jeden Augenblick ihre Schüsse; aber nur das wehmütige Lied der Abreken störte die Stille. Plötzlich brach das Lied ab, ein kurzer Schuß ertönte, eine Kugel klatschte gegen die Deichsel des Wagens, die Tschetschenzen schimpften und schrien. Jetzt folgte Schuß auf Schuß, eine Kugel nach der anderen schlug in den Wagen. Die Kosaken schossen nicht und waren nur noch fünf Schritt entfernt.

Es verging noch ein Augenblick; dann stürzten die Kosaken mit Gejohle auf beiden Seiten des Wagens vor, Lukaschka allen voran. Olenin hörte ein paar Schüsse, Geschrei und Stöhnen. Er sah Rauch und Blut, wie ihm schien. Er ließ das Pferd stehen und rannte wie von Sinnen zu den Kosaken. Das Entsetzen ließ ihn nicht klar sehen. Er konnte nichts erkennen, verstand nur, daß alles zu Ende war. Lukaschka, blaß wie ein Tuch, hielt einen verwundeten Tschetschenzen an den Händen fest und schrie: »Erschlag ihn nicht! Ich will ihn lebendig gefangennehmen!« Es war derselbe rote Tschetschenze, der dagewesen war, um die Leiche seines toten Bruders abzuholen. Lukaschka schnürte ihm die Hände zusammen. Der Tschetschenze riß sich los und gab einen Schuß aus seiner Pistole ab. Lukaschka fiel um. Auf seinem Leib zeigte sich Blut. Er sprang auf, fiel aber sofort wieder hin und schimpfte auf russisch und tatarisch. Die Blutlache auf ihm und unter ihm wurde immer größer. Die Kosaken kamen heran und versuchten, ihm den Gürtel zu öffnen. Nasarka wollte mit zugreifen, es dauerte aber eine Weile, ehe er seinen Säbel in die Scheide stecken konnte, immer wieder machte er es verkehrt. Die Schneide des Säbels war blutig.

Die Tschetschenzen, rothaarig und mit schön gestutzten Schnurrbärten, lagen tot und zersäbelt da. Nur der eine, den alle kannten und der auf Lukaschka geschossen hatte, war zwar von Wunden bedeckt, aber noch lebendig. Wie ein angeschossener Habicht, blutig (Blut floß ihm unter dem rechten Auge hervor), hockte er mit zusammengepreßten Zähnen blaß und finster da, sah mit gereizten, weit offenen Augen nach allen Seiten und hielt, zur Verteidigung bereit, seinen Dolch fest. Der Fähnrich trat an ihn heran, tat, als wollte er um ihn herumgehen, machte eine schnelle Bewegung und schoß ihn mit der Pistole ins Ohr. Der Tschetschenze wollte aufspringen, kam aber nicht mehr dazu und fiel um.

Noch ganz außer Atem, schleppten die Kosaken die Toten auseinander und nahmen ihnen die Waffen ab. Jeder dieser rothaarigen Tschetschenzen war ein Mensch gewesen, jeder hatte seinen eigenen, besonderen Ausdruck. Lukaschka wurde zum Wagen getragen. Er schimpfte russisch und tatarisch durcheinander. »Warte, mit meinen eigenen Händen werde ich dich erdrosseln! Du entgehst mir nicht! Ana seni!« schrie er. Dann übermannte ihn die Schwäche.

Olenin ritt nach Hause. Am Abend sagte man ihm, daß Lukaschka im Sterben liege, daß aber ein Tatare es übernommen habe, ihn mit Kräutern zu kurieren.

Die Leichname der Abreken wurden zur Ortskommandantur gebracht. Frauen und Kinder liefen hin, um sie anzusehen.

Olenin war in der Dämmerung zurückgekehrt und konnte seiner Erregung über all das, was er gesehen hatte, noch lange nicht Herr werden; erst als es auf die Nacht zuging, stürmten die Ereignisse des Vortages wieder auf ihn ein; er sah zum Fenster hinaus: Marjana ging aus dem Haus in die Vorratskammer und räumte auf. Die Mutter war im Weingarten, der Vater in der Kommandantur. Olenin wartete nicht erst ab, bis sie mit der Arbeit fertig sein würde, und ging zu ihr. Sie war in der Hütte und stand mit dem Rücken zu ihm. Olenin glaubte, daß sie sich schämte.

»Marjana!« sagte er, »he, Marjana! Darf ich zu dir hinein?«

Sie wandte sich plötzlich um. In ihren Augen standen kaum merklich Tränen. Auf ihrem Gesicht lag edle Trauer. Sie sah ihn schweigend und erhaben an.

Olenin wiederholte: »Marjana, ich bin gekommen . . .«

»Laß das«, sagte sie. Ihr Gesicht veränderte sich nicht, aber die Tränen strömten ihr aus den Augen.

»Was hast du? Warum?«

»Was ich habe?« wiederholte sie mit grober, harter Stimme. »Kosaken sind erschlagen worden, das habe ich.«

»Lukaschka?« sagte Olenin.

»Geh, was suchst du hier?«

»Marjana!« sagte Olenin und ging auf sie zu.

»Niemals wirst du etwas von mir bekommen.«

»Marjana, sag das nicht«, bat Olenin.

»Geh fort, Verfluchter!« schrie das Mädchen plötzlich, stampfte mit dem Fuß auf und rückte drohend näher. Und so viel Abscheu, Verachtung und Wut drückten sich auf ihrem Gesicht aus, daß Olenin plötzlich begriff, daß er nichts von ihr zu erhoffen hatte, daß das, was er früher über die Unzugänglichkeit dieses Mädchens gedacht hatte, zweifellos richtig war.

Olenin sagte nichts und lief aus der Hütte.

## 42

Daheim lag er zwei Stunden vollständig unbeweglich auf seinem Bett; danach begab er sich zum Kompanieführer und in den Stab. Er ließ Wanjuscha mit den Hausleuten abrechnen, und ohne sich von irgend jemandem zu verabschieden, machte er sich fertig, um in die Festung zu fahren, wo sein Regiment lag. Nur Onkel Jeroschka begleitete ihn. Sie tranken, tranken noch einmal und tranken abermals. Ebenso wie in Moskau stand die Posttroika vor der Auffahrt. Aber Olenin rechtete nicht mehr mit sich selbst, sagte nicht mehr, daß das, was er hier gedacht und getan habe, nicht das Richtige sei. Er versprach sich kein neues Leben. Er liebte Marjana mehr als vorher und wußte jetzt, daß er von ihr nie geliebt sein würde.

»Na, leb wohl, mein Vater«, sagte Onkel Jeroschka. »Gehst du wieder ins Feld, sei klug, hör auf mich Alten. Bei einem Überfall (ich bin ein alter Wolf, habe viel erlebt), überhaupt wenn geschossen wird, niemals mit dem Haufen gehen, wo viel Volk ist. Wenn ihr euch fürchtet, drängt ihr euch immer zu den anderen, ihr glaubt, mit den anderen sei es lustiger. Aber das ist das allerschlimmste: es wird in den Haufen gezielt. Ich pflegte mich immer von den anderen fernzuhalten, ging immer allein: deshalb bin ich auch nie verwundet worden. Und was habe ich nicht alles in meinem Leben gesehen?«

»Und doch sitzt eine Kugel in deinem Rücken«, sagte Wanjuscha, der im Zimmer aufräumte.

»Das haben Kosaken getan, im Spaß.«

»Wieso Kosaken?« fragte Olenin.

»Einfach so! Es wurde getrunken. Ein Kosak, Wanka Sitkin, kommt außer Rand und Band, schießt mit der Pistole und trifft mich gerade dahin.«

»Hat es sehr weh getan?« fragte Olenin. »Wanjuscha, bist du bald fertig?« fügte er hinzu.

»Äh! Wohin eilst du? Laß mich erzählen ... Er trifft mich, aber die Kugel schlägt den Knochen nicht durch und bleibt stecken. Ich sage: ‚Du hast mich getötet. Nicht? Was hast du mit mir gemacht? Ich laß dich nicht so einfach gehen. Einen Eimer mußt du spendieren.‘«

»Es hat wohl sehr weh getan?« fragte Olenin wieder, beinahe ohne auf die Erzählung zu hören.

»Laß mich zu Ende sprechen. Der Eimer wurde spendiert. Wir trinken. Aber das Blut fließt immer weiter. Die ganze Hütte ist voller Blut. Da sagt der Großvater Burlak: ‚Der Junge wird verrecken. Laß noch Süßen auffahren, sonst stellen wir dich vor Gericht.‘ So wurde noch welcher gebracht. Wir haben gezecht und gezecht ...«

»Ja, hat es denn sehr weh getan?« fragte Olenin wieder.

»Ach wo! Unterbrich mich nicht immer, das kann ich nicht ausstehen. Laß mich zu Ende erzählen. Wir zechten und zechten bis in den Morgen hinein, und schließlich schlafe ich besoffen auf dem Ofen ein. Wie ich am Morgen aufwache, kann ich mich nicht gerade aufrichten.«

»Hat es so weh getan?« fragte Olenin und glaubte jetzt endlich die Antwort auf seine Frage zu bekommen.

»Hab ich dir denn gesagt, daß es weh tat? Nicht weh, aber ausstrecken konnte ich mich nicht, konnte nicht gehen.«

»Na, und dann heilte es wieder zu?« sagte Olenin, ohne zu lachen, so schwer war ihm ums Herz.

»Es heilte zu, aber die Kugel ist immer noch da. Fühl einmal!« Er schlug das Hemd zurück und zeigte auf seinen mächtigen Rücken, wo neben dem Rückgrat eine Kugel herumrollte.

»Siehst du, sie rollt«, sagte er und schien an der Kugel Spaß zu haben wie an einem Spielzeug. »Jetzt ist sie tiefer gerollt.«

»Sag, wird Lukaschka am Leben bleiben?« fragte Olenin.

»Das weiß Gott allein. Es ist kein Arzt da. Man ist um einen gefahren.«

»Wo soll denn einer geholt werden? In Grosnaja?«

»Nee, mein Vater ... Eure russischen Ärzte hätte ich schon längst alle aufhängen lassen, wenn ich Zar wäre. Die verstehen nur zu schneiden. Einem von unseren Kosaken, dem Baklaschew, haben sie das Bein abgeschnitten, er ist kein Mensch mehr. Solche Narren. Was ist Baklaschew denn noch wert? Nein, mein Vater, im Gebirge, da gibt es noch richtige Ärzte. Mein Freund Girtschik ist im Feld an der Brust verwundet worden. Eure Ärzte haben sich von ihm losgesagt, aber von den Bergen ist der Saib gekommen und hat ihn wieder gesund gemacht. Die kennen solche Kräuter.«

»Hör mit dem Unsinn auf«, sagte Olenin. »Ich werde aus dem Stab einen Arzt schicken.«

»Unsinn!« äffte der Alte nach. »Narr! Unsinn! Arzt schicken! Wenn die eurigen richtig kurieren könnten, würden Kosaken und Tschetschenzen zu ihnen fahren, aber eure Offiziere und Obersten verschreiben sich ja selbst die Ärzte aus dem Gebirge. Bei euch ist alles falsch.«

Olenin widersprach nicht. Er war selbst zu sehr davon überzeugt, daß in der Welt, aus der er gekommen war und in die er zurückfuhr, alles falsch war.

»Was ist denn mit Lukaschka? Bist du bei ihm gewesen?«

»Er liegt wie ein Toter da. Ißt nicht und trinkt nicht, nur Schnaps kann er zu sich nehmen. Ja, Schnaps kann er trinken. Es kann einem leid tun um den Burschen. War ein lieber Kleiner, ein Dschigit wie ich. So habe auch ich einmal im Sterben gelegen. Die alten Weiber heulten. Im Kopf eine Hitze! Unter die Heiligenbilder hatten sie mich gelegt. Ich liege so da, und so ganz kleine Trommler spielen auf dem Ofen den Zapfenstreich. Ich schreie sie an, und sie legen erst recht los.« Der Alte lachte. »Die Weiber brachten einen Geistlichen zu mir, wollten mich schon begraben, faselten: ‚Er ist weltlich gewesen, hat sich mit Weibern abgegeben, Seelen zugrunde gerichtet, die Fasten nicht eingehalten, Balalaika gespielt. Beichte', sagen sie. Da habe ich gebeichtet. ‚Sündig bin ich', sage ich. Was der Pope auch sagt, immer antworte ich: ‚Sündig.' Da fragt er mich nach der Balalaika. ‚Wo ist die Verfluchte?' fragt er. ‚Zeig sie her und mach sie kaputt.' – ‚Ich besitze gar keine', sage ich. Dabei hatte ich sie in ein Netz eingewickelt und in dem Verschlag versteckt, ich wußte, daß man sie dort nicht finden würde. So haben sie mich gelassen. Aber ich bin doch durchgekommen. Und wie ich dann wieder Balalaika spielte ... Was wollte ich doch sagen?« fuhr er fort. »Ja, hör auf mich, halte dich von den anderen fern, sonst wirst du getötet. Ich habe Mitleid mit dir, wirklich wahr. Du bist ein Säufer, ich habe dich gern. Dann reitet deinesgleichen gern auf die Hügel. Es hat hier bei uns einer gelebt, der auch aus Rußland war, der ritt immer auf die Hügel hinauf. Sobald er einen Hügel erblickte, galoppierte er los. Einmal, da reitet er auch wieder so hinauf und ist außerordentlich zufrieden. Aber ein Tschetschenze zielt und schießt ihn tot. Sie können sehr geschickt von der Stützgabel aus schießen. Es gibt solche, die darin geschickter sind als ich. Ich kann es nicht ausstehen, wenn auf diese Weise getötet wird. Ich wundere mich immer über eure Soldaten. So 'ne Dummheit. Alle gehen sie in einem Haufen und nähen sich noch rote Kragen auf. Wie sollte man da nicht treffen? Einer wird getötet, fällt um, wird zur Seite geschleppt, der Ärmste, ein anderer geht. So 'ne Dummheit!« wiederholte der Alte und wiegte den Kopf. »Warum gehen sie nicht auseinander und jeder für sich? Jeder sollte für sich gehen. Er würde nicht erkannt werden.«

»Nun, danke! Leb wohl, Onkel! So Gott will, werden wir uns mal wiedersehen«, sagte Olenin; er stand dabei auf und wollte auf den Flur hinaus.

Der Alte hatte auf dem Boden gesessen und stand nicht auf.

»Sagt man sich denn so Lebewohl? Narr! Narr!« sagte er. »Was ist das für ein Volk heutzutage! Haben ein ganzes Jahr zusammengehalten und jetzt: leb wohl – und weg ist er. Ich habe dich doch lieb, ich habe Mitleid mit dir. Immer bist du allein und allein. Du Ärmster. Menschenscheu bist du. Manchmal, wenn ich nicht schlafe, muß ich an dich denken, so leid tust du mir. Wie heißt es doch im Lied: In der kalten Fremde zu leben, liebster Bruder, ist nicht leicht. – So auch du.«

»Nun, leb wohl«, erwiderte Olenin.

Der Alte richtete sich auf und gab ihm die Hand. Olenin drückte sie und wollte gehen.

»Gib deinen Rüssel her!«

Der Alte nahm seinen Kopf zwischen die dicken Hände, küßte ihn dreimal mit nassem Schnurrbart und nassen Lippen und weinte.

»Ich habe dich lieb. Leb wohl!«

Olenin stieg in den Wagen.

»Willst du denn so wegfahren? Solltest mir doch wenigstens etwas zur Erinnerung schenken. Eine Flinte vielleicht. Wozu brauchst du zwei?« sagte der Alte, in ehrlichem Gram aufschluchzend.

Olenin suchte das Gewehr heraus und gab es ihm.

»Was haben Sie nicht schon alles diesem Alten geschenkt!« brummte Wanjuscha. »Hat noch immer zu wenig! Alter Bettler, ungebildetes Volk«, bemerkte er, während er sich in seinen Mantel wickelte und auf dem Bock zurechtsetzte.

»Schweig still, du Schwein!« rief der Alte lachend. »Ist das ein Geizhals!«

Marjana kam aus dem Verschlag heraus, blickte gleichgültig auf die Troika, neigte den Kopf und ging ins Haus.

»La fille!« sagte Wanjuscha mit schlauem Gesicht und brach in sein dummes Lachen aus.

»Los!« rief Olenin ärgerlich.

»Leb wohl, mein Vater, leb wohl! Ich werde dich nicht vergessen!« schrie Onkel Jeroschka.

Olenin blickte sich um. Onkel Jeroschka unterhielt sich mit Marjanka über seine Angelegenheiten, und weder der Alte noch das Mädchen sah ihm nach . . .

# WIEVIEL ERDE DER MENSCH BRAUCHT

## I

Kam die ältere Schwester aus der Stadt zur jüngeren aufs Land zu Besuch. Die ältere Schwester hatte einen Kaufmann in der Stadt zum Mann, die jüngere einen Bauern auf dem Dorf. Sie tranken zusammen Tee und unterhielten sich. Da fing die ältere an zu prahlen und ihr Leben in der Stadt zu preisen: wie geräumig und sauber sie dort wohnt, wie nett sie sich kleiden und ihre Kinder herausputzen kann, wie gut sie essen und trinken, und wie oft sie spazierenfahren, bummeln und ins Theater gehen.

Die jüngere Schwester ärgerte dies, und sie setzte das Kaufmannsleben herab und hob ihr eigenes Leben auf dem Land in den Himmel.

»Ich möchte nicht mit dir tauschen«, sagte sie. »Wenn unser Leben auch nicht so rosig ist, kennen wir doch keine Sorgen. Gewiß wohnt ihr sauberer, aber einmal verdient ihr viel, ein andermal verliert ihr wieder alles. Wie das Sprichwort sagt: ›Der Verlust ist des Gewinnes großer Bruder.‹ Wer bei euch heute reich ist, kann morgen am Bettelstab gehen, das kommt doch nicht selten vor. Da ist das Leben auf dem Land doch sicherer. Bauernleben ist schmal, aber lang. Wenn wir auch nicht reich sind, satt werden wir immer.«

»Satt schon, aber wie!« entgegnete die ältere Schwester. »Zusammen mit den Schweinen und Kälbern! Ohne jede Bequemlichkeit, ohne jeden feinen Verkehr! Dein Mann mag sich abschinden soviel er will, ihr lebt und sterbt auf dem Mist, und euren Kindern geht es einmal ebenso.«

»Je nun«, sagte die jüngere, »so ist nun mal unser Leben. Dafür können wir den Kopf hochtragen, brauchen uns vor niemand zu bücken und zu fürchten. An euch in der Stadt treten beständig Versuchungen heran: heute geht alles gut, morgen fallt ihr dem Teufel in die Hände, und schwupp – hat er deinen Mann zum Kartenspiel oder zum Wein oder zum Herumtreiben mit Weibsbildern verführt. Und dann ist alles futsch. Kommt das etwa nicht oft genug vor?«

Der Bauer Pachom lag auf dem Ofen und hörte zu, was die Weiber schwatzten. Stimmt schon, dachte er bei sich, wahr ist's. Unsereinem, der von klein auf Mütterchen Erde umwendet und umdreht, kommen solche Narrenspossen nicht in den Sinn. Nur eins ist dumm, daß wir so wenig Land haben. Hätte ich so viel Land, wie ich haben möchte, tät ich mich vor keinem Teufel fürchten.

Die Frauen tranken ihren Tee aus, schwatzten noch ein bißchen über ihre neuen Kleider, wuschen dann das Geschirr ab und legten sich schlafen.

Aber der Teufel hatte hinter dem Ofen gesessen und alles mit angehört. Er freute sich, daß das Bauernweib ihren Mann zu der prahlerischen Äußerung verführt hatte: wenn er genug Land hätte, könne ihm selbst der Teufel nichts anhaben.

Schön, dachte er bei sich. Das wollen wir sehen! Ich werde dir viel Land geben. Und gerade durch das Land werde ich dich selber kriegen.

## 2

In der Nachbarschaft der Bauern lebte eine kleine Gutsbesitzerin. Sie besaß hundertundzwanzig Desjatinen Land. Bisher hatte sie mit den Bauern in Frieden gelebt und diese in keiner Weise belästigt. Neuerdings aber hatte sie einen ausgedienten Soldaten als Verwalter angestellt, der anfing, die Bauern mit Strafen zu belegen. Wie sehr sich Pachom auch in acht nahm, es lief doch einmal ein Pferd in den fremden Hafer oder eine Kuh in den Garten oder ein Kalb auf die Wiese – und für alles mußte er Strafe bezahlen.

Pachom zahlte, schimpfte seine Leute aus und prügelte sie. So lud er den ganzen Sommer über wegen dieses Verwalters viele Sünden auf sich. Er freute sich förmlich, als das Vieh im Stalle bleiben mußte: wenn ihm auch um das viele Futter leid war – aber er brauchte wenigstens keine Angst mehr zu haben.

Im Winter verbreitete sich das Gerücht, die Gutsbesitzerin wolle Land verkaufen, und der Verwalter werde das Stück bis zur Landstraße erstehen. Als die Bauern das hörten, ächzten und stöhnten sie.

Ach, dachten sie, wenn der Verwalter das Land bekommt, wird er uns noch ärger mit Strafen quälen als die Herrin. Wir können ohne dieses Land nicht leben, weil unsere Äcker alle daran stoßen.

Gingen die Bauern alle zusammen zur Herrin und baten sie, das Land nicht an den Verwalter zu verkaufen, sondern ihnen zu geben. Sie wollten auch mehr dafür bezahlen. Die Herrin willigte ein. Zuerst wollten sie das Land gemeinschaftlich kaufen, hielten zu diesem Zwecke eine Versammlung ab, dann noch eine, wurden aber nicht einig. Immer stiftete der Böse Zwietracht, so daß man sich nicht einigen konnte. Endlich beschlossen sie, daß jeder für sich kaufen solle, soviel er bezahlen könne. Auch damit war die Herrin einverstanden.

Es kam Pachom zu Ohren, daß sein Nachbar zwanzig Desjatinen Land von der Gutsbesitzerin gekauft hatte und ihr die Hälfte des Geldes auf einige Jahre schuldig geblieben war. Da packte ihn der Neid, und er dachte: Die anderen werden das ganze Land kaufen, und für mich bleibt dann nichts übrig. Und er beriet mit seiner Frau.

»Alle Leute kaufen«, sagte er, »da müssen auch wir uns Stükker zehn Desjatinen sichern. Sonst können wir nicht mehr bestehen, der Verwalter macht uns mit seinen Strafen noch ganz zuschanden.«

Sie überlegten, wie sie das Geld zum Kauf zusammenbringen könnten. Hundert Rubel hatten sie erspart, das Füllen und die Hälfte der Bienenstöcke wurden verkauft, der Sohn als Knecht verdingt, der Rest vom Schwager geborgt – und so hatten sie das halbe Geld zusammen.

Pachom nahm die Summe, suchte sich ein Stück Land aus: fünfzehn Desjatinen und noch ein kleines Wäldchen, und ging zur Herrin, um den Kauf abzuschließen. Er erstand die fünfzehn Desjatinen, gab den Handschlag und leistete die Anzahlung. Dann fuhren sie in die Stadt und setzten den Kaufvertrag auf. Die Hälfte des Geldes gab er sogleich, den Rest versprach er in zwei Jahren zu zahlen.

Nun hatte Pachom sein Land. Auf Borg verschaffte er sich Samen und besäte die gekauften Felder. Alles wuchs und gedieh nach Wunsch. So konnte er schon nach Jahresfrist der Herrin und dem Schwager das geliehene Geld zurückzahlen.

Pachom war nun Gutsbesitzer geworden: es war sein eigener Grund und Boden, den er beackerte und besäte, seine eigenen Wiesen, von denen er das Heu abmähte, sein eigener Wald, wo er die Bäume fällte, seine eigenen Weiden, auf die er das Vieh trieb. Wenn er hinausgeht, seinen eigenen Acker zu pflügen oder seine eigenen Wiesen zu beschauen, kann er sich nicht genug freuen. Und ihm ist, als wachse das Gras bei ihm ganz anders und als blühten die Blumen auf seinen Wiesen viel schöner denn anderswo. War er früher an diesem Stück Land vorübergegangen, so war es ihm vorgekommen wie jedes andere auch, jetzt aber erschien es ihm als etwas ganz Besonderes.

3

So lebte Pachom dahin und freute sich. Alles wäre schön und gut gewesen, wenn nur die anderen Bauern ihr Vieh nicht immer auf Pachoms Felder und Wiesen hätten laufen lassen. Er bat sie und setzte ihnen zu, es half alles nichts. Bald ließen die Hirten die Kühe auf seine Wiese, bald liefen die nachts weidenden Pferde in sein Getreide. Pachom verjagte sie immer wieder, drückte ein Auge zu und verklagte die Bauern nicht. Endlich wurde ihm die Sache zu dumm, und er zeigte sie beim Gemeindegericht an. Zwar wußte er, daß dies alles nur von der engen Nachbarschaft kam und es die Bauern nicht mit Absicht taten, aber er sagte sich: »Ich darf es nicht länger dulden, sonst weiden sie mir noch das ganze Land ab. Einen Denkzettel muß ich ihnen geben.«

So ließ er ihnen diesen Denkzettel durchs Gericht geben, einmal und noch einmal, und von den Bauern mußte bald dieser, bald jener Strafe zahlen. Das erbitterte die Nachbarn gegen Pachom so, daß sie nun absichtlich ihr Vieh bei ihm weiden ließen. Einer schlich sich nachts in sein Wäldchen und hieb etwa ein Dutzend junger Linden um, um den Bast zu stehlen. Als Pachom an seinem Wäldchen vorüberfuhr, sah er etwas Weißes schimmern. Er fuhr näher heran: da liegen die umgehauenen Linden am Boden, und die Baumstümpfe ragen in die Luft. Wenn der Bösewicht wenigstens bloß die am Rande genommen und die anderen stehen gelassen hätte, aber nein, alle miteinander und der Reihe nach hat er sie umgehauen!

Da packt Pachom die Wut. Ach, denkt er, wenn ich nur wüßte, wer das getan hat! Dem tät ich's heimzahlen. Und er zerbricht sich den Kopf, wer es wohl gewesen sein könnte. »Das war kein anderer als der Sjomka!« sagt er schließlich.

Er ging zu Sjomka auf den Hof und suchte. Aber er konnte nichts finden und geriet nur in Streit mit ihm. Das überzeugte Pachom noch mehr, daß Sjomka der Übeltäter war. Er reichte Klage ein. Beide wurden vor Gericht gerufen. Man verhandelte und verhandelte, und endlich wurde der Bauer freigesprochen, weil keine Beweise da waren.

Dies erbitterte Pachom noch mehr. Er fing nun mit dem Gemeindevorstand und mit den Richtern Streit an: »Ihr reicht dem Diebsgesindel eure Hand! Wenn ihr selber nach Fug und Recht lebtet, würdet ihr Diebe nicht freisprechen.«

Und er zankte sich nicht nur mit den Richtern, sondern auch mit allen Nachbarn. Sie drohten sogar, ihm den roten Hahn aufs Dach zu setzen. Und wenn er auch auf seinem Grund und Boden jetzt mehr Platz hatte, so wurde es für ihn in der Gemeinde doch immer enger.

Gerade um diese Zeit ging das Gerücht, daß viel Volk jetzt auswandere. Da dachte Pachom: Ich selber habe keinen Grund, mein Land im Stich zu lassen; wenn aber einige aus unserem Dorf fortgingen, hätten wir mehr Platz. Ich würde ihr Land übernehmen und meinen Grundbesitz dadurch abrunden. Dann könnten wir besser leben. So aber ist alles zu eng.

Eines Tages, als Pachom zu Hause saß, kam ein durchreisender Bauersmann ins Zimmer. Sie nahmen ihn für die Nacht auf, gaben ihm zu essen und zu trinken, kamen ins Gespräch und fragten ihn, woher er komme. Der Bauer erwiderte, er käme von unten her, vom anderen Ufer der Wolga, dort habe er gearbeitet. Ein Wort gab das andere, und der Bauer erzählte, wie jetzt viele Leute dorthin kämen, um sich anzusiedeln. Auch aus seinem Dorf hätten sich dort Leute niedergelassen, seien in die Gemeinde aufgenommen worden und hätten zehn Desjatinen Land pro Kopf zugeteilt bekommen.

»Und was für Land!« sagte er. »Wenn sie Roggen säen, werden die Ähren so hoch, daß man die Pferde nicht mehr sieht, und so dicht, daß fünf Handvoll schon eine Garbe sind. Einer«, sagte er, »war ganz arm, als er hinkam, hatte nur seine zwei Arbeitshände, und jetzt besitzt er sechs Pferde und zwei Kühe.«

Pachom war gleich Feuer und Flamme. Er dachte: Warum in dieser Enge Not leiden, wenn man dort herrlich leben kann? Ich werde Haus und Hof verkaufen und mich für das Geld dort ankaufen und eine ganze Wirtschaft einrichten. Denn hier in dieser Enge, das ist eine wahre Sünde. Nur muß ich mich selber auf den Weg machen, um mir die Sache anzusehen.

Als der Sommer ins Land zog, machte er sich auf die Reise. Bis Samara fuhr er auf dem Dampfschiff die Wolga hinunter, dann legte er noch vierhundert Werst zu Fuß zurück. Endlich war er an Ort und Stelle. Alles verhielt sich so, wie man es ihm erzählt hatte. Die Bauern wohnten weit auseinander. Sie hatten zehn Desjatinen Land zugeteilt bekommen, und bereitwillig wurde jeder in die Dorfgemeinschaft aufgenommen. Und wenn einer Geld hatte, konnte er außer dem, was ihm zugeteilt wurde, noch kaufen, soviel er wollte. Für drei Rubel war der beste Boden zu haben, soviel er davon nur kaufen wollte.

Pachom erkundigte sich nach allem und kehrte dann im Herbst nach Hause zurück. Nun fing er an zu verkaufen. Sein Land verkaufte er mit Gewinn, dann gab er sein Haus weg, sein Vieh, ließ sich aus dem Mir streichen, wartete den Frühling ab und reiste mit seiner Familie aufs Neuland.

## 4

In dem neuen Wohnort angekommen, ließ sich Pachom mit seiner Familie in einem großen Dorf in die Gemeinde aufnehmen. Er hielt die Ältesten mit Schnaps frei und brachte seine Papiere in Ordnung. Sie nahmen Pachom auf und teilten ihm für seine fünf Seelen fünfzig Desjatinen auf verschiedenen Fluren zu und gaben ihm obendrein noch Weideland. Pachom baute sich ein Haus und kaufte Vieh. Land hatte er an dem, was ihm zugeteilt worden war, jetzt dreimal soviel wie bisher. Und was für ein fruchtbarer Boden das war! Das Leben war hier zehnmal besser als früher. Weideland hatte er und Ackerboden mehr als genug. Und Vieh konnte er halten, soviel er wollte.

Anfänglich, solange er baute und sich einrichtete, kam ihm alles schön und gut vor. Als er sich aber dann eingelebt hatte, kam es ihm auch hier zu eng vor. Das erste Jahr säte er Weizen auf das Brachland. Die Ernte war gut. Da bekam er Lust, noch mehr Weizen zu säen, aber es war nur wenig Brachland da. Und das, was da war, taugte nicht recht für Weizen. Man säte den Weizen dort auf Grasboden oder Brachland und ließ den Acker dann ein, zwei Jahre unbebaut liegen, bis er wieder mit Steppengras bewachsen war. Für solchen Boden gab es natürlich viele Liebhaber, so daß er nicht für alle langte. Man geriet darob in Streit. Wer reich war, wollte den Boden selber besäen, die Armen dagegen verpachteten ihn an Kaufleute, um die Steuern zu bezahlen.

Auch Pachom wollte mehr Weizen säen. Er ging im zweiten Jahr zu einem Kaufmann und pachtete auf ein Jahr Land. Nun säte er mehr, und alles wuchs vorzüglich. Aber der Acker war weit von seinem Dorf entfernt, fünfzehn Werst hatte er zu fahren. Er sieht, wie die handelnden Bauern im Umkreis auf großen

Gütern leben und reich werden. Das wäre eine Sache! denkt er; wenn du dir auch so ein Erbgut kaufen und so ein großes Haus bauen könntest! Dann wäre das ein schöner, abgerundeter Besitz. Und Pachom fing an zu grübeln, wie er sich ein Erbgut erstehen könne.

So lebte er drei Jahre, pachtete Land und säte Weizen. Die Ernten waren gut, der Weizen gedieh vortrefflich, so daß er sich eine kleine Summe ersparen konnte. Er hätte ganz zufrieden leben können, aber bald wurde es ihm langweilig, jedes Jahr von neuem mit den Leuten zu verhandeln und sich wegen des Landes herumzuschlagen: denn wo der Boden gut war, stürzten sich gleich alle Bauern drauf und nahmen ihm das Land vor der Nase weg, so daß er, wenn er zu spät kam, oft das Nachsehen hatte. Im dritten Jahr pachtete er mit einem Kaufmann zusammen Weideland von den Bauern und hatte es gerade umgepflügt, als es zwischen den Bauern zu einem Prozeß kam, so daß seine ganze Arbeit umsonst war. Wäre es mein eigen Land, brauchte ich mich vor niemand zu bücken, dachte er, und alles ginge ohne Zank und Streit ab.

Und Pachom fing an, herumzuhören, wo Erbland zu verkaufen sei. Er fand einen Bauern, der fünfhundert Desjatinen gekauft hatte, dann aber in Not geraten war und seinen Besitz billig losschlagen wollte. Mit dem setzte er sich in Verbindung. Sie handelten und handelten und einigten sich schließlich auf tausend Rubel, wovon die Hälfte bar zu bezahlen war. Gerade sollte der Handel abgeschlossen werden, als eines Tages ein durchreisender Kaufmann in Pachoms Hof einkehrte, um seine Pferde zu füttern. Sie tranken zusammen Tee und unterhielten sich. Der Kaufmann erzählte, daß er von weither komme, von den Baschkiren. Dort habe er Land gekauft, erzählte er, fünftausend Desjatinen; und alles für tausend Rubel. Pachom fragte ihn aus. Der Kaufmann erzählte.

»Man braucht sich nur an die Ältesten ein bißchen heranzumachen«, sagte er. »Ich habe ihnen für hundert Rubel Schlafröcke und Teppiche und ein Kistchen Tee geschenkt, habe sie Wein trinken lassen, soviel sie trinken wollten, und da haben sie mir die Desjatine für zwanzig Kopeken gelassen.«

Und er zeigte Pachom den Kaufvertrag.

»Das Land liegt an einem Fluß«, sagte er, »und ist ganz mit Steppengras bewachsen.«

Pachom fragte weiter, wie und was.

»Da kannst du ein ganzes Jahr laufen und kommst niemals ans

Ende: alles ist Baschkirenland. Und dumm sind die Leute wie die Hammel. Fast umsonst geben sie alles her.«

Ei, dachte Pachom, warum soll ich für fünfhundert Desjatinen tausend Rubel bezahlen und noch Schulden machen, wenn ich dort für dasselbe Geld weiß Gott was alles bekomme?

## 5

Pachom fragte den Kaufmann noch aus, wie man in jenes Land hinkäme, und kaum war dieser fort, machte er sich auf die Reise. Er überließ das Haus seinem Weib, nahm den Knecht mit und brach auf.

Zuerst fuhren sie in die Stadt, kauften ein Kistchen Tee, Geschenke und Wein, alles, wie es der Kaufmann gesagt hatte. Dann reisten sie und reisten und kamen endlich, als sie über fünfhundert Werst zurückgelegt hatten, im Baschkirenlager an. Alles war so, wie der Kaufmann erzählt hatte. Die Leute wohnten in der Steppe am Ufer eines Flüßchens, in Zelten aus Filz. Sie bebauten kein Land und aßen kein Brot. Ihr Vieh weidete auf der Steppe, und auch ihre Pferdeherden. Die Füllen hatten sie hinter den Zelten angebunden und trieben die Mutterstuten zweimal am Tage zu ihnen heran, melkten sie und machten aus dieser Milch Kumys. Die Weiber rührten den Kumys und machten Käse daraus, die Männer kannten keine andere Beschäftigung, als Kumys und Tee trinken, Hammelfleisch essen und Rohrpfeife blasen. Alle waren freundlich und heiter und lagen den ganzen Sommer auf der faulen Haut. Ein ganz ungebildetes Volk, das nicht einmal Russisch konnte, aber nette Leute.

Kaum hatten die Baschkiren Pachom gesehen, kamen sie aus ihren Zelten heraus und umringten den Gast. Ein Dolmetscher fand sich. Pachom sagte ihm, er käme, um Land zu kaufen. Da freuten sich die Baschkiren, lobten Pachom, führten ihn in das beste Zelt, luden ihn ein, sich auf den Teppich zu setzen, legten ihm Daunenkissen unter, nahmen rund um ihn herum Platz und bewirteten ihn mit Tee und Kumys. Dann schlachteten sie einen Hammel und setzten ihm Hammelfleisch vor. Pachom holte aus seinem Wagen die Geschenke und verteilte sie unter die Baschkiren. Jedem gab er etwas, und auch den Tee teilte er. Die Baschkiren freuten sich sehr. Sie schwatzten und schwatzten unter sich und befahlen dann dem Dolmetscher, ihre Worte zu übersetzen.

»Ich soll dir sagen«, fing der Dolmetscher an, »daß sie dich liebhaben und es bei uns Sitte ist, dem Gast jede Freude zu bereiten und seine Geschenke zu erwidern. Du hast uns beschenkt, drum sage jetzt, was dir bei uns am meisten gefällt und was wir dir geben können.«

»Was mir bei euch am meisten gefällt«, erwiderte Pachom, »ist das Land. Bei uns gibt's wenig Land, und der Boden ist ausgesogen, ihr aber habt viel und gutes Land. Solchen Boden hab ich noch niemals gesehen.«

Der Dolmetscher übersetzte das. Die Baschkiren redeten und schwatzten untereinander. Pachom verstand nicht, was sie sagten, sah aber, daß sie lustig waren, schrien und lachten. Endlich wurden sie still, sahen Pachom an, und der Dolmetscher sagte: »Ich soll dir sagen«, sprach er, »daß sie sich freuen und dir für deine Geschenke so viel Land geben wollen, wieviel du nur haben willst. Du brauchst nur mit der Hand zu zeigen, was du haben möchtest, und es soll dein sein.«

Sie sprachen noch untereinander und stritten sich über etwas. Pachom fragte, worüber sie nicht einig wären. Sprach der Dolmetscher: »Die einen sagen, man müsse wegen des Landes den Ältesten fragen, ohne ihn ginge es nicht, die anderen behaupten, das könne man auch ohne ihn abmachen.«

## 6

Während die Baschkiren noch stritten, trat plötzlich ein Mann in einer Fuchspelzmütze ein. Alle verstummten und standen von ihren Plätzen auf. Und der Dolmetscher sagte:

»Das ist der Älteste.«

Pachom nahm sogleich den besten Kaftan und überreichte ihn dem Ältesten, und dazu noch fünf Pfund Tee. Dieser nahm die Gaben entgegen und setzte sich auf den Ehrenplatz. Sogleich sprachen einige der Baschkiren auf ihn ein. Der Älteste hörte sie an, neigte dann den Kopf, damit sie verstummen sollten, und begann mit Pachom russisch zu reden.

»Je nun«, sagte er, »das läßt sich schon machen. Nimm, was du gern haben möchtest. Wir haben Land genug.«

Wie kann ich denn nehmen, soviel ich will? dachte Pachom bei sich. Das muß doch irgendwie festgelegt werden. Sonst sagen sie: es ist dein, und nehmen es mir dann wieder weg.

»Ich danke euch«, sagte er, »für eure freundlichen Worte. Ihr habt ja genügend Land, und ich brauche nicht allzuviel. Nur möchte ich wissen, welches mir gehören soll. Irgendwie muß es doch ausgemessen und für mich festgelegt werden. Denn da über unser Leben und Sterben nur Gott der Herr gebietet, so könnte es doch leicht geschehen, daß ihr guten Leute mir wohl Land gebt, eure Kinder es mir dann aber wieder wegnehmen.«

»Du hast recht«, sagte der Älteste. »Festlegen müssen wir es.«

Sprach Pachom: »Wie ich höre, ist schon ein Kaufmann bei euch gewesen. Dem habt ihr auch Land abgetreten und einen Kaufvertrag ausgestellt. So wollen wir's auch bei mir machen.«

Der Älteste sah das alles ein.

»Das kann man alles machen«, sagte er. »Wir haben einen Schreiber, und dann fahren wir in die Stadt und lassen die Siegel draufdrücken.«

»Und was ist der Preis?« fragte Pachom.

»Wir haben nur einen Preis: tausend Rubel für den Tag.«

Das verstand Pachom nicht.

»Was ist das für ein Maß: ein Tag? Wieviel Desjatinen werden das sein?«

»Das können wir nicht ausrechnen«, erwiderte der Älteste. »Wir verkaufen nach Tagen. Soviel du in einem Tage umgehst, ist dein, und der Preis für den Tag ist tausend Rubel.«

Da staunte Pachom.

»Aber«, sagte er, »in einem Tag kann man doch sehr viel Land umgehen.«

Der Älteste lachte.

»Das ist dann alles dein!« sagte er. »Nur die eine Bedingung stellen wir dir dabei: wenn du in einem Tag nicht an die Stelle zurückkommst, von der du ausgegangen bist, ist dein Geld verfallen.«

»Aber wie soll ich bezeichnen, wo ich gegangen bin?« fragte Pachom.

»Wir gehen mit dir dorthin, wo es dir gefällt, stellen uns dort auf, und du marschierst los und umschreibst einen Kreis. Du nimmst eine Hacke mit, und wo du willst, machst du ein Zeichen. An den Ecken gräbst du kleine Gräben und hebst Rasenstücke aus, und wir ziehen dann mit dem Pflug von Graben zu Graben eine Furche. Den Kreis kannst du ziehen, so groß du willst, nur mußt du bis Sonnenuntergang wieder an der Stelle sein, von der du ausgegangen bist. Was du umgehst, ist alles dein.«

Da lachte Pachom das Herz im Leib. Sie beschlossen, am anderen Morgen frühzeitig aufzubrechen. Dann schwatzten sie noch ein Weilchen, tranken Kumys, aßen den Hammel auf und tranken Tee, bis es Nacht wurde. Pachom legte sich auf den Daunenpfühlen schlafen, und die Baschkiren gingen auseinander. Sie versprachen, am nächsten Morgen frühzeitig zusammenzukommen, damit sie noch vor Sonnenaufgang an Ort und Stelle wären.

## 7

Hingelegt hatte sich Pachom wohl auf die weichen Kissen, aber schlafen konnte er nicht: immer muß er an das Land denken. Ich werde mir schon ein gut Teil von diesem Lande, wo Milch und Honig fließt, abstecken, dachte er. An die fünfzig Werst am Tag kann ich schon zurücklegen. Der Tag ist jetzt lang wie ein Jahr, und in einem Bogen von fünfzig Werst steckt schon ein schönes Stück Land. Wo der Boden nichts taugt, verkaufe ich das Land oder gebe es an Bauern ab, das gute behalte ich für mich und siedle mich darauf an. Zwei Ochsengespanne schaffe ich mir an, dinge mir mindestens noch zwei Knechte, bebaue so ein halbes Hundert Desjatinen, und auf dem übrigen lasse ich mein Vieh weiden.

Die ganze Nacht tat Pachom kein Auge zu. Nur gegen Morgen schlummerte er ein wenig ein. Kaum ist er eingeschlafen, hat er auch schon einen Traum. Ihm träumt, er liegt in demselben Zelte und hört draußen jemand laut lachen. Er will nachsehen, wer da so lacht, steht auf, geht hinaus und sieht den Baschkirenältesten vor dem Zelt sitzen, der sich mit beiden Händen den Bauch hält und sich vor Lachen ausschütten will. Er geht auf ihn zu und fragt: »Warum lachst du?« Da sieht er, daß es gar nicht der Baschkirenälteste ist, sondern der reisende Kaufmann, der bei ihm eingekehrt war und ihm von diesem Land erzählt hatte. Doch kaum hat er den Kaufmann gefragt: »Bist du schon lange hier?« ist dieser gar nicht mehr der Kaufmann, sondern jener Bauer, der unten in seiner ersten Heimat zu ihm gekommen war. Und wie Pachom näher hinsieht, ist es auch nicht jener Bauer, sondern der Leibhaftige selber mit Hörnern und mit Pferdefuß, der dasitzt und lacht, und neben ihm liegt ein Mensch, barfuß, nur mit Hemd und Hose bekleidet. Und wie Pachom genau hinschaut, was das wohl für ein Mensch sei, sieht er, der Mensch ist tot und – er ist es selber. Da erschrickt Pachom und wacht auf.

Was für dummes Zeug einem nicht manchmal träumt, dachte er. Er schaut sich um und sieht durch die offene Tür, daß es schon hell wird und zu tagen beginnt. Ich muß die Leute wekken, denkt er. Es ist Zeit, aufzubrechen.

Pachom stand auf, rief seinen Knecht im Wagen und befahl ihm anzuspannen und weckte dann die Baschkiren.

»Es ist Zeit«, rief er, »in die Steppe zu fahren und das Land abzumessen!«

Die Baschkiren wachten auf und liefen zusammen. Auch der Älteste kam. Sie tranken wieder Kumys und wollten Pachom mit Tee bewirten, der aber mochte nicht länger warten.

»Wenn wir fahren wollen, dann müssen wir uns auch aufmachen«, sagte er, »es ist Zeit.«

## 8

Die Baschkiren liefen zusammen und machten sich auf, die einen zu Pferd, die anderen mit Karren. Pachom fuhr mit dem Knecht in seinem Wagen und hatte eine Hacke mitgenommen. Sie langten in der Steppe an, als sich der Himmel bereits rot färbte. Auf einem Hügel, einem Schichan, wie die Baschkiren sagen, machten sie halt, stiegen aus den Wagen und von den Pferden und stellten sich im Kreis auf. Der Älteste trat auf Pachom zu und wies mit der Hand über das weite Land.

»Schau«, sagte er, »dies alles gehört uns, soweit das Auge reicht. Nimm, was dir gefällt.«

Pachoms Augen brannten: ringsum Brachland, eben wie die Handfläche, schwarz wie Mohn, und dort, wo sich der Boden senkte, wuchs mannshoch das Gras.

Der Älteste nahm die Fuchsmütze ab und legte sie auf die Erde.

»Dies soll der Markstein sein«, sagte er. »Von hier gehst du aus, und hierher kommst du wieder zurück. Und alles, was du umgehst, soll dein sein.«

Pachom holte das Geld hervor und legte es auf die Mütze. Dann zog er den Kaftan aus, daß er nur noch den Rock anbehielt, schnallte den Gürtel fester um den Leib, dehnte sich, steckte ein Säckchen mit Brot in die Weste, hängte ein Fläschchen mit Wasser an den Gürtel, zog die Stiefelschäfte hoch, nahm dem Knecht die Hacke ab und machte sich fertig. Er überlegt und überlegt, nach welcher Seite er wohl gehen sollte: überall war der Boden gleich gut. Schließlich dachte er: Einerlei, ich gehe auf Sonnenaufgang zu. Er wandte also sein Gesicht nach Osten, streckte sich und wartete, bis sich die Sonne am Horizont zeigte. Nur keine Zeit verlieren! dachte er. In der Morgenkühle geht sich's auch leichter. Und sobald die Sonne am Horizont erschien, nahm Pachom die Hacke über die Schulter und trat seinen Weg in die Steppe an.

Er ging weder langsam noch schnell. So legte er etwa eine Werst zurück, dann machte er halt, grub ein Loch und legte daneben ein paar ausgehobene Rasenstücke übereinander, damit man es besser sehen konnte. Dann ging er weiter. Er kam mehr in Schwung und beschleunigte seinen Schritt. Nachdem er wieder eine Zeitlang gegangen war, grub er das zweite Loch.

Pachom sah sich um. Deutlich sah er in der Sonne den Hügel liegen, auf dem die Leute standen. Die Eisen an den Wagenrädern blitzten im Sonnenglanz. Pachom nahm an, daß er an die fünf Werst zurückgelegt hatte. Ihm war warm geworden. Er zog seinen Rock aus, warf ihn über die Schulter und ging weiter. Es fing an, heiß zu werden. Er blickte nach der Sonne und sah, daß es bereits Zeit zum Frühstücken war.

Ein Abschnitt ist nun vorbei, dachte Pachom. Aber der Tag hat deren vier. Es ist noch zu früh, um abzubiegen. Nur die Stiefel will ich ausziehen. Er setzte sich hin, zog die Stiefel aus, hängte sie an den Gürtel und ging weiter. Jetzt war ihm bedeutend leichter. Er dachte: Ich werde noch an die fünf Werst gehen und dann nach links abbiegen. Der Boden ist hier gut, wär' ein Jammer, ihn nicht mitzunehmen. Je weiter ich gehe, um so besser ist es für mich. Er ging also geradeaus weiter. Als er sich umschaute, konnte er den Hügel kaum noch erkennen, die Leute darauf wimmelten wie schwarze Ameisen, und nur ganz schwach blitzte dann und wann etwas auf.

Na, dachte Pachom, nach der Seite habe ich genug, jetzt muß ich abbiegen. Wie ich schwitze! Ich muß trinken.

Er machte halt, grub ein großes Loch, häufte Rasenstücke auf, löste die Wasserflasche vom Gürtel, trank und bog scharf nach links ab. Er ging und ging. Das Gras wurde immer höher und die Hitze immer größer.

Pachom fing an, müde zu werden. Er schaute nach der Sonne und sah, daß es bereits Mittag war. Na, dachte er, da muß ich doch einmal Rast machen. Er blieb stehen und setzte sich hin. Aß sein Brot und trank Wasser dazu. Aber hinlegen mochte er sich nicht. Er dachte: Lege ich mich hin, dann schlafe ich ein.

Er blieb eine Weile sitzen und ging dann weiter. Zuerst wurde ihm das Gehen leicht. Das Essen hatte ihm neue Kräfte gegeben.

Aber es war doch recht heiß, und eine große Müdigkeit beschlich ihn. Trotzdem ging er immer weiter und dachte: Lieber eine Stunde Leid und dafür dann ein ganzes Leben Freud!

So holte er auch nach dieser Seite weit aus und wollte gerade nach links abbiegen, als er an eine feuchte Niederung kam, die wegzulassen ihm leid tat. Hier würde gerade der Flachs recht gut gedeihen, dachte er. Also ging er weiter geradeaus. Er nahm die Niederung noch mit, grub dann wieder ein Loch und bog im rechten Winkel ab.

Pachom blickte nach dem Hügel zurück. Nebelhaft hob er sich aus dem Dunst, man sieht, daß sich darauf etwas bewegt, aber die Menschen kann man nicht mehr erkennen. Na, denkt Pachom, ich habe die Seiten etwas zu lang genommen, die nächste muß ich kürzer halten. Und er geht an der dritten Seite entlang, und seine Schritte werden immer schneller. Er schaut nach der Sonne: sie hat sich bereits zur Vesperzeit geneigt, und dabei hat er auf der dritten Seite erst zwei Werst zurückgelegt. Bis zum Ausgangspunkt aber sind es noch fünfzehn Werst.

Nein, denkt er, wenn der Besitz auch schief wird, jetzt muß ich machen, daß ich schleunigst geradeaus komme. Ich darf nichts mehr mitnehmen. Habe schon Land genug.

Und Pachom grub schnell ein Loch und lief dann kerzengerade zurück.

## 9

Geradewegs schreitet er jetzt auf den Hügel zu, aber das Gehen fällt ihm recht sauer. Er schwitzt; die nackten Füße sind zerstochen und zerschunden, und die Beine knicken ihm ein. Gern möchte er einmal verschnaufen, aber das geht nicht: er kommt sonst nicht bis zum Sonnenuntergang hin. Die Sonne wartet nicht, immer tiefer und tiefer senkt sie sich herab.

Ach, denkt er, vielleicht habe ich es doch falsch gemacht, vielleicht habe ich doch zu viel genommen? Wie nun, wenn ich nicht hinkomme?

Er schaut nach dem Hügel, schaut nach der Sonne: sie aber nähert sich schon dem Horizont, und das Ziel ist noch weit.

Und Pachom geht und geht, auch wenn es ihm schwer wird, und beschleunigt seine Schritte immer mehr und mehr. Er läuft und läuft, aber es ist noch weit, und schließlich setzt er sich in Trab. Er wirft Rock, Stiefel, Flasche und Mütze weg und behält nur noch die Hacke in der Hand, auf die er sich stützt.

Ach, denkt er, ich bin zu gierig gewesen, und nun habe ich die ganze Sache verfahren. Vor Sonnenuntergang komme ich nicht hin.

Vor Angst geht ihm der Atem aus. Er rennt, Hemd und Hose kleben ihm vor Schweiß am Körper, die Kehle ist ausgetrocknet. Seine Brust geht auf und nieder wie ein Schmiedebalg, das Herz klopft wie ein Hammer, und seine Füße gehorchen nicht mehr, als wären's gar nicht die seinen. Ihm wird angst und bange zumute: er denkt daran, daß er vor Überanstrengung sterben könne.

Er hat Angst vor dem Tod – haltmachen darf er aber nicht.

Bin ich nun soviel gelaufen, denkt er, und soll jetzt haltmachen? Dann würde man mich einen Narren heißen.

Und so läuft er und läuft, nähert sich schon dem Ziel und hört, wie die Baschkiren ihm zujohlen und kreischen. Aber ihr Geschrei regt sein Herz noch mehr auf. Er rafft seine letzten Kräfte zusammen. Die Sonne hat schon den Horizont erreicht. Ein Nebelschleier verhüllt den großen, blutroten Ball. Gleich, gleich muß sie untergehen. Wohl steht die Sonne schon tief, aber auch bis zum Ziel ist es nicht mehr weit. Pachom sieht schon die Leute auf dem Hügel stehen, wie sie ihm mit den Armen zuwinken und ihn antreiben. Und er sieht die Fuchspelzmütze am Boden liegen und das Geld darin, sieht den Ältesten, der an der Erde sitzt und sich mit beiden Seiten den Bauch hält. Da fällt Pachom sein Traum ein.

Land habe ich nun genug, denkt er. Gebe Gott, daß ich auch darauf leben kann. O weh! Ich habe mich zugrunde gerichtet! denkt er. Ich komme nicht hin.

Pachom schaut nach der Sonne. Sie hat die Erde erreicht und ist schon ein Stück untergegangen, so daß nur noch ein Halbkreis über dem Horizonte steht. Pachom strengt seine letzten Kräfte an, wirft den Oberkörper nach vorn und stemmt die Beine auf, um nicht umzusinken. So läuft er auf den Hügel zu. Plötzlich wird es dunkel. Er schaut sich um: die Sonne ist untergegangen. Pachom stöhnt auf.

All meine Mühe war umsonst, denkt er.

Er will stehenbleiben, da aber hört er, wie die Baschkiren ihm zuschreien, und es fällt ihm ein, daß es ja von unten nur so aussieht, als sei die Sonne untergegangen, daß sie aber oben auf dem Hügel noch scheint. Er holt tief Atem und rennt den Hügel hinan. Oben ist es noch hell. Jetzt ist er oben und sieht die Mütze. Der Älteste sitzt davor und lacht, daß er sich mit den

Händen den Bauch halten muß. Da denkt Pachom an seinen Traum, schreit auf, stolpert, stürzt nach vorn und berührt mit der Hand gerade noch die Mütze.

»Ei, wackrer Mann«, ruft der Älteste, »du hast dir viel Land erobert.«

Pachoms Knecht sprang herbei, um seinen Herrn aufzuheben, dem aber fließt Blut aus dem Mund. Er liegt da und ist tot.

Schnalzten die Baschkiren mit den Zungen, sie hatten Mitleid mit dem fremden Mann.

Pachoms Knecht nahm die Hacke und grub für ihn ein Grab. Es war drei Ellen lang, gerade so groß, wie er selber vom Kopf bis zu den Füßen maß. Soviel Land wurde ihm zuteil – als Grab.

# HADSCHI-MURAD

Ich ging über die Felder nach Hause. Es war mitten im Hochsommer. Das Heu von den Wiesen war schon eingebracht, und die Roggenernte hatte gerade begonnen.

Um diese Jahreszeit gibt es eine prächtige Auswahl an Feldblumen: rote, weiße, hellrosa, wollige, duftende Kleeblüten; milchweiße »Er liebt mich … von Herzen … mit Schmerzen …« mit ihren grellgelben Punkten in der Mitte und dem angenehm herben, scharfen Geruch; gelber Ackersenf mit seinem Honigduft; hochaufgeschossene violette oder weiße, tulpenartige Glockenblumen; rankende Wicken; gelbe, rote und rosa Skabiosen; stramm dastehende, violette Wegeriche, mit feinem rosa Flaum und dem kaum merklichen Wohlgeruch; in der Knospe und bei Sonnenschein grellblaue, abends und beim Verblühen hellblau und rötlich werdende Kornblumen und zarte, nach Mandeln duftende, leicht welkende Blüten der Winden.

Ich hatte mir einen großen, buntfarbigen Blumenstrauß gepflückt und wollte gerade nach Hause gehen, als ich im Graben eine prächtige, himbeerfarbene, in voller Blüte stehende Distel erblickte, von der Art, die man hierzulande »Tataren« nennt und die die Schnitter beim Mähen vorsichtig umgehen und sogleich auflesen, falls sie doch einmal unter das Heu gerät, um sich damit nicht die Hände zu zerstechen. Mir kam der Gedanke, diese Distel zu pflücken und sie mitten in meinen Strauß zu stecken. Ich stieg in den Graben hinab, scheuchte eine zottige Hummel auf, die sich an den Blütenkelchen festgesogen hatte und dabei süß und sanft eingeschlafen war, und schickte mich an, die Distel zu pflücken. Aber die Sache war nicht so einfach. Nicht nur, daß der Stengel von allen Seiten und sogar noch durch das Taschentuch hindurch, das ich mir um die Hand gewickelt hatte, stach – er war so kräftig und widerstandsfähig, daß ich fünf Minuten lang förmlich mit ihm rang und Faser für Faser abreißen mußte. Als ich die Distel endlich abgepflückt hatte, war der Stengel ganz zerfetzt und auch die Blüte nicht mehr so frisch und schön wie vorher. Außerdem wollte sie mit ihren plumpen, groben Formen nicht recht zu den anderen Blumen im Strauß passen. Es tat mir leid, eine Blüte vernichtet zu haben, die an der Stelle, wohin sie gehörte, schön gewesen war, aber ich warf sie dennoch beiseite. Was für Energie und Lebenskraft doch in ihr steckt! dachte ich, mich der Anstrengungen erinnernd, die mich das Pflücken dieser Distel gekostet hatte. Mit welch zäher Kraft sie sich verteidigt und wie teuer sie ihr Leben verkauft hat!

Mein Weg nach Hause führte über frisch gepflügtes, schwarzes Ackerland. Ich ging die staubige, schwarze Straße entlang, die sanft bergan führte. Das gepflügte Feld, das einem Gutsbesitzer gehörte, war sehr groß, so daß man zu beiden Seiten und auch nach vorn, den Berg hinauf, nichts weiter sah als schwarzes, gleichmäßig durchfurchtes, noch nicht mit der Egge bearbeitetes Ackerland. Das Umpflügen war gründlich geschehen: nirgends auf dem weiten Feld sah man ein einziges grünes Gewächs oder Hälmchen, alles war tiefschwarz.

Was für ein zerstörungswütiges Geschöpf ist doch der Mensch, und wie viele Lebewesen aller Art vernichtet er, nur um sein eignes Leben zu erhalten! dachte ich und suchte unwillkürlich nach etwas Lebendigem auf diesem schwarzen, toten Feld. Da erblickte ich vor mir, rechts vom Weg, auf einmal ein buschiges Grün. Ich ging näher hin und sah, daß es eine ebensolche Tatarendistel war, wie ich sie soeben ganz umsonst abgepflückt und dann weggeworfen hatte.

Dieser kleine Distelbusch bestand aus drei Stengeln. Dem einen war der Kopf abgerissen, so daß er wie ein Armstumpf, von dem die Hand abgehauen ist, in die Luft ragte. Die beiden anderen trugen je eine Blüte. Diese waren einst rot gewesen, jetzt aber sahen sie ganz schwarz aus. Der eine Stengel war geknickt, und die obere Hälfte mit der schmutzigen Blüte am Ende hing herab; der andere war zwar ganz mit Schmutz beworfen, ragte aber noch gerade empor. Man sah, daß über diese ganze Staude ein Rad hinweggegangen war und sie sich erst nachher wieder aufgerichtet hatte, weshalb sie auch ein wenig schief stand. Dennoch stand sie aufrecht da wie ein Kämpfer, dem man ein Stück aus dem Leibe gerissen, die Eingeweide herausgepreßt, den Arm abgehauen oder ein Auge ausgestochen hat, der aber trotzdem aufrecht stehenbleibt und sich nicht dem Feind ergibt, der ringsum alle seine Brüder niedergemacht hat.

Was für eine Lebenskraft! dachte ich. Alles besiegt der Mensch; Millionen von Pflanzen vernichtet er, nur diese eine ergibt sich ihm nicht.

Und mir fiel eine ferne Erinnerung aus dem Kaukasus ein, eine Geschichte, die ich teils miterlebt, teils von anderen Augenzeugen erzählt bekommen und teils aus mir selber heraus ergänzt hatte. Und diese Geschichte, wie sie sich in meiner Erinnerung und Phantasie gestaltet hat, folgt hier.

## I

Es war gegen Ende des Jahres 1851.

An einem kalten Novemberabend ritt Hadschi-Murad in den von qualmendem Rauch erfüllten, wenig friedlichen Tschetschenzenaul Machket ein.

Der langgedehnte Gesang des Muezzins war soeben verstummt, und in der klaren, ganz mit dem Rauch des verbrannten Kuhdüngers gesättigten Bergluft hörte man durch das Brüllen der Kühe und Blöken der Schafe, das sich auf die eng wie Honigwaben aneinandergeklebten Gehöfte des Dorfes verteilte, deutlich die Kehllaute streitender Männerstimmen und das Plaudern der Frauen und Kinder unten am Brunnen.

Dieser Hadschi-Murad war der durch seine Heldentaten berühmte Naib Schamils, der immer nur mit seinen Feldzeichen und in Begleitung einiger Dutzend Muriden ausritt, die rings um ihn tollkühne Reiterstückchen vollführten. Jetzt aber kam er, in Baschlyk und Filzmantel gehüllt, unter dem sein Gewehr hervorlugte, nur mit einem einzigen Muriden an und gab sich Mühe, sowenig wie möglich bemerkt zu werden, blickte aber jeden Dorfbewohner, der ihm zufällig über den Weg lief, mit seinen flinken, schwarzen Augen aufmerksam an.

Als Hadschi-Murad bis in die Mitte des Dorfes gekommen war, ritt er nicht die Straße entlang, die auf den Platz hinausführte, sondern bog in ein schmales Seitengäßchen ein. Hier ritt er auf die zweite, halb in den Berg eingegrabene Hütte zu, hielt an und sah sich um. Unter dem Vordach war niemand zu sehen; auf dem Dach aber, hinter dem frisch mit Lehm beworfenen irdenen Schornstein lag ein Mann, der sich mit einem Schafpelz zugedeckt hatte. Hadschi-Murad berührte diesen Mann auf dem Dach mit seinem Peitschengriff und schnalzte mit der Zunge. Unter dem Schafpelz kroch ein alter Tschetschenze in Nachtmütze und speckigem, altem Beschmet hervor. Seine wimperlosen Augen waren rot und triefig, und er mußte blinzeln, um sie aufzubekommen. Hadschi- Murad murmelte das übliche »Selam aleikum« und enthüllte sein Gesicht.

»Aleikum Selam«, sagte der Alte mit zahnlosem Munde lächelnd, als er Hadschi-Murad erkannte, stellte sich auf seine dürren Beine und tastete mit ihnen nach seinen neben dem Schornstein stehenden Pantoffeln mit den Holzabsätzen. Nachdem er sie angezogen hatte, fuhr er, ohne sich zu beeilen, mit den Armen in die Ärmel seines nicht überzogenen, runzligen Schafpelzes und kroch rücklings die Leiter hinunter, die an das Dach gelehnt war. Während er sich anzog und hinabkletterte, schaukelte sein alter Kopf auf dem dürren, faltigen, sonnengebräunten Hals hin und her, und sein zahnloser Mund schnarrte beständig etwas vor sich hin. Unten angelangt, ergriff er zuvorkommend Hadschi-Murads Pferd am Zügel und wollte nach dem rechten Steigbügel fassen, aber der gewandte, starke Murid Hadschi-Murads war flink von seinem Pferd gesprungen, schob den Alten beiseite und hielt statt seiner den Bügel.

Hadschi-Murad stieg vom Pferd und begab sich, leicht hinkend, unter das Vordach. Aus der Tür lief ihm flink ein etwa fünfzehnjähriger Knabe entgegen, der mit seinen wie schwarze Herzkirschen glänzenden Augen die Ankommenden verwundert anstarrte.

»Lauf in die Moschee und ruf den Vater«, befahl ihm der Alte. Dann eilte er Hadschi-Murad voraus und öffnete ihm die leichte, knarrende Tür der Hütte. Als Hadschi-Murad eintrat, kam von innen eine nicht mehr junge, große und hagere Frau heraus, die über ihrem gelben Hemd einen roten Beschmet und blaue Pluderhosen trug und Kissen herbeibrachte.

»Gesegnet sei dein Eintritt!« sagte sie und breitete, nachdem sie sich zweimal tief verneigt hatte, ihre Kissen zu einem Sitz für den Gast an der vorderen Wand der Hütte aus.

»Langes Leben deinen Söhnen!« entgegnete Hadschi-Murad, nahm Filzmantel, Gewehr und Säbel ab und reichte alles dem Alten.

Der Alte hängte Gewehr und Säbel sorgsam neben die Waffen des Hausherrn zwischen zwei große Becken, die an der glatt beworfenen und sauber geweißten Wand glänzten, an einen Nagel. Hadschi-Murad brachte die ihm über den Rücken hängende Pistole in Ordnung, schritt auf die ausgebreiteten Kissen zu, schlug die Tscherkeska zurück und nahm Platz. Der Alte hockte sich neben ihn auf seine nackten Fersen nieder, schloß die Augen und hob die Arme mit geöffneten Händen empor. Hadschi-Murad tat das gleiche. Nachdem beide ein Gebet gesprochen hatten, ließen sie die Hände über das Gesicht gleiten und falteten sie am Ende des Bartes.

»Ne chabar?« fragte Hadschi-Murad den Alten, das heißt: Gibt's etwas Neues?

»Chabar iok (nichts Neues)«, erwiderte der Alte und blickte Hadschi-Murad mit seinen roten, leblosen Augen nicht ins Gesicht, sondern auf die Brust. »Ich lebe im Bienengarten, bin heute nur gekommen, um nach dem Sohn zu sehen. Er weiß mehr.«

Hadschi-Murad merkte, daß der Alte nicht sagen wollte, was er wußte und was Hadschi-Murad gern erfahren hätte. Deshalb ließ er den Kopf sinken und fragte ihn nicht weiter.

»Gute Neuigkeiten gibt es jedenfalls nicht«, fing der Alte wieder an. »Nur daß diese Hasen immer und immer wieder beraten, wie sie die Adler verjagen könnten. Aber die Adler reißen bald diesen, bald jenen in Stücke. Vorige Woche haben diese russischen Hunde bei den Migizern wieder einen Heuschober in Brand gesteckt. Möge ihnen der Schädel bersten!« krächzte der Alte feindselig.

Der Murid Hadschi-Murads trat ein. Leicht und mit großen Schritten ging er auf seinen stämmigen Beinen über den Erdfußboden, nahm ebenso wie Hadschi-Murad Mantel, Gewehr und Säbel ab, behielt nur Dolch und Pistole bei sich und hängte alles an denselben Nagel, an dem schon Hadschi-Murads Waffen hingen.

»Wer ist das?« fragte der Alte und zeigte auf den Ankömmling.

»Mein Murid. Eldar heißt er«, erwiderte Hadschi-Murad.

»Schön«, sagte der Alte und wies Eldar einen Platz auf der Filzdecke neben Hadschi-Murad an.

Eldar nahm mit gekreuzten Beinen Platz und richtete schweigend seine schönen Augen, die an die eines Widders erinnerten, auf den immer redseliger werdenden Alten. Der Alte erzählte, wie ihre Burschen vorige Woche zwei Soldaten gefangen hätten: den einen hätten sie getötet und den anderen zu Schamil nach Wedeno geschickt. Hadschi-Murad hörte zerstreut zu, blickte nach der Tür und lauschte auf die Geräusche, die von außen her vernehmbar waren. Unter dem Vordach der Hütte hörte man Schritte, die Tür knarrte, und der Hausherr trat ein.

Sado, der Eigentümer der Hütte, war ein Mann von etwa vierzig Jahren mit kleinem Bärtchen, langer Nase und ebenso schwarzen, wenn auch nicht so glänzenden Augen wie sein fünfzehnjähriger Sohn, der, hinter dem Vater herlaufend, mit ihm zusammen in die Hütte trat und sich neben der Tür niederkauerte. Der Hausherr zog an der Tür die Holzschuhe aus, schob die alte, abgetragene Lammfellmütze auf dem schon lange nicht mehr rasierten, dicht mit schwarzem Haar bewachsenen Kopf in den Nacken zurück und ließ sich sofort, Hadschi-Murad gegenüber, auf die Fersen nieder.

Ganz wie der Alte schloß auch er erst die Augen, hob die Arme mit geöffneten Handflächen nach oben, sprach ein Gebet, fuhr mit den Händen über das Gesicht und fing erst dann zu reden an. Er erzählte, daß von Schamil der Befehl ergangen sei, Hadschi-Murad lebendig oder tot aufzugreifen, daß Schamils Boten erst gestern fortgeritten seien und daß das Volk es nicht wage, ihm den Gehorsam zu verweigern und daß man vorsichtig sein müsse.

»In meinem Haus«, sagte Sado, »geschieht, solange ich am Leben bin, dem Gastfreund nichts. Aber draußen auf freiem Feld? Wir müssen überlegen.«

Hadschi-Murad hatte aufmerksam zugehört, nickte zustimmend mit dem Kopf und sagte nun, als Sado geendet hatte: »Gut. Ich muß jetzt einen Boten mit einem Brief zu den Russen schicken. Mein Murid wird hinreiten, er braucht nur einen Führer.«

»Ich werde meinen Bruder Bata schicken«, erwiderte Sado. »Rufe Bata!« wandte er sich an den Sohn.

Wie von Sprungfedern hochgeschnellt, sprang der Knabe auf seine flinken Beine und rannte mit schlenkernden Armen hinaus. Nach etwa zehn Minuten kehrte er mit einem wettergebräunten, muskelstarken, untersetzten Tschetschenzen zurück, der in einer überall ausgeplatzten gelben Tscherkeska mit zerfransten Ärmeln steckte und hinuntergerutschte schwarze Ledergamaschen trug. Hadschi-Murad grüßte den Eintretenden und fragte sogleich, um keine unnötigen Worte zu verlieren: »Kannst du meinen Muriden zu den Russen führen?«

»Und ob ich das kann!« erwiderte Bata munter. »Alles kann ich. Kein Tschetschenze versteht das besser als ich. Wenn ein anderer ginge, würde er dir viel versprechen und nichts halten. Ich aber kann ihn sicher hinbringen.«

»Schön«, sagte Hadschi-Murad. »Für deine Mühe erhältst du drei Rubel«, fügte er hinzu und hielt ihm drei Finger vor das Gesicht.

Bata nickte zum Zeichen, daß er ihn verstanden habe, mit dem Kopf, fügte aber hinzu, daß er es nicht des Geldes wegen tue, sondern daß er es für eine Ehre halte, Hadschi-Murad zu dienen. Alle Bergbewohner wüßten, wie Hadschi-Murad die russischen Schweine geschlagen habe

»Schön«, sagte Hadschi-Murad. »Ein gutes Seil soll lang, eine gute Rede aber kurz sein.«

»Na, ich bin schon still«, meinte Bata.

»Dort, wo der Argun ein Knie macht, liegt, dem schroffen Abhang gerade gegenüber, eine Lichtung im Wald. Zwei Heuschober stehen darauf. Weißt du, welche Stelle ich meine?«

»Ja, ich weiß.«

»Dort warten drei meiner Reiter auf mich«, fuhr Hadschi-Murad fort.

»Aija«, sagte Bata und nickte mit dem Kopf.

»Du fragst nach Khan-Mahoma. Khan-Mahoma weiß, was er zu tun und zu sagen hat. Den führst du zu dem russischen Befehlshaber, zu dem Fürsten Woronzow. Kannst du das?«

»Ich werde ihn hinführen.«

»Du mußt ihn hinbringen und auch wieder zurückführen. Kannst du das?«

»Das kann ich.«

»Du führst ihn hin und her und kommst dann wieder in den Wald zurück. Dort werde auch ich sein.«

»Soll alles geschehen«, sagte Bata, stand auf, kreuzte die Hände über der Brust und ging hinaus.

»Nun muß ich noch einen Boten nach Tschechi schicken«, fuhr Hadschi-Murad, als Bata hinausgegangen war, zu dem Hausherrn gewandt, fort. »Der soll in Tschechi folgendes tun«, wollte er anfangen, indem er nach einer Patrone an seiner Tscherkeska griff, ließ aber sogleich die Hand sinken und schwieg, als er zwei Frauen erblickte, die in die Hütte traten.

Die eine war Sados Weib, dieselbe nicht mehr junge, hagere Frau, die vorhin die Kissen ausgebreitet hatte; die andere ein noch ganz junges Mädchen in roten Pluderhosen und grünem Beschmet und einem Gehänge von Silbermünzen, das ihre ganze Brust bedeckte. Am Ende ihres nicht sehr langen, aber starken und derben Zopfes, der zwischen den Schultern über ihren schmalen Rücken herabhing, war ein Silberrubel befestigt. Dieselben schwarzen Herzkirschenaugen, wie sie ihr Vater und ihr Bruder hatten, funkelten lustig aus ihrem Gesicht, dem sie einen ernsten Ausdruck zu geben versuchte. Sie blickte die Gäste nicht an, aber man sah, daß sie ihre Anwesenheit fühlte.

Sados Gattin trug ein niederes, rundes Tischchen herbei, auf dem sich Tee, Plinsen in Butter, Käse, Tschurek (fein ausgewalztes Brot) und Honig befanden. Das Mädchen brachte ein Bekken, einen Krug und ein Handtuch herbei.

Sado und Hadschi-Murad schwiegen beide, während die Frauen, die sich in ihren weichen, roten Schuhen ohne Absätze lautlos hin und her bewegten, das Hereingebrachte den Gästen vorsetzten. Eldar hielt die Widderaugen auf seine gekreuzten Beine gerichtet und saß, solange die Frauen im Zimmer waren, unbeweglich wie eine Statue da. Erst als sie wieder hinausgegangen und ihre weichen Schritte auch hinter der Tür nicht mehr zu hören waren, seufzte er erleichtert auf. Hadschi-Murad aber griff wieder nach der Patrone in seiner Tscherkeska und zog die Kugel, die sie enthielt, und darunter einen zusammengerollten Zettel heraus.

»Das ist an meinen Sohn abzugeben«, sagte er, auf den Zettel weisend.

»Wohin soll die Antwort gebracht werden?« fragte Sado.

»Zu dir, und du stellst sie mir dann zu.«

»Soll geschehen«, erwiderte Sado und barg den Zettel in einer Patrone seiner Tscherkeska.

Dann griff er mit beiden Händen nach dem Krug und rückte das Becken vor Hadschi-Murad hin. Dieser streifte die Ärmel seines Beschmets an den muskulösen, weißen Armen bis über die Handgelenke zurück und hielt seine Hände unter den Strahl kalten, klaren Wassers, das Sado aus dem Krug über sie ausgoß. Dann trocknete er sich die Hände an dem rauhen, aber sauberen Handtuch ab und rückte näher an den Eßtisch heran. Eldar tat das gleiche. Während die Gäste aßen, saß Sado ihnen gegenüber und dankte ihnen zu wiederholten Malen für ihren Besuch. Der Knabe, der neben der Tür kauerte, wandte seine glänzenden schwarzen Augen nicht von Hadschi-Murad ab und lächelte, als wollte er durch dieses Lächeln die Worte seines Vaters bestätigen.

Obgleich Hadschi-Murad länger als vierundzwanzig Stunden nichts gegessen hatte, aß er doch nur ein wenig Brot, zog unter seinem Dolch ein Taschenmesser hervor, schnitt sich Honig ab und strich ihn auf das Brot.

»Unser Honig ist gut. Wir haben heuer ein rechtes Honigjahr: viel und gut«, meinte der Alte, dem es sichtlich Freude machte, daß Hadschi-Murad von seinem Honig aß.

»Danke«, sagte Hadschi-Murad und rückte von den Speisen fort. Eldar hätte gern noch mehr genommen, aber er folgte dem Beispiel seines Murschiden, wandte sich ebenfalls vom Tisch ab und reichte Hadschi-Murad das Becken und den Krug.

Sado wußte wohl, daß er sein Leben aufs Spiel setzte, wenn er

Hadschi-Murad bei sich aufnahm, da ja nach dem Streit zwischen Schamil und Hadschi-Murad allen Einwohnern der Tschetschnja bei Todesstrafe verboten worden war, Hadschi-Murad zu beherbergen. Er wußte, daß die Dorfbewohner jeden Augenblick die Anwesenheit Hadschi-Murads in seinem Haus erfahren und seine Auslieferung verlangen konnten. Aber das brachte Sado nicht nur nicht in Verlegenheit, sondern machte ihm sogar Freude. Er hielt es für seine Pflicht, den Gast zu beschützen, obgleich es ihn das Leben kosten konnte, freute sich über sich selber und war stolz darauf, daß er so handelte, wie die Pflicht es ihm gebot.

»Solange du in meinem Hause bist und ich noch einen Kopf auf den Schultern trage, soll dir niemand ein Haar krümmen«, sagte er noch einmal zu Hadschi-Murad.

Hadschi-Murad blickte ihm in die glänzenden Augen und erwiderte, nachdem er erkannt hatte, daß sein Freund die Wahrheit sprach, etwas feierlich: »Möge dir Freude und langes Leben beschieden sein!«

Zum Zeichen der Dankbarkeit für dieses gute Wort kreuzte Sado stumm die Hände über der Brust.

Nachdem Sado die Fensterläden der Hütte fest verschlossen und etwas Holz im Kamin nachgelegt hatte, verließ er in besonders fröhlicher und angeregter Stimmung das Gastzimmer und begab sich in jenen Teil der Hütte, den er mit seiner Familie bewohnte. Die Frauen schliefen noch nicht und unterhielten sich über die gefährlichen Gäste, die heute in ihrer Hütte nächtigten.

## 2

In derselben Nacht marschierte ein Unteroffizier mit drei Soldaten durch das Schachgirinsche Tor aus der Festung Wosdwischenskoje, die etwa fünfzehn Werst von dem Aul entfernt war, in dem Hadschi-Murad übernachtete. Die Soldaten trugen Halbpelze und Fellmützen, hatten die zusammengerollten Mäntel über den Rücken gehängt und steckten in großen, bis über die Knie reichenden Stiefeln, wie sie die Soldaten damals im Kaukasus trugen.

Mit dem Gewehr über der Schulter marschierten sie zuerst die Straße entlang, bogen dann, nachdem sie etwa fünfhundert Schritte gegangen waren, von ihr ab, gingen durch das trockene Laub, das unter ihren Stiefeln raschelte, ungefähr zwanzig

Schritte nach rechts und machten bei einer umgebrochenen Platane halt, deren dunkler Stamm in der Finsternis sichtbar war. Bei dieser Platane stellte man gewöhnlich einen Horchposten auf.

Die hellen Sterne, die, solange die Soldaten durch den Wald marschierten, über den Wipfeln der Bäume mitzulaufen schienen, machten jetzt ebenfalls halt und funkelten hell durch die entlaubten Zweige.

»Gott sei Dank, daß wir da sind«, sagte trocken der Unteroffizier Panow, nahm das lange Gewehr mit dem aufgepflanzten Bajonett von der Schulter, daß es nur so klirrte, und lehnte es gegen den Baum. Die drei Soldaten folgten seinem Beispiel.

»Tatsächlich... verloren...« brummte Panow ärgerlich. »Entweder habe ich sie vergessen, oder sie ist mir unterwegs aus der Tasche gefallen.«

»Was suchst du denn?« fragte einer der Soldaten mit munterer, lustiger Stimme.

»Meine Pfeife. Weiß der Teufel, wo sie steckt!«

»Hast du wenigstens das Pfeifenrohr mitgebracht?« fragte die muntere Stimme wieder.

»Ja, das Pfeifenrohr habe ich.«

»Willst du nicht gleich aus der Erde rauchen?«

»Ja, aber wie denn?«

»Warte, das werden wir gleich haben.«

Auf Horchposten zu rauchen war verboten; aber dies war eigentlich gar kein Horchposten, sondern vielmehr eine Vorpostenwache, die nur zu dem Zweck aufgestellt wurde, damit die Bergbewohner nicht, wie sie es früher schon getan hatten, ihr Geschütz unbemerkt heranschieben und die Festung beschießen konnten. Deshalb hielt es Panow auch nicht für nötig, sich des Rauchens zu enthalten, und willigte in den Vorschlag des munteren Soldaten ein. Dieser zog ein Messer aus der Tasche und fing an, ein Loch in den Boden zu graben. Nachdem er damit fertig war, strich er die Erde ringsum glatt, setzte das Pfeifenrohr ein, stopfte Tabak in das Loch, drückte ihn fest, und die Pfeife war fertig. Ein Schwefelhölzchen blitzte auf und beleuchtete für einen Augenblick das derbknochige Gesicht des auf dem Bauch liegenden Soldaten. Die Luft aus dem Rohr wurde herausgetrieben, und Panow sog befriedigt den angenehmen Duft des anbrennenden Tabaks ein.

»Hast du's zustande gebracht?« fragte er und richtete sich auf.

»Und ob! Da schau!«

»Ein Mordskerl, dieser Awdejew! Ein ganz geriebener Bursche! Nicht?« Awdejew rückte, den Rauch aus dem Mund blasend, beiseite, um Panow Platz zu machen.

Dieser legte sich auf den Bauch, wischte das Mundstück mit dem Ärmel ab und fing an zu rauchen.

Nachdem alle Soldaten der Reihe nach geraucht hatten, entspann sich zwischen ihnen ein Gespräch.

»Wie man munkelt, soll unser Kompaniechef wieder in die Kasse gelangt haben; hat im Spiel verloren. Seht einmal an!« sagte einer der Soldaten mit träger Stimme.

»Der gibt's schon zurück«, meinte Panow.

»Selbstverständlich; er ist doch ein braver Offizier«, bestätigte Awdejew.

»Brav hin, brav her«, fuhr der, der das Gespräch angefangen hatte, finster fort. »Meiner Ansicht nach müßte die Kompanie mit ihm reden und zu ihm sagen: ›Wenn du was rausnimmst, so sage wenigstens wieviel, und wann du es zurückgeben wirst.‹«

»Wie die Kompanie will«, versetzte Panow und ließ die Pfeife aus dem Mund.

»Versteht sich, wir sind doch keine kleinen Kinder«, pflichtete ihm Awdejew bei.

»Aber wir müssen doch Hafer kaufen und zum Frühjahr die Stiefel ausbessern lassen; wir brauchen das Geld, wenn er's aber wegnimmt...« beharrte der Unzufriedene.

»Ich sage ja: wie die Kompanie will«, wiederholte Panow. »Es ist doch nicht das erstemal, daß er was rausgenommen und dann wieder hineingetan hat.«

In jener Zeit verwaltete jede Kompanie im Kaukasus durch eigene Vertrauensleute ihre wirtschaftlichen Angelegenheiten selbst. Sie erhielt aus der Staatskasse sechs und einen halben Rubel für jeden Mann, verpflegte sich selbst, pflanzte ihren Kohl, mähte ihr Heu, hielt sich ihren eigenen Fuhrpark und war stolz auf ihre satten Kompaniepferde. Das Geld wurde in einer Kasse aufbewahrt, zu der der Kompaniechef den Schlüssel hatte, und es geschah nicht selten, daß dieser bei der Kasse eine Anleihe machte. So war es auch jetzt wieder gewesen, und eben davon sprachen die Soldaten. Der finstere Nikitin wollte, man solle vom Kompaniechef Rechenschaft fordern, während Panow und Awdejew dies nicht für notwendig hielten.

Nach Panow tat auch Nikitin ein paar Züge aus der Pfeife, breitete dann seinen Mantel unter sich aus, setzte sich und lehnte den Rücken gegen den Baum. Die Soldaten verstummten. Man hörte nur, wie der Wind hoch über ihren Köpfen durch die Wipfel der Bäume fuhr. Plötzlich erklang durch das ununterbrochene stille Rauschen des Waldes das Heulen, Winseln und weinende Gelächter der Schakale.

»Hört ihr, wie sie lachen, diese verfluchten Biester?« sagte Awdejew.

»Die lachen dich aus, weil du eine so schiefe Fresse ziehst«, meinte der vierte Soldat, ein Kleinrusse, mit feiner Stimme.

Wieder schwiegen alle still. Nur der Wind bewegte leise die Äste, so daß die Sterne bald sichtbar, bald verdeckt waren.

»Hör mal, Antonytsch«, wandte sich plötzlich der muntere Awdejew an Panow, »ist dir manchmal auch so traurig zumute?«

»Wieso denn traurig?« gab Panow unwillig zurück.

»Mir ist manchmal so traurig zumute, so traurig, daß ich, scheint's, selber nicht weiß, was ich mit mir anfangen soll.«

»Ach geh!« brummte Panow.

»Daß ich damals mein Geld versoff – weißt du noch? –, das kam alles nur von dieser Traurigkeit. Das wälzte und wälzte sich nur so auf mich nieder. Da dachte ich: Warte, mußt dir eben einen Rausch antrinken.«

»Aber manchmal wird's vom Wein nur noch schlimmer.«

»So ist's mir auch ergangen. Doch was soll man machen?«

»Ja, warum bist du denn manchmal so traurig?«

»Ich? Ich habe Sehnsucht nach Hause.«

»Hast wohl ein fettes Leben daheim geführt?«

»Wir sind nicht gerade reich, aber wir hatten genug und lebten nicht schlecht.«

Und Awdejew fing an zu erzählen, eben das, was er Panow schon soundso oft erzählt hatte.

»Ich bin doch freiwillig für den Bruder gegangen«, fing er an. »Er hatte bereits Stücker fünf Kinder, und ich war gerade erst verheiratet. Die Mutter verlegte sich aufs Bitten. Ich denke: Was liegt an mir? Vielleicht behalten sie mich dafür in gutem Gedächtnis. Ich ging also zum Gutsherrn. Ein guter Mann, unser Gutsherr. ›Bist ein braver Bursche‹, sagte er zu mir, ›geh nur.‹ So bin ich für den Bruder gegangen.«

»Nun, das war doch schön von dir«, bemerkte Panow.

»Aber glaubst du, Antonytsch, jetzt macht mich das traurig, macht mich um so trauriger, weil ich mich immer wieder frage: Warum bist du nur für den Bruder gegangen? Er spielt jetzt nämlich den großen Herrn, du aber plagst dich hier ab. Und je öfter ich daran denke, um so schlimmer wird es. Eine Sünde ist es, das ist klar.«

Awdejew schwieg.

»Wollen wir noch ein bißchen rauchen?« fragte er dann.

»Meinetwegen, mach's noch mal fertig.«

Aber sie sollten nicht wieder zum Rauchen kommen. Awdejew war gerade aufgestanden und wollte die Pfeife noch einmal stopfen, als sie durch das Rauschen des Windes Schritte auf dem Weg hörten. Panow griff nach seinem Gewehr und stieß Nikitin mit dem Fuß an. Dieser sprang auf die Füße und hob seinen Mantel auf. Auch der dritte Soldat, Bodarenko, erhob sich.

»Hört nur, Kameraden, was ich soeben für einen Traum hatte...«

Awdejew machte Bodarenko ein Zeichen, daß er schweigen solle, und alle waren still und lauschten. Die weichen Schritte von Leuten, die anscheinend keine Stiefel anhatten, kamen immer näher. Immer deutlicher hörte man in der Dunkelheit das Rascheln des welken Laubes und das Knacken der dürren Äste. Dann vernahm man schon die Worte der an Kehllauten reichen Sprache der Tschetschenzen. Endlich hörten die Soldaten nicht nur die Stimmen, sondern erblickten auch zwei Schatten, die beim schwachen Schein der Sterne durch die Bäume dahinhuschten. Der eine dieser beiden Schatten war etwas größer, der andere etwas kleiner. Als sie sich auf gleicher Höhe mit den Soldaten befanden, trat Panow, das Gewehr im Anschlag, mit zwei seiner Kameraden auf den Weg hinaus.

»Wer da?« rief er.

»Tschetschenze friedlicher«, erwiderte der Kleinere. Es war Bata. »Gewehr iok, Säbel iok«, fuhr er fort und zeigte auf sich selber. »Muß Fürst sprechen.«

Der andere, der größer war, stand schweigend neben seinem Kameraden. Auch er trug keine Waffen.

»Wahrscheinlich Spione«, sagte Panow erklärend zu seinen Soldaten. »Wir müssen sie zum Oberst bringen.«

»Fürst Woronzow stark nötig, große Dinge nötig«, drängte Bata.

»Schön, schön, wir werden euch hinführen«, versetzte Panow. »Du kannst sie ja mit Bodarenko zusammen hinbringen«, wandte er sich an Awdejew, »sie dem Offizier vom Dienst übergeben und dann wieder herkommen. Aber sei vorsichtig! Immer vorangehen lassen!«

»Wozu ist denn das da?« sagte Awdejew und machte mit dem Bajonett eine Bewegung, als wollte er jemanden durchbohren. »Ein Stoß – und der Dampf geht ihm aus.«

»Dann wäre er ja zu nichts mehr nütze, wenn du ihn aufspießen willst«, warf Bodarenko ein.

»Na, vorwärts, marsch!«

Als die Schritte der beiden Soldaten und der Spione verhallt waren, kehrten Panow und Nikitin auf ihren Posten zurück.

»Was zum Teufel schleichen die in der Nacht hier herum?« sagte Nikitin.

»Muß etwas Dringendes sein«, versetzte Panow. »Aber es wird kalt«, fügte er hinzu, rollte den Mantel auf, zog ihn an und setzte sich neben den Baum.

Nach ungefähr zwei Stunden kehrten Awdejew und Bodarenko zurück.

»Na, wie steht's, habt ihr sie abgegeben?« fragte Panow.

»Jawohl. Beim Oberst war noch alles auf. Wir haben sie gleich zu ihm gebracht. Aber was das für brave Kerle sind, diese kahlen Igel, Kamerad!« fuhr Awdejew fort. »Weiß Gott, ich habe mich schon mit ihnen unterhalten.«

»Du mußt natürlich immer schwatzen«, sagte Nikitin barsch.

»Wirklich, sie sind ganz wie die Russen. Der eine ist verheiratet. ›Maruschka‹, frage ich ihn, ›bar?‹ – ›Bar‹, sagte er. – ›Hammel‹, frag ich weiter, ›bar?‹ – ›Bar‹, sagt er, ›viele.‹ – ›Ein paar?‹ – ›Bar‹, sagt er. So haben wir uns schön miteinander unterhalten. Brave Kerle das!«

»Das nennst du brav!« meinte Nikitin. »Triff ihn nur allein, dann schlitzt er dir ohne Bedenken den Bauch auf.«

»Es muß doch bald Tag werden«, bemerkte Panow.

»Ja, die Sterne erlöschen schon allmählich«, erwiderte Awdejew und setzte sich hin.

Und wieder waren alle still.

## 3

In den Kasernen und Soldatenbaracken war es schon lange dunkel, nur in einem der besten Häuser der Festung waren noch alle Fenster hell erleuchtet. In diesem Haus wohnte der Oberst und Kommandeur des Kurinischen Regimentes, Flügeladjutant Fürst Semjon Michailowitsch Woronzow, ein Sohn des Oberkommandierenden. Woronzow war mit Marja Wasiljewna, einer

»Da werden wir uns morgen sehen«, erwiderte der Fürst mit leichtem Lächeln.

»Sehr angenehm«, entgegnete Poltorazkij, der gar nicht recht verstanden hatte, was der Fürst von ihm wollte, weil er nur daran dachte, daß er jetzt sogleich Marja Wasiljewnas Hand in der seinen halten würde.

Marja Wasiljewna drückte Poltorazkijs Hand nicht nur fest, sondern schüttelte sie, wie sie das immer tat, auch sehr kräftig. Und während sie ihn noch einmal an einen Fehler – er hatte aus Versehen Karo ausgespielt – erinnerte, lächelte sie ihm, wie Poltorazkij glaubte, zärtlich, verführerisch und bedeutsam zu.

Poltorazkij ging in jener begeisterten Stimmung nach Hause, die nur ein Mensch nachempfinden kann, der gleich ihm in der großen Welt aufgewachsen und erzogen – auf einmal nach Monaten einsamen Militärlebens wieder eine Frau seiner früheren Kreise trifft, und noch dazu eine Frau wie die Fürstin Woronzowa.

Als er an dem Häuschen angelangt war, in dem er mit einem Kameraden zusammen wohnte, stieß er gegen die Eingangstür, aber die Tür war verschlossen. Er pochte dagegen – doch die Tür ging nicht auf. Ärgerlich fing er an, mit den Füßen und dem Säbel gegen die verschlossene Tür zu trommeln. Da hörte man Schritte im Innern, und Wawila, Poltorazkijs Leibeigener, schob den Riegel zurück.

»Was fällt dir ein, die Tür zu verriegeln? Du Schafskopf!«

»Aber man könnte doch... Alexej Wladomiro...«

»Schon wieder betrunken! Ich werde dir zeigen, was man könnte...« Und er wollte Wawila verprügeln, besann sich aber plötzlich anders.

»Der Teufel soll dich holen! Zünde die Kerze an!«

»Gleich, gleich.«

Wawila war tatsächlich betrunken. Er war beim Kammerunteroffizier gewesen und hatte dessen Namenstag gefeiert. Dann war er nach Hause zurückgekehrt und hatte in Gedanken sein Leben mit dem des Kammerunteroffiziers verglichen. Dieser Iwan Matwejewitsch hatte seine schönen Einnahmen, war verheiratet und hoffte, in einem Jahr vom Militär loszukommen. Wawila dagegen war als Knabe aufgezogen, das heißt in den Dienst der Herrschaft genommen worden, war nun schon über vierzig Jahre alt, nicht verheiratet und führte mit seinem liederlichen Herrn dieses Soldatenleben. Der Herr war zwar nicht schlecht, verprügelte ihn wenig, aber ein elendes Leben war es doch. Er hat versprochen, mich freizugeben, wenn er aus dem Kaukasus zurückkehrt, aber wohin soll ich dann gehen, auch wenn ich frei bin? Ein wahres Hundeleben! dachte Wawila. Und er hatte nur noch den einen Wunsch gehabt, im Schlaf alles zu vergessen, hatte aus Angst, daß jemand kommen und etwas stehlen könnte, den Riegel vorgeschoben und war eingeschlafen.

Poltorazkij trat in das Zimmer, wo er mit seinem Kameraden Tichonow zusammen schlief.

»Na, wie war's? Hast du verloren?« fragte Tichonow, der aufgewacht war.

»Im Gegenteil! Siebzehn Rubel gewonnen und eine Flasche Cliquot getrunken.«

»Und Marja Wasiljewna mit den Augen verschlungen?«

»Ja, auch das...« gab Poltorazkij zu.

»Wir müssen schon bald wieder aufstehen«, sagte Tichonow. »Um sechs Uhr ist Abmarsch.«

»Wawila!« rief Poltorazkij. »Daß du mich morgen früh um fünf Uhr ja ordentlich weckst!«

»Wohl damit ich wieder Prügel kriege, wenn ich Sie wecke!«

»Ich sage dir, du sollst mich wecken! Verstanden?«

»Zu Befehl.«

Wawila ging mit den Stiefeln und Kleidern seines Herrn hinaus. Poltorazkij aber legte sich ins Bett, steckte sich noch eine Zigarette an und löschte dann das Licht aus. Im Dunkeln sah er das lächelnde Gesicht Marja Wasiljewnas vor sich.

Auch bei den Woronzows hatte man sich nicht sogleich schlafen gelegt. Als die Gäste fortgegangen waren, trat Marja Wasiljewna auf ihren Mann zu, blieb vor ihm stehen und fragte streng: »Eh bien, vous allez me dire ce que c'est?«

»Mais ma chère...«

»Pas de ma chère! C'est un émissaire, n'est-ce pas?«

»Quand même je ne puis pas vous le dire.«

»Vous ne pouvez pas? Alors c'est moi qui vais vous le dire.«

»Vous?«

»Hadschi-Murad, nicht wahr?« fragte die Fürstin, die schon vor ein paar Tagen von Unterhandlungen mit Hadschi-Murad gehört hatte und nun vermutete, Hadschi-Murad sei selber bei ihrem Gatten gewesen.

Woronzow konnte es nun nicht mehr leugnen, enttäuschte aber seine Frau durch die Mitteilung, daß nicht Hadschi-Murad selber, sondern nur ein Bote von ihm dagewesen sei, der ihm die Nachricht gebracht habe, daß Hadschi-Murad morgen im Wald, dort, wo die Bäume gefällt worden seien, mit ihm zusammentreffen wolle.

Mitten in dem langweiligen Festungsleben bedeutete dieses Ereignis für die jungen Woronzows eine willkommene Abwechslung, über die sich Mann und Frau in gleicher Weise freuten. Nachdem sie noch eine Weile darüber gesprochen hatten, wie angenehm diese Nachricht seinem Vater sein werde, legten sich beide gegen drei Uhr schlafen.

## 4

Hadschi-Murad war nach den drei schlaflosen Nächten, die er auf der Flucht vor den von Schamil gegen ihn ausgeschickten Muriden verbracht hatte, sogleich eingeschlafen, sobald Sado ihm gute Nacht gewünscht und das Gastzimmer verlassen hatte. Er hatte sich nicht ausgekleidet und schlief, den Kopf auf den Arm gestützt, dessen Ellenbogen in dem roten Daunenkissen versank, das ihm der Hausherr hingelegt hatte. Nicht weit von ihm, an der Wand, schlief Eldar. Eldar lag auf dem Rücken und hatte seine jungen, kräftigen Glieder weit von sich gestreckt, so daß sein hoher Brustkorb mit dem schwarzen Patronenriemen auf der weißen Tscherkeska höher lag als der zurückgebogene, frisch rasierte, bläulich schimmernde Kopf, der von dem Kissen heruntergerutscht war. Seine mit einem kaum merklichen Flaum bedeckte Oberlippe hatte sich wie bei Kindern etwas hochgezogen und hob und senkte sich nun schlürfend. Auch er schlief wie Hadschi-Murad in den Kleidern, mit Pistole und Dolch im Gürtel. Das Holz im Kamin war niedergebrannt, und das Nachtlicht auf dem Ofen schien am Verlöschen.

Mitten in der Nacht knarrte die Tür des Gastzimmers. Hadschi-Murad fuhr sogleich auf und griff nach seiner Pistole. Ins Zimmer trat, mit weichen Sohlen über den Erdfußboden schreitend, Sado.

»Was willst du?« fragte Hadschi-Murad, als hätte er niemals geschlafen.

»Wir müssen beraten«, erwiderte Sado und nahm Hadschi-Murad gegenüber Platz.

»Eine Frau hat vom Dach aus gesehen, wie du hereingeritten bist«, fuhr er fort. »Sie hat es ihrem Mann erzählt, und jetzt weiß es das ganze Dorf. Soeben kommt eine Nachbarin zu meiner Frau gelaufen und erzählt, daß die Alten sich in der Moschee versammelt haben und dich festnehmen wollen.«

»Dann muß ich fort«, sagte Hadschi-Murad.

»Die Pferde stehen bereit«, erwiderte Sado und lief schnell aus der Hütte.

»Eldar!« rief Hadschi-Murad im Flüsterton.

Als Eldar seinen Namen und vor allem die Stimme seines Murschiden hörte, sprang er flink auf die kräftigen Beine und schob die Mütze zurecht. Hadschi-Murad legte Waffen und Mantel an. Eldar tat das gleiche. Dann traten beide schweigend aus der Hütte unter das Vordach. Der schwarzäugige Knabe führte die Pferde vor. Als das Getrappel der Hufe auf der festgetretenen Straße vernehmbar wurde, steckte irgend jemand aus der Tür einer Nachbarhütte den Kopf heraus, und man hörte, wie ein Mann in klappernden Holzschuhen den Berg zur Moschee hinanlief.

Der Mond schien nicht, nur die Sterne leuchteten hell vom schwarzen Himmel, und man konnte in der Finsternis deutlich die Umrisse der Hüttendächer und der alle anderen Gebäude überragenden Moschee mit ihrem Minarett im oberen Teile des Dorfes erkennen. Von der Moschee her hörte man dumpfes Stimmengewirr.

Hadschi-Murad zog das Gewehr zu sich heran, setzte den Fuß in den schmalen Steigbügel, schwang sich lautlos und unversehens aufs Pferd und setzte sich auf das hohe Sattelkissen.

»Gott vergelte es euch!« sagte er, zu dem Hausherrn gewandt, suchte mit einer gewohnten Bewegung des rechten Beins den anderen Steigbügel und berührte den Knaben, der das Pferd hielt, kaum merklich mit der Peitsche, zum Zeichen, daß er beiseite treten solle. Der Knabe sprang zurück, und das Pferd, als wüßte es selber, was es zu tun habe, lief in beschleunigtem Schritt aus der Seitengasse in die Hauptstraße. Eldar ritt hinterher. Sado rannte im Pelz und mit den Armen fuchtelnd hinterdrein, wobei er bald auf die eine, bald auf die andere Seite der engen Straße sprang. Am Ausgang des Auls huschte ein Schatten über den Weg, dann noch ein zweiter.

»Halt! Wer da? Keinen Schritt weiter!« rief eine Stimme, und ein paar Leute versperrten ihnen den Weg.

Statt anzuhalten, zog Hadschi-Murad seine Pistole aus dem Gürtel, spornte sein Pferd an und sprengte gerade auf die Leute los, die ihm den Weg versperrten. Die dunklen Gestalten traten beiseite, und Hadschi-Murad ritt, ohne sich umzusehen, in scharfem Paßgang die abwärts führende Straße entlang. Eldar folgte ihm in raschem Trab. Hinter ihnen blitzten zwei Schüsse auf, zwei Kugeln pfiffen vorüber, die weder ihn noch Eldar trafen. Hadschi-Murad ritt in derselben Weise weiter.

Nachdem sie etwa hundert Schritt zurückgelegt hatten, hielt Hadschi-Murad sein leicht schnaubendes Pferd an und lauschte. Vor ihm in der Tiefe rauschte ein reißendes Wasser. Hinter ihnen krähten abwechselnd die Hähne im Aul. Zwischen diesen Geräuschen hörte man von hinten her den Hufschlag herannahender Pferde und einzelne Stimmen. Hadschi-Murad trieb sein Pferd wieder an und ritt in demselben gleichmäßigen Tempo weiter.

Die Reiter hinter ihnen ritten im Galopp und hatten Hadschi-Murad bald eingeholt. Es waren gegen zwanzig Mann, lauter Dorfbewohner, die beschlossen hatten, Hadschi-Murad festzunehmen oder sich wenigstens den Anschein zu geben, als wollten sie ihn festnehmen, um vor Schamil gerechtfertigt dazustehen. Als sie so nahe herangekommen waren, daß man sie in der Dunkelheit erkennen konnte, machte Hadschi-Murad halt, ließ die Zügel los, öffnete mit einem gewohnten Griff der linken Hand das Futteral seines Gewehrs und zog es mit der rechten heraus. Eldar folgte seinem Beispiel.

»Was wollt ihr?« rief Hadschi-Murad. »Mich festnehmen? Nun, so tut's doch!« Und er legte das Gewehr an.

Die Dorfbewohner machten halt. Hadschi-Murad, immer das Gewehr schußbereit in der Hand, ritt langsam in die Schlucht hinunter. Die Reiter folgten ihm, kamen aber nicht näher heran. Als Hadschi-Murad die andere Seite der Schlucht erreicht hatte, schrien ihm die ihn verfolgenden Reiter zu, er solle sich anhören, was sie ihm zu sagen hätten. Als Antwort darauf schoß Hadschi-Murad sein Gewehr ab und setzte sein Pferd in Galopp. Als er es wieder anhielt, war von seinen Verfolgern nichts mehr zu vernehmen, auch die Hähne hörte man nicht mehr, sondern nur um so deutlicher das Rauschen des Wassers im Walde. Ab und zu schrie klagend ein Uhu. Die schwarze Mauer des Waldes war jetzt ganz nahe. Es war jener selbe Wald, wo ihn seine Muriden erwarteten.

Am Waldessaum angelangt, machte Hadschi-Murad halt, zog die Luft tief in die Lungen ein und ließ einen Pfiff ertönen. Dann stand er still und lauschte. Einen Augenblick später ertönte der gleiche Pfiff vom Wald her. Hadschi-Murad bog vom Weg ab und ritt in den Wald hinein. Nachdem er etwa hundert Schritt zurückgelegt hatte, erblickte er zwischen den Baumstämmen ein Lagerfeuer und die Schatten der Leute, die um das Feuer herumsaßen, dessen Schein ein angekoppeltes, aber gesatteltes Pferd noch zur Hälfte beleuchtete. Drei Männer saßen um das Feuer herum.

Der eine von ihnen sprang schnell auf, lief auf Hadschi-Murad zu, ergriff dessen Pferd am Zügel und hielt ihm den Steigbügel. Es war jener Murid, den Hadschi-Murad seinen Bruder nannte und der ihm die Wirtschaft führte.

»Löscht das Feuer aus!« sagte Hadschi-Murad und sprang vom Pferd. Sogleich machten sich die Leute daran, das Feuer auszulöschen, indem sie die brennenden Äste zerstampften.

»War Bata hier?« fragte Hadschi-Murad und schritt auf einen Filzmantel zu, der auf der Erde ausgebreitet lag.

»Ja. Er ist schon lange mit Khan-Mahoma fort.«

»Was für einen Weg haben sie genommen?«

»Diesen da«, erwiderte Chanefi und zeigte nach einer Seite, die der Gegend, aus der Hadschi-Murad soeben kam, gerade entgegengesetzt war.

»Schön«, sagte Hadschi-Murad, nahm das Gewehr ab und machte sich daran, es wieder zu laden. »Wir müssen vorsichtig sein, man setzt mir nach«, fuhr er dann zu dem Muriden gewandt fort, der das Feuer auslöschte.

Dies war der Tschetschenze Hamsalo. Hamsalo ging auf den Filzmantel zu, griff nach einem im Futteral steckenden Gewehr, das dort lag, und begab sich schweigend an den Saum des Waldes, eben jene Stelle, woher Hadschi-Murad soeben gekommen war. Eldar war ebenfalls abgestiegen, hatte Hadschi-Murads Pferd ergriffen und mit dem seinen zusammen hoch an einem Baum angebunden, so daß die Tiere die Köpfe gestreckt halten mußten, und begab sich nun in derselben Weise wie Hamsalo mit dem Gewehr über der Schulter an den anderen Saum der Waldblöße. Das Feuer war erloschen, und der Wald schien nun gar nicht mehr so schwarz wie vorhin zu sein. Die Sterne am Himmel leuchteten mit schwachem Schimmer.

Hadschi-Murad blickte zu den Sternen empor, sah, daß das Siebengestirn schon hoch am Himmel stand, und rechnete sich aus, daß Mitternacht schon lange vorbei und die Zeit zum Nachtgebet längst gekommen sein müsse. Er bat Chanefi um den Krug, den sie stets im Quersack bei sich führten, zog seinen Filzmantel an und ging Wasser holen.

Dann zog er die Schuhe aus, nahm die Waschung vor, trat mit bloßen Füßen auf den Filzmantel, kauerte sich nieder, steckte die Finger in die Ohren, schloß die Augen und verrichtete, gen Osten gewandt, das gewohnte Gebet.

Als das Gebet beendet war, kehrte er auf seinen alten Platz, wo die Quersäcke lagen, zurück, setzte sich auf seinen Filzmantel, stützte die Arme auf die Knie, ließ den Kopf hängen und versank in Nachdenken.

Hadschi-Murad hatte immer an sein Glück geglaubt. Wenn er irgend etwas unternahm, war er von vornherein des Erfolgs sicher gewesen, und bisher hatte ihm das Glück auch immer gelächelt. So war es während seines ganzen, an Stürmen reichen Kriegslebens gewesen. Deshalb hoffte er, daß es auch diesmal so kommen müsse. Er malte sich aus, wie er mit den Truppen, die ihm Woronzow geben würde, gegen Schamil losziehen, ihn gefangennehmen und sich an ihm rächen werde, wie der Kaiser von Rußland ihn belohnen und er wieder der Herr nicht nur über Awarien, sondern über die ganze Tschetschnja, die sich ihm unterwerfen müßte, sein würde. Während er diese Gedanken immer weiterspann, schlief er unversehens ein.

Er sah im Traum, wie er mit seiner tapferen Schar unter Kriegsliedern und mit dem Ruf: »Hadschi-Murad kommt!« wie der Sturmwind über Schamil herfiel und ihn und seine Frauen gefangennahm, und hörte ganz deutlich das Weinen und Klagen der Weiber. Er erwachte. Das Kriegslied: »La Illaha«, der Kampfruf: »Hadschi-Murad kommt!« und das Weinen und Klagen der Frauen Schamils waren nichts anderes gewesen als das Heulen und klagende Gelächter der Schakale, das ihn aufgeweckt hatte. Hadschi-Murad hob den Kopf, schaute an dem schon heller durch die Bäume schimmernden Himmel nach Osten und fragte den neben ihm sitzenden Muriden nach Khan-Mahoma. Nachdem er erfahren hatte, daß Khan-Mahoma noch nicht zurückgekehrt sei, ließ er den Kopf sinken und schlief sogleich wieder ein.

Die muntere Stimme Khan-Mahomas, der mit Bata von seinem Botenritt zurückgekehrt war, weckte ihn aus seinen Träumen. Khan-Mahoma kauerte sich sogleich neben Hadschi-Murad nieder und fing an zu erzählen, wie sie auf die Soldaten gestoßen seien, die sie gleich zu dem Fürsten selber gebracht hätten, wie er mit dem Fürsten gesprochen und dieser sich gefreut und zugesagt habe, morgen früh jenseits des Migik auf der Schalinskijschen Waldblöße, dort, wo die Russen das Holz fällen, zu einer Zusammenkunft zu erscheinen. Ab und zu unterbrach Bata die Erzählung seines Gefährten, indem er noch seine eignen Einzelheiten hinzufügte.

Hadschi-Murad fragte ausführlich danach, mit welchen Worten Woronzow auf seinen Vorschlag, zu den Russen überzugehen, geantwortet habe. Und Khan-Mahoma und Bata erklärten einstimmig, daß der Fürst versprochen habe, Hadschi-Murad wie einen Gast aufzunehmen und alles zu tun, daß er sich wohl fühle. Hadschi-Murad fragte noch nach dem Weg, und als Khan-Mahoma ihm versicherte, daß er diesen ganz genau wisse und ihn, ohne zu fehlen, hinführen könne, zog er Geld hervor und gab Bata die versprochenen drei Rubel. Seinen Muriden aber befahl er, aus ihren Quersäcken die goldverzierten Waffen und die Lammfellmützen mit dem Turban herauszuholen, sich selbst aber fein säuberlich zurechtzumachen, damit sie in einer guten Verfassung zu den Russen kämen. Während nun alle ihre Waffen, Sättel, das Geschirr und die Pferde putzten, verblichen langsam die Sterne, es wurde nach und nach ganz hell, und ein frischer Morgenwind wehte.

## 5

Früh am Morgen, als es noch ganz dunkel war, marschierten zwei Kompanien unter Poltorazkijs Kommando mit Äxten durch das Schachgirinsche Tor, legten etwa zehn Werst zurück, schwärmten in Schützenlinie aus und machten sich, sobald es hell wurde, an das Fällen der Bäume. Gegen acht Uhr stieg der Nebel, der sich mit dem herb duftenden Rauch der in die Lagerfeuer geworfenen zischenden und prasselnden nassen Äste vermischt hatte, langsam hoch, und die Holzfäller, die einander zuerst auf fünf Schritt Entfernung nicht gesehen, sondern nur ihre Stimmen gehört hatten, unterschieden jetzt deutlich sowohl die Lagerfeuer als auch den durch den Wald führenden Weg, den die gefällten Bäume ganz versperrten. Die Sonne erschien bald wie ein heller Fleck mitten im Nebel, bald war sie wieder verschwunden. Auf einer kleinen Lichtung abseits vom Weg saßen auf den Trommeln Poltorazkij und sein Subalternoffizier Tichonow, zwei Offiziere von der dritten Kompanie und der frühere Chevaliergardist Baron Freese, ein Freund Poltorazkijs vom Pagenkorps her, der wegen eines Duells degradiert worden war. Rund um die Trommeln herum lagen Frühstückspapiere, Zigarrenstummel und leere Flaschen. Die Offiziere hatten erst

Schnaps getrunken, gefrühstückt und waren jetzt beim Porter. Der Tambour entkorkte gerade die dritte Flasche. Poltorazkij befand sich, obwohl er nicht ausgeschlafen hatte, in jener besonderen Stimmung gehobener Lebenskraft und gutmütiger, sorgloser Heiterkeit, die immer über ihn kam, wenn er sich im Kreise seiner Soldaten und Kameraden an einer Stelle befand, wo die Gefahr nicht fern war.

Die Herren unterhielten sich angeregt über die letzte Neuigkeit, das heißt über den Tod des Generals Slepzow. Doch erblickte in diesem Tod niemand jenen wichtigsten Augenblick im Menschenleben, wo dieses zu der Quelle, aus der es hervorgegangen, zurückkehrt, sondern alle sahen nur den kühnen Reckenmut eines tapferen Offiziers, der sich mit dem Säbel in der Hand auf die Bergbewohner gestürzt und verzweifelt auf sie eingehauen hatte.

Obgleich alle, und besonders jene Offiziere, die schon im Gefecht gewesen waren, wußten und wissen mußten, daß es während jenes Krieges damals im Kaukasus und überhaupt niemals und nirgends solche Handgefechte mit dem Säbel gegeben hat, wie sie immer angenommen und geschildert werden, und daß, wenn es wirklich einmal zu solch einem Nahkampf mit Säbel und Bajonett kam, man höchstens auf Fliehende dreinschlug und losstach, so wurde doch die Annahme eines solchen Kampfes von allen Offizieren anerkannt und verlieh ihnen jenen ruhigen, heiteren Stolz, mit dem sie, die einen in kecker, die anderen dagegen in der allerbescheidensten Haltung, jetzt auf den Trommeln saßen, rauchten, schmausten und scherzten und sich nicht um den Tod kümmerten, der sie doch jeden Augenblick ereilen konnte, ebenso wie er auch Slepzow nicht verschont hatte. Und wirklich, wie zur Bestätigung ihrer Erwartungen, tönte mitten durch ihr Gespräch links vom Weg her der muntere, schöne Klang eines scharf knallenden Gewehrschusses, eine Kugel pfiff lustig durch den Nebel und schlug irgendwo in einen Baum ein. Eine laute, dumpfe Salve aus Soldatengewehren antwortete auf den feindlichen Schuß.

»Heisa!« rief Poltorazkij mit lustiger Stimme. »Das war unsere Vorpostenkette. Na, geliebter Kostja«, wandte er sich an Freese, »du hast wirklich Glück! Gleich werden wir eine Schlacht haben, wie man sie sich nicht schöner denken kann. Das wird eine Mustervorstellung werden.«

Der degradierte Baron sprang schnell auf die Füße und ging mit hastigen Schritten in den Bereich des Rauches hinein, wo seine Kompanie stand. Poltorazkij ließ sich seinen kleinen, dunkelbraunen Kabardiner bringen, schwang sich hinauf, ließ seine Kompanie antreten und führte sie in der Richtung der Schüsse auf die Vorpostenkette zu. Diese stand am Rand des Waldes vor einer steil abfallenden kahlen Schlucht. Der Wind wehte nach dem Wald zu, und nicht nur der diesseitige, sondern auch der jenseitige Abhang der Schlucht war deutlich zu sehen.

Als Poltorazkij bei der Vorpostenkette anlangte, brach die Sonne gerade durch den Nebel hindurch, und auf der anderen Seite der Schlucht, dort, wo ein niederes Wäldchen seinen Anfang nahm, wurden in einer Entfernung von etwa dreihundert Schritt einige Reiter sichtbar. Es waren jene Tschetschenzen, die Hadschi-Murad verfolgt hatten und nun seine Ankunft bei den Russen sehen wollten. Einer von ihnen hatte auf die Vorpostenkette geschossen, und dieser Schuß war von ein paar Soldaten erwidert worden. Die Tschetschenzen waren dann zurückgegangen, und das Schießen hatte nachgelassen, als aber Poltorazkij mit seiner Kompanie dort ankam, befahl er, das Feuer wieder zu eröffnen, und kaum hatte er das Kommando erteilt, als sich auch schon auf der ganzen Linie ein ununterbrochenes, keckes und munteres Gewehrgeknatter hören ließ, das von zierlich aufsteigenden Rauchwölkchen begleitet war. Die Soldaten, die sich über die Abwechslung freuten, hielten sich mit dem Laden sehr dazu und gaben Schuß für Schuß ab. Die Tschetschenzen wollten offenbar mit ihnen wetteifern, sie sprangen einer nach dem anderen vor und feuerten mehrere Schuß auf die Soldaten ab. Eine ihrer Kugeln verwundete einen Soldaten. Es war dies derselbe Awdejew, der am Tag zuvor auf Horchposten gewesen war. Als die Kameraden auf ihn zueilten, lag er mit dem Rücken nach oben da, hielt sich mit beiden Händen seinen verwundeten Leib, wiegte sich gleichmäßig hin und her und stöhnte leise.

»Ich will gerade mein Gewehr laden, da höre ich, wie etwas herangepfiffen kommt«, sagte der Soldat, der neben ihm gestanden hatte; »ich gucke hin – und schon läßt er das Gewehr fallen.«

Awdejew gehörte zu Poltorazkijs Kompanie. Als dieser sah, wie die Soldaten zusammenliefen, ritt er auf jene Stelle zu.

»Na, Junge, hat's eingeschlagen?« fragte er. »Wohin denn?«

Awdejew gab keine Antwort.

»Ich will gerade mein Gewehr laden, Euer Wohlgeboren«, fing der Soldat, der neben Awdejew gestanden hatte, wieder an, »da höre ich was pfeifen – gucke hin – und schon läßt er das Gewehr fallen.«

»Te, te«, schnalzte Poltorazkij mit der Zunge. »Tut's sehr weh, Awdejew?«

»Weh tut's nicht, aber gehen kann ich nicht. Wenn ich einen Schluck Schnaps hätte, Euer Wohlgeboren...«

Der Schnaps, das heißt der Spiritus, wie ihn die Soldaten im Kaukasus trinken, wurde gebracht, und Panow reichte ihn Awdejew mit finster zusammengezogenen Augenbrauen. Awdejew fing an zu trinken, schob ihn aber sogleich wieder mit der Hand zurück.

»Er ist mir in der Seele zuwider«, sagte er, »trink ihn selber.«

Panow trank den Spiritus aus. Awdejew versuchte noch einmal aufzustehen, sank aber wieder um. Man breitete einen Mantel aus und legte den Verwundeten darauf.

»Euer Wohlgeboren, der Oberst kommt!« rief der Feldwebel Poltorazkij zu.

»Gut. Bring du die Sache in Ordnung«, sagte Poltorazkij, schwang die Peitsche und ritt Woronzow in scharfem Trab entgegen.

Woronzow kam auf seinem fuchsroten englischen Vollbluthengst in Begleitung des Regimentsadjutanten, eines Kosaken und eines Tschetschenzendolmetschers an.

»Was ist denn hier los bei euch?« fragte er Poltorazkij.

»Da ist so eine Handvoll Gesindel aufgetaucht und über unsere Vorpostenkette hergefallen«, gab ihm Poltorazkij zur Antwort.

»Na, und da mußten Sie gleich eine Schießerei anfangen?«

»Ich habe nicht angefangen, Fürst«, erwiderte Poltorazkij lächelnd, »die haben sich das selber eingebrockt.«

»Wie ich höre, soll ein Soldat verwundet sein?«

»Ja, leider Gottes. Ein guter Soldat.«

»Schwer verwundet?«

»Es scheint so. Bauchschuß.«

»Wissen Sie, wo ich hinreite?« fragte Woronzow.

»Nein, das weiß ich nicht.«

»Und Sie ahnen auch nichts?«

»Nein.«

»Hadschi-Murad geht zu uns über und wird gleich mit uns zusammentreffen.«

»Ist's möglich!«

»Gestern war ein Bote von ihm da«, fuhr Woronzow fort, der nur mit Mühe ein Lächeln der Genugtuung unterdrücken konnte, »und jetzt erwartet er mich auf der Schalinskijschen

Waldblöße. Lassen Sie Ihre Schützenlinie bis zur Lichtung vorschwärmen und kommen Sie dann zu mir.«

»Zu Befehl«, erwiderte Poltorazkij, legte die Hand an die Mütze und ritt zu seiner Kompanie zurück. Er führte die Schützenlinie selbst nach der rechten Seite vor, die linke überließ er dem Feldwebel. Den verwundeten Awdejew trugen inzwischen einige Soldaten in die Festung zurück.

Poltorazkij befand sich schon auf dem Rückweg zu Woronzow, als er hinter sich ein paar Reiter bemerkte, die ihn einzuholen versuchten. Er machte halt und ließ sie herankommen.

Allen voran ritt in einer weißen Tscherkeska und einer Lammfellmütze mit Turban auf einem Pferd mit weißer Mähne ein Mann von achtunggebietendem Äußeren und mit goldverzierten Waffen. Es war Hadschi-Murad. Er ritt auf Poltorazkij zu und sagte etwas zu ihm auf tatarisch. Poltorazkij zog die Augenbrauen hoch und winkte lächelnd mit der Hand, zum Zeichen, daß er ihn nicht verstehe. Hadschi-Murad antwortete ebenfalls mit einem Lächeln, und dieses Lächeln fiel Poltorazkij durch seine kindliche Gutmütigkeit auf. Er hatte sich diesen gefürchteten Sohn der Berge keineswegs so vorgestellt, hatte einen finsteren, hageren, fremdartig aussehenden Menschen erwartet und stand nun einem ganz schlichten Mann gegenüber, der ihn so gutmütig anlächelte, daß er ihm wie ein guter alter Freund vorkam. Nur etwas war eigenartig an ihm: das waren seine weit auseinanderstehenden Augen, die aufmerksam, durchdringend und in aller Ruhe in die Augen anderer Leute schauten.

Hadschi-Murads Gefolge bestand aus vier Männern. Unter ihnen befand sich auch jener Khan-Mahoma, der gestern nacht bei Woronzow gewesen war. Er hatte klare, schwarze Augen ohne Brauen und ein frisches, rotes, rundes Gesicht, aus dem ein Ausdruck von Lebensfreude strahlte. Dann war noch ein derbknochiger, behaarter Mann mit zusammengewachsenen Augenbrauen dabei: der Tawliner Chanefi, der Hadschi-Murads wirtschaftliche Angelegenheiten verwaltete. Er führte ein Saumpferd mit sich, das hoch mit Quersäcken beladen war. Die beiden anderen Männer des Gefolges fielen durch ihr Äußeres ganz besonders auf. Der eine war ein hübscher, junger Kerl, breitschulterig, in der Taille schlank wie ein Frauenzimmer und mit einem kaum aufgesprossenen braunen Bärtchen und Widderaugen: es war Eldar; der andere war ein Einäugiger ohne Brauen und Wimpern mit kurzgeschorenem rotem Bart und einer Schramme über Nase und Wangen: der Tschetschenze Hamsalo.

Poltorazkij zeigte Hadschi-Murad den Fürsten, der soeben auf dem Weg heranritt. Hadschi-Murad begab sich zu ihm, legte, nachdem er bis zu ihm herangeritten war, die rechte Hand auf seine Brust, machte halt und sagte etwas auf tatarisch zu ihm. Der Tschetschenzendolmetscher übersetzte es.

»Ich ergebe mich, sagt er, dem Willen des russischen Zaren und will, sagt er, ihm dienstbar sein. Ich wollte es schon längst, aber Schamil hat es nicht zugelassen.«

Als Woronzow die Worte des Dolmetschers gehört hatte, streckte er Hadschi-Murad seine mit einem Gemslederhandschuh bekleidete Hand entgegen. Hadschi-Murad schaute die Hand an, zögerte einen Augenblick, erfaßte sie dann aber mit festem Griff und sagte noch etwas auf tatarisch, wobei er bald den Dolmetscher, bald Woronzow anblickte.

»Er sagt: Er hat sich keinem anderen ergeben wollen, als nur dir allein, weil du der Sohn des Sardaren bist. Er achtet dich hoch.«

Woronzow nickte zum Dank für diese Worte mit dem Kopf. Hadschi-Murad sagte noch etwas und zeigte auf sein Gefolge.

»Er sagt, daß diese Leute, seine Muriden, ebenso wie er, den Russen dienen wollen.«

Woronzow schaute sie an und nickte auch ihnen mit dem Kopf zu.

Der lustige Tschetschenze Khan-Mahoma mit den schwarzen Augen ohne Wimpern nickte wieder und sagte etwas offenbar sehr Komisches zu Woronzow, denn der behaarte Aware Chanefi grinste über das ganze Gesicht, wobei er seine blendendweißen Zähne zeigte. Der rotbärtige Hamsalo blitzte Woronzow mit seinem geröteten Auge nur einen einzigen Augenblick an und starrte dann wieder unverwandt auf die Ohren seines Pferdes.

Als Woronzow und Hadschi-Murad, von ihrem Gefolge begleitet, zur Festung zurückritten, machten die Soldaten, die sich nach Auflösung der Vorpostenkette zu Gruppen zusammengefunden hatten, ihre Bemerkungen über den Ankömmling.

»Wieviel Seelen der um die Ecke gebracht hat, dieser Hund! Und nun, paßt mal auf, kriegt der noch alles, was er nur will«, sagte der eine.

»Das ist doch klar. Er war ja Schamils erster Heerführer. Jetzt ist er fein raus.«

»Ein forscher Kerl ist er aber doch! Da könnt ihr sagen, was ihr wollt. Ein wahrer Dschigit!«

»Habt ihr den Roten gesehen? Wie ein Raubtier glotzt der einen an.«

»Hu, ein böser Hund muß das sein!«

Allen war der Rothaarige ganz besonders aufgefallen.

Auch dort, wo das Holz gefällt wurde, liefen die Soldaten, die in der Nähe des Weges arbeiteten, herbei, um die Reiter anzustaunen. Ein Offizier schrie sie an, aber Woronzow hielt ihn zurück.

»Mögen sie sich ihren alten Bekannten nur ruhig anschauen. Weißt du denn auch, wer das ist?« fragte er, die Worte langsam und mit englischer Betonung aussprechend, einen Soldaten, der in der Nähe stand.

»Nein, das weiß ich nicht, Exzellenz.«

»Hadschi-Murad. Hast du von dem schon mal gehört?«

»Wie sollte ich nicht, Exzellenz? Den haben wir doch soundso oft geschlagen.«

»Na, und er hat's euch doch auch gegeben.«

»Ganz recht, Exzellenz«, erwiderte der Soldat, der stolz war, daß er mit dem Kommandeur sprechen durfte.

Hadschi-Murad merkte, daß man von ihm sprach, und ein lustiges Lächeln leuchtete in seinen Augen auf. Woronzow aber kehrte in der vergnügtesten Stimmung in die Festung zurück.

## 6

Woronzow war sehr zufrieden damit, daß es ihm, gerade ihm, gelungenwar, den allmächtigen Hadschi-Murad, der nach Schamil Rußlands größter Feind war, hervorgelockt und empfangen zu haben. Nur einen Haken hatte die Sache: das Oberkommando über die Truppen in Wosdwischenskoje lag nicht in seinen Händen, sondern in denen des Generals Meller-Sakomelskij, und eigentlich hätte er die ganze Sache an diesen weitergeben müssen. Woronzow aber hatte alles selber in die Hand genommen und dem General nicht einmal eine Meldung gemacht, so daß ihm möglicherweise sogar noch Unannehmlichkeiten daraus entstehen konnten. Und dieser Gedanke war es, der Woronzow die Freude ein wenig verdarb.

In der Festung angelangt, übergab Woronzow Hadschi-Murads Muriden dem Regimentsadjutanten, ihn selber aber nahm er mit in sein Haus.

Die Fürstin Marja Wasiljewna in reicher Toilette empfing mit ihrem sechsjährigen Söhnchen, einem hübschen, lockigen Knaben, den Gast lächelnd im Salon. Hadschi-Murad kreuzte die Arme über der Brust und erklärte durch den Dolmetscher, der mit ihm zusammen eingetreten war, etwas feierlich, daß er sich als Gastfreund des Fürsten betrachte, da dieser ihn ja in sein Haus aufgenommen habe, und die Familie seines Gastfreundes sei ihm ebenso heilig wie dieser selbst. Sowohl sein Äußeres als auch sein ganzes Auftreten gefielen Marja Wasiljewna sehr. Daß er erglühte und rot wurde, als sie ihm ihre große, weiße Hand reichte, ließ sie noch günstiger über ihn denken. Sie bat ihn, Platz zu nehmen, fragte ihn, ob er Kaffee trinke, und ließ ihm sogleich eine Tasse reichen. Doch Hadschi-Murad lehnte dankend den Kaffee ab. Er verstand ein wenig russisch, konnte es aber nicht sprechen, und wenn er etwas nicht recht verstanden hatte, lächelte er nur. Dieses Lächeln gefiel Marja Wasiljewna ebensosehr, wie es Poltorazkij gefallen hatte. Das lockige Söhnchen Marja Wasiljewnas, das Bulka gerufen wurde, stand neben der Mutter und konnte seine Schelmenaugen gar nicht von Hadschi-Murad losreißen, von dessen außergewöhnlichen Heldentaten es schon oft gehört hatte.

Nachdem Woronzow Hadschi-Murad bei seiner Frau gelassen hatte, war er in die Kanzlei gegangen, um die Meldungen von Hadschi-Murads Übertritt an die vorgesetzten Behörden abzufassen. Er stellte einen Bericht für den Kommandeur der linken Flanke, General Koslowskij, zusammen, der in Grosnaja stand, und schrieb einen Brief an seinen Vater. Dann eilte er schleunigst nach Hause, voller Angst vor der Ungnade seiner Frau, weil er ihr diesen fremden, fürchterlichen Menschen aufgehalst hatte, den man so behandeln mußte, daß er sich nicht beleidigt, aber auch nicht zu sehr geschmeichelt fühlte. Doch seine Besorgnis war unbegründet gewesen. Hadschi-Murad saß in einem Lehnstuhl, hielt Woronzows Stiefsohn Bulka auf den Knien und hörte mit gesenktem Kopf aufmerksam auf den Dolmetscher, der ihm die Worte der lächelnden Marja Wasiljewna übersetzte. Marja Wasiljewna sagte gerade zu ihm, daß, wenn er jedem Gastfreund alle Dinge schenke, die dieser an ihm lobe, er selber bald nicht mehr auf dem Leib haben würde als Adam.

Beim Eintritt des Fürsten nahm Hadschi-Murad den darüber verwunderten und gekränkten Bulka von seinen Knien, stand auf, und sein Gesicht, das soeben noch einen scherzenden Ausdruck gezeigt hatte, wurde ernst und streng. Er nahm erst dann wieder Platz, als auch Woronzow sich gesetzt hatte. Das Gespräch wieder aufnehmend, gab er Marja Wasiljewna zur Antwort, daß es bei ihnen Gesetz sei, dem Gastfreund alles das zu schenken, was diesem gefalle.

»Dein Sohn ist mein Gastfreund«, sagte er auf russisch und strich Bulka, der wieder auf seine Knie kletterte, über die Locken.

»Er ist göttlich, dein Räuberhauptmann«, sagte Marja Wasiljewna auf französisch zu ihrem Mann. »Bulka liebäugelte mit seinem Dolch, und gleich macht er ihm diesen zum Geschenk.«

Bulka zeigte dem Stiefvater den Dolch.

»C'est un objet de prix«, bemerkte Marja Wasiljewna.

»Il faudra trouver l'occasion de lui faire cadeau«, fügte Woronzow hinzu.

Hadschi-Murad saß mit niedergeschlagenen Augen da, strich dem Knaben über das lockige Haar und murmelte leise vor sich hin: »Dschigit, Dschigit.«

»Ein herrlicher, wunderbarer Dolch«, sagte Woronzow und zog die scharfgeschliffene Stahlklinge mit der Rinne in der Mitte halb aus der Scheide. »Vielen Dank.«

»Frage ihn, womit ich ihm gefällig sein kann«, sagte er dann zum Dolmetscher. Der Dolmetscher übersetzte es, und Hadschi-Murad gab sogleich zur Antwort, er brauche nichts, bäte aber nur um das eine, daß man ihm einen Ort anweise, wo er sein Gebet verrichten könne. Woronzow rief seinen Kammerdiener und befahl, Hadschi-Murads Wunsch zu erfüllen.

Kaum war Hadschi-Murad in dem ihm angewiesenen Zimmer allein geblieben, als sich sein Gesicht plötzlich veränderte: der frohe, liebenswürdige, feierliche Ausdruck machte einer besorgten Miene Platz.

Der Empfang, den Woronzow ihm bereitet hatte, war weit besser, als er erwartet hatte. Aber je besser dieser Empfang war, um so weniger traute Hadschi-Murad dem Fürsten und seinen Offizieren. Er war auf alles mögliche gefaßt: daß man ihn festnehmen, in Ketten legen, nach Sibirien verschicken oder einfach nur töten würde, und er war deshalb auf seiner Hut.

Er fragte Eldar, der zu ihm aufs Zimmer kam, wo man die Muriden untergebracht habe, wo die Pferde seien und ob man ihnen die Waffen abgenommen habe.

Eldar berichtete, die Pferde befänden sich im fürstlichen Stall, die Leute habe man, ohne ihnen die Waffen zu nehmen, im Schuppen untergebracht und der Dolmetscher bewirte sie mit Speise und Tee.

Hadschi-Murad schüttelte verwundert den Kopf, kleidete sich aus und verrichtete sein Gebet. Nachdem er damit fertig war, ließ er sich einen silbernen Dolch bringen, kleidete sich an, umgürtete sich, setzte sich mit untergeschlagenen Beinen auf den niederen Diwan und harrte der Dinge, die da kommen sollten.

Gegen fünf Uhr ließ ihn der Fürst zum Essen bitten.

Bei Tisch aß Hadschi-Murad nichts außer etwas Reis, den er von derselben Stelle, von der Marja Wasiljewna gegessen hatte, auf seinen Teller nahm.

»Er hat Angst, daß wir ihn vergiften könnten«, sagte Marja Wasiljewna zu ihrem Mann. »Er nahm von derselben Stelle wie ich.« Und sogleich wandte sie sich durch den Dolmetscher an Hadschi-Murad und ließ fragen, wann er wieder beten werde. Hadschi-Murad hob fünf Finger hoch und zeigte auf die Sonne.

»Also bald?«

Woronzow zog seine Breguetsche Taschenuhr hervor, drückte auf die Feder, und die Uhr schlug vier und ein Viertel. Der Gast war über dieses Glockenzeichen sichtlich erstaunt und bat, die Uhr noch einmal schlagen zu lassen und sie sich anschauen zu dürfen.

»Voilà l'occasion! Donnez-lui la montre!« sagte Marja Wasiljewna zu ihrem Mann.

Woronzow bot Hadschi-Murad sogleich die Uhr an. Dieser kreuzte die Arme über der Brust und nahm das Geschenk entgegen. Er drückte noch einige Male auf die Feder, lauschte auf den Klang und nickte wohlgefällig mit dem Kopf.

Nach Tisch wurde dem Fürsten der Adjutant Meller-Sakomelskijs gemeldet. Der Adjutant richtete dem Fürsten aus, daß der General, der von dem Übertritt Hadschi-Murads gehört habe, sehr ungehalten sei, weil man ihm keine Meldung gemacht habe, und verlange, daß Hadschi-Murad augenblicklich ihm übergeben werde. Woronzow erwiderte, der Befehl des Generals werde sofort ausgeführt werden, ließ seinem Gast durch den Dolmetscher den Wunsch des Generals mitteilen und bat ihn, mit ihm zusammen zu Meller zu gehen.

Als Marja Wasiljewna erfahren hatte, warum der Adjutant gekommen war, begriff sie sofort, daß es zwischen ihrem Mann und dem General zu Mißhelligkeiten kommen könnte und schickte sich trotz allen Gegenreden ihres Mannes an, mit ihm und Hadschi-Murad zusammen zum General zu gehen.

»Vous feriez bien mieux de rester; c'est mon affaire, pas la vôtre.«

»Vous ne pouvez pas m'empêcher d'aller voir madame la générale.«

»Das kannst du doch zu jeder anderen Zeit auch.«

»Ich möchte es aber gerade jetzt tun.«

Es war nichts zu machen. Woronzow erklärte sich endlich einverstanden, und sie machten sich alle drei auf den Weg.

Als sie dort anlangten, geleitete Meller Marja Wasiljewna mit finsterer Höflichkeit zu seiner Frau und befahl dem Adjutanten, Hadschi-Murad ins Empfangszimmer zu führen und ihn bis auf weitere Befehle nicht herauszulassen.

»Bitte«, sagte er dann zu Woronzow, öffnete die Tür seines Arbeitszimmers und ließ den Fürsten vor sich eintreten.

Als sie beide im Zimmer waren, blieb er vor Woronzow stehen und sagte zu ihm, ohne ihn aufgefordert zu haben, Platz zu nehmen: »Ich bin hier der militärische Oberbefehlshaber, und deshalb müssen alle Verhandlungen mit dem Feind durch mich geführt werden. Warum haben Sie mir von Hadschi-Murads Übertritt keine Meldung gemacht?«

»Ein Bote kam zu mir und teilte mir den Wunsch Hadschi-Murads mit, sich mir persönlich zu ergeben«, erwiderte Woronzow, ganz bleich vor Erregung, da er einen heftigen Zornesausbruch von seiten des Generals fürchtete und sich von dessen Wut angesteckt fühlte.

»Ich frage Sie, warum Sie mir keine Meldung gemacht haben!«

»Ich hatte die Absicht, es zu tun, Baron, aber...«

»Ich bin für Sie nicht der Baron, sondern die Exzellenz!«

Und auf einmal machte sich der lange zurückgehaltene Zorn des Barons Luft. Er sprach alles das aus, was sich an Ingrimm schon lange in seiner Seele angesammelt hatte.

»Ich habe nicht darum siebenundzwanzig Jahre meinem Kaiser gedient, damit Leute, die erst gestern in den Dienst getreten sind und ihre verwandtschaftlichen Beziehungen auszunützen verstehen, vor meiner Nase Entscheidungen treffen, die sie gar nichts angehen.«

»Exzellenz, ich muß Sie bitten, solche ungerechtfertigte Aussprüche zu unterlassen«, unterbrach ihn Woronzow.

»Ich sage nur die Wahrheit, und niemand darf sich unterstehen...«, fuhr der General nur um so gereizter fort.

Doch in diesem Augenblick trat, mit ihren seidnen Röcken rauschend, Marja Wasiljewna ins Zimmer und hinter ihr eine kleine bescheidene Dame, Meller-Sakomelskijs Frau.

»Aber ich bitte Sie, Baron, Simon wollte Ihnen doch keine Unannehmlichkeiten bereiten«, fing Marja Wasiljewna an.

»Davon rede ich ja auch gar nicht, Fürstin...«

»Also lassen wir es doch genug sein. Sie wissen: ein magerer Zwist ist besser als ein fetter Streit, so denke ich wenigstens...«, und Marja Wasiljewna lächelte. Der erzürnte General konnte dem bezaubernden Lächeln der schönen Frau nicht widerstehen. Unter seinem Schnurrbart zuckte ein Lächeln.

»Ich gebe zu, daß ich nicht richtig gehandelt habe«, sagte Woronzow, »aber...«

»Na, und ich bin darüber zu sehr in die Wolle geraten«, erwiderte Meller und reichte dem Fürsten die Hand.

Der Friede war wiederhergestellt, und es wurde beschlossen, Hadschi-Murad vorläufig bei Meller zu lassen und ihn dann zum Kommandeur der linken Flanke zu senden.

Indessen saß Hadschi-Murad im Nebenzimmer. Wenn er auch nicht verstand, was nebenan gesprochen wurde, verstand er doch so viel, als ihm zu verstehen nötig war, nämlich, daß man sich seinetwegen stritt, daß sein Abfall von Schamil für die Russen von großer Wichtigkeit war und daß, wenn man ihn nicht nach Sibirien schickte oder totschlug, er infolgedessen viel von den Russen verlangen konnte. Außerdem wurde ihm noch das eine klar, daß Meller-Sakomelskij, wenn er auch der Kommandant war, nicht soviel Einfluß hatte wie der ihm untergebene Woronzow und daß deshalb dieser von Wichtigkeit für ihn war und nicht Meller-Sakomelskij. Darum zeigte Hadschi-Murad, als Meller-Sakomelskij ihn dann zu sich hereinrief und anfing, ihn auszufragen, sich ihm gegenüber stolz und feierlich und sagte, er sei aus den Bergen herabgestiegen, um dem weißen Zaren zu dienen, wolle aber über alles dies nur seinem Sardaren, das heißt, dem Oberkommandierenden Fürsten Woronzow in Tiflis, Rechenschaft ablegen.

## 7

Den verwundeten Awdejew hatte man in das Lazarett gebracht, das in einem kleinen, mit rohen Brettern gedeckten Haus am Festungstor untergebracht war, und dort auf eine der leeren Pritschen im gemeinsamen Krankensaal niedergelegt. In diesem Saal befanden sich vier Kranke: der eine wälzte sich im Typhusfieber unruhig hin und her, der zweite, ein bleicher Mensch mit schwarzen Ringen unter den Augen, gähnte in Erwartung eines neuen Krämpfeanfalls ununterbrochen, und von den beiden übrigen, die bei einem Überfall vor drei Wochen verwundet worden waren, war der eine an der Hand verletzt und ging im Zimmer umher, während der andere mit einer Wunde an der Schulter auf seiner Pritsche saß. Sie alle, außer dem Typhuskranken, umringten den Ankömmling und fragten die Träger aus.

»Manchmal fallen die Schüsse, als ob Erbsen gesät würden, und keiner wird getroffen, und heute hat's nicht mehr als fünf Kugeln gegeben, und gleich war das Unglück da«, erzählte einer der Soldaten.

»Wen's treffen soll, den trifft's.«

»Oh, oh!« ächzte Awdejew laut, als man ihn auf die Pritsche legte, obwohl er den Schmerz zu verbeißen suchte. Als sie ihn niedergelegt hatten, zog er finster die Stirn zusammen und stöhnte nicht mehr, nur seine Fußsohlen zuckten ununterbrochen. Er hielt beide Hände auf die Wunde gepreßt und blickte starr vor sich hin. Der Arzt kam und befahl, den Kranken umzudrehen, um nachzusehen, ob die Kugel im Rücken herausgekommen war.

»Was ist dann das?« fragte der Arzt und zeigte auf ein paar große, sich kreuzende weiße Narben auf Rücken und Gesäß des Verwundeten.

»Das ist von früher, Euer Wohlgeboren«, murmelte Awdejew stöhnend.

Es waren die Spuren der Strafe, die er für das vertrunkene Geld verbüßt hatte.

Awdejew wurde wieder umgedreht, und der Arzt fühlte und tastete lange mit der Sonde in seinem Leib nach der Kugel, konnte sie aber nicht finden. So klebte er nur ein Pflaster auf die Wunde, verband sie und ging fort. Während der Untersuchung und des Verbindens hatte Awdejew mit zusammengebissenen Zähnen und geschlossenen Augen dagelegen. Als nun der Arzt fort war, schlug er die Augen auf und sah sich erstaunt um. Seine Blicke waren auf die Kranken und den Feldscher gerichtet, aber es schien, als sähe er nicht sie, sondern etwas anderes, was ihn in Erstaunen versetzte.

Awdejews Kameraden, Panow und Serjogin, kamen, um nach ihm zu sehen. Der Verwundete lag noch immer so da und starrte verwundert vor sich hin. Lange konnte er die beiden nicht erkennen, obgleich seine Augen gerade auf sie gerichtet waren.

»Du, Pjotra, willst du vielleicht eine Nachricht nach Haus schicken?« fragte ihn Panow.

Awdejew gab keine Antwort, obgleich er Panow ins Gesicht schaute.

»Ich frage, ob du nicht vielleicht nach Hause schreiben willst«, fragte Panow noch einmal und berührte seine kalte, derbknochige Hand.

Awdejew kam wie aus einem Traum zu sich.

»Ach, du bist's, Antonytsch?«

»Ja, ich bin zu dir gekommen. Willst du nicht eine Nachricht nach Hause schicken? Serjogin kann's für dich schreiben.«

»Serjogin«, sagte Awdejew und richtete mit Mühe seine Augen auf diesen, »willst du schreiben?... So schreib: Euer Sohn, der Petrucha nämlich, wünscht euch langes Leben... Er hat den Bruder beneidet... Ich sagte es dir ja heute... Aber jetzt, das heißt, bin ich selber froh... Möge er in Frieden leben... Gott segne ihn... Ich bin froh... Schreib das.«

Nachdem er dies gesagt hatte, schwieg er eine lange Weile, die Augen starr auf Panow gerichtet.

»Hast du deine Pfeife gefunden?« fragte er diesen dann plötzlich.

Panow gab keine Antwort.

»Die Pfeife meine ich, ob du die gefunden hast?« fragte Awdejew noch einmal.

»Im Quersack war sie.«

»So, so. Aber jetzt gib mir eine Kerze, ich muß sterben«, sagte Awdejew.

In diesem Augenblick trat Poltorazkij ein, der nach dem Soldaten sehen wollte.

»Na, Junge, es steht wohl schlecht?« fragte er.

Awdejew schloß die Augen und schüttelte verneinend den Kopf. Sein knochiges Gesicht sah bleich und streng aus. Er gab keine Antwort, sondern sagte nur noch einmal, zu Panow gewandt: »Eine Kerze, gib, ich muß sterben.«

Man gab ihm eine Kerze, aber seine Finger schlossen sich nicht mehr. So steckten sie ihm die Kerze in die Hand und hielten sie fest. Poltorazkij ging hinaus. Fünf Minuten später legte der Feldscher das Ohr an Awdejews Herz und sagte: »Er ist tot.«

Awdejews Tod fand in dem Bericht, den man nach Tiflis abschickte, wie folgt Erwähnung.

»Am 23. November begaben sich zwei Kompanien des Kurinischen Regimentes aus der Festung in den Wald, um daselbst Holz zu fällen. Mitten am hellichten Tag griff plötzlich eine nicht unbeträchtliche Rotte von Bergbewohnern die Arbeitenden an.

Schon begannen die Vorposten zu weichen, aber in diesem Augenblick stürmte die zweite Kompanie mit gefälltem Bajonett vor und schlug die Bergbewohner zurück. Zwei Soldaten wurden während des Gefechtes leicht verwundet und einer getötet. Der Feind verlor an Gefallenen und Verwundeten gegen hundert Mann.«

## 8

An demselben Tag, an dem Petrucha Awdejew im Lazarett zu Wosdwischenskoje starb, droschen sein alter Vater, die Frau seines Bruders, an dessen Stelle er Soldat geworden war, und dessen bereits heiratsfähige Tochter auf der kalten Tenne Hafer.

Am Abend vorher war hoher Schnee gefallen, und früh am Morgen hatte ein starker Frost eingesetzt. Der Alte war schon beim dritten Hahnenschrei aufgewacht, war, nachdem er durch die gefrorenen Fenster den hellen Mondschein gesehen hatte, schnell vom Ofen heruntergekrochen, hatte die Stiefel und den Pelz angezogen und die Mütze aufgesetzt und war auf die Tenne hinübergegangen. Nachdem er gegen zwei Stunden dort gearbeitet hatte, kehrte er in die Hütte zurück und weckte seinen Sohn und die Weiber auf. Als die Weiber auf die Tenne kamen, war diese schon sauber gefegt, die Holzschaufel stak in dem weißen, körnigen Schnee und daneben der Besen mit den Reisern nach oben, und die Hafergarben waren, Ähre an Ähre, wie ein langes Band in zwei Reihen auf dem sauberen Boden hingebreitet. Sie nahmen die Dreschflegel zur Hand und fingen an, in gleichmäßigem Dreitakt loszudreschen. Der Alte schlug mit seinem schweren Dreschflegel kräftig zu, so daß das Stroh dabei in Stücke ging, das Mädchen drosch gleichmäßig von oben her, während die Schwiegertochter ihren Dreschflegel von der Seite her schwang.

Der Mond verblich, und es fing an, hell zu werden. Schon war man mit der einen Reihe fast fertig, als der älteste Sohn, Akim, in Pelz und Mütze zu den Arbeitenden herüberkam.

»Drückst du dich wieder mal von der Arbeit?« schrie ihn der Vater an, hielt mit Dreschen inne und stützte sich auf den Dreschflegel.

»Die Pferde müssen doch auch gefüttert werden.«

»Ach was, die Pferde!« höhnte der Alte. »Das macht schon die

Mutter. Greif du nur zum Dreschflegel! Bist fett genug dazu, alter Trunkenbold!«

»Von dem, was du mir gibst, kann sich keiner besaufen«, brummte der Sohn.

»Wa-as?« fragte der Alte mit finsterer Stirn drohend zurück, indem er einen Takt aussetzte.

Der Sohn griff schweigend zum Dreschflegel, und die Arbeit ging jetzt im Viertakt weiter: trap, ta-pa-tap, trap, ta-pa-tap... trap ertönte jedesmal nach drei leichteren Schlägen der schwere Dreschflegel des Alten.

»Einen Speckbuckel hat er wie ein feiner Herr, und mir fallen die Hosen vom Leib«, knurrte der Alte, setzte wieder einen Schlag aus, fuhr aber, um nicht aus dem Takt zu kommen, dabei mit dem Dreschflegel durch die Luft.

Die Reihe war nun zu Ende, und die Weiber fingen an, mit dem Rechen das Stroh wegzuharken.

»Schön dumm ist der Petrucha gewesen, daß er für dich zu den Soldaten gegangen ist. Bei den Soldaten hätten sie dir die Albernheiten schon ausgeprügelt, und er hätte mir zu Hause fünf solcher Tagediebe, wie du einer bist, ersetzt.«

»Na, schon gut, Väterchen, schon gut«, sagte die Schwiegertochter und räumte das ausgedroschene Stroh beiseite.

»Die Mäuler stopfen soll ich euch allen sechsen, aber arbeiten kann nicht ein einziger von euch! Da war doch mein Petrucha anders, der hat für zweie gearbeitet und war nicht so...«

Auf dem festgetretenen Fußweg kam die Alte in neuen, über die dichten wollenen Fußlappen gezogenen Bastschuhen, die im Schnee knirschten, über den Hof. Die Männer schaufelten den noch mit Spreu vermischten Hafer zusammen, während die Frauen die Tenne fegten.

»Vom Dorfältesten war einer da. Alle müssen zum Frondienst antreten, Ziegelsteine fahren«, sagte die Alte. »Ich habe das Frühstück fertiggemacht. Kommt rüber!«

»Schön. Spann den Grauen ein, und fahr los«, sagte der Alte zu Akim. »Aber paß auf, daß es dir nicht wieder so geht wie neulich. Ich habe die Verantwortung. Nimm dir Petrucha zum Vorbild.«

»Als der zu Hause war, hast du auf den geschimpft«, hakte jetzt Akim ein, »weil er aber nun nicht mehr da ist, läßt du deine Wut an mir aus.«

»Wirst's wohl auch verdienen«, fiel die Mutter ebenso erzürnt ein. »Unserm Petrucha reichst du nicht das Wasser.«

»Meinetwegen.«

»So, meinetwegen! Unser Mehl hast du versoffen, und nun sagst du auch noch ›meinetwegen‹!«

»Immer wieder die alte Geschichte«, stöhnte die Schwiegertochter.

Alle legten die Dreschflegel hin und gingen ins Haus.

Der Streit zwischen Vater und Sohn ging schon lange, fast seit der Zeit, als man Petrucha zu den Soldaten genommen hatte. Schon damals hatte der Alte gemerkt, daß er einen Kuckuck für einen Falken eingetauscht hatte. Allerdings war es ja nach dem Gesetz gewesen, wie es der Alte verstand, daß der Kinderlose für den Familienvater eintrat. Akim hatte vier Kinder gehabt und Petrucha noch keines, aber er war ein Arbeiter gewesen wie der Alte selber: gewandt, findig, stark und ausdauernd, und vor allem, er hatte Lust und Liebe zur Sache gehabt. Niemals hatte er die Hände in den Schoß gelegt. War er irgendwo vorübergegangen, wo gearbeitet wurde, so hatte er, ganz wie es der Alte zu tun pflegte, gleich zugegriffen und geholfen, hatte entweder mit der Sense ein paar Reihen heruntergemäht oder eine Fuhre aufgeladen, oder einen Baum umgehauen oder Holz gesägt. Dem Alten tat es leid, daß er ging, aber da war eben nichts zu machen. Mit dem Soldatendienst war es ebenso wie mit dem Tod: wer Soldat wurde, war wie eine abgeschnittene Brotscheibe, und an ihn zu denken und sich das Herz schwer zu machen hatte keinen Sinn. Und so erinnerte sich denn der Alte auch wenig an ihn, höchstens so wie heute, um seinem ältesten Sohn eins auszuwischen. Die Mutter dagegen dachte oft an ihn und hatte schon lange – es wurden nun bald zwei Jahre – den Alten immer und immer wieder gebeten, daß er dem Jungen doch etwas Geld schicken möge. Aber der Vater hatte kein Wort dazu gesagt und nichts unternommen.

Der Hof, auf dem sie saßen, galt als reich, und der Alte hatte ein gutes Stück Geld beiseite gelegt, aber um nichts in der Welt hätte er das Ersparte angerührt. Heute nun, da die Mutter gehört hatte, wie er des jüngeren Sohnes gedachte, beschloß sie, ihn noch einmal zu bitten, dem Jungen, wenn er den Hafer verkauft hätte, doch wenigstens ein Rubelchen zu schicken. Und so tat sie es denn auch. Als sie, nachdem die jungen Leute zur Fronarbeit fortgegangen waren, mit dem Alten allein war, überredete sie ihn, Petrucha von dem Erlös des Hafers einen Rubel zu schikken. Und als dann der geworfelte Hafer in zwölf Scheffel abgemessen und in Säcke gefüllt war, die Säcke sorgsam mit Holzstiften zugemacht und auf drei Schlitten verladen wurden, händigte sie dem Alten einen Brief ein, den der Küster nach ihren Worten geschrieben hatte, und der Alte versprach, in der Stadt einen Rubel hineinzulegen und den Brief an die Adresse seines Sohnes abzuschicken.

Der Alte, der warme weißwollene Fußlappen, den neuen Pelz und darüber seinen Kaftan angezogen hatte, nahm den Brief, steckte ihn in seinen Beutel, sprach das Gebet, setzte sich auf den vordersten Schlitten und fuhr in die Stadt. Im letzten Schlitten saß sein Enkel. In der Stadt ließ er sich vom Herbergsvater den Brief vorlesen und hörte aufmerksam und beifällig zu.

In dem Brief übermittelte die Mutter ihrem Petrucha erstens ihren Segen, zweitens die Grüße von allen, dann die Nachricht von dem Tod des Taufpaten und teilte ihm zuletzt noch mit, daß seine Frau Axinja nicht bei ihnen habe wohnen wollen, sondern unter die Leute gegangen sei. Man habe gehört, daß sie ein gutes und ehrbares Leben führe. Dann war noch das Geschenk, der Rubel, erwähnt und zu guter Letzt das hinzugefügt, was die Alte mit Tränen in den Augen geradewegs aus ihrem bekümmerten Herzen heraus den Küster Wort für Wort hatte schreiben lassen: »Und dann, mein liebes Herzenssöhnchen, mein Täubchen Petruschenka, habe ich mir die Augen nach Dir ausgeweint, so gräme ich mich um Dich und vergehe vor Leid. Mein Kind, mein Sonnenschein, an dem ich mich niemals satt sehen kann, warum bist Du von mir gegangen?...« Doch an dieser Stelle hatte die Alte laut losgeheult und unter Schluchzen gesagt: »So ist's und wird's auch immer bleiben.«

Und so war es auch in dem Brief stehengeblieben, aber ihrem Petrucha sollte es nicht beschieden sein, ihn zu erhalten. Weder die Nachricht, daß seine Frau aus dem Haus gegangen war, noch der Rubel, noch die letzten Worte seiner Mutter erreichten ihn. Der Brief und das Geld kamen zurück mit der Nachricht, daß Petrucha für seinen Kaiser, sein Vaterland und den rechten Glauben auf dem Feld der Ehre gefallen sei. So hatte sich der Militärschreiber ausgedrückt.

Als die Alte den Brief erhielt, heulte und schluchzte sie, solange sie Zeit hatte, und nahm dann die Arbeit wieder auf. Am Sonntag darauf ging sie in die Kirche, ließ für Petrucha eine Seelenmesse lesen, schrieb ihn in die Totenliste ein und verteilte Hostienbrot an gute Leute, damit sie den Gottesknecht Petrucha in ihren Gebeten nicht vergäßen.

Auch die Soldatenfrau Axinja heulte, als sie von dem Tod ihres geliebten Mannes erfuhr, mit dem sie nur ein knappes Jahr zusammengelebt hatte. Sie weinte sowohl um ihren Mann als auch um ihr eignes verlorenes Leben, sprach unter Heulen und Schluchzen bald von Pjotr Michailowitschs braunen Locken und seiner Liebe, bald von dem harten Los, das ihr und ihrem verwaisten Söhnchen Wanka beschieden sei, und machte Petrucha bittere Vorwürfe, daß er mit dem Bruder mehr Mitleid gehabt hatte als mit ihr, die nun unter fremden Leuten schutz- und heimatlos umherirren müsse.

Im Grunde ihres Herzens aber war Axinja über Pjotrs Tod heilfroh. Sie erwartete ein Kind von dem Handlungsgehilfen, mit dem sie zusammenlebte, und nun konnte ihr niemand mehr Vorwürfe machen, und der Handlungsgehilfe konnte sie heiraten, wie er ihr versprochen hatte, als er in intime Beziehungen zu ihr getreten war.

## 9

Michail Semjonowitsch Woronzow war als Sohn des russischen Gesandten in England erzogen worden und besaß eine europäische Bildung, wie sie in damaligen Zeiten unter den höchsten russischen Beamten noch selten war. Als Mann von großem Ehrgeiz zeigte er sich Tieferstehenden gegenüber sanft und freundlich, während er im Verkehr mit Höhergestellten der gewandte Höfling war. Er konnte sich ein Leben ohne Macht auf der einen und Unterordnung auf der anderen Seite gar nicht vorstellen. Alle höheren Würden und Orden waren ihm zuteil geworden, und er hielt sich für einen genialen Heerführer, hatte er doch bei Krasnoje sogar über Napoleon gesiegt. Im Jahre 1852 war er schon hoch in den Siebzigern, dabei aber immer noch der frische, in allen seinen Bewegungen forsche Offizier und, was die Hauptsache war, noch voll und ganz im Besitz seines feinen und liebenswürdigen Verstandes, durch den er seine Machtstellung zu erhalten und seine Popularität zu festigen und auszudehnen wußte. Er verfügte über große Reichtümer, die sowohl von ihm selber als auch von seiner Frau, einer geborenen Gräfin Branizkaja, herrührten, bezog in seiner Eigenschaft als Statthalter gewaltige Einkünfte und verwendete den größten Teil seiner Mittel für die Unterhaltung seines Palais und seines Parkes am südlichen Ufer der Krim.

Am 4. Dezember 1852 fuhr gegen Abend vor Woronzows Palais in Tiflis die Troika eines Kuriers vor. Ein müder, ganz mit Staub bedeckter Offizier, der dem Statthalter die Nachricht General Koslowskijs vom Übertritt Hadschi-Murads zu den Russen überbringen wollte, schritt, mit den Beinen weit ausholend, an den Wachen vorüber die breite Freitreppe des Statthalterpalastes empor. Es war gegen sechs Uhr abends, und Woronzow wollte sich soeben zur Mittagstafel begeben, als ihm der Kurier gemeldet wurde. Er empfing ihn augenblicklich und erschien deshalb einige Minuten später bei Tisch. Als er in den Salon eintrat, wandten sich die Gäste, etwa dreißig Herren und Damen, die teils um die Fürstin Jelisaweta Xawerjewna herumsaßen, teils in Gruppen an den Fenstern standen, sogleich dem Eintretenden zu. Woronzow trug seinen gewöhnlichen schwarzen Militärrock, der keine Epauletten, sondern nur Achselschnüre hatte, und das weiße Kreuz am Hals. Sein glattrasiertes Fuchsgesicht lächelte verbindlich, und blinzelnd ließ er die Augen über die Anwesenden gleiten.

Während er mit weichen, hastigen Schritten den Salon betrat, entschuldigte er sich bei den Damen wegen der Verspätung, begrüßte die Herren und trat dann auf die grusinische Fürstin Mananja Orbeliani, eine fünfundvierzigjährige, große und üppige orientalische Schönheit, zu und reichte ihr den Arm, um sie zu Tisch zu führen. Die Fürstin Jelisaweta Xawerjewna nahm den Arm eines rothaarigen Generals mit borstigem Schnurrbart, der von auswärts gekommen war. Der Fürst von Grusinien führte die Gräfin Choiseul, eine Freundin der Fürstin, zu Tisch. Dann folgten der Hausarzt, ein Doktor Andrejewskij, die Adjutanten und die übrigen Herren, teils mit, teils ohne Damen. Lakaien in langen Röcken, Kniestrümpfen und ausgeschnittenen Schuhen schoben den Gästen die Stühle unter, und der maître d'hôtel schöpfte mit feierlicher Miene die dampfende Suppe aus der silbernen Terrine.

Woronzow nahm seinen Platz in der Mitte der langen Tafel ein. Ihm gegenüber saß die Fürstin, seine Gemahlin, mit dem General. Zur Rechten hatte der Hausherr seine Dame, die schöne Orbeliani, und zur Linken eine schlanke, schwarze, blühend aussehende grusinische Fürstin mit blitzendem Geschmeide, die ununterbrochen lächelte.

»Excellentes, chère amie«, erwiderte er auf die Frage der Fürstin, was für Nachrichten ihm der Kurier gebracht habe. »Simon a eu de la chance.«

Und er erzählte so laut, daß alle, die am Tisch saßen, es hören konnten, die erstaunliche Neuigkeit – die für ihn selber jedoch gar nicht so völlig neu war, da Unterhandlungen bereits seit längerer Zeit geführt worden waren –, daß der durch seine Tapferkeit berühmte Helfershelfer Schamils sich den Russen ergeben habe und heute oder morgen nach Tiflis kommen werde.

Alle, die ganze Tafelrunde, sogar die jungen Leute, die Adjutanten und Beamten, die am äußersten Ende des Tisches saßen und vorher über irgend etwas leise gelacht hatten, schwiegen auf einmal und lauschten.

»Und Sie, General, sind Sie diesem Hadschi-Murad jemals begegnet?« fragte die Dame des Hauses ihren Nachbarn, den rothaarigen General mit dem borstigen Schnurrbart, als der Fürst zu sprechen aufgehört hatte.

»Das will ich meinen, Fürstin, und nicht nur einmal.«

Und der General fing an zu erzählen, wie Hadschi-Murad im Jahre dreiundvierzig, als die Bergbewohner Gergebil erobert hatten, auf eine Abteilung des Generals Passek gestoßen war und fast vor ihren Augen den Obersten Solotuchin niedergemetzelt hatte.

Woronzow hörte dem General mit verbindlichem Lächeln zu und freute sich offenbar darüber, daß dieser ins Erzählen gekommen war. Plötzlich aber nahm sein Gesicht einen zerstreuten und verdrießlichen Ausdruck an.

Der General, der jetzt in seinem Fahrwasser war, fing an zu erzählen, wo er Hadschi-Murad zum zweitenmal begegnet war.

»Er war es ja damals auch, wie sich Durchlaucht wohl noch erinnern werden«, fuhr der General fort, »der die Sucharner Expedition in den Hinterhalt lockte, so daß ihr nur ein Entsatz aus der Patsche helfen konnte.«

»Wo war das?« fragte Woronzow und kniff die Augen zusammen.

Die Sache war die, daß der tapfere General, wenn er von »aus der Patsche helfen« sprach, damit ein Gefecht in dem wenig glücklichen Feldzug gegen die Festung Dargo meinte, wo tatsächlich die ganze russische Heeresabteilung, die damals Fürst Woronzow kommandiert hatte, verloren gewesen wäre, wenn nicht neu eintreffende Truppen ihr »aus der Patsche geholfen« hätten. Alle wußten, daß dieser ganze Feldzug unter Woronzows Kommando, bei dem die Russen viele Verwundete und Gefallene hatten und mehrere Kanonen verloren, eine wenig rühmliche Episode aus den Kämpfen im Kaukasus war, und erwähnten deshalb, wenn überhaupt in Woronzows Gegenwart jemand davon sprach, diese Ereignisse immer nur in dem Sinn, in dem Woronzow selber seinerzeit den Bericht an den Zaren abgefaßt hatte, nämlich so als wäre dies eine glänzende Heldentat der russischen Armee gewesen. Nun aber bekundete der Ausdruck »aus der Patsche Helfen«, den der General soeben angewandt hatte, doch ganz offen, daß hier keine große Heldentat vollbracht, sondern vielmehr ein grober Fehler gemacht worden war, der viele Menschen das Leben gekostet hatte. Alle merkten dies. Einige gaben sich den Anschein, als verstünden sie die Bedeutung der Worte des Generals nicht, andere warteten bestürzt, was wohl nun weiter kommen werde, während wieder andere sich lächelnd ansahen. Nur der rothaarige General mit dem borstigen Schnurrbart merkte nichts und gab, ganz in seine Erzählung vertieft, dem Fürsten ruhig zur Antwort: »Nun, ebendort, wo man Ihnen damals aus der Patsche half, Durchlaucht.«

Und der General, nun einmal auf sein Lieblingsthema gebracht, erzählte ganz ausführlich, wie »dieser Hadschi-Murad die Abteilung so geschickt in zwei Hälften zerschnitten hatte, daß, wenn nicht ein Entsatz den Truppen aus der Patsche geholfen hätte« – er wiederholte wie mit besonderer Vorliebe immer wieder diesen Ausdruck –, »nicht ein einziger Mann mit dem Leben davongekommen wäre, denn...«

Doch der General kam mit seiner Erzählung nicht zu Ende, denn die Fürstin Mananja Orbeliani, die die Situation erkannt hatte, unterbrach seine Rede und fragte ihn über die Vorzüge seiner Tifliser Wohnung aus. Der General wunderte sich, sah alle und auch seinen Adjutanten, der am Ende der Tafel saß und seinen vielsagenden Blick starr auf ihn gerichtet hielt, erstaunt an, und plötzlich – wurde ihm alles klar. Er gab der Fürstin keine Antwort, schwieg finster und machte sich hastig über das feine, ihm sowohl dem Aussehen als auch dem Geschmack nach unbekannte Gericht her, das er sich aufgelegt hatte.

Allen war peinlich zumute, doch der grusinische Fürst, der zur anderen Seite der Fürstin saß und ein ziemlich beschränkter Mensch, aber ein feiner und geschickter Schmeichler und Höfling war, verstand es, die Ungeschicklichkeit wiedergutzumachen. Als hätte er nicht das geringste bemerkt, fing er mit lauter Stimme zu erzählen an, wie Hadschi-Murad seinerzeit die Witwe des Khans Achmet aus Mechtulin entführt habe.

»Bricht er da des Nachts in das Dorf ein, nimmt sich, was er gern haben möchte, und jagt mit seiner ganzen Horde davon.«

»Warum wollte er sich denn durchaus dieser Frau bemächtigen?« fragte die Fürstin.

»Ihr Mann war sein Feind gewesen; Hadschi-Murad hatte ihn

zeitlebens verfolgt, hatte ihn aber bis zu seinem Tod niemals erwischen können. Deshalb rächte er sich nun an der Witwe.«

»Quelle horreur!« rief die Fürstin aus, schloß die Augen und schüttelte den Kopf.

»O nein«, erwiderte Woronzow lächelnd, »man hat mir erzählt, daß er die Gefangene ritterlich und mit Achtung behandelt und späterhin wieder freigelassen hat.«

»Jawohl, gegen ein Lösegeld.«

»Nun, das ist doch selbstverständlich; immerhin hat er aber doch anständig gehandelt.«

Diese Worte des Fürsten gaben für die weiteren Erzählungen über Hadschi-Murad den Ton an. Die Höflinge verstanden, daß es Woronzow um so angenehmer sein mußte, je höher man die Bedeutung Hadschi-Murads einschätzte.

»Jedenfalls ein Gegner von erstaunlicher Kühnheit. Ein ganz außergewöhnlicher Mensch!«

»Das will ich meinen! Im Jahre neunundvierzig überfiel er am hellichten Tag Temir-Chan-Schura und raubte sämtliche Läden aus.«

Ein am Ende der Tafel sitzender Armenier, der um diese Zeit in Temir-Chan-Schura gelebt hatte, erzählte allerlei Einzelheiten über diese Heldentat. So wurde während des ganzen Mittagessens immer nur von Hadschi-Murad gesprochen. Alle lobten seine Tapferkeit, seinen Verstand und seine Großmut um die Wette. Jemand erzählte, wie er einmal befohlen habe, sechsundzwanzig Gefangenen den Kopf abzuschlagen, aber auch dafür fand man die übliche Entschuldigung: »Was sollte er tun? À la guerre comme à la guerre.«

»Ohne Zweifel ein großer Mann!«

»Hätte der in Europa das Licht der Welt erblickt, wäre er möglicherweise ein neuer Napoleon geworden«, sagte der dumme grusinische Fürst, der so vortrefflich zu schmeicheln verstand.

Er wußte, daß dem Fürsten jede Erinnerung an Napoleon, für dessen Besiegung er das weiße Kreuz am Halse trug, stets angenehm war.

»Nun, wenn auch kein Napoleon, so doch wenigstens ein tüchtiger Reitergeneral«, meinte Woronzow.

»Wenn auch kein Napoleon, so doch wenigstens ein Murat.«

»Er heißt ja Hadschi-Murad.«

»Wenn Hadschi-Murad überläuft, ist es auch mit Schamil zu Ende«, bemerkte jemand.

»Sie fühlen selber, daß sie sich in unserer Zeit« – das sollte bedeuten: wenn ein Woronzow an der Spitze steht – »nicht mehr halten können«, meinte ein anderer.

»Tout cela est grâce à vous«, fügte Mananja Orbeliani hinzu.

Fürst Woronzow bemühte sich, die Wogen der Schmeichelei, die ihn zu überfluten drohten, ein wenig zu glätten. Aber es war ihm doch recht angenehm, und so führte er seine Tischdame in der denkbar besten Laune in den Salon zurück.

Als dann nach Tisch der Kaffee in den Salon gebracht wurde, zeigte sich der Fürst ganz besonders liebenswürdig gegen alle, ging auf den General mit dem roten borstigen Schnurrbart zu und gab sich Mühe, ihm zu zeigen, daß er seinen Fauxpas nicht bemerkt habe.

Nachdem Woronzow mit allen Gästen ein paar verbindliche Worte gewechselt hatte, setzte er sich zum Kartenspiel nieder. Er spielte nur das althergebrachte Lomber. Seine Partner waren: der Fürst von Grusinien, dann ein armenischer General, der sich das Lomberspiel vom Kammerdiener des Fürsten hatte zeigen lassen, und als vierter Mann der wegen seines Einflusses auf den Fürsten bekannte Hausarzt Andrejewskij.

Woronzow legte die goldene Tabaksdose mit dem Bildnis Alexanders I. neben sich, brach ein neues Spiel Karten mit Atlasrücken auf und wollte sie soeben austeilen, als sein Kammerdiener, der Italiener Giovanni, eintrat und ihm auf silbernem Tablett einen Brief überreichte.

»Noch ein Kurier, Durchlaucht.«

Woronzow legte die Karten beiseite, bat um Entschuldigung, brach den Brief auf und begann zu lesen.

Es war ein Brief von seinem Sohn. Er schrieb von Hadschi-Murads Übertritt und seinem eignen Zusammenstoß mit Meller-Sakomelskij.

Die Fürstin trat auf ihren Mann zu und fragte ihn, was der Sohn schreibe. »Auch wieder darüber. Il a eu quelques désagréments avec le commandant de la place. Simon a eu tort. But all is what ends well«, sagte er, gab seiner Frau den Brief, wandte sich an seine ehrerbietig wartenden Partner und bat sie, die Karten aufzunehmen.

Als sie eine Runde gespielt hatten, öffnete Woronzow die Tabaksdose und tat, was er immer zu tun pflegte, wenn er besonders guter Laune war. Er nahm mit seiner weißen, runzeligen Greisenhand eine Prise französischen Tabaks, führte sie zur Nase und schnupfte.

## 10

Als Hadschi-Murad am nächsten Tag bei Woronzow erschien, war das Empfangszimmer des Fürsten voll von Menschen. Da war der General mit dem borstigen Schnurrbart von gestern, in voller Uniform und mit allen seinen Orden, der gekommen war, um sich zu verabschieden, da war ein Regimentskommandeur, dem mit dem Kriegsgericht gedroht worden war, weil er die Verpflegungsgelder seines Regimentes mißbraucht hatte, da war ein reicher, von Doktor Andrejewskij begünstigter Armenier, ein Branntweinpächter, der um die Erneuerung seines Kontraktes besorgt war, da war die Witwe eines gefallenen Offiziers, ganz in Schwarz gekleidet, die gekommen war, um eine Pension oder die Unterbringung ihrer Kinder auf Kosten der Krone zu erbitten, da war ein verkrachter grusinischer Fürst in dem prächtigen Kostüm seines Landes, der sich um die Pacht eines aufgehobenen Kirchengutes bewerben wollte, da war ein Polizeibeamter mit einer großen Aktenrolle unter dem Arm, die ein neues Projekt zur Unterwerfung des Kaukasus enthielt, da war ein Khan, der nur aus dem Grund erschienen war, um daheim erzählen zu können, daß er beim Fürsten gewesen sei.

Alle warteten geduldig, bis die Reihe an sie kam, und einer nach dem anderen wurde von dem hübschen, jungen, blonden Adjutanten des Fürsten in dessen Arbeitszimmer geführt.

Als Hadschi-Murad, ein klein wenig hinkend, aber mit festem Schritt in das Empfangszimmer trat, wandten sich aller Augen ihm zu, und er hörte von verschiedenen Seiten flüsternd seinen Namen.

Hadschi-Murad trug über dem braunen Beschmet, dessen Kragen mit einer schmalen Silberlitze verziert war, eine lange weiße Tscherkeska. Seine Beine steckten in schwarzen Lederschäften und ebensolchen Tschuwiaks, die wie Handschuhe über die Fußsohlen gezogen waren. Auf dem Kopf hatte er seine Lammfellmütze mit demselben Turban, der die Ursache zu seinem Anschluß an Schamil gewesen war und um dessentwillen er dann nach Achmet-Khans Verrat von General Klugenau festgenommen worden war. Mit raschen Schritten ging Hadschi-Murad über das Parkett des Empfangszimmers, wobei sich sein schlanker Körper infolge des leichten Hinkens mehr auf dem einen kürzeren Beine wiegte. Seine weit auseinanderstehenden Augen blickten ruhig geradeaus und schienen niemanden zu sehen.

Der hübsche Adjutant begrüßte Hadschi-Murad und bat ihn, so lange Platz zu nehmen, bis er seine Ankunft dem Fürsten gemeldet hätte. Hadschi-Murad aber dankte, legte die Hand auf den Dolch, streckte das Bein vor, blieb stehen und ließ einen verächtlichen Blick über die Anwesenden gleiten.

Der Dolmetscher, Fürst Tarchanow, trat auf den Ankömmling zu und fing eine Unterhaltung mit ihm an. Hadschi-Murad gab widerwillige, kurze Antworten. Da trat ein kumykischer Fürst, der sich über die russische Polizei beschwert hatte, aus dem Arbeitszimmer, und gleich darauf forderte der Adjutant Hadschi-Murad auf, geleitete ihn zur Tür und ließ ihn eintreten.

Woronzow empfing Hadschi-Murad stehend, die Hand auf die Kante seines Schreibtisches gestützt. Das weiße Greisengesicht des Oberstkommandierenden lächelte nicht wie gestern, sondern zeigte vielmehr einen strengen und feierlichen Ausdruck.

Nachdem Hadschi-Murad in das geräumige Zimmer mit dem riesigen Tisch, den großen Fenstern und den grünen Jalousien eingetreten war, legte er seine kleinen, sonnenverbrannten Hände auf die Stelle der Brust, wo sich die weiße Tscherkeska kreuzte, und sagte ehrerbietig und mit gesenkten Augen im kumykischen Dialekt, den er sehr gut beherrschte: »Ich begebe mich in des großen Zaren und in Ihren Schutz. Ich verspreche, dem weißen Zaren bis zum letzten Blutstropfen zu dienen, und hoffe, ihm im Krieg gegen Schamil nützlich sein zu können, der Ihr Feind ist und auch der meinige.«

Während Woronzow diese Worte, die der Dolmetscher ihm übersetzte, anhörte, sah er Hadschi-Murad an, und auch dieser blickte dem Fürsten gerade ins Gesicht.

Die Augen der beiden Männer trafen sich und sagten einander vieles, was sich nicht durch Worte ausdrücken ließ und ganz und gar nicht das war, was der Dolmetscher übermittelte. Sie sagten einander auch ohne Worte die ganze Wahrheit. In Woronzows Augen stand deutlich zu lesen, daß er nicht ein Wort von dem, was Hadschi-Murad sagte, glaube, daß er wisse, daß dieser ein Feind aller Russen sei und es auch immer bleiben werde und daß er sich jetzt nur unterordne, weil er dazu gezwungen sei. Hadschi-Murad las dies wohl aus Woronzows Augen, versicherte ihn aber dennoch seiner Ergebenheit. Seine eignen Augen aber sagten, daß der Greis, der vor ihm stand, vor allem an seinen eignen Tod denken solle und nicht an den Krieg, denn er, Hadschi-Murad, wisse ganz genau, daß Woronzow trotz seines Alters ein schlauer Fuchs sei, vor dem man auf der Hut sein müsse. Und auch Woronzow verstand dies und sagte dennoch zu Hadschi-Murad nur das, was er im Hinblick auf den Erfolg im Krieg für nützlich hielt.

»Sage ihm«, wandte sich Woronzow an den Dolmetscher (er redete alle seine jungen Offiziere mit du an), »daß unser Kaiser ebenso gnädig wie mächtig ist und ihm auf meine Fürbitte hin wahrscheinlich verzeihen und ihn in seine Dienste nehmen wird. Übersetzt?« fragte er und sah Hadschi-Murad dabei an. »Sage ihm ferner, daß ich, solange der allergnädigste Beschluß meines Gebieters noch aussteht, es auf mich nehmen werde, ihn bei mir zu behalten, und bestrebt sein werde, ihm den Aufenthalt so angenehm wie nur möglich zu machen.«

Hadschi-Murad kreuzte noch einmal die Hände über der Brust und fing nun lebhafter zu sprechen an.

Er sagte, wie der Dolmetscher übersetzte, daß er schon früher, im Jahre neununddreißig, als er noch Herr über Awarien gewesen sei, den Russen treu gedient habe und niemals von ihnen abgefallen wäre, wenn nicht sein Feind Achmet-Khan, um ihn zu verderben, ihn beim General Klugenau verleumdet hätte.

»Ich weiß, ich weiß«, sagte Woronzow, obgleich er alle diese Geschichten zwar gewußt, aber längst wieder vergessen hatte. »Das weiß ich alles«, wiederholte er, setzte sich und forderte auch Hadschi-Murad auf, auf dem niederen Diwan, der an der Wand stand, Platz zu nehmen. Aber Hadschi-Murad setzte sich nicht, sondern machte nur mit seinen kräftigen Schultern ein Zeichen, daß er sich nicht dazu entschließen könne, in Gegenwart eines so hochgestellten Mannes Platz zu nehmen.

»Achmet-Khan und Schamil, beide sind meine Feinde«, fuhr Hadschi-Murad, zum Dolmetscher gewandt, fort. »Sag dem Fürsten, Achmet-Khan ist tot, und ich habe mich nicht an ihm rächen können; Schamil aber lebt noch, und ich werde nicht eher sterben, bis ich ihm alles heimgezahlt habe«, sagte er, zog finster die Augenbrauen zusammen und preßte die Zähne fest aufeinander.

»So, so«, erwiderte Woronzow ruhig. »Wie will er sich denn an Schamil rächen?« fragte er den Dolmetscher. »Aber so sag ihm doch, daß er Platz nehmen soll.«

Hadschi-Murad lehnte es noch einmal ab, sich zu setzen, und antwortete auf die ihm vorgelegte Frage: Deshalb sei er ja zu den Russen übergegangen, um ihnen zu helfen, Schamil zu stürzen.

»Schön, schön«, meinte Woronzow. »Aber was hat er nun eigentlich vor? Er soll sich doch nun endlich setzen.«

Hadschi-Murad nahm Platz und sagte, wenn man ihn nur an die Lesghische Front schicken und ihm Truppen geben wolle, so stehe er dafür ein, daß sich ganz Daghestan erheben werde und Schamil sich nicht mehr halten könne.

»Der Gedanke ist gut. Das wäre möglich«, sagte Woronzow. »Ich werde mir das durch den Kopf gehen lassen.«

Der Dolmetscher übersetzte Hadschi-Murad Woronzows Worte. Hadschi-Murad dachte nach.

»Sag dem Sardar«, fuhr er dann fort, »daß sich meine Familie in der Gewalt meines Feindes befindet und daß mir, solange die Meinigen in den Bergen weilen, die Hände gebunden sind und ich den Russen nicht dienen kann. Er würde meine Frau, meine Mutter, meine Kinder niedermetzeln, wenn ich offen gegen ihn vorgehen wollte. Mag der Fürst also meine Familie auslösen oder gegen andere Gefangene eintauschen, dann werde ich entweder sterben oder Schamil vernichten.«

»Schön, schön«, sagte Woronzow. »Alles dies soll in Erwägung gezogen werden. Jetzt aber soll er zum Stabschef gehen und ihm ausführlich seine Lage und seine Absichten und Wünsche darlegen.«

So endete die erste Unterredung Hadschi-Murads mit Woronzow.

Am Abend desselben Tages wurde in dem neuen, im orientalischen Geschmack gehaltenen Tifliser Theater eine italienische Oper gegeben. Woronzow saß in seiner Loge, und im Parterre zeigte sich die auffallende Gestalt des lahmen Hadschi-Murad im Turban. Er trat in Begleitung des ihm zugeteilten Adjutanten Woronzows, Loris-Melikows, ein und nahm in der ersten Reihe Platz. Nachdem er mit der dem orientalischen Muselmann eignen Würde dem ersten Akt nicht nur ohne Erstaunen, sondern mit völlig gleichgültigem Ausdruck beigewohnt hatte, stand er auf, sah sich ruhig unter den Zuschauern um und ging hinaus, wodurch er die Aufmerksamkeit aller auf sich lenkte.

Der nächste Tag war ein Montag, an dem – wie üblich – eine Abendgesellschaft bei den Woronzows stattfand. In dem großen, hellerleuchteten Saal spielte eine im Wintergarten versteckte Musikkapelle. Junge und nicht mehr ganz junge Frauen in Kleidern, die Arme, Hals und Brust nackt zur Schau stellten, drehten sich, von Männern in grellen Uniformen umschlungen, im Kreise. An dem hochaufgetürmten Büfett schenkten Lakaien in roten Fräcken, Kniestrümpfen und Halbschuhen Champagner ein und reichten den Damen Konfekt. Die Frau des Statthalters ging trotz ihren nicht mehr jungen Jahren ebenfalls halbentblößt zwischen den Gästen umher, begrüßte alle lächelnd und ließ auch durch den Dolmetscher ein paar verbindliche Worte an Hadschi-Murad richten, der die Anwesenden ebenso gleichgültig wie gestern im Theater musterte. Nach der Dame des Hauses traten auch andere nackte Frauen auf Hadschi-Murad zu, blieben, ohne sich zu schämen, vor ihm stehen und fragten ihn lächelnd alle ein und dasselbe: ob ihm das, was er hier sehe, gefalle. Auch Woronzow selber, der mit goldenen Epauletten und Achselstücken und mit seinem weißen Kreuz an einem breiten Band auf ihn zutrat, richtete dieselbe Frage an ihn, wobei er wie alle offenbar davon überzeugt war, daß Hadschi-Murad alles das, was er sah, unbedingt schön finden müsse. Und Hadschi-Murad gab ihm dieselbe Antwort, die er allen gegeben hatte: daß es bei ihnen all dies nicht gebe, ohne seine Ansicht darüber auszusprechen, ob er diesen Mangel für gut halte oder nicht.

Hadschi-Murad versuchte, hier auf dem Ball mit Woronzow über den Loskauf seiner Familie zu sprechen, aber der Fürst gab sich den Anschein, als hätte er seine Worte nicht gehört, und ließ ihn stehen. Loris-Melikow klärte ihn sogleich darüber auf, daß hier nicht der Ort sei, von geschäftlichen Dingen zu reden.

Als es elf schlug, überzeugte sich Hadschi-Murad noch einmal auf der ihm von Marja Wasiljewna geschenkten Uhr, ob dies richtig sei, und fragte dann Loris-Melikow, ob er aufbrechen könne. Loris-Melikow erwiderte, das könne er schon, aber besser wäre es doch, noch zu bleiben. Dennoch verabschiedete sich Hadschi-Murad und fuhr in dem ihm zur Verfügung gestellten Phaethon in sein Quartier.

## 11

Hadschi-Murad weilte nun schon seit fünf Tagen in Tiflis, als Loris-Melikow, der Adjutant des Statthalters, eines Tages im Auftrag des Oberstkommandierenden zu ihm kam.

»Kopf und Hände sind bereit, dem Statthalter zu dienen«, sagte Hadschi-Murad, neigte mit dem gewohnten diplomatischen Ausdruck den Kopf und kreuzte die Arme über der Brust. »Verfüge über mich«, fuhr er fort und blickte Loris-Melikow freundlich ins Auge.

Dieser nahm auf einem Sessel, der neben dem Tisch stand, Platz. Hadschi-Murad ließ sich ihm gegenüber auf dem Diwan nieder, stützte die Arme auf die Knie, senkte den Kopf und hörte aufmerksam an, was Loris-Melikow ihm sagte. Der Adjutant, der geläufig Tatarisch sprach, teilte ihm mit, daß der Fürst, der zwar Hadschi-Murads Vergangenheit kenne, gern von ihm selber einmal seine ganze Lebensgeschichte erfahren hätte.

»Du erzählst mir alles«, sagte Loris-Melikow, »und ich schreibe es dann nieder und übersetze es ins Russische, und der Fürst kann es dann an den Kaiser schicken.«

Hadschi-Murad schwieg. Er hatte die Gewohnheit, nicht nur niemals eine Rede zu unterbrechen, sondern auch immer noch eine Weile zu warten, ob der, der mit ihm sprach, nicht noch etwas sagen werde. Dann hob er den Kopf, schob die Lammfellmütze zurück und lächelte mit jenem eigentümlichen kindlichen Lächeln, das schon Marja Wasiljewna so für ihn eingenommen hatte.

»Das kann ich tun«, sagte er, sichtlich durch den Gedanken geschmeichelt, daß der Zar seine Lebensgeschichte lesen werde.

»Erzähle mir« – Loris-Melikow sagte du zu ihm, weil es im Tatarischen ein Sie nicht gibt – »alles von Anfang an, und nimm dir Zeit«, fuhr der Adjutant fort und zog sein Notizbuch aus der Tasche.

»Das kann ich schon. Nur wird viel, sehr viel zu erzählen sein«, bemerkte Hadschi-Murad. »Manchen Kampf habe ich gekämpft.«

»Wenn du an einem Tage nicht fertig wirst, so fahren wir am nächsten fort«, erwiderte Loris-Melikow.

»Also von Anfang an soll ich erzählen?«

»Ja, ganz von Anfang an: wo du geboren bist, zuerst gelebt hast...«

Hadschi-Murad senkte den Kopf, schwieg und saß lange so da. Dann griff er nach einem kleinen Stock, der neben dem Diwan lag, zog hinter seinem goldverzierten Dolch, der einen Elfenbeingriff hatte, ein wie zum Rasieren scharfes stählernes Taschenmesser hervor und fing an, an dem Stock herumzuschnitzen, während er seine Lebensgeschichte erzählte.

»Also schreib«, fing er an. »Geboren wurde ich in Zelmes. Das ist ein kleiner Aul, so groß wie ein Eselskopf, wie man bei uns in den Bergen sagt. Nicht weit von uns, etwa zwei Büchsenschuß entfernt, liegt Chunsach, wo die Khane lebten. Unsere Familie stand ihnen nahe. Meine Mutter nährte den Erstgeborenen des

Khans, Abununzal-Khan; dadurch stand auch ich den Khanen nahe.

Es waren drei Söhne: Abununzal-Khan, der Milchbruder meines Bruders Osman, Umma-Khan, mein Wahlbruder, und Bulatsch-Khan, der jüngste, den dann Schamil in die Schlucht gestürzt hat. Doch davon später.

Ich war fünfzehn Jahre alt, als die Muriden durch die Aule zogen. Sie schlugen mit hölzernen Schwertern an die Steine und schrien: ›Muselmänner, Chasawat!‹ Alle Tschetschenzen gingen zu den Muriden über, und auch die Awarier gingen allmählich zu ihnen über. Ich lebte damals auf dem Hof der Khane, wurde wie ein Bruder gehalten, war reich und konnte tun und lassen, was ich wollte. Ich hatte Pferde und Waffen und Geld. Ich lebte zu meinem Vergnügen und dachte an nichts. So lebte ich, bis Kasi-Mullah ermordet wurde und Hamsat an seine Stelle trat. Hamsat schickte Boten zu den Khanen und ließ ihnen sagen, daß er Chunsach zerstören werde, wenn sie das Chasawat nicht annähmen. Da hieß es überlegen. Die Khane fürchteten die Russen und hatten deshalb Angst, das Chasawat anzunehmen, und so schickte mich die Frau des Khans mit ihrem zweiten Sohn, mit Umma-Khan, nach Tiflis, um den Oberbefehlshaber der Russen um Hilfe gegen Hamsat zu bitten. Dieser Oberbefehlshaber war damals der Baron von Rosen. Er empfing weder mich noch den Umma-Khan, sondern ließ uns nur sagen, er werde uns helfen. Aber er unternahm nichts. Nur seine Offiziere schmausten mit uns und spielten mit Umma-Khan Karten. Sie machten ihn durch Wein betrunken, führten ihn in üble Spelunken, und er verlor an sie im Kartenspiel alles, was er hatte. Er war körperlich stark wie ein Stier und tapfer wie ein Löwe, aber sein Geist war schwach wie Wasser. Die letzten Pferde und Waffen hätte er noch verspielt, wenn ich ihn nicht fortgeführt hätte. Nach diesen Erfahrungen in Tiflis war mein Sinn umgeschlagen, und ich fing an, die Frau des Khans und die jungen Khane zu überreden, das Chasawat anzunehmen.«

»Warum bist du denn anderen Sinnes geworden?« fragte Loris-Melikow. »Haben dir die Russen nicht gefallen?«

Hadschi-Murad schwieg.

»Nein, sie haben mir nicht gefallen«, erwiderte er dann in entschiedenem Ton und schloß wieder die Augen. »Und außerdem war da noch etwas anderes, weshalb ich das Chasawat annehmen wollte.«

»Was war denn das?«

»In der Nähe von Zelmes stießen die Söhne des Khans und ich einmal auf drei Muriden. Zwei von ihnen entflohen, den dritten aber schoß ich mit meiner Pistole nieder. Als ich auf ihn zutrat, um ihm die Waffen abzunehmen, lebte er noch. Er blickte mich an. ›Du hast mich getötet‹, sagte er. ›Mir ist wohl. Aber du bist ein Muselmann, bist jung und stark, nimm das Chasawat an! Gott befiehlt es.‹«

»Und deshalb nahmst du es an?«

»Ich nahm es nicht an, aber fing an, darüber nachzudenken«, sagte Hadschi-Murad und fuhr dann in seiner Erzählung fort. »Als nun Hamsat auf Chunsach vorrückte, schickten wir ihm die Ältesten entgegen und befahlen ihnen zu sagen, wir seien einverstanden, das Chasawat anzunehmen, nur solle er uns einen wohlunterrichteten Mann schicken, der uns auseinandersetzen könnte, wie es zu halten sei. Hamsat ließ den Alten die Bärte scheren, Löcher in die Nasen stechen, Fladen daran hängen und schickte sie so zurück. Sie sagten, Hamsat sei bereit, einen Scheich zu schicken, der uns das Chasawat lehren könnte, aber nur unter der einen Bedingung, daß die Frau des Khans ihm als Geisel ihren jüngsten Sohn sende. Die Frau glaubte ihm und sandte ihren Jüngsten, Bulatsch-Khan, zu Hamsat. Hamsat nahm ihn gut auf und schickte noch einmal zu uns, um auch die älteren Brüder holen zu lassen. Er ließ sagen, er wolle den Khanen ebenso dienen, wie schon sein Vater ihrem Vater gedient habe. Die Mutter der Khane war eine schwache Frau, dumm und frech wie alle Frauenzimmer, wenn sie nach eigenem Willen leben. Sie hatte Angst, beide Söhne wegzugeben, und schickte deshalb nur den zweiten, Umma-Khan. Ich ritt mit ihm hin. Die Muriden kamen uns über eine Werst entgegen, sangen, schossen und führten uns Reiterkunststücke vor. Als wir ankamen, trat Hamsat aus dem Zelt, hielt Umma-Khan den Steigbügel und nahm ihn wie einen Khan auf. Er sprach: ›Ich habe eurem Haus nichts Böses zugefügt und will es auch nicht tun. Aber auch ihr sollt mir nicht nach dem Leben trachten und mich nicht hindern, Leute für das Chasawat anzuwerben. Dann werde ich euch mit allen meinen Truppen dienen, wie mein Vater eurem Vater gedient hat. Laßt mich in eurem Haus leben. Ich will euch mit meinem Rat unterstützen, ihr aber könnt tun und lassen, was ihr wollt.‹ Umma-Khan war unbeholfen im Reden. Er wußte nicht, was er sagen sollte, und schwieg. Da sagte ich, wenn es so sei, solle Hamsat nur nach Chunsach reiten, die Frau und der Khan würden ihn mit Ehren empfangen. Aber sie ließen mich nicht ausreden, und hier war es, wo ich zum ersten Male mit Schamil zusammenstieß. Es stand dort, neben dem Imam. ›Nicht dich hat man gefragt, sondern den Khan‹, sagte er. Ich schwieg, und Hamsat führte Umma-Khan in das Zelt. Dann rief mich Hamsat herein und hieß mich mit seinen Boten nach Chunsach reiten. Ich ritt hin. Die Boten beredeten die Frau, auch den ältesten Sohn zu Hamsat ziehen zu lassen. Ich witterte Verrat und sagte ihr, sie solle den Sohn nicht schicken. Aber die Weiber haben soviel Verstand im Kopf, wie ein Ei Haare hat. Sie glaubte Hamsat und befahl dem Sohn hinzureiten. Abununzal-Khan wollte nicht. Da sagte sie zu ihm: ›Man sieht, daß du Angst hast.‹ Wie eine Biene wußte sie, an welcher Stelle sie ihn am schmerzlichsten stechen konnte. Abununzal-Khan bekam einen roten Kopf, sprach kein Wort mehr mit ihr und ließ die Pferde satteln. Ich ritt mit ihm. Hamsat empfing ihn noch besser als Umma-Khan. Er kam uns selber zwei Büchsenschuß den Berg herunter entgegengeritten. Ihm folgten seine Berittenen mit den Feldzeichen. Die Leute sangen, schossen und tummelten ihre Rosse. Als wir im Lager ankamen, führte Hamsat den Khan ins Zelt. Ich blieb bei den Pferden.

Während ich unten am Berg wartete, hörte ich in Hamsats Zelt schießen. Ich lief hin. Umma-Khan lag mit dem Gesicht auf dem Boden in einer großen Blutlache. Abununzal-Khan rang mit den Muriden. Die eine Backe seines Gesichtes war abgehauen und hing herunter. Er hielt sie mit der einen Hand fest und stach mit der anderen, mit der er den Dolch führte, auf jeden ein, der ihm nahe kam. Vor meinen Augen streckte er Hamsats Bruder nieder und zückte schon seinen Dolch auf einen anderen, doch in diesem Augenblick schossen die Muriden auf ihn, und er sank um.«

Hadschi-Murad hielt inne. Sein wettergebräuntes Gesicht wurde plötzlich dunkelrot, und seine Augen füllten sich mit Blut.

»Da kam die Furcht über mich, und ich floh.«

»Was sagst du da?« fragte Loris-Melikow. »Ich denke, du hast dich niemals vor etwas gefürchtet?«

»Später nicht mehr. Ich erinnerte mich dann immer an diese Schande, und wenn ich daran dachte, fürchtete ich nichts mehr.«

## 12

»Nun ist's aber genug. Ich muß beten«, sagte Hadschi-Murad, zog aus der inneren Brusttasche seiner Tscherkeska Woronzows Breguetsche Uhr, drückte vorsichtig auf die Feder, neigte den Kopf zur Seite und lauschte mit kindlichem Lächeln. Die Uhr schlug zwölf und ein Viertel.

»Ein Geschenk von meinem Gastfreund Woronzow«, sagte er lächelnd.

»Eine schöne Uhr«, bemerkte Loris-Melikow. »Also verrichte du jetzt deine Gebete, ich werde warten.«

»Jakschi«, erwiderte Hadschi-Murad und ging ins Schlafzimmer.

Als Loris-Melikow allein geblieben war, schrieb er das Wichtigste von dem, was Hadschi-Murad ihm erzählt hatte, in sein Notizbuch. Dann steckte er sich eine Zigarette an und begann, im Zimmer auf und ab zu gehen. Als er an der Tür vorüberkam, die dem Schlafzimmer gegenüberlag, hörte er, wie draußen lebhafte Stimmen über irgend etwas auf tatarisch aufgeregt miteinander sprachen. Er erriet, daß dies Hadschi-Murads Muriden waren, machte die Tür auf und ging zu ihnen hinüber.

Das Zimmer war angefüllt von jenem eigentümlichen, säuerlichen Ledergeruch, den die Bergbewohner an sich haben. Am Fenster saß auf einem über den Boden gebreiteten Filzmantel der einäugige, rothaarige Hamsalo in einem zerfetzten, schmierigen Beschmet und flocht an einem Riemenzeug. Mit seiner heiseren Stimme redete er soeben hitzig auf seine Gefährten ein, verstummte aber, als Loris-Melikow eintrat, sogleich und fuhr, ohne ihm irgendwelche Aufmerksamkeit zu schenken, in seiner Arbeit fort. Vor ihm stand der muntere Khan-Mahoma und wiederholte immer etwas, wobei er die weißen Zähne fletschte und seine schwarzen, wimperlosen Augen funkeln ließ. Der schöne Eldar hatte die Ärmel an seinen starken Armen hochgestreift und putzte den Bauchgurt eines am Nagel hängenden Sattels. Chanefi, der tüchtigste Arbeiter, der die Wirtschaft besorgte, war nicht im Zimmer. Er kochte in der Küche das Mittagessen.

»Worüber streitet ihr denn?« fragte Loris-Melikow Khan-Mahoma, nachdem er die Muriden begrüßt hatte.

»Er singt immer Schamils Loblied«, entgegnete Khan-Mahoma und gab Loris die Hand.

»Er sagt, Schamil sei ein großer Mann. Gelehrt sei er und heilig und ein Dschigit.«

»Ja, er ist von ihm abgefallen und lobt ihn«, bestätigte Khan-Mahoma mit blitzenden Augen und zeigte dabei grinsend seine Zähne.

»Hältst du ihn wirklich für heilig?« fragte Loris-Melikow Hamsalo.

»Wenn er nicht heilig wäre, würde das Volk ihm nicht nachfolgen«, erwiderte dieser schnell.

»Heilig war Mansur, aber nicht Schamil«, fiel Khan-Mahoma ein. »Das war ein wirklicher Heiliger. Als er Imam war, war das ganze Volk anders. Er ritt durch die Aule, und das Volk strömte herbei, um den Saum seiner Tscherkeska zu küssen, bereute seine Sünden und legte den Schwur ab, nichts Böses zu tun. Damals lebten alle Leute wie die Heiligen, so erzählen unsere Väter, rauchten nicht, tranken nicht, versäumten kein Gebet, verziehen einander die Beleidigungen und dachten nicht an blutige Rache. Wenn sie etwas auf dem Weg fanden, Geld oder Sachen, so banden sie es an Stangen und ließen es stehen. Damals schenkte auch Gott dem ganzen Volk Segen, es war nicht so, wie es jetzt ist«, meinte Khan-Mahoma.

»Auch jetzt wird in den Bergen weder geraucht noch getrunken«, warf Hamsalo ein.

»Er ist ein Lamorej, dein Schamil«, sagte Khan-Mahoma und zwinkerte Loris-Melikow zu.

Lamorej war ein verächtlicher Ausdruck für die Bergbewohner.

»Gewiß! Ein Lamorej, ein Bergbewohner«, erwiderte Hamsalo. »Aber gerade in den Bergen wohnen die Adler.«

»Ein ganzer Kerl bist du, Hamsalo! Das hast du mir fein gegeben!« rief Khan-Mahoma zähnefletschend aus, sichtlich erfreut über die geschickte Antwort seines Gegners.

Da erblickte er in Loris-Melikows Händen das silberne Zigarettenetui und bat diesen um eine Zigarette. Als der Adjutant ihm erwiderte, ihm sei doch das Rauchen verboten, zwinkerte er ihm mit einem Auge zu, machte mit dem Kopf ein Zeichen nach dem Schlafzimmer Hadschi-Murads und sagte, er könne es schon, wenn der es nicht sähe. Und gierig fing er an zu rauchen, zog aber den Rauch nicht ein, sondern blies ihn zwischen den ungeschickt gespitzten roten Lippen sogleich wieder hervor.

»Das ist unrecht«, sagte Hamsalo streng und ging aus dem Zimmer.

Khan-Mahoma blinzelte auch ihm zu, rauchte weiter und fing

an, Loris-Melikow auszufragen, wo er am besten einen seidenen Beschmet und eine weiße Lammfellmütze kaufen könne.

»Hast du denn soviel Geld?«

»Ja, es wird langen«, antwortete Khan-Mahoma blinzelnd.

»Frag ihn nur, wo er das Geld her hat«, sagte Eldar und wandte seinen hübschen Kopf lächelnd nach Loris-Melikow um.

»Ich habe es im Spiel gewonnen«, fiel Khan-Mahoma rasch ein.

Und er erzählte, wie er gestern durch die Straßen von Tiflis geschlendert und auf einen Trupp junger Leute, Russen und Armenier, gestoßen sei, die »Kopf oder Wappen« gespielt hätten. Der Einsatz sei groß gewesen: drei Goldstücke und eine Menge Silbergeld. Khan-Mahoma habe den Gang des Spiels sogleich begriffen, mit den Kupfermünzen in seiner Tasche geklimpert, sei auf den Kreis zugetreten und habe gesagt, er wolle auf das Ganze setzen.

»Konntest du denn das? Hattest du soviel bei dir?« fragte Loris-Melikow.

»Ich hatte im ganzen zwölf Kopeken«, erwiderte Khan-Mahoma mit verschlagenem Grinsen.

»Aber wenn du nun verloren hättest?«

»Dann hätte ich noch diese hier gehabt.«

Khan-Mahoma zeigte seine Pistole.

»Wieso? Hättest du die hingegeben?«

»Wozu das? Ich wäre einfach ausgerissen, und wenn mich einer hätte festhalten wollen, hätte ich ihn über den Haufen geschossen. Nichts leichter als das!«

»Du hast aber gewonnen?«

»Aija! Habe alles an mich genommen und bin auf und davon gegangen.«

Über Khan-Mahoma und Eldar war sich Loris-Melikow vollkommen im reinen. Khan-Mahoma war ein lustiger Bursche, ein Draufgänger, der nicht wußte, was er mit seiner überschäumenden Lebenskraft anfangen sollte, war immer heiter und leichtsinnig, spielte mit dem eigenen wie mit fremdem Leben, und dieses Spiel mit dem Leben mochte ihn wohl auch heute zu den Russen geführt haben, wie es ihn morgen in derselben Weise wieder dazu bringen konnte, zu Schamil zurückzugehen. Auch über Eldar war er sich klar: das war ein ruhiger, starker und fester Mensch, der seinem Murschiden mit ganzer Seele ergeben war.

Unverständlich war ihm nur der rote Hamsalo. Loris-Melikow hatte genau beobachtet, daß dieser Mensch nicht nur Schamil ganz ergeben war, sondern auch eine unwiderstehliche Abneigung und Verachtung, ja sogar Haß und Ekel allen Russen gegenüber empfand, und deshalb konnte Loris-Melikow nicht begreifen, warum er zu den Russen übergegangen war. Der Adjutant war schon auf den Gedanken gekommen – der übrigens auch von einigen seiner Vorgesetzten geteilt wurde –, daß Hadschi-Murads Übertritt und alles das, was er von seiner Feindschaft gegen Schamil erzählt hatte, nur List und Betrug sein könnte und er nur zu dem Zweck übergelaufen sei, um die Schwächen der russischen Stellung auszukundschaften und dann wieder in die Berge zurückzufliehen, um die Russen mit allen seinen Kräften an jenen Stellen anzugreifen. Hamsalos ganzes Wesen schien diese Vermutung zu bestätigen. Die anderen und Hadschi-Murad selber, dachte Loris-Melikow, verstehen ihre Absicht zu verbergen, dieser aber verrät sich durch seinen offenkundigen Haß.

Loris-Melikow hatte versucht, Hamsalo ins Gespräch zu ziehen. Er hatte ihn gefragt, ob es ihm hier nicht langweilig sei. Er aber hatte weitergearbeitet, den Adjutanten mit seinem einen Auge nur angeschielt und ihm heiser und kurz zur Antwort gegeben: »Nein, gar nicht.«

Und in derselben Weise hatte er auf alle seine Fragen geantwortet. Während sich Loris-Melikow noch im Zimmer von Hadschi-Murads Muriden befand, trat auch der vierte, der Aware Chanefi, ein, der an Gesicht, Hals und Brust so stark behaart war, daß seine hochgewölbte Brust mit Moos bewachsen zu sein schien. Er war ein robuster Arbeitsmensch, der sich nicht viel Gedanken machte, immer ganz in seiner Arbeit aufging und ebenso wie Eldar seinem Herrn in blindem Gehorsam ergeben war.

Als er jetzt ins Zimmer trat, um Reis zu holen, hielt ihn Loris-Melikow auf und fragte ihn nach seiner Heimat und ob er schon lange bei Hadschi-Murad sei.

»Fünf Jahre«, erwiderte Chanefi auf Loris-Melikows Frage. »Ich bin aus demselben Aul wie er. Mein Vater erschlug seinen Onkel, und deshalb wollten sie mich töten«, fuhr er fort und sah unter seinen zusammengewachsenen Augenbrauen hervor Loris-Melikow ruhig ins Gesicht. »Da bat ich ihn, mich als Bruder aufzunehmen.«

»Was bedeutet das: als Bruder aufnehmen?«

»Ich ließ mir acht Wochen lang den Kopf nicht scheren, beschnitt mir die Nägel nicht und ging dann zu ihm. Sie führten mich vor Patimat, seine Mutter. Patimat reichte mir ihre Brust, und so wurde ich sein Bruder.«

Aus dem Nebenzimmer hörte man Hadschi-Murads Stimme. Eldar erkannte sogleich den Ruf seines Herrn, wischte sich die Hände ab und ging mit großen Schritten ins Gastzimmer hinüber.

»Er läßt dich bitten«, sagte er, als er zurückkam, zu Loris-Melikow. Dieser gab dem lustigen Khan-Mahoma noch schnell eine Zigarette und ging dann zu Hadschi-Murad hinein.

## 13

Als Loris-Melikow ins Zimmer trat, kam ihm Hadschi-Murad mit heiterem Gesicht entgegen.

»Nun, soll ich fortfahren?« fragte er, indem er sich auf dem Diwan niederließ.

»Unbedingt«, entgegnete Loris-Melikow. »Ich war inzwischen bei deinen Muriden und habe mich mit ihnen unterhalten. Der eine ist ein lustiger Bursche«, fügte Loris-Melikow hinzu.

»Ja, Khan-Mahoma ist ein leichter Geselle«, bestätigte Hadschi-Murad.

»Ganz besonders gefällt mir der Hübsche, Junge.«

»Eldar? Ja, der ist jung, aber hart wie Eisen.«

Beide schwiegen.

»Soll ich jetzt fortfahren?«

»Ja, ja.«

»Ich habe erzählt, wie die Khane ermordet wurden. Nach ihrem Tod also kam Hamsat nach Chunsach und setzte sich auf dem Hof der Khane fest«, fing Hadschi-Murad an. »Dort war nur ihre Mutter zurückgeblieben. Hamsat ließ sie zu sich rufen. Als sie anfing, ihn mit Worten zu überschütten, blinzelte er seinem Muriden Aseldar zu, und dieser holte von hinten aus und schlug sie tot.«

»Aber warum hat er denn diese auch noch erschlagen?« fragte Loris-Melikow.

»Was blieb ihm anderes übrig? War er mit den Vorderbeinen über das Hindernis hinweggesetzt, so mußten nun auch die Hinterbeine drüber. Die ganze Sippschaft mußte ausgerottet werden. Den Jüngsten schaffte dann Schamil auf die Seite, indem er ihn in eine Schlucht stürzte. Ganz Awarien unterwarf sich Hamsat, nur wir beide, ich und mein Bruder, wollten uns ihm nicht unterordnen. An uns war es, die Khane blutig zu rächen. Wir unterwarfen uns ihm dem Schein nach, sannen aber nur immer, wie wir ihn töten könnten. Wir berieten mit dem Großvater und beschlossen, einen Augenblick abzupassen, wo Hamsat den Hof verlassen würde, um ihn dann aus dem Hinterhalt zu töten. Jemand hatte uns dabei belauscht und es Hamsat wiedererzählt, denn dieser ließ den Großvater zu sich rufen und sagte zu ihm: ›Nimm dich in acht! Wenn es wahr ist, daß deine Enkel Böses gegen mich im Schilde führen, so lasse ich dich mit ihnen zusammen an *einem* Galgen aufhängen. Ich tue ein Gotteswerk, und niemand soll mich daran hindern. Geh und denke daran, was ich dir gesagt habe.‹ Der Großvater kam nach Hause und erzählte uns alles. Da beschlossen wir, nicht länger zu säumen, sondern das Werk am ersten Feiertag in der Moschee auszuführen. Alle Kameraden zogen sich zurück, so daß nur ich und mein Bruder übrigblieben. Wir nahmen zwei Pistolen, legten die Filzmäntel um und gingen in die Moschee. Hamsat erschien mit seinen dreißig Muriden. Alle hatten die blanken Säbel in der Hand. Neben Hamsat ging Aseldar, sein Lieblingsmurid, der damals der Mutter der Khane den Kopf abgeschlagen hatte. Als er uns erblickte, schrie er uns an, wir sollten die Filzmäntel abnehmen, und trat auf mich zu. Ich hatte den Dolch schon in der Hand, stach ihn nieder und stürzte mich auf Hamsat. Doch mein Bruder Osman hatte bereits auf ihn geschossen. Aber Hamsat lebte noch und stürzte mit dem Dolch auf meinen Bruder los. Ich streckte ihn durch eine Kugel nieder. Die Muriden waren ihrer dreißig, und wir waren nur zwei. Sie töteten meinen Bruder Osman, ich aber schlug mich durch, sprang durchs Fenster und entkam. Als bekannt wurde, daß Hamsat getötet worden war, erhob sich das ganze Volk. Die Muriden flohen, und die, die nicht mehr entkommen konnten, wurden niedergemacht.«

Hadschi-Murad hielt inne und holte tief Atem.

»Bis hierher wäre alles gut gewesen«, fuhr er dann fort, »nun aber wurde alles verdorben. Schamil nahm Hamsats Stelle ein. Er schickte Boten zu mir und ließ mir sagen, ich solle mit ihm gegen die Russen ziehen. Wenn ich mich aber weigern würde, so drohte er mir damit, Chunsach zu zerstören und mich zu töten. Ich ließ ihm sagen, daß ich weder mit ihm gegen die Russen ziehen noch ihn bei mir einlassen werde.«

»Warum zogst du denn nicht mit ihm zusammen ins Feld?« fragte Loris-Melikow.

Hadschi-Murad zog finster die Brauen zusammen und antwortete nicht gleich.

»Das konnte ich nicht. An Schamils Händen klebte das Blut meines Bruders Osman und des Abununzal-Khan. Ich ging nicht zu ihm. Rosen, der General, verlieh mir den Offiziersrang und erteilte mir den Befehl, über Awarien zu herrschen. Das wäre alles ganz gut und schön gewesen, wenn Rosen nicht erst den Khan von Kasikumych, Mahomet-Mirsa, und dann Achmet-Khan zum Herrn über Awarien bestimmt hätte. Dieser beneidete mich nun. Er hatte einmal für den Sohn um die Tochter der Khane, Saltanat, in Chunsach angehalten, und man hatte sie ihm damals nicht gegeben. Nun glaubte er, daß ich daran schuld sei. Er haßte mich und schickte seine Getreuen aus, damit sie mich töten sollten, ich aber entkam ihnen. Da fing er an, mich beim General Klugenau zu verleumden und sagte ihm, ich hätte den Awariern verboten, den russischen Soldaten Holz zu geben. Er machte ihm ferner noch vor, ich hätte den Turban aufgesetzt – diesen hier«, sagte Hadschi-Murad und zeigte auf seine Lammfellmütze mit dem Turban, »und das bedeute, daß ich Schamil ergeben sei. Der General schenkte ihm keinen Glauben und gab den Befehl, daß mich keiner anrühren dürfe. Als aber der General einmal nach Tiflis gefahren war, tat Achmet-Khan, was ihm beliebte, nahm mich mit einer Kompanie Soldaten fest, legte mich in Ketten und band mich an eine Kanone.

Sechs Tage und sechs Nächte verbrachte ich so. Am siebenten Tage band man mich los und führte mich nach Temir-Chan-Schura. Vierzig Soldaten mit geladenen Gewehren brachten mich hin. Die Hände waren mir gefesselt, und die Soldaten hatten den Befehl, mich sofort zu erschießen, falls ich versuchen sollte zu fliehen. Ich wußte das. Als wir an den Moksoch kamen, wurde der Fußsteig ganz schmal; zur Rechten gähnte ein etwa fünfzig Klafter tiefer Abgrund. Ich hielt mich rechts von den Soldaten, ganz am Rand der Schlucht. Einer wollte mich zurückhalten, aber ich sprang hinunter und riß den Soldaten mit mir in die Tiefe. Er war auf der Stelle tot, ich aber blieb am Leben. Rippen, Hals, Arme und Beine – alles war gebrochen. Ich wollte vorwärtskriechen, vermochte es aber nicht. Ein Schwindel überkam mich, und ich verlor das Bewußtsein. Als ich wieder zu mir kam, war ich ganz naß vom Blut. Ein Hirte fand mich und rief Leute herbei, die mich in einen Aul trugen. Rippen und Kopf wurden wieder heil und auch die Beine, nur blieb das eine etwas kürzer als das andere.«

Hadschi-Murad streckte sein lahmes Bein vor.

»Es verrichtet aber auch so noch gute Dienste«, sagte er. »Als meine Leute erfuhren, daß ich noch lebte, kamen sie zu mir. Ich wurde wieder gesund und siedelte nach Zelmes über. Die Awarier riefen mich, damit ich wieder über sie herrschen sollte, und ich willigte ein«, erzählte Hadschi-Murad mit ruhigem, selbstbewußtem Stolz.

Dann stand er rasch auf, holte aus einem Quersack eine Brieftasche hervor, entnahm ihr zwei vergilbte Briefe und reichte sie Loris-Melikow. Es waren Briefe vom General Klugenau. Loris-Melikow las sie durch. Der erste Brief lautete:

»An den Fähnrich Hadschi-Murad. Du hast in meinen Diensten gestanden, ich war zufrieden mit Dir und habe Dich für einen guten Menschen gehalten. Doch neulich teilte mir der Generalmajor Achmet-Khan mit, Du seist ein Verräter, habest den Turban aufgesetzt, weil Du mit Schamil in Verbindung stündest, und dem Volk vorgeredet, es solle der russischen Obrigkeit nicht gehorchen. Ich gab den Befehl, Dich festzunehmen und zu mir zu führen, Du aber bist entflohen. Es ist die Frage, ob dies gut für Dich ist oder schlecht, da ich nun nicht weiß, ob Du schuldig bist oder nicht. Jetzt höre, was ich Dir sage. Wenn Dein Gewissen vor dem großen Zaren rein ist und Du Dir keiner Schuld bewußt bist, so erscheine vor mir. Fürchte Dich vor keinem Menschen, ich bin Dein Beschützer. Der Khan kann Dir nichts anhaben, er steht selber unter meinem Kommando. So hast Du also nichts zu fürchten.«

Dann schrieb Klugenau weiter, daß er immer Wort gehalten habe und stets gerecht gewesen sei und ermahnte Hadschi-Murad noch einmal, zu ihm zu kommen.

Als Loris-Melikow den ersten Brief gelesen hatte, gab ihm Hadschi-Murad den zweiten nicht sogleich in die Hand, sondern erzählte ihm erst, was er auf den ersten geantwortet hatte.

»Ich schrieb ihm, daß ich allerdings den Turban trüge, aber nicht um Schamils, sondern um meines Seelenheiles willen, daß ich zu Schamil niemals übergehen wolle noch könne, weil durch ihn mein Vater, meine Brüder und Verwandten erschlagen worden seien, daß ich mich aber auch nicht mit den Russen verbünden könne, da ich durch sie beleidigt worden sei. In Chunsach, als ich dort in Fesseln lag, hat mich solch ein Taugenichts von Russe mit seinem Kot besudelt. Deshalb könne ich nicht eher zu den Russen übergehen, als bis dieser Mensch getötet sei. Vor allem aber fürchte ich den Verräter Achmet-Khan. Da schickte mir der General diesen Brief hier«, sagte Hadschi-Murad und reichte Loris-Melikow das andere vergilbte Blatt.

»Du hast mir auf meinen Brief eine Antwort geschickt, ich danke Dir dafür«, las Loris-Melikow. »Du schreibst, Du fürchtest Dich nicht zurückzukehren, aber die Beleidigung, die Dir ein Giaur angetan hat, verbiete es Dir. Ich aber versichere Dir, daß das russische Gesetz gerecht ist und daß Du mit eignen Augen die Bestrafung dessen mit ansehen sollst, der es gewagt hat, Dich zu beleidigen. Ich habe schon den Befehl erteilt, daß die Sache untersucht werden soll. Also höre mich an, Hadschi-Murad. Ich hätte allen Grund, mit Dir unzufrieden zu sein, weil Du mir und meinem Ehrenwort keinen Glauben geschenkt hast, aber ich verzeihe Dir, da ich den mißtrauischen Charakter aller Bergbewohner kenne. Wenn Dein Gewissen rein ist, wenn Du den Turban wirklich nur um Deines Seelenheiles willen trägst, so bist Du voll und ganz in Deinem Recht und darfst der russischen Obrigkeit und mir kühn ins Auge schauen. Ich versichere Dir, daß derjenige, der Dich beleidigt hat, bestraft werden soll, *daß Dir all Dein Hab und Gut zurückgegeben wird* und Du sehen und erfahren wirst, was das russische Gesetz bedeutet. Und das um so mehr, weil wir Russen alle Dinge mit anderen Augen ansehen als ihr; wir halten Dich durchaus nicht für entehrt, nur weil ein Schurke Dich beleidigt hat. Ich selber habe den Gimrinzern erlaubt, daß sie den Turban tragen, während mein Auge ordnungsgemäß über ihrem Tun und Treiben wacht, folglich hast auch Du nichts zu fürchten. Komm mit dem Mann, den ich jetzt zu Dir schicke, zu mir, ich weiß sicher, *daß er kein Sklave Deiner Feinde ist*, sondern der Freund eines Mannes, der sich eines besonderen Ansehens bei der Regierung erfreut.«

In dem, was nun folgte, überredete der General Klugenau Hadschi-Murad noch weiter, zu ihm zu kommen.

»Ich traute ihm nicht«, fuhr Hadschi-Murad fort, als Loris-Melikow den Brief zu Ende gelesen hatte, »und ging nicht zu Klugenau. Ich mußte mich vor allem an Achmet-Khan rächen, und das konnte ich bei den Russen nicht tun. Gerade um diese Zeit hielt Achmet-Khan Zelmes umzingelt und wollte mich festnehmen und töten. Ich aber hatte zu wenig Leute und konnte mich seiner nicht erwehren. Da schickte Schamil einen Boten zu mir mit einem Brief. Er versprach mir, Achmet-Khan zurückzuschlagen und zu töten und mir die Herrschaft über ganz Awarien zu sichern. Ich dachte lange nach und ging dann zu Schamil über. Und seit der Zeit zog ich ohne Unterlaß gegen die Russen zu Feld.«

Hier fing Hadschi-Murad an, alle seine Kriegstaten zu erzählen. Es waren ihrer unendlich viele, die Loris-Melikow zum Teil schon kannte. Alle seine Feldzüge und Überfälle waren erstaunlich wegen der außergewöhnlichen Schnelligkeit im Anrücken und der Kühnheit im Angreifen, die immer von Erfolg gekrönt waren.

»Eine Freundschaft zwischen mir und Schamil hat niemals bestanden«, schloß Hadschi-Murad seinen Bericht, »aber er fürchtete mich, und ich war ihm nützlich. Einmal begab es sich, daß man mich fragte, wer wohl nach Schamil Imam werden würde. Ich antwortete: ›Derjenige, der das schärfste Schwert hat.‹ Das hinterbrachte man Schamil, und von nun an wollte er mich loswerden. Er schickte mich nach Tabasaran. Ich zog hin und erbeutete tausend Hammel und dreihundert Pferde. Aber er ließ mir sagen, ich hätte seinen Befehl nicht richtig ausgeführt, nahm mir mein Amt als Naib und befahl, ihm alles Geld zu schicken. Ich sandte ihm tausend Goldstücke. Er schickte seine Muriden und ließ mein ganzes Vermögen wegnehmen. Dann verlangte er, vor ihm zu erscheinen, aber ich wußte, daß er mich töten wollte, und ging nicht hin. Da schickte er Häscher aus, die mich fangen sollten, ich aber entkam und ging zu Woronzow über. Nur die Familie konnte ich nicht mitnehmen. So fielen meine Mutter, meine Frau und mein Sohn in seine Hände. Sag dem Statthalter: solange meine Familie bei Schamil ist, kann ich nichts unternehmen.«

»Ich werde es ausrichten«, erwiderte Loris-Melikow.

»Bemühe dich darum und laß nichts unversucht. Was mein ist, soll auch dein sein, nur hilf mir beim Fürsten. Ich bin gebunden, und das Ende des Stricks befindet sich in Schamils Hand.«

Mit diesen Worten schloß Hadschi-Murad seine Erzählung.

## 14

Am 20. Dezember schrieb Woronzow an den Kriegsminister Tschernyschow folgenden französisch abgefaßten Brief:

»Ich habe Ihnen mit der letzten Post nicht geschrieben, lieber Fürst, weil ich vorerst die Entscheidung, was wir mit Hadschi-

Murad anfangen werden, noch abwarten wollte. Außerdem fühlte ich mich einige Tage nicht ganz wohl.

Wie ich Ihnen also schon in meinem letzten Brief schrieb, kam Hadschi-Murad am 8. dieses Monats in Tiflis an. Am folgenden Morgen wurde er mir vorgestellt, und während der nächsten acht, neun Tage sprach ich des öfteren mit ihm und erwog, inwieweit er uns wohl in Zukunft nützlich sein könne, und vor allem, was wir jetzt mit ihm anfangen sollen, da er um das Schicksal seiner Familie sehr besorgt ist und mit allen Anzeichen einer vollkommenen Aufrichtigkeit wiederholt versichert, daß, solange sich seine Familie in Schamils Händen befinde, seine Kraft gelähmt und er nicht imstande sei, uns seine Dankbarkeit für die freundliche Aufnahme und die Verzeihung, die ihm gewährt wurde, zu beweisen. Die Ungewißheit über das Schicksal der ihm teuren Angehörigen, in der er sich befindet, versetzt ihn in einen fieberhaften Zustand, und alle die Personen, die ich ihm beigegeben habe und die mit ihm zusammen wohnen, versichern mir, daß er nachts nicht schläft, fast nichts ißt, ununterbrochen betet und nur um die Erlaubnis bittet, in Begleitung einiger Kosaken ausreiten zu dürfen – die einzige für ihn mögliche Zerstreuung und Bewegung, die ihm infolge langjähriger Gewohnheit unentbehrlich ist. Jeden Tag kommt er zu mir und fragt, ob ich nicht irgendwelche Nachrichten über seine Familie erhalten habe, und bittet mich, den Befehl zu geben, alle Gefangenen, die sich auf den verschiedenen Fronten in unserer Gewalt befänden, sammeln zu lassen und sie Schamil zum Austausch anzubieten. Er selbst wolle noch Geld hinzufügen, er wisse Leute, die es ihm geben würden. Immer wieder sagt er mir nur das eine: ›Rettet meine Familie, und gebt mir dann Gelegenheit, euch zu dienen‹ – seiner Ansicht nach am besten an der Lesghischen Front –, ›und wenn ich nach Verlauf eines Monats euch nicht große Dienste erwiesen habe, so mögt Ihr mich bestrafen, wie Ihr es für richtig haltet.‹

Ich gab ihm zur Antwort, daß ich dies alles für recht und billig halte, daß es aber bei uns Leute, und sogar sehr viele, gebe, die ihm nicht recht trauen würden, wenn seine Familie in den Bergen und nicht bei uns als Geiseln bliebe. Ich versprach ihm, alles mögliche zu tun, um an unseren Grenzen Gefangene zusammenzubringen, und wenn ich nach unseren Gesetzen auch nicht das Recht hätte, ihm zu dem Geld, das er selber zum Loskauf der Seinigen geben wolle, noch eine weitere Summe hinzuzufügen, so würde ich möglicherweise doch noch andere Mittel und Wege finden, ihm zu helfen. Dann sagte ich ihm ganz offen heraus, daß meiner Ansicht nach Schamil auf keinen Fall seine Familie herausgeben, sondern ihm dies möglicherweise nur, wenn er zu ihm zurückkehre, anbieten und ihm dann vollen Pardon und sein früheres Amt wieder versprechen werde; wenn er sich aber weigere, werde er ihm sicher mit der Ermordung seiner Mutter, seiner Frau und seiner sechs Kinder drohen. Ich fragte ihn dann, ob er mir Hand aufs Herz sagen könne, was er tun würde, wenn er ein solches Anerbieten von Schamil erhielte? Hadschi-Murad hob Augen und Arme gen Himmel und sagte zu mir, alles stehe in Gottes Hand, doch seinem Feind würde er sich niemals ausliefern, denn er sei fest überzeugt, daß Schamil ihm niemals verzeihen werde und er dann nicht mehr lange unter den Lebenden weilen würde. Was die Ausrottung seiner Familie betreffe, so glaube er, Schamil werde nicht so leichtsinnig handeln, erstens einmal darum, damit er sich in ihm, Hadschi-Murad, nicht einen noch verzweifelteren und noch gefährlicheren Feind schüfe, und zweitens auch deshalb, weil es in Daghestan viele Leute von recht hohem Ansehen gebe, die ihm davon abreden würden. Zum Schluß wiederholte er mir noch einige Male, daß, welches auch immer Gottes Wille für die Zukunft sei, ihn jetzt nur der Gedanke an den Loskauf seiner Familie beschäftige. Er bat mich um Gottes willen, ihm zu helfen und ihm die Erlaubnis zu erteilen, in die Nähe der Tschetschnja zurückzukehren. Dort könne er mit Hilfe und Erlaubnis unserer Behörden mit seiner Familie in Verbindung treten und sich ständig über ihr jeweiliges Befinden und die Mittel und Wege zu ihrer Befreiung auf dem laufenden halten. Er kenne in diesem Teil des feindlichen Gebietes viele Persönlichkeiten und sogar einige Naibs, die ihm mehr oder weniger zugetan seien, und könne somit zu der ganzen dortigen Bevölkerung, die zum Teil schon von den Russen unterworfen, zum Teil noch neutral sei, leicht mit unserer Hilfe Beziehungen anknüpfen, die ihm zur Erlangung seines Zieles, das ihm Tag und Nacht keine Ruhe lasse, von Nutzen sein könnten, jenes Zieles, dessen Erlangung allein ihm die Ruhe und die Möglichkeit verschaffen könne, für unsere Interessen zu wirken und unser Vertrauen zu erwerben. Er bat, ihn wieder nach Grosnaja zurückzuschicken, und zwar mit einer Bedeckung von zwanzig bis dreißig verwegenen Kosaken, die ihm ein Schutz gegen seine Feinde, uns aber eine Bürgschaft für die Aufrichtigkeit seiner mitgeteilten Absichten sein würden.

Sie können sich vorstellen, lieber Fürst, daß dies alles mir den

Kopf ein wenig heiß gemacht hat, da jede Verantwortung dafür, ob ich nun so oder so entscheide, doch immer nur auf meinen Schultern lastet. Es wäre natürlich im höchsten Grade unvorsichtig, ihm volles Vertrauen zu schenken, wollte man ihm aber jedes Mittel zur Flucht abschneiden, so müßte man ihn einsperren, und das wäre meiner Ansicht nach ebenso ungerecht wie politisch unklug. Eine solche Maßnahme, die bald in ganz Daghestan bekannt werden würde, könnte uns dort ungeheuer schaden und allen denen (und ihrer sind viele), die mehr oder weniger offen gegen Schamil vorzugehen bereit sind, die Lust nehmen, denn alle diese Leute interessieren sich naturgemäß sehr dafür, wie es dem tapfersten und tatkräftigsten Helfershelfer Schamils, der durch die Umstände gezwungen wurde, sich unseren Händen auszuliefern, bei uns geht. Würden wir Hadschi-Murad als Gefangenen behandeln, so ginge die ganze als Beispiel segensreiche Wirkung seines Verrates an Schamil für uns verloren.

Deshalb halte ich dafür, daß ich gar nicht anders handeln konnte, als ich eben gehandelt habe, obgleich ich mir bewußt bin, daß man mich eines groben Fehlers bezichtigen wird, falls es Hadschi-Murad in den Sinn kommen sollte, uns wieder davonzulaufen. Im Dienst und in solchen verwickelten Angelegenheiten ist es oft schwer, um nicht zu sagen unmöglich, den geraden Weg zu gehen, ohne einen Irrtum, dessen Verantwortung man dann zu tragen hat, zu riskieren; hat man aber einmal einen Weg als den rechten erkannt, so muß man ihn auch einschlagen – komme, was wolle.

Ich bitte Sie, lieber Fürst, dies der Prüfung seiner Majestät des Kaisers gütigst unterbreiten zu wollen, und ich würde mich glücklich schätzen, wenn unser erlauchter Herrscher den von mir unternommenen Schritt gutheißen würde. Alles, was ich Ihnen oben geschrieben habe, teilte ich auch den Generalen Sawadowskij und Koslowskij mit, dem letzteren zur Beachtung im unmittelbaren Verkehr mit Hadschi-Murad selber, den ich schon im voraus davon in Kenntnis gesetzt habe, daß er ohne Koslowskijs Erlaubnis nichts unternehmen und sich nirgends hinbegeben darf. Ich erklärte ihm ferner, daß es auch für uns besser wäre, wenn er mit unserer Geleitmannschaft bisweilen ausritte, da sonst Schamil das Gerücht verbreiten werde, wir hielten Hadschi-Murad hinter Schloß und Riegel, nahm ihm dabei jedoch das Versprechen ab, niemals nach Wosdwischenskoje zu reiten, da ja mein Sohn, dem er sich zuerst ergeben hat und den er für seinen Gastfreund hält, nicht der Kommandant dieses Platzes sei, so daß für ihn nur Mißhelligkeiten daraus entstehen könnten. Außerdem liege Wosdwischenskoje zu nahe an zahlreichen uns feindlichen Ortschaften, während uns Grosnaja für die Beziehungen, die er mit seinen Vertrauensleuten anzuknüpfen gedenkt, in jeder Hinsicht geeigneter erscheine.

Außer den zwanzig erlesenen Kosaken, die nach seinem eignen Wunsch nicht einen Schritt von ihm weichen sollen, gab ich ihm noch den Rittmeister Loris-Melikow mit, einen verdienstvollen, vorzüglichen und sehr klugen Offizier, der das Tatarische beherrscht und Hadschi-Murad sehr gut kennt, weil dieser ihm offenbar volles Vertrauen entgegenbringt.

Während der zehn Tage, die Hadschi-Murad hier in Tiflis verlebt hat, wohnte er übrigens bei dem Oberstleutnant Fürsten Tarchanow, dem Kommandanten des Schuschinskijschen Kreises, der dienstlich hier zu tun hatte, einem wirklich vortrefflichen Menschen, der mein volles Vertrauen besitzt, in einem Haus. Dieser hatte sich ebenfalls das Vertrauen Hadschi-Murads erworben, und da er vorzüglich tatarisch spricht, konnte ich mit ihm allein mit Hadschi-Murad über die heikelsten und geheimsten Dinge verhandeln.

Ich beriet mit Tarchanow über Hadschi-Murad, und er stimmte mir vollkommen bei, daß man entweder so verfahren müsse, wie ich es getan habe, oder Hadschi-Murad in den Turm werfen und ihn mit allen nur möglichen strengen Maßnahmen bewachen müsse – denn wenn man ihn einmal schlecht behandle, sei es nicht leicht, sein Hüter zu sein – oder man müsse ihn ganz aus dem Land verbannen. Aber diese beiden letzteren Maßnahmen würden nicht nur den ganzen Vorteil, der aus einem Streit zwischen Hadschi-Murad und Schamil für uns entspringt, völlig zunichte machen, sondern auch der fortschreitenden Unzufriedenheit und der Möglichkeit, daß sich die Bergbewohner endlich einmal gegen Schamil auflehnen, keineswegs förderlich sein. Fürst Tarchanow sagte mir, er selber sei von Hadschi-Murads Ehrlichkeit überzeugt und dieser zweifle nicht daran, daß Schamil ihm niemals verzeihen, sondern ihn trotz seinem Versprechen mit dem Tode bestrafen werde. Das einzige, was Tarchanow in bezug auf Hadschi-Murad bedenklich stimmte, war dessen Anhänglichkeit an seine Religion, und der Fürst machte kein Hehl daraus, daß Schamil möglicherweise von dieser Seite her auf ihn einwirken könne. Aber wie ich schon oben ausführte, kann niemand Hadschi-Murad von der Überzeugung abbringen, daß er, wenn er sich zu Schamil zurückbegäbe, seines Lebens beraubt würde, entweder sogleich oder eine Weile später.

Dies wäre nun alles, lieber Fürst, was ich Ihnen über diese Episode unserer hiesigen Angelegenheiten mitteilen wollte.«

## 15

Dieser Bericht wurde am 24. Dezember aus Tiflis abgesandt. Am Silvesterabend des Jahres 1851 händigte ein Feldjäger, nachdem er wohl ein Dutzend Pferde müde gejagt und ebenso viele Postkutscher bis aufs Blut verprügelt hatte, diesen Brief dem damaligen Kriegsminister Fürsten Tschernyschow aus, und am 1. Januar des Jahres 1852 legte Tschernyschow mit anderen Akten zusammen auch diesen Bericht Woronzows dem Kaiser Nikolaus vor.

Tschernyschow liebte Woronzow nicht, sowohl wegen der allgemeinen Achtung, deren sich Woronzow erfreute, als auch wegen seines gewaltigen Reichtums und wohl auch deshalb, weil Woronzow ein echter Grandseigneur, er hingegen nur ein Parvenü war, vor allem aber aus dem Grund, weil der Kaiser für Woronzow eine ganz besondere Vorliebe hatte. Deshalb nahm Tschernyschow jede Gelegenheit wahr, bei der er Woronzow, soviel in seinen Kräften stand, schaden konnte. Beim vorigen Bericht über den Stand der Dinge im Kaukasus war es Tschernyschow gelungen, beim Zaren eine Unzufriedenheit mit Woronzow wachzurufen, weil infolge nachlässiger Bestimmungen von oben her fast eine ganze kleinere kaukasische Heeresabteilung von den Bergbewohnern aufgerieben worden war. Auch heute beabsichtigte er, Woronzows Verfügung über Hadschi-Murad von ihrer ungünstigsten Seite zu zeigen. Er wollte dem Zaren einreden, Woronzow, der ja immer zum Schaden der russischen Sache die Einheimischen in Schutz nähme und ihnen zuviel nachsähe, habe unklug gehandelt, wenn er Hadschi-Murad im Kaukasus gelassen habe. Es sei doch nur zu wahrscheinlich, daß dieser lediglich deshalb, um die Stärke unserer Gegenwehr auszukundschaften, zu uns übergegangen sei, und aus diesem Grund solle man Hadschi-Murad lieber im Zentrum Rußlands unterbringen und sich seiner erst dann bedienen, wenn seine Familie aus den Bergen eingelöst und man seiner Ergebenheit sicher sei.

Aber dieser Plan sollte Tschernyschow nicht gelingen, und

zwar nur deshalb nicht, weil Kaiser Nikolaus am 1. Januar in der Frühe ganz besonders schlechter Laune war, so daß er einen jeden Vorschlag, über was und von wem auch immer er ihm gemacht worden wäre, aus reinem Widerspruchsgeist einfach abgelehnt hätte. Um so weniger war er deshalb geneigt, gerade Tschernyschows Vorschlag anzunehmen, den er nur duldete, weil er ihn vorläufig zwar für unersetzlich, aber doch für einen großen Schurken hielt, nachdem er erfahren hatte, wie dieser im Dekabristenprozeß seinen Verwandten Sachar Tschernyschow zugrunde zu richten und dessen Vermögen an sich zu bringen versucht hatte. So blieb, dank der schlechten Laune des Kaisers Nikolaus, Hadschi-Murad im Kaukasus, und sein Schicksal nahm nicht jenen anderen Verlauf, den es hätte nehmen können, wenn Tschernyschow seinen Antrag zu einer anderen Zeit gestellt hätte.

Es war halb zehn Uhr morgens, als Tschernyschows dicker, bärtiger Kutscher, der in seiner grellblauen Samtmütze mit den spitzen Kanten auf dem Bock eines kleinen Schlittens saß (eines ebensolchen Schlittens wie die, in denen Kaiser Nikolaus auszufahren pflegte), im Nebel und bei zwanzig Grad Kälte vor der Einfahrt des Winterpalais hielt. Freundschaftlich nickte er seinem Kollegen, dem Kutscher des Fürsten Dolgorukij, zu, der seinen Herrn schon vor längerer Zeit abgesetzt hatte und nun, die Zügel unter dem dickwattierten Gesäß, vor der Einfahrt des Palastes wartete und sich die frosterstarrten Hände rieb.

Tschernyschow trug einen Mantel mit molligem grauem Biberkragen und auf dem Kopf einen Dreispitz mit Hahnenfedern. Nachdem er die Bärenfelldecke des Schlittens zurückgeschlagen hatte, stieg er mit seinen vor Kälte erstarrten Füßen, an denen er keine Galoschen trug (er war stolz darauf, daß er gar nicht wußte, was Galoschen waren), aus dem Schlitten und schritt rüstig und mit klirrenden Sporen die mit einem Läufer bedeckte Freitreppe zum Portal hinauf, das der Schweizer ehrerbietig vor ihm aufriß. Im Vorzimmer ließ er sich von dem diensteifrig herbeieilenden alten Kammerdiener den Mantel ausziehen, trat vor den Spiegel und nahm vorsichtig den Hut von der gekräuselten Perücke. Dann schaute er in den Spiegel, ordnete mit einer gewohnten Bewegung seiner greisenhaften Hand das Haar an Scheitel und Schläfen, schob das Ordenskreuz, die Achselstücke und die breiten Epauletten mit dem Namenszug des Kaisers zurecht und stieg mit seinen vom Alter steif werdenden Beinen gemessenen Schrittes die mit Teppichen belegte Treppe hinan.

An den in voller Paradeuniform vor den Türen stehenden Kammerlakaien, die sich ehrerbietig vor ihm verneigten, ging er vorüber und trat in das Empfangszimmer ein. Der Offizier vom Dienst, ein neuernannter Flügeladjutant in funkelnagelneuer Uniform, mit neuen Epauletten und Achselstücken und einem frischen, noch unverbrauchten Gesicht, einem schwarzen Bärtchen und nach den Augen zu gekämmtem Schläfenhaar – ganz so, wie Kaiser Nikolaus Pawlowitsch es trug – kam Tschernyschow entgegen. Fürst Wasilij Dolgorukij, sein Kollege aus dem Kriegsministerium, der ebenfalls Bart und Haar in derselben Weise trug wie Kaiser Nikolaus, begrüßte ihn mit einem gelangweilten Ausdruck auf seinem wenig intelligenten Gesicht.

»L'empereur?« wandte sich Tschernyschow an den Flügeladjutanten und warf einen fragenden Blick nach der Tür des kaiserlichen Arbeitszimmers.

»Sa Majesté vient de rentrer«, erwiderte der Flügeladjutant, der sichtlich mit großem Vergnügen dem Klang seiner eignen Stimme lauschte. Dann schwebte er mit so weichen Schritten, daß, wenn man ihm ein volles Glas Wasser auf den Kopf gestellt hätte, auch nicht ein Tropfen davon verschüttet worden wäre, auf die Tür des Arbeitszimmers zu, öffnete sie lautlos und verschwand hinter ihr, wobei er durch sein ganzes Wesen der Ehrfurcht Ausdruck verlieh, die er für jenen Raum, den er jetzt betreten wollte, empfand.

Dolgorukij hatte inzwischen sein Portefeuille aufgemacht und sah die darin befindlichen Akten durch. Tschernyschow dagegen ging mit finster zusammengezogenen Brauen im Zimmer auf und ab, um sich ein wenig die Beine zu vertreten, und memorierte noch einmal alles das, was er dem Kaiser vortragen wollte. Er befand sich gerade in der Nähe der Tür des Arbeitszimmers, als diese sich wieder auftat und der Flügeladjutant, noch strahlender und ehrerbietiger als vorher, heraustrat und den Minister und seinen Kollegen durch eine Handbewegung aufforderte einzutreten.

Das Winterpalais war nach dem Brand schon lange wieder instandgesetzt worden, aber Nikolaus bewohnte noch immer das obere Stockwerk. Das Zimmer, in dem er die Minister und hohen Beamten zum Vortrag empfing, war ein sehr hoher Raum mit vier gewaltigen Fenstern. Ein großes Bildnis Kaiser Alexanders I. hing an der Hauptwand. Zwischen den Fenstern standen zwei Arbeitspulte und an den Wänden einige Stühle. Mitten im Zimmer befanden sich ein riesiger Schreibtisch und um diesen herum die Stühle für die Vortragenden und ein Lehnsessel für den Kaiser.

Nikolaus saß in einem schwarzen Uniformrock ohne Epauletten und mit halben Achselschnüren am Tisch, hatte den gewaltigen, eng eingeschnürten Oberkörper oberhalb des stark werdenden Bauches zurückgeworfen und sah die Eintretenden mit seinem leblosen Blick unbeweglich an. Sein langes, weißes Gesicht mit der breiten, stark vorspringenden Stirn zwischen dem angekämmten Schläfenhaar, an das sich die Perücke, die seine Glatze bedeckte, kunstvoll anschloß, war heute besonders kalt und starr. Seine stets trüben Augen blickten heute noch trüber als gewöhnlich, und die welken Lippen unter dem hochgedrehten Schnurrbart sowie die von dem hohen Kragen gehaltenen, frisch rasierten fetten Wangen mit den gleichmäßig wie Würste herabhängenden Backenbartstreifen und das in den Kragen eingepreßte Kinn verliehen seinem Gesicht einen Ausdruck der Unzufriedenheit und sogar des Zorns. Der Grund seiner üblen Laune war Müdigkeit. Und der Grund dieser Müdigkeit war wiederum, daß er gestern auf einem Maskenball gewesen war, wo er sich in seinem Chevaliergardehelm mit dem Adler unter das bald an ihn herandrängende, bald scheu vor seiner mächtigen, selbstbewußten Gestalt zurückweichende Publikum gemischt und jene Maske wiedergesehen hatte, die schon auf dem letzten Maskenball durch ihre weiße Haut, ihren prachtvollen Wuchs und ihre zärtliche Stimme seine greisenhafte Sinnlichkeit erregt hatte, ihm aber damals mit dem Versprechen, zum nächsten Ball wiederzukommen, entschlüpft war. Auf dem gestrigen Fest trat sie nun wieder an ihn heran, und nun ließ er sie nicht wieder los und führte sie in eine für derartige Zwecke eigens bereit gehaltene Loge, wo er mit seiner Dame allein sein konnte. Schweigend geleitete sie Nikolaus bis zur Logentür, sah sich um und suchte mit den Augen den Logenschließer, der aber war nirgends zu sehen. Der Kaiser runzelte finster die Stirn, stieß selber die Logentür auf und ließ seine Dame vor sich eintreten.

»Il y a quelqu'un«, sagte die Dame und blieb stehen.

Die Loge war tatsächlich besetzt. Auf dem kleinen Plüschsofa saßen, eng aneinandergeschmiegt, ein Ulanenoffizier und eine hübsche, junge, blondlockige Frau im Domino, die die Maske abgenommen hatte. Als die blonde Frau die mächtige Gestalt des Kaisers erblickte, der sich in seinem Zorn hoch aufgerichtet hatte, versteckte sie ihr Gesicht eilig hinter der Maske. Der Ulanenoffizier aber, der vor Schreck zur Salzsäure erstarrt war, blieb fassungslos auf dem Sofa sitzen und starrte Nikolaus mit weitgeöffneten Augen an.

Obgleich Nikolaus daran gewöhnt war, daß er allen Leuten Furcht einflößte, so war ihm dieses Gefühl doch immer angenehm, und es machte ihm mitunter Spaß, die Leute, denen er eine solche Furcht eingejagt hatte, dann durch den Kontrast seiner liebenswürdigen Worte in Erstaunen zu versetzen. So hielt er es auch jetzt.

»Na, mein Lieber, du bist ja etwas jünger als ich«, sagte er zu dem vor Schreck versteinerten Offizier, »du könntest mir eigentlich deinen Platz abtreten.«

Der Offizier sprang auf, wurde bald blaß, bald rot, verbeugte sich tief und verließ mit seiner Maske schweigend die Loge. Nikolaus blieb mit seiner Dame allein.

Die Maske war, wie sich herausstellte, ein sehr hübsches, zwanzigjähriges, unschuldiges Mädchen, die Tochter einer schwedischen Erzieherin. Sie erzählte dem Kaiser, wie sie sich schon als Kind in sein Bildnis verliebt, ihn vergöttert und den Entschluß gefaßt habe, seine Aufmerksamkeit, koste es, was es wolle, auf sich zu lenken. Jetzt, wo sie ihr Ziel erreicht hatte, war sie (wie sie sagte) wunschlos glücklich. Das Mädchen wurde an einen Ort gebracht, der dem Kaiser gewöhnlich zu derartigen Zusammenkünften mit Frauen diente, und Nikolaus blieb über eine Stunde bei ihr.

Als er in dieser Nacht auf sein Zimmer zurückgekehrt war und sich auf sein schmales, hartes Feldbett, auf das er stolz war, niedergelegt und sich mit seinem Soldatenmantel, den er für mindestens ebenso berühmt hielt wie den Hut Napoleons, zugedeckt hatte, konnte er lange nicht einschlafen. Er dachte bald an das ängstliche, verzückte, blasse Gesicht dieses jungen Mädchens, bald an die üppigen, vollen Schultern seiner ständigen Geliebten, der Nelidowa, und stellte Vergleiche zwischen beiden an. Daß solche Ausschweifungen eines verheirateten Mannes eine Gewissenlosigkeit waren, kam ihm nicht einmal in den Sinn, und er wäre sehr erstaunt gewesen, wenn irgend jemand diesen Vorwurf gegen ihn erhoben hätte. Aber obgleich er fest davon überzeugt war, daß er nach Fug und Recht gehandelt hatte, war in ihm doch etwas wie ein unangenehmes Aufstoßen zurückgeblieben, und um dieses Gefühl zu ersticken, gab er sich einem Gedanken hin, der ihn stets völlig beruhigt hatte: er stellte sich vor, was für ein großer Mann er im Grunde doch war.

Obgleich er spät eingeschlafen war, stand er doch am nächsten Morgen um acht Uhr auf, machte die übliche Toilette, wobei er seinen mächtigen, feisten Körper mit Eis abrieb, sagte die von Kindheit an gewohnten Gebete »Heilige Mutter Gottes«, »Ich glaube« und das Vaterunser her, ohne sich bei den gesprochenen Worten irgend etwas zu denken, und trat dann in Mantel und Mütze aus dem kleinen Seitenportal seines Palastes auf den Uferkai hinaus. Dort begegnete ihm ein Schüler der Rechtsschule in Uniform und Hut, ein junger Mensch, der eine ebenso riesige Gestalt hatte wie er selber. Als der Kaiser die Uniform der Schule erkannte, die er wegen der freien Anschauungen, die dort herrschten, nicht leiden konnte, zog er finster die Brauen zusammen, aber die riesige Gestalt des Schülers sowie dessen gesucht stramme Haltung und vorschriftsmäßige Ehrenbezeigung mit vorgestrecktem Ellenbogen besänftigten seinen Unmut.

»Wie heißt du?« fragte er ihn.

»Polosatow, Majestät.«

»Bist ein strammer Kerl!«

Der Schüler stand immer noch stramm, den Hut in der Hand. Kaiser Nikolaus blieb stehen.

»Willst du in den Militärdienst eintreten?«

»Keinesfalls, Kaiserliche Majestät.«

»Schafskopf!«

Nikolaus wandte sich ab, ging weiter und sagte die ersten besten Worte, die ihm in den Sinn kamen, laut vor sich hin. »Kopperwein, Kopperwein«, wiederholte er einige Male. Das war der Name des jungen Mädchens von gestern. »Schlimm, schlimm, schlimm, schlimm«, sagte er dann vor sich hin, ohne diesen Worten irgendwelchen Sinn beizulegen, sondern nur um durch das, was er so vor sich hinsprach, das unangenehme Gefühl in sich zu betäuben. »Ja, was wäre Rußland ohne mich«, fuhr er dann fort, als er diese peinliche Empfindung wieder in sich aufsteigen fühlte. »Ja, was wäre nicht nur Rußland, sondern ganz Europa ohne mich!« Und er dachte an seinen Schwager, den König von Preußen, und an dessen Schwäche und Beschränktheit und schüttelte den Kopf.

Als er nach Hause zurückkehrte, sah er den Wagen der Großfürstin Jelena Pawlowna, der mit ihrem rotbefrackten Lakaien vor der Saltykowschen Einfahrt vorfuhr.

Diese Jelena Pawlowna war für ihn die Verkörperung aller jener hohlköpfigen Leute, die sich nicht nur über Wissenschaft und Dichtkunst, sondern auch über das Regieren von Menschen ein Urteil herausnahmen und sich einbildeten, sie könnten sich selber besser regieren, als er, Nikolaus, es tat. Er wußte, diese Leute kamen, sooft er sie auch duckte, doch immer wieder nach oben. Und ihm fiel sein Bruder Michail Pawlowitsch ein, der erst vor kurzem gestorben war. Ein halb ärgerliches, halb trauriges Gefühl kam über ihn. Finster zog er die Brauen zusammen und fing wieder an, die ersten besten Worte, die ihm in den Sinn kamen, vor sich hin zu murmeln. Erst dann hörte er damit auf, als er in den Palast eintrat. Er begab sich in sein Zimmer, strich vor dem Spiegel Bart, Schläfenhaar und den Scheitel seiner Perücke glatt, drehte den Schnurrbart nach oben und ging geradewegs in sein Arbeitszimmer, wo er die Vorträge seiner Minister entgegenzunehmen pflegte.

Zuerst empfing er Tschernyschow. Der Kriegsminister erkannte sogleich an des Kaisers Gesicht und vor allem an seinen Augen, daß er heute ganz besonders schlechter Laune war, und da er von seinem gestrigen Abenteuer gehört hatte, wußte er auch, woher dies kam. Nikolaus begrüßte ihn kühl, forderte ihn auf, Platz zu nehmen, und sah ihn mit seinen leblosen Augen an.

Tschernyschow berichtete ihm zuerst über die Unterschlagungen eines Intendanturbeamten, denen man soeben auf die Spur gekommen war, ging dann zu der Frage der Truppenverschiebungen an der preußischen Grenze über, schlug ferner einige Personen, die in der ersten Liste übergangen worden waren, zur Neujahrsgratifikation vor, erörterte dann Woronzows Bericht über Hadschi-Murads Übertritt und brachte schließlich noch eine unangenehme Geschichte vor von einem Studenten der Medizin, der einem Professor nach dem Leben getrachtet hatte.

Nikolaus hörte schweigend und mit zusammengepreßten Lippen Tschernyschows Bericht über die Unterschlagungen an, strich mit seiner großen, weißen Hand, an der er nur einen einzigen Ring am Ringfinger trug, leicht über die Akten und hielt den Blick starr auf Tschernyschows Stirn und Perücke geheftet.

Nikolaus war fest davon überzeugt, daß alle Spitzbuben waren. Er wußte, daß er diesen Intendanturbeamten nun bestrafen mußte, und hatte schon bei sich den Entschluß gefaßt, derartige Beamte alle als gemeine Soldaten wieder von vorn anfangen zu lassen. Aber er war sich auch weiterhin darüber klar, daß dies alles den neuen Beamten, den man nun an diese Stelle setzen mußte, durchaus nicht hindern würde, ganz genauso zu stehlen wie der erste. Es war nun einmal eine Eigenschaft aller Beamten, daß sie stahlen, ebenso wie es seine Pflicht war, sie zu bestrafen, und so erfüllte er denn, obgleich ihm derartige Sachen nachgerade zum Halse heraushingen, gewissenhaft diese seine Pflicht.

»Da sieht man wieder einmal, daß es bei uns in Rußland nur einen einzigen ehrlichen Menschen gibt«, sagte der Kaiser.

Tschernyschow verstand sogleich, daß dieser einzige ehrliche Mensch in Rußland Nikolaus selber war, und lächelte beifällig.

»Es muß wohl so sein, Majestät«, erwiderte er.

»Laß mir das da, ich werde meinen Beschluß darunterschreiben«, fuhr Nikolaus fort, griff nach dem Aktenstück und legte es neben sich auf die linke Seite des Tisches.

Dann sprach Tschernyschow über die Gratifikationen und Truppenverschiebungen an der preußischen Grenze. Nikolaus sah die Liste durch, strich einige Namen aus und ordnete dann kurz und bestimmt die Versetzung zweier Divisionen an die preußische Grenze an. Der Kaiser konnte dem König von Preußen niemals verzeihen, daß dieser nach den Ereignissen des Jahres 1848 seinem Land eine Verfassung gegeben hatte, und hielt es deshalb für zweckmäßig, für alle Fälle Truppen an der preußischen Grenze zu haben, wenn er seinem Schwager auch in Worten und Briefen die denkbar freundschaftlichsten Gefühle zum Ausdruck brachte. Diese Grenztruppen konnten, falls in Preußen ein Volksaufstand ausbrach (und Nikolaus sah überall Aufruhr und Empörung voraus), dann auch dazu dienen, den Thron des Schwagers zu stützen, wie er auch zum Schutz Österreichs gegen Ungarn einige Regimenter vorgeschoben hatte. Außerdem brauchte er diese Truppen an der Grenze noch zu dem Zweck, um den Ratschlägen, die er dem preußischen König erteilte, mehr Gewicht und Beachtung zu verschaffen.

Ja, was wäre jetzt aus Rußland geworden, wenn ich nicht wäre! dachte er wieder.

»Nun, was noch?« fragte er dann.

»Ein Feldjäger aus dem Kaukasus«, berichtete Tschernyschow und fing an darzulegen, was Woronzow über Hadschi-Murad geschrieben hatte.

»Sieh da!« sagte Nikolaus. »Ein guter Anfang!«

»Es ist ganz augenscheinlich, daß der Plan, den Majestät entworfen haben, Früchte zu bringen beginnt«, bemerkte Tschernyschow.

Dieses Lob seiner strategischen Fähigkeiten war Nikolaus besonders angenehm, weil er auf diese strategischen Fähigkeiten zwar stolz war, aber im Grund seiner Seele doch zugeben mußte, daß er sie überhaupt nicht besaß. Und so wollte er sich denn jetzt noch ausführlicher gelobt hören.

»Wie meinst du das?« fragte er.

»Ich meine, falls man schon längst nach dem Plan Eurer Majestät verfahren wäre, falls man, wenn auch nur langsam und Schritt für Schritt, vorgegangen wäre, die Wälder abgeholzt und den Einheimischen die Lebensmittel vernichtet hätte, so wäre der Kaukasus längst unterworfen. Den Übertritt Hadschi-Murads führe ich nur darauf zurück. Er hat eben eingesehen, daß sie sich nicht mehr halten können.«

»Das stimmt«, pflichtete Nikolaus bei.

Der Plan eines langsamen Vormarsches im feindlichen Gebiet unter Abholzung der Wälder und Vernichtung der Lebensmittel war zwar von Jermolow und Weljaminow entworfen worden und lief dem des Kaisers völlig zuwider, der Schamils Residenz mit einem Schlag einnehmen und dieses Räubernest dem Erdboden gleichmachen wollte – in welcher Absicht auch im Jahre 1845 der Feldzug gegen Dargo unternommen worden war, der so viele Menschen das Leben gekostet hatte –, aber trotz alledem schrieb Nikolaus auch diesen Plan eines langsamen Vormarsches nur sich selber zu. Man hätte nun meinen sollen, daß er, um seine Urheberschaft an diesem Plan eines langsamen Vormarsches unter Abholzung der Wälder und Vernichtung der Lebensmittel glaubhaft zu machen, in Abrede hätte stellen müssen, daß gerade er es gewesen war, der auf den völlig entgegengesetzten militärischen Unternehmungen des Jahres 1845 bestanden hatte. Aber er tat dies keineswegs und war auf den Plan, der dem Feldzug von 1845 zugrunde gelegen hatte, ebenso stolz wie auf den des langsamen Vormarsches, obgleich diese beiden Pläne in vollständigem Widerspruch zueinander standen. Die ständigen, unverhohlenen, allen Tatsachen ins Gesicht schlagenden Schmeicheleien seiner Umgebung hatten ihn so weit gebracht, daß er Widersprüche bei sich selber gar nicht mehr bemerkte, sich in Wort und Tat überhaupt nicht mehr nach Wirklichkeit und Logik, ja nicht einmal nach dem gesunden Menschenverstand richtete, sondern einfach voll und ganz davon überzeugt war, daß alle seine Anordnungen, mochten sie an und für sich noch so sinnlos, ungerecht und wenig logisch sein, dennoch weise, gerecht und folgerichtig waren, und zwar nur aus dem Grund, weil er es war, der sie traf. In diesem Sinn verfuhr er auch bei dem Urteil über den Studenten der medizinisch-chirurgischen Akademie, über dessen Angelegenheit ihm Tschernyschow nach den Meldungen aus dem Kaukasus Bericht erstattete.

Die Angelegenheit bestand darin, daß der Mann, der schon zweimal durchs Examen gefallen war, es zum dritten Male versucht hatte; und als der Examinator ihn abermals durchfallen ließ, hatte der nervöse, überarbeitete junge Mensch, der darin eine Ungerechtigkeit zu erblicken glaubte, ein auf dem Tisch liegendes Federmesser ergriffen, hatte sich in einem Anfall von Raserei auf den Professor gestürzt und ihm einige unbedeutende Wunden beigebracht.

»Wie heißt er?« fragte Nikolaus.

»Brzezowski.«

»Ein Pole?«

»Pole und Katholik«, erwiderte Tschernyschow.

Der Kaiser machte ein finsteres Gesicht.

Er hatte den Polen viel Schlimmes angetan. Zur Rechtfertigung dessen mußte er davon überzeugt sein, daß alle Polen Schurken waren. Und so hielt sie denn Nikolaus alle für Schurken und haßte sie, haßte sie in dem Maße, wie er ihnen Schlimmes zugefügt hatte.

»Warte einen Augenblick«, sagte er, schloß die Augen und senkte den Kopf.

Tschernyschow wußte, da er diese Worte mehr als einmal von Nikolaus gehört hatte, daß der Kaiser, wenn es galt, irgendeine wichtige Frage zu entscheiden, sich nur einige Augenblicke sammeln mußte und dann die Ausgießung des Heiligen Geistes über ihn kam und sich die Entscheidung ganz von selbst als die einzig richtige in ihm herausbildete, als habe ihm eine innere Stimme das, was er tun müsse, zugeflüstert. Jetzt dachte er daran, wie er jenes Gefühl der Feindseligkeit gegen die Polen, das durch die Geschichte dieses Studenten in ihm nur größer geworden war, am besten befriedigen könne, und die innere Stimme flüsterte ihm folgende Entscheidung zu. Er nahm die Akten und schrieb mit seinen groben Schriftzügen an den Rand: »*Hat die Todesstrafe verdient. Aber eine Todesstrafe gibt es, Gott sei Dank, bei uns nicht. Und es ist nicht an mir, sie einzuführen. Man lasse ihn zwölfmal zwischen tausend Mann Spießruten laufen. Nikolaus*«, unterschrieb er mit unnatürlich großen Buchstaben.

Der Kaiser wußte, daß zwölftausend Spießruten nicht nur ein sicherer, qualvoller Tod, sondern auch eine übertriebene Grausamkeit waren, da schon fünftausend Hiebe genügten, um selbst den stärksten Menschen zu töten. Aber er hatte seine Freude daran, unerbittlich grausam zu sein, ebenso wie er seine Freude daran hatte, daß es in Rußland keine Todesstrafe gab.

Nachdem er sein Urteil über den Studenten niedergeschrieben hatte, schob er es Tschernyschow hin.

»Da«, sagte er.

Tschernyschow las das Geschriebene durch und nickte zum Zeichen der Bewunderung für dieses weise Urteil mit dem Kopf.

»Außerdem sollen alle Studenten auf den Platz hinausgeführt werden, damit sie der Bestrafung beiwohnen«, fügte Nikolaus hinzu.

Das kann ihnen nichts schaden; ich muß diesen revolutionären Geist mit der Wurzel ausrotten, dachte er.

»Zu Befehl«, erwiderte Tschernyschow und kam dann, nachdem er eine Weile geschwiegen hatte und sich glättend über den Scheitel gefahren war, noch einmal auf die kaukasische Angelegenheit zu sprechen.

»Was befehlen also Majestät, daß ich an Michail Semjonowitsch schreiben soll?«

»Er soll sich streng an mein System halten: die Wohnsitze zerstören, die Lebensmittel in der ganzen Tschetschnja vernichten und die Einwohner durch häufige Überfälle beunruhigen«, erwiderte Nikolaus.

»Und was befehlen Majestät in bezug auf Hadschi-Murad?« fragte Tschernyschow.

»Nun, Woronzow schreibt ja, daß er sich im Kaukasus seiner bedienen will.«

»Ist das nicht zu gewagt?« erlaubte sich Tschernyschow einzuwenden, indem er Nikolaus' Blicken auswich. »Ich fürchte, Michail Semjonowitsch ist zu vertrauensselig.«

»Was würdest du denn für richtig halten?« fragte Nikolaus scharf, da er die Absicht des Kriegsministers, Woronzows Beschluß in einem ungünstigen Lichte erscheinen zu lassen, durchschaut hatte.

»Meiner Ansicht nach wäre es weniger gefährlich, wenn man ihn nach Rußland brächte.«

»Das ist deine Ansicht«, erwiderte Nikolaus spöttisch. »Aber nicht die meine, ich bin mit Woronzow ganz einverstanden. Schreibe ihm das.«

»Zu Befehl«, entgegnete Tschernyschow, stand auf und verabschiedete sich.

Auch Dolgorukij, der während der ganzen Zeit des Berichtes

nur ein paar Worte auf Nikolaus' Fragen über die Truppenverschiebungen gesagt hatte, stand auf und empfahl sich.

Nach Tschernyschow empfing der Kaiser Bibikow, den Generalgouverneur der Westprovinzen, der gekommen war, um sich zu verabschieden. Nikolaus billigte die von Bibikow getroffenen Maßregeln gegen die aufrührerischen Bauern, die nicht zum orthodoxen Glauben übertreten wollten, und befahl, daß alle, die den Gehorsam verweigerten, vor das Kriegsgericht gestellt würden. Dies war gleichbedeutend mit der Verurteilung zum Spießrutenlaufen. Des weiteren erteilte er noch den Befehl, den Redakteur einer Zeitung unter die Soldaten zu stecken, weil er einen Bericht über die Umschreibung einiger tausend Kronbauern in Apanagebauern veröffentlicht hatte.

»Das tue ich deshalb, weil ich es für nötig halte«, bemerkte der Kaiser. »Niemand soll sich unterstehen, meine Handlungen einer Beurteilung zu unterziehen.«

Bibikow erkannte die ganze Grausamkeit, die in der Verordnung lag, die Bauern der unierten Kirche, die nicht zum orthodoxen Glauben übertreten wollten, vor das Kriegsgericht zu stellen, und sah die Ungerechtigkeit ein, Kronbauern, das heißt die einzig freien Bauern, die es in Rußland gab, in Apanagebauern umschreiben zu lassen, das heißt zu Leibeignen der kaiserlichen Familie zu machen. Aber jeder Einwand war unmöglich. Den Anordnungen des Kaisers nicht beizustimmen, bedeutete ebensoviel wie sich selber der glänzenden Stellung berauben, die er vierzig Jahre lang innegehabt und immer weidlich ausgenutzt hatte. Und deshalb neigte er nur ergeben sein schwarzes, grau werdendes Haupt zum Zeichen, daß er gehorsam und bereit sei, den grausamen, unsinnigen, schändlichen allerhöchsten Willen zu erfüllen.

Nachdem Nikolaus Bibikow entlassen hatte, streckte er im Bewußtsein treu erfüllter Pflicht wohlig seine Glieder, sah nach der Uhr und begab sich in seine Gemächer, um sich zur Neujahrscour anzukleiden. Er zog die Uniform mit den Epauletten an, band Orden und Ordensband um und ging in den Empfangssaal, wo über hundert Herren in Uniform und Damen in ausgeschnittenen Gesellschaftskleidern, die sich alle an den ihnen angewiesenen Plätzen aufgestellt hatten, mit Herzklopfen auf sein Erscheinen warteten.

Mit seinem leblosen Blick, die Brust vorgestreckt und den festgeschnürten, über und unter dem Gürtel hervorquellenden Leib zurückgebogen, trat er bei den Wartenden ein, und da er fühlte, daß alle Blicke in ängstlicher Ergebenheit auf ihn gerichtet waren, setzte er eine noch feierlichere Miene auf. Wenn sein Auge auf ein bekanntes Gesicht stieß, suchte er sich zu erinnern, wer dies wohl war, blieb stehen und sprach hier ein paar Worte auf russisch, da auf französisch, sah die Angeredeten mit seinem kalten, leblosen Blick durchdringend an und hörte an, was man ihm zur Antwort gab.

Nachdem Nikolaus die Gratulationen entgegengenommen hatte, begab er sich in die Kirche. Hier begrüßte und lobte ihn Gott durch seine Diener ebenso, wie ihn die Leute draußen in der Welt begrüßt und gelobt hatten, und wenn ihm das auch ein wenig langweilig war, so ließ er es doch über sich ergehen, weil es eben so sein mußte. Und zwar mußte dies so sein, weil ja von ihm das Glück und Heil der ganzen Welt abhing, und wenn ihn dies auch ein wenig ermüdete, so wollte er der Welt seine guten Dienste dennoch nicht versagen. Als gegen Ende des Gottesdienstes der prächtig gekleidete, sauber gekämmte Diakon das Zarenlied »Viele Jahre« anstimmte und die Sänger mit ihren wunderbaren Stimmen im Chor einfielen, bemerkte Nikolaus, der seine Blicke umherschweifen ließ, an einem der Fenster die Nelidowa mit ihren herrlichen Schultern, und der Vergleich zwischen ihr und dem Mädchen von gestern fiel zugunsten der Nelidowa aus.

Nach dem Gottesdienst begab sich Nikolaus zur Kaiserin, um einige Augenblicke im Familienkreis zu verleben, und scherzte mit Frau und Kindern. Dann ging er durch die Eremitage zum Hofminister Wolkonskij und befahl ihm unter anderem, der Mutter des jungen Mädchens von gestern aus seiner Privatschatulle eine Jahrespension anzuweisen. Von hier aus unternahm er seinen gewohnten Spaziergang.

Das Diner wurde heute im Pompejanischen Saal eingenommen. Außer den jüngeren Söhnen des Zaren und des Großfürsten Michail waren noch geladen: der Baron Lieven, der Graf Rzewuski, Dolgorukij, der preußische Gesandte und der Flügeladjutant des Königs von Preußen.

Während man auf das Erscheinen des Kaisers und der Kaiserin wartete, hatte sich zwischen dem preußischen Gesandten und dem Baron Lieven ein interessantes Gespräch über die letzten aufregenden Nachrichten, die aus Polen eingelaufen waren, entsponnen.

»La Pologne et le Caucase, ce sont les deux cautères de la Russie«, sagte Lieven. »Il nous faut cent mille hommes à peu près dans chacun de ces deux pays.«

Der Gesandte stellte ein erheucheltes Erstaunen über diese Mitteilung zur Schau.

»Vous dites, la Pologne…« fing er an.

»Mais oui, c'était un coup de maître de Metternich de nous en avoir laissé l'embarras…«

In diesem Augenblick trat die Kaiserin mit ihrem zitternden Kopf und steifen Lächeln ein und hinter ihr auch Nikolaus. Bei Tisch erzählte der Kaiser, daß Hadschi-Murad zu den Russen übergegangen sei und der Krieg im Kaukasus infolge seiner Anordnung, die Bergbewohner durch Abholzen der Wälder und systematische Befestigungen in die Enge zu treiben, nun wohl bald ein Ende haben werde.

Der Gesandte warf dem preußischen Flügeladjutanten, mit dem er noch heute morgen über die unselige Schwäche des Kaisers, sich für einen großen Strategen zu halten, gesprochen hatte, einen flüchtigen Blick zu und lobte laut diesen Plan, der wieder einmal von den hervorragenden strategischen Fähigkeiten des Kaisers ein beredtes Zeugnis ablege.

Nach Tisch besuchte Nikolaus das Ballett, wo hundert nackte Tänzerinnen in Trikots an seinen Augen vorüberzogen. Die eine gefiel ihm ganz besonders, und er ließ sich den Ballettmeister rufen, dankte ihm und machte ihm einen Brillantring zum Geschenk.

Als am nächsten Tag Tschernyschow wieder Bericht erstattete, bestätigte der Kaiser noch einmal die Anordnungen, die er Woronzow zu übermitteln befohlen hatte. Er solle jetzt, wo Hadschi-Murad zu den Russen übergegangen war, die Tschetschnja in verstärktem Maße beunruhigen und mit einem Kordon umzingeln.

Tschernyschow schrieb in diesem Sinn an Woronzow, und wieder jagte ein Feldjäger ein Dutzend Pferde zuschanden, verprügelte ebenso viele Postkutscher und eilte nach Tiflis.

## 16

Um diesen Befehl des Kaisers Nikolaus zur Ausführung zu bringen, wurde sogleich, noch im Januar des Jahres 1852, ein Überfall auf die Tschetschnja unternommen.

Die Truppenabteilung, die zur Ausführung dieses Überfalls bestimmt worden war, bestand aus vier Bataillonen Infanterie, zweihundert Kosaken und acht Geschützen. Die Kolonne zog die Heerstraße entlang. Rechts und links von ihr marschierten in geschlossener Kette über Berg und Tal die Jäger in ihren hohen Stiefeln, Halbpelzen und Lammfellmützen, das Gewehr über der Schulter und die Patronentasche am Bandelier. Wie immer bewegten sich die Truppen in dem feindlichen Gebiet möglichst lautlos vorwärts. Nur ab und zu ratterte ein Geschütz durch eine Wasserrinne, oder ein Artilleriepferd, das den Befehl, lautlos zu marschieren, nicht verstanden hatte, wieherte und schnaubte, oder ein erzürnter Vorgesetzter schrie mit heiserer, verhaltener Stimme seine Untergebenen an, wenn die Kette zu weit auseinandergezogen oder zu nah oder zu weit von der Kolonne war.

Nur einmal wurde die Stille dadurch unterbrochen, daß aus dem Dornengebüsch, das sich zwischen der Schützenkette und der Kolonne hinzog, eine Ziege mit weißem Bauch und grauem Rücken hervorsprang und hinter ihr her ein ebensolcher Bock mit kleinen, nach dem Rücken zu gebogenen Hörnern. Die hübschen, scheuen Tiere eilten in großen Sprüngen, die Vorderbeine hoch anziehend, so nah auf die Kolonne zu, daß einige Soldaten lachend und schreiend auf sie zuliefen, in der Absicht, sie mit dem Bajonett aufzuspießen, aber die Ziegen machten blitzschnell kehrt, brachen durch die Schützenkette und flogen, von einigen Berittenen und Kompaniehunden verfolgt, wie die Vögel zurück in die Berge.

Es war noch Winter, aber die Sonne begann bereits höher zu steigen, und gegen Mittag, als die frühmorgens zeitig ausgerückte Kolonne schon vier Werst zurückgelegt hatte, brannte sie so, daß es anfing heiß zu werden, und ihre Strahlen waren so hell, daß es dem Auge weh tat, wenn man auf die blitzenden Bajonette schaute und auf die tanzenden Flecke, die plötzlich wie kleine Sonnen auf den Kupferrohren der Kanonen aufflammten.

Hinter ihnen lag das soeben überschrittene reißende und klare Flüßchen, vor ihnen dehnten sich in den flachen Tälern bestellte Felder und Wiesen aus, noch weiter vorn erhoben sich geheimnisvoll dunkle, waldbedeckte Berge, hinter den dunklen Bergen hochstrebende Felsen und am fernen Horizont die im spielenden Licht wie Diamanten gleißenden Schneeberge in ihrer ewig unvergänglichen Schönheit.

Vor der fünften Kompanie schritt in schwarzem Uniformrock und Lammfellmütze, den Säbel über der Schulter, ein großer, hübscher Offizier, der erst kürzlich aus der Garde übergetretene Butler. Ein frisches, freudiges Lebensgefühl, erhöht durch die

Nähe des Todes, der brennende Wunsch, sich zu betätigen, und das Bewußtsein, ein Teil jenes gewaltigen, durch einen einzigen Willen geleiteten Ganzen zu sein, erfüllte ihn. Butler kam heute zum zweitenmal ins Gefecht und stellte sich vor, daß man jetzt sogleich auf ihn schießen werde, er aber den Kopf vor den vorbeisausenden Kugeln nicht nur nicht beugen und dem Pfeifen der Geschosse keine Beachtung schenken würde, sondern im Gegenteil, wie er es schon einmal getan hatte, den Kopf nur noch höher erheben, sich mit einem Lächeln in den Augen nach seinen Kameraden und Soldaten umsehen und mit der allergleichgültigsten Stimme der Welt anfangen werde, über irgend etwas ganz Nebensächliches zu sprechen.

Die Truppen waren von der gutgehaltenen Heerstraße abgewichen und in einen wenig befahrenen Weg eingebogen, der zwischen Maisfeldern hindurchführte. Sie näherten sich einem Wald, als plötzlich – niemand wußte, woher – mit unheilverkündendem Pfeifen eine Kugel herangeflogen kam und in der Mitte des Wagenzuges dicht am Weg in das Weizenfeld einschlug.

»Jetzt geht's los«, sagte Butler mit heiterem Lächeln zu dem neben ihm marschierenden Kameraden.

Und wirklich tauchte gleich nach dem Schuß am Wald eine dichte Schar Tschetschenzen mit ihren Feldzeichen auf. Mitten in dem Trupp sah man eine große grüne Fahne, und der alte Kompaniefeldwebel, der sehr weitsichtig war, sagte zu dem kurzsichtigen Butler, dies müsse Schamil selber sein. Die feindlichen Reiter ritten bergab, zeigten sich dann rechts auf einer näher liegenden Anhöhe und kamen immer weiter ins Tal. Der kleine russische General in seinem schwarzen, gefütterten Uniformrock und seiner Lammfellmütze ritt auf seinem Paßgänger zu Butlers Kompanie und befahl ihm, rechts gegen den ins Tal herabreitenden Feind vorzugehen. Butler führte seine Kompanie eilig in die ihm angewiesene Richtung, war aber noch nicht ganz bis in den Grund hinuntergekommen, als er hinter sich zwei schnell aufeinanderfolgende Kanonenschüsse vernahm. Er sah sich um. Zwei blaue Rauchwolken stiegen über zwei Geschützen auf und zogen durch den Grund dahin. Die feindlichen Reiter, die offenbar keine Artillerie erwartet hatten, machten schleunigst kehrt. Butlers Kompanie eröffnete auf die Fliehenden das Feuer, aber der ganze Grund war in Pulverdampf gehüllt. Nur oben am Berg konnte man sehen, wie sich die Einheimischen eilig zurückzogen und auf die Kosaken, die ihnen nachsetzten, schossen. Die Abteilung verfolgte die Fliehenden weiter und erblickte am Abhang eines zweiten Grundes einen Aul.

Butler mit seiner Kompanie, die im Sturmschritt hinter den Kosaken hergejagt war, hatte den Aul bald erreicht. Alles war wie ausgestorben; nicht ein Einwohner war zu sehen. Die Soldaten erhielten den Befehl, das Getreide, das Heu und sogar die Hütten zu verbrennen. Ein scharfer Rauch verbreitete sich bald überall. In diesem Qualm liefen die Soldaten geschäftig hin und her, schleppten aus den Hütten heraus, was sie dort fanden, und hatten es vor allem auf die Hühner, die die Bergbewohner nicht hatten mitnehmen können, abgesehen, die sie teils einfingen, teils abschossen. Die Offiziere hatten sich etwas abseits vom Rauch niedergesetzt, nahmen ihr Frühstück ein und tranken. Der Feldwebel brachte ihnen auf einem Brett einige Scheiben Honig. Von den Tschetschenzen war nichts zu sehen und zu hören. Bald nach Mittag erging der Befehl zum Aufbruch. Die Truppen formierten sich hinter dem Aul zu einer Kolonne, wobei Butlers Kompanie die Nachhut bildete. Kaum hatten sie sich in Bewegung gesetzt, als die Tschetschenzen wieder auftauchten, ihnen folgten und Schüsse nachsandten.

Als die Soldaten auf das freie Feld hinauskamen, blieben die Bergbewohner zurück. Von Butlers Kompanie war nicht ein Mann verwundet, und so kehrte er in der heitersten, unternehmungslustigsten Stimmung zurück. Als die Truppen auf dem Rückweg die schon am Morgen benutzte Furt wieder überschritten hatten, dehnten sie sich weit über die Maisfelder und Wiesen aus, und die Sänger traten an die Spitze ihrer Kompanien und stimmten ihre Lieder an.

Es war ein windstiller Tag. Die Luft war frisch und rein und so durchsichtig, daß die Schneeberge, die gegen hundert Werst entfernt waren, ganz nahe erschienen und daß man, wenn die Sänger schwiegen, den gleichmäßigen Tritt der Füße und das Klirren der Geschütze wie einen Grundton, auf dem sich das Lied aufgebaut hatte und dann wieder verhallt war, weiterklingen hörte. Das Lied, das Butlers fünfte Kompanie sang, war von einem Junker zu Ehren des Regiments verfaßt worden, wurde nach der Melodie einer Tanzweise gesungen und hatte den Kehrreim: »Das ist was, das ist was, solch ein schmucker Jägersmann!«

Butler ritt an der Seite seines nächsten Vorgesetzten, des Majors Petrow, mit dem er zusammen wohnte, und konnte sich nicht genug darüber freuen, daß er den Entschluß gefaßt hatte, sich aus der Garde in den Kaukasus versetzen zu lassen. Der Hauptgrund dafür war allerdings gewesen, daß er in Petersburg sein ganzes Vermögen im Kartenspiel verloren hatte, so daß er fast nichts mehr besaß. Er hatte befürchtet, nicht soviel innere Kraft zu haben, um, wenn er bei der Garde bliebe, dem Spiel entsagen zu können, und zum Verspielen hatte er ja nun nichts mehr. Jetzt lag dies alles weit hinter ihm, er hatte ein neues Leben angefangen, und was für ein herrliches, frischfreies Leben! Nichts bedrückte ihn jetzt mehr, weder sein Vermögensverfall noch seine kaum zu bezahlenden Schulden. Und sowohl der Kaukasus wie auch der Krieg und die Soldaten und die Offiziere, diese gutmütigen, immer betrunkenen Helden, und der Major Petrow – dies alles erschien ihm jetzt so herrlich und schön, daß er es manchmal gar nicht für möglich halten konnte, daß er sich nicht mehr in Petersburg befand und in den verrauchten Spielzimmern voller Haß gegen den Bankhalter und mit einem stechenden Schmerz im Kopf Karten umbog und setzte, sondern hier in diesem herrlichen Land, mitten unter den tapferen Kaukasuskriegern.

»Das ist was, das ist was, solch ein schmucker Jägersmann«, sangen seine Soldaten, und selbst sein Pferd schien die Beine nach dem Takt dieser Musik zu setzen. Der graue, zottige Kompaniehund Tresorka lief mit hocherhobener Rute und der sorgenvollen Miene eines Vorgesetzten vor Butlers Kompanie her. Frisch, froh und frei war Butler zumute. Der Krieg bestand in seinen Augen nur darin, daß er sich einer Gefahr, der Möglichkeit des Todes, aussetzte, wofür er sich Achtung und Auszeichnung bei seinen hiesigen Kameraden und bei seinen Freunden im inneren Rußland erwarb. Die andere Seite des Krieges, der Tod und die Verwundung von Soldaten, Offizieren und Bergbewohnern, kam ihm, so seltsam dies auch klingen mag, nicht einmal in den Sinn. Er sah sich sogar niemals einen Gefallenen oder Verwundeten an, um seine poetische Vorstellung vom Krieg nicht zu verlieren. So hatte er es auch heute gehalten. Bei der Kolonne befanden sich drei Gefallene und zwölf Verwundete. Er war an einer der Leichen, die auf dem Rücken lag, vorübergeritten, hatte nur mit halbem Auge die eigentümliche Lage der wächsernen Hand und einen dunkelroten Fleck am Kopf gesehen und nicht weiter hingeschaut. Die Bergbewohner erschienen ihm nur wie berittene Dschigits, vor denen man sich in acht nehmen mußte.

»So ist das Leben bei uns, Freundchen«, sagte der Major zu

Butler, als wieder ein Lied verklungen war. »Hier ist's nicht so wie bei euch in Petersburg: rrrechts, links – rrrechts links! Wir haben uns heute tüchtig abgeschunden, nun geht's aber auch nach Hause. Maschurka wird uns jetzt eine feine Kohlsuppe und eine leckere Pirogge auftischen. So ist das Leben! Nicht wahr?... Heda! Singt doch mal: ›Als die Morgenröte kam...‹« bestellte er sich sein Lieblingslied.

Der Major lebte in wilder Ehe mit der Tochter eines Feldschers, die anfänglich nur seine Mascha, später aber zur Marja Dmitrijewna geworden war. Diese Marja Dmitrijewna war eine hübsche, blonde, sommersprossige Frau von dreißig Jahren, die keine Kinder hatte. Wie auch immer ihre Vergangenheit gewesen sein mochte, jetzt war sie die treue Freundin des Majors, den sie wie eine Kindermuhme hegte und pflegte, und eine solche brauchte der Major sehr nötig, da er sich nicht selten bis zur Besinnungslosigkeit betrank.

Als sie in die Festung zurückkehrten, kam alles so, wie es der Major vorausgesagt hatte. Marja Dmitrijewna machte nicht nur ihn und Butler, sondern auch noch zwei andere Offiziere von der Abteilung, die er eingeladen hatte, mit ihrem reichlichen, schmackhaften Mittagsmahl satt, und der Major aß und trank so viel, daß er gar nicht mehr reden konnte und sich gleich schlafen legte. Auch Butler begab sich todmüde, aber zufrieden mit dem heutigen Tag und von den reichlich genossenen Weinen etwas angeheitert, auf sein Zimmer und hatte sich kaum ausgezogen und die Hand unter den hübschen, lockigen Kopf gelegt, als er auch schon in einen tiefen, traumlosen Schlaf verfiel, aus dem er nicht so leicht wieder aufzuwecken gewesen wäre.

## 17

Der Aul, den die russischen Truppen bei dem Überfall zerstört hatten, war derselbe, in dem Hadschi-Murad die letzte Nacht vor seinem Übertritt zu den Russen verbracht hatte.

Sado, bei dem Hadschi-Murad damals abgestiegen war, hatte sich beim Herannahen der Soldaten mit seiner Familie in die Berge geflüchtet. Als er dann in den Aul zurückkehrte, fand er seine Hütte zerstört, das Dach eingefallen, die Tür und die Säulen der Galerie verbrannt und das Innere verunreinigt. Sein Sohn, jener hübsche Bursche mit den blitzenden Augen, der damals so begeistert Hadschi-Murad angeschaut hatte, wurde tot auf einem mit einem Filzmantel bedeckten Pferd zur Moschee gebracht. Er hatte einen Bajonettstich in den Rücken bekommen. Die sittsame Frau, die während Hadschi-Murads Besuch diesen bedient hatte, stand jetzt in aufgerissenem Hemd, das ihre alten, welken Brüste sehen ließ, mit zerrauftem Haar über der Leiche ihres Sohnes, kratzte sich das Gesicht blutig und schrie unaufhörlich. Sado und die Verwandten gingen mit Schaufel und Spaten fort, um für den Sohn ein Grab auszuheben. Der alte Großvater saß an der Wand der zerstörten Hütte, schnitzte an einem Stecken und starrte stumpfsinnig vor sich hin. Er war soeben aus seinem Bienengarten zurückgekehrt. Die zwei Heuschober, die dort gestanden hatten, waren verbrannt, die Aprikosen- und Kirschbäume, die er selber gepflanzt und großgezogen hatte, waren umgebrochen und versengt, und was die Hauptsache war, auch alle Bienenstöcke samt den Bienen waren angesteckt worden und verkohlt. Durch den ganzen Aul hallte das Wehgeschrei der Weiber. Die kleinen Kinder heulten mit ihren Müttern um die Wette. Das hungrige Vieh, für das man kein Futter mehr hatte, brüllte. Selbst die größeren Kinder spielten nicht, sondern schauten mit entsetzten Augen die Erwachsenen an.

Auch der Brunnen war, offenbar mit Absicht, verunreinigt, so daß es unmöglich war, Wasser zu schöpfen. Und sogar die Moschee war besudelt, und der Mullah mit seinen Gehilfen mußte sie säubern. Doch von ihrem Haß gegen die Russen sprach keiner. Das Gefühl, das alle diese Tschetschenzen, vom jüngsten bis zum ältesten, gegen die Russen empfanden, war stärker als Haß. Es war kein Haß, sondern sie hielten diese russischen Hunde einfach nicht für Menschen und empfanden einen solchen Abscheu und Ekel und ein solches verständnisloses Staunen vor der sinnlosen Grausamkeit dieser Kreaturen, daß der Wunsch, sie zu vernichten, wie man Ratten, giftige Spinnen und Wölfe vernichtet, ein ebenso natürliches Gefühl für sie war wie der Selbsterhaltungstrieb. Die Dorfbewohner hatten nun die Wahl, entweder am Platz zu bleiben und unter furchtbaren Anstrengungen alles das, was sie sich mit soviel Mühe und Arbeit erbaut hatten, wieder aufzurichten, wobei sie gewärtig sein mußten, daß dasselbe Elend jeden Augenblick wieder über sie hereinbrechen konnte, oder ihrem religiösen Gesetz und dem Gefühl des Abscheus und der Verachtung zum Trotz sich den Russen zu unterwerfen.

Die Ältesten suchten Trost im Gebet und beschlossen einstimmig, Boten zu Schamil zu schicken und ihn um Hilfe zu bitten.

Darauf machten sie sich sogleich an die Arbeit, das Zerstörte wieder aufzubauen.

## 18

Am Tag nach dem Überfall ging Butler ziemlich spät am Morgen über die Hintertreppe auf die Straße hinaus, in der Absicht, vor dem Morgentee, den er gewöhnlich mit Petrow zusammen einnahm, noch ein wenig spazierenzugehen und frische Luft zu schöpfen. Die Sonne war schon hinter den Bergen hervorgestiegen, und es tat dem Auge weh, wenn man auf die grellbeleuchteten, weißgetünchten Lehmhütten schaute, die auf der rechten Seite der Straße standen. Dafür aber wirkte es wie immer beruhigend und erfrischend, wenn man den Blick nach links wandte, wo sich in der Ferne hinter bewaldeten, schwarzen Bergen die mattglänzende Kette des schneebedeckten Hochgebirges erhob, das wie ein Gebilde aus weißen Wolkenmassen erschien.

Butler blickte nach den Bergen hin, sog tief die frische Morgenluft ein und freute sich, daß er am Leben war, gerade er, und noch dazu auf diesem herrlichen Fleckchen Erde. Auch das freute ihn ein wenig, daß er sich gestern bei dieser Sache so gut gehalten hatte, sowohl beim Hinmarsch als besonders auch beim Rückmarsch, wo es doch ziemlich heiß hergegangen war. Und nicht minder freute er sich, wenn er daran dachte, daß gestern bei ihrer Rückkehr aus dem Feld Mascha, das heißt Marja Dmitrijewna, Petrows Freundin, sie bewirtet hatte und gegen alle so außerordentlich schlicht und nett, gegen ihn aber, wie ihm schien, ganz besonders lieb gewesen war. Marja Dmitrijewna mit ihrem vollen Haar, ihren breiten Schultern, ihrer üppigen Brust und dem strahlenden Lächeln auf ihrem sommersprossigen, gutmütigen Gesicht zog Butler als starken, jungen, unverheirateten Mann unwillkürlich an, und es kam ihm sogar vor, als ob auch sie nach ihm verlangte. Aber er hielt das seinem guten, harmlosen Kameraden gegenüber für eine Gemeinheit und verkehrte deshalb mit Marja Dmitrijewna in der einfachsten, höflichsten Weise und war stolz darauf, daß er sich nicht hinreißen ließ. Auch jetzt dachte er wieder daran.

Plötzlich wurden seine Gedanken abgelenkt. Er hörte vor sich das Getrappel vieler Pferde, als kämen ihm auf der staubigen Straße Reiter entgegengesprengt. Er hob den Kopf und erblickte am Ende der Straße einen Trupp Berittener, die im Schritt näher kamen. An der Spitze von etwa zwanzig Kosaken ritten zwei Männer: der eine in einer weißen Tscherkeska und mit einem hohen Turban auf der Lammfellmütze, der andere ein russischer Offizier mit schwarzem Haar und einer Adlernase, dessen Uniform und Waffen reich mit Silber verziert waren. Der Reiter im Turban saß auf einer prächtigen Isabelle mit kleinem Kopf und schönen Augen, der russische Offizier ritt ein großes, elegantes, karabachisches Pferd. Butler, der ein großer Pferdeliebhaber war, erkannte sogleich die ungezähmte Kraft, die in dem ersten Pferd steckte, und blieb stehen, um zu erfahren, was das für Leute wären. Der Offizier wandte sich an Butler.

»Ist dies des Kommandant Haus?« fragte er und verriet durch das Weglassen der Deklinationsendung sowie durch seine Aussprache, daß er nicht russischer Herkunft war.

Butler bejahte die Frage.

»Und wer ist das?« fragte Butler, indem er näher auf den Offizier zutrat und mit den Augen auf den Reiter im Turban hinwies.

»Das ist Hadschi-Murad. Er kommt als Gast des Kommandanten hierher«, erwiderte der Offizier.

Butler hatte sowohl von Hadschi-Murad als auch von seinem Übertritt zu den Russen gehört, hatte aber keinesfalls erwartet, ihn hier in dieser kleinen Festung zu sehen.

Hadschi-Murad sah ihn freundlich an.

»Willkommen! Koschkildy!« sagte Butler, der den tatarischen Gruß kannte.

»Sa-ubul«, entgegnete Hadschi-Murad und nickte mit dem Kopf.

Er ritt auf Butler zu und reichte diesem die Hand, an der er an zwei Fingern die Peitsche hängen hatte.

»Kommandant?« fragte er.

»Nein, der Kommandant ist hier; ich werde ihn rufen«, sagte Butler zu dem russischen Offizier, stieg die Stufen hinauf und wollte die Tür öffnen.

Aber »die Paradetür an der Freitreppe«, wie Marja Dmitrijewna sie nannte, war verschlossen. Butler klopfte, da er aber keine Antwort erhielt, ging er um das Haus zum hintern Eingang.

Er rief nach seinem Burschen, aber niemand antwortete. Keiner der beiden Burschen war zur Stelle. So ging er in die Küche. Marja Dmitrijewna, ein Kopftuch um den hochroten Kopf, hatte die Ärmel an ihren vollen, weißen Armen hochgestreift und zerschnitt gerade einen plattgerollten Teig, der so weiß wie ihre Arme war, in kleine Stücke, um Piroggen daraus zu backen.

»Wo stecken nur die Burschen?« fragte Butler.

»Sie sind fortgegangen, wahrscheinlich um irgendwo zu saufen«, sagte Marja Dmitrijewna. »Wünschen Sie etwas?«

»Die Tür muß aufgeschlossen werden. Eine ganze Meute Bergbewohner steht vor unserem Haus. Hadschi-Murad ist gekommen.«

»Was Sie immer für Einfälle haben!« erwiderte Marja Dmitrijewna lächelnd.

»Spaß beiseite, es ist so. Sie stehen vor der Treppe.«

»Ist das wirklich wahr?« rief Marja Dmitrijewna erstaunt.

»Warum sollte ich Ihnen was vormachen? Gehen Sie doch und schauen Sie selber nach: Hadschi-Murad steht draußen vor der Treppe.«

»So etwas!« rief Marja Dmitrijewna, ließ die Ärmel herab und steckte den Zopf mit ein paar Haarnadeln fest. »Da muß ich gleich Iwan Matwejewitsch wecken«, fügte sie hinzu.

»Nein, ich will selber zu ihm hineingehen«, sagte Butler.

»Nun, auch gut«, entgegnete Marja Dmitrijewna und machte sich wieder an ihre Arbeit.

Als Iwan Matwejewitsch erfuhr, daß Hadschi-Murad gekommen sei, zeigte er sich keineswegs erstaunt darüber, da er schon gehört hatte, daß Hadschi-Murad in Grosnaja sei, sondern stand auf, steckte sich eine Zigarette an, rauchte und begann sich anzuziehen. Dabei krächzte er ununterbrochen und schimpfte laut auf das Oberkommando, daß es ihm einen solchen Teufel auf den Hals geschickt habe. Nachdem er sich angekleidet hatte, verlangte er von dem Burschen seine Medizin. Der Bursche wußte, daß diese Medizin Schnaps hieß, und reichte sie ihm.

»Nichts ist schlimmer als dieses Durcheinandertrinken«, brummte der Major, nachdem er den Schnaps zu sich genommen und ein Stück Schwarzbrot gegessen hatte. »Da habe ich gestern diesen Landwein getrunken, und natürlich brummt mir nun heute der Kopf. Na, jetzt bin ich fertig«, sagte er dann und begab sich in das Empfangszimmer, wohin Butler schon Hadschi-Murad und den ihn begleitenden Offizier geführt hatte.

Der Offizier, Hadschi-Murads Begleiter, überbrachte Iwan Matwejewitsch vom Oberkommandanten des linken Flügels den Befehl, Hadschi-Murad bei sich aufzunehmen, ihm zu erlauben, durch Boten mit den Bergbewohnern zu verkehren, ihn aber nur unter Kosakenbedeckung aus der Festung herauszulassen.

Iwan Matwejewitsch las den schriftlichen Befehl durch, sah

Hadschi-Murad aufmerksam an und versenkte sich dann wieder in das Schriftstück. Nachdem er so einige Male seinen Blick von dem Papier auf Hadschi-Murad und wieder zurück hatte wandern lassen, heftete er seine Augen schließlich endgültig auf Hadschi-Murad und sagte: »Jaschki, bek, jaschki. Mag er hierbleiben. Aber sage ihm, daß ich Befehl habe, ihn nicht hinauszulassen. Und jeder Befehl ist heilig. Unterbringen werden wir ihn... Was meinst du, Butler?... Wollen wir ihn in der Kanzlei unterbringen?«

Butler hatte noch keine Zeit gefunden, ihm eine Antwort zu geben, als Marja Dmitrijewna, die aus der Küche herübergelaufen war und in der Tür stand, Iwan Matwejewitsch zurief: »Warum denn in der Kanzlei? Er kann doch hier wohnen. Wir geben ihm das Gastzimmer und die Vorratskammer. Da haben wir ihn doch wenigstens unter den Augen«, sagte sie und sah Hadschi-Murad an, als sie aber seinen Augen begegnete, wandte sie sich schnell ab.

»Je nun, ich glaube, Marja Dmitrijewna hat recht«, meinte Butler.

»Geh, geh; das ist hier nichts für Weiber«, sagte Iwan Matwejewitsch finster.

Während des ganzen Gesprächs hatte Hadschi-Murad, die Hand auf den Griff des Dolches gelegt, still dagesessen und kaum merklich verächtlich gelächelt. Er äußerte, ihm sei es ganz gleichgültig, wo er wohnen werde. Das einzige, was er brauche und was der Sardar ihm schon bewilligt habe, sei, mit den Bergbewohnern verkehren zu dürfen, und deshalb wünsche er, daß man sie bei ihm vorlasse. Iwan Matwejewitsch erwiderte, das solle geschehen, und bat Butler, bis man das Frühstück gebracht und die Zimmer hergerichtet hätte, sich des Gastes anzunehmen, da er selber in die Kanzlei gehen müsse, um die nötigen Schriftstücke abzufassen und die erforderlichen Anordnungen zu treffen.

Hadschi-Murads Beziehungen zu seinen neuen Bekannten nahmen sogleich völlig klare Formen an. Für Iwan Matwejewitsch empfand er vom ersten Augenblicke an ein Gefühl der Abneigung und Verachtung und schlug ihm gegenüber deshalb immer einen hochmütigen Ton an. Marja Dmitrijewna jedoch, die ihm die Speisen bereitete und hereinbrachte, gefiel ihm ganz besonders. Ihr schlichtes Wesen, ihre besondere, für ihn fremde Schönheit und die unbewußte Art, wie sie ihm ihre Zuneigung zeigte, erregten sein Wohlgefallen. Er gab sich zwar Mühe, sie nicht anzusehen und nicht mit ihr zu sprechen, aber unwillkürlich wandte er ihr doch seine Augen zu und folgte allen ihren Bewegungen.

Mit Butler verkehrte er sogleich, vom ersten Bekanntwerden an, auf sehr freundschaftlichem Fuß und unterhielt sich viel und gern mit ihm. Er befragte ihn nach seinem Leben und erzählte ihm aus dem seinigen, teilte ihm alle die Nachrichten mit, die ihm die Boten über die Lage seiner Familie brachten, und beriet sogar mit ihm, was er tun solle.

Die Nachrichten, die ihm die Boten gebracht hatten, waren keine guten. Während der vier Tage, die er nun schon in der Festung weilte, waren zweimal Boten zu ihm gekommen, und beide Male hatten sie schlechte Nachrichten mitgebracht.

## 19

Hadschi-Murads Familie hatte man, bald nachdem dieser zu den Russen übergegangen war, in das Dorf Weden geschafft und hielt sie dort, in Erwartung der Beschlüsse Schamils, in strenger Haft. Die Frauen, die alte Mutter Patimat und die beiden Gattinnen Hadschi-Murads mit ihren fünf kleinen Kindern, wohnten unter scharfer Bewachung in der Hütte des Anführers Ibrahim Raschid, während Hadschi-Murads Sohn, der achtzehnjährige Jüngling Jusuf, im Kerker lag, das heißt in einem mehrere Meter tiefen Loch, zusammen mit sieben Verbrechern, die ebenso wie er auf die Entscheidung ihres Schicksals warteten.

Aber die Entscheidung kam nicht, weil Schamil nicht da war. Er befand sich auf einem Zug gegen die Russen.

Am 6. Januar 1852 kehrte Schamil nach einem Gefecht mit dem Feind nach Weden zurück. Nach Ansicht der Russen war er völlig geschlagen und nach Weden zurückgejagt worden, während er und alle seine Muriden fest davon überzeugt waren, daß sie den Sieg davongetragen und die Russen in die Flucht geschlagen hätten. In diesem Gefecht hatte er, was nicht oft bei ihm vorkam, selber sein Gewehr auf die Feinde abgefeuert, hatte den Säbel gezogen und war mit seinem Pferd geradewegs auf die Russen losgesprengt, so daß seine Muriden ihn hatten zurückhalten müssen. Zwei von ihnen waren dabei dicht an seiner Seite getötet worden.

Es war gegen Mittag, als Schamil, umgeben von einer Schar Muriden, die tolle Reiterstückchen um ihn herum ausführten, aus ihren Gewehren und Pistolen schossen und ununterbrochen ihr »La illiach il allah« sangen, in seiner Residenz einritt.

Alle Einwohner des großen Auls Weden standen auf den Straßen und auf den Dächern, um ihren Gebieter zu empfangen, und schossen zur Begrüßung ebenfalls ihre Gewehre und Pistolen ab. Schamil ritt auf einem Araberschimmel, der, weil er fühlte, daß es dem Stall zuging, kräftig an den Zügeln zerrte. Sattel und Zaumzeug waren äußerst schlicht und weder mit Gold noch mit Silber verziert: feine rote Lederriemen mit einem Streifen in der Mitte, becherförmige Steigbügel aus Metall und eine rote Schabracke, die unter dem Sattel hervorschaute. Der Imam trug einen mit braunem Tuch überzogenen, an Hals und Ärmeln mit schwarzem Fell besetzten Pelz, der über den schlanken Hüften mit einem schwarzen Riemen, an dem der Dolch hing, umgürtet war. Auf dem Kopf trug er eine hohe, oben flache Lammfellmütze mit schwarzer Quaste, umwunden von einem weißen Turban, dessen Ende ihm bis auf den Hals herabhing. An den Füßen hatte er grüne Tschuwiaks und über den Waden schwarze, mit einer einfachen Schnur besetzte Gamaschen.

Nichts Glänzendes, weder Silber noch Gold, war an dem Imam zu sehen, und seine hohe, aufrechte und mächtige Gestalt in dieser schmucklosen Kleidung machte inmitten seiner Muriden, deren Waffen und Gewänder mit Silber und Gold überladen waren, gerade dadurch jenen Eindruck von Größe, den er hervorrufen wollte und bei seinem Volk auch wirklich hervorrief. Sein blasses, von einem kurzen roten Vollbart umrahmtes Gesicht mit den stets zugekniffenen, kleinen Augen war völlig unbeweglich und wie aus Stein.

Als er jetzt in den Aul einritt, fühlte er Tausende von Augen auf sich gerichtet, aber er sah niemanden an. Auch Hadschi-Murads Frauen waren mit allen Bewohnern der Hütte auf die Galerie hinausgetreten, um den Einzug des Imams zu sehen. Nur die alte Patimat, Hadschi-Murads Mutter, hatte sich ihnen nicht beigesellt. Sie war mit ihrem aufgelösten grauen Haar auf dem Fußboden der Hütte, an derselben Stelle, an der sie gesessen hatte, sitzengeblieben, hielt mit ihren langen Armen die mageren Knie umfaßt und starrte mit ihren schwarzen, feurigen Augen blinzelnd auf die verglimmenden Zweige im Kamin. Sie hatte, ebenso wie ihr Sohn, Schamil immer gehaßt, haßte ihn jetzt noch viel mehr als früher und wollte ihn nicht sehen.

Auch Hadschi-Murads Sohn sah Schamils feierlichen Einzug

nicht. In seiner dunklen, stinkenden Grube hörte er nur die Schüsse und den Gesang und sehnte sich, wie sich nur ein junger, lebensvoller Mensch sehnen kann, nach der geraubten Freiheit. Während er so in dem stinkenden Loch saß und immer wieder dieselben ebenso unglücklichen, schmutzigen und abgemagerten Bösewichter sah, die mit ihm zusammen eingekerkert waren und einander fast alle haßten, beneidete er jetzt glühend alle die Leute, die sich an Luft, Licht und Freiheit erfreuen durften, dort ihre munteren Rosse um den Gebieter tummelten, schossen und einstimmig »La illiach il allah« sangen.

Nachdem er den Aul hinter sich hatte, ritt Schamil in einen großen Hof ein, an den sich ein zweiter, ein Innenhof, anschloß, wo Schamils Serail untergebracht war. Zwei bewaffnete Lesghier empfingen ihn an dem offenen Tor des ersten Hofes, der voller Menschen war. Das waren Leute, die in Geschäften von weit her gekommen waren, oder auch Bittsteller oder solche, die Schamil eines Rechtsspruchs oder Urteils wegen selber herbestellt hatte. Als er in den Hof einritt, erhoben sich alle, die dort anwesend waren, von ihren Plätzen und begrüßten den Imam ehrfurchtsvoll, indem sie die Arme über der Brust kreuzten. Einige warfen sich auf die Knie und blieben so lange liegen, bis Schamil durch den äußeren Hof hindurch in den inneren eingeritten war. Obgleich der Imam zwischen den ihn erwartenden Personen eine Menge ihm unangenehmer Gesichter und langweiliger Bittsteller erkannt hatte, die von ihm Versorgung heischten, ritt er mit demselben unverändert steinernen Gesicht durch sie hindurch in den inneren Hof ein und stieg links vom Tor an der Galerie seiner Behausung ab.

Der Feldzug war weniger körperlich als seelisch anstrengend gewesen, da Schamil, wenn er das Treffen auch öffentlich als einen Sieg darstellte, doch sehr wohl wußte, daß sein Unternehmen mißglückt war, daß die Russen viele Aule verbrannt und zerstört hatten, daß das wankelmütige, leichtsinnige Volk der Tschetschenzen schwankte und daß einige von ihnen, die den Russen am nächsten wohnten, schon zum Überlaufen bereit waren.

Dies alles waren schwere Sorgen, und es mußten Maßregeln dagegen ergriffen werden, aber in diesem Augenblick wollte sich Schamil nicht mit solchen Gedanken abgeben. Er sehnte sich jetzt nur nach Ruhe im Kreise seiner Familie und nach den Zärtlichkeiten seiner Lieblingsgattin, der achtzehnjährigen, schwarzäugigen, schnellfüßigen Kistinerin Aminet.

Aber er durfte nicht daran denken, Aminet jetzt wiederzusehen, die dort hinter dem Zaun war, der im inneren Hof die Gemächer der Frauen von denen der Männer trennte (Schamil war sogar überzeugt, daß sie jetzt, wo er vom Pferd stieg, mit anderen Frauen zusammen durch eine Ritze im Zaun zu ihm herüberlugte); aber er durfte weder daran denken, zu ihr hinzugehen, noch sich auf seinem weichen Pfühl auszustrecken, um seine müden Glieder auszuruhen. Er mußte vor allem, wenn er sich auch jetzt dazu nicht im geringsten aufgelegt fühlte, das Mittagsgebet verrichten, das er als religiöser Führer seines Volkes nicht versäumen durfte und das ihm auch selber so unentbehrlich geworden war wie das tägliche Brot. Und so führte er denn die Waschung aus und betete. Als er damit fertig war, ließ er die Leute, die auf ihn warteten, rufen.

Der erste, den er empfing, war sein Schwiegervater und Lehrer Dschemal-Edin, ein großer, grauhaariger, schöner alter Mann mit schneeweißem Bart und rotem Gesicht. Dieser sprach erst ein kurzes Gebet, befragte dann Schamil, wie der Feldzug verlaufen sei, und erzählte ihm schließlich, was während seiner Abwesenheit in den Bergen vorgefallen war.

Unter allen möglichen Ereignissen: Mordtaten auf Grund der Blutrache, Viehdiebstählen, Übertretungen der Vorschriften des Tarikat, also Tabakrauchen und Weintrinken, teilte Dschemal-Edin Schamil auch mit, daß Hadschi-Murad Leute gesandt habe, um seine Familie zu den Russen zu bringen, daß aber dieser Anschlag vereitelt und die Familie hierher nach Weden gebracht worden sei, wo sie sich unter Bewachung befinde und auf den Beschluß des Imams warte. Im anstoßenden Gastzimmer waren die Ältesten zur Beratung aller dieser Dinge versammelt, und Dschemal-Edin riet Schamil, sie noch heute zu entlassen, da sie schon seit drei Tagen auf ihn warteten.

Nachdem der Imam sein Mittagbrot eingenommen hatte, das ihm seine älteste Frau, Saidet, eine schwarze, spitznasige, unangenehme Person, die er nicht leiden konnte, hereinbrachte, ging er in das Gastzimmer hinüber.

Die sechs Männer, die seinen Rat bildeten, Greise mit spärlichen grauen und roten Bärten in hohen Lammfellmützen, mit und ohne Turban, in neuen Beschmeten und Tscherkesken, die mit einem Riemen umgürtet waren, an dem der Dolch hing, standen bei seinem Eintritt auf. Schamil war um einen Kopf größer als sie. Alle, auch Schamil, hoben die Arme mit den Handflächen nach oben in die Höhe, schlossen die Augen, sagten ein Gebet her, fuhren sich dann mit den Händen über das Gesicht und legten sie am Ende des Bartes ineinander. Dann nahmen alle Platz, Schamil setzte sich auf ein erhöhtes Kissen in die Mitte, und man fing mit der Beratung der vorliegenden Dinge an.

Über die eines Verbrechens angeklagten Personen wurde das Urteil nach den Vorschriften des Scheriats gefällt. Zwei Diebe wurden zur Abhackung ihrer Hände, ein Mörder zur Enthauptung verurteilt und drei andere freigesprochen. Dann ging man zur Hauptsache über: welche Maßregeln ergriffen werden sollten, um das Überlaufen der Tschetschenzen zu den Russen zu verhindern. Diesem Überlaufen entgegenzuwirken, hatte Dschemal-Edin folgenden Aufruf verfaßt:

»Ewiger Friede in Gott dem Allmächtigen sei mit euch! Ich höre, daß die Russen euch umschmeicheln und zur Unterwerfung auffordern. Schenkt ihnen keinen Glauben und unterwerft euch nicht, sondern duldet. Sollte euch in diesem Leben der Lohn dafür nicht zuteil werden, so werdet ihr ihn im künftigen Leben erhalten. Denket daran, wie es damals war, als sie euch die Waffen abnahmen. Wenn euch damals, im Jahre 1840, Gott nicht erleuchtet hätte, so wäret ihr jetzt alle russische Soldaten, und eure Frauen gingen ohne Pluderhosen und wären entehrt. Schließt aus dem, was ihr früher erlebt habt, auf die Zukunft. Lieber in Feindschaft mit den Russen den Tod finden als mit Ungläubigen zusammenleben. Habt nur noch ein wenig Geduld! Ich werde mit dem Koran und dem Säbel zu euch kommen und euch gegen die Russen führen. Jetzt aber erteile ich euch den strengen Befehl, euch nicht nur jeder Absicht, sondern auch jedes Gedankens an eine Unterwerfung unter die Russen zu enthalten.«

Schamil billigte diesen Aufruf, unterschrieb ihn und beschloß, ihn überall verbreiten zu lassen.

Nach dieser Entscheidung kam die Angelegenheit Hadschi-Murads zur Sprache, die für Schamil besonders wichtig war. Er war sich bewußt, daß, wenn Hadschi-Murad mit seiner Gewandtheit, Kühnheit und Tapferkeit noch bei ihm gewesen wäre, alles das, was jetzt in der Tschetschnja vorgefallen war, nicht geschehen wäre, obgleich er sich das natürlich nicht eingestehen wollte. Darum war es gut, sich mit Hadschi-Murad auszusöhnen und sich seines starken Armes zu bedienen; war dies aber nicht möglich, so mußte wenigstens auf jeden Fall verhindert werden, daß er den Russen half. Und deshalb mußte man ihn unbedingt herrufen und, wenn er dann hier war, töten. Dies konnte man auf zwei Wegen erreichen: entweder man schickte einen Boten nach Tiflis, der ihn gleich dort aus der Welt schaffte, oder man rief ihn hierher und machte ihm dann hier den Garaus. Das Mittel dazu hatte er in der Hand: seine Familie, und vor allem seinen Sohn, den Hadschi-Murad, wie Schamil wußte, leidenschaftlich liebte. Und deshalb mußte man sich dieses Sohnes bedienen.

Während die Alten darüber berieten, schloß Schamil die Augen und schwieg. Die Ratgeber wußten, was das zu bedeuten hatte. Er lauschte der Stimme des Propheten, die ihm eingab, was er zu tun habe.

Nach einem feierlichen Schweigen von etwa fünf Minuten öffnete Schamil die Augen, kniff sie dann noch mehr zusammen als sonst und sagte: »Man führe mir den Sohn Hadschi-Murads her!«

»Er ist hier«, erwiderte Dschemal-Edin.

Und wirklich stand Jusuf, Hadschi-Murads Sohn, abgezehrt, bleich, zerlumpt und stinkend, aber immer noch hübsch von Gestalt und Gesicht, mit denselben glühenden schwarzen Augen, wie seine Großmutter Patimat sie hatte, bereits vor dem Tor des Innenhofes und wartete, daß man ihn rufen werde.

Jusuf teilte die Gefühle seines Vaters gegen Schamil nicht. Er kannte nicht die ganze Vergangenheit, und wenn er sie auch kannte, so hatte er sie doch nicht erlebt und begriff deshalb die hartnäckige Feindschaft seines Vaters nicht. Da er nur den einen Wunsch hatte, das leichte, tolle Leben, das er als Sohn des Naib in Chunsach gelebt hatte, weiterzuführen, hielt er es für völlig unnötig, sich mit Schamil zu verfeinden. Dem Vater widersprechend und ihm zum Trotz verehrte er den Imam ganz besonders und hegte für ihn die in den Bergen allgemein verbreitete schwärmerische Begeisterung. So trat er jetzt mit einem besonderen Gefühl bebender Ehrfurcht gegen den Imam in das Gastzimmer ein und begegnete, während er an der Tür innehielt, einem starren Blick aus Schamils zusammengekniffenen Augen. Er blieb einen Augenblick stehen, ging dann auf Schamil zu und küßte ihm die große, weiße, langfingrige Hand.

»Bist du der Sohn Hadschi-Murads?«

»Ja, Imam.«

»Weißt du, was dein Vater getan hat?«

»Ich weiß es, Imam, und es tut mir leid.«

»Kannst du schreiben?«

»Ich wurde zum Mullah vorbereitet.«

»So schreibe deinem Vater: Wenn er jetzt, bis zum Beiram, zu mir zurückkehrt, so verzeihe ich ihm, und alles soll sein, wie es war. Tut er es aber nicht, bleibt er bei den Russen, dann –« Schamil machte ein finsteres, drohendes Gesicht – »gebe ich deine Großmutter und Mutter in die Aule, dir selber aber lasse ich den Kopf abschlagen.«

Nicht ein Muskel zuckte in Jusufs Gesicht; er neigte nur zum Zeichen, daß er Schamils Worte verstanden habe, den Kopf.

»Also schreibe das, und gib den Brief meinem Boten.«

Schamil schwieg und sah Jusuf lange an.

»Schreibe ihm, daß du mir leid tust, daß ich dich nicht töten, sondern dir nur die Augen ausstechen lassen werde, wie ich es mit allen Verrätern tue. Und nun geh!«

In Schamils Gegenwart schien Jusuf ganz ruhig, als man ihn aber aus dem Gastzimmer herausbrachte, stürzte er sich auf den, der ihn führte, riß dessen Dolch an sich und wollte sich damit erstechen, aber man hielt ihm die Hände fest, band sie und warf ihn wieder in die Grube.

Abends, als das Nachtgebet beendet war und es anfing dunkel zu werden, zog Schamil seinen weißen Pelz an, ging durch den Zaun in jenen Teil des Hofes, wo die Frauen wohnten und begab sich in Aminets Zimmer. Aber Aminet war nicht da, sie war bei seiner ältesten Frau. Da stellte sich Schamil, um nicht bemerkt zu werden, hinter die Tür des Zimmers und wartete auf sie. Doch Aminet war böse auf ihn, weil er den seidenen Stoff nicht ihr, sondern Saidet geschenkt hatte. Sie hatte wohl gesehen, daß er gekommen und in ihr Zimmer gegangen war und sie suchte, aber sie kehrte absichtlich nicht dorthin zurück. Lange stand sie in Saidets Zimmer hinter der Tür und lachte leise, während sie beobachtete, wie Schamils weiße Gestalt bald aus dem Zimmer heraustrat, bald wieder hineinging. Nachdem Schamil lange vergeblich auf sie gewartet hatte, kehrte er, als die Zeit zum Mitternachtsgebet gekommen war, in seine Gemächer zurück.

## 20

Hadschi-Murad wohnte nun schon acht Tage in der Festung, im Hause Iwan Matwejewitschs. Marja Dmitrijewna hatte zwar mit dem zottigen Chanefi – Hadschi-Murad hatte nur zwei seiner

Muriden, Chanefi und Eldar, mitgebracht – manchen Kampf auszufechten und mußte ihn sogar einmal aus der Küche hinauswerfen, weil er ihr beinahe den Hals abgeschnitten hätte, aber trotz alledem hegte sie für Hadschi-Murad offensichtlich ganz besondere Gefühle der Achtung und Zuneigung. Wenn sie ihm auch jetzt das Essen nicht mehr selber brachte, sondern diese Sorge Eldar überließ, so benutzte sie doch jede Gelegenheit, um ihn zu sehen oder ihm gefällig zu sein. Sie nahm sogar an den Unterhandlungen wegen seiner Familie den lebhaftesten Anteil, wußte, wie viele Frauen und Kinder er hatte, wie alt diese waren, und fragte jedesmal, wenn ein Bote dagewesen war, wen sie nur konnte, nach den Erfolgen aus.

Auch Butler hatte sich in diesen acht Tagen eng mit Hadschi-Murad befreundet. Manchmal kam dieser zu ihm aufs Zimmer, manchmal suchte Butler ihn auf. Wenn sie sich nicht durch den Dolmetscher unterhielten, machten sie sich auf eigene Faust durch Zeichen und vor allem durch Lächeln verständlich. Es war nicht zu verkennen, daß Hadschi-Murad Butler gern hatte. Das konnte man auch aus Eldars Verhalten Butler gegenüber erkennen. Wenn Butler nur bei Hadschi-Murad ins Zimmer trat, kam ihm Eldar, freudig lächelnd seine weißen Zähne zeigend, sogleich entgegen, rückte ihm geschäftig ein Kissen zum Sitzen zurecht und nahm ihm den Säbel ab, wenn er einen solchen bei sich hatte.

Auch mit dem zottigen Chanefi, dem Wahlbruder Hadschi-Murads, war Butler gut Freund und vertrug sich gut mit ihm. Chanefi kannte viele Lieder der Bergbewohner und sang sie gut. Und so rief Hadschi-Murad ihn oft herein, befahl ihm, um Butler einen Gefallen zu tun, zu singen, und nannte selbst die Lieder, die er für die besten hielt. Chanefi hatte einen hohen Tenor und sang außergewöhnlich deutlich und ausdrucksvoll. Das eine Lied gefiel Hadschi-Murad ganz besonders und machte auch auf Butler durch seine feierlich schwermütige Melodie einen tiefen Eindruck. Er bat den Dolmetscher, ihm den Inhalt dieses Liedes zu übersetzen.

Das Lied bezog sich auf die Blutrache, wie sie früher auch zwischen Chanefi und Hadschi-Murad bestanden hatte.

Das Lied lautete:

»Die Erde auf meinem Grab wird verdorren – und du wirst mich vergessen, meine leibliche Mutter! Gras wird über meinem Grab wachsen – und dieses Gras wird deinen Kummer überwuchern, mein alter Vater. Die Tränen in den Augen meiner Schwester werden trocknen, und das Leid wird fliehen aus ihrem Herzen.

Aber du, mein älterer Bruder, wirst mich nicht vergessen, solange mein Tod nicht gerächt ist. Und auch du, mein anderer Bruder, wirst meiner gedenken, bis du im Grab neben mir liegst.

Heiß bist du, Kugel, und birgst in dir den Tod, aber warst du nicht meine getreue Sklavin? Schwarze Erde, du bedeckst mich wohl, haben aber nicht meines Rosses Hufe dich zerstampft? Kalt bist du, o Tod, und doch war ich dein Herr. Meinen Leib nimmt die Erde auf, aber meine Seele der Himmel.«

Hadschi-Murad hörte dieses Lied immer mit geschlossenen Augen an, und wenn der letzte, langgezogene Ton verhallt war, sagte er auf russisch: »Schöne Lied, kluge Lied!«

Der Zauber dieses eigenartigen, kraftvollen Lebens in den Bergen riß Butler, seit Hadschi-Murad angekommen und er mit ihm und seinen Muriden bekanntgeworden war, immer mehr hin. Er kaufte sich einen Beschmet, eine Tscherkeska und Lederstrümpfe und glaubte nun, selber ein Bergbewohner zu sein und dasselbe Leben wie sie zu leben.

Am Tage der Abreise Hadschi-Murads hatte Iwan Matwejewitsch die Offiziere, die ihn begleiten sollten, zu sich gebeten. Die Herren saßen teils um den Teetisch, wo Marja Dmitrijewna den Tee eingoß, teils an einem anderen Tisch mit Schnaps, Landwein und Gabelbissen, als Hadschi-Murad, reisemäßig gekleidet, mit schnellen, weichen Schritten hinkend ins Zimmer trat.

Alle erhoben sich und reichten ihm der Reihe nach die Hand. Iwan Matwejewitsch forderte ihn auf, auf dem Diwan Platz zu nehmen, aber er lehnte es dankend ab und setzte sich auf einen Stuhl am Fenster. Das Schweigen, das seit seinem Eintritt herrschte, bereitete ihm offenbar nicht die geringste Verlegenheit. Aufmerksam betrachtete er alle Gesichter und warf einen gleichgültigen Blick auf den Tisch, auf dem Samowar und Imbiß standen. Der flotte Offizier Petrowskij, der Hadschi-Murad heute zum erstenmal sah, ließ ihn durch den Dolmetscher fragen, ob ihm Tiflis gefallen habe.

»Aija«, erwiderte er.

»Er sagt: ja«, übersetzte der Dolmetscher.

»Was hat ihm denn dort gefallen?«

Hadschi-Murad sagte etwas.

»Am meisten hat ihm das Theater gefallen.«

»Na, und der Ball bei dem Oberkommandierenden hat ihm auch gefallen?«

Hadschi-Murad zog die Augenbrauen zusammen.

»Jedes Volk hat seine Sitten. Bei uns ziehen sich die Frauen nicht so an«, sagte er mit einem Seitenblick auf Marja Dmitrijewna.

»Was, es hat ihm nicht gefallen?«

»Wir haben ein Sprichwort«, sagte Hadschi-Murad zum Dolmetscher. »Wenn der Hund den Esel mit Fleisch und der Esel den Hund mit Heu füttert, bleiben beide hungrig. Jedes Volk hat eben seine Sitten«, fügte er lächelnd hinzu.

Damit war das Gespräch zu Ende. Einige der Offiziere begannen Tee zu trinken, andere bedienten sich mit Gabelbissen. Hadschi-Murad nahm das ihm angebotene Glas Tee entgegen und stellte es vor sich hin.

»Vielleicht etwas Sahne? Oder Weißbrot?« fragte Marja Dmitrijewna und reichte ihm beides.

Hadschi-Murad nickte mit dem Kopf.

»Also leb wohl«, sagte Butler und legte die Hand auf sein Knie. »Wann werden wir uns wiedersehen?«

»Leb wohl, leb wohl«, erwiderte Hadschi-Murad lächelnd auf russisch. »Freund Bulur. Ich fest dein Freund sein. Aber Zeit, gehen«, sagte er und zeigte mit dem Kopf in die Richtung, in die sie reiten mußten.

Da erschien Eldar in der Tür des Zimmers. Er hatte etwas Großes, Weißes über der Schulter und einen Säbel in der Hand. Hadschi-Murad winkte ihm, und Eldar kam mit großen Schritten auf ihn zu und reichte ihm den weißen Filzmantel und den Säbel. Hadschi-Murad stand auf, nahm den Filzmantel, legte ihn über den Arm und überreichte ihn Marja Dmitrijewna, wobei er etwas zu dem Dolmetscher sagte. Dieser übersetzte: »Er sagt: Du hast den Mantel gelobt, da nimm ihn.«

»Warum denn?« fragte Marja Dmitrijewna und wurde rot.

»So muß man. Ich aber auch so gebe«, sagte Hadschi-Murad.

»Nun, ich danke«, erwiderte Marja Dmitrijewna und nahm den Mantel. »Gebe Gott, daß du deinen Sohn auslösen kannst. Ulan jakschi!« fügte sie hinzu. »Sagen Sie ihm, ich wünsche, daß er seine Familie freibekommt.«

Hadschi-Murad sah Marja Dmitrijewna an und nickte zustimmend mit dem Kopf. Dann nahm er aus Eldars Hand den Säbel und reichte ihn Iwan Matwejewitsch. Dieser nahm den Säbel und sagte zum Dolmetscher: »Sag ihm, daß er meinen braunen Wallach nimmt, mehr kann ich ihm nicht schenken.«

Hadschi-Murad winkte mit der Hand ab, zum Zeichen, daß er

nichts haben wolle und nichts annehme, zeigte dann auf die Berge und auf sein Herz und ging dem Ausgang zu. Alle folgten ihm. Die Offiziere, die im Zimmer zurückgeblieben waren, zogen den geschenkten Säbel aus der Scheide, betrachteten die Klinge und stellten fest, daß es ein echter Gurdasäbel war.

Butler trat mit Hadschi-Murad zusammen auf die Treppe hinaus. Da aber ereignete sich etwas, was niemand erwartet hatte und was leicht Hadschi-Murads Tod hätte zur Folge haben können, wenn er nicht soviel Geistesgegenwart, Entschlossenheit und Gewandtheit besessen hätte.

Die Bewohner des kumykischen Dorfes Tala-Katschu, die eine große Verehrung für Hadschi-Murad hegten und oft zur Festung gekommen waren, nur um den berühmten Naib zu sehen, hatten etwa drei Tage vor Hadschi-Murads Abreise Boten zu ihm geschickt und ihn bitten lassen, sich doch am Freitag in ihrer Moschee zu zeigen. Die kumykischen Fürsten aber, die in Tala-Katschu lebten und Hadschi-Murad haßten, weil Blutrache zwischen ihnen bestand, hatten, als ihnen das zu Ohren gekommen war, dem Volk erklärt, daß sie Hadschi-Murad nicht in die Moschee einlassen würden. Darüber hatte sich das Volk empört, und es war zu Schlägereien zwischen ihm und den Anhängern der Fürsten gekommen. Die russische Behörde hatte dann zwischen den Bergbewohnern den Frieden wiederhergestellt und Hadschi-Murad bedeutet, er solle sich nicht in die Moschee begeben. Dieser war auch wirklich nicht hingeritten, und alle hatten gemeint, daß die Angelegenheit damit erledigt sei.

Aber gerade in dem Augenblick, als Hadschi-Murad abreisen wollte, als er auf die Treppe hinaustrat und die Pferde schon vor dem Eingang standen, ritt der kumykische Fürst Arslan-Khan, den Butler und Iwan Matwejewitsch sehr gut kannten, an dem Haus des Kommandanten vorbei.

Als er Hadschi-Murad erblickte, riß er seine Pistole aus dem Gürtel und richtete sie auf seinen Feind. Doch er kam nicht dazu, sie abzuschießen, denn Hadschi-Murad sprang trotz seinem lahmen Bein blitzschnell wie eine Katze die Treppe hinunter auf ihn zu. Arslan-Khan feuerte seine Waffe ab, ohne jedoch zu treffen. Hadschi-Murad aber, bei seinem Feind angelangt, faßte mit der einen Hand dessen Pferd am Zügel, während er mit der anderen seinen Dolch zog und Arslan-Khan auf tatarisch etwas zuschrie.

Butler und Eldar stürzten gleichzeitig auf die Kämpfenden los und packten sie an den Armen. Auf den Schuß eilte auch Iwan Matwejewitsch herbei.

»Was fällt dir ein, Arslan, in meinem Haus eine solche Schändlichkeit zu begehen?« rief er, als er erfahren hatte, was geschehen war. »Das ist nicht recht gehandelt, Bruder. Draußen im Feld tu, was du willst, hier aber in meinem Haus darfst du ein solches Gemetzel nicht anfangen.«

Arslan-Khan, ein kleines Kerlchen mit schwarzem Schnurrbart, stieg bleich und zitternd vom Pferd, warf Hadschi-Murad einen feindseligen Blick zu und ging mit Iwan Matwejewitsch ins Haus. Hadschi-Murad aber kehrte tief aufatmend und lächelnd zu den Pferden zurück.

»Warum wollte er dich töten?« fragte Butler Hadschi-Murad durch den Dolmetscher.

»Er sagt, daß es bei ihnen ein solches Gesetz gebe«, übersetzte der Dolmetscher Hadschi-Murads Worte. »Arslan-Khan muß eine Blutschuld an ihm rächen, deshalb wollte er ihn töten.«

»Wenn er ihn aber nun unterwegs einholt?« fragte Butler.

Hadschi-Murad lächelte.

»Nun, dann tötet er mich eben; das bedeutet dann: Allah will es so. Also leb wohl«, sagte er noch einmal auf russisch, legte die Hand auf den Hals seines Pferdes, ließ die Augen über alle, die ihm das Geleit gaben, hinschweifen und begegnete Marja Dmitrijewnas freundlichen Blicken.

»Leb wohl, Mütterchen«, sagte er, zu ihr gewandt. »Ich danke dir.«

»Gebe Gott, gebe Gott, daß du deine Familie freimachen kannst«, wünschte Marja Dmitrijewna noch einmal.

Er verstand die Worte nicht, verstand aber ihre Teilnahme und nickte mit dem Kopf.

»Hör mal, vergiß deinen Freund nicht«, schaltete sich Butler ein.

»Sag ihm, daß ich sein treuer Freund bin. Niemals werde ich ihn vergessen«, antwortete Hadschi-Murad durch den Dolmetscher. Dann schwang er sich, kaum daß er den Fuß in den Steigbügel gesetzt hatte, trotz seinem lahmen Bein rasch und leicht in den Sattel, tastete mit einem gewohnten Griff nach seiner Pistole, schob den Säbel zurecht und ritt in jener eigentümlich stolzen, einzigartigen Haltung, in der nur Bergbewohner zu Pferde sitzen, vom Haus Iwan Matwejewitschs fort. Chanefi und Eldar schwangen sich auch auf ihre Pferde, nachdem sie sich von ihren Wirten und den Offizieren freundschaftlich verabschiedet hatten, und ritten im Trab hinter ihrem Murschiden her.

Wie immer in solchen Fällen, drehte sich das Gespräch nun um die, die abgereist waren.

»Ein forscher Kerl! Wie ein Wolf stürzte er sich auf Arslan-Khan. Sein Gesicht war wie verwandelt.«

»Aber hinters Licht führt er uns auf jeden Fall. Ein Halunke ist er doch«, meinte Petrowskij.

»Wollte Gott, daß es unter euch Russen viele solche Halunken gäbe«, mischte sich Marja Dmitrijewna ein. »Acht Tage hat er bei uns verlebt, und nichts als Gutes haben wir an ihm gesehen. Ein umgänglicher, kluger, gerechter Mensch ist er«, fügte sie hinzu.

»Woher wissen Sie denn das alles?«

»Ich weiß es eben.«

»Sie hat ein Auge auf ihn geworfen«, sagte Iwan Matwejewitsch, der aus dem Hause trat. »Das wird wohl so etwas sein.«

»Nun, und wenn schon. Was ginge das euch an? Warum über einen guten Menschen herziehen? Er ist ein Tatare, aber ein braver Mensch.«

»Sie haben ganz recht, Marja Dmitrijewna«, pflichtete Butler bei. »Es ist wacker von Ihnen, daß Sie für ihn eingetreten sind.«

## 21

Das Leben in den vorgeschobenen Festungen an der tschetschenzischen Grenze ging seinen alten Gang. Zweimal war Alarm gegeben worden, und Kompanien und Landsturm waren hinausgestürmt, aber beide Male hatten sie die Bergbewohner nicht aufhalten können. Sie waren geflohen und hatten das eine Mal in Wosdwischenskoje acht Pferde von der Tränke mitgenommen und einen Kosaken getötet. Neue Überfälle hatte man seit dem letzten, bei dem der Aul zerstört worden war, nicht mehr unternommen. Aber man erwartete, da für den linken Flügel ein neuer Kommandant, der Fürst Barjatinskij, ernannt worden war, bald einen größeren Feldzug in die Große Tschetschnja.

Fürst Barjatinskij, ein Freund des Thronfolgers, war früher Kommandeur des kabardinischen Regiments gewesen und nun zum Oberbefehlshaber des ganzen linken Flügels ernannt worden. Kaum in Grosnaja angekommen, hatte er sogleich Truppenabteilungen zusammengezogen, um den vom Kaiser vorgeschriebenen Plan, den Tschernyschow Woronzow mitgeteilt hatte, auszuführen. Die gesamte Besatzung von Wosdwischenskoje hatte bereits die Festung verlassen und Stellungen in der Nähe von Kurinskoje bezogen. Dort hatten die Truppen ein Lager aufgeschlagen und waren mit dem Abholzen der Wälder beschäftigt.

Der junge Woronzow wohnte in einem prächtigen Tuchzelt, und seine Gattin Marja Wasiljewna kam oft ins Lager und blieb über Nacht. Die Beziehungen Barjatinskijs zu Marja Wasiljewna waren für niemanden ein Geheimnis, und deshalb schimpften alle dem Hof fernstehenden Offiziere und die Soldaten weidlich auf sie, weil sie jedesmal, wenn Marja Wasiljewna im Lager weilte, nachts als Horchposten ausgeschickt wurden. Gewöhnlich rückten nämlich die Bergbewohner nachts mit ihren Geschützen gegen das Lager vor und sandten ein paar Kugeln herüber. Da aber diese Geschosse meistens fehlgingen, wurden zu anderen Zeiten keinerlei Maßnahmen dagegen getroffen. Damit nun aber die Bergbewohner nicht einmal in Anwesenheit Marja Wasiljewnas ihre Geschütze vorrücken und diese durch Schießen erschrecken konnten, wurden jedesmal, sobald sie im Lager weilte, Horchposten ausgestellt. Doch jede Nacht auf Horchposten zu stehen, nur damit die hohe Dame nicht erschrecken sollte, empfanden die Soldaten als herabwürdigend und ekelhaft, und Marja Wasiljewna wurde deshalb von ihnen und von allen Offizieren, die zu den höheren Kreisen keinen Zutritt hatten, mit manch grobem Schimpfwort bedacht.

Bei dieser Truppenabteilung traf nun eines Tages Butler ein, der aus seiner Festung Urlaub genommen hatte, um seine ehemaligen Freunde aus dem Pagenkorps und seine früheren Regimentskameraden wiederzusehen, die jetzt teils als Adjutanten, teils als Ordonnanzoffiziere im kurinischen Regiment dienten. Anfänglich gestaltete sich dieser Besuch für ihn recht lustig. Er stieg bei Poltorazkij ab und traf dort viele alte Bekannte, die sich sehr über sein Kommen freuten. Dann besuchte er auch Woronzow, den er schon etwas kannte, weil er gleichzeitig mit ihm in einem Regiment gedient hatte. Woronzow empfing ihn sehr freundlich, stellte ihn dem Fürsten Barjatinskij vor und lud ihn zu dem Abschiedsessen ein, das er für den General Koslowskij veranstaltete, der vor Barjatinskij Kommandant des linken Flügels gewesen war.

Dieses Abendessen war pompös. Man hatte eine ganze Reihe von Zelten herbeigebracht und aufgestellt. Die ganze Länge der

Zelte nahm die mit Tafelgeschirr und Flaschen bedeckte Festtafel ein. Alles erinnerte an das üppige Leben bei der Petersburger Garde. Um zwei Uhr begab man sich zu Tisch. In der Mitte der Tafel saßen auf der einen Seite Koslowskij und auf der anderen Barjatinskij. Rechts von Koslowskij saß Woronzow, links von ihm seine Frau. Dann kam zu beiden Seiten die lange Reihe der Offiziere des kabardinischen und des kurinischen Regiments. Butler saß neben Poltorazkij, und beide plauderten und tranken lustig mit den um sie herumsitzenden Kameraden. Als man beim Braten angelangt war, fingen die Burschen an, den Champagner einzugießen. Poltorazkij sagte mit ehrlicher Besorgnis und Teilnahme zu Butler: »Jetzt wird sich unser ›Wie?‹ aber schön blamieren.«

»Warum denn?«

»Er muß doch eine Rede halten, und das ist doch etwas, was er ganz und gar nicht kann.«

»Ja, Kamerad, das ist auch etwas anderes, als unter dem Kugelregen eine Verschanzung zu erstürmen. Und dazu sitzt noch eine Dame neben ihm, und die vielen Herren vom Hof! Er kann einem wirklich leid tun, wenn man ihn so ansieht«, sagten die Offiziere untereinander.

Aber schon war der feierliche Augenblick da. Barjatinskij stand auf, erhob sein Glas und hielt, an Koslowskij gewandt, eine kurze Rede. Als er zu Ende gesprochen hatte, stand Koslowskij auf und fing mit ziemlich fester Stimme an: »Nach dem allerhöchsten Willen Seiner Majestät – wie? – verlasse ich Sie und scheide von Ihnen, meine Herren Offiziere«, sagte er. »Aber halten Sie mich immer – wie? – für einen der Ihrigen ... Ihnen allen, meine Herren – wie? – ist die Wahrheit des Ausspruches bekannt: Im Feld gewinnt nicht einer allein den Krieg. Und deshalb bin ich für alles, womit ich während meiner Dienstzeit – wie? – ausgezeichnet worden bin, für alle Gnadenbeweise – wie? –, mit denen mich Seine Majestät der Kaiser überschüttet haben ... für meine ganze Stellung – wie? – und meinen guten Namen – wie? – für alles, alles ... ganz entschieden – wie? –« hier begann seine Stimme zu zittern – »... bin ich – wie? – nur Ihnen allein zu Dank verpflichtet, meine Freunde!« Sein runzeliges Gesicht zog sich noch mehr in Falten. Er schluchzte auf, und Tränen traten ihm in die Augen. »Von ganzem Herzen spreche ich Ihnen – wie? – meine aufrichtigste, herzlichste Dankbarkeit aus ...«

Koslowskij konnte nicht weitersprechen. Er trat auf die Offiziere zu und umarmte sie. Die Fürstin bedeckte ihr Gesicht mit dem Taschentuch. Semjon Michailowitsch zog den Mund schief und blinzelte mit den Augen. Selbst Butler, der Koslowskij doch kaum kannte, konnte die Tränen nicht zurückhalten. Dies alles gefiel ihm ganz außerordentlich. Dann folgten Toaste auf Barjatinskij, auf Woronzow, auf das Offizierskorps und auf die Soldaten, und als die Gäste vom Tisch aufstanden, waren sie sowohl vom genossenen Wein als auch von kriegerischer Begeisterung voll, zu der sie ohnedies schon besonders neigten.

Draußen war ein Prachtwetter. Die Sonne schien, die Luft war still, und nur ein erquickendes, frisches Lüftchen wehte. Von allen Seiten knisterten Lagerfeuer, ertönten Soldatenlieder. Alles schien in Feiertagsstimmung zu sein. Auch Butler kehrte mit glücklichem, gerührtem Herzen zu Poltorazkij zurück.

Dort hatten sich bereits mehrere Offiziere versammelt. Man richtete einen Spieltisch her, und einer der Adjutanten legte eine Bank von hundert Rubel auf. Schon zweimal hatte Butler, die Hand fest auf seiner Geldbörse in der Hosentasche, das Zelt verlassen, aber endlich konnte er doch nicht mehr widerstehen und fing an zu setzen, obgleich er seinen Brüdern und sich selber das Wort gegeben hatte, nicht wieder zu spielen.

Und noch war keine Stunde vergangen, als Butler, hochrot, in Schweiß gebadet und mit Kreide beschmiert, beide Ellenbogen auf den Tisch gestützt, dasaß und neben einem Haufen von Überträgen und verbogenen Karten die Zahlen seiner Einsätze notierte. Er hatte soviel verloren, daß er sich fürchtete, das zusammenzuzählen, was auf seinem Konto notiert worden war. Auch ohne diese Addition wußte er, daß er nicht alles bezahlen konnte, was der fremde Adjutant dort aufgeschrieben hatte, auch wenn er sein ganzes Gehalt, das er im voraus nehmen konnte, und noch dazu sein eigenes Pferd hingeben würde. Aber trotz alledem hätte er noch weitergespielt, wenn nicht der Adjutant mit strengem Gesicht die Karten aus seinen weißen, sauberen Händen gelegt und sich daran gemacht hätte, die Kreidesäule von Butlers Spielschuld zusammenzuzählen. Verwirrt bat Butler um Entschuldigung, daß er nicht sogleich alles, was er verloren hatte, bezahlen könne, und fügte hinzu, man werde es ihm von zu Hause schicken. Während er dies sagte, bemerkte er, daß alle Mitleid mit ihm hatten und seinen Blicken auswichen, sogar Poltorazkij. Dies soll mein letzter Spielabend gewesen sein, dachte er. Ich hätte nicht spielen, sondern zu Woronzow gehen sollen, der mich eingeladen hat, und alles wäre gut abgelaufen. Denn jetzt ist es nicht nur nicht gut, sondern einfach furchtbar.

Er verabschiedete sich von seinen Freunden und Bekannten, ritt nach Hause, legte sich, dort angekommen, sogleich ins Bett und schlief achtzehn Stunden ununterbrochen, wie er gewöhnlich nach einem Spielverlust zu schlafen pflegte. Marja Dmitrijewna merkte sowohl an dem halben Rubel, den er sich von ihr als Trinkgeld für den Kosaken, der ihn heimbegleitet hatte, geben ließ, als auch an seiner niedergeschlagenen Miene und den kurzen Antworten, die er ihr gab, sogleich, daß er im Spiel verloren hatte, und fiel mit Vorwürfen über Iwan Matwejewitsch her, daß er ihn fortgelassen hatte.

Als Butler am nächsten Tag gegen zwölf Uhr erwachte, fiel ihm seine Lage wieder ein. Gern wäre er wieder in jene Vergessenheit zurückgesunken, aus der er soeben zu sich gekommen war, aber das ging nicht. Es mußten Maßnahmen getroffen werden, damit er die vierhundertsiebzig Rubel, die er dem fremden Adjutanten schuldig geblieben war, bezahlen konnte. Der eine Weg bestand darin, daß er einen Brief an seinen Bruder schrieb, diesem seine Sünde beichtete und ihn bat, ihm zum letzten Male fünfhundert Rubel zu schicken, gegen Verrechnung auf die Mühle, die sie beide noch gemeinsam besaßen. Dann schrieb er noch an eine geizige Tante und bat auch diese, ihm zu jedem beliebigen Prozentsatz fünfhundert Rubel zu schicken. Darauf ging er zu Iwan Matwejewitsch, weil er wußte, daß er oder vielmehr Marja Dmitrijewna Geld besaß, und bat auch diesen, ihm fünfhundert Rubel zu leihen.

»Ich würde dir's geben«, sagte Iwan Matwejewitsch. »Gleich würde ich dir's geben, aber Mascha rückt nichts heraus. Diese Frauenzimmer sind zu knickerig, der Teufel mag sich bei denen auskennen! Und doch mußt du dich aus der Schlinge ziehen, hol's der Teufel! Ob dieser Spitzbube von Marketender nicht vielleicht Geld daliegen hat?«

Aber der Marketender hatte nichts, und es war gar nicht daran zu denken, daß man sich von ihm hätte etwas leihen können. So konnte nur Butlers Bruder oder seine geizige Tante für ihn zum rettenden Engel werden.

## 22

Da Hadschi-Murad in der Tschetschnja sein Ziel nicht erreicht hatte, war er nach Tiflis zurückgekehrt. Hier begab er sich alle Tage zu Woronzow und bat diesen, wenn er empfangen wurde, doch alle gefangenen Bergbewohner zu sammeln und gegen seine Familie auszutauschen. Er wiederholte immer wieder, daß er, solange dies nicht geschehen sei, gefesselt wäre und nicht so, wie er wollte, den Russen dienen und Schamil vernichten könnte. Woronzow versprach ihm in unbestimmter Weise, alles zu tun, was in seiner Macht stünde, zog aber die Sache in die Länge, indem er behauptete, eine Entscheidung erst dann treffen zu können, wenn der General Argutinskij nach Tiflis käme, mit dem er über dies alles reden müsse. Da bat Hadschi-Murad Woronzow um die Erlaubnis, sich inzwischen in Nucha, einem kleinen Städtchen in Transkaukasien, aufhalten zu dürfen, weil er der Ansicht sei, daß er dort bequemer alle Unterhandlungen mit Schamil und dessen Getreuen über seine Familie führen könne. Außerdem befinde sich in Nucha, da dies eine mohammedanische Stadt sei, eine Moschee, wo er die den Mohammedanern vorgeschriebenen Gebete besser verrichten könne. Woronzow berichtete darüber nach Petersburg, erlaubte aber Hadschi-Murad, inzwischen schon nach Nucha überzusiedeln.

Für Woronzow, für die Mächtigen in Petersburg sowie für alle Russen überhaupt, die etwas von Hadschi-Murad wußten, bedeutete die ganze Geschichte eine glückliche Wendung im Kaukasuskrieg oder einfach einen interessanten Fall. Für Hadschi-Murad dagegen wurde es, besonders in der letzten Zeit, zu einer furchtbaren Wendung in seinem Leben. Er war, teils um sich selbst zu retten, teils aus Haß gegen Schamil, aus den Bergen geflohen, und wie beschwerlich auch diese Flucht gewesen war, er hatte dennoch sein Ziel erreicht, hatte sich in der ersten Zeit über seinen Erfolg gefreut und sich tatsächlich mit dem Plan getragen, über Schamil herzufallen. Da aber hatte sich herausgestellt, daß das Auslösen seiner Familie, das er so leicht zu bewerkstelligen geglaubt hatte, schwieriger war, als er gedacht hatte. Schamil hatte sich seiner Familie bemächtigt, hielt sie gefangen und hatte gedroht, seine Frauen in die Aule zu schicken und seinen Sohn zu blenden oder zu töten.

So begab sich jetzt Hadschi-Murad nach Nucha in der Absicht, mit Hilfe seiner Anhänger in Daghestan seine Familie mit List oder Gewalt Schamil zu entreißen. Der letzte Bote, der eben bei ihm gewesen war, hatte ihm mitgeteilt, daß einige ihm ergebene Awarier bereit seien, seine Familie zu entführen und mit ihr zu den Russen überzugehen, aber ihre Anzahl sei noch zu gering. Außerdem könnten sie sich zu dieser Entführung nicht entschließen, solange die Familie noch in Weden bewacht würde, sondern es erst dann tun, wenn man seine Angehörigen aus Weden an einen anderen Ort bringen würde; dann wollten sie auf dem Weg einen Überfall wagen. Hadschi-Murad ließ seinen Freunden sagen, daß er dreitausend Rubel für die Befreiung seiner Familie aussetze.

In Nucha wurde Hadschi-Murad ein kleines Haus mit fünf Zimmern angewiesen, das sich unweit der Moschee und des Hofes der Khane befand. Dort wohnten auch die ihm beigegebenen Offiziere, der Dolmetscher und seine Muriden. Hadschi-Murad verbrachte seine Tage in Erwartung und Abfertigung der Boten aus den Bergen und machte von der ihm erteilten Erlaubnis, in der Umgegend spazierenzureiten, ausgiebig Gebrauch.

Am 8. April kehrte er gerade von einem solchen Spazierritt zurück, als ihm gemeldet wurde, daß in seiner Abwesenheit ein von Woronzow gesandter Beamter aus Tiflis angekommen sei. Obgleich er brennend gern auf der Stelle erfahren hätte, was für eine Nachricht dieser Beamte ihm brachte, ging er doch, bevor er in das Zimmer eintrat, wo der Kommissar mit dem Beamten auf ihn wartete, zunächst in seine Gemächer, um das Mittagsgebet zu verrichten. Erst als er damit fertig war, ging er in den anderen Raum hinüber, der als Gast- und Empfangszimmer diente. Der Beamte aus Tiflis, ein Staatsrat Kirillow, überbrachte Hadschi-Murad eine Aufforderung von Woronzow, am 12. des Monats zu einer Besprechung mit Argutinskij nach Tiflis zu kommen.

»Jakschi«, sagte Hadschi-Murad ärgerlich.

Der Staatsrat Kirillow mißfiel ihm.

»Hast du das Geld mitgebracht?«

»Ja», erwiderte Kirillow.

»Für vierzehn Tage also«, sagte Hadschi-Murad und hielt ihm erst zehn und dann noch einmal vier Finger vor die Nase. »Gib her.«

»Gleich werde ich es dir geben«, sagte der Beamte und zog die Geldbörse aus seiner Reisetasche hervor. »Wozu braucht er eigentlich Geld?« fragte er auf russisch, in der Annahme, daß Hadschi-Murad seine Worte nicht verstehe.

Aber Hadschi-Murad hatte es sehr gut verstanden und warf Kirillow einen grimmigen Blick zu. Dieser wollte, während er das Geld hervorholte, ein Gespräch mit ihm anfangen, um bei seiner

Rückkehr Woronzow etwas erzählen zu können, und fragte ihn deshalb durch den Dolmetscher, ob er sich hier nicht langweile. Der Dolmetscher übersetzte Hadschi-Murad die Frage.

»Sag ihm, daß ich nicht reden will mit ihm. Er soll das Geld hergeben.« Mit diesen Worten setzte sich Hadschi-Murad wieder an den Tisch, um das Geld nachzuzählen.

Als Kirillow das Geld hervorgeholt und in sieben Säulchen zu je zehn Goldstücken (Hadschi-Murad erhielt fünf Goldstücke den Tag) aufgeschichtet hatte, schob er es Hadschi-Murad hin. Dieser ließ das Geld in den Ärmel seiner Tscherkeska verschwinden, stand auf, versetzte dem Staatsrat ganz unerwartet einen gehörigen Klaps auf die Glatze und schickte sich an, das Zimmer zu verlassen. Der Staatsrat sprang auf und befahl dem Dolmetscher, Hadschi-Murad zu sagen, daß er sich so etwas nicht unterstehen dürfe, da er im Rang eines Obersten stehe. Dies bestätigte auch der Kommissar. Aber Hadschi-Murad nickte nur mit dem Kopf, zum Zeichen, daß er das sehr wohl wisse, und ging hinaus.

»Was soll man mit ihm anfangen?« sagte der Kommissar. »Er wischt einem höchstens was aus mit seinem Dolch, das ist alles. Mit diesen Satanskerlen ist nicht gut Kirschen essen. Ich sehe, er fängt an, toll zu werden.«

Als die Dämmerung kam, trafen aus den Bergen zwei Boten ein, die ihre Gesichter bis auf die Augen mit ihren Baschliks verhüllt hatten. Der Kommissar führte sie zu Hadschi-Murad ins Zimmer. Der eine von ihnen war ein dicker schwarzer Tawliner, der andere ein magerer alter Mann. Die Nachrichten, die sie brachten, waren für Hadschi-Murad wenig erfreulich. Seine Freunde, die es auf sich genommen hatten, seine Familie zu entführen, schlugen ihm dies jetzt rundweg ab, aus Angst vor Schamil, der allen, die Hadschi-Murad helfen würden, die furchtbarsten Todesstrafen angedroht hatte.

Hadschi-Murad hörte, den Kopf mit der Fellmütze gesenkt und die Arme auf die gekreuzten Beine gestützt, den Bericht der Boten an und sagte lange kein Wort. Er dachte nach, dachte angestrengt nach. Er wußte, daß er jetzt zum letzten Mal überlegte, daß eine Entscheidung nötig war. Endlich erhob er den Kopf, zog zwei Goldstücke hervor, gab jedem Boten eines davon und sagte: »Geht.«

»Was für eine Antwort sollen wir überbringen?«

»Die Gott gibt. Geht.«

Die Boten standen auf und gingen hinaus. Hadschi-Murad

aber blieb, die Ellenbogen auf die Knie gestützt, auf dem Teppich sitzen. Lange saß er so da und überlegte.

Was soll ich tun? Soll ich Schamil Glauben schenken und zu ihm zurückkehren? dachte er. Er ist ein schlauer Fuchs und wird mich sicher betrügen. Aber wenn er es auch nicht tut, kann ich mich diesem roten Halunken doch nicht unterwerfen. Und zwar kann ich es deshalb nicht, weil er mir jetzt, wo ich einmal bei den Russen gewesen bin, kein Vertrauen mehr schenken wird, dachte Hadschi-Murad.

Und ihm fiel das tawlinische Märchen von dem Falken ein, der gefangen war, bei den Menschen wohnte und dann in die Berge zu den Seinen zurückkehrte. Er kehrte zurück, hatte aber die Fesseln an den Füßen und an den Fesseln die Schellen. Die Falken nahmen ihn nicht in ihre Gemeinschaft auf. »Flieg wieder dorthin«, sagten sie zu ihm, »wo man dir diese silbernen Schellen angelegt hat. Bei uns gibt es keine silbernen Schellen, aber auch keine Fesseln.« Doch der Falke mochte die Heimat nicht verlassen und blieb da. Die anderen stießen ihn aus und hackten ihn mit den Schnäbeln tot.

So werden sie auch mich tothacken, dachte Hadschi-Murad. Soll ich hierbleiben, dem russischen Zaren den Kaukasus unterwerfen, mir Ruhm, Ehre und Reichtum erwerben? Das könnte ich, sagte er sich und dachte an seine Unterredungen mit Woronzow und an die schmeichelnden Worte des Fürsten.

Aber ich muß mich augenblicklich entschließen, sonst bringt er meine Familie um.

Die ganze Nacht schlief Hadschi-Murad nicht und grübelte vor sich hin.

## 23

Mitten in der Nacht faßte er einen Entschluß. Er sagte sich, daß er in die Berge zurückfliehen und mit den ihm ergebenen Awaren Weden überfallen müsse, um entweder seine Familie zu befreien oder zu sterben. Ob er mit den befreiten Angehörigen dann zu den Russen zurückkehren oder sich mit ihnen nach Chunsach begeben würde, um von dort aus gegen Schamil zu kämpfen, das ließ Hadschi-Murad noch unentschieden, er wußte nur, daß er sogleich von den Russen fort und in die Berge fliehen mußte. Und so schickte er sich denn unverzüglich an, diesen Entschluß in die Tat umzusetzen. Er zog unter dem Kissen seinen schwarzen, wattierten Beschmet hervor und begab sich in das Zimmer seiner Muriden. Sie wohnten auf der anderen Seite des Hausflurs.

Als er auf den Flur hinaustrat, umfing ihn die tauige Frische der Mondnacht, die durch die offene Haustür hereinströmte, und das Zwitschern und Schlagen der Nachtigallen im Garten am Hause drang an sein Ohr. Er ging über den Flur und öffnete die Tür zu dem Zimmer seiner Muriden. Hier war es ganz dunkel, und nur der zunehmende Mond, der im ersten Viertel stand, schien durch das Fenster. Alle vier Muriden lagen auf Decken und Filzmänteln am Boden; den Tisch und die beiden Stühle hatten sie beiseite gerückt. Chanefi schlief auf dem Hof bei den Pferden. Hamsalo, der das Knarren der Tür gehört hatte, richtete sich auf, sah Hadschi-Murad an und legte sich, nachdem er ihn erkannt hatte, wieder hin. Eldar aber, der neben ihm lag, sprang auf und zog in Erwartung eines Befehls seinen Beschmet über. Kurban und Khan-Mahoma schliefen. Hadschi-Murad legte seinen Beschmet auf den Tisch, wobei etwas Hartes gegen das Holz schlug. Das waren die in sein Gewand eingenähten Goldstücke.

»Nähe die auch noch ein«, sagte Hadschi-Murad und gab Eldar das an diesem Tag erhaltene Geld.

Eldar nahm es, ging ans Fenster, zog hinter seinem Dolch ein Taschenmesser hervor und fing sogleich an, das Futter des Beschmets aufzutrennen. Hamsalo erhob sich ebenfalls und setzte sich mit gekreuzten Beinen hin.

»Und du, Hamsalo, laß deine wackeren Freunde ihre Flinten und Pistolen nachsehen und die Ladung bereithalten. Morgen reiten wir weg«, sagte Hadschi-Murad.

»Kugeln sind da und Pulver ist da; alles wird bereit sein«, erwiderte Hamsalo und rief noch etwas Unverständliches hinterdrein. Er hatte verstanden, wozu Hadschi-Murad die Flinten zu laden befahl. Von allem Anfang an und je weiter die Zeit vorschritt, um so stärker hatte er nur den einen Wunsch gehabt: möglichst viele dieser russischen Hunde totzuschlagen und niederzustechen und dann in die Berge zu entfliehen. Nun sah er, daß sein Murschid dasselbe wollte, und deshalb freute er sich.

Als Hadschi-Murad hinausgegangen war, weckte Hamsalo seine Kameraden, und alle vier sahen die ganze Nacht hindurch ihre Büchsen, Pistolen und sonstigen Waffen durch, wechselten die verbrauchten Feuersteine gegen neue aus, schütteten frisches Pulver auf die Pfannen, füllten die Patronenhülsen mit der richtigen Pulvermenge und verstopften sie mit den in ölige Läppchen gewickelten Kugeln, schliffen die Säbel und die Dolche und rieben die Klingen mit Fett ein.

Bevor es anfing zu dämmern, ging Hadschi-Murad noch einmal auf den Hausflur hinaus, um Wasser zur Waschung zu holen. Noch lauter und heller als am Abend hörte man jetzt draußen die Nachtigallen vor Sonnenaufgang jubilieren. Doch aus dem Zimmer der Muriden drang das Zischen und Schaben vom Wetzen der stählernen Klingen auf dem Stein. Hadschi-Murad schöpfte Wasser aus dem Kübel und befand sich schon wieder auf dem Rückweg zu seiner Tür, als er plötzlich neben dem Geräusch des Schleifens aus dem Zimmer seiner Muriden noch die feine Stimme Chanefis vernahm, der ein ihm bekanntes Lied sang. Hadschi-Murad blieb stehen und lauschte.

In dem Lied wurde besungen, wie der Dschigit Hamsat mit seiner tapferen Schar den Russen eine Herde weißer Pferde entführt, wie dann der russische Fürst Hamsat am Terek einholt und ihn mit seinen Kriegern umzingelt, deren er so viele hat, wie Bäume im Wald stehen. Da läßt Hamsat die Pferde abstechen, verschanzt sich mit seiner kleinen tapferen Schar hinter dem blutigen Wall der toten Rosse und kämpft mit den Seinen so lange gegen die Russen, wie sie noch eine Kugel in der Büchse, einen Dolch im Gürtel und Blut in den Adern haben. Und ehe Hamsat stirbt, sieht er noch einen Zug Vögel am Himmel und ruft ihnen zu: »Ihr Vögel, die ihr am Himmel dahinzieht, fliegt zu unseren Häusern und sagt unseren Schwestern und Müttern und den weißen Mädchen, daß wir alle für das Chasawat gestorben sind. Sagt ihnen, daß unsere Leiber nicht in Gräbern ruhen werden, sondern daß gierige Wölfe unsere Knochen benagen und fortschleppen und schwarze Raben uns die Augen aushacken.«

Damit war das Lied zu Ende. Bei diesen letzten Worten, die nach einer schwermütigen Weise gesungen wurden, fiel die muntere Stimme des lustigen Khan-Mahoma ein, der gerade zu Ende des Liedes laut »La illiach il allah« rief und gellend aufjauchzte. Dann war wieder alles still, und man hörte nur noch das Zwitschern und Schlagen der Nachtigallen im Garten und das gleichmäßige Zischen und Pfeifen der schnell über den Wetzstein gezogenen Stahlklingen hinter der Tür.

Hadschi-Murad war so in Gedanken versunken, daß er gar nicht bemerkte, daß sich der Krug in seiner Hand gesenkt hatte und das Wasser herauslief. Er schüttelte über sich selber den Kopf und ging in sein Zimmer.

Nachdem er das Morgengebet verrichtet hatte, sah er seine

Waffen nach und setzte sich dann wieder aufs Bett. Zu tun hatte er nichts mehr. Um auszureiten, mußte er die Erlaubnis des Kommissars haben, aber draußen war es noch ganz dunkel, und der Kommissar schlief noch.

Dieses Lied Chanefis erinnerte Hadschi-Murad an jenes andere, das seine eigene Mutter gedichtet hatte. Das Lied erzählte, was tatsächlich einmal geschehen war – geschehen war, als Hadschi-Murad kaum das Licht der Welt erblickt hatte, doch seine Mutter hatte ihm davon erzählt.

Das Lied war folgendes:

»Dein stählerner Dolch hat meine weiße Brust durchbohrt, doch ich drückte an sie dich, meine kleine Sonne, meinen Kleinen, wusch ihn mit meinem heißen Blut ab, und die Wunde heilte ohne Kräuter und Wurzeln, ich fürchtete den Tod nicht, es wird ihn auch nicht fürchten mein kleiner Dschigit.«

Die Worte dieses Liedes richteten sich gegen den Vater Hadschi-Murads, und der Sinn des Liedes war der, daß, als Hadschi-Murad geboren wurde, auch die Frau des Khans ihren zweiten Sohn, Umma-Khan, gebar und die Mutter Hadschi-Murads als Amme berief, zumal sie auch deren ältesten Sohn, Abununzala, gestillt hatte. Patimat wollte aber ihren Sohn nicht im Stich lassen und sagte, daß sie nicht gehen werde. Der Vater Hadschi-Murads ergrimmte und befahl es ihr. Als sie es wieder ablehnte, stieß er mit dem Dolch auf sie ein, und sie wäre gestorben, hätte man sie ihm nicht entrissen. Auf diese Weise ließ sie Hadschi-Murad nicht im Stich und zog ihn auf, und auf diese Angelegenheit bezog sich das Lied.

Hadschi-Murad erinnerte sich seiner Mutter, wie sie ihm dies Lied, während sie ihm neben sich auf dem Dach der Hütte unter ihrem Pelz ein Lager zurechtmachte, immer vorgesungen und er sie regelmäßig gebeten hatte, ihm die Narbe in ihrer Seite zu zeigen, die von der Wunde zurückgeblieben war. Wie lebendig sah er seine Mutter vor sich – nicht so runzelig, grau und zahnlos, wie er sie vor einiger Zeit verlassen hatte, sondern jung, schön und so kräftig, wie sie ihn noch als fünfjährigen schweren Knaben in einem Korb auf dem Rücken über die Berge zum Großvater getragen hatte.

Und es fiel ihm auch der runzelige, graubärtige Großvater ein, wie er mit seinen sehnigen Händen Silber schmiedete und die Enkel beten lehrte. Und auch an den Brunnen unten am Berg mußte er wieder denken, wohin er, sich an den Pluderhosen seiner Mutter festhaltend, mit ihr um Wasser gegangen war. Und auch an das magere Hündchen erinnerte er sich, das ihm so oft das Gesicht geleckt hatte, und vor allem an den Geruch von Rauch und saurer Milch, wenn er mit der Mutter in den Stall gegangen war, wo sie die Kühe gemolken und die Milch verarbeitet hatte. Und wieder dachte er daran, wie man ihm zum erstenmal den Kopf geschoren hatte und wie er dann in dem glänzenden Kupferbecken, das an der Wand hing, seinen runden, bläulich schimmernden Kopf angestaunt hatte.

Und wie er so an seine Kinderzeit dachte, fiel ihm sein geliebter Sohn Jusuf ein, dem wiederum er zum erstenmal den Kopf geschoren hatte. Jetzt war dieser Jusuf schon ein junger hübscher Dschigit. Er sah ihn so, wie er ihn zum letztenmal gesehen hatte. Das war an dem Tag gewesen, wo er von Zelmes weggeritten war. Der Sohn hatte ihm das Pferd vorgeführt und ihn um die Erlaubnis gebeten, mitreiten zu dürfen. Er war reisefertig und bewaffnet gewesen und hatte auch sein Pferd am Zügel herbeigeführt. Jusufs junges, rotbäckiges, hübsches Gesicht und seine ganze hohe, schlanke Figur – er war größer als der Vater – hatten Jugendmut und Lebensfreude geatmet. Die trotz seiner Jugend schon breiten Schultern, die derben jungen Hüften, die hohe, schlanke Gestalt mit den langen, starken Armen, die Kraft, Biegsamkeit und Gewandtheit aller seine Bewegungen waren stets die Freude und das Ergötzen des Vaters gewesen.

»Bleib lieber da. Du bist jetzt allein im Haus. Hüte deine Mutter und Großmutter«, hatte der Vater zu ihm gesagt.

Und Hadschi-Murad gedachte des kühnen und stolzen Ausdrucks auf Jusufs Gesicht, der vor Freude ganz rot geworden war und geantwortet hatte, solange er am Leben sei, solle der Mutter und der Großmutter kein Leid widerfahren. Dann hatte er sich dennoch auf sein Pferd geschwungen und den Vater bis an den Fluß begleitet. Am Fluß war er dann umgekehrt, und seit der Zeit hatte Hadschi-Murad weder ihn noch Frau und Mutter wiedergesehen.

Und diesen Sohn wollte Schamil blenden! An das, was er seiner Frau antun würde, mochte er schon gar nicht denken.

Diese Gedanken erregten Hadschi-Murad so, daß er nicht mehr ruhig sitzen bleiben konnte. Er sprang auf, eilte hinkend auf die Tür zu, machte sie auf und rief Eldar. Die Sonne war noch nicht aufgegangen, aber es war schon ganz hell. Die Nachtigallen waren verstummt.

»Geh und sag dem Kommissar, daß ich spazierenreiten möchte. Und dann sattle die Pferde!« rief er ihm zu.

24

Butlers einziger Trost während dieser ganzen Zeit war der Zauber des Kriegslebens, dem er sich nicht nur im Dienst, sondern auch in seinen Freistunden widmete. Mit seinem Tscherkessenkostüm bekleidet, tummelte er wie ein Dschigit sein Roß und hatte sich schon zweimal mit Bogdanowitsch in den Hinterhalt gelegt, ohne jedoch dabei irgend jemanden zu fangen oder zu töten. Diese nahe Bekanntschaft und Freundschaft mit dem durch seine Tapferkeit berühmten Bogdanowitsch erschien Butler besonders angenehm und wertvoll. Seine Spielschuld hatte er bezahlt, nachdem er sich von einem Juden gegen ungeheure Prozente eine Summe geliehen hatte, das heißt, er hatte sich aus seiner schlimmen Lage nicht befreit, sondern sie nur noch verschärft, aber aufgeschoben. Er gab sich Mühe, nicht weiter über seine Lage nachzudenken, und suchte Vergessenheit nicht nur im Zauber des Kriegslebens, sondern auch im Wein. Er trank immer mehr und wurde von Tag zu Tag haltloser. Auch Marja Dmitrijewna gegenüber war er nicht mehr der keusche Joseph, sondern machte ihr vielmehr in ziemlich grober Weise den Hof, stieß aber bei ihr zu seiner Verwunderung auf einen ganz entschiedenen und starken Widerstand, so daß er beschämt abziehen mußte.

Ende April langte in der Festung eine Heeresabteilung an, die von Barjatinskij zu einem neuen Zug gegen die Tschetschnja bestimmt worden war, obgleich man dieses Land bisher allgemein für undurchdringlich gehalten hatte. Es waren auch zwei Kompanien des kabardinischen Regiments dabei, und diese Kompanien wurden nach einer im Kaukasus herrschenden Sitte von den Truppen, die in Kurinskoje standen, wie Gäste aufgenommen. Die Soldaten wurden auf die Kasernen verteilt, wo sie nicht nur mit Abendbrot, mit Rindfleisch und Grütze, sondern auch mit Schnaps bewirtet wurden. In gleicher Weise nahmen die ankommenden Offiziere bei den hiesigen Kameraden Quartier und wurden, wie es Brauch war, von diesen als Gäste betrachtet.

Die Sache endete mit einem großen Saufgelage, bei dem auch viel gesungen wurde. Iwan Matwejewitsch war so betrunken, daß er schon nicht mehr rot, sondern fahl und grau aussah. Er saß rittlings auf einem Stuhl, hatte den Säbel gezogen und schlug grimmig auf einen vermeintlichen Feind ein, wobei er bald schimpfte, bald lachte, bald alle umarmte, bald im Zimmer herumtanzte und dazu sein Lieblingslied sang:

»Einst machte Schamil Rebellion
Trairai ratatai, trairai ratatai,
Ein paar Jährchen her ist es schon
Trairai ratatai, trairai ratatai...«

Auch Butler war dabei. Er versuchte auch hierin die Poesie des Kriegslebens zu erblicken, aber im Grunde seiner Seele tat ihm Iwan Matwejewitsch leid, doch es gab keine Möglichkeit, ihn zurückzuhalten. Als Butler fühlte, daß auch sein Kopf sich zu umnebeln drohte, erhob er sich leise und ging nach Hause.

Der Vollmond beschien die weißen Häuschen und die Steine am Weg. Es war so hell, daß man jedes Steinchen, jeden Halm, jeden Mistfleck auf der Straße sah. Als sich Butler seinem Haus näherte, stieß er auf Marja Dmitrijewna, die ihm, ein Tuch um Kopf und Nacken, entgegenkam. Nach der Abfuhr, die sie ihm hatte zuteil werden lassen, hatte er sich ein wenig vor ihr geschämt und war ihr immer aus dem Weg gegangen. Jetzt aber, bei diesem Mondschein und nach dem genossenen Wein, freute er sich über diese Begegnung und wollte sich ihr wieder schmeichelnd nähern.

»Wo wollen Sie denn hin?« fragte er sie.

»Ich will mal nach meinem Alten sehen«, erwiderte sie freundlich. Sie hatte Butlers Liebeswerben in aller Offenheit und ganz entschieden abgelehnt, aber es war ihr doch unangenehm gewesen, daß er sich in der letzten Zeit so ganz von ihr zurückgezogen hatte.

»Was ist da nachzusehen, er wird schon kommen.«

»Wird er auch wirklich kommen?«

»Wenn er nicht selber kommt, na, dann bringt man ihn eben.«

»Das ist es ja gerade, was nicht gut ist. So soll ich also nicht hingehen?« fragte Marja Dmitrijewna.

»Nein, gehen Sie nicht hin. Kommen Sie lieber mit nach Hause.«

Marja Dmitrijewna kehrte um und ging neben Butler her. Der Mond schien so hell, daß ihre Schatten, die neben ihnen auf dem Weg dahinglitten, einen Strahlenkranz um den Kopf hatten. Butler schaute auf diesen Strahlenkranz und wollte ihr gern sagen, daß sie ihm noch immer gefalle, konnte aber keinen Anfang finden. Sie dagegen wartete, was er wohl sagen würde. So näherten sich beide schweigend dem Haus, als plötzlich Reiter um die Ecke bogen. Es war ein Offizier mit einer Eskorte.

»Wen in aller Welt führt denn der Himmel noch in so später Stunde zu uns?« fragte Marja Dmitrijewna und trat beiseite.

Der Mond schien dem ankommenden Offizier auf den Rükken, so daß Marja Dmitrijewna ihn erst dann erkennen konnte, als er fast neben ihr stand. Es war Kamenew, der früher mit Iwan Matwejewitsch zusammen gedient hatte. Daher kannte ihn auch Marja Dmitrijewna.

»Pjotr Nikolajewitsch, Sie sind's?« rief sie ihn an.

»In eigner Person«, erwiderte Kamenew. »Ach, Butler, guten Abend! Sie schlafen noch nicht, sondern gehen mit Marja Dmitrijewna spazieren? Geben Sie nur acht, daß Iwan Matwejewitsch Ihnen nicht auf die Schliche kommt. Wo ist er denn?«

»Aber das hören Sie doch!« erwiderte Marja Dmitrijewna und wies nach jener Seite, woher das Dröhnen der Paukenmusik und der Gesang der Lieder ertönte. »Sie zechen.«

»Wer denn? Die Hiesigen?«

»Nein, es sind welche aus Chassaw-Jurta gekommen, und die werden gefeiert.«

»Ah, das ist gut! Da komme ich gerade zur rechten Zeit. Ich muß ihn nur einen Augenblick sprechen.«

»Was gibt's denn? Eine dienstliche Angelegenheit?« fragte Butler.

»Ja, so eine kleine Affäre«, entgegnete der Offizier.

»Gut oder schlecht?«

»Wie man's nimmt. Für uns gut – für einen anderen schlimm.« Kamenew lachte.

Inzwischen waren sowohl die Fußgänger als auch Kamenew am Haus Iwan Matwejewitschs angelangt.

»Tschichirew!« rief Kamenew einem Kosaken zu. »Komm mal her!«

Ein Donkosak löste sich aus der Gruppe der übrigen und ritt herbei. Er trug die übliche Uniform der Donkosaken, hohe Stiefel und Mantel und hatte einen Quersack hinterm Sattel.

»Na, zeig mal her«, sagte Kamenew und stieg vom Pferd.

Der Kosak stieg ebenfalls ab und zog aus seinem Quersack einen zweiten Sack hervor, in dem sich irgend etwas befand. Kamenew nahm dem Kosaken den Sack ab und fuhr mit der Hand hinein.

»Soll ich Ihnen das Allerneueste zeigen? Aber erschrecken Sie nicht«, wandte er sich an Marja Dmitrijewna.

»Wovor sollte ich erschrecken?« erwiderte diese.

»Da!« rief Kamenew, zog einen Menschenkopf aus dem Sack und hielt ihn gegen das Mondlicht. »Erkennen Sie ihn?«

Es war ein glattgeschorener Kopf mit über den Augen stark vorspringenden Schädelknochen, schwarzem, kurzem Backenbart und verschnittenem Schnurrbart. Das eine Auge stand offen, das andere war halb geschlossen. Der ganze Schädel war mit Blut befleckt und von Säbelhieben zerhackt, aber doch nicht ganz zertrümmert. In den Nasenlöchern stand schwarzes, geronnenes Blut. Um den Hals war ein blutiges Tuch gewickelt. Trotz aller Wunden, die der Kopf aufwies, lag auf den blau gewordenen Lippen ein gutmütiger, kindlicher Zug.

Marja Dmitrijewna sah ihn an, wandte sich, ohne ein Wort zu sagen, ab, und lief mit schnellen Schritten ins Haus.

Butler aber konnte seine Augen von dem grauenerregenden Kopf nicht abwenden. War es doch der Kopf jenes selben Hadschi-Murad, mit dem er noch vor kurzer Zeit seine Abende in so freundschaftlichen Gesprächen verbracht hatte.

»Wie ist das gekommen? Wer hat ihn getötet? Wo?« fragte er.

»Fliehen wollte er, da haben wir ihn eingefangen«, sagte Kamenew, gab den Kopf dem Kosaken und ging mit Butler zusammen ins Haus. »Übrigens ist er wie ein Held gestorben«, fügte er hinzu.

»Aber wie hat sich dies alles zugetragen?«

»Warten Sie, bis Iwan Matwejewitsch kommt, dann erzähle ich Ihnen alles ausführlich. Dazu bin ich ja ausgesandt worden. Ich soll alle Festungen und Dörfer abreiten und allen den Kopf zeigen.«

Man ließ Iwan Matwejewitsch holen, und er kehrte, vollständig betrunken, mit zwei ebenfalls stark bezechten Offizieren nach Hause zurück und umarmte Kamenew.

»Ich habe Ihnen Hadschi-Murads Kopf mitgebracht«, sagte Kamenew.

»Was schwindelst du da? Ist er denn tot?«

»Ja, er wollte auskneifen.«

»Ich habe doch immer gesagt, daß er uns hinters Licht führt. Aber wo ist er denn, der Kopf? Zeig ihn mal her!«

Man rief den Kosaken, und dieser brachte den Sack. Der Kopf wurde herausgezogen, und Iwan Matwejewitsch sah ihn mit seinen trunkenen Augen lange an.

»Ein ganzer Kerl war er aber doch«, sagte er. »Gib her, ich muß ihn küssen.«

»Ja, in der Tat, ein toller Kopf!« bemerkte einer der Offiziere.

Nachdem alle den Kopf betrachtet hatten, gaben sie ihn dem Kosaken zurück. Der Kosak steckte ihn wieder in den Sack, wobei er sich bemühte, ihn so auf den Boden fallenzulassen, daß er mit möglichst wenig Geräusch aufschlug.

»Und was sagst du nun, Kamenew, wenn du ihn so herumzeigst?« fragte einer der Offiziere.

»Nein, gib ihn noch einmal her, ich muß ihn nochmals küssen, er hat mir einen Säbel geschenkt«, brüllte Iwan Matwejewitsch.

Butler ging auf die Treppe hinaus. Dort saß Marja Dmitrijewna auf der zweiten Stufe. Sie blickte sich nach Butler um, wandte sich aber sogleich zornig von ihm ab.

»Was ist Ihnen, Marja Dmitrijewna?«, fragte Butler.

»Menschenschlächter seid ihr alle! Nicht ausstehen kann ich euch! Richtige Menschenschlächter!« sagte sie und stand auf.

»Das kann uns allen ebenso ergehen«, sagte Butler, der nicht wußte, was er sagen sollte. »Dafür ist Krieg.«

»Krieg? Was für ein Krieg? Menschenschlächter seid ihr, weiter nichts! Einen Leichnam übergibt man der Erde, ihr aber treibt euren Spott mit ihm. Menschenschlächter seid ihr!« wiederholte sie noch einmal, ging die Treppe hinunter und verschwand durch den Hintereingang im Haus.

Butler kehrte ins Empfangszimmer zurück und bat Kamenew, doch einmal ausführlich zu erzählen, wie sich das alles zugetragen habe.

Und Kamenew erzählte.

Die Sache hatte sich wie folgt abgespielt.

## 25

Hadschi-Murad hatte die Erlaubnis erhalten, in der Nähe der Stadt auszureiten, aber nur in Begleitung von Kosaken. Es befanden sich nun in Nucha etwa fünfzig Kosaken, von denen zehn beim Oberkommando Dienst taten. Gab man nun Hadschi-Murad, wie befohlen worden war, immer zehn Mann zur Begleitung mit, so haperte es an allen Stellen. Deshalb hatte man ihm zwar am ersten Tag zehn Mann beigegeben, dann aber doch beschlossen, immer nur fünf Mann mitreiten zu lassen, und Hadschi Murad gebeten, nicht alle seine Muriden mitzunehmen.

Am 25. April aber ritt Hadschi-Murad mit allen fünf Muriden

aus. Als er sich aufs Pferd schwang, bemerkte der Offizier, daß alle fünf sich anschickten, mit ihrem Murschiden auszureiten, und sagte zu Hadschi-Murad, daß ihm nicht erlaubt sei, alle mitzunehmen. Dieser aber tat, als hörte er nicht, trieb sein Pferd an, und der Offizier bestand nicht weiter darauf.

Unter den Kosaken befand sich der Unteroffizier Nasarow, der wegen besonderer Tapferkeit mit dem Georgskreuz ausgezeichnet worden war, ein kräftiger, kleiner, junger Mann mit blondem, rundgeschnittenem Haar, der wie Milch und Blut aussah. Er war der älteste Sohn einer armen, rechtgläubigen Familie und ernährte seine alte Mutter, drei Schwestern und zwei kleinere Brüder.

»Paß auf, Nasarow! Laß ihn nicht zu weit weg!« rief der Vorgesetzte ihm nach.

»Zu Befehl, Euer Wohlgeboren«, erwiderte Nasarow, rückte das Gewehr nach hinten, schwang sich in den Steigbügeln hoch und setzte seinen gutmütigen, derben Fuchswallach in Trab.

Ihm folgten vier Kosaken: der lange, hagere Ferapontow, ein Dieb und Gauner erster Klasse, derselbe, der an Hamsalo Pulver verkauft hatte; dann Ignatow, ein nicht mehr junger, aber gesunder Bauer, dessen Dienstzeit bald abgelaufen war und der gern mit seiner Kraft prahlte; dann Mischkin, ein schwächliches, kleines Kerlchen, über den sich alles nur lustig machte, und endlich der junge blonde Petrakow, der einzige Sohn seiner Mutter, der immer freundlich und lustig war.

Es war ein nebliger Morgen, aber um die Frühstückszeit klärte sich das Wetter auf, und die Sonne bestrahlte das hervorsprießende Laub, das frische junge Gras, die aufkeimenden Spitzen der Getreidesaat und die kleinen Schaumwellen des reißenden Flüßchens, das links vom Weg zu sehen war. Hadschi-Murad ritt im Schritt dahin, die Kosaken und seine Muriden folgten ihm auf dem Fuß. So legten sie ein gutes Stück Weges hinter der Festung zurück. Frauen mit Körben auf den Köpfen, Soldaten mit Fuhrwerken und knarrenden Büffelkarren kamen ihnen entgegen. Nachdem sie etwa zwei Werst geritten waren, trieb Hadschi-Murad seinen weißen Kabardiner an, so daß seine Muriden und die Kosaken sich in Trab setzen mußten, um ihm zu folgen.

»Hui! Ein feines Pferd hat er«, sagte Ferapontow. »Hätte er das damals gehabt, als er noch gegen uns war, das hätte ich ihm nicht gelassen!«

»Das will ich meinen, Kamerad; für dieses Pferd haben sie ihm schon in Tiflis dreihundert Rubel geboten.«

»Und doch hole ich ihn auf meinem hier ein«, meinte Nasarow.

»Wie willst du ihn denn einholen», erwiderte Ferapontow.

Hadschi-Murad beschleunigte das Tempo noch mehr.

»He, Freund, das gibt's nicht! Immer langsam voran«, schrie Nasarow Hadschi-Murad zu und jagte ihm nach.

Hadschi-Murad sah sich um, sagte kein Wort und ritt in demselben Tempo weiter.

»Paß auf, die haben etwas im Sinn, diese Satanskerle«, meinte Ignatow. »Guck nur, wie sie zu uns herschielen.«

So ritten sie etwa eine Werst auf die Berge zu.

»Ich sage, das gibt's nicht!« rief Nasarow noch einmal.

Hadschi-Murad gab keine Antwort und sah sich auch nicht um, sondern beschleunigte das Tempo noch mehr und ging nun in Galopp über.

»Warte, mir sollst du nicht entwischen!« schrie Nasarow, der sich an der Ehre gepackt fühlte.

Er hieb mit der Peitsche auf seinen derbknochigen Fuchswallach ein, hob sich in den Steigbügeln und jagte, vornübergebeugt, in gestrecktem Galopp Hadschi-Murad nach.

Der Himmel war so klar, die Luft so heiter und Nasarows Seele so von froher Lebenskraft geschwellt, als er, mit seinem guten, starken Tier zu einem einzigen Wesen verschmolzen, auf der ebenen Straße hinter Hadschi-Murad herflog, daß ihm der Gedanke an die Möglichkeit von etwas Traurigem, Furchtbarem gar nicht in den Sinn kam. Er freute sich, daß er mit jedem Satz so mächtig vorwärtsrückte und Hadschi-Murad näher und näher kam. Dieser erkannte aus dem Hufschlag des herangaloppierenden derben Kosakenpferdes, daß Nasarow ihn bald einholen mußte. Da griff er mit der Rechten nach der Pistole, während er mit der Linken seinen erhitzten, durch die Hufschläge hinter sich unruhig gewordenen Kabardiner etwas zurückhielt.

»Das gibt's nicht«, schrie Nasarow, als er Hadschi-Murad fast eingeholt hatte, und streckte die Hand vor, um dessen Pferd an den Zügeln zu fassen. Aber noch hatte er nicht zugegriffen, als plötzlich ein Schuß krachte.

»Was tust du?« schrie Nasarow und faßte nach seiner Brust. »Haut sie nieder, Kinder!« stieß er dann noch hervor und fiel taumelnd über den Sattelbogen.

Aber die Bergbewohner hatten schon vor den Kosaken nach den Waffen gegriffen und feuerten nun ihre Pistolen auf sie ab und hieben mit den Säbeln auf sie ein. Nasarow hing am Hals seines Pferdes, das ihn zu den Kameraden zurücktrug. Ignatows Pferd stürzte unter seinem Reiter zusammen und klemmte ihm den Fuß ein. Zwei Muriden rissen ihre Säbel hervor und hieben, ohne vom Pferd zu steigen, auf seinen Kopf und seine Arme ein. Petrakow wollte seinem Kameraden zu Hilfe kommen, aber zwei Schüsse, der eine in den Rücken und der andere in die Seite, ereilten ihn, und schwer wie ein Sack sank er vom Pferd.

Nur Mischkin hatte kehrt gemacht und war nach der Festung zurückgesprengt. Chanefi und Khan-Mahoma verfolgten ihn, aber er hatte schon einen zu großen Vorsprung, so daß die Bergbewohner ihn nicht mehr einholen konnten.

Als Chanefi und Khan-Mahoma sahen, daß sie den Kosaken nicht erwischen konnten, kehrten sie zu den Ihrigen zurück. Hamsalo gab Ignatow mit seinem Dolch den Rest, schnitt auch Nasarow die Kehle durch und warf ihn von seinem Pferd. Khan-Mahoma nahm den Getöteten die Patronen ab. Chanefi wollte auch Nasarows Pferd mitnehmen, aber Hadschi-Murad schrie ihm zu, das brauche man nicht, und setzte den Weg im Galopp fort. Seine Muriden sprengten hinter ihm her und scheuchten Nasarows Pferd, das ihnen folgte, immer wieder zurück. Sie waren bereits gegen drei Werst von Nucha entfernt und ritten mitten duch Reisfelder, als vom Festungsturm ein lauter Alarmschuß erdröhnte.

Petrakow aber lag mit aufgeschlitztem Leib auf dem Rücken da, hatte sein junges Gesicht dem Himmel zugewandt, schnappte wie ein Fisch auf dem Trocknen nach Luft und starb.

»Großer Gott im Himmel! Was habt ihr mir da wieder eingebrockt!« schrie der Festungskommandant und faßte sich an den Kopf, als er die Nachricht von Hadschi-Murads Flucht erhielt. »Das kostet mich den Kopf! Sie haben sie wirklich entwischen lassen, diese Lumpenhunde!« schrie er, während er Mischkins Bericht anhörte.

Überall wurde Alarm geschlagen, und nicht nur alle zur Verfügung stehenden Kosaken wurden den Flüchtlingen nachgesandt, sondern man berief auch aus den friedlichen Aulen die Milizen ein, soviel man nur einberufen konnte. Eine Belohnung von tausend Rubeln wurde ausgesetzt für den, der Hadschi-Murad tot oder lebendig zurückbrächte. Und zwei Stunden, nachdem dieser mit seinen Gefährten den Kosaken entflohen war, machten sich über zweihundert Berittene auf, um die Flüchtlinge zu suchen und einzufangen.

Nachdem Hadschi-Murad einige Werst auf der Landstraße weitergeritten war, hielt er seinen schwer atmenden, vom Schweiß ganz grau gewordenen Schimmel an und machte halt. Rechts vom Weg sah man die Hütten und das Minarett des Auls Belardschik, zur Linken zogen sich Felder hin, und ganz in der Ferne glänzte der Fluß. Obgleich der Weg in die Berge rechts verlief, wandte sich Hadschi-Murad nach der entgegengesetzten Seite, nach links, in der Berechnung, daß seine Verfolger unbedingt den Weg nach rechts nehmen würden. Er aber wollte ohne Weg und Steg über den Alasan setzen, auf die Landstraße hinausreiten, wo ihn niemand vermuten würde, auf dieser entlang bis zum Wald vorrücken, dann nochmals den Fluß durchqueren und sich bis zu den Bergen durcharbeiten. Nachdem er diesen Entschluß gefaßt hatte, wandte er sich nach links.

Aber das Vordringen bis zum Fluß erwies sich als unmöglich. Das Reisfeld, über das sie reiten mußten, war, wie das immer im Frühjahr geschieht, soeben frisch bewässert und zu einem Sumpf geworden, in dem die Pferde bis an die Knöchel versanken. In der Hoffnung, irgendwo eine trockenere Stelle zu finden, ritten Hadschi-Murad und seine Muriden bald nach rechts und bald nach links, aber das Feld, auf das sie geraten waren, war überall gleichmäßig überschwemmt und jetzt ganz vom Wasser durchzogen. Mit einem Geräusch, als ob Flaschen entkorkt würden, zogen die Pferde ihre versinkenden Beine aus dem klebrigen Schlamm und blieben immer wieder, wenn sie ein paar Schritte gemacht hatten, schwer keuchend stehen.

So quälten sie sich so lange ab, bis es anfing, dunkel zu werden, aber an den Fluß waren sie noch immer nicht gekommen. Links war eine kleine grüne Insel zu sehen, ein dicht verwachsenes Buschwerk, und Hadschi-Murad beschloß, auf dieses Gehölz zuzureiten, den erschöpften Tieren Ruhe zu gönnen und den Anbruch der Nacht abzuwarten.

In dem Buschwerk angelangt, stiegen Hadschi-Murad und seine Muriden von ihren Pferden, koppelten sie zusammen und ließen sie weiden, während sie selber von dem mitgebrachten Brot und Käse aßen. Es war eine dunkle Nacht. Der zunehmende Mond, der vorhin noch geschienen hatte, war hinter den Bergen verschwunden. Nachtigallen gab es in der Gegend von Nucha ganz besonders viele. Auch in diesem Gehölz befanden sich zwei. Solange Hadschi-Murad und seine Muriden durch ihr Einreiten Geräusche verursacht hatten, hatten sie geschwiegen. Doch als dann alles still wurde, fingen sie wieder an, zu trillern und zu schlagen. Und während Hadschi-Murad in die Nacht hinaushorchte, lauschte er unwillkürlich ihrem Gesang.

Und ihr Lied erinnerte ihn an jene Weise von Hamsat, die er in der vergangenen Nacht gehört hatte, als er um Wasser ging. Jeden Augenblick konnte er jetzt in dieselbe Lage kommen, in der sich Hamsat befunden hatte. Und ihm schoß der Gedanke durch den Kopf, daß es so kommen werde, und plötzlich wurde ihm ganz schwer ums Herz. Er breitete seinen Filzmantel aus und betete.

Doch kaum hatte er sein Gebet zu Ende gesprochen, als Laute hörbar wurden, die sich den Büschen näherten. Es war das Trappeln zahlreicher Pferdehufe, die durch den Morast stampften. Der scharfäugige Khan-Mahoma, der bis an den Rand des Gehölzes hinausgelaufen war, erkannte in der Dunkelheit die schwarzen Schatten von Reitern und Fußgängern. Chanefi erblickte auf der anderen Seite eine ebensolche Schar. Es war Karganow, der Kommissar des Bezirkes, mit seinen Milizionären.

Auf denn, dachte Hadschi-Murad, so werden wir kämpfen wie Hamsat.

Nachdem Alarm geschlagen worden war, hatte Karganow mit hundert Milizionären und Kosaken die Verfolgung Hadschi-Murads aufgenommen, hatte aber nirgends weder ihn noch seine Spuren finden können. Schon hatte er sich gegen Abend hoffnungslos auf den Rückweg gemacht, als ihm ein alter Mann entgegenkam. Karganow fragte den Alten, ob er keine Reiter gesehen habe. Der Alte erwiderte, er habe gesehen, wie etwa sechs Reiter auf dem Reisfeld hin und her geritten seien und sich dann in das Gehölz geschlagen hätten, wo er Reisig gesammelt habe. Karganow nahm den Alten mit sich, kehrte um und überzeugte sich durch den Anblick der zusammengekoppelten Pferde, daß Hadschi-Murad hier sein müsse. Noch in der Nacht umstellte er das Gehölz und wartete nun auf den Morgen, um den Flüchtling tot oder lebendig zu fangen.

Als Hadschi-Murad erkannt hatte, daß er umzingelt war, beschloß er, sich in einem ausgetrockneten Graben, den er in der Mitte des Gehölzes entdeckte, zu verschanzen und zu verteidigen, solange das Pulver und die Kräfte reichen würden. Er sagte dies seinen Gefährten und befahl ihnen, vor dem Graben einen Wall zu errichten. Sogleich machten sich seine Muriden daran, Äste abzuhauen, mit den Dolchen die Erde aufzugraben und einen Wall aufzuschütten. Hadschi-Murad half ihnen dabei.

Kaum daß es zu dämmern anfing, ritt der Anführer der Milizionäre vor das Gehölz und schrie: »He, Hadschi-Murad, ergib dich! Wir sind unser viele, ihr aber seid nur ein paar!«

Als Antwort darauf krachte aus dem Graben ein Gewehrschuß, ein Rauchwölkchen stieg auf, und eine Kugel durchbohrte das Pferd eines Milizsoldaten, das unter ihm schwankte und zusammenbrach. Gleich darauf fingen die Gewehre der Milizionäre, die sich am Saum des Gehölzes aufgestellt hatten, zu knattern an, und die Kugeln flogen summend und pfeifend in den Wald hinein, rissen Blätter und Zweige von den Bäumen und schlugen in die Verschanzung ein, ohne die Leute, die hinter dem Wall saßen, zu treffen. Nur das Pferd Hamsalos, das etwas abseits stand, bekam eine Kugel ab und wurde am Kopf verwundet. Es stürzte nicht nieder, sondern zerriß seine Fesseln, jagte, daß die dürren Äste krachten, zu den anderen Pferden hin und schmiegte sich an sie, während sein Blut das junge Gras rot färbte.

Hadschi-Murad und seine Leute schossen nur dann, wenn irgendeiner der Milizionäre sich etwas vorwagte. Ihre Kugeln verfehlten selten ihr Ziel. Drei Soldaten waren bereits verwundet, und die übrigen konnten sich nicht dazu entschließen, gegen Hadschi-Murad und seine Leute vorzugehen, sondern zogen sich mehr und mehr zurück und schossen nur noch von weitem und aufs Geratewohl.

So ging es über eine Stunde. Die Sonne war bereits bis zu halber Baumhöhe emporgestiegen, und Hadschi-Murad dachte schon daran, sich auf sein Pferd zu schwingen und zu versuchen, den Fluß zu erreichen, als das Geschrei einer neuankommenden großen Truppenschar vernehmbar wurde. Dies war Hadschi-Aga aus Mechtulin mit seinen Leuten. Es waren über zweihundert Mann. Hadschi-Aga war früher Hadschi-Murads Freund gewesen und hatte mit ihm in den Bergen gelebt, war aber dann zu den Russen übergegangen. Bei ihnen befand sich auch Achmet-Khan, der Sohn von Hadschi-Murads Feind. Hadschi-Aga begann ebenso wie Karganow damit, Hadschi-Murad zuzuschreien, daß er sich ergeben möge, doch dieser antwortete, ebenso wie das erstemal, nur mit einem Schuß.

»Die Säbel heraus, Kinder!« schrie Hadschi-Aga und riß den seinen aus der Scheide. Und mit hundertstimmigem Geschrei und Gekreisch stürzten sich seine Leute in die Büsche.

Die Milizionäre drangen in den Wald ein, aber hinter dem Wall hervor krachte ein Schuß nach dem andern. Drei Soldaten waren bereits gefallen; da machten die Heranstürmenden halt, versteckten sich hinter den Büschen und fingen wieder an zu schießen. Sie schossen, näherten sich aber dabei doch dem Wall, indem sie von Busch zu Busch vorwärtssprangen. Einigen gelang es, vorzudringen, während andere von den Kugeln der hinter dem Wall Verschanzten niedergestreckt wurden. Jeder Schuß Hadschi-Murads traf, und auch Hamsalo verfehlte selten sein Ziel und stieß jedesmal ein Freudengeheul aus, wenn er sah, daß seine Kugel getroffen hatte. Kurban saß am Rande des Grabens und sang »La illiach il allah«, schoß ohne Hast, traf aber nur selten. Eldar dagegen zitterte am ganzen Körper vor Ungeduld, sich mit dem Dolch auf die Feinde werfen zu dürfen, schoß oft und wohin es gerade traf, sah sich fortwährend nach Hadschi-Murad um und bog sich weit über den Wall hinaus. Der zottige Chanefi hatte die Ärmel hochgestreift und versah auch hier das Amt eines Dieners. Er lud die Büchsen, die ihm Hadschi-Murad und Kurban reichten, schob mit dem eisernen Ladestock die mit öligen Läppchen umhüllten Kugeln sorgsam in die Läufe und schüttete trockenes Pulver auf die Pfannen. Nur Khan-Mahoma blieb nicht wie die anderen ruhig sitzen, sondern lief fortwährend aus dem Graben zu den Pferden hinüber, um sie an einen sicheren Ort zu jagen, wobei er unter stetem Geheul freihändig und ohne jede Stütze seine Büchse abschoß. So war er auch der erste, der verwundet wurde. Eine Kugel drang ihm in den Hals; er setzte sich nieder, spuckte Blut und schimpfte. Gleich darauf wurde Hadschi-Murad verwundet. Eine Kugel durchbohrte ihm die Schulter. Er zog ein Stück Watte aus seinem Beschmet, stopfte die Wunde damit zu und schoß weiter.

»Gehen wir doch mit den Säbeln vor!« wiederholte Eldar schon zum drittenmal.

Er richtete sich hinter dem Wall auf, bereit, auf den Feind loszustürzen, aber in diesem Augenblick traf ihn eine Kugel. Er schwankte und fiel rücklings auf Hadschi-Murads Fuß. Dieser sah ihn an. Eldars schöne Widderaugen waren starr und ernst auf ihn gerichtet. Sein Mund mit der wie bei Kindern vorspringenden Oberlippe zuckte, ohne sich zu öffnen. Hadschi-Murad machte seinen Fuß frei und schoß weiter. Chanefi beugte sich über den gefallenen Eldar und nahm die noch nicht verschossenen Patronen aus dessen Tscherkeska. Kurban hatte inzwischen immer weitergesungen, langsam geladen und ohne Hast gezielt.

Indessen kamen die Feinde, von Busch zu Busch vorspringend, mit Geschrei und Kriegsgeheul immer näher und näher heran. Eine zweite Kugel verwundete Hadschi-Murad an der linken Seite. Er lehnte sich im Graben zurück, zog wieder aus seinem Beschmet eine Handvoll Watte und stopfte sie in die Wunde. Diesmal war die Verletzung tödlich, und er fühlte, daß er sterben mußte. Gesehenes und Erlebtes zog mit außergewöhnlicher Schnelligkeit an seinem geistigen Auge vorüber. Bald sah er den riesenstarken Abununzal-Khan vor sich, wie er mit der einen Hand die abgehauene, herunterhängende Backe festhielt und sich mit dem Dolch in der anderen Hand auf den Feind stürzte, bald erblickte er den schwachen, blutleeren Greis Woronzow mit seinem schlauen Gesicht und hörte seine sanfte Stimme, bald sah er seinen Sohn Jusuf und seine Frau Sofiat oder auch wieder das bleiche Gesicht seines Feindes Schamil mit dem roten Bart und den zusammengekniffenen Augen.

Aber alle diese Bilder huschten vor seinem Geist vorbei, ohne irgendein Gefühl in ihm auszulösen. Er empfand weder Mitleid noch Haß, und nicht ein einziger Wunsch stieg in seiner Seele auf. Dies alles erschien ihm so nichtig im Vergleich zu dem, was sich ihm jetzt erschließen sollte und schon erschlossen hatte. Indessen setzte sein starker Körper das einmal begonnene Werk fort. Er raffte seine letzten Kräfte zusammen, richtete sich hoch hinter dem Wall auf, feuerte seine Pistole auf einen heranstürmenden Soldaten ab und traf ihn. Der Soldat fiel zu Boden. Darauf kroch Hadschi-Murad ganz aus dem Graben hervor und ging, mit dem Dolch in der Hand, schwer hinkend gerade auf den Feind los. Ein paar Schüsse krachten, er schwankte und stürzte zu Boden. Einige Milizsoldaten wollten mit Triumphgeschrei über den Körper des Gefallenen herfallen. Da aber fing der, den sie für einen Leichnam gehalten hatten, plötzlich an, sich zu regen. Zuerst erhob sich der blutüberströmte rasierte Kopf, von dem die Fellmütze heruntergefallen war, dann bog sich der Rumpf nach oben, umklammerte einen Baum und richtete sich noch einmal zu seiner ganzen Größe auf. Und dieser Anblick war so furchtbar, daß alle Heranstürmenden wie erstarrt stehenblieben. Da aber lief ein Zittern durch Hadschi-Murads ganzen Körper, er ließ den Baum los und fiel wie eine abgemähte Distel seiner ganzen Länge nach mit dem Gesicht zu Boden und rührte sich nicht mehr.

Er rührte sich nicht mehr, aber er fühlte noch. Als Hadschi-Aga, der erste, der zu ihm heranstürmte, ihm einen schweren Dolchhieb auf den Kopf versetzte, hatte er das Gefühl, als ob ihm jemand mit einem Hammer auf den Kopf schlüge, aber er konnte sich darüber nicht mehr klar werden, wer dies tat und warum. Dies war die letzte bewußte Empfindung, die ihn noch mit seinem Körper verband. Dann fühlte er nichts mehr, denn das, was die Feinde mit Füßen traten und zerstückelten, hatte mit ihm nichts mehr gemein. Hadschi-Aga setzte den Fuß auf den Rücken des Leichnams, hieb mit zwei wuchtigen Schlägen den Kopf vom Rumpf und rollte diesen mit dem Fuß vorsichtig, um seine Schuhe nicht mit Blut zu besudeln, beiseite. Das hellrote Blut aus der Halsschlagader vermischte sich mit dem schwarzroten Blut der Kopfwunden und färbte das Gras rot.

Und Karganow und Hadschi-Aga und Achmet-Khan und alle die Milizionäre versammelten sich wie Jäger um das erlegte Wild, um die toten Leiber Hadschi-Murads und seiner Muriden (Chanefi, Kurban und Hamsalo waren lebendig gefesselt worden) und feierten mitten im Pulverdampf unter heiteren Gesprächen ihren Sieg.

Die Nachtigallen, die während der Schießerei verstummt waren, begannen wieder zu schlagen: zuerst eine in der Nähe, dann die anderen weiter entfernt.

Das war der Tod, den mir die zerdrückte Distel auf dem umgepflügten Feld in Erinnerung brachte.

# ANHANG

# EIN DICHTER DER MENSCHHEIT

## I

Lew Tolstoj wurde am 28. August (9. September) 1828 als vierter Sohn des Grafen Nikolaj Tolstoj im Dorf Jasnaja Poljana auf dem elterlichen Gut geboren. Die Familie gehörte zum alten russischen Adel. Bereits im 16. Jahrhundert wurde sie in Chroniken erwähnt. Der Urgroßvater, Graf Pjotr Tolstoj, war einer der vertrauten Mitarbeiter des Zaren Peters des Großen. Der mütterliche Großvater, Fürst Nikolaj Wolkonskij, war ein erfolgreicher General, mehrmals ausgezeichnet von der Zarin Katharina II. Das Dorf und das Gutshaus von Jasnaja Poljana war die Mitgift seiner Tochter Maria, als sie Nikolaj Tolstoj heiratete. Er war als Offizier in den Kriegen gegen Napoleon ausgezeichnet worden, ging als Oberstleutnant in den Ruhestand. Die Mutter von Lew Tolstoj starb, als er kaum zwei Jahre alt war. Sieben Jahre später starb auch sein Vater. Die Kinder, vier Brüder und eine Schwester, wurden von älteren Tanten betreut und, wie es damals beim Landadel üblich war, von Hauslehrern ausgebildet. Den ersten von ihnen, Theodor Rösler, einen Deutschen, hatten die Kinder besonders gern gehabt. Er wurde in den ersten Büchern von Lew Tolstoj *Kindheit* (1852) und *Knabenjahre* (1854) als Karl Iwanowitsch liebevoll dargestellt.

1844 wurde Lew Tolstoj Student an der Universität in Kasan. Zunächst wollte er Arabisch und türkische Sprachen studieren, um Diplomat zu werden, dann wechselte er zur juristischen Fakultät über. Seit frühester Kindheit war er wißbegierig, ein leidenschaftlicher, unermüdlicher Leser. Die Gedichte und Prosa von Puschkin und Lermontow, die Bibel, »Tausendundeine Nacht«, Schiller und Dickens waren ihm schon früh vertraut. Als Student entdeckte er Rousseau und Goethe.

Doch systematische Studien mochte er nicht. Er war sensibel und impulsiv, manchmal ungestüm im Wechsel der Stimmungen und Neigungen, er ließ sich von keinem bevormunden oder befehligen, wollte aber sich selbst genau erkennen, das Aufeinanderwirken seiner Gedanken und Gefühle begreifen. Er war wissensdurstig, doch als Student vergnügte er sich am liebsten auf Bällen, tanzte, musizierte, flirtete, trank gern guten Wein. Als Kavalier und Gesprächspartner war er brillant, wollte aber niemandem gleichen, sich nirgendwo anpassen und behauptete hartnäckig seine Eigenständigkeit.

Der Drang nach Freiheit, das Bedürfnis nach Unabhängigkeit waren ihm ureigen. Er versuchte, sich zu bändigen, seine Leidenschaften zu beherrschen, um sinnvoll zu leben. Vor allem wollte er den Sinn seines und jeglichen Lebens schlechthin erkennen.

Er verließ mit 19 Jahren die Universität, kehrte nach Jasnaja Poljana zurück, versuchte, seinen leibeigenen Bauern zu helfen, sie zu belehren, damit sie besser wirtschaften und besser leben könnten.

Doch dann fuhr er plötzlich nach Moskau (1848), tauchte wieder in Zerstreuungen ein, zechte, tanzte, spielte Karten... Ebenso plötzlich entschied er sich, Jurist zu werden, reiste nach Petersburg, um Prüfungen abzulegen, überlegte es sich aber bald anders und wurde Beamter bei der Gouvernementsverwaltung in Tula (in der Nähe seines Gutes). Doch den Dienst vernachlässigte er, weil er von der Musik angezogen wurde, Konzerte veranstaltete.

1851 unternahm er zusammen mit dem ältesten Bruder Nikolaj eine lange Bootsfahrt bis zur Mündung der Wolga. Von dort folgte er dem Bruder, der als Offizier im Nord-Kaukasus diente.

Zwei Jahre blieb er in einem Kosakendorf, beteiligte sich auch an einem Feldzug gegen die Bergvölker und wurde Artillerieoffizier.

1854 machte er einige Gefechte gegen die Türken an der Donau mit und meldete sich 1855 freiwillig nach Sewastopol, das von englischen, französischen, italienischen und türkischen Truppen belagert war. Dort blieb er im Einsatz in den vordersten Stellungen bis zum Waffenstillstand im Herbst 1855.

In diesen vier Jahren glaubte er endlich den Sinn seines Lebens zu erkennen: Er mußte Schriftsteller werden.

Im stillen Kosakendorf, in Zeltlagern und Offiziersquartieren an der Donau, im Schützengraben von Sewastopol beschrieb er, was er sah, was er empfand und was er darüber dachte.

Als Student im ersten Semester hatte er ein Tagebuch zu führen begonnen, das er bis in die letzten Tage seines Lebens fortsetzte. Das Tagebuch sollte ihm helfen, ordentlich und pflichtbewußt zu sein. Schonungslos berichtete er über sich selbst, über seine Fehltritte, seine Vergehen, die Widersprüche seiner Gedanken und Gefühle. Bereits im Tagebuch äußerte sich sein Drang zur uneingeschränkten Wahrheit, sein unbändiger Wille zur Selbsterkenntnis und das Bedürfnis, alles, was er in seiner eigenen Gefühls- und Gedankenwelt und in seiner Umwelt erkannt hatte, möglichst genau festzuhalten, in Worte umzuschmelzen.

Die *Kindheit*, die *Knabenjahre* und seine ersten Erzählungen aus dem Kaukasus erschienen 1852 und 1954 in der Monatsschrift »Sowremennik« (Zeitgenosse). Dort wurden 1855/56 auch die *Sewastopol*-Erzählungen veröffentlicht. Die Schilderungen des Alltagslebens in der belagerten, umkämpften Stadt waren beispiellos genau, nüchtern und poetisch zugleich. Ausführlich bis in die kleinsten Einzelheiten werden Soldaten und Offiziere dargestellt, in ruhigen Stunden, in Gefechten, in Erwartung tödlicher Gefahren, wie sie an Wunden leiden, sterben, wie sie sprechen, scherzen, schimpfen, was sie denken und fühlen...

Der Autor bekennt sich als ein leidenschaftlicher Patriot; er glaubt, daß die Verteidigung von Sewastopol ein Kampf für Rußland ist; er bewundert seine selbstlos opferbereiten Kameraden, ist begeistert von ihrer schlichten, unpathetischen, selbstverständlichen Tapferkeit, sie erscheint ihm als eine chrakteristische Eigenschaft des russischen Soldaten, als russisches Heldentum. Diese Vorstellung wird er später noch mehrmals gestaltend und umschreibend zum Ausdruck bringen, besonders ausführlich in *Krieg und Frieden*. Doch zugleich erlebt er das Kriegsgeschehen als sinnloses, gräßlich grausames Morden. Einige Stellen in den *Sewastopol*-Erzählungen wurden von der Zensur gestrichen.

Tolstoj war sich dieser unlösbaren Widersprüche bewußt. Am Schluß der zweiten Erzählung über Sewastopol, dicht vor dem genauen Datum 26. Juli 1855, definierte er seine Aufgabe: »Der Held meiner Erzählung, den ich mit allen Kräften meiner Seele liebe, in seiner ganzen Schönheit zu schildern mich bemüht habe, der immer schön ist, war und sein wird, ist – die Wahrheit.«

Dieses Bekenntnis könnte er auch nach einem halben Jahrhundert, auf dem letzten Blatt seiner Schriften wiederholen.

Der junge Autor wurde, als er nach Petersburg kam, von Schriftstellern und Kritikern begeistert empfangen. Nekrassow, Turgenew und Tschernyschewskij bewunderten seine Schriften und sein Verhalten.

Der junge aristokratische Offizier kam direkt aus der monatelangen Schlacht, die damals weltweit als die längste, grausamste und verderblichste Schlacht aller Zeiten galt. In der Hauptstadt erschien er bereits als berühmter Schriftsteller. Doch nichts davon sah man ihm an. Er wirkte weder stolz überheblich noch verlegen, sondern natürlich, offen, aufrichtig. Er äußerte sich über Literatur, Kunst und gesellschaftliche Probleme immer entschieden, manchmal ungewöhnlich scharf und blieb dabei ungekünstelt freundlich. Er ließ sich von keiner literaturpolitischen Gruppierung vereinnahmen. Das höchste Lob zollten ihm die demokratischen Literaten; Nikolaj Tschernyschewskij schrieb, der junge Autor vermöchte wie kein anderer vor ihm »die Dialektik der Seele« zu erkennen und darzustellen, wobei seine schonungslos wahren Schilderungen von einem unmittelbar reinen und moralischen Gefühl bestimmt seien. Der weitsichtige Kritiker erkannte die Charakterzüge, die Tolstoj lebenslänglich eigen blieben.

## 2

Ebenso beständig blieben Tolstojs Ansprüche an sich selbst. Über sein eigenes Leben, über seine eigenen Werke urteilte er nicht minder gnadenlos wahrheitstrebend wie über alles, was er sah, erkannte, erlebte. Und immer wieder zweifelte er an dem Sinn, an der Nützlichkeit dessen, was er tat.

*Der Morgen eines Gutsbesitzers* war ursprünglich als Teil eines Romans begonnen. Diese Erzählung verkörpert die eigenständige Weltsicht und die Weltempfindung des jungen Autors, wie sie bereits Tschernyschewskij erkannt hatte, als er von dessen »bäuerlichem Blick« schrieb. Über den greisen Tolstoj sagte Lenin zu Gorkij: »Vor diesem Grafen hat es keinen echten Bauern in der Literatur gegeben.« Tolstoj selbst war sich dessen voll bewußt. Er sagte zu Gorkij: »Ich bin mehr Bauer als Sie und empfinde auch bäuerlicher.«

Tolstoj wollte nicht Berufsliterat, nicht nur Schriftsteller sein. Er war sich seiner schicksalhaften, seiner geistigen Verbundenheit mit den Bauern – damals noch Leibeigenen – voll bewußt. Das bestimmte den Sinn seines Lebens. Er plante Schulen für Bauernkinder, Waldpflanzungen, Rationalisierung der Landwirtschaft. Während seiner Auslandsreisen – 1857 und 1859/61 reiste er nach Deutschland, Italien, Frankreich, in die Schweiz – interessierte er sich besonders für das Schulwesen und für das Leben auf dem Lande.

Mehrere Jahrzehnte später erinnerte er sich an diese Zeit: »Als ich mit dem Bruder Nikolaj in Soden wohnte..., lebten wir bei Bauern. Wir gingen mit ihnen zusammen zum Mähen. Ihre Charakterzüge sind den russischen bäuerlichen Eigenschaften sehr ähnlich. Alle Menschen sind gleich. Auerbach, den ich sehr liebte, schätzte diese Eigenschaften des einfachen Volkes über alles.« – »Der deutsche Bauer ist ebenso eigenartig wie der russische. Von dem kann man manches lernen, aber nicht vom deutschen Intellektuellen.«

Aus seinen Reiseeindrücken entstanden die Erzählungen *Luzern* (1857) und *Albert* (1858). Die Laster, die Heuchelei der selbstgefälligen westlichen Bourgeois erkannte und geißelte er ebenso scharf wie diejenigen der herrschaftlichen Schmarotzer im eigenen Lande.

In Paris sah er eine öffentliche Hinrichtung mit der Guillotine und war seit diesem Tag für immer ein unversöhnlicher Gegner der Todesstrafe. Das letzte, was er im Oktober 1910 noch kurz vor seinem Ende schrieb, war eine Forderung, die Todesstrafe in Rußland abzuschaffen.

Der Roman *Familienglück* (1859) ist eine realistische Darstellung diverser Probleme der Beziehungen von Mann und Frau, von Freuden und Leiden im Eheleben. In diesem Buch äußert sich bereits seine patriarchalisch-puritanische Vorstellung von Sinnlichkeit und Keuschheit, von wahrer Liebe, von den Pflichten der Frau als Gattin und Mutter.

Diese Vorstellungen brachte Tolstoj später im Roman *Anna Karenina* (1875–77), in der Erzählung *Der Teufel* (1889/90, veröffentlicht erst 1911), in der großen Erzählung *Kreutzersonate* (1891) und einigen anderen zum Ausdruck.

Die Auslandsreisen und noch mehr das buntbewegte Leben und Treiben der feinen Gesellschaft, die vordergründig-laute Geschäftigkeit in Literatenkreisen in Petersburg und Moskau lösten in Tolstojs Bewußtsein eine tiefgreifende Krise aus. Wieder waren es Zweifel an dem Sinn seiner Existenz, seiner Tätigkeit, seiner Berufung.

1861 wurde die Leibeigenschaft durch einen Ukas des Zaren Alexander II. aufgehoben. Es entstanden sofort kompliziert verwickelte Probleme in den Beziehungen der befreiten Bauern zu ihren früheren Besitzern, zu den Behörden. Dabei ging es vor allem um Landzuteilung: Die Bauern beziehungsweise die Dorfgemeinden brauchten Land, um zu existieren; die Gutsbesitzer verlangten Entschädigung, wollten auf ihren Gütern rentabel wirtschaften können. Es wurden ehrenamtliche, vertrauenswürdige Vermittler, »Friedensrichter«, eingesetzt, um die Konflikte zu lösen und Mißverständnisse aufzuklären. Tolstoj wurde zu einem dieser Vermittler. Er untersuchte und schlichtete bedingungslos gerecht, und deswegen entschied er meistens zugunsten der Bauern, was ihm viele seiner Standesgenossen verübelten.

In Jasnaja Poljana baute er eine Dorfschule auf, unterrichtete selbst, sorgte für gute Lehrer und Bücher, verfaßte Märchen, Lesebücher und Kurzgeschichten für Kinder. Er gab eine Zeitschrift »Jasnaja Poljana« heraus, sie sollte didaktische Erfahrungen aus dem In- und Ausland vor allem den Lehrern in Dorfschulen zugänglich machen.

1862 heiratete Tolstoj die achtzehnjährige Tochter einer altbekannten deutschstämmigen Arztfamilie, Sofia Bers (1844–1919). Nun wollte er eine Familie gründen und ein guter Landwirt werden, sorgte um seine Felder, den Garten, sein Vieh, um Hof und Pferdestall. Seit der Kindheit liebte er das Reiten, und noch als Achtzigjähriger ritt er täglich aus.

In dieser Zeit entstanden die Erzählungen aus dem Bauernleben (*Polikuschka* [1863] und andere), und er vollendete die große Erzählung *Die Kosaken* (1863). In dieser Erzählung kommt seine Naturergebenheit und seine verständnisvolle Liebe zu einfachen, ungekünstelten Menschen, die im Einklang mit der Natur leben, zum Ausdruck und seine Verachtung für den oberflächlichen Glanz der städtischen Zivilisation, für die Nichtigkeit und Heuchelei der »besseren Gesellschaft«.

Seine Frau wurde ihm zu einer fleißigen Helferin. Sie leitete das Anwesen in Jasnaja Poljana und das Haus in Moskau; obwohl sie sechzehnmal schwanger war – vier Söhne und drei Töchter überlebten ihren Vater –, schrieb sie die Manuskripte ihres Mannes ins reine, davon manche bis zu siebenmal mit der Hand. In den achtziger Jahren wurde sie auch seine Herausgeberin.

1863–1869 arbeitete Tolstoj an *Krieg und Frieden*.* Zu einem farben- und facettenreichen Mosaik-Panorama verschmelzen Geschichten einzelner Menschen, Schicksale von Familien, Armeen, sozialen Gruppen und ganzen Völkern.

Die reife schöpferische Macht des Künstlers waltet frei in al-

* Dieser Roman ist heute, nach Angaben der UNESCO, das meistgelesene Buch der der Weltliteratur.

lem, was er gestaltet, schildert, erzählt. Menschen und Natur, Liebesgeschichten, staatspolitische Ereignisse, Schlachten, Alltagsleben in Palästen und Hütten, philosophische Diskussionen und festliche Gelage, Napoleon inmitten seines Stabs und der gefangene Bauer Platon Karatajew – jedes Bild und jede Gestalt ist für sich allein lebhaft, wichtig und zugleich ein untrennbar notwendiger Teil des Ganzen.

Der Roman, der als neuzeitliche Epopöe gilt, umfaßt genau umgrenzte Zeitabschnitte: 1805, 1806/07, 1812 und 1820. Er schildert konkrete und größtenteils dokumentarisch belegte Ereignisse und einige bekannte Persönlichkeiten. Doch er ist zugleich ein zeitloses Kunstwerk, eine subjektiv-lyrische Dichtung und ein philosophisch-ethisches Bekenntnis.

Das leidenschaftlliche Streben nach Wahrheit, das dieses Epos verkörpert, erreicht auch Menschen anderer Epochen und anderer Nationen. Selbst solche Leser, die die Ansichten des Autors nicht teilen, seine rigorosen moralischen Lehren ablehnen und seine Vorstellungen von sozial-historischen Gesetzmäßigkeiten als bestenfalls naiv betrachten, sogar seine überzeugten Gegner werden von der Gewalt seiner subjektiven Aussagen mitgerissen, weil sie von der objektiven, künstlerischen Gestaltungskraft unlösbar ist.

Die wesentlichsten Züge seines Schaffens keimten und sprossen bereits in den frühesten Erzählungen. In seinen reiferen Werken blühten sie, trugen immer neue Früchte.

Ein deutscher Literaturwissenschaftler hat zutreffend in den Hauptfiguren von *Krieg und Frieden* diese Züge von Tolstojs Kunst erkannt: »Stark autobiographisch und zugleich fiktiv sind die Gestalten der beiden Freunde Andrej Bolkonskij und Pierre Bezuchov angelegt, die zwar in ihrem Äußeren und zum Teil auch in ihren Anschauungen kontrastieren, mit ihrem Schöpfer aber geistesverwandt sind: Wie er sind sie unentwegt auf der Suche nach sittlichen Idealen und dem Sinn des Lebens.« (Erwin Wedel in Kindlers Literatur Lexikon 1982).

Während Tolstoj an *Krieg und Frieden* arbeitete und nachdem sein Roman im Druck erschienen war, blieb er meisteens »im Frieden mit sich«, sorgte sich viel um die Schule, um die Herstellung von Schul- und Lesebüchern; doch dann überfielen ihn wieder finstere Zweifel. Er litt schwer an dem, was in ihm und um ihn geschah.

Zahlreiche spontane Bauernunruhen in verschiedenen Gebieten Rußlands und der große Aufstand in Polen 1863 wurden brutal unterdrückt. Die zaristische Gendarmerie, die Geheimpolizei, führte ungeachtet aller bereits eingeleiteten liberalen Reformen einen regelrechten Feldzug gegen die unbotmäßige Intelligenzija. Mehrere Teilnehmer einer offiziellen Konferenz der Adelsleute von dem Gouvernement Twer, die eine Petition an den Zaren gerichtet, um Erweiterung der Bürgerrechte und um eine entsprechende Verfassung gebeten hatten (1862), kamen ins Gefängnis. Nikolaj Tschernyschewskij, der führende Geist der demokratischen Opposition, Philosoph, Schriftsteller und Redakteur, wurde nach zweijähriger Untersuchungshaft 1865 zu sieben Jahren Zuchthaus und lebenslanger Verbannung nach Sibirien verurteilt. Nach dem mißlungenen Attentat eines Terroristen auf den Zaren 1866 wurden die Monatsschrift »Sowremennik« und andere liberale Zeitschriften verboten; Hausdurchsuchungen, Verhaftungen, Sondergerichte, schweres Zuchthaus und Verbannungsstrafen, verschärfte Zensur schufen eine Atmosphäre von Angst und Mißtrauen. 1866 verteidigte Tolstoj als ehrenamtlicher Anwalt einen Soldaten, der seinen vorgesetzten Offizier geohrfeigt hatte, nachdem er von diesem schikaniert und unflätig beschimpft worden war. Trotz leidenschaftlicher und überzeugender Verteidigungsrede wurde der Soldat zum Tode verurteilt und hingerichtet.

## 3

1869 übernachtete Lew Tolstoj in einem schäbigen Gasthaus im Städtchen Arsamas. Dort überkamen ihn Gefühle von hilfloser Einsamkeit, eisige Todesangst und trostlose Verzweiflung. »Den Schrecken von Arsamas« nannte er später die seelischen Krisen, die ihn hin und wieder überfielen. Er bekannte in einem Brief, daß für ihn »das höchste Glück des Lebens« seine Arbeit sei, wenn er »ihrer Wichtigkeit und Vollkommenheit« sicher sein könne. Zweifel an seiner Arbeit waren ihm Zweifel am Sinn des Lebens.

Doch selbst aus den schwersten geistigen Krisen kämpfte er sich durch zu neuen Erkenntnissen, neuen Werken, allerdings auch zu neuen Zweifeln.

Flut und Ebbe wechseln sich in seinem Schaffen ab. Doch nie bleibt er müßig. Immer wieder ist er bereit, Neues zu lernen, einen neuen Weg einzuschlagen und gleichzeitig alte Arbeiten weiterzuführen. Er schreibt an den Lehr- und Lesebüchern *Das Alphabet* und *Das Neue Alphabet* (1872–75) und an dem großen Roman *Anna Karenina* (1873–77).

... Eine unüberwindbare leidenschaftliche, sinnliche Liebe treibt Anna Karenina weg von Mann und Sohn, weg von der Welt, in der sie gelebt hat. Ihr Geliebter, Wronskij, von einer gleichen Leidenschaft besessen, verwirft seine Offizierslaufbahn, verwirft alles, was früher den Sinn seines Lebens ausmachte. Das Liebesglück der beiden ist stürmisch, aber vergänglich, treibt sie in ausweglose Verirrungen, Anna begeht Selbstmord, Wronskij sucht den Tod auf dem Schlachtfeld.
Ein Nebenstrang der Handlung – die Geschichte der Familie Oblonskij (Annas Bruder). Er ist ein gutmütiger, leichtlebiger und leichtsinniger Genießer aller möglichen irdischen Freuden. Seine Frau wird von ihm betrogen, vernachlässigt, fügt sich demütig und hoffnungslos in ihr Schicksal, sorgt sich um die Kinder, um das Haus.

Der dritte und ganz besonders wichtige Strang des breitgefächerten Romans ist der Werdegang des Wahrheitssuchers Lewin. Seine Liebesehe mit der keuschen, bescheidenen, anmutigen Kitty ist der Gegenpol zu dem verirrten Paar Anna/Wronskij. Ganz anders als diese beiden und Oblonskij ist sich Lewin seiner Verantwortung als Gutsbesitzer, als Landwirt bewußt. Er will aber auch nicht nur für sich leben. Sein Charakter, seine Gedanken, Fragen, Zweifel sind denjenigen von Tolstoj selbst in Einzelheiten ähnlich, wie z.B. seine Gespräche mit benachbarten Gutsbesitzern und mit den Bauern, von denen er die wichtigsten Belehrungen erhält. Genau wie Tolstoj bekennt Lewin sich letztlich zu bäuerlich christlichen Idealen eines heilen Lebens, dessen Sinn von Arbeit von tätiger Nächstenliebe bestimmt werden muß.

Dieser Liebes- und Familienroman bringt bereits eine neue, deutlich gestaltete Weltanschauung zum Ausdruck – eine Wiederbelebung urchristlicher Vorstellungen vom Sinn des menschlichen Daseins, vom Suchen der wahren Wege zu Gott – das, was später als Tolstojanertum bekannt wird.

Seine neue Weltsicht verteidigt Tolstoj nun auch in seinen theologischen Schriften *Kritik der dogmatischen Theologie* (1879/80), *Konkordanz und Übersetzung der vier Evangelien* (1880/81) und in den Essays *Die Beichte* (1884 in Genf, erst 1906 in Rußland) und *Worin besteht mein Glaube* (1884).

Er begehrt nicht bloß gegen kirchliche Dogmatik auf, er kann nicht bei theoretischen, abstrakten Problemen der Ethik bleiben. Zornig verurteilt er alle Arten sozialer Ungerechtigkeit. In den Artikeln *Was sollen wir also tun?* (1882–86) und einigen anderen schildert er an konkreten Beispielen, wie hilf- und rechtlos arme Leute sind, die von ihren reichen, selbstgefälligen, heuchlerischen Herren ausgebeutet und von den Behörden brutal unterdrückt werden.

Er lehnt alle Privilegien ab, die den Schmarotzern Stand und Reichtum sichern. Der zivilisierte Westen erscheint ihm dabei ebenso verderblich und lasterhaft wie der rückständige Osten. Doch er glaubt nicht, daß die bösen Gewalten durch bessere Gewalten überwunden werden können. Er ist überzeugt, daß auch ein Verteidigungskrieg, eine gerechte Revolution nur immer neues Böses entstehen lassen. Darum ruft er zu einem gewaltlosen Widerstand auf. Jeder Mensch soll das Gute zunächst in seiner eigenen Seele erkennen und pflegen, in seiner nächsten Umgebung behaupten, »Gottes Reich in seinem Innern errichten«.

Tolstoj wird zum Verkünder einer neuen Glaubenslehre, die letztlich in asketisch-doktrinären Geboten und Lebensregeln zusammengefaßt wird: bedingungslose Nächstenliebe, Verzicht auf jegliche Privilegien und Bereicherung auf Kosten anderer Menschen, »Zähmung der Sinnlichkeit« – Keuschheit, keine außerehelichen sexuellen Beziehungen, heiles Familienleben –, Verzicht auf Gewalt, Machtkampf, Lüge, Ausbeutung, striktes Vegetariertum, Verzicht auf Wein, Tabak, Hasard-Spiele.

Die Begeisterung für die neue Berufung, die Freude an der endlich erkannten Wahrheit war noch inbrünstiger als alle seine früheren Leidenschaften; der Dichter wurde immer wieder abgelenkt, zu didaktischer, erbaulicher Rhetorik verführt.

Dennoch vermochte nichts, sein Talent auf Dauer zu bezwingen. Selbst die krassesten Widersprüche zwischen seinen neuen Idealen der asketischen Enthaltsamkeit und seiner angeborenen Sinnlichkeit, zwischen dem puritanischen Bekenntnis zum schlichten, reinen Glauben und dem unstillbaren Lebens- und Wissenshunger seines Künstlerwesens wurden zu Quellen neuen Schaffens.

Die Erzählung *Der Tod des Iwan Iljitsch* (1884–86), die Schauspiele *Macht der Finsternis* (1887), *Die Früchte der Bildung* (1891) und *Der lebende Leichnam* (1900, erschienen 1911), die Erzählungen *Kreutzersonate* (1891) und *Vater Sergej* (letzte Fassung 1898, erschienen 1912) verkörpern diese Widersprüche, den unabschwächbaren inneren Kampf des dichtenden Denkers, des denkenden Dichters.

Der Prediger will seine Ideen, seine moralischen Imperative im Dichterwort, in plastischen Bildern und dramatischen Kollisionen dargestellt sehen. Doch der Künstler überwindet immer wieder den Glaubenslehrer. Die Predigt bleibt zeitgebunden, aber seine Ideen, zur Dichtung hochgetrieben, wirken viel stärker, als wenn sie reine Rhetorik blieben, viel stärker und dauerhafter – wenn auch anders, als der Prediger vorhatte.

Der sensible Dichter mußte es selbst spüren, der scharfsichtige Denker wollte das Wesen dieser Diskrepanz erkennen. Und so leidenschaftlich besessen von seinen Ideen, so schonungslos kritisch und selbstkritisch er war, konnte er sich nicht damit abfinden.

## 4

Seine neue Weltanschauung mußte universal, weltumfassend werden; die ethischen Lehren mußten durch eine neue Ästhetik ergänzt werden.

Im Dezember 1883 sprach er in einem engeren Kreis von Literaten, Redakteuren und Verlegern zum Thema »Bücher für das Volk«:

»Wir bieten dem Volk Puschkin und Gogol an, die Deutschen bieten Goethe und Schiller, die Franzosen Racine, Corneille usw., alles, was es auf der Welt gibt, aber das Volk nimmt es nicht, weil dies alles keine Nahrung ist, sondern ein *hors d'oeuvre*. Nahrung geben jene Entdeckungen des Geistes, durch die die ganze Menschheit lebte und lebt, durch die all die Puschkins, Corneilles und Goethes überhaupt erst möglich wurden. Und wenn jemand von uns satt ist, so ist er es nur dadurch, und nur damit kann man nicht nur das Volk, sondern jeden Menschen ernähren.... Man muß begreifen, daß das Volk aus Menschen wie wir besteht, nur ist seine Zahl unendlich viel größer, und es ist fordernder und hellhöriger in bezug auf Wahrheit. Daher ist alles, was für uns nicht ganz und gar gut ist, für das Volk absolut schlecht... Das Volk nimmt von uns die Nahrung der Shukowskijs, Puschkins und Turgenews nicht an – das bedeutet: diese Nahrung ist – ich sage nicht: schlecht, sondern es ist überhaupt keine.«

So begann sein Kampf gegen alle ästhetischen Ideale der Welt, in der er lebte, die auch Ideale seiner eigenen Jugend waren.

Die ästhetische Rebellion war ein Teil seines großen Aufbegehrens gegen die Welt, die er als ungerecht und menschenfeindlich erkannte. Er wollte auch sein eigenes Leben mit seinen Ideen in Einklang bringen. Er ließ sich zu Hause kaum mehr bedienen, arbeitete auf dem Feld, ackerte, mähte, schusterte selbst seine Stiefel, kleidete sich schlicht. Er wollte den Bauern gleich sein, konnte sich aber niemandem anpassen. Er entwarf sogar selbst bequeme zweckmäßige Kleidung, eine knielange Bluse mit Taschen nannte man noch in den dreißiger und vierziger Jahren in Rußland »tolstowka«. Er wollte auf seine Autorenrechte verzichten, um nicht daran zu verdienen, was er schrieb. Nur die Honorare für die bereits früher erschienen Bücher sollten noch seiner Familie gehören.

Eine Zeitlang versuchte Lew Tolstoj sein schriftstellerisches Schaffen weitgehend seinen Ideen unterzuordnen, schrieb *Volkserzählungen. Wieviel Erde der Mensch braucht* ist eine davon. Er stellte auch Lesebücher aus Texten verschiedener Autoren aller Zeitalter zusammen.

In seinem Traktat *Was ist Kunst?*, den er 1889 begonnen hatte und 1898 vollendete, rechnete er radikal mit »schlechter und schädlicher Kunst« ab. Dichtung, Malerei und Musik, die »nur Eingeweihten zugänglich sein kann und dem Volk unverständlich bleibt«, verwarf er ausnahmslos. Darunter auch das meiste von dem, was er selbst verfaßt und veröffentlicht hatte. Als eine wahre verständliche, »aus Liebe zu Gott und den Nächsten« entstandene Literatur ließ er *Onkel Toms Hütte* von Harriet Beecher-Stowe gelten, Schillers *Räuber*, Goethes *Hermann und Dorothea*, einige Bücher von Dickens, Dostojewskij, Victor Hugo, die Josephsgeschichte aus der Bibel und die *Geschichte Buddhas*...

Mit siebzig und achtzig Jahren blieb er ebenso leidenschaftlich aufbrausend, sowohl in enthusiastischer Zustimmung wie in zorniger Ablehnung. Er konnte sich selbstvergessen freuen und untröstlich verzweifeln. Er legte strenge Maßstäbe an sich und andere. Er entflammte in Begeisterung und verfiel in Schwermut, bald demütig und sich selbst geißelnd, bald stolz und rechthaberisch, kaum anders als während seiner Jugendjahre als Offizier im Kaukasus und in Sewastopol, wenn er in den Pausen zwischen Feldzügen, Duellen, Kartenspielen, Scharmützeln und Zechgelagen in Schwermut und Selbstvorwürfen verging.

Die schroffen und heftigen Stimmungsbrüche blieben in allen Entwicklungsstufen für Tolstoj charakteristisch. Er wollte von den einfachen Menschen lernen, die leiden, sich abplagen, arm im Geiste, aber von Gott gesegnet sind.

Doch in seiner Demut steckte auch eine gehörige Portion Hochmut. Er bemühte sich ehrlich, sein gewaltiges Talent den Geboten urchristlicher Ethik und den Forderungen des Volkswohls unterzuordnen, verdammte die »nutzlose« Kunst, verurteilte sich selbst, Shakespeare, Goethe, Beethoven und Puschkin nach so rigoristischen Gesetzen, die auch die gütigsten Richter unerbittlich streng und die bescheidensten hochmütig machen müßten. Tolstojs »Gesetze« glichen denen, die Fanatiker und Fundamentalisten aller Konfessionen den Künstlern aufzwingen wollen.

Er suchte seinen Weg zur Wahrheit und zum Guten allein. Er traute keiner Heilslehre, keinem geistigen Führer. Er teilte das Mißtrauen zur Buchstabengelehrsamkeit, das vielen Bauern, aber auch manchen Herren eigen war. Dieser Graf war ein bäuerlicher Rebell, ein geistiger Urenkel von Stepan Rasin und Pugatschow und gleichsam ein aristokratisch-rousseauistischer Verächter der Zivilisation, der rationalistischen Anbetung der Vernunft. Das Gefühl und das Bewußtsein seiner übermenschlichen Kraft, seiner Besonderheit, seiner Einsamkeit trieb ihn, gegen die Großen der Weltliteratur aufzubegehren, durchdrang ihn mit Schmerz und mit Zorn auf sich selbst.

Iwan Turgenew hatte Lew Tolstoj als jungen Autor begeistert aufgenommen, doch bereits 1863 kam es zu einem heftigen Streit über soziale und moralische Probleme, der beinahe mit einem Duell endete. Siebzehn Jahre dauerte die völlige Entfremdung. Dann aber wurde aus der Versöhnung eine tiefe und feste Freundschaft, um so bedeutsamer, weil der liberale Westler Turgenew die asketisch-anarchischen Ansichten Tolstojs »als eine Art Nihilismus« entschieden ablehnte. In seinem letzten Brief, den Turgenew buchstäblich vom Sterbebett im Juli 1883 aus Frankreich nach Jasnaja Poljana schrieb, beschwört er Tolstoj: »Mein Freund, kehren Sie zur literarischen Tätigkeit zurück!... Mein Freund, großer Dichter des Russischen Landes, erhören Sie meine Bitte.«

## 5

Stärker als alle Bitten und Beschwörungen seiner Leser und Freunde, trotz selbstkritischer und selbstverneinender Ideen und all der Zweifel und Verzweiflungen wirkte sein unversiegbarer Trieb zur künstlerischen Gestaltung.

In denselben Jahren, in denen er seine bedingungslos radikalen Bekenntnisse zur Askese in der Kunst und im Alltagsleben verkündete, entstanden die Erzählungen *Der Tod des Iwan Iljitsch, Kreutzersonate*, der Roman *Die Auferstehung* (1889–99), die Dramen *Macht der Finsternis, Die Früchte der Bildung, Der lebende Leichnam*, die Novellen *Vater Sergej, Der gefälschte Kupon* (1904) und seine letzte große Erzählung *Hadschi-Murad* (1904), mit der auch dieser Sammelband schließt.

Der Autor selbst war sich der Widersprüche seines Lebens und Schaffens bewußt. Er schrieb einem Kollegen:

»Ich denke, daß so wie die Natur die Menschen mit dem Geschlechtstrieb ausstattete, damit die Art nicht aussterbe, so hat sie einige Menschen mit einem ebensolchen scheinbar sinnlosen und unwiderstehlichen Instinkt für das Künstlerische ausgestattet, damit sie Werke schaffen, die anderen Menschen angenehm und nützlich sind. Sehen Sie, wie unbescheiden es meinerseits ist, aber das ist die einzige Erklärung für die seltsame Tatsache, daß ein doch recht gescheiter (*neglupyi*) alter Mann sich mit siebzig Jahren mit so unwichtigen Dingen (*pustjaki*) wie Schreiben von Romanen abgeben kann.«

Sogar *Die Auferstehung*, ein offenkundig »tendenziöser«, sozialkritischer und moralistischer Roman, ist dennoch zugleich und vor allem ein episch-lyrisches Kunstwerk. Es entstand zunächst aus »Tatsachenmaterial«. Tolstoj interessierte sich lebhaft für das Gerichtswesen, für Probleme der sozial bedingten Kriminalität.

... Der gebildete und aufgeklärte Gutsbesitzer Nechljudow (ebenso hieß der Held in dem Kurzroman *Der Morgen eines Gutsbesitzers*) nimmt als Geschworener an einem Gerichtsverfahren teil. Eine der Angeklagten, das Freudenmädchen Katja Maslowa, soll angeblich an einem Raubmord teilgenommen haben. Nechljudow erkennt in der jungen Frau das Dienstmädchen vom Lande, das er einst verführt hat. Er ist erschüttert und bedrückt von dem Bewußtsein seiner Schuld – um so mehr, als er überzeugt ist, daß die Anklage gegen Katja vollkommen falsch ist. Dennoch wird sie zur Zwangsarbeit in Sibirien verurteilt. Nechljudow versucht vergeblich eine Revision zu erreichen; er folgt dem Zug der Verbannten, will Katja helfen mit allem, was er kann, ist bereit, sie zu heiraten. Es entstehen durchaus komplizierte, widersprüchliche Beziehungen zwischen den beiden. Sie will seine selbstaufopfernde Wiedergutmachung nicht annehmen, denn es ist nicht Liebe, was sie so plötzlich wieder zusammenbrachte. Doch Nechljudows Verhalten hat ihr ebenso wie ihm zu einer inneren Läuterung verholfen. Sie findet einen Freund unter den Mithäftlingen, einen Revolutionär. Auch Nechljudow wird nicht mehr so leben, wie er bisher gelebt hat...

In *Die Auferstehung* ist, anders als in den früheren Romanen, ein einziger Handlungsstrang klar erkennbar, ja parabelhaft deutlich. Doch zugleich ist das Ganze wiederum ein farbenreiches Mosaik-Panorama: die großstädtische Unterwelt und die aristokratischen Salons, der Alltag im Gericht und in den Gefängnissen, das Leben der Häftlinge, der wirklichen und angeblichen Kriminellen, der politischen Gefangenen, die Vollzugsbeamten und höhere Bürokraten, bei denen Nechljudow um Gerechtigkeit nachsucht...

Dieser Roman wurde von verschiedenen Seiten scharf angegriffen. Die Heilige Synode, die oberste Instanz der russisch-orthodoxen Kirche exkommunizierte den Schriftsteller wegen frevelhafter Schilderung des Kirchendienstes. Radikale Demokraten und Revolutionäre warfen ihm »Versöhnlertum« und idealistischen Utopismus vor.

*Hadschi-Murad* wurde 1904 beendet, aber erst postum (1912) publiziert. In dieser Erzählung, die manche Historiker und Kritiker für das vollkommenste Werk von Tolstoj halten – diese Meinung teile auch ich –, triumphiert der Dichter, der Künstler uneingeschränkt, obwohl keine der ethischen und ästhetischen Ansichten des Autors verleugnet wird. Tolstoj zeichnet seinen tapferen, rücksichtslos harten Helden mit offenkundiger Sympathie, ja mit Bewunderung und Verständnis für dessen Natürlichkeit und moralische Integrität. Doch gleichzeitig sieht und zeigt er, wie verhängnisvoll, ja aussichtslos der ungestüme Freiheitsdrang, die stete Kampfbereitschaft von Hadschi-Murad ist, der zwischen die Fronten, zwischen zwei despotische Gewalten gerät. Die zaristischen Behörden im Kaukasus, die russischen Invasionstruppen in den Bergen und ihr Auftraggeber, Zar Nikolaus I., führen einen ungerechten, grausamen Eroberungskrieg gegen die »unbotmäßigen« Bergvölker, die sich der Fremdherrschaft nicht beugen wollen. Aber auch Imam Schamil, der geistige und militärische Führer der Bergvölker im Jahrzehnte währenden »Chasawat«, dem heiligen Krieg, ist ein fanatischer, schonungsloser Tyrann.

Der Autor verbirgt nicht seine Zuneigungen oder Ablehnungen oder auch stärkere Gefühle gegenüber seinen Gestalten, maßgebend bleibt jedoch sein Drang zur schrankenlosen Wahrheit, zum möglichst tiefen Verständnis für alles, was er schildert. Auch darin waren sich der Dichter und der Denker einig und zugleich widersprechend. Tolstoj schrieb:

»Es gibt zwei Arten, die äußere Welt zu erkennen. Die eine ist die gröbste Art der Erkenntnis: durch die fünf Sinne. Auf dem Wege dieser Erkenntnis würde die Welt, die wir kennen, in uns nicht entstehen… Die andere lehrt durch Eigenliebe zunächst sich selbst und dann durch die Liebe zu anderen Wesen diese Wesen erkennen, lehrt sich in Gedanken in einen anderen Menschen, ein Tier, eine Pflanze, selbst in einen Stein hineinzuversetzen. Auf diese Weise erkannte man von innen gestaltet, die ganze Welt, wie wir sie kennen. Diese Art ist, was man dichterisches Talent nennt. Das aber ist Liebe. Es ist gleichsam die Wiederherstellung der gestörten Einheit aller Wesen. Man geht aus sich heraus und geht in einen anderen hinein. Man kann in alles hineingehen. In alles. Das heißt sich mit Gott vereinigen, mit allem.«

Tolstoj war sich der Inkonsequenz und der unlösbaren Widersprüchlichkeit in seinem Schaffen, in seinem Leben und im Leben der Welt bis zuletzt bewußt.

Am 7. September 1910 – zwei Monate vor seinem Tod – schrieb er Mahatma Gandhi, der damals noch in Südafrika lebte, dort eine »Tolstoj-Farm« errichtete und einen gewaltlosen Kampf im Geiste Tolstojs für die Freiheit Indiens führen wollte:

»Zwischen dem christlichen Glaubensbekenntnis selbst in der pervertierten Form, die man uns lehrt, und dem gleichzeitigen Glauben an die Notwendigkeit, sich für die Schlächterei des Krieges zu rüsten, besteht ein so schreiender Widerspruch, daß er sich früher oder später in seiner ganzen Nacktheit enthüllen muß. Dann wird man entweder die christliche Religion vernichten müssen…, oder aber man muß die Heere abschaffen und auf jede Anwendung von Gewalt verzichten (obwohl Gegengewalt ebenso nötig ist für die Staatsmacht). Diesen Widerspruch spüren heute alle Regierungen, Ihre englische ebenso wie unsere russische, und daher verfolgen sie, nach dem Gesetz der Selbsterhaltung, alle, die den Widerspruch aufdeckten, mit mehr Energie als jede andere staatsfeindliche Tätigkeit. Wir haben es in Rußland erlebt…“

Kaum vier Wochen nachdem dieser Brief geschrieben war, versuchte Tolstoj die Widersprüche in seinem eigenen Leben abrupt zu lösen. Er floh von zu Hause, von seiner Familie, wollte irgendwo stille Zuflucht finden, um ungestört und konsequent zu denken, zu schreiben.

Diese Flucht war sein letztes Aufbegehren und sein letztes, diesmal ungewolltes und unbewußtes tragisches Werk – sein Tod auf der kleinen Provinzstation Astapowo.

Frau, Söhne, zahlreiche Reporter, Mönche, Polizisten, Geheimagenten, bestürzte Freunde und neugierige Gaffer belagerten das kleine Häuschen am Bahnhof, in dem er starb – unversöhnt mit sich selbst, mit seinen Nächsten, mit dem Staat und der Kirche, einsam und von Millionen Menschen in aller Welt beweint und bewundert.

Viele gute Schriftsteller vermochten ihre Welt künstlerisch wiederzugeben, zu schildern, zu beschreiben – wahrheitstreu realistisch oder märchenhaft, romantisch idealisierend. Literatur als unmittelbare Spiegelung oder künstlerische Idealisierung der Wirklichkeit war und bleibt den meisten Lesern lieb und notwendig.

Doch das Allerwichtigste in den Werken der großen Dichter seit der Antike sind die neuen Welten, die sie geschaffen haben. Sie schildern wohl die umgebende Wirklichkeit, aber zugleich erweitern sie das Weltbild ihrer Zeitgenossen und auch ihrer Nachkommen, ihrer Landsleute und der Leser in anderen Ländern, überall, wohin ihr Wort gelangt. Mit Shakespeare und Goethe, mit Dostojewskij und Tolstoj wird jedesmal der geistige Lebensraum der Menschheit weiter und reicher.

»Man steht vor Tolstojs Werk wie vor einer zweiten, durch das Genie gleichsam geläuterten Wirklichkeit, die einem oft klarer dünkt als die Umwelt, weil sie wie gereinigt ist von belanglosen Nebendingen, die im Alltag Menschen und Vorgänge fast verschütten.« (Anna Seghers)

Dostojewskij sagte 1881 in seiner *Puschkin*-Rede, die damals als ein Aufruf zur Versöhnung der Westler und der Slawophilen von begeisterten Hörern und Lesern aufgenommen wurde: »Ein wahrer Russe zu sein bedeutet zugleich ein Allmensch zu sein.«

Damals begriffen viele Menschen in Ost und West noch nicht, daß wahre Kunst, wahre Poesie nur aus einem konkreten nationalen Boden quellen, keimen, fruchtbar gedeihen kann. Doch bereits Goethe erkannte das Werden einer Weltliteratur eben als eine Verbindung, eine Zusammenarbeit vieler unterschiedlicher nationaler Literaturen.

Ein wahrer, ein lebenspendender Kosmopolitismus, von dem die Aufklärer träumten, ein wahrer, völkervereinender Internationalismus, den die Sozialisten als *den* Weg zum ewigen Frieden verkünden, können nur als Weltauffassung und Weltempfindung bewußter, beherzter Patrioten Wirklichkeit werden.

Lew Tolstoj war in allem ein Russe – in Geist und Seele, in Bewußtsein und Unterbewußtsein, eben ein Großrusse und ein außerordentlicher, einmalig vielseitiger in seinem Russentum: ein Aristokrat und zugleich ein Bauer, Intellektueller und Landwirt, Dichter und Religionslehrer.

Er war sich seines Russentums, seiner Verbindung zur Heimat, zu ihrer Geschichte und Gegenwart durchaus bewußt. Doch gleichzeitig bekannte er, daß sein Volk ein Teil der großen Menschheit ist, daß kein Volk auf Kosten anderer Völker frei und glücklich werden kann.

Heinrich Böll beantwortete 1971 die Fragen von Manès Sperber zum Thema »Dostojewskij heute?« und verglich Dostojewskij mit Tolstoj: »Gewiß sind die beiden prototypisch verschieden und kontradiktorisch, und doch sind die beiden unzweifelhaft Russen, schrieben russisch, drückten Russisches aus. Ich sehe sie als einander ergänzend.«

Für Böll waren die beiden russischen Dichter seit seiner Jugend wahlverwandt und stets gegenwärtig. »Da ich zwischen beiden nicht wählen muß – sie sind ja beide vorhanden –, fällt es mir schwer, mir vorzustellen, wen ich wählen würde, müßte ich diese hypothetische Wahl vollziehen. Wahrscheinlich würde ich im Augenblick Dostojewskij wählen – vielleicht zu einem anderen Zeitpunkt Tolstoj. Mir scheint, man hat – immer wieder wechselnd – seine Dostojewskij- und seine Tolstoj-Zeit. ... Gerade weil er eng an Zeit, Volk und Land gebunden war, ist Dostojewskij zeitlos, was bedeutet: ständig gegenwärtig.«

Das stimmt genau auch für Tolstoj. Zwei Weltkriege, die Jahrzehnte dazwischen und die Jahre des Kalten Krieges hat Böll damals mit Recht als »Dostojewskij-Zeit« empfunden. Was seitdem in der Welt geschah und geschieht, in Vietnam und Afghanistan, in Südafrika, in Tschernobyl, in den sterbenden Wäldern und den vergifteten Meeren ruft eine neue »Tolstoj-Zeit« herauf. Heute erhalten sein Werk, seine Ideen, seine Erkenntnisse und seine Irrtümer, seine Entdeckungen und seine Verluste eine immer steigende Bedeutung für alle Menschen in aller Welt.

*Köln im September 1988* *Lew Kopelew*

## ANMERKUNGEN

*Abreken:* nicht unterworfene, eigenständige, tapfere Krieger, die oft auch von Raub und von Plünderungen lebten.

*Achmet Khan:* Spottname für alle Kaukasier mohammedanischen Glaubens, wegen der Häufigkeit des Namens Achmet.

*Alasan:* Fluß in Daghestan und Georgien.

*Alma:* Fluß auf der Krim, mündet etwa 25 km nördlich von Sewastopol ins Meer.

*Altgläubige:* (russische Bezeichnung: Raskolniki) jene russischen Christen, die im 17. Jahrhundert die vom Patriarchen Nikon durchgeführten Reformen der Kirchenbücher nicht annahmen, sondern beim »alten Glauben« verblieben und dadurch ein Schisma innerhalb der orthodoxen Kirche in Rußland herbeiführten. Um den grausamen Verfolgungen durch die Staatskirche bis zur Revolution von 1905 zu entgehen, wanderten sie häufig in die unzugänglicheren Randgebiete des Zarenreiches ab. Innerhalb der Altgläubigen kam es zu weitgehenden Sektenbildungen, von denen die »Priesterlosen« die bekannteste ist.

*Amalat-Beg:* Held einer gleichnamigen romantischen Erzählung des Dichters Marlinskij.

*Archaluk:* kurzer gesteppter Männerrock.

*Argun:* rechter Zufluß der Sunscha, eines Nebenflusses des Terek.

*Arschin:* altes russisches Längenmaß: 71 cm.

*Aul:* (sprich: A-ul) kaukasisches Bergdorf.

*Awarien:* mächtiges Khanat im mittleren Daghestan.

*Balaklawa:* kreisfreie Stadt im Gouvernement Taurien, etwa 13 km südlich von Sewastopol an einer kleinen, tiefen Bucht gelegen, von den Engländern am 14.9.1854 erobert.

*Baschlik (auch Baschlyk):* härene oder wollene Kopfbedeckung der Kaukasusvölker.

*Beiram:* höchster mohammedanischer Feiertag.

*Belbek:* Fluß nördlich der Großen Sewastopoler Bucht.

*Beschmet:* Männerrock der Bergvölker.

*Blindage:* im Festungsbau Unterstand oder Bunker.

*Burka:* ärmelloser Filzmantel der Bergvölker.
*Busa:* Bier aus Hirse.

*Chalat:* sehr weites, schlafrockähnliches Hausgewand.
*Chasawat:* (arabisch) der heilige Krieg gegen die Ungläubigen.
*Chevalier:* Hippolyte, Inhaber eines bekannten Hotels und Restaurants in Moskau.
*Chorowod:* Reigentanz.

*Daghestan:* Gebiet im nordöstlichen Kaukasus.
*Dargo:* Festung im Gebiet der Tschetschenen, bekannt durch einen unglücklichen Feldzug der Russen im Jahre 1845.
*Dekabristen:* liberale russische Offiziere, die im Dezember (russisch Dekabr) 1825 einen schlecht organisierten, mißglückten Aufstand unternahmen.
*Desjatine:* altes russisches Flächenmaß: 1,092 ha.
*Dschigit:* (tatarisch-turanisch) tapferer Kämpfer, verallgemeinernd für jeden tüchtigen Reiter und Soldaten gebraucht.

*Gergebel:* Festung im Kaukasus.
*Gerhardshäuser:* Typenhäuser, erfunden und hergestellt von dem seinerzeit bekannten deutsch-russischen Bauern Anton Iwanowitsch Gerhard (gestorben 1830).
*Giaur:* Ungläubiger; abfällige Bezeichnung für alle, die nicht mohammedanischen Glaubens sind.
*Gortschakow:* Michail Dmitrijewitsch (1793–1861), Oberbefehlshaber der Krimarmee.
*Grafskaja:* Hafen im Stadtgebiet von Sewastopol.
*Grebener Kosaken:* Benennung nach dem nördlichsten bewaldeten Kamm (russisch: greben) des Hohen Kaukasus im Bereich der Tschetschnja.
*Gurda:* Aul im Tschetschenzengebiet, berühmt durch die Herstellung ausgezeichneter Säbel, Dolche und Messer.

*Imam:* muselmanischer Würdenträger, der in seiner Person die höchste geistliche und weltliche Macht vereinigt.
*Inkerman:* natürliche Grenzscheide auf der Krim, auf deren Höhen während der Belagerung Sewastopols die Stellungen der Engländer verliefen. Hier wurden die Russen am 24. 10. 1855 vernichtend geschlagen.

*Jakschi:* (tatarisch-turanisch) gut, schön.

*Jermolow:* Alexej Petrowitsch (1772–1861), General der Artillerie und Infanterie, erfolgreicher und populärer Heerführer, Oberkommandierender der russischen Truppen im Kaukasus.

*Jessaul:* Offiziersrang im Kosakenheer, entspricht etwa dem Hauptmannsrang in der Armee.

*Junker* (*Fahnenjunker*): Offiziersanwärter adliger Herkunft.

*Kabardiner:* Volksstamm im Norkkaukasus und auch Bezeichnung einer kaukasischen Pferderasse.

*Kaimak:* dick eingekochte Sahne oder Milch.

*Kapot:* Frauenrock oder langer Bauernrock oder mantelähnlicher Umhang. Die Bedeutung ist regional verschieden.

*Kirgis-Kaissakische Steppe:* Steppe im heutigen Kirgisien und Kasachstan.

*Kisjak:* getrockneter, als Brennmaterial verwendeter Kuhmist.

*Kistiner:* kleines kaukasisches Volk in den tiefen Schluchten der Flüsse Arm-chi und Kistin.

*Klugenau:* Franz Karlowitsch (1791–1851), Baron, General, in den vierziger Jahren Oberkommandierender der Heere im nördlichen Daghestan.

*Kobylka:* ein Leinwandschild mit einem darauf abgebildeten Haustier, wie ihn die Kosaken im Kaukasus gelegentlich zur Fasanenjagd verwendeten.

*Korabelnaja:* Hafen im Festungsgebiet Sewastopols.

*Kornilow:* Wladimir Alexejewitsch (1806–1854), Vizeadmiral, Oberbefehlshaber über die gesamten Verteidungsanlagen in Sewastopol, dort auch gefallen.

*Koschkildy:* (tatarisch-turanisch) willkommen.

*Kotschkalowscher Bergkamm:* vorgelagerter Ausläufer des Andijskischen Rückens am rechten Ufer des Mitschik.

*Krestez:* ein Haufen Garben, die Anzahl ist regional sehr verschieden.

*Kumüken:* kaukasischer Volksstamm.

*Kumys:* Getränk aus gegorener Stutenmilch.

*Kwaß:* Getränk aus gesäuertem Schwarzbrotteig oder Schwarzbrot mit Malz.

*Lesgier:* kaukasischer Volksstamm.

*Loris-Melikow:* Michail Tarijelowitsch (1825–1888), in den fünfziger Jahren Adjutant M. S. Woronzows, später russischer Innenminister.

*Mamadysch:* Kreisstadt im Gouvernement Kasan.

*Mansur:* Chass Mohammed (Scheich Mansur-Uschurma), Prediger unter den kaukasischen Bergvölkern zur Erneuerung des Islams.

*Migik:* (Mitschik) Fluß im Kaukasus, davon auch die Bezeichnung Migizer.

*Mir:* die bäuerliche Dorfgemeinschaft als Gesamtheit ihrer Mitglieder und als Eigentümerin des Bodens in den alten russischen Dörfern.

*Murid:* (arabisch) ursprünglich Untergebener, Sucher der Wahrheit, hier ein Krieger im »heiligen Krieg«.

*Murschid:* (arabisch) Leiter oder Führer der Muriden.

*Naib:* (arabisch) hier von Schamil eingesetzter Verwalter oder Statthalter.

*Nanking:* fester, baumwollener Stoff fahler, gelber oder rötlicher Farbe.

*Nikolaj Pawlowitsch:* Nikolaus I. (1796–1855).

*Nogaier:* tatarisches Volk im nördlichen Kaukasus und in den angrenzenden Steppen.

*Papacha:* hohe Fell- oder Pelzmütze.

*Pélissier:* Jean-Jaques-Aimable (1794–1864), Herzog von Malakoff, französischer Heerführer im Krimkrieg. Unter seiner Führung wurde am 8.9.1855 der Malachowhügel in Sewastopol gestürmt.

*Peschkesch:* (tatarisch) Geschenk.

*Pilaw:* Reisgericht mit Fleisch.

*Pirogge:* eine Art Pastete mit verschiedenen Füllungen.

*Porschni:* Schuhe aus einem Streifen gebogenen Leders, die an den Seiten mit Riemen an den Fuß gebunden werden.

*Pud:* altes russisches Gewicht: 16,3 kg.

*Saltykow:* Nikolaj Iwanowitsch (1736–1816), Fürst, Generalfeldmarschall. Erzieher Alexanders I. und seines Bruders Konstantin.

*Sapunberg:* Erhebung südöstlich von Sewastopol.

*Sardar:* (persisch) hier: der Statthalter des Zaren im Kaukasus.

*Sashen:* altes russisches Längenmaß: 2,13 m.

*Sa-ubul:* (tatarisch-turanisch) bleib gesund! im Sinne von: danke schön!

*Sbiten:* Getränk aus Wasser, Honig und Gewürzen.

*Schamil:* (1797–1871) religiöser und militärischer Führer des Daghestan und der Tschetschnja im Kampf gegen die russische Eroberung, die mehrere Jahrzehnte, bis 1864, dauerte.

*Scharpie:* zerzupfte Leinwand (Verbandsmaterial).

*Schariat:* die Regeln des Gemeinschaftslebens und der individuellen Moral der Mohammedaner auf der Basis des Korans.

*Schwarze Berge:* der äußerste nördliche Bergkamm des Hohen Kaukasus.

*Sotnik:* Offiziersrang im Kosakenheer, entspricht etwa dem Leutnantsrang in der Armee.

*Sotnja:* Hundertschaft im Kosakenheer.

*Staniza:* Kosakendorf.

*Tarikat:* religiöse muselmanische Lehre vom heldenhaften Leben.

*Tawlinier:* spöttische Bezeichnung der kaukasischen Völkerschaften.

*Tereklinie:* Kette von Kosakensiedlungen entlang des Flusses Terek.

*Truchmenische Steppe:* nordöstlicher Teil des Gouvernements Stawropol.

*Tscherkeska:* langer kaukasischer Überrock mit Gürtel und Patronentaschen auf jeder Brustseite.

*Tscherkessen:* ethnologisch falscher Sammelbegriff für die Völkerschaften des Kaukasus.

*Tschetschenzen:* kaukasischer Volksstamm mohammedanischen Glaubens am Terek und in den angrenzenden Bergen.

*Tschetschnja, Große und Kleine:* Berggebiet im Kaukasus.

*Tschichir:* junger kaukasischer Rotwein.

*Tschuwiaks:* pantoffelartige Schuhe aus Stoff und weichem Leder.

*Wedeno:* Tschetschenzenaul.

*Werst:* altes russisches Längenmaß: 1,067 km.

*Woronzow:* Semjon Michajlowitsch (1823–1882), Sohn des M. S. Woronzow, Fürst, Flügeladjutant, Oberst und Kommandant eines Jägerregiments.

*Zargrad:* alter russischer Name für Konstantinopel.

*Zuave:* Angehöriger der ehemals aus Berberstämmen rekrutierten französischen Elite-Truppen.

# INHALT



## ANHANG